观察和认识中国，历史和现实都要看，物质和精神也都要看。中华民族五千多年文明史，中国人民近代以来一百七十多年斗争史，中国共产党九十多年奋斗史，中华人民共和国六十多年发展史，改革开放三十多年探索史，这些历史一脉相承，不可割裂。脱离了中国的历史，脱离了中国的文化，脱离了中国人的精神世界，脱离了当代中国的深刻变革，是难以正确认识中国的。

——二〇一四年四月一日习近平在比利时布鲁日欧洲学院的演讲

历史的跨越

黄学禄 著

中原出版传媒集团
中原传媒股份公司
大象出版社
·郑州·

图书在版编目(CIP)数据

历史的跨越 / 黄学禄著. — 郑州 : 大象出版社,
2020. 5 (2021. 5 重印)
ISBN 978-7-5711-0560-0

Ⅰ. ①历… Ⅱ. ①黄… Ⅲ. ①中国历史-近现代
Ⅳ. ①K25

中国版本图书馆 CIP 数据核字(2020)第 027147 号

历史的跨越

LISHI DE KUAYUE

黄学禄 著

出 版 人 汪林中
责任编辑 孙 波
责任校对 毛 路 张迎娟 安德华 牛志远
封面设计 王莉娟

出版发行 大象出版社(郑州市郑东新区祥盛街 27 号 邮政编码 450016)
发行科 0371-63863551 总编室 0371-65597936
网 址 www.daxiang.cn
印 刷 山东新华印务有限公司
经 销 各地新华书店经销
开 本 720 mm×1020 mm 1/16
印 张 40
字 数 514 千字
版 次 2020 年 5 月第 1 版 2021 年 5 月第 3 次印刷
定 价 68.00 元
若发现印、装质量问题,影响阅读,请与承印厂联系调换。
印厂地址 济南市高新区世纪大道 2366 号
邮政编码 250104 电话 0531-82079130 0531-82079112

开卷的话

中华民族拥有5000年的文明历史，创造了博大精深的中华文化，也是世界上少有的将历史文化传统一直延续至今的伟大民族。勤劳勇敢的中国人民曾创造了十分丰富的文明成果和发达的经济、先进的科技。

然而，自1840年鸦片战争之后，近代中国落后了。落后就会挨打，随着西方列强的入侵，中国被迫割地赔款，主权不断丧失，逐步演变为半殖民地半封建社会。但是，中国人民是不会甘愿受侵略受压迫的，救亡图存的反抗斗争持续不断，从太平天国运动、洋务运动、戊戌变法直至辛亥革命，都不同程度打击了列强的侵略和封建的统治，然而由于多种原因，这些斗争先后都失败了。历史召唤着新生的无产阶级及其政党走上中国的政治舞台，担当起复兴中华的历史使命。中国共产党领导全国各族人民经过近百年艰辛而又曲折的奋斗，克服千难万险，终于实现了从站起来到富起来再到强起来的历史性跨越，今天的中华民族比历史上任何时期都更接近、更有信心和能力实现伟大复兴。可以说，170多年的中国近现代史既是屈辱史、抗争史、探索史，更是奋斗史、创业史、复兴史。当代中国人尤其是青年十分关切，我们的祖国是如何在近代衰落下去的？是什么因素促使中国奋起？又怎样逐步实现和超越中华民族昔日的辉煌而走近世界舞台中央的？

令人欣慰的是，黄学禄将军的最新力作《历史的跨越》回应这些世纪之问，作出了时代之答。这本书以“山河破碎”“翻天覆地”“神州崛起”三个篇章，全景式展现了170多年中国近现代波澜壮阔的历史，紧紧围绕近现代中国屈辱—奋起—振兴的发展脉络，生动叙述了民族危机形成、各阶层救亡斗争，特别是中国共产党领导各族人民一步一步实现中华民族伟大复兴的艰辛道路和历史进程，弘扬主旋律，凝聚正能量，集思想性、知识性、可读性于一体，给人们以深刻的思考与启迪，是一本优秀的通俗历史读物。

作品与作者是紧密相连的，了解作者的经历、品格、特性，能更好地领悟作品的内涵和价值。《历史的跨越》的作者黄学禄不是历史学专业研究人员，而是戎马生涯60余载的老将军。黄学禄于1956年参加中国人民解放军，历任战士、排长、组织干事、科长、处长、师政治部主任、军政治部主任、军政治委员，1990年起任济南军区政治部副主任、主任，军区副政委，中将军衔。他是中共十五大代表，第八届、第十届全国人大代表，第十届全国人大教科文卫委员会委员。黄将军在担负繁重领导工作的同时，以强烈的政治责任感，勤奋笔耕，总结自己长期的工作经验，传承给年轻同志，先后出版了《与思想政治工作者聊天》《看家本领不能丢》《人生有价值》，以及百万字的《千秋功业》，受到了读者的欢迎和好评，并多次获奖。2014年，时任中央政治局常委的刘云山同志看到《济南军区原副政委黄学禄中将退休12年躬耕著述倾尽余热为党传递正能量》的内参后，批示要大力宣扬黄学禄同志的精神。中宣部原部长刘奇葆同志也作了批示，中央各大媒体作了集中报道，社会反响强烈。我本人也受到他高贵品格和执着精神的感染教育，才接手这本书的校阅和作序任务。

承蒙作者的信任和委托，给我提供一个学习的机会，我先后两次读了《历史的跨越》书稿。第一次是2015年年底，黄将军亲自来京，并带来书稿，要我帮忙看一下。这是一份修改稿，他完成初稿后，按系统报中央党史研究室审稿。中央党史研究室审读后提出了一些修改意见，作者进行了认真修改。我用了两个月时间，边学习边审读，写出复审意见，并提出进一步修改的建议。作者又用一年多时间精心修改完善，尤其是把党的十九大精神贯彻体现到书稿中，使此书的政治导向更加鲜明，可读性更强。2018年

3 月,经过四度修改的《历史的跨越》,又返回到我的案头,再次学习阅读,可以说是先睹为快了。先读此书稿一方面先受教育先得益,另一方面也有责任向读者介绍相关情况,交流阅读体会。阅读这本书稿,引发对历史的回忆和时代的思考,感受深刻,启迪良多。作为《历史的跨越》的第一个读者,体会到此书有不少独到之处,主要表现在以下几个方面。

第一个特点:立意高远,气势恢宏。作者立足于战略高度和历史深度,纵观中国近现代史的艰难历程,叙述了近代中国自 1840 年鸦片战争以来屡遭外敌入侵,山河破碎,国势凋零,无数仁人志士为救国救民进行长期探索和斗争,终于由中国共产党领导全国各族人民经过长期英勇奋斗走上了民族复兴的道路。《历史的跨越》从近代中国曲折经历、当代中国辉煌成就的比较中得出历史的结论:只有在中国共产党的领导下才能走上民族复兴之路,只有中国特色社会主义才能救中国。历史是最好的教科书。古人说:“以古为鉴,可知兴替”;“欲知大道,必先为史”。只有准确剖析昨天,才能深刻认识今天,也才能科学预测明天。回顾和展望最能激发爱国主义情怀,凝聚社会的正能量,使人们不忘初心,牢记使命,永葆革命斗志,积极担当起历史赋予的重任。

第二个特点:主题鲜明,主线流畅。作者把书名定为《历史的跨越》,恰如其分地展示出贯穿全书的主题,引导读者从中国一步一步衰落,又一步一步振兴的历史进程中,深刻领悟中国从近代到现代再到当代的发展规律,中华民族伟大复兴的中国梦,正是在一次又一次的跨越中逐步实现的。此书生动地体现了历史的进步、民族的振兴、中华的崛起,这是近现代中国走向的一条红线。论述起跨越,人们自然会联系到跨越的领导力量,诚然在中国共产党成立之前就有进步势力领导着救国救民的斗争,而历史事实告诉我们,真正实现民族复兴伟大跨越的领导者是中国共产党。作者对历史主线有正确的把握,宏观布局处理得当,以全书五分之三的篇幅表现中国共产党领导的斗争,使重点内容得以强化。正是中国共产党的正确领导,才使苦难深重的中华民族迎来了从站起来、富起来到强起来的伟大跨越,中国特色社会主义道路、理论、制度、文化在实践中不断发展,日益走近世界舞台中央,给发展中国家提供了全新的选择,为解决人类社会问题贡献了中国智慧和中国方案,有力促进了人类命运共同体的建设。

第三个特点:思路清晰,结构合理。作者精心设计,合理布局,把170多年的中国近现代史划分为三个板块,每个板块之下又设若干问题,构建成一个完整的体系,环环相扣,层层递进,读起来脉络清晰,一目了然,尤其对中青年读者更为适宜。此书对中国近代、现代和当代各个发展阶段发生的重大历史事件、出现的重要历史人物,都有比较详细的介绍,并给予恰当评价。抓住了事件和人物,有利于更加深切地分析和把握历史的发展进程,进而总结历史经验教训,深化理性认识,提高鉴别能力。本书论述到中国革命发展的关节点时,不仅有丰富的史实支撑,而且注重对革命精神的升华,先后阐释了红船精神、井冈山精神、长征精神、延安精神和西柏坡精神,初步构建了中国共产党独有的精神谱系,有利于继承和发扬党的优良传统和政治优势。

第四个特点:史料翔实,取材精当。本书作者历史意识强,善于运用丰富的史实说明观点。为了使作品有翔实的资料作为支撑,作者采用各种方式从多种渠道搜集了大量的历史文献、领袖论著以及回忆史料,进行分门别类的梳理,并在此基础上又作了一番去粗取精、去伪存真的取舍,挑选出最有说服力的素材,集纳于书中。在一些关键性问题上还引用了大量的原文,事出有因,言必有据,增强了内容的权威性。此书坚持论从史出、史论结合的治史原则,在历史、理论与现实的结合上认清近现代中国的发展趋势,引发人们深层思考,既对民族的屈辱刻骨铭心,又对未来的前景满怀憧憬,引导人们更加坚定中国特色社会主义道路自信,在中华民族复兴的漫长征途上,不走回头路,少走弯路,堵住邪路,沿着正确的航向前进。

第五个特点:文辞通达,生动感人。这本书很少有枯涩、呆板的八股腔,而是用形象化的语言,对历史生动叙述,娓娓道来,在素材选择上大量运用有情节的感人事例。如在记叙清王朝衰败时,重点描述了慈禧太后对内镇压、对外献媚,以及八国联军侵入京城时西逃的丑行,可谓入木三分,淋漓尽致;在记叙新中国的成立时,把举国上下欢庆的盛况与蒋介石黯然从大陆逃往台湾的情景作了详细描述,对比强烈,令人印象深刻;在记叙改革开放初期的历史转折时,对真理标准讨论的前因后果、来龙去脉和小岗村农民的心理描绘得有声有色;等等。这些丰富的内容使《历史的跨越》既有广度、厚度,又有温度、力度,增强了本书的可读性,更适合青年的阅读习惯和需求,达到了雅俗共赏的效果。

总之,我在阅读《历史的跨越》书稿中受益颇多,愿意郑重地向广大读者推荐这本好书。

邵维正

2018年4月

序　言

《历史的跨越》是一部简明通俗的历史读物。

这部书从1840年鸦片战争国人遭受屈辱写起，一直到当今中国取得举世瞩目的辉煌成就，让人们见证这100多年来中国人民是如何走过来的，是如何冲破黑暗走向光明的，向世人宣示这个跨越是历史性跨越、世纪性跨越，是中国精神、中国力量、中国道路、中国体制的跨越，也是从屈辱到崛起的跨越。

这部书饱览了中华民族170多年风云沧桑，细数了中国共产党人90多年的苦难和辉煌，涵盖了各个历史阶段发生的重大事件，介绍了一大批风云人物和他们感人至深的传奇故事，再现了中国共产党人和民族精英出生入死、浴血奋战、艰苦奋斗、自强不息的精神风貌和高尚品格。

中华民族是一个拥有悠久历史的古老民族，这个民族为世界奉献的文明成果、创造的灿烂辉煌，让世人钦慕、万国敬仰。

中华文明与苏美尔文明、古埃及文明、古巴比伦文明、古印度文明和古希腊文明共同创造了人类远古文明的辉煌形态。这几种远古文明中，唯独中华文明5000年一脉相承，生生不息，延续至今。

正是这个神奇的东方古国，在距今2000多年前的战国时期，就发明了指南鱼、指南龟等，后来演化为在航海中发挥巨大作用的指南针；东汉蔡伦改进造纸术；唐朝研制出火药，应用于庆典中的烟花、神火飞鸦等；北宋毕昇发明活字印刷术，此前的雕版印刷也领先世界。除世界瞩目的四大发明外，中国领先于世界的科学发现和技术发明，至少还有百余种之多。据史籍记载,从 6 世纪到 17 世纪初,在世界重大科技成果中,中国所占比例一直在 54%以上,到 19 世纪,才骤降为 0.4%。

倘若回溯到 17 世纪,明王朝曾经在一个短时期内转向西方,建造船队,足迹一度抵达印度洋、非洲东海岸,并踏上了去欧洲的旅程,后来外交上突然出现转折,远航停顿下来。延挨至清朝,东方大国自我封闭,对世界大势茫然不知,与西方世界完全隔绝,将中国以外的国家一概视为“夷狄蛮貊”,把西方先进的科技成果斥为“奇技淫巧”,不屑一顾。清朝乾隆皇帝曾夜郎自大地宣示:我天朝物产充裕,在国土以内并无匮乏之忧,更无必要以我之物从蛮荒之国交换物品云云。奉行“闭关锁国”国策最为严酷之时,朝廷颁发诏令“寸板不许下海”“片帆不许入口”,导致原来在科学技术领域一路遥遥领先于世界的东方巨人停滞了、凝固了,成了名副其实的“沉睡的巨人”。

历史是无情的。对中国这个古老的东方大国,1840 年是一个历史的拐点。

1840 年,资本主义强国英国借口通商,使用鸦片和大炮把一场侵略战争强加于中国头上。中国这个度过了康乾盛世的大国,封建王朝体制走上下坡路,闭关锁国,故步自封,武备不兴,对欧洲史无前例的工业革命毫无察觉,也完全没有准备与外国打仗。在这场鸦片战争中,清政府被迫签订城下之盟。此后,欧美列强一次次前来试剑,清政府一次次示弱,一次次被迫签订丧权辱国的不平等条约,使中国逐步从封建社会沦为半殖民地半封建社会。

落后就会挨打。帝国主义列强蜂拥而上,灾难深重的中国,内忧外患,无约不损,无战不败,神州陆沉,中华民族到了危如累卵、大厦将倾的时刻。

1894 年中日甲午战争的惨败,给了中国世纪性的打击,也促使中国产生世纪性的觉醒。

1894 年 11 月,中国民主革命的先行者孙中山在美国檀香山成立兴中会,提出推翻清政府的主张,在中国近代史上第一次发出了“振兴中华”的号召。康有为倡导的戊戌变法也从反对签订《马关条约》开始。严复在天津的报纸上发表《救亡决论》文章,第一次发出“救亡”的呐喊,从此,“救亡”成为所有爱国者的口号。革命和维新两股力量成为中日甲午战争以后推动中国变革的主要力量。可以说,这是中国旧民主主义革命的真正开端,也是中华民族复兴愿望的最早呐喊。

那个时代,为了挽救民族危亡,实现民族振兴,中国无数仁人志士孜孜不倦地寻找着适合中国国情的政治制度模式。辛亥革命之前的太平天国运动、洋务运动、戊戌变法、义和团运动、清末新政等都未能取得成功。辛亥革命之后,中国尝试过君主立宪制、议会制、多党制、总统制等多种形式,各种政治势力及其代表人物纷纷登场,都没能找到正确答案,中国依然是山河破碎、积贫积弱,列强依然在中国横行霸道、攫取利益,中国人民依然生活在苦难和屈辱之中。

在民族危机的历史关头,中国共产党脱颖而出,在华夏大地掀起一场空前的彻底的反帝反封建的新民主主义革命:从大革命失败后的南昌起义、秋收起义、广州起义,到古田会议创立建党建军路线;从走向井冈山开辟第一个农村革命根据地,到中华苏维埃共和国横空出世;从历经九难十八险的万里长征,到擎起抗日救亡的大旗赢得抗日战争的胜利;从西柏坡最后一个农村指挥所指挥波澜壮阔的解放战争,到天安门广场升起第一面五星红旗……在长达28年金戈铁马的民族独立和人民解放战争中,无论其历史规模还是社会内涵,都为这个历经苦难的东方民族注入了勃勃生机。

新中国成立近70年,大致分为两个阶段,即改革开放前近30年和改革开放后40年。前一个阶段,我们党领导全国人民历经风雨坎坷和曲折探索,积累了重要的思想、物质和制度成果,为以后的改革开放提供了根本的政治前提、宝贵的经验教训、雄厚的技术力量和坚实的物质基础。后一个阶段,我们党把马克思主义基本原理同我国实际和时代特征相结合,经过几代人一以贯之的接力探索，制定、实施了一整套指导现代化建设的理论、路线、方针和政策，成功开创、坚持、发展了中国特色社会主义。

可以说，中国的崛起，中国特色社会主义道路是在改革开放 40 年伟大实践中走出来的，是在新中国成立近 70 年持续探索中走出来的，是在近代以来 170 多年中华民族发展历程中深刻总结出来的，是在中华民族 5000 多年悠久文明的传承中走出来的。正如习近平同志所指出的：道路问题是最根本的问题；独特的文化传统、独特的历史命运、独特的基本国情，注定了我们必然要走适合自己特点的发展道路。

中国人民跨越的过程是漫长的、曲折的、艰难的，是异常残酷的，也是付出了巨大代价的。没有千千万万先辈们的浴血奋战、英勇牺牲，实现不了历史性跨越，约占人类总数四分之一的中国人民就不可能站起来。

中国共产党从诞生那天起，就承载了历史的重任，创造了人间奇迹。这个党从早期扶助农工支持共和，到土地革命时期打土豪分田地；从接受蒋介石整编主张枪口对外打败日本侵略者，到打败蒋介石，推翻压在中国人民头上的三座大山；从接收国民党留下的烂摊子、抗美援朝、排除万难建设新中国，到改革开放实现经济腾飞国家富强，取得非凡成就，这一路走来，无不印证着一个朴素真理，那就是没有共产党就没有新中国，只有共产党才能救中国，才能领导中国、发展中国、捍卫中国。

这部书在内容上，紧紧围绕从山河破碎、翻天覆地到神州崛起这一脉络；在对历史事件的叙述上，尊重事实，正确把握政治导向。这部书集思想性、知识性、可读性于一体，让读者从这部简明历史读本中铭记中国历史，坚信中国道路，弘扬中国精神，凝聚中国力量，实现中华民族伟大复兴的梦想。这是撰写、出版这部书的初衷和价值所在。

黄学禄
2018 年 12 月 1 日

目　录

上篇

山河破碎

历史是最好的教科书,它忠实地记录了一个民族、一个国家遭受的苦难和屈辱及其不屈不挠的抗争精神。历史又是一面镜子,可以映照现实,折射未来。

1840 年 6 月 28 日,英国首先发动了侵略中国的鸦片战争,用坚船利炮轰开了中国的大门,迫使清政府签订了中国近代史上第一个丧权辱国的不平等条约——《南京条约》。这是中国近代以来遭受苦难和屈辱的开端。从那时起,西方列强纷纷效仿英国,发动了一次又一次对华战争。清政府在一再退让妥协中,同西方列强签订了一个又一个不平等条约,中国的大片领土和主权一次又一次被列强侵犯,中国的大量财富一次又一次被列强掠夺。有人统计,晚清 70 余年间,中国被迫签订了 1145 个条约和章程。民主革命的先驱孙中山先生曾尖锐地指出,不平等条约"就是我们的卖身契",国家的领土和主权被这一个个"卖身契"葬送了。堪称"国耻日"的日子一个接着一个,到底哪一天作为这个沉重的纪念日,其实并不十分重要,重要的是真正从心底唤起国民强烈的耻辱意识,激发国人炙热的爱国情怀。

鸦片战争在中国历史上成为一个重要的分水岭。战前的中国是一个领土和主权都完整的国家。战后,国土沦丧,关税要与外国协商才能确定;外国人在华犯法,中国无权过问;外国军舰和商船可以自由地在中国的江面上巡行,中国的领土、领海、关税、司法等主权部分丧失。也就是说，一方面，清政府可以在未被割让的领土上对本国人民行使着各种权力，维持着形式上的独立；另一方面，由于部分独立权、管辖权等权力的丧失，中国已不是一个拥有完全独立的主权国家，一个过去被西方诸国钦羡不已的东方大国已沉沦为一个半殖民地半封建国家。

历史的苦难，是一个民族品格的试金石，从某种意义上说也是一笔珍贵的财富。记住它，能催人奋进，自强不息；忘记它，令人麻木，再陷衰落。

忘记历史，就意味着背叛；反思历史，就是反思自己。由民族耻辱带来的国民性的反思，应当首先从知耻开始。

饱受苦难的中华儿女忘不了民族的屈辱历史，忘不了西方列强瓜分中国的累累罪行。中华民族的功过是非和休戚荣辱已随着历史长河中高高低低的波浪，汇成了一曲徐缓苦涩远播天涯的悲歌，激励着一代又一代的中华儿女去用自己的头脑思索人生，也引导着无数的仁人志士透过种种劫难的表象去寻求真正的历史真实和民族之魂，以纪念过去和启示未来。

知耻者近乎勇。正如马克思指出的那样："如果一个国家真正感到了耻辱，那它就会像一只蜷伏下来的狮子，准备向前扑去……"今天的中华民族就如同那只"蜷伏下来的狮子"，永远不会让那段屈辱的历史重演。

一、城盟遗恨

1793年9月17日（乾隆五十八年八月十三日），是乾隆皇帝83岁的生日。这一天，在承德避暑山庄万树园举行盛大庆典。前来祝贺的有各国使臣和王公大臣。

英国国王派使臣马嘎尔尼勋爵，带领包括机械师、测绘员在内的700余人的庞大使团前来祝贺。

此时的大清王朝，处于“康乾盛世”的后期，正在走由盛而衰的下坡路，进入了“日之将夕，悲风骤至”的衰落阶段。整个政权机构因循守旧、闭目塞听，对严峻的世界形势懵然无知，毫无生气。皇室骄奢淫逸，豪门挥金如土，官场贪污腐化，地主官吏巧取豪夺，人民负担日益加重，阶级矛盾不断激化，整个社会与民族都处在一种死气沉沉的暮气衰景之中。“天朝上国”的神话，更使许多人陶醉其中，盲目自大，安于现状。

1808 年，嘉庆皇帝曾在谕旨中自吹说："天朝臣服中外，夷夏咸宾，蕞尔夷邦（指英国），何得与中国并论。"直到鸦片战争前期，道光皇帝仍然说"天朝年丰财阜，国课充盈，本不借各国夷船区区之货物以资赋税"，而一再实行长期的闭关政策。所谓"闭关政策"，是清政府当时推行的一种封建专制主义的对内对外政策。清朝自入关以来就沿袭此项政策：一方面严格限制人民出海贸易或侨居国外，严格限制中国的粮食、铁器、硫黄、丝绸、茶叶和书籍等货物出口；另一方面则严格限制来华外国人的活动，防范外国人与中国人接触。

清政府把自己锁在"天朝上国"的圈子里，盲目自大，顽固守旧，从不肯睁眼看看世界局势的变化，形成一股虚骄保守、拒绝进步的顽固势力。这不仅不能挡住西方的侵略，更使中国社会政治、经济和科学文化方面越来越落后于西方。马克思就曾经深刻地指出："一个人口几乎占人类三分之一的幅员广大的帝国，不顾时势，仍然安于现状，由于被强力排斥于世界联系的体系之外而孤立无依，因此竭力以天朝尽善尽美的幻想来欺骗自己，这样一个帝国终于要在这样一场殊死的决斗中死去。"

而与清王朝日趋衰败形成鲜明对比的是西方资本主义国家的迅猛发展。

19 世纪三四十年代，欧洲国家经过文艺复兴与启蒙运动，已发生了翻天覆地的变化，尤其是英国经过工业革命与资产阶级革命，机器工业逐渐代替了工场手工业，蒸汽机已得到广泛的使用，一条条铁路迅速修建，一艘艘轮船在汽笛嘶鸣声中驶往世界各地。1835 年，英国以拥有 900 万纱锭、年产 102 万吨铁和 3000 万吨煤的雄厚经济实力做后盾，成为全球无以匹敌的最强盛的政治、经济和军事超级大国。此时的英国已远远超过西班牙、葡萄牙、荷兰等早期殖民国家，成为称雄一时的"海上霸主"。

19 世纪 20 年代的法国，工业也得到了迅速的发展。到了三四十年代，它的煤、铁和棉、毛织品的产量有了较大幅度的增长。为了开辟新的市场，法国资产阶级也加紧向外扩张侵略。

19 世纪初期的美国,正处于南北战争前夕,工业发展远远落在英法两国后面。但美国资产阶级在国内发展资本主义的同时,也不肯放松对外侵略和掠夺。

沙皇俄国本是欧洲国家,但它逐渐向东扩张,到 18 世纪中期已和中国的东北、西北和北部接壤,不断寻机侵略中国。

在大举进行工业革命的同时,为开拓和争夺广阔的世界销售市场和廉价的工业原料产地,以英国为首要代表的西方资本主义列强,将贪婪而凶残的目光投向了遥远的海外世界,把地大物博、人口众多的中国视为攫取、掠夺的对象。

马嘎尔尼就是在这样的背景下出使中国的。

英国政府派遣马嘎尔尼出使中国,是经过慎重考虑才遴选出来的。马嘎尔尼出身于北爱尔兰贵族家庭,是英国"国王的亲戚,议国事的大臣",是英国政府"从许多博学的人那里挑出来的一个大博学的人","到俄罗斯国出过差,又管过许多地方的事",并且还在英国的一些"属国地方料理过事情"。

1792 年 5 月 2 日,马嘎尔尼在圣 · 詹姆斯宫觐见了英王乔治三世,被正式任命为国王的访华大使。马嘎尔尼使团此行的目的,在于同中国这个全世界最古老、最富庶的国家建立起类似于英国与俄国、英国与荷兰之间那样的近代国际法上的外交关系,以促进英国与中国间的商品流通。

英国访华使团的旅途漫长而遥远。1792 年 9 月 26 日,马嘎尔尼和使团成员登上"狮子"号军舰,由朴次茅斯港起航。10 月 9 日抵达马德拉群岛,21 日抵达加那利群岛,11 月 18 日穿过赤道。1793 年 1 月 7 日绕过好望角,2 月 25 日抵达爪哇岛,3 月 6 日抵达雅加达,5 月 17 日抵达昆仑岛附近,5 月 26 日抵达交趾支那国(今越南南部)的土伦湾。1793 年 6 月 20 日,经过 8 个月又 25 天的漫长航行,船队抵达澳门外海。随后,他们就沿中国海岸向北行驶,7 月份抵达天津大沽口外,听候清政府的安排。

乾隆皇帝得知英国使团前来为他祝寿的消息,是在马嘎尔尼启程一个月之后。英国东印度公司派人在广州通知了清朝署两广总督郭世勋,递交了东印度公司董事长巴林给两广总督的正式信函,并要求在天津登岸,以免礼品经广州长途运输受损。郭世勋立即上奏朝廷,说英国国王"因前年大皇帝八旬万寿,未及叩祝,今遣使臣马嘎尔尼进贡,由天津赴京"。乾隆皇帝听后非常高兴,降旨海疆各督抚,如遇到英国贡船进口,"即委员照料护送进京"。

7 月 31 日,马嘎尔尼在"狮子"号上首次会见了两位中国高级官员天津道台乔人杰与通州协将王文雄。经过与中国官员的协商,礼品被转而装载到中国帆船上,而英方的两艘军舰则驶回舟山。这样,由中国帆船和三艘英国小船组成的船队便开始驶向北京东郊通州码头。此时,乾隆皇帝正在承德避暑山庄,船队到了北京以后,改走旱路,由钦差大臣徵瑞等陪同,乘马和骆驼前往承德避暑山庄。

外交礼仪问题,是使团到来后双方即发生争执的主要问题。按清代礼仪,中国周边的藩属国使臣觐见皇帝,要行最隆重的三跪九叩之礼,也就是连续三次重复下跪,并且每次叩头三个。8 月 15 日,使团快要抵达通州时,徵瑞、王文雄、乔人杰来到马嘎尔尼的船上,向他说明行程安排和参加在热河举行的皇帝生日庆典的计划。他们所介绍的宫廷礼仪的各种"精微、灵活和巧妙",令马嘎尔尼叹为观止。不过马嘎尔尼明确表示不愿意奉行其中的三跪九叩大礼,而是提出按照西方的礼仪行鞠躬礼或屈膝礼。在中国官员的坚持下,马嘎尔尼声称在到达北京后将送去书面答复。三天后,使团到达通州,王、乔二人又向马嘎尔尼提出礼仪问题,并且自愿向马嘎尔尼演示三跪九叩大礼,马嘎尔尼发觉了礼仪问题的严重性。

8 月 29 日,马嘎尔尼向中方官员递交了一份书面答复,在答复中坚持认为他在英国君主面前的礼仪等同于中国的礼仪,他建议互换礼仪以便打开僵局:“让一位地位与大使相当的清廷大臣身着英国服饰在马嘎尔尼北京的住所里,对着英王陛下的画像行礼,而大使本人则在中国皇帝御座前演示同样的礼仪。”徵瑞断然拒绝了这个提议。9 月 8 日,使团到达热河。大学士和珅约见马嘎尔尼的副手斯丹东,和珅也拒绝了对乔治三世的画像行礼的建议。

9 月 10 日,双方又围绕礼仪问题展开谈判。马嘎尔尼认为,期望一位大使对一位外国君主比对他自己的君主表现出更多恭顺,这是不合天意的。清廷官员问起英王面前的礼仪,马嘎尔尼解释说,他总是单膝下跪并行吻手礼,他愿意在中国皇帝面前行同样的礼仪。当天双方协商的结果是:马嘎尔尼单膝下跪,但不行吻手礼,因为吻手礼不符合中国习俗。9 月 11 日,马嘎尔尼会见了和珅。和珅也表示朝廷决定变通某些中国惯例,以便使英国人可以实行英国礼仪。至此,礼仪上之争执尘埃落定。

9 月 14 日凌晨 4 点,英国使臣马嘎尔尼前往觐见乾隆皇帝。觐见在一个大帐篷里举行。使团首先被领进旁边一个小些的帐篷等候。约一个小时后,鼓乐齐鸣宣告皇帝到来,英国使团离开帐篷前去迎候圣驾。其他人都匍匐拜倒,马嘎尔尼及其随员则单膝下跪。待皇帝坐上御座后,根据马嘎尔尼日记中的记载,他“走到皇帝跟前,单膝下跪,把装有乔治三世信函的镶有珠宝的盒子呈递到皇帝手中,然后站起来,退回到皇帝左边”。

马嘎尔尼带来的 600 多箱献给乾隆皇帝的礼物中,有许多英国有意向中国显示其科技发达、武力强盛的礼品,如当时英国装备最大口径火炮 110 门的“君主”号战舰模型,以及榴弹炮、迫击炮和卡宾枪、步枪、连发手枪等。礼品中还有一个是地球仪,他想告诉中国人,地球是圆的,谁也不在中心。然而,乾隆皇帝却不以为意,只是将之作为海外国家进呈的一般贡品而已,而英使也只不过是万里迢迢来送贡品,以表示向大清国恭顺的朝贡国使节而已。因此,他不仅没有看到礼品上所表现出的西方科技的巨大变化,相反还责难英使在礼品单上自称“钦差”一词,而降旨要其改为公差,以符体例。

英使马嘎尔尼来华的真正目的是向中国皇帝提出扩大对华贸易要求的,所以在第一次觐见时,就急于表达这一要求。然而,第一次接见时,他只能将英王书信呈递给乾隆皇帝。第二次未能觐见。而接着是皇帝生日的庆典活动,在活动结束后,清廷便让使团离开热河,返回北京,并随即促其“九月初五以前启程回国”。

皇帝敕书虽已下达,马嘎尔尼为了完成此次使命,还想作最后的努力,与和珅等进行交涉,重申英王国书之请,提出了下列要求:第一,允许英国派员常驻北京,学习教化,照顾本国商务;第二,允许英商在浙江宁波至直隶之天津等处碇泊交易;第三,允许英商按俄罗斯成例,在京师设一商馆,收贮货物;第四,许给舟山附近一个小岛,以便英商居住,收贮货物;第五,在广州附近拨给一处地方,居住英国商人,或准令寄住澳门的英人自由出入;第六,英商于广州及澳门间运输货物,请免征税或减税;第七,请另行晓谕粤省海关,准许英商照例上税;第八,听任英人在华自由传教;第九,英商获得中国许以居留权者,不强制纳税。

在马嘎尔尼所提之要求中,诸如要自主之地、对税收提出要求和要求自由传教等,都直接涉及中国的主权。这在今天尚且构成对一个主权国家之胁迫,在那时,清廷还沉浸在天朝上国的美梦中,乾隆自然就更无法接受。因此乾隆以为英国的要求“皆系更张定制,不便准行”,说道:“天朝物产丰盈,无所不有,原不借外夷货物,以通有无。特因天朝所产茶叶、瓷器、丝斤为西洋各国及尔国必需之物,是以加恩体恤,在澳门开设洋行,俾得日用有资,并沾余润。今尔国使臣于定例之外,多有陈乞,大乖仰体天朝加惠远人抚育四夷之道。且天朝统驭万国,一视同仁,即在广东贸易者,亦不仅英吉利一国,若俱纷纷效尤,以难行之事,妄行干渎,岂能曲徇所请。”同时警告他们不要再到浙江、天津贸易,否则必被“驱逐出洋”。英国国王向中国提出的要求,全部被乾隆皇帝断然拒绝,这个老人没给双方留下一丝商讨的余地。

9 月 21 日,碰了一鼻子灰的马嘎尔尼一行回到北京。10 月 7 日,和珅向英使呈交了乾隆皇帝的回信和回礼,使团离开北京,经历了 70 多天的长途跋涉,沿运河南下,经杭州,再到广州。在广州,两广总督长麟为他们送行。使团在澳门停留了一段时间,乘船回到英国。

马嘎尔尼在乘船回英国的日子里,非常留心沿途一路的情况,搜集了不少重要的有关经济资源、水陆交通和军事的情报,探听了中国的虚实,为以后侵略中国做了准备。

他根据自己沿途听到、看到的一切,得出一个结论:清朝政府腐败已极。后来马嘎尔尼说过一段意味深长的话:“清政府好比是一艘破烂不堪的头等战舰,它之所以在过去一百五十年中没有沉没,仅仅是由于一班幸运、能干而警觉的军官的支撑,而它胜过邻船的地方,只在它的体积和外表。但是,一旦一个没有才干的人在甲板上指挥,那就不会再有纪律和安全了。”

英王对马嘎尔尼搜集到的情报十分重视,听了他的报告也很感兴趣,决定等待时机,再派使团到中国要求通商,如若达不到目的,就准备采取炮舰政策,用武力打开中国的大门。

1816 年(嘉庆二十一年),英国政府又派阿美士德勋爵为代表,率领一个 600 多人的使团来中国要求通商。阿美士德率领的使团于 2 月初乘坐皇家海军的“阿尔塞特”号军舰从本国启程,并有“惠特”号和“莱拉”号两艘军舰同行,以壮声势。他们先航行到设在印度的东印度公司歇脚,听取东印度公司进一步的指示。

东印度公司乃是英国设在东方的一个侵略机构,专门对东方经营垄断贸易,进行殖民侵略。它自成立以来,领取了英国皇家的特许状,在东方大肆活动,以军队和战舰为后盾,用血腥的屠杀手段在印度霸占了大片良田,迫使印度农民为它种植鸦片,然后用走私的办法,倾销到东方各国,毒害各国人民，赚取血腥利润。

这年 7 月，阿美士德乘坐的军舰抵达大沽口外，向大沽守将声称自己是友好使团，带有英国国王的亲笔信，要求当面交给中国皇帝。嘉庆皇帝接到报告后，派工部尚书苏楞额和长芦盐政广惠前去接待。8 月 13 日，阿美士德使团抵达天津，并得到工部尚书苏楞额的欢迎。

阿美士德率领第二次来华的英国使团，尽管距离马嘎尔尼来华已经过去 20 多年，但中英之间的彼此了解并没有任何改善。更何况随着英国国力的增强，伦敦作出妥协的意愿很低，特别是在跪拜问题上，更无妥协的余地。很快双方就觐见清帝的礼仪问题出现分歧。

清朝政府要求英国使团进京朝觐时，对皇帝必须行三跪九叩大礼，否则不予接见。英国使臣阿美士德说："我乃大英帝国国王特派的使团长，既是英王的全权代表，又带有英王的亲笔信，要当面交给大清皇帝。朝见时，脱帽鞠躬，然后向皇帝握手，吻一吻皇帝的手，已是最高礼节了，岂能行三跪九叩之礼？"

嘉庆皇帝得知双方谈来谈去无结果的奏报，很不高兴，于是又派理藩院尚书和世泰去跟英国使团交涉。双方见面又展开了一场唇枪舌剑的争辩，和世泰说："皇上有旨，外夷使团入京朝觐，必须行三跪九叩大礼，才能接见。"还说："我大清的礼节，即使是民间拜见尊长，也要行跪拜之礼，何况朝见皇上，鞠躬握手成何体统？且吻手一事，我皇万岁金玉之躯，岂能让尔等夷人用嘴亲吻，这不但算不上礼节，简直是对皇上的亵渎。"

英使坚决不肯行三跪九叩之礼，僵局无法打开。嘉庆皇帝生气地下诏说："英特使不识礼教，拒绝接见，令直隶总督即遣该使团从大沽出境回国，以后永不允英夷再派使团来我大清。对办事不力的理藩院尚书和礼部尚书双双革职。"

长期以来，中英两国的贸易，英国一直处于输入多输出少的不利地位，所以他们认为有必要跟清政府签订一项通商协定，允许他们派代表常驻中国,了解中国的市场情况,便于他们倾销商品,进行经济侵略。可是马嘎尔尼和阿美士德前后两次出使都以失败告终,这使英国资产阶级很焦急,他们十分迫切地想要通过别的途径来打开中国紧闭的大门。

唯利是图的英国资产阶级经过多年处心积虑的图谋,最终找到了一种打开中国大门的“法宝”,那就是鸦片烟。

鸦片又名阿芙蓉,俗称大烟,由罂粟的汁液提炼而成。鸦片含有大量的吗啡和生物碱,有镇痛、镇咳和止泻作用,自古人们把它当作药材使用。鸦片原产于南欧及小亚细亚,后传入阿拉伯、东南亚等地。

早在唐宋时期,就有阿拉伯人把鸦片输入中国。在明末清初,葡萄牙人、西班牙人、荷兰人都干过这种生意,并将吸食鸦片的方法传入中国。

人吸食鸦片,极易上瘾。开始时,能刺激人精神兴奋,但很快使人面如土色,有气无力,骨瘦如柴,变成半死不活的大烟鬼。想戒掉此瘾非常困难,半日不吸,就哈欠连天,眼泪鼻涕一齐出。天长日久,人就会变得精神萎靡,成为一无所用的活废物。英国一些无良的商人看到种植和贩卖鸦片有利可图,就大批大批地将鸦片运销中国,毒害中国人民。

英国资产阶级自从找到鸦片这种“法宝”以后,欣喜异常,互相传告,认为找到了打开中国大门的途径。因此,不顾中国官方的禁令,非法地、大规模地向中国倾销鸦片成为英国商人追逐高额利润,并改变对中国贸易逆差的重要手段。一些商人大量投资,在印度的孟加拉、比哈尔、奥理萨等地,开辟大片的罂粟种植场和熬制鸦片的工厂,强迫印度农民为他们大量地生产鸦片,并把原先也经营少量鸦片贸易的西班牙、荷兰、丹麦等国的公司从中国沿海排挤出去,由英国独家垄断对中国的鸦片贸易。

而当时许多中国人把吸食鸦片当作一种享受,他们在吞云吐雾之中断送着自己的健康。据 1836 年的统计,全国有 200 万人吸食鸦片,从沿海到内地,从城镇到农村,从商人、士绅、富贵人家的纨绔子弟到僧尼、道士、妓女,从文武官员到士子兵丁,各色人等,不一而足,不少人已经嗜鸦片成瘾。

其中,"以衙门中吸食最多,如幕友、官亲、长随、书办、差役,嗜鸦片者十之八九"。早在1831年刑部就奏议称:"现在直省地方,俱有食鸦片烟之人,而各级衙门为尤甚。约计督抚以下,文武衙门上下等人,绝无食鸦片烟者,甚属寥寥。"可见,鸦片这股黑色的毒流已在中国社会上泛滥成灾,成为亟待解决的严重社会问题。

在鸦片走私活动中,英国鸦片商人不惜以重金贿买清朝的官吏兵丁,勾结中国烟贩,建立遍及全国各地的贩毒网点。一些沿海缉私的巡船暗中与英国鸦片商约定,"每箱鸦片收五至十元"的贿赂就立即放行,巡船竟"每日受现银三万六千多两"。英国商人在信件中说:"在中国方面,高级官吏与政府人员,对鸦片走私公开地默许,过去和现在的巡抚都从中取利,就连北京的军机处也秘密地允许。"这样,上至朝廷王公大臣,下至地方官吏兵卒,层层串通,形成一个庞大的鸦片受贿集团。

时任两广总督李鸿宾设缉私船专门在海上巡查,但他却从走私分子手中每月受贿银3.6万两,当地的最高行政官员成了"保护伞"。广东水师副将韩肇庆,被派在海面上巡逻,专门捉拿鸦片贩子。他不仅不履行职责,反而利用公家的船帮助鸦片贩子走私,并和鸦片贩子约定好,每运进1万箱鸦片,就要分几百箱给他,他从中拿出一些鸦片向清政府报功。被蒙在鼓里的道光帝竟然将"禁烟有功"的韩肇庆当作功臣来表彰,把他升为总兵、赏戴孔雀花翎。就这样,在韩肇庆们的庇护下,鸦片走私得以畅行无阻。到19世纪30年代,烟毒已经从东南沿海扩大到内地十几个省,深入山西、陕西等腹地,给中国带来严重的祸害。贩毒集团、受贿集团与吸食者互相勾结,狼狈为奸,把中国社会搞得污秽不堪,黑暗至极。

正如马克思所说:"中国人在道义上抵制的直接后果是英国人腐蚀中国当局、海关职员和一般的官员。浸透了天朝的整个官僚体系和破坏了宗法制度支柱的营私舞弊行为,同鸦片烟箱一起从停泊在黄埔的英国趸船上偷偷运进了天朝。"

鸦片给英国侵略者带来了血腥的暴利,却给中国社会带来了严重的祸患。它严重地摧残了中国人的身体、智力和意志,破坏了中国社会的生产力,也使清政府的财政日益陷入困境。白银大量外流,银贵钱贱现象十分严重,劳动人民深受其害。

鸦片泛滥进一步加重了清王朝的统治危机。由于宫廷内部、八旗、绿营都有吸毒者,这使清朝的统治机构更加腐败不堪。对此,如何有效地制止鸦片已成为当时人们普遍关注的问题。

其实,早在雍正、乾隆、嘉庆年间,清政府对于鸦片就采取过禁止的政策,既禁止鸦片输入中国,也禁止境内人民吸食鸦片。

1727 年(雍正五年),英国第一次向中国偷运 200 箱鸦片,这件事很快被雍正皇帝知道了,他立即发布禁令,严禁贩卖、吸食鸦片,违者一律斩首。乾隆皇帝在位时,也严令禁止鸦片,并且处决了几个违反禁令的鸦片贩子。所以,在雍正、乾隆在位的 70 多年中,鸦片的输入量一直没有太大的增加。

到了嘉庆年间,鸦片走私在东南沿海城市泛滥,鸦片输入量逐年激增。嘉庆初年,每年偷运进来的鸦片大约三四千箱,仅过 20 年光景,每年偷运进来的鸦片就猛增到七八千箱。英国商人从中国赚走了三四亿两白银,导致中国白银大量外流。

基于此,1814 年(嘉庆十九年)的上谕指出:“鸦片烟一物,其性至为毒烈,服之者皆邪慝之人,恣意妄为,无所不至,久之气血耗竭,必且促其寿命。”“其来由于番舶先至广东进关后,以渐贩往各省。”这道上谕认为在海关上认真查禁,是禁烟比较易行的办法,“如(外国商人)仍有违禁私与中国商民交易者,查出按例治罪,杜其来源,较之内地纷纷查拿,实为事半功倍”。

尽管清政府三令五申地严禁鸦片,可这些禁令并没有什么效果,鸦片仍源源不断地输入中国。

鸦片战争前的 70 年间,以英国为主,外国商人一年比一年增加向中国贩卖鸦片。乾隆三十八年(1773)东印度公司开始实行鸦片专卖,中国每年进口鸦片1000多箱;到嘉庆年间为4000多箱;道光元年(1821)为5000箱,至道光十五年(1835)就增加到30000箱;至鸦片战争前几年,每年多达40000箱左右(每箱100斤或120斤,在鸦片战争发生时,每箱在中国海口出售价格按质量高下为400—800银元不等)。这其中绝大多数是英国人贩卖的印度鸦片,还有就是美国人从土耳其贩运来的鸦片,其数量仅次于英国。

烟毒泛滥打破了中国对外贸易的长期优势。鸦片输入数量的激增,导致中英贸易逐渐发生变化,英国由原来的入超变为出超,而且差额越来越大,造成中国的白银大量外流。从1821年到1840年,中国外流的白银至少在1亿两以上,相当于当时货币流通总额的五分之一,造成清政府财政拮据,国库空虚。

烟毒泛滥日甚一日,严重地危害着清朝的统治,威胁着中华民族的生存。但禁与不禁鸦片的问题,在清朝统治者内部却产生了严重的分歧和激烈的争论,形成以许乃济为代表的弛禁派和以黄爵滋、林则徐为代表的严禁派。

1836年(道光十六年),太常寺少卿许乃济奏请道光皇帝取消鸦片禁令,准许公开买卖,理由是禁绝不了,不如允许纳税进口,政府还可增加税收;提倡内地种植罂粟,可以抵制外国鸦片进口。他认为只要官员兵丁不吸食鸦片就无损于统治,至于一般老百姓,都是“愚贱无职事之流”,吸食与否无须过问。他得到了首席军机大臣穆彰阿、直隶总督琦善等人的支持,但却遭到以林则徐等为代表的一些开明、正义、富有远见的爱国官吏的坚决反对。

1838年(道光十八年)6月,鸿胪寺卿黄爵滋(翰林出身,江西宜黄人)上奏《请严塞漏卮以培国本疏》,在奏折中痛陈鸦片的危害,建议“重治吸食”。他指出,历来禁烟无效的根本原因是官吏贪赃枉法,根本办法是禁止吸食鸦片,“无吸食自无兴贩,无兴贩则外夷之烟自不来矣”。他主张对吸食鸦片的人限时一年戒绝，过期犯禁的处以死刑。道光皇帝把他的奏折发交各省官员征求意见。这份奏折在清朝政府内引起了强烈的反响，多数人都对黄爵滋的建议进行了补充或提出了不同意见。两江总督陶澍、湖南巡抚钱宝琛、河南巡抚桂良、署湖北巡抚张岳崧、安徽巡抚色卜星额等全力支持或基本同意黄爵滋的建议。最坚定地支持黄爵滋主张的是湖广总督林则徐。他仗义执言，理直气壮地为黄爵滋的奏章喝彩，对弛禁派进行有力的回击。

林则徐（1785—1850），福建侯官（今福州）人，嘉庆十六年（1811）进士，历任御史，浙江盐运使，江苏、陕西按察使，江宁、湖北、河南布政使，河东河道总督，江苏巡抚，湖广总督。他比较了解社会的情况和民间疾苦，在任期间勤政爱民、刚正清廉，深得百姓拥戴，极富道德威望。他曾与黄爵滋、龚自珍、魏源等提倡经世之学，他们是一群对腐朽黑暗的现实政治不满、要求有所改革的地主阶级知识分子。

1832 年（道光十二年），林则徐任江苏巡抚，比较注意兴修水利。1837 年调任湖广总督。他在湖广以禁绝鸦片为己任，大张旗鼓地开展禁烟运动。他把收缴上来的 5500 多件烟枪刀劈火烧，把没收的 12000 多两烟土烟膏拌以桐油烧毁，再把灰烬投入江中。他还配制戒烟药丸，广为散发，收到了可喜的成效。

1838 年 10 月，针对道光帝关于对黄爵滋奏折进行讨论的旨意，林则徐递上《钱票无甚关碍宜重禁吃烟以杜弊源片》。在给道光帝的这份奏折中，他痛斥了弛禁派的种种谬论，指陈鸦片的巨大危害，并在奏折中警告说："若犹泄泄视之，是使数十年后，中原几无可以御敌之兵，且无可以充饷之银。"这份提出兵弱饷荒的警告奏折，切中要害，打动了优柔寡断的道光皇帝，终于使他倾向于禁烟。

这年 10 月，道光帝谕令各省认真查禁鸦片，并对主张弛禁的许乃济给予降职处分，对黄爵滋那种逾期不戒烟的人处以死刑的主张也没有采纳。

道光皇帝下了禁止鸦片的决心,他是想从禁止鸦片进口这方面来解决问题。

11月,道光皇帝令林则徐入京觐见。显然,朝廷有意任用林则徐主持禁烟。林则徐已意识到这一事实,遂命当时汉阳知府杨炳坤将有关禁烟资料"逐件查核,凡可采者,均为录出,其别有见解,另为条方,以备拣择",在思想上做了充分准备。

消息传出后,支持禁烟的大为兴奋,而持反对意见的人则通过种种途径予以阻挠。比如,12月22日,当林则徐到达直隶安肃县时,直隶总督琦善专程赶赴安肃对林则徐游说,"嘱文忠公无启边衅"。林则徐就是在这样的背景下前往北京的。

1838年12月27日,抵达北京的林则徐递折请求觐见,到1839年1月3日止,道光帝连续8天召见林则徐。据《林则徐日记》记载,第三次召见"奉恩旨在紫禁城骑马",由于林则徐是南方人不习惯骑马,第四次召见时道光帝又特地嘱咐,"你不惯骑马,可乘坐椅子轿"。1838年12月31日,即道光十八年十一月十五日,道光帝第五次召见时,正式任命林则徐为钦差大臣,"前往广东查办海口事件,所有该省水师兼归节制"。在君主专制的时代,皇帝连续召见8次,而且还赏赐在紫禁城骑马、坐轿,这实是难得的恩遇,可以看出道光帝对林则徐寄予了多大期待。

林则徐在京期间,有一天,管家林升前来禀报,礼部主事龚自珍大人前来拜见。

说起林升这个人,与林则徐非亲非故,他原来姓范,早年跟随林则徐,忠心耿耿,任劳任怨。他从心眼儿里佩服林则徐,常说:"我家大人能文能武,智勇双全,忧国忧民,刚直不阿,心怀坦荡,两袖清风。我愿为我家大人效犬马之劳,虽死而不悔。"出于敬佩,他干脆改范姓为林姓,已跟随林则徐20多年了。

林则徐见到前来的好友龚自珍,两人的手紧紧握在一起。

龚自珍,浙江仁和(今杭州)人,是林则徐宣南诗社的挚友。他出身于仕宦之家,其祖父龚禔身官至内阁中书军机处行走,父亲龚丽正官至江南苏松太兵备道、署江苏按察使,外祖父是著名的文字训诂学家段玉裁。龚自珍自幼跟从外祖父学习文字训诂学,熏陶弥深。龚自珍才华横溢,所作诗文意气风发,更是当时著名的改革派代表人物,20 多岁便以《明良论》《乙丙之际箸议》等系列政论文章震撼学林。

但是,龚自珍改革社会的主张却得不到理解,抨击社会弊政也遭到某些达官贵人的非议。他仕途多舛,虽考中进士,可那是连连落第、多次不中的痛苦结果。虽做官,但都是闲散小官,诸如内阁中书(起草文件的职员)、宗人府主事(登记抄录的职员)、礼部主事(庆典、接待下级职员)等。

林则徐见到龚自珍,恳切地说:"你主张经世致用,抨击弊端,倡导变革,开一代新风,了不起呀!可恨那些庸俗小辈,不识冬梅之高洁,不解鲲鹏之志远,却诬你什么言多语僻,什么狂士狂言,什么龚呆子,可悲可恨。我一直认为,世有三等:治世、乱世、衰世。当今,民不聊生,又加之鸦片之害,洋教传播,世人无忧心,无奋心,无思虑心,无作为心,无廉耻之心。长此下去,岌岌可危哉!我等虽无回天之力,却有先天下忧,后天下乐之壮志。同心协力,我想,总还是会有些作为的。"

龚自珍听完林则徐之言后说:"少穆兄所言极是。皇上此次召见,必有重任于兄。若有用到定盦之时,请兄弟尽管派遣,小弟肝脑涂地,誓无反顾。"

林则徐离京时,龚自珍给林则徐写了封信,信中讲到,此去广州禁烟,外国人可能动武,应该有所准备。要林则徐警惕在广东的官员绅士会阻挠禁烟。建议重兵自随,重治中外烟贩,排除阻力,把禁烟斗争进行到底。林则徐同意这种看法,他是冒着风险去广州的。

就在这一年,龚自珍毅然辞官南归,到江苏丹阳云阳书院讲学,两年后暴卒。逝世前不久,他写下了脍炙人口的不朽诗句:

九州生气恃风雷，
万马齐喑究可哀。
我劝天公重抖擞，
不拘一格降人才。

这首诗的意思是：中华大地只有进行风雷般的变革，才能获得生机。可现在一片寂静，实在令人悲哀。我希望上天振作精神，为中华大地降下各式各样的人才。

可以肯定地说，林则徐就是龚自珍祈求天公降下的那种人才。

1839 年 1 月 8 日，林则徐离京赴粤。临行前，林则徐与其座师沈鼎甫告别。当时沈鼎甫因为耳疾被免去工部侍郎之职，在京城养病，他对林则徐赴粤十分关注。林则徐把这场斗争看成是为国尽忠的大事业，表示决心说："死生，命也，成败，天也。苟利社稷，敢不竭股肱以为门墙辱。"

经过两个多月的长途跋涉，林则徐终于在 1839 年 3 月 10 日（道光十九年一月二十五日）抵达广州。这一年，林则徐 55 岁。

林则徐早在南行之前，就已经着手准备禁烟事宜。当他还在北京的时候，就派亲信到广州摸底，以便掌握第一手资料。到南昌时他就根据自己安排的密探报回的材料，发出了《密拿汉奸札稿》，称："外夷鸦片之得以私售，皆由内地奸民多方勾串，以致蔓延日广，流毒日深。现在新令极严，查拿不容不力。所有包买之窑口，说好之孖毡，与兴贩各路之奸商，护送快艇之头目，有经京堂、科道指名陈奏奉旨将原折发交本部堂查办者，有经密查暗访得其踪迹者，现俱开出姓名，间有访知住址，合急黏单密札饬拿。"这次准备密拿的共 62 人，其中有些是多年经营快蟹等运货船的人，"多有各衙门堂差及营兵在内"。这足见林则徐的决心和这场运动开始的声势。

林则徐的禁烟举措也得到以时任两广总督邓廷桢为首的当地主要官员的拥护。

邓廷桢，进士出身，历任湖北按察使、安徽巡抚，道光十五年（1835）升任两广总督。早期,他赞同弛禁鸦片。后来,他发现弛禁是错误的,特别是了解了林则徐的禁烟主张后,茅塞顿开,改弦更张,转而热情支持林则徐。林则徐走到江西,就收到邓廷桢的来信,他在信中说道:“廷桢不才,愧为总督,眼见鸦片泛滥而不能清除,吾罪大矣!查鸦片之害,由来已久,祸国殃民,罄竹难书。致使我朝白银外流,国库空虚,平民百姓,苦不堪言。廷桢闻林公奉旨来粤,内心无限欣喜。吾虽老朽,但心怀赤胆,愿助公一臂之力,誓为朝廷尽忠,务扫烟害……”并发出“所不同心者有如海”的誓言,坚决支持林则徐领导的禁烟运动。

到广州后,林则徐就召集两广总督邓廷桢、广东巡抚怡良、广东水师提督关天培、粤海关监督豫堃等地方大员开会,商讨禁烟事宜,并在暗中积极准备,调查烟贩的姓名、住址和鸦片黑市的一般情况。

第八天,即 3 月 18 日,林则徐发出缴烟布告《谕各国商人呈缴烟土稿》,要求外国鸦片贩子缴出烟土,并宣布这次禁烟的方针和林则徐的态度与决心。林则徐在布告中历数鸦片之危害:“将尔国不食之鸦片烟带来内地,骗人财而害人命……此物蛊惑华民,已历数十年,所得不义之财,不可胜计。此人心所共愤,亦天理所难容。”为此,他要求外国鸦片贩子,限三天内把鸦片全部缴出销毁,同时出具甘结,写出保证书声明以后来船,永不夹带鸦片,“如有带来,一经查出,货尽没官,人即正法”。针对外商心存侥幸,林则徐明确表示:“若鸦片一日未绝,本大臣一日不回,誓与此事相始终,断无中止之理。”

为了勒令鸦片贩子缴烟,林则徐传见十三行总商伍绍荣。

十三行是当时清政府在广州设置的专门负责对外贸易的机构。所谓十三行是指由广州 13 家巨商组成的行会。十三行在当时基本上垄断了清朝的对外贸易,所有进出口货物都必须经过其手。十三行除与洋人打交道进行对外贸易外,还负责对那些“不识礼仪”的洋人进行教化,因而又具有半政府外事机构的性质。

林则徐让伍绍荣将要求鸦片贩子三日内上缴鸦片的谕帖转呈洋人。在传见伍绍荣时，林则徐历数其与洋人勾结的罪行。面对钦差大人的责难，伍绍荣还想和对付其他官员一样花钱消灾，说“愿以家资报效”。痛恨官场丑恶现象的林则徐听到他的这番言论大怒，痛斥伍绍荣说：“本大臣不要钱，要你脑袋尔！”

见识到铁面钦差厉害的伍绍荣赶紧回到十三行，召见外商，传达林则徐的命令。外国商人根据多年的经验认为，清朝官员都是可以买通的，官方禁烟无非都是雷声大，雨点小。因此他们并不相信清廷有禁绝鸦片的决心和能力，只是将此次禁烟运动看作一场来势汹汹的“鸦片风暴”，刮过去也就没事了。三天期满，洋商所缴出的鸦片仅有 1037 箱，显然是敷衍而已。

他们没有料到，新来的钦差大臣表现出完全不同的风格。林则徐经多方面调查，得知鸦片存货共达 2 万箱左右。见鸦片贩子缺乏诚意，林则徐下令调集军队，包围了洋人居住的商馆，而且传令传讯最有名的英国鸦片贩子颠地。

当时，英国在中国最大的鸦片商人有两个：一个叫查顿，一个叫颠地。查顿原是英国医生，英国东印度公司的雇员，来往于英国、印度和中国广州之间，十分熟悉清朝国情。1832 年他与人合伙开办了怡和洋行，成为广州最大的贩毒组织头领，以贩鸦片致富，拥有 100 万英镑资财，人称“铁头老鼠”。为躲避禁烟风头，他在林则徐抵达广州的前几天就悄悄地溜回了英国。颠地在广州经营鸦片 20 多年，设鸦片行、颠地公司。查顿回国后，颠地就成了广州最大的烟贩。

英国驻中国的商务监督叫查理·义律，出身英国贵族，曾在英海军服役。他以为林则徐和其他中国官员一样，闹腾一阵也就云飞雨停。3 月 24 日，义律从澳门潜入广州，企图庇护鸦片贩子颠地逃跑，阻止洋商缴出鸦片。

林则徐采取了一系列坚决措施：立即派人将颠地截回，并将英国船只封舱，通知外国洋商限期把抵运海口存在趸船上的鸦片全数缴出；包围共有276名洋人在内的商馆地区；下令停止中英贸易，派兵监视商馆，断绝广州与澳门的交通，撤走在商馆工作的所有中方杂役，断绝他们的饮食供应。叫人在义律的住所(中和洋行)墙上张贴告示，就天理、国法、人情、事势四点劝洋商速把鸦片缴出，同时吩咐人警告义律，说以后若有英国商人拒绝缴土具结之事，唯义律一人是问。

面对如此困境，义律意识到事情拖下去会越来越对自己不利，便软了下来，一面道歉，说无意干犯天朝，一面通告商馆地区所有英商，将烟土全部或其清单于3月27日下午6点以前，交他转送中国政府，烟价当由英国政府斟酌偿付。义律采取这种做法是为使鸦片纠纷成为两国政府之间的问题，为下一步的阴谋做准备。

多数烟土此时不在广州，而在伶仃岛的趸船上。义律在次日禀告林则徐，说已查出英商的烟土共有20283箱，约2376254斤，准备缴送。

林则徐叫人告诉义律，在缴足四分之一时，便准许华人雇员复工，准许供应日用品；缴足二分之一时，准许舢板往来；缴足四分之三时，准许贸易；缴足全数，一切恢复常态。

5月18日，鸦片全部缴清。当时，美国在广州的商人也被迫交出了1540箱鸦片烟，同样经过义律的手转交。道光帝非常高兴，他在林则徐的奏折上批道：“卿之忠君爱国皎然于域中化外矣。”

关于如何处理这批数量庞大的烟土，最初，林则徐奏请全部运往北京。但是这要花费大量的经费，动用大量的船夫、挑夫，劳民伤财。最后，道光帝下令就地销毁。

1839年6月3日至25日，林则徐率领地方官吏，在虎门海滩举行了震惊中外的销烟壮举。兵勇们破开烟箱，将鸦片倒入销烟池，然后掺进生石灰，将石灰鸦片搅在一起，绞起闸门，放海水流入池内。生石灰遇上海水，产生高温，只见销烟池内“咕嘟咕嘟”开了锅，气泡翻滚，浓烟冲天，散发出一股呛鼻子的异味儿。这些被石灰烧得变了质的鸦片废水通过涵洞，流入大海。

在销烟过程中，为了避免有人夹带鸦片，林则徐采取了严密的措施，“所用人夫，仅穿短裤，上身下脚，向俱赤露”，即便如此，停工离开时还要派人搜查以防夹带。每个池子的鸦片被化尽冲进海后，必须有官员监督清洗，“不任涓滴留余”，以便“每化一池，必清一池之底”。就这样，230 多万斤鸦片整整烧了 23 天。

在销烟过程中，除了钦差大臣林则徐，两广总督邓廷桢、广东巡抚怡良等“共同目击销毁”，广东布政使熊常錞、广东按察使乔用迁、运司陈嘉树、粮道王笃四人，分班轮流查视，又有广州将军德克金布、副都统奕湘和英隆等轮流到虎门稽查弹压。“沿海居民观者如堵”，“其远近民人来厂观看者，端节前后，愈见其多，无不肃然懔畏”。

根据道光帝关于“准令在粤夷人共见共闻，咸知震聋”的谕旨，允准外国人参观。应邀来的有美国商人 C.W.金、奥利芬特公司的代表、一向不搞鸦片贸易的埃利萨·裨治文、美国最早来华的传教士，还有商船“马利逊”号船长弁逊等。当时，不少外国人是带着怀疑的眼光看待这次销烟的，还不完全相信林则徐真的要禁烟，许多外国人曾经“断言中国人是不会销毁一斤鸦片”的，而且感到林则徐这一次发大财了。义律甚至想象清政府会将这批鸦片拍卖，而为鸦片贸易合法化带来希望。外国人的种种猜测被现实击碎。裨治文参观后在《中国丛报》发表文章说：“环绕我们的场面全都是令人高兴的，给人印象相当深刻的。”他又说：“我们曾反复考察过销烟的每一个过程，他们在整个工作进行时的细心和忠实的程度，远出乎我们的臆想，我不能想象再有任何事情会比执行这个工作更为忠实的了。在各方面，看守显然比广州拘留外国人的时候严密得多。镇口有个穷人，因为仅试图拿走身旁的一点鸦片，但一经发觉，几乎立即被依法惩办。即使偷去一点鸦片,那也要冒着极大的生命危险的。目击后,我不得不相信这是一个事实。”

虎门销烟是一个惊天动地的壮举,是近代中国人民反侵略斗争史上的第一个大胜利。它沉重打击了英国侵略者的嚣张气焰,维护了中华民族的尊严,向全世界表明了中国人民反抗外国侵略的坚强决心和无畏斗志。林则徐则表现了中华民族的自尊心和伟大的爱国主义精神。

林则徐通过与外商接触,渐渐清楚了世界之宽广,国际之间应有正常交往,狂妄自大不可,卑躬屈膝亦不可。英国是贸易大国,虽有鸦片之争,但应力争和平解决。因而他注重研究洋务,派专人了解各国情况,翻译资料,把英文本的《中国丛报》译成中文。此后又组织人员相继译出了《四洲志》《华事夷言》《各国律例》等书,尤其是《四洲志》一书,介绍了五大洲30多个国家的历史、疆域和政治状况。

为了取得斗争的主动,也为了在道义上取得更多人的支持,林则徐在1840年1月给英国女王写信道:“本钦差大臣奉吾圣命禁烟,实出无奈,烟害之大,贵女王恐难预料。吾朝禁烟严,但通商之策不变,望贵国理解。吾窃闻陛下圣明,品德高尚,从不将己所不欲之事强加于人,亦曾令商船不得夹带鸦片。只是某些商贩可恶,不听贵国命令,亦违我朝宗旨,愿陛下与吾皇共同禁止私贩鸦片。”果不其然,这封信获得了一些外国友人之赞赏,说:“中国林则徐扫除闭关自守之昏庸,放眼世界,不愧为大外交家。此可谓中国官员之极大进步。”

那些发鸦片横财的人,当然不愿善罢甘休。他们到处拉拢、贿赂,想尽一切办法打击林则徐。义律也不甘心,他率领英商及附和英商的别国商人去了澳门,不肯恢复贸易,更不肯出具以后如再贩鸦片“货尽没官,人即正法”的甘结,而且下令禁止任何英国商船开进虎门。他向英国政府报告,要求派军队来准备武力解决。所以在林则徐销毁鸦片以后,中英间贸易断绝,其责任在英国义律,而不在林则徐。

林则徐并没有封锁广州海口。相反,他认为正常的贸易应当照常进行。任何国家的商船,只要不夹带鸦片,并且具结承认以后也不带鸦片,都允许进口。在4月以后的6个月内,有45艘美国商船和其他国家的17艘商船相继具结进口。

英国的商船虽然急于想把装载的货物脱手,但由于义律的命令,只能继续停泊在海上。后来,义律向林则徐与邓廷桢要求,改在澳门卸货、装货。林、邓二人告知说广州才是通商口岸,澳门只是洋人暂住的地方,拒绝了义律的无理要求。

就在这个时候,在香港对岸九龙一个叫尖沙咀的地方发生了"林维喜事件"。

事件发生在1839年7月7日,当时外国报道:"一群上岸的士兵共三十名,无缘无故地袭击一个住着友好中国人的村子,一位无辜的村民被打死,许多男男女女受了重伤。""斗殴系由一个水手向庙宇投石而引起。"经新安县梁星源验明,死者林维喜"顶心及左乳下各受木棍重伤","讯据见证乡邻,佥称系英吉利国船上夷人所殴","众供甚为确凿"。

三日后,义律至尖沙咀进行所谓"调查"。他在向英国外交大臣巴麦尊的报告中称,他发现"卡拉提克"号和"曼加罗尔"号的一些水手"很不适当地被允许到香港岸上,所以卷入一场骚乱",致使那位村民死亡。义律还派人送1500银元给了死者家属,100元给其他老百姓,叫他们写一个字据,说林维喜是死于意外。同时,他自相矛盾,悬赏200元征求有关谁是凶手的密告,悬赏100元征求有关谁是暴动祸首的密告。

林则徐、邓廷桢会同巡抚怡良在6月23日发出布告,说义律不该出钱贿买村民,企图掩饰。说犯人是英国水手,与别国洋人无关,说洋人在中国境内犯罪,应由中国官吏审判,有乾隆十九年(1754)的前例可援——一个英国水手被一个法国水手杀了,凶手被中国官吏处死。

义律却认为他自己有权审判在中国境内以及沿岸100英里(约160公

里)以内的中国领海中所有英国臣民。

林维喜事件成了1839年那个炎热夏天加剧紧张局势的强烈刺激因素。林则徐要求义律交出凶手,所得的答复却是如此公然无忌地侵犯中国主权。林则徐开始担心,认为英国人只要留在澳门,总是一种麻烦和祸害。于是,他采取了更为严厉的措施,于8月15日下令在澳门的中国地方官员,断绝英商及其眷属的日用品供应,撤走华人雇员、仆役。同时,向附近城市香山增派2000名士兵,并通告葡萄牙人赶走停留在澳门的英国商人。于是,葡萄牙人通知他们,为了保证安全,请英国人尽快离开澳门。这时义律不得不带领他的人员移到英国船上居住。

为了让英国人彻底臣服,林则徐令水师封锁沿海交通线,断绝了英国人登陆获取食物的通路。在供应减少的情况下,义律变得不顾一切了。义律手下有两艘军舰,突然炮击九龙山口,那里的中国水师船和炮台发炮还击。即使这样,林则徐仍然表示,只要英国人把杀人凶手交出来,只要英国商船具结不再贩运鸦片,广州港口仍然是向英国开放的。

英国商人离开广州后,美国商人乘机发了财。未曾染指鸦片的英国商人听到这个消息后,开始感到不安。两艘从印度来的英国商船不顾义律的禁令,按照林则徐规定的条件请求准予进口,这是义律不允许的。他率领军舰入珠江口,在穿鼻岛附近阻拦进口的英国船只,并和水师提督关天培所率的水师船接战。在紧接着的10天内,英国人连续6次进攻,都被打退了。

林则徐、邓廷桢把这几次战斗的情况向朝廷作了报告。奏报中说:“旬日之内,大小接仗六次,俱系全胜。”奏报中说明对英国人的态度是“苟知悔悟,尽许回头”,这就是说,并不准备同英国人决裂。所以,“他国货船遵式具结者,固许进埔(黄埔),即英国货船,亦不因其违抗于前,而并阻其新于后”。林则徐紧紧抓住禁止鸦片这一个问题,采取了既有原则又比较稳妥的政策。

林则徐的捷报奏折飞传到京，道光皇帝阅后大喜，传令嘉奖林则徐、关天培等人。但是，在北京的道光皇帝的头脑愈来愈发热了。他对林则徐等“接仗六次，俱系全胜”的奏报中所说的英国商人政策，认为是错误的。林则徐等说“（英人）苟知悔悟，尽许回头”，皇帝指示道：“不应如此，恐失体制。”林则徐等说，对愿意具结的英国船允许进口。皇帝批示道：“恭顺抗拒，情虽不同，究系一国之人，不应若是办理。”皇帝下令，“要林则徐等酌量情形，即将英吉利国贸停止，所有该国船只，尽行驱逐出口，不必取具甘结”。

林则徐不能违抗朝廷旨意，他宣布：“自十一月初一日（即 1839 年 12 月 6 日）起，停止英吉利国贸易。”

1840 年 1 月 5 日，又进一步下令禁止一切英国船只进口，但即使在这以后，林则徐和义律之间还交换过几次信件，并没有决裂。

但是，在清政府对鸦片战争的最初枪声尚无痛切之感的时候，危机消息已经传到大洋彼岸的伦敦。

早在 1839 年 4 月，义律同意遵照林则徐要求呈缴全部鸦片后，即致函英国外交大臣巴麦尊，诬蔑中国的禁烟运动是“不可饶恕的罪行”，是侵犯英王的尊严、侵犯英国的生命财产的行为，声称这是英国发动侵华战争的“最好理由”和“最有希望的机会”，叫嚷“使用足够的武力”，给中国“迅速而沉重的打击”。

英国曼彻斯特对华贸易的 39 家公司也联合致函巴麦尊，要求政府“能利用这个机会，将对华贸易置于安全的、稳固的、永久的基础之上”。

在广州被迫交出鸦片的鸦片贩子也组成了一个代表团，回国后向巴麦尊递交了请愿书，并积极活动，煽动英国政府发动侵略战争。

1839 年 10 月，英国内阁召开会议，专门讨论中国问题。英国内阁内部的意见并不统一。反对派认为英国商人进行鸦片贸易是可耻的，政府出兵是进行一场不义之战，要求取消这种非法贸易。以外交大臣巴麦尊为首的战争支持派，却强调英国已经受到别国的侮辱，声称他们做的一切只是为了保证将来贸易的安全和英国公民的安全。最终，反对决议案仅以 5 票之差被否决，英国政府决定派遣一支军队到中国去。

1840 年 2 月 20 日，英国政府任命海军少将乔治·懿律为侵华远征军司令兼全权公使，义律为全权第二使臣。同时，巴麦尊指示懿律的任务是，除封锁广州珠江口以外，到北方的口岸，占领舟山，胁迫清政府直接交涉，要求赔偿鸦片损失、割让岛屿、订立条约等。

4 月，英国议会正式通过了发动侵华战争的决议案及侵华战争军费支付案，正式派兵开赴中国。

1840 年 6 月，英国政府派出军舰 16 艘、武装汽船 4 艘、运输船 28 艘，装有大炮 540 门和 4000 名英军组成的“东方远征军”，在懿律率领下，陆续到达广州海面。6 月 28 日，英国的印度舰队司令伯麦上校率领兵舰来到，开始封锁珠江海口。至此，英国挑起的鸦片战争正式爆发了。

马克思指出，这场战争是英国资产阶级“旨在维护鸦片贸易而发动和进行的对华战争”。

在侵略者的洋枪洋炮面前，林则徐毫不畏惧。他在奉旨到广州查禁鸦片时，已意识到将面临一场十分复杂尖锐的斗争，因此，他在京面见皇帝时说：“须得精兵严守，庶夷人不得窜入。”林则徐抵粤后，一面严厉禁烟，一面整顿沿海防务。在虎门海口安设木排、铁链，添置炮台，增设炮位。他先后购买西洋各国大炮 200 多门，增设珠江两岸和尖沙咀、官涌各炮台。同时，林则徐认真整顿水师，严惩受贿故纵的水师将领，修造战船，购买西船，加紧水陆兵丁操练，以提高水师战斗力。经过整顿，水师面目一新，号令严明，声势壮盛。

为加强重点防卫，林则徐先后调水陆兵勇近 8000 名扼要布防，其中虎门炮台 3000 名、澳门 1300 名。此外，林则徐看到人民群众反对侵略的情绪高涨，认识到“民心可用”，遂在一定的限度内，把广东的居民“组织起来”进行自卫。还下令招募水勇5000人，与水师互相配合，以海上专攻夷船之用。林则徐还提出“以守为战，以逸待劳”的方针，并着手制定了《剿夷兵勇约法七章》，对攻击敌船的战术作了具体规定。

林则徐还十分重视对西方国家的情报搜集，他聘用人员翻译西文书报，了解外国形势，密切关注西方国家特别是英国的动向。经过林则徐的积极整顿，周密布防，广东沿海防御得到很大的加强，并在抗英战争中发挥了很大的作用。

已任两广总督的林则徐，针对来势凶猛的侵略者，提出了“以守为战，以逸待劳”的正确作战方针，移驻虎门，校阅水师，并且张贴告示，动员人民准备作战。

英军虽然气势汹汹地封锁了珠江口，但看到广东沿海防守严密，无懈可击，于6月底驶向福建海面，在厦门海面与转任闽浙总督的邓廷桢统辖的水师发生冲突，双方开炮，互有伤亡。英军留下一艘兵舰封锁厦门，乘福建以北防御空虚之机，向浙江沿海进发，首先到了舟山海面。

7月5日，英军舰只驶入定海县海域。定海县总兵张朝发，无勇无谋，庸庸碌碌。英军攻击，他消极抵抗。一发子弹打在他左腿上，他晕倒在炮台旁。清兵见总兵受伤，纷纷溃逃。英军迅速攻下港口，派兵逼近定海县城。

定海县的知县姚怀祥，平日只知饮酒作乐，不管民忧国难，直到大兵压境，才派遣典史金福招募数百乡勇，临时充当县城保卫部队。英军冲到南城墙下，向城内发射了几发小炮弹，那些乡勇遂四散溃逃，定海县城丢失。姚怀祥见城池已丢，自知罪责难逃，不如一死了之。于是，他抽出腰刀，自刎而死。

定海总兵张朝发中弹后，被送到定海城，不几天因伤势过重，亦不治而亡。

1840年8月6日，英军继续北上抵达天津的白河口。8月15日，懿律递交了巴麦尊给清政府的照会,诬蔑林则徐在广东禁烟对英国人"强行残害",提出赔款、割地、通商等无理要求,并威胁清政府说,如不满足要求,英国"必相战不惜"。

朝廷一面空喊要在浙江进剿,收复定海,一面看到外国兵船迫近京畿,十分紧张,只想用温和的方法劝使他们自动退到南方去。按当时统治者的语言,这叫作用"抚"的方法。所谓"抚",实际上成了屈服和投降的别名。道光皇帝忙指示直隶总督琦善与英军交涉。

设在天津的直隶总督衙门里,充斥着紧张的气氛。直隶总督琦善已满 50 岁,他是满洲正黄旗人,一等侯爵。嘉庆二十年(1815),他任河南按察使,镇压汝宁、光州农民起义,受到朝廷嘉奖,赏戴花翎;道光四年(1824),任山东巡抚,又镇压临清的马进忠农民反清起义;道光十一年(1831),升任直隶总督。

琦善在白河口像接待客人一样接待了英国兵船,并同懿律有过几次书信来往。懿律派义律同琦善进行了两次会谈。对于懿律所提要求,琦善除承认一定要重治林则徐的罪行以外,对其余问题均含糊地答应,只要英国舰队回到广东,一切都可以谈。这样,英国舰队于 8 月 22 日离开白河口,折回南方。

在"抚"的空气高涨,皇帝已表示不信任林则徐的情况下,反对严禁鸦片的官员们更是大肆造谣中伤,陷害以林则徐为首的禁烟派和抵抗派。接着,道光皇帝又听了琦善在白河口同义律谈判的奏报。9 月,下谕申斥林则徐、邓廷桢,给他们加上"误国病民"的罪名,把英国侵略军沿海骚扰,各省"纷纷征调,糜饷劳师",说成是他们"办理不善"的结果。

10 月 13 日,林则徐、邓廷桢被革职查办。被革职的林则徐依然上奏说,为海防长久之计,应当不惜经费,"制炮必求极利,造船必求极坚",并要求"戴罪前赴浙省,随营效力,以赎前愆"。对于这个奏文,道光皇帝加上了"无理、可恶""一片胡言"等批语。

林则徐被罢免后，白河口“抚夷”有功的琦善不仅当上了钦差大臣，而且兼任两广总督，赴广州继续办理中英交涉。

1840 年 11 月 29 日（道光二十年十一月六日），琦善抵达广州。当日，在总督衙门议事大厅，率领文武官员，宣读皇帝圣旨，免去林则徐职务，“摘除林则徐的顶戴花翎”。

事隔不久，道光皇帝又降旨将林则徐、邓廷桢流放新疆伊犁。

琦善一到广东，就把林则徐所调集的兵船裁减三分之二，又撤去防守珠江的木排、铁链，然后才与义律会谈（懿律已经因病回国）。义律向他要求割让香港，他不敢答应，想用空话敷衍。义律决定再度使用武力，教训教训琦善，以便“战而后和”。

1841 年 1 月 7 日，英军突然袭击和占领了虎门外的沙角、大角两个炮台。水师提督关天培统率守军进行了英勇的抵抗，使敌人遭到较大的伤亡。这次战斗中，副将陈连升、陈鹏举父子（土家族）率领土家族、苗族等守台官兵 600 余人和 5 倍于己的来犯之敌英勇作战，终因寡不敌众，陈连升父子和大部分官兵壮烈殉国，炮台失陷。在近代中国抗击外来侵略的战争中，陈连升是第一位为国捐躯的少数民族将领。

被战争的炮火吓破了胆的琦善，赶忙向义律乞和。义律向琦善提出了议和草约，主要包括割让香港、赔偿烟价 600 万银元、开放广州为通商口岸等议和条件。琦善虽然一意求和，却不敢在草约上签字盖章。1 月 21 日，义律擅自单方面公布了《穿鼻草约》，英军随即强行占领了香港。

这下琦善慌了，赶紧给道光帝上了奏折。道光帝接到琦善私议条约、割让香港的奏报时非常愤怒，提笔批道：“朕断不似汝之甘受逆夷欺侮戏弄，迷而不返。胆敢背朕谕旨，仍然接递夷书，代逆恳求，实出情理之外，是何肺腑？无能不堪之至！”2 月初，琦善被革职，锁拿到京，家产查抄归公。

这时的道光帝改变了原来的方针，主张与英国人打仗。他原以为，已到天津海口的英国兵舰既然很容易地就撤往南方，可见他们并没有多么厉害，既然已就“抚”，就不应该再要求割地赔款。割地，有伤“天朝”体面，钱又从何而来？

1841年1月27日，道光皇帝下诏表示决心在广东和浙江把英国人“痛加剿洗”，清政府正式对英国人宣战。1月30日，道光帝任命御前大臣皇侄奕山为靖逆将军，户部尚书隆文、湖南提督杨芳为参赞大臣，调集湖北、四川、贵州、河南、广西、江西各省军队17000余人，赴广东作战。

义律没有得到割地赔款的确实凭证，又获悉清政府调兵遣将的消息，就采取先发制人的手段。2月下旬，英军向虎门炮台发动进攻。

负责守卫炮台的广东水师提督关天培已是62岁高龄，他原是江苏山阳（今淮安市淮安区）人，行伍出身，幼时家境贫寒，无奈投军从戎。在军队里，他为人正直，认真负责，逐渐提升为江苏水师副将、江南提督、广州水师提督。林则徐禁烟时，他极力支持，巩固海防，抗击英兵，立下汗马功劳。在这次上战场之前，关天培就抱定了马革裹尸的决心。他召集全体将士说：“今日，吾等面对强敌，只有决一死战，以报国家皇恩。关某在此对天宣誓，关某在，炮台在，决不后退！”由于没有增援，关天培孤军奋战，最后壮烈牺牲，湖南提督祥福落水而死，士兵死伤1000人左右，被俘与失踪的有2000人左右，大炮损失了1000多尊，英军只伤亡14人。

3月5日，湖南提督杨芳先行抵达广州。

杨芳可以说是道光帝当时最为倚重的武将，他历任乾隆、嘉庆、道光三朝，戎马生涯，战功赫赫，曾被封为果敢侯，几朝皇帝先后赐他骑都尉世职、太子太保、太子太傅等衔，享受过绘像紫光阁，赏紫缰、在紫禁城骑马等殊荣。道光帝此次对他寄予厚望，专门将他调到广东对付英国人。

孙子曰：“知己知彼，百战不殆。”既然和英国人打仗，对英国人应该进行深入的了解，而当时的清政府对英国人根本就称不上了解。一个典型的例子：在和英国进行了近两年的战争后，道光帝还传旨向沿海督抚大员询问“英国的面积有多大，英国是否与我国的新疆接壤”等现在看来近乎弱智的问题，说明满朝上下几乎没人知道英国的基本情况。

此时的老将杨芳，看到英舰横行无阻，炮火猛烈，由于这些从未见过的洋玩意儿的威力远远超出了他的理解范围，一时半会儿又找不出对付的办法，所以认为其中必有“邪术”，于是想出一条“以邪治邪”的“妙计”：命令遍收民间马桶，载于木筏之上，抵御英国军舰，结果遭到惨败。

4月14日，奕山在虎门炮台失陷50天后才到达广州。道光帝对他的要求是迅速派兵督剿英夷，“务使夷片帆不返”。奕山的军队纪律败坏，抢掠扰民，还有不少人吸食鸦片，战斗力极差。5月21日，奕山贸然分兵三路袭击英舰，企图侥幸取胜。但英军早有察觉，乘机反扑，经过5天战斗，广州城外炮台全部失陷，17000人的军队溃散了。奕山惊恐万状，于26日在广州挂白旗投降，派广州知府余保纯出城向英军乞和。27日，签订了《广州和约》，规定清军于6天内退到广州城60英里（约96.5公里）之外的地方，交付英军赔款600万元，商馆损失费30万元。赎金交清后，英军归还所占炮台，退出虎门。

奕山遭受惨败却谎报军情，向道光帝说“烧毁西路白鹅潭大兵船二只，大三板船四只，小艇三板船数十余只……逆夷被击及溺死者不计其数”，同时还撒谎说双方达成协议是英方主动求和。道光帝得到这个消息非常高兴，以为战事结束，天下太平，批准了奕山的投降条约。

英国侵略军入侵中国沿海的许多地区和城市，烧杀抢掠、奸淫妇女，充分暴露出海盗本色，对中国人民犯下了严重罪行。广州城外的十三行，原是与外国商人贸易的场所，被英国侵略者洗劫一空。英军的铁蹄所到之处，如厦门、定海、宁波、乍浦、镇江等地，人民都遭到了摧残和劫掠，生命财产受到惨重的损失。

英军的侵略暴行，引起了东南沿海地区广大民众的强烈义愤，他们自发地组织起来同外国侵略者进行了英勇斗争。如：福建厦门近郊的乡民曾以抬枪等为武器与英军展开激烈的战斗，歼敌多人；在浙江宁波、镇海、定海等地出现反抗侵略者的“黑水党”,他们多次神出鬼没地阻击英军,有时用小划艇袭扰和消灭敌人;江苏太仓等地的农民埋伏击杀英国士兵,使侵略军胆战心惊,不敢上岸;靖江人民还用抬枪击中英军舰船的火药舱,敌舰起火,侵略军狼狈逃窜;在台湾的台南、台北、基隆等地,民众多次击溃英军的进犯。

当英国侵略者认定清朝官兵无抵抗能力的时候,他们却遇到了没有预料到的来自中国民众的强烈抗击,被迫打了一场特殊的仗。这就是在东南沿海人民的反侵略斗争中规模最大、影响最为深远的三元里人民抗英斗争。

当时,广州的统帅靖逆将军奕山已经放弃抵抗,同英国侵略者订约言和,而在广州城边的侵略军正在肆行劫掠奸淫。1841 年 5 月 30 日,侵占四方炮台的英军忽然发现他们面对着数以千计的民众。一个英国军官这样描写道:“30 日上午,一大群一大群的敌人集合在军营的后面,以长矛、盾牌和剑为主要的武器……敌人散布在一英里(1609 米)以上的地面上,大约有五千人之众……两小时以内,敌人增加到七千人以上,露出许多军旗和几支火绳枪。”

这些人并不是中国官兵,而是来自广州城北郊三元里村附近 103 个乡的普通老百姓,其中主要是农民。他们打着三星旗,抱着对侵略者的仇恨,用最简单的武器进行肉搏。英军被分割在几处,陷入群众的包围中,很难摆脱。中午时分,天气突变,下起倾盆大雨,英军的弹药被淋湿,枪炮打不响了。大雨把田间小路淹没了,稻田成为一片汪洋。三元里民众经过一天激战,击毙英军数十名,缴获大量武器装备。到了第二天,英军派奸细混出重围,向广州官府求救。奕山应英国人的要求派广州知府余保纯出城解围,劝说群众的领袖们引导群众散开,英军才得以陆续撤退。

参加三元里抗英斗争的除了农民,还有当地的丝绸工人、打石工人,以及主持学社的地主、士绅,共有万余人,远远超过团练的范围。在三元里斗争后，奕山为了掩饰自己对侵略者的投降行为，把这次斗争当作自己组织团练的成就，向皇帝报告，并给其中“有功人员”请赏。参加这场斗争的农民和手工业工人自称“生不到衙门，死不到地狱”，不愿向官府领赏。

三元里人民的斗争显示了在近代中国历史上人民大众中存在着反对外国侵略者的强大力量。封建王朝的统治者认识不到这一点，更不可能去发动和运用这种力量。

义律宣称同琦善订立的议和草约遭到清政府的坚决抵抗，不予承认，然而，英国政府对此也极为不满，认为这远远没有达到这次侵华的要求，决定撤换义律，改派曾在印度任职的璞鼎查担任全权大臣。

1841 年 8 月 10 日，璞鼎查到达广东以后，立刻通知中国官方出兵北上，以满足上一年英方在白河口提出的全部要求。这以后的一整年中，英军在福建、浙江、江苏发动了一连串的攻势。清朝当局手忙脚乱地调兵遣将，布置抵抗。但是在任何地方都显示不出有抵抗的决心和能力。

8 月 27 日，璞鼎查率领英舰驶至厦门发炮攻击。闽浙总督颜伯涛派兵抵抗，金门镇总兵江继芸、副将凌志等率众死战，但厦门最终失陷。9 月 26 日，英军再犯定海，总兵葛云飞、郑国钧、王锡朋率领几千官兵血战六昼夜，均壮烈牺牲。接着英军攻陷镇海，两江总督裕谦战败自尽。10 月 13 日，宁波又被侵占。

道光皇帝为了挽回在浙江的失败，于 10 月 18 日任命皇侄奕经为扬威将军，侍郎文蔚和蒙古副都统特依顺为参赞大臣，牛鉴为两江总督，调集各地军队前往浙江作战，这是清政府第二次出兵抵抗。奕经和奕山一样，既敌视人民抗英斗争，又想侥幸取胜。1842 年 3 月 10 日，在敌情不明又准备不足的情况下，奕经集中 13000 多兵力，分三路企图同时收复宁波、镇海、定海三城。由于攻城计划早已泄露，英军事先做好了埋伏。当一路清军进入宁波城时，立即遭到英军猛烈夹击，伤亡过半，清军仓皇退出。其他两路收复镇海的清军也同时溃败。英军趁机攻占慈溪。奕经等逃往杭州，从此不敢再战。清政府这次出兵在奕经的错误指挥下惨遭失败。

此时,道光皇帝慌忙求和,而英军毫无议和之意。璞鼎查认为,只有按原定计划,进攻长江中下游,切断运河漕运,才能胁迫清政府答应其全部的要求。

5 月 7 日,英军自宁波撤退。17 日,7 艘英舰载着陆军 2200 余人,对乍浦发起进攻。乍浦守军坚决抵抗,打死打伤英军 60 余人,由于弹尽粮绝,守军大部分牺牲。18 日,乍浦被攻陷。6 月,英军援军万余人到达中国,璞鼎查立即向长江进犯。6 月 16 日,英军进攻吴淞炮台,炮台守军在江南提督陈化成的率领下,与英军展开一场生死搏斗,但终因寡不敌众,陈化成壮烈牺牲,炮台最后失陷。吴淞失陷后,驻守宝山的两江总督牛鉴一见英军炮轰,慌忙逃跑。宝山、上海相继失陷。英军在上海大肆抢劫,勒索赎城费 50 万银元后,方始撤退。

接着,英军溯江西上,7 月 17 日进入镇江江面,阻挠运河。7 月 21 日,英军以陆军 6900 余人和舰船十几艘,分三路进攻镇江城。双方激战数小时后,城外的守军逃跑,城内守军进行了英勇抗击。英军用炸药轰开城门,冲入城内。守军与敌人展开激烈的巷战,寸土必争,顽强抵抗。副都统海龄率 4000 余名将士进行殊死抵抗,终因力量悬殊,全部战死。许多官兵宁死不屈,有的杀死自己的妻子儿女,然后与敌人拼命搏斗,直至牺牲;也有的官兵家属以自杀来激励丈夫、儿子奋勇杀敌。这充分表现了中华民族反抗侵略、慷慨赴死的精神。

恩格斯对镇江守军的英勇作战行为赞扬道:“驻防旗兵虽然不通兵法,可是绝不缺乏勇气和锐气……殊死奋战到最后一人。”“如果侵略者当初遇到同样的抵抗,他们绝对到不了南京。”

战争中心移到长江的时候,道光皇帝感到只有求和一条路了。于是派遣原任盛京将军的耆英以钦差大臣名义到浙江,并起用被认为是善于实行“抚”的政策而能博得英国人好感的伊里布。耆英和伊里布接受的任务就是设法在尽可能低的条件下求和。

耆英、伊里布奉旨到江苏，立即同英方联系，要求停战言和。但侵略者拒绝求和，他们要在更有利的情势下才提出媾和的条件。1842 年 8 月上旬，英国兵舰已经停泊在南京下关，摆开阵势，架列大炮，扬言将开炮攻城。这时候，清军已无力再战，道光皇帝催促耆英、伊里布日夜兼程赶到南京，向英国人求和。

1842 年 8 月 29 日（道光二十二年七月二十四日），双方在英国“皋华丽”号军舰上签订了可耻的城下之盟——《南京条约》，第一次鸦片战争在这一天结束。

《南京条约》的签订，为以后帝国主义践踏中国主权、掠夺中国财富、奴役中国人民埋下了罪恶的祸根，给中国人民带来无穷的灾难。

在《南京条约》上签字的共有三人：作为“大清大皇帝”的代表，是特派钦差便宜行事大臣、镇守广东广州将军耆英，乍浦副都统伊里布；作为“大英吉利等国君主”的代表，是特派全权公使大臣、英国所属印度等处将军璞鼎查。

《南京条约》在中国人看来，是中国近代史上第一个强加在中华民族身上的不平等条约。在英国人看来，却是“以条约形式确定了民族平等”的文件。英国不再被视作朝贡番邦，而且加了一个“大”字，叫作“大英”，以与“大清”平行。

条约一共写了四份，中、英文各有正、副两份。在中文的两份上，耆英与伊里布的名字放在前面；在英文的两份上，璞鼎查的名字放在前面。

《南京条约》共 13 条，条条都是英国的权利、中国的义务，条条都是不折不扣的不平等条约。主要内容如下：

宣布战争结束，两国关系由战争状态进入和平状态。

五口通商，开放广州、福州、厦门、宁波、上海 5 处为通商口岸；准许英国派驻领事；准许英商及其家属自由居住。

清政府向英国赔款2100万银元，其中600万银元赔偿被销焚鸦片，1200万银元赔偿英国军费，300万银元偿还商人债务。赔款在4年内交清。倘未能按期交足，每年百元应加利息5银元。

清政府将香港岛割让给英国。

通商口岸“应纳进口、出口货税、饷费，均宜秉公议定则例”。根据这条规定，确定了关税税则中国不能自己做主的先例。

“凡系中国人，前在英人所据之邑居住者，或与英人有来往者，或有跟随及俟候英国官人者，均由大皇帝俯降御旨，誊录天下，恩准全然免罪。”这就是说，对“汉奸一概释放”。这就形成了外国侵略者有权保护他们所收罗和雇用的间谍、奸细。

英国驻中国之总管大员与中国大臣，无论京内、京外者，有文书来往用“照会”字样，英国属员用“申陈”字样，大臣批准用“札行”字样。两国属员往来皆用平行照会。区区的英国领事官，也取得了与中国各省督抚大员互行照会的资格。英国人自己承认，在中国以外的任何一个国家，英国领事是没有如此崇高的地位的。

《南京条约》签订后，为了协定关税税率及其他有关问题，英国又迫使清政府在1843年7月22日同意了《中英五口通商章程》，10月8日订立《中英五口通商附粘善后条款》(《虎门条约》)，作为《南京条约》的补充条款。在补充条约中，英国又取得了几项特权：

领事裁判权。《中英五口通商章程》规定，中英商民发生纠纷或犯罪时，英国人由英国议定章程、法律，交给管事官照办，由英国领事按照英国法律处理，不受中国法律管束。这一规定，严重侵犯了中国司法主权，纵容英国侵略分子在中国为非作歹。

降低关税。《中英五口通商章程》规定，英商货物进出口税率一般在5%左右，将中国的关税税率固定在最低程度，且中国无权自由变更关税税率。这种低税率便利了英国向中国倾销商品和从中国掠夺原料，使中国海关丧失了保护本国工农业生产的作用。

片面最惠国待遇。《虎门条约》规定，“将来大皇帝有新恩施及各国，亦应准英人一体均沾，用示平允”，这就等于中国将来给予其他国家的任何权利，英国可以同样享受。这一条作为攫取侵略特权的重要手段，使中国受害无穷。

外国军舰进驻中国港口。《虎门条约》规定，“凡通商五港口，必有英国官船一只在彼湾泊”。官船即军舰，从此，外国军舰得以常驻中国港口。这就使英国取得了军舰常驻中国通商口岸的特权，构成了对中国港口的武力威胁，破坏了中国的领海主权。

租界。《虎门条约》规定，英国人可以在通商口岸租赁土地及房屋居住，中国地方官员必须与英国管事官各就地方民情，议定于何地方、用何房屋或基地，系准英国人租赁。“议定界址，不许逾越，以期永久彼此相安。”

后来，各国侵略者利用这项特权，肆意引申，在通商口岸逐渐建立起租界，并把它发展成为侵略中国的堡垒。租界给中国人民带来了灾难性的危害。英国人在租界地内部设立工部局，实为租界政府，下设军警、监狱、会审公廨等，拥有租界地内征税、审判、管理市政、教育卫生等权利，剥夺了中国政府在外国租界地区的行政司法主权。后来，西方列强将租界制度推行到广州、厦门、福州、杭州、苏州、天津、营口、奉天、安东及镇江、汉口、重庆等中国沿海及内地沿江重要城市，成为它们对中国进行军事侵略、政治奴役、经济掠夺和文化腐蚀的堡垒和基地，对中国的领土主权造成了巨大损害。

鸦片战争是以鸦片作为导火索打起来的，可是在《南京条约》及两个附件中，对鸦片问题却只字未提。事实上，在《南京条约》谈判中，璞鼎查曾要求清政府对鸦片问题采取“明智态度”，使鸦片贸易能够成为一种公开的合法贸易。但耆英在书面答复中说：“各国商船是否载运鸦片，中国无须过问，也无须在这方面采取任何措施。”这就在事实上默认了鸦片贸易的合法化。这种合法的鸦片贸易一直持续到1917年,达70年之久。这种近代史上延续最久的有组织的国际性的犯罪活动,为早期英国对中国的侵略创造了条件。

鸦片战争的隆隆炮声和《南京条约》的签订,以及随之引起的中国社会经济和政治的急剧变化,给当时爱国的封建士大夫和知识分子以极大的震动和刺激。他们在严重的社会危机和民族危亡的威胁下,开始从"天朝上国"的梦幻中惊醒,认识到必须面对现实,关心时局的发展,寻找强国御侮的道路,从而开始了近代先进的中国人学习西方、探索救国救民道路的艰难历程。

魏源就是当时最著名的一个。魏源(1794—1857),湖南邵阳人,中国近代著名的思想家和历史学家,出身于没落的地主家庭。1814年在北京就学时结识了龚自珍。他们一起切磋学问,议论时政,1841年参加两江总督裕谦幕府,亲身参与抵抗英国侵略。鸦片战争后,考中进士,后官至高邮知府。

鸦片战争前,魏源是抨击时政、倡言改革的名士,他对清政府的黑暗政治非常不满,对官僚政治的抨击尤为淋漓尽致。他把那些把持朝政、因循守旧的官僚称作"鄙夫",视为历代败亡天下的七患之一。

魏源早在《南京条约》签订之际,就感愤而作《圣武记》一书,最先提出"以彼长技,御彼长技"的主张。他亲历鸦片战争,不能不使他悲愤填膺,引以为耻。他在复仇雪耻的爱国主义精神激励下,在林则徐的叮嘱下,1842年发愤写出了《海国图志》50卷,后又增到100卷。《海国图志》向国人提供了127幅世界各国地图,又以66卷的鸿篇巨制详细介绍了各国的历史地理、科学技术、商业贸易、交通运输、学校教育等,成为当时非常难得的一部思想启蒙读物,对近代中国社会诸多领域都产生了极其深刻而久远的重大影响。

魏源在书中谈论"师夷"问题时一针见血地指出:"人知鸦片流毒,为中国三千年未有之祸，而不知水战火器为沿海数万里必当师之技。”在总结鸦片战争失败教训后，魏源认为抵御强敌入侵的上策是要“严修武备”，尤其要严修海上武备，因为入侵之敌主要来自海上。他从直观的认识出发，指出：“夷之长技，一战舰，二火器，三养兵练兵之法。”主张必须老老实实向拥有“坚船利炮”先进武器装备的西方各国学习，要“因其所长而用之，即因其所长而制之”。他明确回答了向西方学习什么的问题。魏源强调尊重人才，提出“国家之有人才，犹山川之有草木”，竭力倡议设立培养海军人才的考试制度，培养大批人才作为建设强大海军力量的基础。魏源这些积极的思想主张，大大开拓了世人的眼光与思路。在当时并没有中国人接受《海国图志》这本书，而这本书很快传到了日本，日本人在短短的两年内翻刻了21版，而且对日本的明治维新起了非常重要的思想启蒙作用。

美、法等西方列强一直在密切关注着中英之间发生的这场战争。

鸦片战争结束后，美国东印度舰队司令就率领舰队尾随英舰，企图伺机渔利，要挟中国，凡是中国给予英国的利益，美国亦一体均沾。

1842年8月29日，英国强迫清政府签订了《南京条约》的消息传到美国，美国政府决定不再坐等，立即派遣特别使团赴华谈判一项类似条约。

美国总统泰勒在1842年12月30日向国会提交的关于中国局势的特别咨文指出，中国已经为英国开放了新的口岸，而这些口岸是否也对其他国家开放无明文规定，因此，其他国家必须直接与中国政府交涉。他认为如果美国商船能往来新辟各口岸，美国贸易必然会大为激增。

于是，泰勒派遣44岁的顾盛为对华专使。顾盛出身于马萨诸塞州新宝港一个船主家庭，从小学习法律，热心政治。自1834年起任众议院议员。1840年泰勒总统竞选时，顾盛是其忠实的拥护者。此次泰勒任命顾盛为对华专使，是因为他熟悉外交形势，足以胜任这项工作。

顾盛使团来华的主要目的是为美国谋求在华商业利益。首先要获得在五口通商口岸的特权，其次是“成功地缔结一个像中英两国之间已经缔结的那种条约”。顾盛带着美国政府的使命,于 1843 年 7 月 31 日离开美国,1844 年 2 月 24 日抵达澳门。

在顾盛使团来华之前,清朝政府已经决定本着“一视同仁”的原则,同意美商在中国享有同英国商人一样的利益。

1844 年 5 月 31 日,被任命为钦差大臣的耆英已抵达广州。6 月 17 日进驻澳门附近的望厦村。在进行了两天的双方礼节性拜访后,6 月 19 日,耆英要求美国方面提供一个条约的草案。两天后,顾盛提出了一个包含 47 条的条约草案并转交一封向耆英说明草案的信件。同一天双方举行初步会谈。

会谈中,顾盛提出派遣美国公使常驻北京,并向某一部院投递国书。这一条款一旦订立,就意味着对外国更加敞开了中国政治中心的大门,对于坚持闭关自守政策的清政府来说,是绝对不能让步的。由于耆英的坚决反对,此条款未能列入条约内。同时,耆英担心顾盛以呈递国书为名要求进京。如果顾盛使团觐见皇帝,势必引起曾经与英使所发生的“叩首”之争。下跪的礼仪是万万不能更改的。因此,最好是不让美国使节北上京城谈判,故谈判在广州进行。

直到 7 月 3 日,顾盛才把国书交给耆英,让他转交给中国皇帝,声明使团不上北京。这下耆英心里踏实了。当天下午就在望厦村签订了中美《望厦条约》。

《望厦条约》共计 34 款。美国通过该条约,除从清政府那里攫取了与英国政府通过的《南京条约》及其附属条款所取得的同等侵略特权外,还获得了关于领事裁判权的特殊规定,此后外国侨民即可在中国任意胡为,而中国法律无论从哪个角度都不能对其约束。美国还获得了关于协定关税的特权,中国不能自主地调整关税税率,中国关税自主权被破坏殆尽;还获得了侵犯中国的领海权,欧美列强的军舰兵船可畅行于中国海疆,随意停靠在中国海港。为培植汉奸、买办大开绿灯;迫使清朝统治者承担了保护侵略者的利益、镇压中国人民反侵略的义务，攫取了在中国进行宗教文化侵略的权利。《望厦条约》不仅为外国侨民在通商口岸居住地的特殊化，进而在此基础上逐步形成租借地提供了条约保障。

《望厦条约》是美国对《虎门条约》中片面最惠国待遇条款的直接援用，并进一步明确为“利益均沾”的原则。这一原则对近代中国造成了极大的祸害。

此后任何一个西方列强国家从清政府那里攫取的侵略权益，都被其他西方列强据此勒索到手，从而形成了西方列强利用不平等条约体系，联合侵略中国的局面。因此，中美《望厦条约》是一个比中英《南京条约》规定更完备、危害更严重的不平等条约。不久之后，它很快成为中法《黄埔条约》及与其他国家签订的不平等条约的范本。

1843 年 12 月 12 日，法国派出其原驻希腊公使拉萼尼率领的一支由 20 多人组成的使团来华，要与中国签订通商和航行条约。法国政府强调，“条约要使中国如同受英国制约一样，受我们制约”。为了“从威严和实力方面使中国屈服”，法国方面特派出配有 74 门大炮的 8 艘战舰随行。

拉萼尼使团于 1844 年 8 月 13 日到达澳门，中法两国的接触从 10 月 7 日开始到 20 日结束，共举行 36 次会谈。

整个会谈对法国方面来说是非常顺利的。尽管如此，在 10 月 5 日第一次会晤时，拉萼尼还是使出浑身解数，又打又拉。谈话一开始，他就大谈中国第一次鸦片战争中所遭受的失败，把中国方面奚落一番。然后又断定只要中国和西方国家打仗，那就总要失败，并暗示中国和法国这样的国家交朋友将来才有办法。

1844 年 10 月 24 日，两广总督耆英一行乘坐法国军舰“阿吉默特”号驶进广州黄埔港时，双方签订了《五口贸易章程：海关税则》，这就是历史上的中法《黄埔条约》。

《黄埔条约》共 36 款，主要内容有：法国人可以在五个通商口岸久居，自由贸易,设立领事,停泊兵船等;对法国人的家产、财货,中国政府负责保护,中国人均不得欺凌侵犯;中国将来如改变海关税则,应与法国"会同议允后,方可酌改";法国享有领事裁判权,法国人与中国人或其他外国人之间发生诉讼,中国官员均不得过问;法国在中国享有片面最惠国待遇。法国用了十几天的时间,就从谈判桌上捞到了英国借助大炮才得到的全部好处。

不久,拉萼尼又蛮横霸道地坚持要清政府取消禁止天主教法令。天主教在明朝传入中国,在有些地区吸收了一些教徒。1724 年,清朝政府明令加以禁止。此后,始终不准群众信仰天主教,也不准外国人在中国各地自由传教。法国资产阶级在开拓其殖民事业时,历来把天主教作为一项重要的侵略工具。因此,拉萼尼对耆英竭力威胁讹诈,迫使清朝统治者不得不在 1844 年 11 月 11 日同意天主教开禁。

不过,清朝政府对天主教仍存有戒心,不肯公开宣布。拉萼尼坚持必须由皇帝正式颁布命令,将天主教解禁,并且借预定 1845 年 12 月互换双方政府正式批准的条约前的时机,斥责清政府开禁"有名无实",如不满足这个要求,"约册即不必互换",且有兵船续来,"两国之事,正未可知"。清朝政府害怕了,即于 1846 年 2 月 8 日正式公布天主教开禁令,并将以前没收的天主教教堂发还教徒。从此以后,天主教传教士成为法国对中国进行政治、文化侵略的主要力量。

随着鸦片战争的结束,西方列强认为,中国虽然地域辽阔,人口众多,但是清政府腐败无能,愚昧无知,软弱可欺,只要用武力威胁和恫吓就能迫使清政府与其签订不平等条约,打开中国紧闭的大门。因此,在《望厦条约》《黄埔条约》签订后,另外一些西方国家也紧随其后,相继来华,胁迫清政府与之订立条约。

1845 年 7 月 25 日,耆英、黄恩彤与比利时驻印度支那总领事在广州订立中比条约,"准许比利时在中国现有条约的办法下通商"。1847 年 3 月

20 日，耆英又在广州与瑞典、挪威国王所遣特命全权公使李利华签订中瑞、中挪《五口通商章程》和《海关税则》。随后，荷兰、丹麦、西班牙、普鲁士等国也纷纷派使臣、领事来华，到各通商口岸察看地形。清政府同样秉承其"一视同仁"的宗旨，一概允许这些国家在五口通商贸易，并分别与之签订通商章程和税则。就这样，在鸦片战争结束后的数年中，中国长久封锁的国门向西方世界完全敞开。

东南五口开放通商之后，根据不平等条约确立的片面最惠国待遇和利益均沾的原则，美国、法国以及后来侵略中国的其他国家，在这里几乎享有同样的特权。于是，它们在五口地区倾销商品，走私鸦片，掠夺原料，掠卖劳工，强占租界，培植买办，控制海关，无恶不作。殖民主义侵略者贪婪凶恶的本性暴露无遗，给中国人民带来了巨大的灾难。通商口岸成为西方列强对中国进行殖民侵略的前哨据点，成为藏纳殖民主义罪恶污垢的渊薮。

鸦片战争及丧权辱国的《南京条约》的签订，是中国遭受资本主义奴役的开始，是中国封建社会逐渐沦为半殖民地半封建社会的一个历史转折点。经过鸦片战争，英、美、法这三个西方的主要资本主义强国迫使中国开始套上了不平等条约的枷锁，使中国沦为半殖民地的各种恶劣制度在这些条约中初步奠定了基础。正如毛泽东所说："自从 1840 年的鸦片战争以后，中国一步步地变成了一个半殖民地半封建的社会。"

鸦片战争结束了，但对中国人来说，这却是充满苦难的近代史的开始。

二、天国悲歌

鸦片战争以前，中国的社会矛盾，即人民大众与封建统治阶级的矛盾已经十分尖锐。北方以白莲教、南方以天地会为核心的人民群众斗争日益高涨。

鸦片战争以后，由于外国资本主义对中国的掠夺，中国开始沦为半殖民地半封建社会。战后10年，近代的中国农民阶级，身处社会底层，在外国列强入侵和封建统治者的剥削和压迫下，走投无路，被迫走上反抗斗争的道路。

马克思曾一针见血地指出："中国在1840年战争失败后，被迫付给英国的赔款，大量的非生产性的鸦片消费，鸦片贸易所引起的金银外流，外国竞争对中国生产的破坏，国家行政机构的腐化，这一切就造成了两个后果：旧税捐更重更难负担，此外又加上了新税捐。"这是引起中国社会严重危机的重要原因。

鸦片战争使清政府消耗大约 7000 万两白银的军费，再加上 2100 万银元的战争赔款和战争中被掠去的现银、赎城费等款项，共计不下 1.2 亿多元，相当于清政府国库两年多的全部税收。

清政府为交付这批巨额款项，把这沉重的负担加在人民头上。道光皇帝曾发布谕令，要求各省总督、巡抚限期催缴。于是，各省官吏在征收田赋、漕银时，往往巧立名目，横征暴敛，贪污肥私。地丁税是清政府的主要税收。从 1841 年至 1849 年的 8 年间，地丁税增加了 320 多万两，劳动人民的实际负担比过去增加好多倍，地方官绅向人民巧取豪夺现象更加普遍。

从 1841 年（道光二十一年）起，连续三年黄河三次决口，使河南、山东、安徽等省的很多地方被淹，死亡上百万人。1846 年至 1850 年，黄河流域和长江流域各省又连续遭到严重的水旱灾害，尤其是 1849 年湖北、安徽、江苏、浙江等省水灾更为严重，为这些地区百年所未遇。1848 年，广东、广西大旱。这些天灾暴露了水利失修方面的问题，显示出清朝封建官僚机构的无能，更使灾区民众苦难深重。

战后，鸦片泛滥和白银外流的现象更加严重。由于清政府的战败，不敢再行"禁烟"，外国侵略者通过鸦片走私大量榨取中国劳动人民的血汗。1843 年，广州私售鸦片的黑店达 20 多处，鸦片销售铺达五六百家。五口通商地区和东南沿海一些地方的大街上，整箱的鸦片在光天化日之下被搬来搬去，甚至在天子脚下的北京城，也被鸦片毒雾所戕害，许多赶考的举子竟携带鸦片到京城内贩卖赚钱。马克思指出："从 1843 年起，鸦片贸易实际上还是完全不受法律制裁。"

1840 年进口鸦片 20619 箱，1850 年增加到 52925 箱。由于鸦片大量进口，中国白银大量外流。1843—1846 年，中国流出达 3947 万银元；1847—1848 年，每年约计流出 1000 万银元。社会上银贵钱贱的现象更加严重。银价上涨，粮食和农产品的价格大幅下跌，使得中国财政与货币流通极为混乱。

人民的实际负担远远超过了鸦片战争以前。

鸦片战争后的10年,外国工业品大量向中国倾销,在通商口岸及其附近地区,一些手工业,主要是手工纺织业受到摧残,小生产者的处境更加艰难。如苏州、松江一带,因洋布盛行,当地的蚕棉及织布手工业纷纷停产倒闭。

鸦片战争后,外国资本主义侵略者与封建统治者联手,榨取中国人民的血汗,使中国人民的负担日渐加重,阶级矛盾更加尖锐,群众性的反抗斗争汹涌澎湃,此伏彼起。各地不断发生武装起义或抗粮、抗租等形式的斗争,影响比较大的有:1842年1月湖北崇阳钟人杰起义;1844年5月台湾嘉义县郭崇高起义;1844年7月湖南耒阳杨大鹏起义;1845年10月浙江奉化张名渊起义;1845年广西藤县的邓立奇、钟敏和起义;1846年广西桂平的李观保起义;1847年湘桂交界地区的雷再浩起义;1848年广西武宣县陈阿贵起义;1849年李沅发率众起义,攻打新宁县城,杀死县令进入广西。这些起义的性质,可以从李沅发的"自述"中看出。他说:"我向来在外游荡,并无田业。道光二十九年五月内,本境雨水过多,谷价昂贵。富户不肯发卖,本县并不劝谕减价,又不开仓平粜。""八月收获后,又勒索重利,贫民无力偿还。我乘人心不服,起意抢夺,劫富济贫。"他还说:"我实因结会劫富济贫,才起义谋反。"

广州当时是中国人民反侵略斗争的前哨。鸦片战争后,广州地区人民的抗英斗争并没有停止。1849年,英国新任香港总督文翰率民船进入省河,妄图闯入广州。居民闻讯,群起反对,旬日之间聚集10万多人,"省河两岸义勇,呼声震天"。文翰望而生畏,见势不妙,暂时打消了入城的念头。当时,广东流行一首民谣:"官怕洋鬼子,洋鬼子怕老百姓。"

人民群众活不下去了,就必然起来进行反抗。一位广西籍的官员看到当下的统治秩序岌岌可危,流露出对家乡前途的忧虑,他说,广西近来的事情,就好像一个人满身疮毒,脓血所到,随即溃烂。不要说那些潜伏在草莽之间的“盗贼”试图得逞，就是平常无事的地方，也有可能乘间起事。这位官员的忧虑，折射出清朝腐朽统治离末日的到来不远了。

鸦片战争加剧了中国的经济和社会危机。危机的一个结果，是处于中国底层的人民对封建统治势力的压迫进行不屈不挠的反抗，恶劣的社会环境，最终形成了洪秀全领导的一场气势磅礴的太平天国革命运动。

自 1841 年至 1849 年的几年间，各地农民起义即达 110 次之多，到 1851 年终于爆发了洪秀全领导的太平天国农民革命运动。马克思在当时就曾指出：“中国的连绵不断的起义已延续了 10 年之久，现在已经汇合成一个强大的革命，不管引起这些起义的社会原因是什么……推动了这次大爆炸的毫无疑问是英国的大炮。”

洪秀全原名火秀，族名仁坤，广东花县（今广州市花都区）人，生于 1814 年 1 月 1 日（嘉庆十八年十二月初十），出身于一个普通的客家农民家庭。他 7 岁入私塾读书，接受传统的文化教育。他熟读“四书”、“五经”、《孝经》及古文多篇，后来因家境贫穷，便在 16 岁时退了学，在家帮助父兄耕田、放牛。18 岁被聘为本村私塾先生。在“学而优则仕”思想的支配下，他 3 次参加科举考试，都失败了。1843 年，他第 4 次到广州参加科举考试，仍名落孙山。屡试不中，洪秀全受到极大打击，回到家里，愤愤地说：“等我自己来开科取天下士吧！”

他在这个时候改名为“秀全”，此二字拆开为“禾乃人王”，借“禾”为“我”，意即“我乃人王”，显示了他强烈的帝王思想和反清意识。

洪秀全生长在农村，又参加过农业劳动，对农民的疾苦有较多了解，对农民有深厚的感情。广东是中国人民开展禁烟斗争最激烈的地方，两广又是天地会武装抗清的活跃地区，这些因素对洪秀全的思想发展影响很大。洪秀全曾说：“每年将中国几千万金银化为烟土，将人民的数百万脂膏变为花粉，年年如此。中国人怎么可能不贫穷？贫穷者又怎么可能守法？”“拍案三叹”，激起洪秀全的反抗意识。

1836年的夏天,洪秀全在广州街头得到一本《劝世良言》的小册子,这本小册子是基督教传教士梁发编写的,宣传上天有一位独一真神,那就是上帝耶和华(耶稣)。这本小册子对于科举考试失意的洪秀全极有吸引力,他仔细阅读多遍。从此,他带着对现实的强烈不满,抛弃了谋取功名的道路,接受了基督教的宗教宣传,并根据自己对基督教的一知半解,开始虔诚地祈祷上帝。洪秀全说:“看见其说的有一位造天造地造万物大主宰之上帝,人人皆当敬畏他,崇拜他。至于世界所立一切邪魔该杀。”在天上,只有皇帝才是真神,其他都是邪魔;在人间,最高封建统治者僭用“皇”和“帝”的称号,那当然是“妄自尊大,自干永远地狱之灾”,当然就是妖魔,就该打倒。洪秀全接受了《劝世良言》宣传的基督教的“独一真神惟上帝”的思想,作为向封建皇帝斗争的武器,促进了他革命思想的发展。

在洪秀全的思维世界里,斩邪留正,最后是人人崇拜上帝。洪秀全自称是上帝次子,耶稣的弟弟,受命下凡诛妖救世。他自行洗礼表示“洗去罪恶,去旧从新”,并创立了一个新的宗教——拜上帝教。为了表示支持上帝,不信邪神,不崇拜偶像,他毅然砸掉了村中学堂的孔子牌位。洪秀全的族弟洪仁玕和表弟冯云山(都是私塾先生)对《劝世良言》也颇感兴趣,产生共鸣,也和他一起拜上帝。他们这一叛逆行为引起一场轩然大波,遭到族人的反对和斥责,因此失掉了私塾先生的职业。三人被迫离开花县,先在广东寻找志同道合的人,因收效甚微,便到广西贵县(今贵港)赐谷村一带宣传基督教。

1843年,洪秀全正式创建拜上帝教。他只供奉上帝,不敬其他的神。最初参加的,有洪秀全表兄李敬芳和冯云山、洪仁玕。拜上帝教的宗旨,刚开始只用基督教教义,即平等观,以劝人为善,莫要作恶,改革社会的陋俗恶习。按照洪秀全所规定的,凡是拜上帝教信仰者,只能信独一真神“皇上帝”,其他都是邪神、恶魔,即使儒家祖师爷孔子也不例外。

1844年11月18日,洪秀全离开赐谷村回到广东家乡,仍以教书作掩护，从事拜上帝教理论的著述。洪秀全用两年多的时间写了《原道救世歌》《原道醒世训》《原道觉世训》等著作，比较系统地阐发了他自己所理解的拜上帝教义，宣示他要建立天下一家的太平世界的理想。

当洪秀全回到广东家乡专心于教义理论著述时，其表弟冯云山留在广西紫荆山区，靠打短工、做苦力、当塾师维持生活，并进行艰苦细微的组织宣传工作。他以高度的热情和惊人的才智，在两年多的时间里，发展拜上帝会，吸纳会员3000多人，并在几十个县创立了“分会”。1847年8月，洪秀全也来到紫荆山区，和冯云山一道继续发展教徒，扩大拜上帝会的影响。

这时，广西地区特别是紫荆一带灾荒频仍，人民群众苦难日深，阶级矛盾日趋尖锐。洪秀全、冯云山以紫荆山区作为主要基地，大力宣传拜上帝教，把活动范围推向四周的贵县、平南、藤县、陆川、博白和广东信宜、化州等地区，很快形成五大基地，分别是：以冯云山、杨秀清、萧朝贵、韦昌辉为首的以桂平县金田村为中心的紫荆山地区，以石达开、秦日纲为首的以贵县赐谷村为中心的龙山地区，以胡以晃为首的以平南县花洲为中心的鹏化山地区，以赖九、黄文金为首的以陆莺、旱坳为中心的陆川、博白地区，以及以凌十八为首的以广东信宜大寮为中心的信宜地区。他们发展信徒约3万人，培养了杨秀清、萧朝贵等一批骨干。洪秀全、冯云山等人把散漫的农民整合成具有统一思想、有组织的强大政治力量。拜上帝会很快就远近驰名了。

随着队伍的壮大，拜上帝会在洪秀全、冯云山的带领下，连续开展了捣毁泥菩萨的斗争，因此引起了地主士绅的惊恐。地主士绅王作新运用团练将冯云山逮捕准备送官府治罪。拜上帝会群众闻讯后，及时作出反应，把冯云山抢回。可是王作新不甘心，他连续上告官府，终将冯云山再次捉拿，投进桂平县监狱。冯云山智斗官府，引用儒家经典中关于拜上帝的文字及清政府对基督教弛禁的谕令，说明“教人敬天，礼拜上帝”是合法行为。官府找不到冯云山反清实据,就派差役将冯云山押回原籍管束。在途中冯云山向两名差役宣传拜上帝的道理,使两名差役受到感动,陪冯云山一起秘密潜回紫荆山区继续从事拜上帝会活动。

1848 年 1 月,当冯云山被抓,洪秀全去广东的时候,拜上帝会面临巨大的危机,地主团练对拜上帝信徒的威胁迫害加剧,拜上帝会群龙无首,人心惶惶。这时,紫荆山基地的杨秀清、萧朝贵出来稳定局面。

杨秀清,广西桂平人,出身于一个世代耕山烧炭的人家,自幼生长在深山之中,很小就失去父母,孤苦伶仃,但很机警,喜用权智,自称梦中能知未来的事,在组织和巩固拜上帝会过程中颇得大家信任。

萧朝贵,广西武宣人,出身于贫苦的农民家庭,“僻处山隅,自耕而食,自蚕而衣”,家境艰辛。但他力大无穷,一天,耕牛挣脱牛绳,逃到田边,他追上去抓住牛尾,牛被他拉得倒着走。他富有斗争精神,在战场上勇于拼杀。

在此紧要关头,杨秀清、萧朝贵二人假托天父、天兄下凡的代言人身份,发号施令,安定人心,把拜上帝会民众重新巩固下来,在当时发挥了积极作用。

1848 年 10 月,洪秀全、冯云山回到紫荆山区后,因为担心被官绅迫害,不便公开活动,只能依靠杨秀清、萧朝贵主持事务。洪秀全承认了杨秀清、萧朝贵分别为天父、天兄代言人的特殊身份。这样拜上帝教的权力结构由洪秀全的一元领导,转变为洪秀全与杨秀清、萧朝贵的交叉二元领导。从某种程度上说,杨、萧的权力凌驾于洪秀全之上。杨、萧利用天父、天兄代言人身份,主导洪秀全行动,这样就为后来太平天国领导集团的分裂埋下了种子。

为了制衡杨、萧的权力,洪秀全不断笼络和提拔其他基地的首领。他乘杨秀清生病之际,把韦昌辉拉进了权力中枢,后来又把石达开拉进自己亲信名单。韦昌辉,广西桂平人,出身于小地主家庭。韦家因受大地主欺压，非常愤恨，在冯云山的开导下，献出家产加入拜上帝会。石达开，广西贵县(今贵港)人，出身于农村的一个小康之家。他12岁的时候，就显示出成年人的才略，并有远大的志向。他喜欢读兵法，能文能武。韦、石二人进入洪秀全的权力中枢，使中枢权力结构一时得以平衡。

经过长时间的精心策划，远近各地的拜上帝会首领及骨干分子，于1850年4月3日陆续被召至平在山秘密朝觐洪秀全，并聆听天父、天兄圣旨。这一天，洪秀全在平在山穿起黄袍，正式成为太平天王。与此同时，冯云山、杨秀清、萧朝贵三人开始正式拥有了“军师”的名号。

1850年夏，太平天国武装起义的时机日趋成熟，各地拜上帝会的首领在所在地区分头发动群众。洪秀全的家属也从广东被接到了金田。信徒们变卖家产，筹备军械粮饷，编练队伍。

1850年7月，洪秀全毅然决然地发布了总动员令，号召各地拜上帝会的成员于11月4日到达广西金田村团营，集中编练队伍，准备起义。

金田村在紫荆山下，地势险要，逾岭50里即是险峻的西江大藤峡，易守难攻。

各路人马得到团营令后，纷纷前来金田。他们大多是全家离乡背井前来参加。不久，各地会众一万多人相继到达了金田村，洪秀全把团营的会众分别编成男营、女营，禁止个人私有财产，实行衣食所用均由公库供给的制度。一支以军、师、旅、卒、两为编制的太平军初步建立起来，武装起义的序幕便急促地拉开了。

当时，活跃在桂平附近的天地会首领罗大纲、苏三娘等，相继率众投奔太平军，从而壮大了太平军声威。

1851年1月11日，以洪秀全为首的领导成员率众在金田村宣布起义，“正号太平天国元年”。从此，举世震惊的太平天国革命运动开始了。它像霹雷闪电，划破了沉寂黑暗的夜空，唤醒了千百万受压迫的农民奋起斗争，它像一堆干柴燃烧中国大地，它像狂风暴雨一般扫荡着清王朝的反动统治,壮丽的大好河山将在革命的怒火中觉醒。

起义开始时,众人默默祈祷。祈祷后,洪秀全举起手高声宣布:“我们拜上帝会今天起义了!众人皆知,当今世界,豺狼当道,日月无辉。朝有奸臣,署中酷吏,甚于盗贼。上下交征,生灵涂炭。我等志士仁人,伤心恻目,环顾同胞,义难袖手,因之举义讨逆,再造升平。”

接着,洪秀全说:“我太平天国有众多安邦定国的人才,文臣二百,武将上千,雄兵三万,杀妖建国,势当无敌!”并向起义队伍宣布了五条军纪作为太平军的行动准则。这五条纪律是:一、听从条命;二、男女分官;三、秋毫莫犯;四、公心和睦,各遵头目约束;五、同心合力,不得临阵退缩。

太平军全体将士蓄发易服,头包红巾,标志着同清朝统治者誓不两立。由于太平军将士人人都把头发留起来,所以有“长毛”之称。

金田村起义后,太平军出紫荆山区,进抵大湟江。清军闻讯后迅速向浔州(今广西桂平西)集中,达到一万多人,由钦差大臣李星沅统率,前线由广西提督向荣指挥。1851 年 2 月 18 日,向荣所率清军被太平军大败于牛排岭。接着又战于屈甲洲,太平军佯攻,先设伏以抄清军之后,清军前后受敌,士卒伤亡数百人。向荣两次战败,再也不敢向太平军进攻,改用围困的办法。

3 月 10 日,洪秀全率起义军由江口突围经桂平,翻越紫荆山到达武宣东乡。

在这个时候,天王洪秀全封杨秀清为中军主将,萧朝贵为前军主将,冯云山为后军主将,韦昌辉为右军主将,石达开为左军主将。太平军领导核心正式确立。

5 月 16 日,太平军自东乡进入象州境内,在中坪墟建立总部,而以百丈、新寨为掎角。这时,清廷方面派大学士赛尚阿为钦差大臣,广州副都统乌兰泰帮办军务。他们跟在太平军后面尾追。6 月 9 日,太平军和乌兰泰部激战于独鳌山、梁山村和马鞍山。太平军 7 位战士冲入清军营盘,清军大惊失色，数千官兵全部溃散。

1851 年 9 月 11 日，太平军于夜间从金田突围向永安进发。清军向荣所部尾追，到官村地区，遭到太平军伏击，向荣所率清军全军覆没，向荣逃至平南县城。

9 月 25 日，太平军先锋部队在罗大纲率领下，攻入永安州（今广西蒙山），击毙知州吴江等。这是太平军自金田起义以来占领的第一座州城，大大鼓舞了全军士气。

太平军在永安驻守半年之久，在这里整顿军纪，建章立规，进行封王等项活动。

在政权建设方面，12 月 17 日，洪秀全发布天王诏令，封左辅正军师杨秀清为东王，九千岁；右弼又正军师萧朝贵为西王，八千岁；前导副军师冯云山为南王，七千岁；后护又副军师韦昌辉为北王，六千岁；石达开为翼王，五千岁。规定所有诸王俱受东王杨秀清节制。此外，还颁行了冯云山所制定的新历法，叫作“天历”，同时揭露并镇压了太平军内军师周锡能投敌反叛的阴谋活动。

太平军还采取了军民合作措施，没收恶霸地主的浮财，一部分分给参加斗争的群众，其余作为太平军饷粮，贫苦民众不再给地主交租。

太平军还刻印了《太平诏书》《天条书》《太平军目》，发布了讨清檄文《奉天诛妖救世安民》《奉天讨胡、檄布四方》《谕救一切天生天养、凡属天父主皇上帝子女者，又谕救一切中国人民，从前不知大义、误帮胡妖、自害中国者》。这三道檄文分别号召清朝的团勇、秘密会党、知识分子和清政府的官吏起义，“同心勠力，扫荡胡尘”。太平军将三道檄文广为散布，成为进一步动员群众参加斗争的战鼓，在政治上有力地孤立和打击了封建统治者。

太平军驻扎在永安的时候，广大群众踊跃参加革命运动，太平军人数激增到 3.7 万多人。

金田突围,太平军打破了清军的围剿,但是,清军很快又形成了对永安太平军新的围剿。赛尚阿、乌兰泰屯南路,大营扎在佛子村一带;向荣带着残兵败将屯北路左排塘一带。南北两路总数在4.6万人左右。

1852年4月4日,洪秀全向全军发布了新的突围令,命令全军"男将女将同持刀","同心放胆同杀妖"。

4月5日,太平军以罗大纲为先锋,冒雨突破清军设置的三道防线,大败清军的追兵,歼敌4000余人,击杀清军4个总兵官,乌兰泰全军覆没,太平军取得了突围的重大胜利。

1852年6月3日,太平军攻克广西东北部的重镇全州。6月5日,太平军弃全州继续前进。在离全州城10里处,山径崎岖,形势险要,太平军面对清军的埋伏,奋勇战斗,打退了进攻,俘虏了一部清军。可惜的是,在激战中南王冯云山不幸中炮受伤,不久牺牲。冯云山具有卓越的组织才能,善于团结各路英雄,协和诸将,在群众中享有很高威望,他的牺牲是太平军的重大损失。

冯云山牺牲后,太平军因急于赶路,便将他就地秘密埋葬于附近山谷中,不建坟,不立碑。后清朝地方官府多次派人寻找都没有结果。

太平军冲破敌人的阻截后,分两路向湖南道州(今道县)进军:一路出扁担坳,一路出灌阳文村。6月12日攻克道州。在道州约有2万人参加了太平军,其中有数千名挖煤工人,这些工人被组织成"土营"(相当于工程兵,擅长开挖地道),在日后的夺取城池战斗中挖地道、炸城墙,发挥了作用。

1852年9月,西王萧朝贵率军袭取长沙,亲自在城下督战,不幸中炮牺牲。萧朝贵勇敢刚毅,冲锋在前,为太平天国运动立下了赫赫战功。

1852年12月3日,太平军攻克益阳城。数千船户带着船只,参加了太平军。太平军乘船出临资口越洞庭湖,于12月13日,攻克两湖咽喉重镇岳州(今湖南岳阳)。岳州人民纷纷迎接太平军入城。当地船户携民船

5000余艘参加了太平军。太平军增设“典水匠”一职,统率水营。12月17日,太平军在船上架起大炮,从岳州起程,千船健将,两岸雄兵,直捣武汉。所过城镇,清兵望风披靡。12月22日,太平军占领汉阳,29日占领汉口。

1853年1月12日,太平军由地道轰城炸毁文昌门,城墙倒塌,大军乘势入城,一举攻克武昌。湖北巡抚常大淳毙命。

武昌是中华大城,号称“九省通衢”“神州中央”,长江、汉江在此交汇,十里长街,百货充盈,千门巨室,万家灯火。这对长年在农村转战、生活的太平军将士和他们的领袖来说,真像是到了一个洞天福地的花花世界,眼花缭乱,不知所措。

武昌是金田起义以来太平军攻克的第一座省城。太平军入城后,对百姓秋毫无犯,受到城内百姓的焚香供桌,夹道相迎。广大群众兴高采烈,城内城外出现参加太平军的热潮。继湖南以后,太平军的队伍又一次扩大,太平军总人数达到50万之众。

2月9日,太平军自武昌兵分两路,顺江东下,直逼南京。水师千帆竞发,“帆幔蔽江,衔尾数十里”,浩浩荡荡地顺流东下,有人即兴赋诗曰:“好景南天一片红,扬帆迅速须流东。”陆师千军万马,旌旗蔽日,在隆隆的炮声中沿江两岸长驱东进。一路上,太平军所向披靡。2月18日,太平军攻克九江府城。2月24日,攻克安庆府城,击毙安徽巡抚蒋文庆。3月4日,太平军攻克太平府属芜湖重镇。

3月7日,太平军攻占和州,旋即进抵采石,并分水陆两路向南京逼近。在南京城内群众的配合下,城外太平军采取“穴地攻城法”,于3月19日攻破外城,斩两江总督陆建瀛。第二天攻入内城,杀江宁将军祥厚、副都统霍隆武。

攻克南京后,太平军分兵继续东下,一支由江北向东推进,占江浦,克仪征,攻扬州府城;一支沿江东下,克镇江府城等军事要地,派重兵把守。

天王洪秀全于3月29日自水西门进入南京城,并改南京为天京,正式在此建都。

建都天京，是太平天国金田起义后胜利的顶峰，沉重打击了清王朝的反动统治，也有力地推动了各地民众纷纷举起反清斗争的旗帜，响应太平天国革命，形成江南天地会系统的起义、北方捻军起义和大西南地区各族人民起义的三大势力。

天地会是长期在民间流行的反清秘密团体。它以建立山堂、结盟拜会等形式组织群众，盛行于东南沿海和长江流域。它的派别很多，如小刀会、三合会、哥老会等。在天地会系统的起义中，刘丽川领导的上海小刀会起义，陈开、李文茂领导的广州地区的红巾起义规模最大。

各地风起云涌的人民起义有力地支援了太平天国在长江流域的军事斗争，他们彼此呼应配合，互相支持，形成了以太平天国农民运动为中心的革命热潮。

1853年冬，天王洪秀全颁布了《天朝田亩制度》，这是创建太平天国的总纲领。这个纲领，不仅是解决农民土地问题的纲领，而且涉及政治、经济、思想、文化和生活等各个方面。它的基本精神是取消封建土地所有制，重新分配土地，建立某种公有制的社会体制，以实现农民的“有田同耕，有饭同吃，有衣同穿，有钱同使，无处不均匀，无人不饱暖”的平均主义思想。它体现了几千年来农民群众要求平分土地，实现没有压迫、人人平均、处处平等的美好愿望。

从《天朝田亩制度》的主要内容来看，这个纲领并没有超出单纯的农民战争的范围，它是历史上农民起义提出的“均贫富”“均田、免税”等思想、口号的继承和发扬，是更系统的农民革命的纲领。正如恩格斯所指出的，“天国不是别的，只不过是没有阶级差别，没有私有财产……一切工作、一切财产都要共同分配。最完全的平等必须实行”。这种绝对平均主义的纲领，是农民小生产者思想的结晶。它要求在小农经济分散的个体生产的基础上均贫富，废除私有制，消灭阶级，财产公有。其用心是善良的，但这只是一种空想，这在当时是行不通的。

根据《天朝田亩制度》的精神，太平天国在天京把手工业改为公营，废除了手工业生产资料的私人占有制。政府集中各种工人，按生产品种不同分别建立各种"营"和"衙"，从事有组织的集体生产。这就是"诸匠营"和"百工衙"制度。这种制度在金田起义后不久首先在军队中实行，建都天京后，才扩大到民间。由于这种制度是在战斗中形成的，因而有力地保证了军事的需要。当时有人说："百工技艺，各有所归，各效其职役，凡军中所需，无不如意。"这正是"百工衙"和"诸匠营"所起的历史作用。但是，作为一种长期的政策，在当时的历史条件下，也不利于生产的发展。事实上，这种制度并没有得到彻底执行。

《天朝田亩制度》规定，全国人民都按照军事体系组织起来。每 25 家为一"两"，设两司马进行管理，两司马之上设有卒长、旅帅、师帅、军帅、监军、总制等官职。总制管一个郡，郡相当于清朝统治时期的府。两司马领导的 25 家是社会的基层组织。这样严密组织的目的是："每家设一人为伍卒，有警则首领统之为兵，杀敌捕贼；无事则首领督之为农。"《天朝田亩制度》把"杀敌"和"耕田"结合起来，体现了洪秀全思想的高度，他始终没忘记杀敌，也没忘记农业生产。农民革命的斗争目标，在这个纲领里是十分明确的。

军帅以下各级官员叫作乡官，都是由下面保举的。"凡天下每岁一举，以补诸官之缺。"保举的条件一要遵命令尽忠报国，二要"力农"。被保举为乡官者，大多是出身贫苦的劳动人民。让忠于太平天国事业的积极分子掌握基层政权，这就摧毁了地主、士绅掌握基层政权封建统治的基础，出现了"文武各官三百六十行"的新气象。这对太平天国事业的发展起了很大作用。

在文化教育方面，《天朝田亩制度》规定：废除私塾和书院制度，实行政教合一，由两司马兼任老师；教学内容废除"四书""五经"等孔孟经书，改为太平天国的宗教理论和伦理道德;凡25家的童子都要读书,做到幼童教育的普及。这里包括女童在内,男、女同样有受教育的权利。

太平天国注重成人教育。《天朝田亩制度》规定,凡礼拜上帝那一天,“伍长各率男女至礼拜堂,分别男行女行,讲听道理,颂赞祭奠天父上主皇上帝焉”。这就是说,每七天对全体成年男女进行一次政治思想教育。英国公使文翰给英国政府的报告中也提到太平天国“女馆”中,妇女“均给予衣食及教育”。

《天朝田亩制度》对几千年来封建社会“男尊女卑”思想是有相当程度的冲击的。它除规定男女平等分配土地外,还强调“凡天下婚姻不论财”,废除买卖婚姻,这在中国历史上也是一个创举。

《天朝田亩制度》是一个十分鲜明的革命纲领,也是太平天国建设新世界的蓝图。

太平天国把平等思想扩大到外交事务上,提出:“我主天王奉天行道,凡事秉乎至公,视天下一家,胞与为怀,万国一体,情同手足。”又说:“天下之内,兄弟也。”“既系同拜上帝,皆系兄弟。”可以看出,太平天国对于外国资本主义侵略国家主权的一些行为并没有给予重视,没有把外国侵略者和外国人民区别开来,缺乏近代民族主义的国家观念,对维护国家的主权方面,认识上是模糊的。

在与外国人通商方面,太平天国宣布:“平定时,不惟英国通商,万国皆通商。”但是,他们严正指出:“通商者务要凛遵天令,害人之物为禁。”即不准贩卖鸦片。太平天国革命者维护人民利益,捍卫国家主权,主张严禁鸦片进口,这是完全正确的。但是,对外国侵略者开放港口,允许“自由出入”,“照常经营商业”,则表现出对资本主义国家的掠夺本质缺乏认识。

1853年3月,太平天国定都天京后,清军钦差大臣向荣就率军17000人到达城东面孝陵卫一带连扎18座大营,它就是常年围困天京的“江南大营”。几天后,又一钦差大臣,也就是鸦片战争时期的那个两广总督琦善,率兵万余人在扬州城外扎下了“江北大营”。尽管这样，当时的革命形势仍有利于太平天国革命运动的发展。在北方徐州一带，“饥民夹道，愁苦之声，颠连之状，惨不忍言”，人民生活在水深火热之中。东南各省也是一派动乱景象。这种形势为太平天国推翻清朝统治，争夺全国的革命胜利，创造了有利条件。于是太平天国领导人决定北伐和西征。

1853 年 5 月 8 日，太平天国组织北伐军，由主将天官副丞相林凤祥、地官丞相李开芳统兵 2 万，从扬州出发，这是一支精锐之师。

北伐军出发前接受洪秀全、杨秀清的嘱托：“师行间道，疾趋燕都，直捣清妖京城，万无贪功攻城夺地，靡费时日。”北伐军基本上是按照这一旨意行动的。

北伐军像一道闪电，也像一把尖刀，于 5 月 13 日由浦口分批北上，在乌衣一带迅速击败察哈尔都统西凌河的马队，连克滁州、定远，5 月 18 日占领临淮关。5 月 28 日，攻克凤阳，接着占领怀远、蒙城。6 月 10 日，攻克皖北重镇亳州。这时活跃在河南的捻军联系配合作战。6 月 13 日，北伐军抵达河南省城开封东 9 公里的太平岗。6 月 20 日，北伐军将领在开封朱仙镇向天京报告说：“北伐军进入淮北以后，民众踊跃参加，兵将日日增加，尽见骑马骑骡者甚多。”民众还以自己的物资支持大军北上。

6 月 22 日，北伐军至中牟，一路向西经郑州、荥阳，25 日至汜水。7 月 8 日克密县（今新密），取长葛，围许昌，过西平、确山、罗山而入湖北麻城。8 月 10 日克英山，11 日到达太湖，与西征军会师。

北伐军一路势如破竹，9 月 2 日攻破济源，9 月 4 日由太行山入山西境内，连克垣曲、临汾等城。

9 月 29 日，北伐军东进，出临洺关转入直隶（约今河北）境内。临洺关在直隶省邯郸北，系著名关隘，自古为兵家必争之地。此时，钦差大臣讷尔经额及总兵官经文岱驻扎关内。北伐军乘其不备，来了个突然袭击，清军官兵万余人仓皇失措，全部溃散，讷尔经额率十几人逃进广平府城，关防、令箭、军资、军书等物全部丢失。

临洺关大胜以后，北伐军连克沙河、任县、隆平（今隆尧）、赵州（今赵县）、深州等州县，10 月 13 日进至距保定 30 公里的张登镇。

北伐军在清政府心脏地区的猛烈进攻，不仅在军事上给其以沉重打击，在财政经济上也使清政府罗掘殆尽。清政府承认，太平天国起事仅 3 年，糜饷已达 2963 万余两；至咸丰三年六月（1853 年 7 月），部库存款支银仅 22.7 万余两。虽然如此，清政府仍不甘心失败，集结了所有力量以对付太平军。僧格林沁和胜保的两支军队成为太平军北伐面临的重要对手。

胜保率所部清军于 10 月 13 日到达保定。太平军改道由张登镇折回深州，欲乘虚东进夺取天津，然后进攻北京。10 月 22 日，他们从深州出发，25 日占领献县，旋即占领交河，27 日攻克重镇沧州，29 日占领静海。李开芳率领一支北伐军进至独流、杨柳青。10 月 30 日，太平军抵达天津郊区，离城仅 5 公里。

当时，天津的官府士绅拼死抵抗。他们招募人员组成团练武装，还破坏运河堤岸，使“运河之水大至，环城数里，地洼下，皆成巨浸”。太平军的攻势被阻。接着僧格林沁和胜保的两支清军又先后赶到，太平军被迫分兵固守静海、杨柳青及独流三处，互为掎角，由进攻转为防御。

这时，节令已属隆冬，南方将士不习惯于万里冰封的北方气候，粮食、衣服供给又都遇到极大困难。太平军虽然屡次出击，顽强战斗，重创清军，但终因粮食短缺，外无援兵，时局益艰。1854 年 2 月 5 日，太平军从静海、独流突围，步步为营，逐步撤退，于 3 月 9 日抵达阜城，固守待援。此时，太平军统帅之一的吉文元在战斗中牺牲。

在天京，洪秀全得到北伐军被阻的消息后，从扬州抽调有限兵力组织北伐援军。援军在山东临清遇到强大的清兵阻拦，只好退回，至冠县又被清军击溃，致使天津救援无望。

坚守阜城的万余太平军英勇抵抗僧格林沁的围攻。5 月 2 日，林凤祥移军坚守连镇,李开芳率骑兵突围至山东高唐州(今高唐县),接应援兵。至此,太平军便兵分两地,多次同敌人肉搏,表现了坚忍不拔的大无畏气概。

1855年3月7日,连镇失守,太平军全体将士壮烈牺牲,林凤祥因重伤被俘,后在北京慷慨就义。

连镇陷落后,僧格林沁移师高唐州。胜保因久攻高唐不下,被清廷撤了职,押往北京问罪。1855年3月17日,坚守高唐的李开芳突围进至茌平冯官屯。5月底,僧格林沁放水淹冯官屯,太平军不敌而败,李开芳被俘,后押至北京被杀。

太平军北伐历时两年,地经六省,行程5000多里,在外无援军、内缺粮草弹药的艰苦条件下,活跃在清政府的心脏地区,沉重打击了清政府的统治。他们在北方广大原野,散布革命火种,启发各族人民的斗争觉悟。在山东,流传着这样一首民歌:"长毛哥,长毛哥,一年来三遍也不多。"

太平天国北伐军全军覆没,使太平天国失去了攻击北京清政府的时机,带来了无可挽回的损失。

太平天国在出师北伐的同时开始了大规模的西征,西征的目的是攻打两湖,西袭巴蜀,并夺取江西、安徽两省,控制长江中上游地区,作为天京的西部屏障。

1853年5月19日,太平军大举西征,主帅是春官正丞相胡以晃、夏官副丞相赖汉英。西征军占领和州(今和县)后,连续攻克西梁山、芜湖、池州。6月10日再占安庆,此后从天京西上,安庆成为天京以西的一个重地。

赖汉英率太平军由安庆继续西上。6月13日,占领江西彭泽,18日由湖口攻入江西,进围南昌。清军顽强固守,太平军攻城三个月不下,9月撤围,占领九江府城。这时,赖汉英奉调回天京。九江由殿右八指挥林启容镇守。10月1日,太平军占领湖北武穴。10月20日,第二次攻克汉阳、汉口。

1854年1月14日,太平军在皖北战场攻克庐州(今合肥),逼攻武昌。湖广总督吴文镕驻守离黄州府城10公里的堵城,“大营十一座,排比屯扎”,企图挡住太平军的攻势。2月12日黎明,太平军绕到吴文镕大营后方猛烈攻击,趁冬季西北风放火烧清营,清军11座兵营尽成灰烬,吴文镕兵败而亡。2月16日,太平军第三次克复汉阳、汉口;20日克复金口,湖北按察使唐树义败死。

这时,西征军开始兵分两路:一路向湖北西部进攻,一路渡江进攻武昌并向南攻打湖南。

向西开进的一支西征军由曾天养率领,目的是突入四川。4月15日,曾天养克随州,25日占安陆府(今钟祥),5月2日占荆门州(今荆门),攻荆州。清荆州将军官文等死守。曾天养转经当阳攻宜昌。5月18日攻克宜昌。四川清军大惊,湘军首领曾国藩哀叹道:“东南大局,真堪痛哭。”

从汉口渡江南下的一支太平军,渡江后兵分两路:一路由国宗石凤魁、地官副丞相黄再兴等率领,围困武昌,6月26日克复武昌;另一路由石祥祯、林绍璋率领南下,2月27日攻占湖南岳州(今岳阳),3月7日占领靖港。

这时,石祥祯、林绍璋遇到了曾国藩统率的湘军。

清朝兵饷两亏,感到仅仅依靠绿营兵镇压不了太平军。因此改弦更张,要求各地地主、士绅筹建团练武装以加强镇压力量。1853年1月8日,咸丰皇帝命令在湘乡原籍的侍郎曾国藩在长沙办团练。

在近代中国,曾国藩是一个非常人物。誉之者说他是理学大师、大儒、传统文化集大成者,是一代名臣;毁之者说他是卖国贼、刽子手、魔鬼。正如章太炎所说:“誉之则为圣相,毁之则为元凶。”

他是一个非常有争议的人物,但是对待太平天国,他的确两者兼而有之,是能臣也是刽子手。

曾国藩是进士出身,书读得很好。因为有学问,又能依附穆新河、倭仁等当朝权臣和理学权威门下，因此春风得意，机遇迭生，自1840年(道光二十年)的一个从七品的翰林院检讨，不到10年连升12级，成了正二品侍郎。他在大清朝六部中，先后出任礼部、兵部、工部、刑部和吏部的侍郎，人称“侍郎专家”。由此，他对政府职能和官场升浮都是非常熟悉的。

1853年1月29日，曾国藩到达长沙，开始他镇压太平天国的生涯。曾国藩办的团练武装叫作湘勇，通称湘军。湘军纯属私人军队性质，只听命于曾国藩。湘军在作战中，即使面临困境，也从未出现叛变。湘军逐步成为清王朝镇压太平军的主力。

1854年2月25日，湘军出省作战，曾国藩写了《讨粤匪檄》，正式向太平天国宣战。他从衡州起程率湘军17000人，分水、陆两路北上阻击太平军。

3月11日，石祥祯、林绍璋与湘军首战于宁乡，击毙湘军统帅储玖躬，给湘军以沉重打击。

宁乡一战胜利后，太平军一度主动收缩战线，向北撤退。4月初，石祥祯、林绍璋调集主力由蒲圻南下。4月4日，击败湘军陆军王珍部于湖北羊楼司。4月7日，再克岳州，湘军各营溃败，曾国藩率残部从岳州败退长沙，太平军乘胜南下。4月21日、22日，太平军连败湘军水师，克复距离长沙仅30公里左右的靖港。林绍璋率一支太平军绕过宁乡南下，4月24日攻克了位于长沙数十里的湘潭，断了曾国藩的后路，给清军以很大的威胁。

4月28日，曾国藩亲自指挥40只战船及800名陆军向靖港发起进攻。太平军进行猛烈反击，全歼湘军水师。曾国藩因失利于岳州，继而又失败于靖港而悲观失望，两次欲投水自尽。败回长沙后，曾国藩写下2000余字遗嘱，密令其弟曾国葆买了棺材，准备自杀。

正在这个时候，湘军塔齐布的陆军主力和褚汝航等所统率的水军联合进攻在湘潭的太平军，林绍璋所率太平军屡战不胜，于5月1日退出湘潭，败走靖港。

太平军湘潭之败,给整个战局带来很大的影响。曾天养闻讯停止西进,回军入湘支援,与林绍璋在常德会合后,一道退守岳州。

经过靖港、湘潭两次战斗,湘军损失惨重。曾国藩自认,水、陆两军仅存四五千人。经过两个月的补充,才重新集合起两万之师。7 月 7 日,湘军再度向太平军进攻。当时太平军岳州守将曾天养对来自湘军的进攻颇为担心,在给住在安庆的两线统帅石达开的信中说:"妖魔作怪,难以取胜,恐岳州城池难守。"7 月 25 日曾天养退守城陵矶,28 日退守临湘。

曾天养连续几次组织反攻,想夺回岳州,但未能成功。8 月 11 日,曾天养再次组织反攻。他一马当先,与湘军头目塔齐布对阵。曾天养当面怒斥塔齐布并戳伤其坐骑,但是曾天养不幸被湘军刺中,当场牺牲。

曾天养牺牲后不久,太平军退回武昌,湘军尾追其后。8 月 25 日,太平军失陷城陵矶。10 月 14 日,太平军东退,再陷武昌。

湘军攻陷武汉后,向东进攻田家镇,太平军水师在田家镇遭受重大损失。燕王秦日纲被迫焚田家镇营盘,由黄梅退回宿松、太湖。这时,杨秀清令石达开从安庆西援,冬官正丞相罗大纲也从江西饶州(今鄱阳)星夜轻骑赴援。太平军将领林启容守九江,石达开驻湖口,罗大纲守湖口对岸的梅家洲,三地互为犄角,严阵以待。

12 月 8 日,清水师前队彭玉麟进入九江,陆军塔齐布、罗泽南部由田家镇渡江;23 日攻陷广济县城,经黄梅渡江攻九江、湖口。

1855 年 1 月上旬开始,石达开等指挥太平军"夜夜以陆军师千余,火箭火球,大呼惊营",而清军则"彻夜戒严,不敢安枕"。曾国藩的湘军急不可待,于 1 月 29 日,水师组织长龙舢板 120 余只,从湖口冲入鄱阳湖。石达开、罗大纲等立即在湖口设卡筑垒,断其出路。2 月 11 日夜,太平军乘着漆黑的夜色,再度组织进攻。曾国藩乘坐的船被围,管驾官、监印官被击毙,湘军辎重尽失。曾国藩乘小船逃到塔齐布的陆军营盘,气急败坏地"欲策马赴敌以死"。

湖口这一仗，石达开立了大功，扭转了太平军湘潭战后连续败退的局面，湘军水师仅剩百余船只，败退到武昌修补。

太平军乘胜兵分三路西进，继续扩大战果。

一路向西发展。3月2日，大败清荆州军，克沔阳（今仙桃市）州属之仙桃镇。3月22日，挺进至天门县（今天门市）附近之岳家口，击毙清军荆州都统贵升。22日攻克天门县城。

另一路由陈玉成率领北上。3月21日攻克汉川，4月2日克应城，4月6日克云梦。5月31日，进攻随州，击毙西安将军扎拉劳，克复州城。

再一路于2月25日从田家镇渡江，攻占兴国、崇阳、咸宁，与在汉阳的秦日纲夹击武昌的清军。4月3日，太平军第三次克复武昌。

在长江沿岸反复争夺的同时，太平军占领了安徽和江西的广大腹地。

1853年至1856年间，太平军在皖北、皖南先后克复近40个州县，形成一个比较巩固的太平天国统治区。

太平军在江西境内横扫清军，到1856年，江西省13个府中，有9个府城50余县城掌握在太平军手中，形成一块比较巩固的统治区。曾国藩曾哀叹道："闻春风之怒号，见寸心欲碎，见贼船之上驶，则绕屋彷徨。"可见当时江西太平军势力之大。

太平军在西征取得胜利的同时，在天京地区与清军的斗争也取得了重大胜利。

1855年2月，上海小刀会起义被中外军事势力镇压以后，清军从外部加紧了对天京、镇江的进攻。清政府命令江苏巡抚吉尔杭阿移师镇江。连同驻扎在孝陵卫一带的江南大营的万余清军，此番进攻镇江的清军达一万多人。

太平天国为解镇江之围，从西线抽调一部分兵力，由燕王秦日纲率领，包括冬官正丞相陈玉成、春官正丞相涂镇兴、地官副丞相李秀成、夏官副丞相陈仕章、夏官又正丞相周胜坤等将领在内，从天京出发东援镇江。1856

年2月初,太平军进至栖霞、龙潭一带。清军自东阳至夏蜀连营30余里进行抵挡。秦日纲与诸将决定由陈玉成乘一小船,冲过清军水师防线,直抵镇江,与镇江守将吴如孝会合。4月2日,秦日纲大军与镇江城内吴如孝、陈玉成等部东西夹击,大败清军,焚毁清军营盘16座。4月3日,太平军向扬州发起攻势,并摧毁清军营盘120余座。4月5日,太平军再度占领扬州。5月29日,秦日纲主力攻克黄泥洲,并猛攻高资清营。江苏巡抚吉尔杭阿自九华山带兵来援,被太平军四面围困,内外不通,吉尔杭阿当场被击毙,同时毙命的还有京口副都统绷阔、江宁知府刘存厚等,清军营盘80余座被毁,残部逃回九华山。

为了消灭江南大营清军,石达开从江西前线率2万大军于6月18日到达天京北郊,与秦日纲大军会师。6月19日,石达开、秦日纲两部太平军共4万余人,分路猛攻仙鹤门、紫金山的清军大营,4座营盘均被焚毁。接着连破清军营盘20余座,又集中兵力攻击钦差大臣向荣大营,歼清军千余人。21日,向荣等败退丹阳。江南大营清军被打败。

这时,石达开再度西上增援武昌,秦日纲率大军东进追击向荣残部。8月9日,向荣毙命。

自此,天京长达3年之久的心腹大患解除了,太平军从长江上游的武昌至下游的镇江,畅行无阻,形成了太平天国军事上的全盛时期。

太平天国的领导人在胜利面前没有保持清醒的头脑,相反滋长了高傲自大的情绪,沿袭了封建君主制度恶习。他们热衷于追求个人的权势和地位,贪图享乐,生活奢靡。尤其是身为主要领导人的洪秀全和杨秀清,享乐思想和权力欲望更为严重。

定都天京不久,他们就大兴土木,拆毁许多民房,动用成千上万的劳动力,建造豪华壮丽的天王府和东王府。天王府“城周十余里,墙高数丈,内外两重,就连花园也是雕琢精巧、金碧辉煌”。杨秀清建造的东王府,不惜毁坏附近大批的民房、商铺以开拓地基。东王府虽逊于天王府,但也是周围数里，墙高数丈，“土木冠绝天京”。

天王洪秀全从民间大肆挑选嫔妃，此例一开，诸王效尤，遂给民众带来极大痛苦。

东王杨秀清生活颇为奢侈，大讲排场。每次出行时，天京全城大放礼炮，行人回避，甚至还要跪在街头。他出行常常大摆仪仗，鼓乐、仪仗队多达数千人，以至排成二三里长的队伍。

由于沿袭了封建君主制度，他们还颁布了等级森严的“礼制”，对诸王及其子女、亲戚和各级官员的称呼，作了严格、烦琐的规定，不得乱称。如天王洪秀全得称“万岁”，东王杨秀清称“九千岁”，其子女称“千岁”。对丞相至军师皆称“大人”，师帅至两司马称“善人”，如此等等。各级官员之间、上下级之间的等级界限十分严格，就连他们的服饰、仪仗、卫队、坐骑等都有严格规定。他们为追求名分和享受，发展成彼此争夺权力的内部矛盾重重的局面，在太平天国领导集团中，逐步形成洪秀全与杨秀清之间错综复杂的矛盾和斗争。

1856 年，太平天国领导集团内部爆发了一场互相残杀的内讧，史称“天京事变”。天京事变是洪秀全、杨秀清、韦昌辉、石达开之间矛盾激化的产物。

拜上帝的宗教宣传与传统皇权的矛盾潜伏着危机。

1848 年，杨秀清、萧朝贵借冯云山被捕下狱，洪秀全又不能直接出面之机，取得了代天父、天兄下凡的特殊身份。1852 年 9 月，萧朝贵在进攻长沙时战死，天兄代言人一去不复返。天父代言人与天王的矛盾冲突增大了。按照洪秀全创立的拜上帝宗教体系，洪秀全是上帝派下凡掌管世间一切的真命天子，杨秀清低于洪秀全，应听命于洪秀全。但是，杨秀清玩弄的天父下凡这套把戏，使天父又凌驾于天王之上。东王天父的身份出现时，是绝对的权威，是至高无上的。这就是，在太平天国，天父“托东王之口，教导兄弟姐妹”，“要知今日做事，皆听命于天父”。生杀予夺的大权，掌握在天父手里。当杨秀清为天父时,洪秀全得跪在杨秀清面前,聆听福音、圣旨。

1856年8月,杨秀清假托天父谕旨,要洪秀全封他为“万岁”,这实际上是不承认洪秀全有至高无上的君主权力,至少是要求平起平坐。

天无二日,地无两主,洪秀全是天王,天王就是皇帝,号称万岁。他当然不允许另一个称“万岁”的皇帝的出现。洪秀全不能容忍杨秀清这种逼封万岁的举动,他深感存在着的危险,急于采取措施以解除威胁。他立即密召在江西指挥军事的北王韦昌辉速回天京诛杀杨秀清。

韦昌辉是太平天国的元勋之一。他出身于地主家庭,拜上帝会后行动坚决,把全部家产变卖用来制造武器,准备起义。他带动全家的人参加太平军。他的侄辈中也有在战斗中牺牲的,他又是金田村起义的发起人之一。他率领一支水陆大军“转战大江南北,亲自督战”,“自起义以来,不惮劳瘁,尽心竭虑,百计图维”。进入天京后,他辅佐杨秀清。但杨秀清对韦昌辉竭力欺压和侮辱,杖责过韦昌辉,还欲杀韦昌辉的哥哥。对杨秀清的所作所为,韦昌辉采取了忍耐的态度,表面阿谀奉承,但内心对杨秀清的专横跋扈十分不满。

韦昌辉接到天王的密令后心急如火,率兵3000人抵达天京。在天京附近遇到燕王秦日纲,劝秦日纲率将士回京诛杨。秦日纲平日对杨秀清亦心怀不满,便随韦昌辉于9月1日深夜到达天京。两人联手封锁天京的交通要道。9月2日凌晨,韦昌辉冲进东王府,杀了杨秀清及其全家老小,同时杀死了东王部下和群众2万多人。

在湖北指挥军事的翼王石达开闻听天京事变,急忙从武昌洪山赶回天京,他见天京被杀的人太多,很是不满,当面劝韦昌辉不可滥杀无辜。韦昌辉见翼王石达开不满他的行动,顿起歹心,反过来又要杀害石达开。石达开见时机不好,连夜逃出京城。疯狂的韦昌辉却把留在天京的石达开的妻儿老母全都杀死。石达开逃至安庆,起兵讨韦,并要求洪秀全交出韦昌辉的人头，否则就攻灭天京。

洪秀全眼看事态扩大，便下令制止韦昌辉滥杀。但韦昌辉大怒，说：“我为你除大害，今反责我而欲沽名耶？”立即派人进攻天王府，双方对峙数十天。韦昌辉滥杀无辜早已引起天京军队的极大不满。11 月初，石达开大军压境，天王洪秀全在天京军民支持下，捕杀了韦昌辉、秦日纲及其同伙 200 多人。这才平息了长达两个多月的天京变乱。洪秀全派人把韦昌辉的人头送给石达开查验，石达开这才打消了攻灭天京的念头。

因杨秀清、韦昌辉而起的天京事变对洪秀全打击很大，他除了信任洪氏本家，对几乎所有的功臣都不肯信用。虽然他把石达开召回天京主管行政，但他同时又把自己两个昏庸无能的哥哥洪仁发、洪仁达封为安王和福王，干预朝政，以牵制石达开，这使得石达开伤心和不满，也引起了满朝文武的反感。石达开小心翼翼地在天京待了半年多，深怕遭到洪氏兄弟的暗算，落到第二个杨秀清的下场，便决定离开天京。

1857 年 6 月 2 日，石达开从天京出走时，有 10 多万太平军精锐之师随他而去。19 日到达安庆，他发布文告，打出“出师再表真”的旗号，号召太平军将士随他“远征”。这时翼殿将士纷纷追随他，致使所守城池纷纷落入清军之手。洪秀全面对急转直下的军事和内政的压力，力图挽回分裂局面，下诏将洪氏兄弟王位去掉，并镌刻义王金牌一道，以及朝内文武求救表章，送往安庆。但石达开并没有接受金牌，也没有同意回去。此后洪秀全“百计迎回”，但石达开义无反顾，终究没有复回。石达开坚持分裂，既辜负了天国军民的期待，贻害天国，又最终葬送了自己。

1857 年 10 月，石达开自皖南入江西，后在浙、闽流动，屡为清军所败。1858 年 10 月，经江西入湖南，第二年退回广西。1859 年 5 月，石达开主力部队与湘军在湘西宝庆府（今邵阳）激战两个月，未能得胜，于是又回师广西。石达开离开天京后，一改常胜将军的形象，屡战屡败，所率部队给养困难，疾病流行，士气低落，其部下普遍产生悲观失望情绪，纷纷脱离石达开，辗转回到江西与李秀成领导的太平军会合。

1861年10月,石达开出广西经两湖入川东,后辗转云贵,入川西。1863年5月,石达开率三四万大军抵达大渡河南岸的紫打地。这里前面有大渡河,左面有松林河,右面有老鸦漩河,东南面是崇山峻岭,河水陡涨数丈,大军无法渡过。河对岸又有清军总兵唐友耕严密把守,西面松林河有土司王应元把守,东面马鞍山有土司徐承恩把守,南面有清军参将杨应刚把守,石达开陷入了绝境。

清军头目看出石达开四面受敌,又困于雨季,断桥不能渡河,面临末路,于是清军参将杨应刚等在石达开驻营附近竖起"投诚免死"的大旗。清军都司王松林亲赴石达开军营,直接出面诱降,借以动摇石达开及其部众军心。

这时,石达开的心情十分矛盾。开始,他立志纵死不降,誓与清军决一死战;之后,又改变血战出险境的初衷,企图诈降,谋求生路。但清将杨应刚自称奉四川总督骆秉章意旨招抚,并许诺,石达开放弃抵抗,即可退隐原籍,所属将士则遣散为民。石达开再次改变主意,决定自投清营,以保全体将士性命。当时,军师曹伟人就预料石达开上当受骗,即自杀而死。6月13日,石达开带着5岁的儿子石定忠、宰辅曾仕和到清营谈判投降条件,结果受骗被俘,押至四川省城成都。6月25日,石达开在成都被凌迟处死,时年33岁。石达开部将200余名、士卒2000余名被围杀殆尽。偶有逃出的,也被追杀。

天京悲剧和石达开的败亡事件,是太平天国由盛到衰的分水岭,是太平天国由战略进攻向战略防御的标志。

天京变乱后,太平天国处在内外交困的状态,外部是清军猖狂反扑,内部则是领导核心的瓦解。因此,重建领导核心,打退清军的进攻,成为太平天国刻不容缓的大事。

1857年,洪秀全提拔青年将领陈玉成和李秀成主持军事。陈玉成当时年仅21岁,是个有卓越军事才能的青年将领。他家居广西藤县,自幼充当雇工,父母双亡。14岁跟随叔父陈承瑢参加金田起义,成为一名勇敢善战的童子兵。西征进攻武昌时,他率突击队爬上武昌城头,为攻克武昌立了大功。1856年援救镇江时,他率精壮兵士数十人乘小船冲破清军的重重封锁,进入镇江,与太平军守将约定内外夹攻清军,为解救镇江之围立下奇功。他由一名童子军很快被提拔为独当一面的将领。

李秀成与陈玉成是同乡,而且同居一个村子,关系很密切。李秀成比陈玉成大十三四岁,家里也很穷。他自幼种田或给人帮工,在太平军北上永安州路过他家乡时,参加了太平军。他为人正直,富有组织才能和战略眼光,在战斗中屡立战功,并从普通一兵逐步成长为一名优秀的军事统帅。天京事变后,李秀成奉命主管军事,他鉴于"国事纷纭",向天王洪秀全上奏,提出改革内政的意见。他劝天王定制恤民,宽刑以待万方;肃正朝纲,明正赏罚,择才而用;减轻赋税,而惠四方;重用翼王,不用安、福二王。这些正确的改革建议,遭到洪秀全的拒绝,而且受到"革爵"的处分,但是李秀成据理力争,终于说服了洪秀全。

1859年4月22日,天王族弟洪仁玕到了天京。洪仁玕是最早接受拜上帝思想的信徒之一。金田起义时,他正在广东清远县教书。当他赶往广西时,起义大军已离开桂平北上。1854年,他由香港到上海,想去天京,由于交通阻塞,又回到了香港。在香港,他在教会工作了4年。这时,他接触了西方科学文化。1859年,他再度离开香港北上,历经广东、江西、湖北等地,到了天京。天王洪秀全对洪仁玕的到来感到十分高兴。5月11日即封他为"天朝精忠军师顶天扶朝纲干王",总理朝政。6月,天王封前军主将陈玉成为英王,12月又封李秀成为忠王。从此,太平天国领导核心重新建立起来了。他们三人都比较年轻,富有朝气,才能出众,成为太平天国后期的主要支柱。

陈玉成和李秀成主持军事后,立即着手组织军事反攻,改变了太平天国在军事上的被动局面。1858 年 7 月,李秀成在安徽枞阳召开军事会议,决定立即在江北战场迎击清军。李秀成与陈玉成紧密配合,发动了几次大规模的战役。

一次是 1858 年 9 月发动的浦口战役。陈、李两路大军在安徽滁州境内会师东进,一举攻破浦口,第二次摧垮清军江北大营。从此江北大营不再建立。这次胜利,打通了天京与江北的通道,使天京有了牢靠的供给线。太平天国立即在江浦地区建立浦省,驻重兵把守。

再一次战役是 11 月发动的三河镇大战。当时太平军在浦口与清军遭遇时,湘军悍将李续宾直扑安徽庐州附近的三河镇。陈玉成闻讯后,于 11 月初回到西线,迎击湘军,李秀成随后接应。陈玉成在三河镇东南 15 公里的金牛岭、白石山切断湘军后路,乘着漫天大雾发动进攻。李、陈二将与三河镇太平军守将互相配合,对湘军展开围歼。双方经过激烈搏斗,最终太平军击毙湘军悍将李续宾,全歼李部湘军 6000 余人,其中包括湘军文武头目 400 余人,曾国藩的胞弟曾国华也被击毙。李续宾部为湘军主力,凶悍异常。李部覆灭后,湘军为之丧胆,围攻安庆的湘军也迅速撤围。曾国藩哀叹说:“三河之败,歼我湘人殆近六千,不特大局顿坏,而吾邑士气亦为不扬。”三河镇大战使湘军元气大伤。

浦口、三河镇两大战役太平军的胜利,阻止了清军的进攻,扭转了战局,稳定了局面。

太平天国在军事上作了一系列努力,使形势一度好转,在政治上也作了一番刷新、整顿而重新振作起来。

1859 年洪仁玕总理朝政后,针对当时存在的问题,向洪秀全提出一个希望太平天国政令统一、繁荣强盛的改革计划,即《资政新篇》《立法制喧谕》等一系列改革主张。其中,《资政新篇》一文经天王洪秀全批准后,作为太平天国后期的重要文件颁布。

《资政新篇》的基本精神是“学习治国必先主政,而为政须有取资”。

“取资”即学习西方。“取资”的关键在于“因时制宜，审势而行”，指学习西方国家政治、经济、制度等，以建立“太平一统江山万万年”的“新天新地新世界”。

在政治上，主张“要自大至小，由上而下，权归于一”，以加强中央集权的领导；主张各省设立不受一般官吏节制的新闻官；创办报纸和设立意见箱；制定法律、制度；选拔使用官吏要得当；等等。

在经济上，主张效法西方资本主义，发展近代交通运输业，仿制火车、轮船；兴办邮政；鼓励民间开矿；主张创立银行，发行纸币；奖励技术发明，保护私有财产；等等。

在文化、教育上，主张办学校，开设医院；禁止迷信，禁止鸦片；提倡移风易俗，革除社会恶习；等等。

在外交上，主张与外国人自由通商、文化交流和平等来往；鼓励外国人来华投资，但不容外国人干涉内政；等等。

《资政新篇》和《天朝田亩制度》所不同的是，它要求建立的国家，已经不是农民的平等的理想王国，而是以西方资本主义国家为蓝图的国家。

《资政新篇》是近代中国第一个向西方资本主义国家学习的政治纲领。这集中反映了洪仁玕等农民革命家在当时的历史条件下，向西方学习，摸索救国救民的方案。

《资政新篇》的建议和主张，具有鲜明的资本主义色彩，符合中国社会发展的趋势，符合时代的潮流，也得到天王洪秀全的赞同。但由于当时太平天国忙于艰苦的军事斗争，没有也不可能给这些重大的社会改革提供环境和物质条件，结果未能付诸实施。

从1859年下半年开始，曾国藩的湘军重整旗鼓，再次进军安徽，太平军驻池州守将韦俊投降了清军。天京也面临江南大营的威胁。一度缓和的局势又趋于紧张。

1860年年初，洪仁玕、李秀成等在芜湖召开军事会议，决定集中兵力攻打威胁天京的江南大营,并采取“围魏救赵”战略。当时江南大营的军饷是由湖州、杭州、苏州一带供应的,他们计划先组织一部分兵力袭击湖州、杭州,这样江南大营必定分兵去救,然后太平军迅速撤回奇袭部队,集中优势兵力出其不意地向江南大营发起攻击。洪秀全采纳了这个建议。

太平军向杭州进军果然引起江南大营的极大恐慌。3 月 10 日,江南大营先后拨出清军 13000 余人,由总兵张玉良等率领自天京增援杭州。3 月 24 日,李秀成在杭州发现清军江南大营援兵已到,于是率太平军主动撤退至苏南的交通要道建平。在建平,李秀成与各路将领会合,商讨制定攻打江南大营的周密方案,决定集中 10 万大军的优势,分五路围攻江南大营。5 月 2 日,大战开始,天京守城的太平军见各路援军已到,也主动出击。5 月 5 日,英王陈玉成首先攻破天京西南长壕,将清军 50 余座营垒全部摧毁,总兵黄靖以下官兵数万人全部被歼。清军将领和春、张国梁败逃至丹阳,太平军迅速追击。张国梁出逃时落水而死,和春逃至浒墅关,走投无路遂自缢而死。从此,江南大营不复再建。

1860 年 5 月,天京解围,洪仁玕等登朝庆贺,并商量下一步的战略部署。

当时的形势是:在西线,从 1859 年开始,曾国藩就决定以主力进攻安庆。江南大营崩溃以后,清政府以全力支持湘军镇压太平天国。1860 年 6 月 8 日,清政府任命曾国藩为署两江总督,并任命为钦差大臣督办江南军务,所有长江南北两岸,水陆各军均归其节制。当时,曾国藩把安庆的得失,看作“关系天下安危”的头等重要问题,他决心全力争取安庆,然后沿江而下攻取天京。

对太平军来说,安庆在战略上是很重要的。保住安庆,天京才有屏障,长江水路就可以畅通,巢湖平原的粮食也就可以源源不断地运往天京,保证军需供应。同时,安庆也是和皖北捻军联络的据点。

英王陈玉成主张救安庆,攻打曾国藩的湘勇。而洪仁玕、李秀成则认为江南大营既破，苏州、常州、上海一带敌防务空虚，“乘胜下取，其功易成”，然后回师安徽，“合取湖北，则长江两岸，俱为我有，则根本可久矣”。

天王洪秀全赞同并批准了洪仁玕、李秀成的意见，令陈玉成、李秀成等率大军东进，先锋为陈玉成部下骁将靖东主将刘玱琳。天王特别关照，“限一月肃清回奏”。洪秀全的这个限期很重要，他的用意是不要与敌纠缠，速去速胜，然后回师西上。重点是在西路，东进是为西上所做准备之一。

1860 年 7 月，李秀成率太平军逼近上海。这时，盘踞上海的外国侵略者撕下了“中立”的伪装，帮助清军镇压太平军，但连吃败仗。太平军迫近上海城郊时，适值英法联军从天津撤至上海，帮助清军抵抗太平军。李秀成在外国侵略者的进一步阻挠下，率部从上海地区撤离，退到苏州。

这时，曾国藩的弟弟曾国荃率湘军猛攻安庆，在安庆外围与太平军展开激烈的争夺战。因清军对安庆长期围困，使安庆城内守军米粮尽绝。9 月 4 日，湘军从北门引爆地道内的炸药，轰塌城墙，攻入城内。5 日，湘军占领安庆。守城的太平军 16000 多人全部战死，无一人投降。湘军入城后“大杀三日，全城男女老幼无一留存”。安庆失守，使天京失去了西部屏障，这对太平天国极为不利。

安庆失守后，陈玉成退守庐州，他派部将陈得才、赖文光等率队赴西北，试图广招兵马，收复皖省。他自己留在庐州与湘军血战三个月。4 月间弃城突围，被叛徒苗沛霖诱入寿州（今寿县）城内抓捕，押至清军胜保营内。陈玉成大义凛然，坚贞不屈。1862 年 6 月 4 日，陈玉成被凌迟处死于河南延津，时年 26 岁。英王殉国使太平军栋梁摧折，正如他自述：“太平天国去我一人，江山也算去了一半。”

1861 年 11 月，曾国藩奉命统辖苏、浙、皖、赣四省军务后，坐镇安庆指挥全局。他分三路大军进攻太平军：第一路是在 1861 年年底，派他的弟弟曾国荃率湘军主力进攻天京。第二路是在 1862 年 1 月，派左宗棠率另一支湘军由江西进入浙江，与英法侵略者勾结，夹击浙江太平军。第三路是在1862年春,派李鸿章率淮军从安庆乘英国轮船抵达上海,与外国侵略者勾结,进攻苏南地区的太平军。

左宗棠(1812—1885),湖南湘阴人,举人出身。金田起义后,他曾招募军队在江西一带镇压太平军。1862年率湘军入浙江后,被任命为浙江巡抚,勾结外国侵略者镇压太平军。

李鸿章(1823—1901),安徽合肥人,进士出身,晚清重臣,为曾国藩幕僚,后回安徽办团练。1861年,他在原淮南团练的基础上,仿湘军营制,编成一支7000人的淮军。到达上海后被任命为江苏巡抚。在外国侵略者支持下,淮军很快成为中国近代继湘军后的又一支最大的地主武装。

与此同时,英、法、美等国侵略者,以上海为据点加紧布防。1862年2月,中外反动势力在上海成立"中外会防公所",策划上海防务方案。英法侵略军在上海增至数千人。美国的华尔洋枪队扩编至5000人,改称为"常胜军"。他们与清军相互配合,在上海周围攻击太平军。

1862年年初,李秀成率五路大军自杭州、苏州出发,水陆并进,第二次进攻上海。他沿途广贴布告,警告外国侵略者不得干涉太平军的行动,应当"各宜自爱,两不相扰","倘助逆为恶""则是飞蛾扑火,自取灭亡",但遭到李鸿章的淮军与外国侵略者的联合反扑。双方在奉贤(今属上海)南桥镇激战,法国海军司令卜罗德被击毙。5月中旬,李秀成率大军反击侵略者,接连收复嘉定、青浦(今均属上海)等县城,在青浦生擒常胜军副统领法尔恩德。6月初,太平军逼近上海城郊,侵略者龟缩在上海城内不敢出战。

正当李秀成在上海近郊获得全胜的时候,曾国荃率湘军逼近天京,驻扎在雨花台,距天京城仅4里,天京形势十分危急。天王洪秀全一日连下三道命令催促李秀成回援。李秀成不得不暂时放弃攻取上海的计划,率10余万大军由苏州北上,10月13日到达天京南郊,随即围攻雨花台附近的曾国藩营盘。

为了解救天京之围,太平军在天京城外与湘军血战46天,给湘军以沉重打击，曾国荃面颊被打伤，湘军死伤者达 5000 人之多。曾国藩自己承认："心已用烂，胆已惊破"，"军兴以来未有如此之苦战也"。

李秀成鉴于对雨花台曾国荃湘军大营久攻不破，太平军又粮草奇缺、寒衣无备，难以持久攻坚，便停止了进攻，并按照天王洪秀全的命令，率大军渡江，挺进湖北，夺取武昌，企图占领湘军的后方以迫使湘军撤天京之围。当时，太平军已没有充分的兵力实施"进北南攻"的计划了，而且湘军识破了太平军的战略意图，反而加紧围攻天京，使太平军的行动计划未能实现。

1863 年 6 月 13 日，湘军攻入天京，洪秀全急令李秀成迅速回军救援，李秀成率军返回大江南岸时，江水暴涨，又缺粮食，损兵折将，士卒死伤数万人。

当李秀成率军返回天京城外鏖战时，李鸿章率淮军和"常胜军"乘机反扑。因此，东部战场局势也急转直下。1863 年 3 月，英国侵略者戈登统领的"常胜军"与淮军联合攻陷太仓、昆山、吴江等地，进逼苏州。12 月，戈登诱使苏州城内的太平军变节分子部永宽等人叛变，刺杀苏州太平军守将慕王谭绍光，夺取苏州城。1864 年 3 月，戈登又与淮军联合攻陷宜兴、常州，切断苏浙两地太平军之间的联系，遂使太平军在江苏的根据地大部丧失。

1863 年 3 月，左宗棠的湘军与英法侵略军联合攻陷绍兴。1864 年 3 月，攻陷杭州。太平军在江浙的根据地大部丧失。

至此，太平天国失败的危局无可挽回了。

苏州失陷后，天京已成一座孤城。这时，李秀成劝洪秀全放弃天京，取道江西和湖北，会合陈得才、赖文光所部太平军，争取中原。可是，洪秀全拒绝了李秀成的建议，坚持婴城固守，并且怀疑李秀成对他不忠。此时，天王洪秀全不再过问国中军民之事，而是期待上帝保佑。

1864 年 2 月 28 日，天京城外制高点天堡城失陷，天京城各门都被湘军封锁，天京形势日益危急。

5月下旬,洪秀全因长期操劳,身患重病。

6月3日,太平天国领袖、天王洪秀全病逝,时年50岁。

洪秀全去世后,李秀成扶其16岁的长子洪贵福继位,称幼天王。7月19日,湘军由地道埋炸药,轰塌城墙攻入,天京沦陷。

这时,天京城中不过3万人,能战守者不过三四千人,但太平军仍然给湘军以很大的创伤。首批登城的400名湘军全部被歼,先入城的3000人被打死的有一半。曾国藩说:“肉搏相逼,损伤精锐,不可胜数。”

清军攻入天京后,到处放火、抢劫,遇男人便杀,见妇女便掳。夜间,金陵城火光灼天,广大民居及天王府等建筑也被付之一炬。“十年壮丽天王府,化作荒庄野鸽飞。”时隔30年,谭嗣同至金陵,仍然是“满地荒寒气象”。

李秀成在天京城破的当晚携幼天王逃出天京,并将自己的坐骑让与幼天王,自己终因人马困乏在荒山破庙里躲避,被奸细告密,于7月22日被俘,即被送到湘军曾国荃军营。7月28日,曾国藩从安庆赶到南京,随后,让李秀成花9天时间写了一份供词。

李秀成的供词(即《李秀成自述》),主要记述了他的家世及参加太平军的原委,回顾自己出生入死的戎马生涯。从中可以看出,李秀成颇有追悔之意,说自己走错了路。同时,总结了“天朝十误”,为后人研究总结太平天国失败的原因和经验教训留下了一份珍贵资料。在供词中,李秀成承认太平天国已经覆亡。为使太平军余部将士性命免遭杀戮,他提出了“招降十要”,要求“不计是王是将,不计何处之人,求停刀勿杀,赦其死罪”,不要杀南京城内太平军将士。从这一供词中可以看出,李秀成认为主死国亡,投降清朝不为不忠,认为太平军余部继续战斗则“有害无益”。供词里还提出“防鬼反”的建议,想激起曾国藩的民族情感,抵御外侮。李秀成建议曾国藩反清自代,自己做皇帝。这说明他对曾国藩的本质缺乏认识。曾国藩取得了李秀成的供词后,即删改了其中对自己不利的部分,派人誊写上报朝廷,同时于8月7日晚,将李秀成处死。李秀成时年41岁。

幼天王突围后,继续向东南方向,经句容、东坝,遇到由皖南广德前来迎接的干王洪仁玕。7月,洪仁玕等护送幼天王到广德。7月29日去浙江湖州,会合了堵王黄文金。8月4日,幼天王回到广德。9月5日,太平军猛将堵王黄文金病死。10月9日,干王洪仁玕在江西广昌被俘。25日,幼天王在江西石城被俘。11月,幼天王和洪仁玕先后在南昌被杀害。

天京陷落后,太平军余部分布在大江南北继续坚持斗争。一部由康王汪海洋率领,突围到江西德兴;一部由侍王李世贤、来王陆顺德率领,自浙江开化进入江西玉山。这两支队伍同清军作战了4年,到1868年8月被清军剿灭。

太平天国从1851年金田村起义开始,到1864年幼天王被害,经过14个年头的浴血奋战,势力扩展到18个省,攻克600多座城镇,席卷了半个中国,兵力于极盛之时超过100万之众。太平天国运动规模之大,发展之快,组织制度之完备,斗争威力之强,都达到了中国旧式农民战争的巅峰。

太平天国的迷梦在天京的一片火海和鲜血中极为悲壮、极为惨烈地破灭了。究其根源在于农民阶级无法克服小生产者固有的阶级局限。首先是太平天国领导人腐败堕落,贪图安逸。定都后,太平天国领袖们蜕化变质,丧失斗志,脱离民众,追求特权,奢侈腐化,钩心斗角,从根本上动摇了政权的根基。其次是缺乏科学理论指导,信仰神灵,充分暴露出封建农民运动的局限性。再次就是军事指挥的失误,没有巩固的地盘,北征西杀,兵力丧失殆尽。最后就是清政府与列强相勾结,形成联合战线,以残酷的手段共同绞杀了太平天国。

太平天国运动虽然失败了,但它具有极其重大的历史意义。它是中国历史上规模最大的一次农民起义,它沉重地打击了封建统治者,大大削弱了清朝封建统治势力,撼动了清朝统治的基础;它英勇地抗击外国资本主义侵略者,其反抗斗志,震动列强,唤醒了被压迫的人民,充分显示了中国人民决不屈服内外压迫的决心和勇气。

这场革命是近代中国旧民主主义革命的序幕,它的革命纲领吸引着追求平等、平均、求新、求变的革命思想,为中国人民后来的民主革命斗争提供了很多启示。它的革命精神对于发动和鼓舞广大农民起来参加反封建斗争起了积极作用。

三、外患连绵

1856 年，正当太平天国革命风暴席卷长江两岸，清朝封建统治岌岌可危的时候，英国、法国在美国、沙俄的支持下，联合发动了长达 4 年的侵华战争。

这次战争旨在强化和扩大其在第一次鸦片战争后已经攫取的政治、经济、宗教和文化等权益，并使鸦片贸易合法化，其实质是鸦片战争的继续和扩大，因此，这次战争被称为“第二次鸦片战争”。

第一次鸦片战争的直接结果是四个不平等条约的签订，按时间先后顺序，它们是《南京条约》《虎门条约》《望厦条约》《黄埔条约》。西方当时认为，中国进入了条约时代。

1854 年、1856 年，英、法、美三国两次向清政府提出关于“修约”，即修改第一批不平等条约的交涉，它是第二次鸦片战争的前奏曲。“修约”是以英国率先倡议，法、美附和的方式出台的。

事实上，在《南京条约》及《虎门条约》里都没有任何“修约”的相关条文。但英国援引《虎门条约》里所谓片面最惠国待遇，认定自己可以“一体均沾”，声称必须同样享受12年“修约”的权利。英国为了给自己的“修约”壮大声威，分别向法、美、俄等国发出照会，希望在“修约”活动中通力合作。

早在1853年，英国外交大臣克拉兰敦就给驻华公使文翰发出训令，要求文翰为1854年的“修约”做准备，并指示要力争达到如下目标：中国沿海及内地全部开放，至少要争取长江的自由航行，并进入沿江两岸直到南京的各城以及浙江省沿海各大城市；鸦片贸易合法化，废除外国进出口货物的内地税或子口税；英国公使正大光明地进驻北京，至少保证英国政府代表与中国政要间公文来往的畅通无阻和英国政府代表与所在地省份的中国巡抚之间的随时会晤。

同时，法、美两国也分别要求修改条约。美国公使提出，要求在长江流域及其支流的任何口岸城市及港湾进行贸易，使美国人可以进入中国内地任何地区进行贸易、传教和居住，并取得租赁、建筑等自由。法国公使除提出上述类似要求外，还要求释放因非法潜入陕西从事间谍活动而被捕的法国传教士。

在1844年签订的《望厦条约》中曾规定：“各口情形不一，所有贸易及海面各款，恐不无稍有变通之处，应俟十二年后，两国派员公平酌办。”由此可见，条约的修改，仅是限于具体执行过程中的一些枝节性，并稍为变通的规定。而从此时各国提出的要求中可以看出，所谓的“修约”，绝不仅仅是对某些条款“稍有变通”，实质是要签订一个比《南京条约》更具有掠夺性和奴役性的不平等条约。

1854年4月13日，英国新任驻华公使包令给两广总督叶名琛发来照会，其主要意思是：英国要“修约”，中英之间的纠纷得有个说法，我们英国人要进城，而且要让我们与贵国衙门、贵国总督会晤，否则我们要前往北京。而且警告说：英国与法国、美国“修约”将统一行动。

叶名琛（1807—1859），湖北汉阳人，善诗文，才气纵横，少年时堪称作家。1835 年中进士，1846 年任广东布政使，1847 年任广东巡抚，1852 年任两广总督。因先后镇压了太平天国的广东支部和天地会的红巾大起义，屠杀了成千上万的义军，1851 年咸丰皇帝赏他太子少保衔，1855 年授他为协办大学士，1856 年年初再授体仁阁大学士。

在处理外交事务方面，叶名琛有自己的一套理论。他从前车之鉴中得出结论：林则徐、裕谦等主战，以挑衅重处，兵败身亡；主和之人，为世人清议亦身败名裂。叶名琛身处两难之中，另创一格，借以自全，即高谈雪国耻、尊国体，但对洋人不刚不柔、不理不睬，以不变应万变，以静制动。正是在这种明哲保身的荒唐哲学指导下，叶名琛虽然负责两广军政及与洋人交涉的外交事务，但他既不屑讲交邻之道，与之通商联络，又不用心了解各国实情，而预谋应付。每当有列强发来照会，他既不上报朝廷，也不认真研究应对，或敷衍塞责，或干脆不予答复。

对于英国提出的“修约”问题也是一样，叶名琛避不答复，以此来避免同侵略者发生冲突。对于包令要求到总督衙门会晤，他则强烈反对，但答应可以在城外的商馆或者虎门相见。包令再次照会叶名琛说，“修约”很重要，如果清政府不表态，那他们将视为默认。对此，叶名琛仍置之不理。于是，包令带着武装舰队到了上海。叶名琛得知包令北到上海，立即向咸丰皇帝奏报。

6 月，英美代表到达上海，向两江总督怡良提出“修约”要求。怡良不予接见，但他想把这个外国人踢回广东，便向皇帝汇报说，让英美代表回到广东，让叶名琛办理。面对这种情况，包令开始加紧行动，提出要么在上海求见两江总督怡良，要么求见江苏巡抚吉尔杭阿，否则就上天津或到北京面见皇帝。吉尔杭阿向包令通报，钦差大臣叶名琛已接到皇上谕旨，专门办理此事。于是1854年8月初包令离开上海回到广东。

对于英美的"修约"要求,咸丰皇帝谕令叶名琛要对他们设法开导,坚决遵守已签订的条约,绝不能容许他们凭借12年变通的说法,再有什么新的图谋。

包令回到广东后,马上派代表给叶名琛送照会,提出"修约"之事。法国公使布尔布隆也跟在英美之后,发出类似照会。英国的照会里特别注明:希望在广州城内或者香港与叶名琛见面,然后再谈"修约"之事。广州城内,叶名琛绝不会容许外国公使进入;至于香港,叶名琛也不愿意去。他指定两处:珠海炮台或者广州城外的英国军舰上。但是他预先声明,只按旧条约商谈,如果稍有更易,他就做不了主,得请示皇上。包令看了叶名琛的回复很失望,和其他公使商量,决定直接到北京与清朝政府交涉,于是一行人又带着4艘军舰北上。9月间,他们到达上海;10月份,到了天津大沽口。

至此,咸丰皇帝便派长芦盐政文谦、天津镇总兵双锐等低级官吏参与会谈。1854年11月3日,双方见面会谈时,英国和美国公使各自亮出了"修约"条款,也就是先前提出的一些要求,其中,英国18条,美国11条。法国代表虽没有递清单,但英美获得的,也就是它获得的。最终,"修约"要求遭到拒绝,三国使者又回到了广东。当时,英法正同俄国进行克里米亚战争,无力在中国开辟新战场,美国也没有单独发动战争的能力,第一次"修约"活动就这样失败了。

1856年,《望厦条约》已签订了12年。美国在英法的支持下,再次提出全面修改条约的要求。此时美国的驻华公使是伯驾,美国给他的训令是:可以用军事示威作为"修约"的后盾,与英法两国协同合作,外国公使驻京,无限制扩大与中国的贸易,取消对外国人一切人身自由的限制。1856年1月19日,伯驾照会叶名琛,要求在省衙门会见叶总督,并递交国书,但叶名琛回复不予接见。之后,伯驾两次照会都遭到叶名琛的冷遇,只是在第三次照会之后,叶名琛才回复将他的意思转告给皇帝。

在这种情况下,伯驾联系三国公使,希望一起带军舰前往直隶,但是英法没有同意,伯驾无奈,只好单独带2艘美国军舰前往直隶。7月15日,他在福州会见了闽浙总督王懿德并递交国书,同样遭到拒绝。8月1日,他到达上海。此时他写信给包令,希望包令与法国公使马上带海军北上,三军会师于天津白河口。如果三国公使都能亲临北京,就会取得重要结果。包令的回复是:单独行动而没有一支庞大的海军舰队,中国是不会让步的。明年五六月份,我们三国共同出兵到达天津,"修约"才可能成功。

英、美、法三国"修约"企图一时没有得逞,都感觉到,"除非用武力示威和强迫,否则是得不到条约的修改或通商以及贸易情况改善的"。1856年春,已经持续3年的克里米亚战争结束了。此时,在这场战争中获胜的英法两国也得以调出更多兵力转向中国,实施其蓄谋已久的扩大在中国侵略权益的计划。

同时,俄国因其扩大而挑起的克里米亚战争最终以自己的战败而告结束,争霸近东的企图一时受挫,国内又处在奴隶制崩溃的边缘。为摆脱内外困境,不甘心利益受损的沙俄竭力向远东发展势力,决定西方损失东方补,把侵略的重心转向中国,企图利用与中国接壤之便,由内陆向海岸进行扩张,并借助英、法侵华的战火,趁火打劫,鲸吞中国北方大片领土。为此,沙俄转而支持英、法,联合发动了新的侵华战争。

为诉诸武力,强迫清政府就范,英国蓄意制造了所谓的"亚罗号事件"。

1856年10月8日,广东水师千总梁国定率兵40余人分乘巡船2艘,登上停泊于珠海炮台附近的"亚罗"号划艇,逮捕了12名涉嫌走私的海盗。本来中国官兵缉拿中国嫌犯是一件很正常的事,但由于"亚罗"号身份特殊,使事情复杂起来。

"亚罗"号是一艘中国船,曾为走私方便在香港英国当局注册,领取了一张为期一年的执照,但此时已经过期。广东水师的检查行为纯属中国内政,与英国毫不相干。英国驻华公使、香港总督包令也承认,对这艘船在法律上不能予以保护。但他遵照英国政府"决不放过一件小事"的指示,竟不管"亚罗"号是中国船,并停在中国境内,也不管船上水手有些确是走私盗匪,居然怒气冲冲地声称"亚罗"号是英国船,捏造中国兵勇曾侮辱悬挂在船上的英国国旗,要求送还被捕人员,并赔礼道歉,保证今后不再发生同类事件。同时,威胁两广总督叶名琛在48小时内予以答复,否则英国海军将采取军事行动。

两广总督叶名琛起初据理力争,但侵略者仍咄咄逼人。10月21日,英国驻广州代理领事巴夏礼向叶名琛发出最后通牒:限期24小时之内接受英方全部要求。

巴夏礼这个人一生近五分之四的时间是在中国和日本度过的。他13岁来华,14岁作为璞鼎查的私人随员目睹了《南京条约》的签字仪式,后来历任翻译、领事、公使等职,1885年死于驻华公使任内。他从少年时期就开始对东方进行殖民侵略的长期经历,塑造了他特别凶悍跋扈、恣意妄为的性格。"亚罗号事件"发生时,他刚从英国回到广州不久。在英期间曾与英国首相巴麦尊多次接触,巴麦尊指示他:"必须对清政府提高嗓门,并且要求中国即便是最小的侮辱也要立即赔礼道歉。"由于有英国首相撑腰,巴夏礼在对华交涉中变得更加胆大妄为了。

两广总督叶名琛担心事态扩大,答复说:以后会尊重条约与英国国旗,捉拿的水手可以放回。在10月22日,距离最后期限还有1个小时的时候,叶名琛将被捕的12名水手全部送回到英领事馆。叶名琛的妥协行为,大大助长了英国侵略者的嚣张气焰。英方本意是在挑衅,所以巴夏礼为进一步扩大事态,百般挑剔,乘势故意刁难,借口礼貌不周或所派官员职位不高,拒绝接受。同时按照他们事先的侵略预谋,命令军舰开入中国的海口,进攻沿江炮台。

法国为参加侵华战争,也制造了一起所谓的"马神甫事件"(又称"西林教案”）。

马神甫即法国传教士马赖，他受巴黎外方传教会派遣，于 1853 年来到澳门。后又被派往广西传教。马赖从广州经梧州、南宁先到贵州兴义的马鞍山，然后又前往广西西林县（今属田林）境内活动。在西林，马赖收罗了一批地痞、无赖、赌棍、烟鬼入教。在他的庇护下，这些教徒“奸淫妇女，抢劫村寨”，无恶不作，激起当地人民的极大愤慨，纷纷要求地方当局严加惩办。1856 年年初，新任西林知县张鸣凤在民众强烈要求下，向马赖提出警告，限令其离境。

然而，马赖置若罔闻，依然继续活动。知县张鸣凤忍无可忍，于 1856 年 2 月 24 日（咸丰六年正月十九日）下令逮捕马赖及其中国天主教徒骨干 25 人，开堂审讯。3 天后，准备在马赖承认非法潜入内地、包庇坏人、染指中国内政等罪名后准其离境。但马赖坚持侵略者的顽固立场，进行狡辩，态度十分恶劣。于是，知县张鸣凤在 2 月 29 日下令将马赖处决。这就是所说的“一个法国在华传教士的凶杀事件”或叫“西林教案”。

法国是个天主教会势力强大的国家，执政者与天主教派之间常常彼此利用，相互依赖，以满足各自的政治需要。马赖被处死的消息，很快传到巴黎。法国皇帝拿破仑三世感到不安，即对他的外交部发出了指示：天主教受到迫害，法国政府要为保护圣教而战，战争的时候与英国联合出兵！法国外长瓦尔斯基对驻华代办科尔西强调：“马赖先生之死给皇帝政府留下了难以忍受的印象……故我政府有义务要求光彩的补偿。”当时，法国在远东的力量微弱，仅有大小战船 4 艘、海军陆战队 600 人，主要侵略目标是越南。法国为换取英国支持它在越南的“自由行动”，并取得天主教在中国传教不受干涉的保证，从中获得侵略权益，便接受英国的建议，打起“保护圣教”的旗号，派遣葛罗为全权专使，率一支侵略军，继英军之后来到中国。

美国和俄国为达到共同分赃的目的，也分别派遣公使列卫廉和普提雅廷到中国，与英法共同策划“联合行动”。但此时，美国因为处于南北战争的前夕，国内政局不稳，所以没有直接出兵，而是带着坐收渔人之利的心理加入英法联合战线。俄国虽然刚在克里米亚战争中败于英法，但怀着早已明确的向中国扩张领土的野心，也加入这一阵线之中。

英、法、美、俄联合侵华阵线是在1856年、1857年间逐渐形成的。最初是英国牵头与法国磋商武装侵华问题，双方于1856年12月结成军事同盟。接着是伦敦、巴黎同华盛顿、圣彼得堡之间频繁的外交接触。它们之间尽管各怀鬼胎，钩心斗角，但为达到共同宰割中国的目的，又绑在了一条船上。

1856年10月23日，英国海军上将西马糜各里率英国军舰闯入虎门海口，进攻珠江沿岸炮台，悍然挑起侵略战争。

此时，两广总督叶名琛对英军的挑衅不但不作抵抗，反而在校场看乡试马箭，并对手下受惊吓的官员说：没事的，天亮时他们就会自动撤走。他还下令，中方的军队和舰船不得还击。

10月24日，叶名琛“仍在校场看箭。午刻敌炮声大震，轰击河南凤凰冈，炮台守兵遵令走避，炮旋被毁。叶名琛闻报，即声色不动”。此时，炮台已经一个接一个陷落了，里面的炮和火药库全被毁坏，有50门炮的海珠炮台也落入敌手，广州城外的防御工事全被敌人占据。

为了胁迫叶名琛就范，西马糜各里10月27日把他的军事行动进一步升级，悍然下令向广州城开炮。这就使叶名琛不得不对原来的不抵抗政策重作考虑。他深知，多年来咸丰皇帝指示的对外交涉原则不外乎两条：一条是“不可激生事端”，即在太平天国掀起反清怒潮，在清王朝统治风雨飘摇的条件下，万不可再启边衅，以免陷于对内对外两面作战的不利局面。另一条是“坚持定约”，不可“一味迁就”，即除恪守第一批不平等条约外，对外不能再作重大让步，以求力保封建体制和维护大清天子的“尊严”。

叶名琛认为，前些日子的不事战守，是遵循了前一条原则，但如果继续不抵抗下去，一要犯咸丰皇帝所指示的“一味迁就”的错误，也有辱于国体；

二是广州人民决不会饶他，更难逃避全国舆论的谴责；三是阻止英人入城是他赖以飞黄腾达的资本，对此绝无妥协的余地。权衡得失之后，他作出了被迫应战的决策，除下令闭关停市、调集兵马、整顿军备、部署防务外，又发布“剿灭英匪”的告示，号召“阖省军民铺户人等”，“务即勠力同心，帮同兵勇，但见上岸与在船滋事英匪，痛加剿捕，准其格杀勿论。仍准按名赏三十大元，解首级赴本署呈验给领，断不食言”。27 日下午发出的这一告示，遂成为叶名琛从不事战守到有所守之转变的标志，广州地区爱国军民的反侵略热情得到某种程度的发挥。

英国侵略军连续几天大肆炮轰之后，在 29 日下午 2 时登岸，分数路进入广州城。广东人民和爱国清军对英国侵略者炮轰城市、劫杀船只、焚烧村庄、劫掠财物等种种暴行义愤填膺，他们通过多种形式，英勇顽强地痛击侵略者。12 月 14 日，发生了广州人民“积薪灌油”“火烧十三洋行”事件。当夜 11 时许，十三街突然数处起火，西北风迅速把火舌引向英军在商馆的侵略据点。英方全力扑救，但由于房屋材料极易燃烧和水的缺乏，火焰很快蔓延毗连的商行的房屋，十三洋行一条街皆成灰烬。

此外，广东人民与清军官兵以炮台为依托，夹击侵略者。他们乘大雾天气，采用夜间袭击的方式阻击英军活动。

英军因兵力不足，被迫于 1857 年 1 月退出珠江内河，等待援军。

在此过程中，美国一面虚伪地声称保持“中立”，一面出动原停泊在香港的 3 艘军舰，配合英军行动。以美国驻香港领事凯南和驻广州领事柏雷为首的侵略者还直接参与杀害民众的暴行，美海军陆战队官兵还趁机参与抢劫行动。

1857 年 3 月，英国政府任命前加拿大总督额尔金为全权代表，率领一支海军来中国进行战争讹诈。同时照会法、美、俄三国，提议联合出兵。法国政府任命葛罗为全权代表，率军来华协同英军行动。此时的美国本想通过侵略战争扩大其在华的特权，获取更大的利益，但由于国内北方资本主义的发展同南方奴隶制度种植园经济矛盾尖锐,国内政局不稳,因此,对英国提议表示愿意一致行动,但不直接出兵。沙俄对英国政府的提议立即欣然允诺。这样,英、法、美、俄四国基于共同的侵略利益,暂时结成了对华侵略集团,进一步扩大由英国之前挑起的第二次鸦片战争。

1857 年 12 月,英法联军 5600 余人(其中法军 1000 余人)在珠江口集结,准备大举进攻。美国公使列卫廉和俄国公使普提雅廷也到达香港,与英法合谋侵华。此时,清政府正以全力镇压太平天国和捻军起义,对外国侵略者采取"息兵为要"的方针。

叶名琛忠实执行清政府的政策,不事战守,不做应敌的准备,对曾被英国侵略军破坏的虎门要塞几座炮台,他既不派人作任何修整,也不重调水师防守。广东内河水师的战船大部分破损,他也不加添造。同时,他一反常态,不准广州军民抵抗,大批裁撤团练兵勇。在广州人民愤怒焚烧十三洋行商馆之后,他竟下令把所有团练乡勇撤出省城。原陆续聚集在广州四周的 3 万多兵勇,绝大部分被裁;陆路壮勇原有 1 万多人,被裁五分之四,所存者不到 2000 人。广州事实上已成为不设防的城市。

1857 年 12 月 12 日,额尔金和葛罗分别向叶名琛发出照会,要求入城"修约",赔偿损失,并限令 10 日内答复。在此之际,英法联军舰队已悄悄离开香港,向虎门驶去。由于未受到广东水师的任何阻挡,联军舰队十分顺利地进入珠江内河,兵临广州城下。12 月 15 日,几十艘敌舰在珠江主航道上集结,集中炮火猛轰与广州城隔江相望的河南地方。随后,英法侵略军海军陆战队登陆,占领该地,为进一步进攻广州城夺得了立足点。20 日,联军舰队又进泊广州五仙门外的珠江水面,形势危急,日甚一日。但叶名琛对战守问题仍漠然置之。

12 月 27 日夜,英法侵略军攻城迹象已十分明显。但在这紧急关头,叶名琛却要文武官员赴督署为他祝寿。叶名琛不做战守准备,固然是对外国侵略者的本质和发动战争的野心认识不清,以为敌人不过是虚张声势,再一个重要原因是他愚蠢地迷信所谓神仙的“乩语”。他在城北建有长春仙馆,供奉吕洞宾、李太白“二仙”,一切军务皆取决于神仙。据说,这次的“乩语”告诉他,过了阴历十月十五日(12 月 30 日)便可无事。当部将僚属请他准备出战时,他却颇为自信地说:“不要惊慌,仙乩上已经说十五天后便没事了。”此种状态又怎么能逃脱失败的厄运?

12 月 28 日,英法联军炮击广州,并登陆攻城。都统来存、千总邓安邦等率兵顽强抵御,29 日广州城失守。侵略军进入广州城后,烧杀抢掠,仅从布政使衙门抢走的白银就达 27.7 万两。广东巡抚柏贵、广州将军穆克德讷投降,并在以巴夏礼为首的“联军委员会”的监督下继续担任原职,在英法监视下组织了中国近代史上第一个地方傀儡政权。

广州沦陷后,叶名琛于 1858 年 1 月 2 日由粤华书院迁避到左都统衙门,伏匿不出。5 日,敌军千余人分数路下山寻找,最终在左都统衙门第五院后园将叶俘获,并掳去所有档案文件。长期以来,英、法等国企图“修约”,与叶名琛多有交涉,却被叶名琛搪塞推诿,始终未达到目的,因此,侵略者对叶名琛衔恨至深。额尔金等人认为,叶名琛留在广州会使人心不稳,给重新恢复秩序和信心带来困难,2 月 23 日,叶名琛被英军解往印度的加尔各答,囚禁在海边的“镇海楼”上。被掳到印度后,叶名琛要求自己不要丧失气节,以“海上苏武”自居作诗。1859 年 4 月 14 日,因所带粮食吃完,叶名琛拒绝食用敌国的粮食,绝食而死。

对于叶名琛在第二次鸦片战争中的表现,当时广州城流传着一首嘲讽的歌谣:“不战不和不守,不死不降不走。相臣度量,疆臣抱负,古之所在,今亦罕有。”这个“六不”评论影响深远,不少史学著作均加征引,特别是“不战不守”与“不和”、“不死不走”与“不降”的自相矛盾,更造成叶名琛匪夷所思、千古一怪的形象。

在叶名琛被捕后的第三天,广东的一些高级官员集体上奏说,广州城失陷了,叶总督被抓走了,要咸丰皇帝赶紧再派一个钦差大臣来。在 10 天前,咸丰帝还曾经收到叶名琛奏报的胜利消息,而此时却是这种情况,这对于咸丰皇帝不能说不是一个打击。

侵略军占领广州期间,当地人民进行了不屈不挠的斗争。广州附近义民在佛山镇(今佛山市)成立团练局,集合数万人,御侮杀敌。6 月 3 日至 4 日,团练首领邓安邦等率领团勇,利用有利地形,与来犯的近千名联军顽强作战,打得敌人被迫撤退。在城外,四乡团练"每夜令壮勇数百人,分路至附近城处呐喊,放火箭入城……使之联军惊扰不安";在城内,"到处都出现了匿名的反洋人的告示","对所有的外国人的人头都悬了赏格","每晚都有建筑物被火箭式纵火者烧毁",居民常"三五人预伏城内要路敌兵出入之处,突然杀之"。巴夏礼为此哀叹说:"我看到我们英国部队三千人,加上在附近的英法水兵一千五百人,却被八千到一万个穿得破破烂烂的'乡勇'所欺凌和折磨。"此时,香港、澳门爱国同胞也纷纷罢工,以示抗议。广州人民的英勇斗争对英法占领军当局构成了严重威胁。

联军占领广州,英、法、美、俄四国使节密谋后,认为下一步的行动目标应该是联合北上,逼迫清政府屈服。

1858 年 2 月 11 日,四国分别照会清政府。

英、法两国照会发给大学士裕诚,所提要求大致相同,主要是外国公使进驻北京、开放新口岸、外国人自由进入内地游历传教、改订关税税率、保护教徒、赔偿军费和广州侨民损失等项。

美国照会发给"列位大学士",除表白美国并未介入广州战争以及未提赔偿军费外,主要要求修改《望厦条约》,其余内容同英法照会大体相同。

俄国照会是发给军机处的,共两件。一件是公开的,即上述曾经送交英、法、美三国使节过目的,主要要求有:各国公使"遇有要事"得"直赴京师",增开通商口岸,传教、信教自由,等等。另一件是秘密的,是背着三国使节偷偷塞进去的,其中提出中俄东部应以黑龙江与乌苏里江为界及"在伊犁地方分明界址"等重新划分两国疆界的重大问题,照会还暗示这些边界要求是得到其他三国支持的。这就是说,俄国不仅要取得各侵华国的共同利益,而且还要独吞中国的广大疆土。

与此同时,四国要清政府于3月底以前派出有权力的钦差大臣到上海进行谈判。他们声称,如果清政府接受所提要求,可以从广州撤军,交还广州城,否则,将举兵北上,扩大战争。

四国照会并没有给北京带来事态严重的危机感。咸丰皇帝得悉四国照会后,未同意其要求,且分别照会四国,要求英、法、美三国公使返回广州,与新任两广总督黄宗汉商办;俄国与五口通商素无关系,要求俄使到黑龙江,与黑龙江将军奕山交涉。

咸丰皇帝的态度使英、法、美、俄四国侵略者大为不满。他们认为天津是北京的门户,又是漕运枢纽,只要能够控制天津就可逼迫清政府屈服。于是决计北上,进犯白河口。事实上,在照会发出后,四国公使已相继离开香港、澳门前往上海。临行前,俄国公使普提雅廷提醒英法两国公使,只有用武力进攻大沽口,清政府才会屈服,而进逼大沽的最好时间是四五月间。

1858年4月,四国公使率军舰陆续来到大沽口外。当时,英法舰队尚未集中完毕,但额尔金进攻心切,不等舰队完全集中就要率舰闯入海河,进犯天津。葛罗对此提出异议,认为目前兵力不足,主张一面加紧军事准备,一面强烈要求清政府派出全权大臣进行谈判,待战事准备就绪后,再寻机使谈判破裂,然后向大沽口和天津大举进攻。葛罗的建议被英、美、俄三国公使采纳。于是,各国公使分别照会清政府,要求指派全权大臣进行谈判。英法照会口气十分强硬,限令6天内必须给予圆满答复,并扬言:万一不能满足所提出要求,必定采取断然行动。俄美的照会还表示愿意充当“调停人”。

面对这种形势,咸丰皇帝一面命令清军从天津、大沽口设防,一面派直隶总督谭廷襄为钦差大臣,前往大沽办理交涉。同时,咸丰帝对于英、法、美、俄四国互相勾结合谋侵华这一新的形势认识不足,仍对美俄的所谓“调停”抱有幻想，把问题解决的希望寄托在美俄公使的“调停”上，颇费心思地去寻求对策，设法分解四国在外交上的联合。但结果非但未使英法所获得的侵略权益减少，反而使美俄增加机会，以“调停人”的身份从中渔利。

英法侵略者并无谈判诚意，只是以此拖延时间，加紧军事准备。在一切准备就绪后，于5月20日，英法炮舰遂按原定计划开始向大沽口进攻。首先以6艘炮艇分成两组同时发炮轰击南北两岸炮台。另外派出两支登陆部队分别夺取炮台：一支由英军289人、法军168人组成，夺取北岸炮台；另一支由英军371人、法军350人组成，夺取南岸炮台。

大沽口南北两岸共有炮台4座：北岸1座，南岸3座。当时清军在海口一带的军事部署是：北岸炮台由游击沙春元驻守，直隶提督张殿元率炮营驻北岸附近，其后路则有副都统勒敦泰扎营于3公里外的于家堡，护军统领珠勒亨率马队驻新河地方。南岸第一旧炮台系署天津镇总兵达年督同护理大沽协副将德魁驻守；第二炮台系都司讷勒和等驻守；第三炮台系署游击陈毅等驻守；其后路则有谭廷襄率督兵驻海神庙，刑部侍郎国瑞率马队扎营于新城以南。总计海口一带共有清军8000人，仅南北两岸炮台即有3000人防守。

由于咸丰帝早有“不得先行开炮”的命令，故各炮台是在敌舰开火后才奋起迎战。驻守炮台的官兵经过两小时奋起抵抗，兵不能支，各炮台亦告失陷。至于后路清军，在炮台危急时不但不能及时全力支援，反而得知前军失利，纷纷惊溃，直隶总督谭廷襄等文武官员毫无斗志，乘轿西逃。侵略军得以迅速沿白河驶向于家堡、海神庙附近，烧毁浮桥，占据东、西大沽二村，直犯天津。26日，侵略军侵入天津城郊，并扬言要进攻北京。

此役，联军参战军舰20余艘，官兵约2000人，死伤官兵共89人。清军方面损失惨重，8000名官兵中，除大沽口炮战中死伤及谭廷襄与国瑞各带500名官兵被冲散外，“余皆零落，并无锅帐，不能屯驻，且召集仅止2000余名”，大沽口炮台所有火炮器械等全部失陷。

5 月 28 日,清政府急忙派遣全权大臣大学士桂良、吏部尚书花沙纳为钦差大臣前往天津议和。6 月 2 日,又起用老投降派耆英,赏给他侍郎衔,驰赴天津帮同交涉。从 6 月 2 日起,桂良、花沙纳到达天津后,清方开始与四国代表分别进行谈判。

在谈判过程中,为了强迫清政府接受各种屈辱条款,俄、美两国竭尽其伪善狡诈之能事,而英、法两国则更多地采用威胁的手段,坚持所提条款,寸步不让,而清政府被迫节节退让,签下了《天津条约》。

俄国公使最狡猾,抢在英、法之前率先和清政府互换了《天津和约》。

沙皇俄国原是一个欧洲国家,16 世纪下半叶开始向东扩张,到 17 世纪中叶,把侵略魔爪伸向了黑龙江流域和贝加尔湖以东地区。1689 年,中俄缔结了第一个边界条约——《尼布楚条约》,规定以格尔必齐河、额尔古纳河和外兴安岭往东至海,为中俄东段边界。从法律上肯定了黑龙江和乌苏里江流域,包括库页岛在内的广大地区,都是中国领土。到 19 世纪三四十年代,俄国越过边界,在中国领土上修筑炮台、营垒,建立军人村。鸦片战争后,清政府忙于对付外来殖民者和镇压太平天国革命,致使北方边疆防备空虚。俄国乘虚而入,加紧蚕食和非法占领黑龙江流域和巴尔喀什湖以南的许多战略要地。

19 世纪 50 年代至 80 年代,正是俄国资本主义迅速发展的时期。这一时期,俄国不断蚕食其周边地区,中国成为其掠夺的主要对象。1850 年,俄国侵占了黑龙江下游城镇庙街。1854 年至 1856 年,又 3 次派遣舰船,闯入我国黑龙江进行武装挑衅,并强占了海兰泡等地。而且,俄国一直在寻找机会,想用条约的形式把所占领的中国领土固定下来。因此,在第二次鸦片战争时,与英法不同,沙俄选定了一个没有人能与它匹敌的领域——外交领域,表面上充当“调停人”,实际上采取趁火打劫和外交讹诈的卑鄙手段,趁机侵占中国大片领土,成为第二次鸦片战争期间最大的获益者。

1856 年,在英法联军进攻广州时,俄国派普提雅廷为公使,与清政府谈判边界问题。1858 年 5 月 22 日，即英法联军入侵大沽炮台的第三天，沙俄东西伯利亚总督穆拉维约夫突然率兵直趋瑷珲城，武力要挟重新划定两国边界。5 月 28 日，俄国最终用武力强迫黑龙江将军奕山签订了《中俄瑷珲条约》。根据这个条约，俄国强行割占了我国黑龙江以北、外兴安岭以南的 60 多万平方公里的土地，只有江东 64 屯归中国管辖；原属中国的乌苏里江以东约 40 万平方公里的土地，改为中俄共管。除此之外，俄国还夺取了黑龙江和乌苏里江的航行权，为自己开辟了黑龙江通往太平洋的通道。

1858 年 6 月 13 日，俄国与清政府签订《中俄天津条约》12 款。除从前旱路上的划定地点外，沿海路开放 7 处口岸，即上海、宁波、福州、厦门、广州、台湾、琼州；若他国再在沿海增开口岸，准俄国一律照办。同时还攫取了内地传教、领事裁判权和片面最惠国待遇等一系列特权。在《中俄天津条约》第 9 款还特别规定，两国派员查勘“从前未经定明边界”，“务将边界清理补入此次和约之内”，以便日后解决。从而为沙俄进一步掠夺中国领土埋下了伏笔。此外，在《中俄天津条约》中还规定，要在一年内换约执行。

由于俄国所提的要求没有公使驻北京、长江航行一类清朝统治者极为敏感的要求，也没有提出在北京换约的问题，因此对于俄国的条约，双方签订得很顺利。

1858 年 6 月 18 日，清政府与美国签订了《中美天津条约》。条约共 30 款，主要内容包括：一是美国表示，中美友好不因小事而起冲突，如果有其他国家对中国不公平，美国情愿协助处理。二是美国遇到紧要的事情，可前往北京，不过一年只准去一次，办完事就走。去时随行人员只准带 20 人。三是除广州、潮州、厦门、福州、台湾、宁波、上海与美国通商外，其他国家所开口岸，也任由美国人前往贸易、居住。四是条约中也规定，一年内互换和约。

这样，美国也以“调停人”的身份攫取了巨额利益。

清政府与英、法的《天津条约》谈判中，让咸丰皇帝感到最头痛的是外国公使进驻北京、增开通商口岸、外国人可以入内地游历传教几项。为了维护天朝尊严，必须绝对禁止外国人驻京。如果北京出现与自己地位平等、不肯跪拜的夷人，则完全失去了天朝的尊严，势必将大大削弱对国内人民的统治。实行“各口通商”，“内地游历传教”，则有可能使外国人同反对清朝统治者的中国人勾结起来，后果不堪设想。因此咸丰皇帝命令桂良等一再讨价还价，不肯轻易让步，有时甚至想到在万不得已的情况下，对英法动武。

最终，在英国代表骄横要挟之下，桂良等于1858年6月26日、27日分别与英、法签订了《中英天津条约》《中法天津条约》。《中英天津条约》共56款，附约1款；《中法天津条约》共42款，附约6款。主要内容是：外国公使常驻北京；增开牛庄（后改营口）、登州（后改烟台）、台湾（后定台南）、淡水、潮州（后改汕头）、琼州、汉口、九江、南京、镇江为通商口岸；外籍传教士得入内地自由传教；外国人可在内地游历、通商；外国商船可在长江各口岸往来；修改税则，减轻商船吨税；对英赔款白银400万两，对法赔款200万两；等等。

此外，英、法、美、俄四国还与清政府在《天津条约》中商定，于一年之内在北京互换条约批准书。

英、法、美、俄四国逼迫清政府签订的《天津条约》的内容虽然不尽相同，但因有享受最惠国待遇条款的规定，因此，四国从中国攫取的侵略权益，实质上是基本相同的。

《天津条约》签订后，英法侵略军达到了自己的目的，从大沽口撤出，清政府受到的武力威胁暂时得到缓和。

《天津条约》签订一年后，双方要在北京换约。而此时尽管在《天津条约》签订后，京畿危机暂时得到缓解，但咸丰皇帝却对条约中的相关条款忧心忡忡。咸丰皇帝担心外国公使驻京会损害自己的尊严与声威，而且会带来不可预测的肘腋之变，以及外国人进入内地而引起内忧等，认为“公使驻京,内江通商及内地游历,赔缴兵费始退还广东省城”等四项内容,“最为中国之害”。因此,清政府宁愿通过免除关税来换取对条约的修订。对条约内容深感忧虑的咸丰皇帝,自然如芒刺在背,万难甘心。他痛感天津防务废弛给北京造成的严重威胁,也深以《天津条约》给清王朝带来的奇耻大辱而惶惶不安。决定一方面整顿大沽口一带的防御体系,一方面派桂良等去上海与英法代表进行谈判,并设法避免英法到北京换约。

1858 年 7 月 10 日,第一次大沽口战后,英法联军刚刚南撤,惠亲王绵愉等巡防大臣立即上疏,请派科尔沁亲王僧格林沁和礼部尚书瑞麟前往天津,承办加强天津防御体系事宜,并提出具体对策,得到咸丰皇帝的批准。僧格林沁等受命加强天津海口防御体系后,采取的措施是:修造双港炮台,重建大沽炮台,添筑北塘炮台;恢复直隶原设水师,设水师兵 2000 人、步兵 800 人、马兵 200 人,统共 3000 人;大沽口至山海关一带海口,配备清军兵力 14100 名;安置拦河防具,提高兵卒技术水平,加强炮击、凫水训练。经过上述一系列措施,一个比较完善的防御体系和一支比较有战斗力的队伍在大沽口建立起来了。

1858 年 11 月,桂良等与英、法、美代表通过谈判,分别签订了《通商章程善后条约》。条约规定:鸦片贸易合法化;海关对进出口货物照时价值百抽五征税;洋货运销内地,只纳 2.5%的口子税;免征一切内地税;聘用英国人帮办海关税务。

但是,这些远远满足不了英法两国从《天津条约》攫取的种种特权,英法两国一再坚持不容变更《天津条约》的各项条款,并提出要在北京换约。

1859 年年初,英、法政府分别任命普鲁斯和布尔布隆为驻华公使。6 月,在拒绝桂良提出的在沪换约的建议后,英国公使普鲁斯、法国公使布尔布隆和美国公使华若翰各率一支舰队到达大沽口外,企图以武力威慑清政府交换《天津条约》批准书。清政府以大沽口设防,命直隶总督恒福照会英国公使,指定他们由北塘登陆,经天津去北京换约,随员不得超过 20 人,并不得携带武器。英法公使断然拒绝清政府的安排,坚持以舰队护送公使经大沽口溯白河进京。

6月24日,英法联军炸断了白河上两条拦河大铁链,拔毁了河上的铁戗。6月25日,英法联军突然向大沽炮台发起进攻。守卫炮台的爱国将士忍无可忍,奋起自卫还击。在僧格林沁的指挥下,官兵英勇抵抗,战斗异常激烈。直隶提督史荣椿、大沽协副将龙汝元身先士卒,先后阵亡。炮台附近的民众冒着枪林弹雨为兵士送饼送面,表现了高度的爱国热情,中国军队在大沽口痛击侵略者,完全是正义行动。对此,马克思在论述这次战役时指出:“既然《天津条约》中并无条文赋予英国人和法国人以派遣舰队驶入白河的权利,那么非常明显,破坏条约的不是中国人而是英国人,而且,英国人预先就决意要在规定的交换批准书日期以前向中国寻衅了。”“中国人抵抗英国人的武装远征队,毫无疑义地也是有理的。中国人这种行动,并没有破坏条约,而只是挫败了英国人的入侵。”

经过一夜激战,英法联军惨遭失败。参战的13艘英舰,有6艘丧失战斗力,4艘被击毁或击沉。参战英军1200人,死伤578人,英国海军司令何伯受重伤,副司令受重伤而死;参战法军60人,死伤14人,法军司令受伤。侵略军夺取大沽炮台的企图以彻底失败而告终。大沽炮台遭轻度破坏,清军在这次抗击作战中阵亡32人。英法联军无力再战,只得狼狈撤走。这是自第一次鸦片战争以来,中国军队抵抗外国侵略军所获得的最大一次胜利。

8月,美国公使华若翰伪装友好,由北塘进京,与直隶总督恒福互换《天津条约》批准书。在此之前,俄国代表已在北京换约。

英法联军进攻大沽惨败的消息传到欧洲,英国的伦敦与法国的巴黎一片哗然,叫嚷要对中国“实行大规模的报复”。英国首相巴麦尊暴跳如雷,他对外相罗素说:“我们要派一支陆海军武装部队攻占北京,把皇帝逐出皇宫,把我们的全权使节驻扎在那里。”“让英国人成为中国人的主人”,“这是最适当的措施”。法国在大沽口的损失较小,但他们的反应也相当强烈,叫嚷“为了法兰西国旗的荣誉,远征中国应当坚定不移”。

1859年9月16日起,英国首相巴麦尊在8天内开了4次内阁会议,最终确定向中国出兵。

1860年2月,英法两国组织了侵华联军,共25000人,其中英国18000人,由总司令格兰特率领,法国出兵7000人,由总司令孟托班率领,同时出动200多艘舰船,再度开到中国,扩大侵华战争。

1860年3月,英法联军根据各自政府的训令,向中国发出了最后通牒,提出四项要求。一是为1859年的大沽口事件向英法道歉并归还被清方缴获的枪炮船只;二是有礼貌地接待英法公使进京换约,并履行该条约;三是今后英国公使是否驻京由其自己决定;四是为大沽口事件向英法赔偿白银800万两。这些要求,被清政府一概拒绝。

1860年4月21日,英法联军占领舟山。5月2日,英军占领大连湾。6月8日,法军占领烟台。侵略军每到一地,就在那里制造恐怖。他们在舟山强索“巡防费”,在山东沿海袭掠民船,在旅顺、大连抢劫、杀害居民。6月初,侵略军完成了对渤海湾的封锁,并以此作为进攻大沽口的前进基地。俄国公使伊格纳季耶夫和美国公使华若翰也于7月赶到渤海湾,再次以“调停人”为名,配合英法行动。

清政府在大沽口战役获胜后,幻想就此与英法两国罢兵言和。当英法军舰逼临大沽海口时,咸丰皇帝还谕示僧格林沁、恒福不可“仍存先战后和之意”,以免“兵连祸结,迄无了期”,“不可贪功挑衅”,“总须以抚局为要”,并派恒福与英法使者谈判。

御敌统帅僧格林沁以为敌军不善陆战,因而专守大沽,尽弃北塘防务,给敌人以可乘之机。伊格纳季耶夫为英法提供了北塘未设防的情报。

8月1日,英法联军军舰30多艘,由俄国人带路,在北塘登陆,没有遇到任何抵抗。8月12日,联军出兵8000余人,分两路攻打新河、军粮城,蒙古骑兵2000人分路迎战。不久,蒙古骑兵退守塘沽。14日塘沽陷落。8月21日,英法联军水陆协同作战,进攻大沽北岸炮台。守台清军在直隶提督乐善指挥下,英勇抗击,双方从早晨5时开战,到8时炮台失陷,千余名官兵集体殉国。联军损失也不少,英军死22人,伤179人;法军死40人,伤170人。10时半,大沽北岸炮台全部失守。清政府本无抗战决心,咸丰帝命令僧格林沁离营撤退。清军于是逃离大沽,经天津退至通州(今北京市通州区),大沽失陷。由于白河两岸没有清军的截击,天津成为不设防的城市,侵略军得以长驱直入,占领天津。8月24日,在天津地方官"犹以礼待"的迎候下,巴夏礼进入天津城内。随后额尔金、葛罗和伊格纳季耶夫也相继到达天津。

清政府急派桂良等到天津议和。英法提出,除须全部接受《天津条约》外,还要增开天津为通商口岸,增加赔款以及各带兵千余人进京换约。此时,咸丰帝认为,城下之盟自古以来就是十分可耻的事情,如果再加上赔偿银钱,难道中国真的没有人了吗?不退兵而索要现银,这岂不是用刀架在脖子上来勒索吗?并且认为,西方国家拥兵换约,"心藏叵测",担心清政府被推翻,因而要桂良等人对英法提出的要求予以拒绝,谈判破裂。

咸丰皇帝对英法两国提出的要求,特别是带兵进京一项,最为不安,认为"大患切肤,一决即内溃于心"。他深为愤懑,颁谕表示要与英法联军决战。

天津谈判没有结果,9月9日,英法联军6000余人向通州推进,对清政府进一步施加压力,并决定通州为投降谈判地点。

清政府得悉联军向通州推进的消息后,咸丰帝一面命令僧格林沁率部在河西一带设防,扼守通往通州和北京的两条要道,一面派怡亲王载垣、兵部尚书穆荫为钦差大臣,到通州与英法侵略者谈判。载垣等人从北京出发,接连发出几个照会,要求英法联军撤至天津,然后再进行谈判。侵略者派出巴夏礼、威妥玛、巴士达、美理登等前往通州见载垣。9月14日,双方代表初次会晤中，载垣全部接受了侵略者的要求。9 月 17 日，英法代表又提出向皇帝亲递国书一项，载垣等坚决拒绝，认为此事关系国体，万难允许。双方争执不下，谈判中止，清政府扣押了巴夏礼等人并将其关进监狱。

9 月 18 日，英法联军 4000 人向张家湾发起进攻，僧格林沁率兵抵抗，终以英法联军占领张家湾而结束。

9 月 21 日，英法联军分三路向八里桥清军进行攻击。八里桥东距通州 4 公里，西距京城 10 公里，扼入京大道之咽喉，乃敌我必争之地。此次战斗英军出动兵力 3500 人，法军出动兵力 1500 人。八里桥之战是关系到北京安危的关键性战役，也是第二次鸦片战争的最后一仗。清军虽然奋力血战，毙敌军千余人，但自己伤亡过半，战至最后，清军元气大伤，军心不振，已到了无力再战的地步，清政府只得求和。英法联军由于粮秣武器弹药均待补充，也不得不暂停前进。这样，新的一轮和谈又开始了。

9 月 22 日，英法联军兵临北京城下，咸丰皇帝率领后妃及一批文武大员逃往热河承德的行宫。令其弟恭亲王奕䜣为钦差大臣留守北京，负责议和。

9 月 25 日，英法联军发出最后通牒，宣布在三日内释放巴夏礼等人，才能办理通州签订条约和进京换约各项事宜，然后退兵天津，如不照办，英法联军将攻占北京。奕䜣认为，巴夏礼等人不能放，放了，联军不会罢兵。于是坚持先撤军后放人，否则他们的安全保证不了。

10 月 6 日，英法联军进逼德胜门、安定门一带，奕䜣一看不妙，马上发出照会，明确答应 10 月 8 日会晤并释放巴夏礼等人。当天下午，所有被扣押的人回到了联军总部。法国步兵和英国骑兵绕过京城，直扑海淀，进犯圆明园，守军虽奋勇抵抗，但因原来没有设防，旋即陷落，圆明园遭到洗劫。

圆明园有“万园之园”的美誉，是在明代园林的基础上，历经康熙、雍正、乾隆、嘉庆、道光和咸丰等朝 150 多年的不断增修扩建而成的。最初是 1709 年康熙帝赏给皇四子胤禛（雍正帝）的一座赐园，康熙亲题园额曰“圆明园”，面积约 600 亩。雍正帝即位后扩建至 3000 余亩。从此圆明园并具御苑与宫廷的双重功能。乾隆年间，更大兴土木，踵事增华，又在东邻及东南邻营造长春园和绮春园，三者连成一片，总面积达 5200 余亩。嘉庆、道光时亦加修葺。通过役使数万能工巧匠，耗费亿万人民的脂膏，终于建成这座“万园之园”的宏丽宫苑。它不仅是我国古代建筑和园林艺术之大成，离宫别馆，月榭风亭，重楼复阁，夹道回廊，湖光山色，嘉木珍林，参差岩壑，水石清华，应有尽有，而且吸收与整合了欧洲建筑园林艺术的精华，筑成西洋楼 6 座，被欧洲人誉为“一切造园艺术的典范”。

在园内藏有各种无价的金玉珍宝、稀世典籍、鼎彝礼器、铜瓷古玩、孤本秘籍、历代字画以及中外珍贵历史文物，它又是一个大型的皇家博物馆。法国学者伯纳·布立赛将圆明园和法国来比较，他说：“中国的圆明园等于法国的凡尔赛宫加上罗浮宫再加上国家图书馆。”

法国文学家雨果曾说：“人们常说：希腊有巴特农神庙，埃及有金字塔，罗马有斗兽场，巴黎有圣母院，而东方有圆明园。要是说，大家没有看见过它，但大家梦见过它。这是某种令人惊骇而不知名的杰作……”

这样一个宏伟瑰丽的大园林和珍藏宝库，在英法强盗来到之后，一切都随之化为灰烬了。英法联军进入圆明园时，格兰特与孟托班放手让士兵们大肆抢劫。由于园内珍宝不计其数，以至于一些强盗不知拿什么好，甚至格兰特觉得有的人抢得多，有的人抢得少，甚至有的人没有机会去抢，这不公平，所以叫大家把抢来的东西进行拍卖，然后大家分赃。在抢劫的同时，他们把不能搬走的东西都毁坏掉。10 月 18 日，在疯狂抢劫之后，英军为了销赃灭迹，放火烧毁了这座融汇中外建筑艺术精华、举世闻名的皇家园林，造成人类文明史上一场举世震惊的空前浩劫。

圆明园被劫掠、破坏和烧毁，充分暴露了英法联军的残暴罪行，而这样的耻辱，中国人民也会永远铭记。法国伟大的文学家雨果当年仗义执言，愤怒地谴责了这一震惊世界的暴行。他在一封信中写道：“圆明园是‘一个世界奇迹',是'东方的夏宫',是一个令人震惊、无可比拟的杰作。我们教堂的所有财富加起来,也无法和这一东方巨大的且又漂亮的博物馆相比较。有一天,两个强盗闯入了皇宫,一个进行洗劫,另一个放火焚烧;一个胜利者把腰包塞满,另一个赶紧效法把箱子装得鼓鼓的。两个人手挽手,心满意足地回到了欧洲。这就是那两个强盗的历史。我们欧洲人是文明人,在我们眼中,中国人是野蛮人。可是你看,文明人对野蛮人干了些什么。在历史的审判台前,这两个强盗,一个叫法兰西,另一个叫英吉利。"这表达了世界正义人士对侵略者的公正审判。当时在场的英国强盗戈登,也不得不承认:"我们就这样以最野蛮的方式,摧毁了世界上最宝贵的财富……你想象不到这座宫殿有多么华美壮丽,更不能设想法军、英军把这个地方蹂躏成什么样子。"

除了这些文字记载,更有如今仍在西方国家的博物馆里陈列的那些从圆明园劫去的无价珍宝和留在圆明园废墟上的那些断柱残垣,以其蕴含迥异的现身展示,向世人诉说着那段不堪回首而又不该忘记的历史。

电影《火烧圆明园》中有个未曾写姓名的汉奸,他强拉民妇供侵略军蹂躏,又引洋兵闯进圆明园……这个人物并非凭空虚构,据当年的文人笔记和民间传说,此人就是龚橙。

龚橙,字公襄,号孝拱,清代思想家、文学家及改良主义的先驱龚自珍的长子。他生于上海,后随父宦游四方,居京师最久。他自幼聪颖,能识满文、蒙古文,精于文字学。其父死后,他自恃才高,目空一切,放荡不羁。曾国藩任两江总督时,恭其才,拟擢用,设盛宴款待,并以言试探,想不到他竟说:"以我的才能,公至多给我个监司。你想我岂能居公下者?不要多说,今晚只谈风月,请勿及他事。"把曾国藩气得话都说不出来。

龚橙在走投无路之际,投靠了英国公使威妥玛。龚橙会说流利的英语,让这位公使大为惊讶,并对他极为赏识,给了他很高的待遇,行动有护卫跟从,月至万金。包括公使本人在内,上上下下都恭敬地称他为龚先生。

他则积极为洋人效力。

1860年,英法联军侵入中国,龚橙随其舰北上来到北京后,将辫子盘到头顶,戴洋人帽,穿白色西装,出入洋人兵营,狐假虎威。随后,他将联军引进圆明园,并抢先一步单骑直入,取珍宝重器以归,大发横财。然后,就有了那场震惊中外的大火……这个数典忘祖的汉奸,最后也难逃上天的惩罚。龚橙晚年生活极为潦倒,靠典当家私生活,最后因精神失常发狂而死。

龚自珍与儿子相比,父子俩一个爱国,一个卖国;一个名垂青史,一个遗臭万年。清人赵翼说,名父之子多败德,这虽然不是必然规律,但名父不幸而有逆子,按照"子不教,父之过"的说法,龚自珍自然难辞其咎。

英法联军焚毁圆明园后,扬言要炮轰北京城,捣毁清朝皇宫。奉命谈判求和的奕䜣,请求沙俄公使从中斡旋。俄国公使伊格纳季耶夫提出解决中俄边界问题作为调停的先决条件,然后向奕䜣说,中国"在目前情况下进行武装抵抗是不可能的","必须同意联军的一切要求",这实际上是要求清政府无条件投降。在侵略者武力逼迫下,清政府屈服了。

10月24日、25日,奕䜣分别与额尔金、葛罗交换了《天津条约》批准书,同英法分别签订了屈辱的《北京条约》,美国也根据"一体均沾"的条款分享各项特权。

在《中英北京条约》中主要规定:一是《天津条约》继续有效;二是增开天津为商埠;三是中国对大沽事件表示"惋惜";四是赔款数额由《天津条约》规定的400万两增加为800万两;五是英国公使如何驻京、是否驻京,以后由英国自行决定;六是割让九龙司归于英属香港界内;七是中国皇帝要颁布谕旨给各省督抚大员,将《天津条约》及《北京条约》刊发各地,让大家知道。在上述条款都实现后,英国从北京和舟山撤兵。

在《中法北京条约》中同样规定:《天津条约》继续有效,并即日起施行;而大清皇帝对上年大沽事件表示"悔惜"。同时,在条约中规定中国退还以前没收的天主教堂和教产,法方还擅自在中文约本上增加"并任法国传教士在各省租买田地,建造自便";而赔款数额则由《天津条约》时的 200 万两增加为 800 万两。

此外,在《北京条约》中还规定,准许英、法招募华工出国,恤金英国 50 万两、法国 20 万两。至此,第二次鸦片战争结束了。

1860 年 11 月,《中英北京条约》《中法北京条约》签订之后,英法联军开始撤离北京。俄国驻中国公使伊格纳季耶夫以"调停有功"为借口,提出了新的领土要求,向清政府提交了一份新的条约草案和俄国单方面绘制的东部边界地图,逼迫清政府"一字不能更易"地答应下来,扬言如果不答应,"兵端不难屡兴"。11 月 14 日,奕䜣被迫在《中俄北京条约》上签字。

条约将乌苏里江以东包括库页岛在内的 40 万平方公里的土地划归俄国,增开喀什噶尔为商埠,并在喀什噶尔、库伦设领事馆。同时,俄国还将由其提出的中俄西部边界走向强加给中国,即把中国境内的湖泊河山,作为划界的标志。这为进一步掠夺中国西部领土制造了条约根据。

在第二次鸦片战争结束后,沙俄于 1864 年又通过武力威胁和外交讹诈,强迫清政府订立《中俄勘分西北界约记》,通过《中俄北京条约》和此约,沙俄割占中国西北部巴尔喀什湖以东、以南和斋桑淖尔南北 44 万多平方公里的土地。到 1881 年又通过《中俄改订条约》及以后的几个勘界议定书,割占中国西部 7 万平方公里的土地。

通过军事侵略和讹诈,沙俄共占中国领土 150 多万平方公里,其面积相当于 3 个法国或 6 个英国,成为历史上侵占中国领土最多的国家。这在国际关系史上是一次骇人听闻的无耻掠夺,也使得中国的领土完整遭到进一步破坏,对中国以后历史发展带来不可估量的严重影响。

随着第二次鸦片战争中一大批不平等条约的签订,中国丧失了更多的领土和主权。战争结束后,外国侵略势力由东南沿海深入内地,便利了列强倾销商品与掠夺原料。

更令人感叹的是,从 1840 年鸦片战争签订《南京条约》,到 1860 年火烧圆明园签订《北京条约》,这20年的时间,大清帝国对外部世界的强势进入,若无其事般地没有任何积极的反应。对于1840年发生的令人刻骨铭心的鸦片战争,在当时从皇帝到朝廷大小官员一致认为,这只不过是大清帝国偶然的军事失败而已。他们对“天朝上国”的实力从来就没有丧失信心,对西方各国的鄙视依旧如故。于是,一切的一切都未有丝毫的变动,更不用说触及灵魂。就像一个沉睡的巨人,在挨了重重的一记棍子之后,并没有太大的感觉,而只是稍稍翻动身躯,然后又照样呼呼大睡。

英法联军占据北京期间,清王朝的贵族大臣奕䜣、文祥等人多次和侵略者进行交往,主持签订了《北京条约》。他们在外国侵略者的培植下,迅速成为侵略者的驯服奴才。但是,当时清政府的政治中枢已随咸丰皇帝逃到热河的承德,大部分掌握实权的王公大臣也都跟去了,其中掌握大权的有怡亲王载垣、郑亲王端华、协办大学士户部尚书肃顺等人。他们对洋人存有疑惧的心理,迟迟不肯迁回北京。英国人为了控制清朝政权,极力唆使奕䜣等人一再请咸丰皇帝“回銮”。咸丰也存戒心,不肯返回北京。1861年8月22日,咸丰帝在热河承德病死,这一年他31岁。咸丰死后,由载垣、端华、肃顺等人拥立年仅6岁的皇太子载淳继位,年号祺祥。咸丰皇帝遗命载垣、端华、肃顺等8人为“赞襄政务大臣”,总摄朝政,辅佐载淳。

载淳的生母是叶赫那拉氏(1835—1908),她是镶黄旗满洲人惠征之女,原为咸丰皇帝的宫人,1856年生载淳,被封为懿贵妃,载淳继位后被尊为慈禧太后。咸丰死时,慈禧太后只有26岁,此人阴险狡诈,权欲极盛,一心想把持朝政大权。她曾暗中使人奏请皇太后“垂帘听政”,以便借机把持皇宫大权,但遭到载垣等人以“本朝向无垂帘先例”予以拒绝。慈禧太后对载垣等人专权极为不满,便拉拢奕䜣和掌握兵权的胜保等人,密谋夺权。载垣等人察觉奕䜣在北京的权势日大也不放心,对他大加排斥和打击。奕䜣便在英国侵略者的帮助下,到热河承德与那拉氏密商举行政变,并由那拉氏下谕还京,作为政变的契机。

1861 年 11 月,那拉氏抱着载淳回到北京,立即发动政变,下令将载垣、端华、肃顺等人逮捕处死。其余 5 位"赞襄政务大臣"有的被革职,有的被充军,史称"辛酉政变"。

政变后,那拉氏让小皇帝登基,改年号同治。那拉氏和咸丰的皇后钮祜禄氏(慈安太后)一同垂帘听政,但清朝的最高权力控制在慈禧太后手中,军机大权掌握在议政王大臣奕䜣手中。

慈禧太后执掌清朝腐败统治近半个世纪(1861—1908)。在掌权前期,维护了清朝的统治;在掌权的后期,她更加趋向专制、守旧、贪图享乐,阻碍了中国迈向近代化的进程。

辛酉政变使侵略者培植的势力占了上风,在清廷中建立了中外反动势力相勾结的政治基础。英、法、俄三国侵略者多次表示愿意帮助清政府用武力镇压太平天国运动,以维护他们在华夺取更多的侵略利益。

此时,大清朝廷的中央机构开始半殖民化了。1861 年,奕䜣奏请设立总理各国事务衙门,负责办理外交和洋务,派出驻各国的公使,并管理通商、海防、关税、路矿、军工、译文,派遣留学生等项事务。而清朝的海关总税务司一职由外国人担任。从 1863 年,英国人赫德担任海关总税务司直至 1909 年,长达 46 年。

外国侵略势力操纵清朝中央政权机构后,竭力干涉中国内政和外交。《北京条约》签订后,外国公使纷纷进驻北京,通过多种途径控制清政府。1867 年,美国公使蒲安臣离职回国。奕䜣请蒲安臣代表清朝政府出使外国,先后以清朝大臣身份到美、英、法、德、俄等国递交国书,办理交涉。蒲安臣还以钦差大臣头衔与美国国务卿西华德签订《中美续增条约》8 条,规定美国人有贩卖华工自由、传教自由等条款,为美国进一步侵华铺平道路。

自 1860 年开始,随着中华文明古国被西方列强坚船利炮打败后,签订了一系列丧权辱国的不平等条约,欧美国家进一步从广州向北推进至上海,再到北京,而陆上的俄国则从西伯利亚经满洲边界向南推进到北京。西方列强通过建立条约口岸和扩展商务,争夺贸易利益和经济特权。而俄国则既争夺贸易权益,又夺取大片领土。从南北而来的两股侵略势力,越来越凶恶地钳制住江河日下的清王朝。

从此,中国半殖民地化的程度进一步加深,山河破碎,神州陆沉。

四、甲午之殇

19世纪末期的中国，成为帝国主义列强争夺的焦点。

当时，除英、俄两个列强外，美国在跃居世界资本主义第一工业强国的地位后，也极力向中国扩张。1893年，它占领了夏威夷群岛，获得从北美洲西海岸航达中国的中间站，从而大大增强了它在远东争夺的实力。

此外，德国帝国主义迅速崛起，也积极向中国扩张。

东方的日本是一个岛国，四面环海，陆地狭小，资源匮乏，有强烈的危机感。鸦片战争之后，一衣带水的邻邦日本，不仅把中国的底摸透了，也把自己的出路找到了。那就是要征服中国，要“脱亚入欧”，要成为东方的老大。

早先的日本也同中国一样，是一个闭关保守的封建国家。1853年7月，日本尚处于德川幕府统治之下，美国海军东印度舰队强行闯入日本江户湾的浦贺及神奈川(今横滨),打开了日本国门。

1854 年 3 月 31 日,日本代表在神奈川与美国代表签订了《日美亲善条约》(亦称《日美神奈川条约》),日本被迫同意开放下田、箱馆(今涵馆)两港口,美国舰船可以在这两个港口加煤上水,并得到粮食等物品的补给供应。该条约还允许美国在上述两个港口派驻领事官员,并享有最惠国待遇。不久,英国、俄罗斯、荷兰等国也援例而至,与日本政府签订了类似条约。

1868 年,是日本近代史上非常重要的一年。

这一年,日本孝明天皇去世,年仅 15 岁的太子睦仁继位。受西方影响的萨摩、长洲等藩联合起来,推翻了飞扬跋扈的德川幕府,将权力归还天皇,树立天皇权威。

睦仁天皇执掌朝政后改元“明治”,为明治天皇。这个年号,取之中国“易经”中“圣人面南而听天下,向明而治”一句。

年轻的明治天皇登基之后,立志要找到一条能够使日本强盛的新路。他明确宣布:“破除旧来之陋习,求知识于世界。”在随后的几年里,明治政府大胆革新,采取一系列有利于日本发展的措施,学习西方国家的科学技术,学习西方先进文化,改革国内行政机构,派遣留学生,派遣使节团到西方取经,兴办铁路、电信,普及教育……凡是有用的,统统拿来。

明治天皇还从历史教科书中找到一条结论:西方国家之所以强悍,是与蔚蓝色的浩瀚海洋结下了不解之缘。因为跨海东来的西方列强,从葡萄牙、西班牙、荷兰到大不列颠、法兰西、美利坚、俄国等,哪一个不是这片蓝水的主人?哪一个不是通过这片蓝水到达遥远的彼岸,进而成为海外弱势民族的宗主?日本处于大海环绕之中,要想强盛起来,必须勇敢地投身于海洋——明治天皇认定了这是一条正确的发展道路。

明治天皇登基之初,就发布了《安抚万民之亲笔诏书》,宣誓要“意欲继承列祖之伟业,不问一身艰难辛苦”,“开拓万里波涛,布国威于四方”。

还公布了《太政书》，规定“天下权力皆归太政官，使政令无出二途之患”，在形式上采取西方国家的“三权分立”，即在太政官（总理大臣）之下，设立议政（立法）、行政、行法（司法）三官（权），谋求建立一个政令统一的中央集权国家。

1869年，明治天皇修改太政官制，在政府设置兵部省。同年，兵部省提出“海军应采用英国方式”“陆军应采用法国方式”的建议并获得批准。1870年2月，明治天皇在兵部省内设置海军局和陆军局。由此，日本海军、陆军开始形成相对独立的发展体系。接着，派出一批海军留学生到英国学习。

日本在国内掀起的维新运动，首先从改变国人的思想观念开始。号召国民学习清朝魏源精心编写的启蒙思想伟大著作《海国图志》。这部著作在大清朝野被束之高阁的时候，日本人则如获至宝，将这部著作引入岛内，以多种版本不断刊印，供国人渴读求知。

在此期间，日本在政治上进行废藩置县和新政府机构改革，以巩固明治天皇的政权基础；在经济上推行“殖产兴业”，掀起工业化浪潮；在思想文化上提倡“文明开化”，学习西方的社会文化及习惯，以此作为军备发展的强力支撑。明治政府以军事工业为牵引，聚力发展先进的资本主义工业产业，兴建铁路、发展电信及航运等相关产业。

1871年，明治天皇决定组成以岩仓具为特使，木户孝允、大保久利通、伊藤博文为副使的庞大使节团，游历美、英、法、荷、比、德、丹、瑞、俄、意、奥等十余个国家，修改安政年间与这些国家签订的不平等条约，同时考察西方国家的政治经济制度、文化传统、价值体系，以作为日本未来改革的借鉴，描绘未来日本国家发展的宏伟蓝图。

1872年启程远涉重洋的这个使节团，由46名政府重要官员组成，其平均年龄约30岁，是一群特别容易接受新生事物的年轻人。在后来的岁月里，他们逐渐成长为日本改革与发展的核心力量。如后来出任日本首相并发动了中日甲午战争的伊藤博文，当时只有 31 岁。

年轻使节团远赴西洋的这次考察，对日本近代历史的发展产生了重大而深远的影响，尤其是德国对日本的影响最深。从此之后，日本开始沿着俾斯麦所说的"强弱相凌，大小相欺"的方针来制定本国的对外政策。日本政府以牺牲邻国为自身发展代价的"宇内经营"策略，以及实现这一策略的工具——海军的大力兴办，也就是从这一时期开始加力发轫的。

在日本，继 16 世纪丰臣秀吉提出"大日本"构想之后，至德川幕府末年，日本的"神国观念"及其派生的"统治宇内"思想已经普遍滋长，日本的番阀就曾制造"割取朝鲜、满洲，并吞中国"的侵华舆论，这些直接影响着日本的明治维新政权。

明治维新开始后，明治天皇就开始推行"武国"方针。他对外发布《外交布告》，确立了"大力充实兵备，使国威光耀海外万国"的战略构想。日本政府随即制定旨在征服中国和世界的"大陆政策"：第一步，先占领朝鲜，吞并琉球；第二步，侵占中国的东北和台湾；第三步，以此为跳板，向中国大陆进攻；第四步，征服全中国，最后进军欧美，征服南洋、亚洲，进而达到称霸全世界的目的。

进入 19 世纪 70 年代，明治政府开始实施大陆政策，周密计划，统筹安排，举国行动，文武并进，一步步朝着"脱亚入欧""统治宇内"的目标前进。

1870 年 9 月，日本派遣外务大臣柳原前光来华，面见直隶总督兼北洋大臣李鸿章等人，要求两国订立条约，"通情好，结和亲"。

1871 年 9 月，中日双方签订了《通好条约》和《通商章程》。在中国近代史上，这两份文件是难得的平等条约，虽然其中包含领事裁判权、协定关税、允许军舰驶入对方通商口岸等不合现代国际惯例的内容，但是李鸿章坚持双方对等，没有让诸如"一体均沾"这样的条文写入条约。

1873 年，日本借交换中日条约批准书之机，派使者副岛种臣和柳原前光来华"访问"，而其真实目的是弄清中国与朝鲜的确切关系，以便向朝鲜敲门；同时亦刺探中国对琉球的立场，为进一步吞并琉球和谋取台湾做准备。从此，日本开始在南北两个方向发展，并采取了一系列措施。

一是吞并琉球。琉球群岛从14世纪起接受中国明朝皇帝的册封，建立了藩属关系。17世纪初日本染指琉球，迫使琉球同时藩属日本。1872年日本单方面宣布琉球属于日本。1875年废止其与中国的宗藩关系。1879年4月，日本出兵占领琉球，改琉球国为冲绳县。

二是侵略台湾。1871年12月，有一艘遭遇飓风的琉球船只漂到台湾，船员和台湾高山族人发生冲突，54名琉球人被杀死。1874年，日本翻出三年前的旧账，悍然出兵侵占台湾，遭到清军和台湾人民的英勇抵抗。由于清政府的腐朽懦弱，在西方列强的"调停"下，中日签订《台事专条》。中国以"抚恤"的名义，赔偿日本白银50万两；同时清政府屈从日本违背事实，把琉球人遇害写成"日本国民遇害"，把日本无理侵入台湾写成"保民义举"。《台事专条》的签订，使日本在谈判桌上轻而易举地得到了武装进攻所没有得到的好处。更重要的是，强取豪夺的日本从中窥测到清政府的软弱无能和善良可欺。

三是进犯朝鲜。1874年日本退出台湾，第二年便派出军舰"云扬"号北上朝鲜，制造了"江华岛事件"。1876年2月26日，日本借机逼迫朝鲜政府与其签订了《朝日修好条规》（亦称《江华条约》）。这为日本对朝鲜进行经济上的掠夺、政治上的渗透、军事上的操控提供了合法依据和便利条件。

1879年，明治皇帝睦仁大力推行"武国"方针，将位于东京千代田区九段的"东京招魂社"更名为靖国神社，目的是祭祀战争中阵亡的官兵。

靖国神社在培养日本国民的军国主义思想，灌输侵略扩张的战争意识，宣传宁死不降的武士道精神等方面，发挥了重要作用。特别是中日甲午战争之后至第二次世界大战期间，靖国神社成为日本政府动员民众参加对外侵略战争的重要场所。

为向国民宣传对外侵略扩张的国策，日本政府还从抓学校教育着手。主导这项工作的人是神道主义者元田永孚。日本政府及其御用学者首先从思想观念上为侵略扩张寻找精神支柱，提出日本是皇国，皇国就是神国，神国就应该“统治宇内”，这是上天赋予的使命，并把这些观点和思想灌输给日本国民，以争取全体国民的支持，实行“取偿东亚”的政策。

1882 年，日本政府以天皇的名义公布了“军人敕谕”，强调军人的武士道精神首先要忠诚于天皇，使军队成为军国主义的有力工具。

1888 年，日本又制定了《军队内务书》，彻底强化兵士必须服从精神教育，宣扬“日本刀”“日本魂”，大力鼓吹日本军人为侵略扩张战争而积极拼命献身。

1890 年，日本又创设了金鸦勋章，以鼓舞军人敢战之士气。同年 10 月 30 日，天皇又正式发布《教育敕语》，命令国民遵守武士道、神道精神。

这些制度的建立，不但大大加强了对国民和军队的教育，还为日本政府扫除了发动侵略战争的思想障碍。

事实证明，日本的侵略教育起到了应有的效果。梁启超后来曾到日本，目睹了日本国民踊跃参军的场面，“盖兵卒入营出营之时，亲友宗族相与迎送以为光宠者也”，“其为荣耀则虽我中国入学中举簪花不过是也”，尤其是“祈战死”，“余见之矍然肃立，流连而不能去”。

日本的士兵是“祈战死”，而清廷的士兵是听到上战场就吓得“失神失色”。中日甲午战争爆发时，民国时的著名将领冯玉祥当时正在保定当兵，当他所在的部队奉命调往大沽口防御日军时，据他记载，消息传到军营，“不啻晴天一个霹雳，官兵们骇得失神失色，惊恐之际的种种滑稽怪剧简直令人难以置信，他们算是执干戈以卫社稷的军人？部队开拔时的情景更是凄惨一片，男女老幼奇哭怪嚎声震云霄，只是不肯罢休。在不明底蕴的人看了以为谁家大出殡，所以惊动了这么多人哭送，绝想不到这是保定府五营练军开往大沽口戒备去抵御敌人”。两相比较，中日两国战斗精神便见分晓,战争胜负也不言自明。

两次鸦片战争的失败,使中华民族在遭遇巨大伤痛和屈辱的同时,也深切感受到来自海上"数千年未有之强敌"的威胁,且威胁不仅来自西方列强,也来自东方的日本。

因中国屡遭外夷海上入侵,清政府有意壮大海防,以防外寇。幸得有识之士共同努力,中国近代海军创建开始有起步。

从19世纪60年代开始,清政府发起了以军事近代化为核心的洋务运动,经过数十年的努力,在军事工业、人才培养、海军建设等方面都取得了明显成效,各方面较之日本都有很大优势。

军事实力上,从19世纪60年代到90年代,经过近30年的洋务运动,以曾国藩、李鸿章、左宗棠、张之洞等人为代表的洋务派,"师夷长技",创建兵工厂,仿制各种近代枪炮,并大量从西方进口武器,军事装备有了明显改善。

1861年,曾国藩在安庆设立安庆军械所,制造子弹、火药、炸药等武器弹药。这是洋务派制造新式枪炮的第一个军事工厂。

1865年,李鸿章在上海成立江南制造局,造枪造炮,造弹药水雷,以供南北军用,以后屡有扩大,拥有工人2000多人,是当时清政府最大的兵工厂。同年,又设金陵机器局于南京,主要生产枪炮,是淮系的主要军火供应基地。

1866年,左宗棠创办了福州船政局。这是当时规模最大、设备最齐全的轮船修造厂。

1867年,三口通商大臣崇厚在天津成立天津机器局,1870年后李鸿章接办,并扩充为东、西两局,主要生产弹药、水雷、炮架等。

1867年,林则徐的女婿、前江西巡抚沈葆桢,受命于危急之时,总理船政。沈葆桢深知海防人才的重要性,就增设了船政学堂。学堂分为前学堂和后学堂,前学堂学习法文及造船理论,后学堂学习英文和驾驶技术。招聘闽粤两地聪慧的少年入学，希望将来他们能成为国家的栋梁之材。1877年（光绪三年），船政后学堂首批留学生赴英国海军学习。他们是刘步蟾、林泰曾、林永升、方伯谦等13人。最大的28岁，最小的只有17岁。这批学生后来成为北洋水师的骨干。

1888年，时任两广总督的张之洞在广州筹办枪炮厂。他调任湖广总督后，1890年将之迁到汉阳，建成湖北枪炮厂。这是洋务运动后期规模最大的兵工厂。

到甲午战争前，清政府初步建成北洋、南洋、福建、广东4支舰队，共计大小军舰78艘、鱼雷艇24艘，总排水量8万余吨。其中以北洋海军的实力最为雄厚，有大小战舰近50艘，总吨位约5万吨，号称亚洲第一。

日本加紧扩军备战，到1893年，海军拥有军舰31艘、鱼雷艇24艘，总排水量6.1万吨。中国仍有优势。

陆军方面，甲午战争前夕，清军有禁卫军11.1万人、八旗兵14万多、绿营兵40多万、淮军2.1万多人，加上防军、练军和勇营，数量近百万人。日本陆军拥有6个野战师团、1个近卫师团，现役兵力12.3万人，战时总动员兵力可达23万人。数量上远不及中国。

清军北洋舰队的“定远”“镇远”“济远”“经远”“来远”舰购自德国，“致远”“靖远”舰产自英国。其中主力舰“定远”号和“镇远”号1885年抵华，满载排水量7335吨，全舰钢面铁甲，最厚处为炮台与炮塔达356毫米，舷侧为305毫米，甲板为76毫米，舰桥为203毫米，装甲共重1461吨，水密隔舱多达200多个。装备4门305毫米25倍径主炮（装在两座双联装炮塔内，水压动力），2门150毫米副炮，3具380毫米鱼雷发射管（携带21条鱼雷）。无论装甲、吨位、火炮口径都是当时世界领先、远东一流，号称“东亚第一巨舰”，仅战舰的装甲就相当于日军的一艘巡洋舰的重量。

相比之下，日本主力舰队最高吨位的舰艇“松岛”“严岛”“桥立”都是5000吨级，各设120毫米速射炮12门、320毫米固定炮1门。“比睿”“赤城”“扶桑”设150毫米速射炮6门,“西京丸”设120毫米速射炮8门。第一游击队“吉野”设150毫米速射炮4门、120毫米速射炮8门,“浪速”设150毫米速射炮6门,“高千穗”设150毫米速射炮6门,“秋津洲”设150毫米速射炮4门、120毫米速射炮6门,“千代田”设120毫米速射炮10门。日军炮虽然多,但是威力普遍小,北洋水师的炮少,但是威力大。日本舰队的速射炮对铁甲舰基本没有效果。

很长一个时期,日本政府慑于中国的实力不敢立即在军事上大动干戈,于是一方面利用狡黠的外交一步一步推进,另一方面派出情报人员从事搜集中国情报的勾当。

1872年9月,日本当局派遣池上四郎、武市正干等人到中国从事间谍活动。他们化装成商人,从上海乘船经烟台到营口,然后往奉天“旅行”。当时清政府地方当局对他们的行踪感到可疑,始终派人尾随加以监视,并一再盘问他们来华的目的。他们总是以“看看有什么感兴趣的贸易”“参观来了”来搪塞。尽管清朝地方当局对他们进行监视,但他们还是获得了不少情报,如辽河几月几日开始封冻,何时人马从河上往来,何时解冻等。他们回去写的报告书称:“满洲的常备军积弊日久”,“士兵怯懦”,“常备军几乎徒具虚名”,“经过几年中国肯定土崩瓦解”。

1873年,海军少佐桦山资纪和陆军少佐福岛九成也来到华南,企图对台湾进行侦察。由于清政府当局警戒甚严而未得手。不久,福岛摇身一变,成为福建厦门的领事。他通过日本画家安田志山的掩护,潜入台湾对当地的政治、经济、军事和风土人情进行了实地勘察。

随着日本当局对中国情报的强烈要求,在华情报网也逐渐扩大。日本参谋本部陆军中尉荒尾精化装成平民,到四川、湖南、北京设立支部,并流窜到中国内地各省,绘制军用地形图样。

日本海军军官在中国军舰上观察到北洋水师貌似威武的阵容,也看到了这阵容背后最致命的弱点,那就是军纪废弛,训练没有章法,贪污腐败之风盛行，官有骄矜，兵无斗志，军舰上也是声色犬马。曾有一名日军大佐在军舰的炮位上轻轻一拭，手套上就沾满了尘埃。这个大佐回去就写了一份绝对自信的请战书，称中国海军"貌似庞大，实不足虑也"。

1874 年，日本出动数艘蒸汽化军舰及数千名士兵，悍然入侵中国领土台湾，初试啼声。日本妄想腐朽的清政府会如同鸦片战争时面对英法列强一样，在一击之下立刻妥协。孰料当时日本在中国眼里是个蛮夷小国，这次行动被中国朝野视为蚍蜉撼大树，如同天狗吠日一般，孟浪可笑。清政府采取了强硬措施，出动福建船政水师的大批西式军舰，并派出经西法训练、全副西式装备的淮军登陆台湾抗衡。同时，在国际外交舞台上施展手腕，借助列强的力量，最后兵不血刃成功逼退了日本军队。

经过这次灰头土脸的失败，日本开始明白要战胜中国，必须具备足够雄厚的实力作为基础。日本痛感海军实力单薄，决定不惜一切代价，加速海军建设，募集巨资向英国阿姆斯特朗公司订造 3 艘二等铁甲舰"金刚""扶桑""比睿"。

同时，在国内加快扩军备战的步伐。政府撤销了受内阁统辖的"参谋局"，代之不受内阁控制而从属天皇的最高军事机关"参谋本部"。参谋本部成立后做的第一件事，就是调查中国的军备和地理，该部部长山县有朋竭力鼓吹以打败清政府为主要目标，并强调充实军备是当时"燃眉之急"。

1887 年，参谋本部又拟出《征讨清国策》，提出趁中国还没有觉醒，先"断其四肢，伤其身体，使其不能活动"，还提出以 5 年的准备时间为限，在 1892 年完成对中国作战的准备。

《征讨清国策》计划一旦战争爆发，以大部分兵力进攻北京，以部分兵力占领长江流域的战略要地来阻止江南清军北援。如能战胜中国，将包括辽东半岛、山东半岛、舟山群岛、台湾、澎湖列岛和长江下游沿岸 35 公里左右之地，全部并入日本版图；而后再将中国的其余地方，分割为东北、江南、华北、青藏、内蒙古、准噶尔等几个小国，分别属于日本版图。然后再将中国大陆分割为大小不等的5个小国,指定既有影响又听从日本指挥的人做国王。

就在这年3月,正当清政府准备挪用包括海军购舰专款大修颐和园之际,明治天皇还特颁了"立国之务在海防,一日不可缓"的敕令,宣布除发行1700万日元海军公债外,天皇带头每天减少一顿饭,每年从皇室经费中拨款30万(相当于皇室经费的十分之一),作为购建海军舰船的补助费用。伊藤博文也号召"爱国志士"以天皇为榜样,进行捐献。在他的鼓动下,半年内得到海防捐款203万日元。

1892年,日本军费开支竟占国家总预算的11%。1893年3月,海军技术员下濑雅允发明了高性能火药。到1893年年底,日本已完成了扩军备战的一切准备。

这时,日本已建立了一支拥有6万名常备军和23万名预备军的陆军,海军包括松岛号等大型装甲舰和巡洋舰共计28艘(另有鱼雷艇24艘),建立了一支排水量为6万吨位的海军舰队。战时大本营也正式成立。伊藤博文的密友、英国《泰晤士报》驻东京记者布林克莱看出,日本在军事上一切准备就绪,单"就弹药而论,它所储存的数量,比在一次对华战争中可能耗去的还要多"。

关于开战时机,日本决策层认为,俄国的西伯利亚大铁路不出数年就要完工,到那时从俄国首都出发,火车仅需10天左右就可到达黑龙江,届时将对日本实施战略计划构成巨大威胁,因此,必须抢在大铁路完工之前对华开战。日本的战备时间表也是以此为参照拟定和执行的。在完成战略准备的同时,剩下的就是寻找一个开战的借口了。

关于开战借口,日本决策层认为"朝鲜有事"就是最好的借口。既然只是一个借口,所以是否真有事并不重要。如果战备尚未完成,即使真有事也要压下去,作无事处理;如果战备已经完成,无事也要找事,否则时机不允许拖延。

1882年7月23日,朝鲜发生了“壬午兵变”,汉城(今韩国首尔)爆发了大规模士兵反日运动,杀死了日本教官和警察,还袭击了日本公使馆。日本上层虽然也有人主张开战,但内阁会议反复研究,认为此时战备不足,不宜开战。所以这次尽管“有事”,也要作低调处理,签订了一个条约了事,但逼迫朝鲜答应了日本有驻兵权。

1884年12月4日,朝鲜发生了“甲申政变”,这一次事情闹得更大,日本伤亡几十人。清朝政府为尽快恢复朝鲜秩序,派兵入朝。这时日本国内响起一片对清开战声。这一次虽然真是“朝鲜有事”,但日本当权者权衡再三,认为战备尚未完成,贸然开战没有把握,因此还是像上次一样,低调处理。日本虽不想以此为借口发动战争,但却在谈判桌上要挟清政府,事后签订的《天津条约》中规定,将来朝鲜若有重大变乱事件,一国需要派兵时,必须先告知对方,事完之后要立即撤兵。这就为后来日本大规模进兵朝鲜,发动侵略战争,找到了“合法”的依据。

1894年,朝鲜半岛爆发了大规模的东学党起义。这次起义在“除暴救民”“逐灭洋倭”等口号下,一路打击贪官,开仓放粮,席卷城市,半岛为之震动。6月1日,起义军攻克朝鲜南方重镇全州,直逼京城汉城,声势浩大,大有席卷全国之势。情势危急之下,朝鲜国王不得不向清朝政府请求派兵援助。

朝鲜与中国有着悠久的历史渊源,它不仅是中国东北地区的门户,更是清政府最重要的藩属国。藩属国王向中国皇帝按期进贡,受册封,享受藩属之惠;中国皇帝则有维持受册封的王统地位,保护藩属国安全的义务。因此,按陈规旧例来说,中国过问这个传统属邦的内政,派兵援朝是名正言顺之举。

日本政府认为这是一次极好的机会,准备乘此机会制造发动战争的借口。日本驻朝鲜代理公使杉村濬按照东京的指示,诱劝清朝驻朝鲜通商大臣袁世凯采取积极行动,尽快出兵,并表示日本政府“必无他意”。袁世凯致电北洋大臣李鸿章,积极主张出兵入朝。袁世凯认为,日本"重在商民似无他意",信誓旦旦保证日本不会横加干涉。受袁世凯错误判断左右,清政府作出出兵朝鲜的决策。

然而,却被早就对朝鲜及中国垂涎欲滴的东邻岛国日本钻了空子,这个向来就表现得不怎么安分的民族,终于等来了他们盼望已久的良机,见清廷答应向朝鲜派出援兵,就以保护本国侨民的利益为借口,大举向朝鲜发兵。

6 月 5 日,日本政府成立战时大本营,明治天皇于当天批准向朝鲜境内派兵。于是以护送驻朝公使大鸟圭介返任和保护侨民为借口,陆续出兵朝鲜达一万余人,占据了从仁川到汉城一带的战略要地。日军总兵力已超过在朝清军,使狭小的朝鲜半岛军旅密布,气氛紧张。

日本政府见挑起战争的时机已经成熟,遂于 6 月 22 日宣布了对中国政府的"第一次绝交书",7 月 14 日又宣布了"第二次绝交书",急切关闭了中日商谈和平撤军的大门。

7 月 19 日,日本海军成立联合舰队,任命海军中将伊东祐亨为联合舰队司令长官。日本政府训令驻朝公使大鸟圭介说:"促成中日之冲突,为今日之急务。为断行此事,可取任何手段。"

7 月 23 日,日军攻入朝鲜王宫,劫持了国王,成立了以大院君李昰为首的傀儡政权,并以傀儡国王的名义,强令清军退出朝鲜,断绝朝鲜与中国的关系。

此后,日本海军联合舰队先后 4 次护送运兵舰队,向朝鲜增送陆军达 28000 余人,还有 4000 名随军民夫和 4300 余匹战马及大批辎重物资。其兵力数量远远超过清军。根据日本大本营的作战训令,日本海军联合舰队企图寻找中国海军北洋舰队进行海上决战。

事情发展到这一步,清政府也不敢掉以轻心,光绪皇帝即令直隶总督兼北洋大臣李鸿章赶紧采取必要的行动,以应对朝鲜战场的危机。

李鸿章对此感到很为难。在对外问题的处理上,李鸿章向来不主张兵戎相见,而是看重外交斡旋,他处理外事的指导思想是“以夷制夷”,这次他想到的处理朝鲜问题的方法仍然是依赖列强出面调停。于是他下令驻朝清军切不可与日军发生冲突的同时,不停地奔走于俄、英、美等国公使之间,请求他们站出来说句公道话,以调停中日两国军队在朝鲜一触即发的危急局面。

然而,李鸿章天真的幻想,像肥皂泡一样一个接着一个地破灭了。在关键时刻,列强们各有各的打算,各有各的利益,不愿意卷入争端之中。这时,日本军国主义者既完成了先期的军事部署,又消除了外交上的后顾之忧,下定决心要对华开战。

李鸿章的外交努力失败了,他不得不面对现实,在朝廷中主战派大臣的指责声中和光绪皇帝的再三催促下,终于下决心以武力应对日本人的挑衅,从天津抽调2000余人的增援部队从海上直接输送至朝鲜牙山。

牙山是朝鲜忠清南道的一座小县城,北侧是重要港口城市仁川和首都汉城,南扼南方重镇大田、全州,战略位置十分重要。县城往西的白石浦里小镇濒临一个狭窄的海湾,即牙山湾,由于水深较浅,大船无法驶入。牙山湾口外是海域较为开阔的南阳湾,水深足够,且海底沙土条件较好,是优良的避风锚地。

由于担心使用中国船舶从海路运兵会有危险,李鸿章决定租用英国“爱仁”“高升”“飞鲸”3艘商船来运送援兵赴牙山。为了进一步确保此次海上航行的安全,李鸿章又命令北洋舰队派军舰实施护航保驾。北洋舰队提督丁汝昌决定派“济远”舰管带方伯谦为队长,率“济远”“威远”和“广乙”3艘编队承担护航任务。7月21日至23日,运兵船队分3批从天津大沽口起航;北洋舰队护航编队由威海卫直接驶往朝鲜牙山。

但是,中国这次秘密的增兵行动计划,却被潜伏在天津多年的日本间谍石川五一设法掌握了。日本大本营在7月20日获得石川五一的密报之后，得知这些运兵船起航时间，对“爱仁、飞鲸、高升船载若干兵、若干饷、何人护道、赴何口岸”了解得一清二楚。日本大本营决定乘机进行偷袭，并在7月23日派出“吉野”“浪速”等军舰到朝鲜海面搜索中国的运兵船。

7月22日，运兵船队起航，径直开往朝鲜牙山港。护航舰船出发后，北洋海军得到情报，得知日本海军10余艘战舰也开赴朝鲜，有可能在海上寻衅生事。丁汝昌得报急忙致电李鸿章，请示要亲率舰队跟进护航，以防不测。同时命令各舰生火起锚，做好出发的准备。然而此时正值庆祝慈禧太后六十大寿事宜筹备火热，李鸿章唯恐开战会搅了太后的寿喜大事，要是大规模出动舰队，势必造成中日两国矛盾冲突升级而引发战争，不如以避让之姿态求得苟安，遂电令丁汝昌：“暂用不着汝大队去，将来俄拟派兵船，届时或令汝随同观战。”可见，李鸿章仍寄希望于他国的出面相助。

7月22日下午，日本海军军令部长桦山资纪海军中将亲抵联合舰队驻泊的佐世保军港，向联合舰队司令长官伊东祐亨海军中将正式下达了前往朝鲜丰岛海域袭击北洋舰队护航编队的作战命令。次日11时，由坪井航三海军少将率领的日本海军联合舰队第一游击队3艘军舰从佐世保军港起航驶往朝鲜丰岛海域。16时，伊东祐亨亲率联合舰队主力编队后续出航。

7月25日晨，北洋舰队“济远”和“广乙”两舰完成护送运兵船任务由朝鲜牙山返航，当驶至牙山港口外丰岛西南海域时，突然与日本联合舰队第一游击队巡洋舰“吉野”“浪速”“秋津洲”三舰相遇。

7时15分，“济远”舰管带兼此次护航编队队长方伯谦传令舰上官兵进入炮位，准备御敌。而日舰此时正处于丰岛附近的狭窄水道而不利于实施作战机动，遂向右偏转16度驶至开阔海面，然后再左转舵16度，直扑中国军舰。7时45分，日舰“吉野”首先发炮攻击中国军舰，以不宣而战的卑劣方式，挑起战端。中国军舰随即被迫发炮还击。

这是一场实力差距较大的海上遭遇战。日本军舰在数量、吨位、航速、火炮等方面均占有明显的优势。战斗持续约 1 小时 20 分,“济远”和“广乙”被击伤,“广乙”舰退驶至朝鲜丰岛方向。日军当即由高航速的“吉野”舰继续追击“济远”,由“浪速”和“秋津洲”两舰追击运兵商船和运送军械饷银的“高升”和“操江”号两舰。“操江”舰被日军“秋津洲”舰俘获,而“高升”号运兵舰的结局则更为悲惨而壮烈。

被中国租用运兵的英国商船“高升”号载有清朝陆军部队 950 人。英籍船长高惠悌,“坚信该船为英国船,又挂英国国旗,足以保护它免受一切敌对行为”。日本海军大佐东乡平八郎驾驶“浪速”号巡洋舰驶近“高升”号的舷侧,用炮口迫使其停船,并要求该船随日舰航驶以俘获之。“高升”号上的清军官兵宁死不肯降敌,东乡平八郎大为恼火,命令发炮将其击沉。在“高升”号倾斜沉没的过程中,船上的清军官兵临危不惧,视死如归,使用步枪射击日舰。船沉后,穷凶极恶的日本水兵驾驶小艇在海上捕杀毫无抵抗能力的清军官兵。在这种野蛮的海盗行径下,“高升”号上的 700 多名官兵壮烈牺牲,仅有少数人侥幸逃生。

中日甲午战争的大幕,就此从朝鲜丰岛海域拉开了。

日本海军在丰岛海域胆敢击沉英国商船,李鸿章和清政府高层都认为日本就此得罪了威名显赫的大英帝国,中国马上就可以不用费力得到一个同盟者。的确,“高升”被击沉,引得英国舆论一片哗然,英国军方也主张对日本实施军事报复行动。

日本政府得悉英国国内的舆情之后也非常害怕,首相伊藤博文立即命令专门研究国际法的法制局启动紧急危机公关行动。外相陆奥宗光立即约见英国驻日本临时代理公使巴健特,告知日本政府将迅速进行详细调查,保证“如果日本军舰错打了英国商船,日本将赔偿全部损失”。一旦查清责任在日本海军,日本政府绝对会承担全部责任。

与此同时,日本内阁居然开会研究决定向英国有关方面行贿,外务省指示驻英公使青木周藏向路透社等英国有影响力的媒体先后行贿 1600 英镑。另外,日方还经过公关,收买英国多名国际法专家在《泰晤士报》上发表文章,为日本海军行为进行辩护和开脱。结果在当年11月,英国法院作出最后裁定:英国商船“高升”号被击沉一事,日本海军没有过错和责任;中国政府要向英国方面赔偿一切损失。由此可见,日本政府依凭卑劣的操作手段化解了危机。而愚昧昏聩的晚清政府犹如“吃了黄连的哑巴”,眼睁睁地丧失了一次对付日本的机会。

日本大本营在决定挑起对华战争时,采取的是海陆并举、双管齐下的方针。

就在丰岛海战打响的7月25日当天,由陆军少将大岛义昌指挥的日本陆军混战旅团,也从朝鲜汉城的龙山驻扎地携带重炮等辎重出发,南下进攻驻扎于牙山的清军。日军在行军途中派出的骑兵分队侦知清军主力已移驻位于牙山东北方向的成欢驿,大岛义昌当即改变原定作战行动计划,遂转兵直扑成欢驿。

成欢驿位于朝鲜忠清道平泽县东南和稷山县西北,地处交通要冲,有两条驿道在此交会通过:一条是由汉城至天安、公州的南北大道,另一条是从稷山通往牙山的东西驿道。成欢驿东西有高山丘陵环绕,地势易守难攻。早前移师至此的清军太原镇总兵聂士成部等3000人准备在此择险防守,扼制日军南进。

7月28日夜,日军混成旅团兵分两路,对驻守成欢驿地区的清军部队发起攻击。大岛义昌亲自指挥由9个步兵中队、1个炮兵中队及1支骑兵组成的左翼主攻部队,由东进行迂回,向清军右翼阵地进攻;武田秀山中佐率领由4个步兵中队和1个工兵中队组成的右翼佯攻部队,沿汉城至公州大道的方向出击,意图牵制清军的注意力。

战斗在29日拂晓前开始打响。日军攻势异常凶猛,战况甚为激烈。清军的抗击行动十分顽强,总兵聂士成在战斗中身先士卒,众官兵也同仇敌忾,毫无惧色。经过一整夜的鏖战,准备精良的日军在次日拂晓逐步攻破清军左、右两个防御阵地；聂士成被迫率清军余部取道公州向北撤退。

成欢驿之战，是甲午战争正式宣战前，中日两国军队继丰岛海战之后的第二次交战，也是中日两国陆军部队进行的第一次正面交锋。此战的结果是，拥有精良装备的4000人日军部队在进攻作战中战胜了3000人的清军部队。

清军在成欢驿与日本陆军初次交战的失败，使日军达到了将清军部队逐出牙山地区的战役目的，进而使其开始在朝鲜半岛掌握有利的作战态势。

清朝海、陆军分别在丰岛海域和成欢驿与日本海、陆军的首次交战失败，虽未造成重大兵力和武备损失，但却对两国军队的心理及作战士气产生了一定的影响。初次交战的两次得手，使日本海、陆军的侵略气焰更加嚣张。他们立即着手要进一步扩大战争规模。

此时，战争实际打响，和平解决中日两国之间争端的希望荡然无存。

1894年8月1日，清政府正式向日本宣战。同日，日本天皇也下诏对中国宣战。具有重大历史地位的中日甲午战争爆发了。

中日两国政府正式互相宣战后，清朝政府为增援先期入朝之清军，先后调遣宁夏镇总兵卫汝贵部盛军、太原镇总兵马玉昆部毅军、广东高州镇总兵左宝贵部奉军、镶白旗护军统领丰升阿部练军开赴朝鲜；四支大军合计29个营共14000人，于1894年8月上旬的酷暑之中相继抵达平壤。

8月下旬，直隶提督叶志超和太原镇总兵聂士成率残兵由牙山地区败退平壤，使平壤清军兵力接近18000人。叶志超谎报清军获得牙山大捷而被清廷予以明令嘉奖，并被任命为驻扎平壤地区清军部队的总指挥。但这位总指挥毫无斗志且庸劣无能，既不率军南下进攻，也不认真布置平壤防务，每天饮酒作乐，坐待日军来犯。

日军大本营则开始加快战争行动的节奏。在宣战的次日即8月2日，日军大本营命令海军联合舰队出海搜寻，尽快歼灭中国海军北洋舰队。在获悉中国派兵增援平壤并可能相机挥兵南下之后,日军大本营于 8 月 14 日召开作战会议,根据联合舰队尚未并且难以尽快寻得战机与北洋舰队进行海上决战的情况,确定年内已无法如期实现直隶平原陆军决战的原定作战计划,遂重新制定冬季作战方案:增派陆军第三师团赴朝鲜,并与已在汉城附近集结的第五师团合编为第一军。任命枢密院议长山县有朋大将为第一军司令官,执行北攻平壤并将清军逐出朝鲜半岛的作战任务;同时准备组建第二军,以待机进攻中国辽东半岛,为之后实施直隶平原决战,建立前进基地。

为了便于统筹指挥战争,日本政府于 9 月 15 日将日军大本营从东京迁至广岛;随后明治天皇抵达广岛,亲自主持指挥对华侵略战争。在海军联合舰队护送下,新上任的第一军司令官山县有朋大将率部队分乘 38 艘运兵船,于 12 日到达朝鲜仁川。

9 月上旬,日本第一军以第五师团和第三师团之一部共 15000 兵力,分四路向平壤方向进发。13 日,日军部队抵近平壤近郊,并迅速展开兵力,达成对平壤清军分进合击的战略态势,并切断了清军北退新义州的后路。

有“箕城”和“王俭城”之称的平壤,曾是朝鲜的旧都,时为平安道府。它北通义州,南达汉城,东趋元山,西南通大同江口,是朝鲜半岛北部的水陆交通枢纽,号称朝鲜的“第一雄镇”。这里山环水抱,地势险峻,城依山崖而建,墙垣高大壮阔,是所谓“一夫堪拒万夫攀”的易守难攻的战略要地。平壤四周筑有高约 10 米、基础厚 7 米、顶部厚 2 米的城墙,中国军队到达后,又进一步增筑了大量半永久性的工事、炮台,整体防御条件较为优良。

清军在平壤实施的是分区驻防部署:城北方面,由左宝贵部奉军和丰升阿部练军防守;城西方向,由原叶志超部(牙山军)防守;城南方面,由卫汝贵部盛军和马玉昆部毅军之一部防守;城东南大同江东岸方面,由毅军防守;清军总指挥叶志超坐镇城内,居中调度。

9 月 14 日,日军攻占平壤城北的山地制高点,形成对平壤城的四面合围之势。当晚,清军总指挥叶志超想弃城撤退;总兵左宝贵坚决反对,并派亲兵予以监视,防止他逃跑。

9月15日凌晨,日军重兵开始对驻守平壤的清军部队发起总攻击行动,激战在三个战场同时展开。

大岛义昌指挥混战第九旅团分三路,进攻扼守大同江岸的清军马玉昆部。在大同江南岸的船桥里,交战双方进行了激烈的炮火对射和白刃格斗。日军混战旅团在付出了"将校以下死者约140名,伤者约290名"的惨重代价后,也未能攻占清军的防御阵地。战至午后1时许,负伤的旅团长大岛义昌,不得不命令部队撤离战场。

野津道贯中将指挥的日军第五师团本队,从平壤西南方向的山川洞进攻清军卫汝贵部防御阵地。清军顽强抵抗,并实施反冲锋,多次挫败日军的进攻行动。战斗处于胶着状态后,日军停止攻击行动,以图翌日再战。

日军元山支队和朔宁支队共7000兵力对平壤城北面牡丹台和玄武门一线发起进攻,这是日军重兵的主攻方向,战斗最为激烈。元山支队和朔宁支队合兵一处,从东、北、西三个方向包抄牡丹台制高点。对驻守牡丹台的清军实施三面合击行动。

位于城北玄武门外的牡丹台是平壤城的制高点。它"垒壁高五丈,炮位完备,掩蔽坚固"。驻守牡丹台的是号称清军精锐的广东高州总兵左宝贵指挥的奉军。

在玄武门指挥的左宝贵看见牡丹台阵地失守,知道大势难以挽回,决心以死战殉国。他在暑热中特意穿上御赐的黄马褂,登临玄武门的前敌阵地,向官兵进行战前动员,"我辈厚禄重饷,安食数十年","社稷安危,兆在斯时","我身当前,尔等继至,富贵功名,彼此共之"。左宝贵在城头阵地上亲自36次点燃大炮轰击敌军,清军大为感奋,同心御敌。11时许,带伤坚持在火线参战的左宝贵不幸中弹阵亡,清军士气大挫,玄武门遂失守。

贪生怯战的清军总指挥叶志超,随即悬挂白旗乞降,并下令撤军。当晚,叶志超率平壤守军在黑夜掩护下仓皇逃出平壤,半途又遭日军截击,伤亡甚多。一天的激战,清军也不过损失 200 余人,但这一个晚上的损失就达到了 2000 余人(亡 1500 余人,被俘 683 人),其中相当一部分死于混乱中的相互践踏。

几经败退,清军于 24 日退过鸭绿江。

左宝贵是甲午战争中第一位阵亡于战场的清军高级将领。这位出生于山东费县地方镇(今属平邑县)的回族勇士是行伍出身,因功逐级升任广东高州镇总兵。他平时“治军严肃,重文士,爱材勇,有奇技异能者,辄罗之麾下,功不吝赏,罚不私刑,士乐为用”。他在玄武门亲自燃放大炮轰击日军,负伤后不下火线,直至壮烈捐躯。左宝贵牺牲后,光绪皇帝谕令准照提督阵亡例从优议恤,追赠太子少保衔,谥“忠壮”,宣付国史馆立传。甲午战争后,朝鲜百姓在他战死之地修建纪念石碑,并传颂他的英勇抗日故事。

清军在平壤失守后败退回鸭绿江中国境内,日军陆军部队很快实现对朝鲜全境的占领。接下来的战火,势将无情地进一步延伸到中国境内。

9 月 14 日,日本海军联合舰队驶往朝鲜大同江口,未发现中国海军北洋舰队。16 日,联合舰队司令长官伊东祐亨海军中将接到有关北洋舰队行踪的最新情报后,随即联合舰队主力编队出航驶往黄海海洋岛方向;日本海军军令部长桦山资纪海军中将亦乘坐由商船改建的代用巡洋舰“西京丸”号随行观战。17 日黎明前,联合舰队驶抵鸭绿江入海口大东沟海域方向并派出侦察船只。

9 月 15 日,清政府为增援朝鲜抗击日军,派招商局的 5 艘商船运载八营约 4000 名清军赴朝鲜作战,并由北洋海军提督丁汝昌亲率大小舰艇 18 艘护航。15 日午夜,运兵船和护航舰队从大连湾出发,16 日中午抵达鸭绿江外口的大东沟(今辽宁东港)。17 日晨,八营陆军全部登陆。北洋舰队计划于午后返航旅顺。

此时,日本联合舰队尚未探明北洋舰队的确切位置,而北洋舰队对日本联合舰队的逐渐逼近则一无所知。就这样，中日海军的两支主力舰队在不知不觉中慢慢接近，一场狭路相逢的大规模海上恶战在所难免。

17 日 11 时 55 分，北洋舰队正准备午饭后全队返航，瞭望兵突然发现西南方海上黑烟滚滚，好像有船队驶来。

丁汝昌闻报，忙登上甲板观望，遥见西南海面浓烟连成一片，断定必有舰船大队。当即命令各舰升火以待，实弹备战。

12 时许，中日两国舰队在鸭绿江口外的黄海海面相遇。

提督丁汝昌、右翼总兵刘步蟾，登上旗舰“定远”舰桥，举镜细辨，见果是日本舰队，正气势汹汹驶来。丁汝昌急忙下令：“定远”“镇远”为第一小队，“致远”“靖远”为第二小队，“来远”“经远”为第三小队，“济远”“广甲”为第四小队，“超勇”“扬威”为第五小队，十舰排列夹缝鱼贯小队阵，以 5 节之航速，迎战倭船。各舰应命，动作迅捷，舰旗飘舞，直冲敌阵而去。

此时，日本联合舰队共有军舰 12 艘，“吉野”“浪速”“秋津洲”等快速大舰打头阵，旗舰“松岛”居中，组成“一条龙”阵势猛扑过来，日舰企图偷袭的目的一目了然。

丁汝昌立即命令舰队变换双纵阵为“人”字形阵式迎战敌舰，要求各舰协同动作，互相援助，并一律将舰首冲向敌舰。北洋舰队以时速 7 节的速度前进。刘步蟾的“定远”行驶在“人”字形的最顶端。12 时 50 分，中日双方舰队相距 5300 米，“定远”首先进攻敌舰，惊天动地的中日黄海海战正式打响。

“定远”发炮时，震裂飞桥，丁汝昌从飞桥上摔下来，但仍坚持在甲板上督战。中日“两军大小各炮，连环轰发，从不间断”。开战仅 3 分钟，一颗炮弹击中“吉野”，穿透铁板在甲板上爆炸。接着敌舰“秋津洲”也被击中。“吉野”等日舰直扑北洋舰队右翼的“超勇”“扬威”两舰，两舰中弹甚多，“超勇”沉没，“扬威”搁浅。当日旗舰“松岛”逼近“定远”右翼时，“定远”猛发右炮攻击敌舰，各舰又发左炮攻敌尾队 3 艘，击中“扶桑”舰，“定远”

一炮命中“松岛”,击毙其炮手多人。在开始的双方激战中,北洋舰队处于有利地位。

日本联合舰队为摆脱被动地位,便在危急时刻变换队形,绕过右翼插入北洋舰队的背后,形成夹攻之势,遂使北洋舰队腹背受敌。加上海战开始不久,“定远”信号装置被敌炮摧毁,而使北洋舰队指挥失灵,形成诸舰各自为战的状态。

“致远”管带邓世昌带大副陈金揆开足马力,驶出“定远”之前,缠住炮火最猛的日舰“高千穗”号,重炮猛击。“高千穗”吨载3700,“致远”吨载2300,“致远”舰虽比敌舰弱小,但威风不落,直打得“高千穗”招架不住,忙向“吉野”发信号求助。“吉野”吨载4200,不但个头大,且速度甚快,舰长为大佐河野原要一。河野见“致远”舰虽小,却威力无比,于是转舵移炮,朝“致远”猛烈攻打。“致远”舰身陷重围之中,中弹累累,官兵伤亡不少。管带邓世昌颅额被弹片崩伤,血流满面,兵勇要给他包扎,扶他进舱休息,邓世昌推开兵勇,说道:“吾辈从军卫国,早把生死置于度外,今日之事,有死而已。”

“致远”中弹甚多,舰身倾斜并下沉,邓世昌号召大家:“全力以赴,撞沉‘吉野’。”众官兵得令迅即归位,开足马力冲向“吉野”,誓与倭寇同归于尽。“吉野”连发鱼雷命中“致远”。邓世昌和大副、二副等人同时落身海中。仆从刘忠递送浮木给他救生,邓世昌叫道:“事已如此,誓不独生!”推而不受,誓与全舰将士同亡。又有北洋舰队的鱼雷艇驶过来,艇上的水手高声喊道:“邓大人,快上扎杆。”邓世昌坚辞不就,向海中沉去。这时他的爱犬“太阳”游来,咬住他尚露在水上的衣袖,拽扯他出水,邓世昌挣脱开。爱犬又咬住他的发辫,拼力拽其不沉。邓世昌悲叹道:“我志未竟,实不思苟生于世!汝既不舍不离我,便随我同亡罢!”按下犬首同沉于波涛中,再也不见踪影。

全舰官兵252人,仅7人获救,其余将士,包括管带邓世昌、帮带大副陈金揆、总管轮刘应霜、大管轮郑文恒等，全部遇难。

邓世昌在海战中英勇牺牲的壮举传至紫禁城，年轻的光绪皇帝大受感动，当即亲笔手书挽联“此日漫挥天下泪，有公足壮海军威”，并破例赐予他“壮节”谥号，尽优治表。这一天正是邓世昌45岁生日。

“致远”舰沉没后，“经远”巡洋舰也多处中弹起火，管带林永升誓死拼战，以一舰抵四舰，不幸头部中弹阵亡，舰被日舰鱼雷炸沉，全舰250余名官兵也与舰同沉大海。

“济远”管带方伯谦无心战斗，竟以巨锤砸坏各炮，然后假报受伤便转舵脱逃，并将搁浅的“扬威”撞沉。“广甲”管带吴敬荣见“济远”逃跑，也仓皇转舵逃跑，结果触礁搁浅。北洋海军最后剩下“定远”“镇远”“靖远”“来远”4舰同10艘日舰拼搏，战斗愈加艰苦。“丁汝昌同各将弁誓死抵御，不稍退避，敌弹霰集，每船致伤千余处，火焚数次，一面救火，一面抵敌。”“定远”在被围攻的情况下，主炮一发巨弹击中日本联合舰队旗舰“松岛”，引起甲板上的炸药爆炸，发出“凄惨绝寰巨响”，舰上官兵死伤113人，炮手几乎死伤殆尽。

战斗进行到17时30分左右，眼见天色开始渐暗，日本联合舰队司令长官伊东祐亨主动命令收队撤离战场，向东南方向驶去。北洋舰队返回旅顺基地。至此，历时近5个小时的海上残酷大绞杀宣告结束。

在这场战役规模的黄海激战中，中日海军两支舰队参战的军舰各是12艘，大致是势均力敌的。经过鏖战，北洋舰队被击沉或击毁军舰5艘，被击伤4艘，牺牲官兵600多人，其中包括邓世昌、林永升等优秀舰长。而日本海军联合舰队被击伤军舰5艘，未失一舰，伤亡日军官兵300多人。事实上，北洋舰队是这场战争的失败者，战后北洋舰队失去了制海权。正如美国学者马士（当时在中国海关总税务司工作）所说：“从那一天起，海上的优势就一直被日本占去了。”

黄海海战的消息传到北京后，清朝政府内部大吵大嚷，乱作一团。有人上奏要求慈禧太后停办她的“万寿庆典”。慈禧太后勃然大怒,并恶狠狠地说道:“今日令吾不欢者,吾亦将令彼终身不欢。”

大战之际,太后在过六十大寿,小皇帝与廷臣们却指责李鸿章软弱无能。有一个叫张仲炘的御史,居然在弹劾奏折中大言不惭地宣称,据他掌握的情报,李鸿章早就和明治天皇暗结亲家,李鸿章认日本国王的女儿为义女,天皇则认李鸿章的儿子李经方为东洋国驸马。此外,据说,李经方有800万两白银的巨款存在日本银行。故而此次中日开战,这父子二人皆盼日本获胜。到最后大清国还是内外不同心,打外战无方,搞内讧有余。结果在前线苦苦支撑的李鸿章被光绪帝拔去三眼花翎,褫去黄马褂,以观后效。

正当清朝统治集团吵吵闹闹的时候,日本侵略者又兵分两路大举进攻中国。一路于10月下旬由朝鲜的义州附近偷渡鸭绿江,进攻中国九连城。除聂士成所部清军在虎耳山稍作抵抗外,其余4万多清军大部不战而逃。日军占领九连城,进占安东、长甸、海城,进逼辽阳。

另一路日军从辽东半岛东岸花园口登陆,从背后包抄大连和旅顺。11月7日,日军分为搜索骑兵、左翼纵队、右翼纵队3支部队,从北面开始向旅顺口发动进攻。

鸭绿江防御战。清军在短短的鸭绿江防线上,有3万余兵力。他们使用现代火器,扼守有利地形,在总指挥宋庆指挥下,竟然使日军几乎毫发未损,大摇大摆地顺利渡江,致使鸭绿江防线全盘皆失。日军得以自北向南,与在花园口登陆之第二军会师,南下进攻旅顺、大连。

九连城之战。九连城南依鸭绿江,东枕云河,河东有山蹲如虎,地势易守难攻。清军在此一地共驻近20个营,上万兵力。本应给日军以重创,但是,日军从虎山对面趁夜搭桥,一夜搭成浮桥3座,清军竟然没有发觉。当其大部队全部渡河完毕,对虎山和周围清军发起进攻时,清军尚未交火便溃不成军。只有聂士成一部孤军守着虎山要塞没有逃脱,最后在日军的强攻之下退走。清军倚为要塞的九连城就这样轻易失手。

花园口登陆战。这更是世界上最奇特之登陆战。日军一个军团数万兵力，在 12 天内从军舰上依靠浮码一一向岸上运送马匹、枪炮和兵力，单单渡海上陆已是颇为艰险，但就在这样有利地形之下，清军在附近拥兵数万，竟然无一兵一卒前往阻击。日军后来称，他们在这里成功进行了一场登陆大演习。

终于，有一个人再也忍不住了。

正定镇总兵徐邦道，一个在那个时代少有的有血性的军人。

当日军势如破竹，一路高歌直奔旅顺之时，徐邦道在军事会议上挺身而出，指出当前防务，金州为要，一旦金州失守，旅顺、大连将不可守。但是，其他几位统领均"莫之应"。无奈，徐邦道只好只身率部前往。

在金州，徐邦道与日军激烈交火，在寡不敌众的情况下，徐邦道再次向大连守军统领赵怀业请援，而此时正在亲自监督兵勇装运财物准备渡海逃遁的赵怀业哪里顾得了他。在左右无援的情况下，徐邦道率残部退走旅顺口。

途经大连时，徐邦道再次向另一位统兵将领姜桂题求援，请他增兵与日军争后路。姜桂题倒是精明，告诉徐邦道，要兵没有，要枪械倒是可以去枪库自择。

徐邦道无奈，只好率所属清军 5000 多人，在日军从大连赴旅顺的必经之路上的土城子设伏迎敌，将日军截为数段，分兵包围之，双方激战一整天，予日军以大量杀伤，日军狼狈败退。清军追击至双台沟，形势稍有转机。稍后日军大队炮兵前来增援，徐邦道军亦饥疲不堪，加之诸将各不相顾，未有后援，徐邦道不得已而放弃险隘退至旅顺。

闻听日军攻进旅顺，旅顺守军统领龚照玙、黄仕林、卫汝成等陆续内渡，逃往烟台。

11 月 20 日清晨，日军独眼将军第一师团长山地元治按照大山岩大将的部署，对旅顺发起全面攻击。在日军重兵的疯狂攻击下，清朝政府“经营多年，縻巨金数千万，船坞、炮台、军储冠北洋”的辽东半岛南端的战略重镇、北洋海军的重要战略基地旅顺口终于失陷。旅顺口 20 余座海陆炮台，所配备的包括新式克虏伯重炮在内的 140 多门各型火炮，还有 246 万余发炮弹、600 余支步枪、3380 余万发子弹，以及旅顺水雷营、鱼雷营、船坞等各种军事设施，马匹、粮饷等辎重物资，尽数被日军占有。

日军进入旅顺后，旅顺口随即陷入灭顶之灾。兽性大发的日本侵略强盗，对旅顺口的中国平民进行了一场骇人听闻、惨绝人寰的血腥大屠杀。

在短短的 4 天时间里，日本强盗大肆屠杀中国无辜平民，约有 2 万人惨死于日寇刀枪之下。日本外相陆奥宗光也承认：“把俘虏绑上屠杀，杀害平民，甚至妇女也不例外，这些似乎都是事实。”在这次大屠杀中，能够幸免于难的中国人，全市只剩下 36 人，而这 36 个中国人，完全是为驱使他们埋葬同胞尸体而留下的。

被抓去掩埋尸体的幸存者苏万君说：“日本兵把抓到的许多人用绳子背手绑着，十几个人连成一串，拉到水泡子边上，用刀砍一个往水里推一个，不一会儿又牵来一群人，只见刀一闪，一群人就没了。”

另一位名叫鲍绍武的老人控诉说：“日本兵侵入市内，到处都是哭叫和惊叫声。日本兵冲入屋内见人就杀。当时我躲在天棚里，听到屋里一片惨叫声，全家好几口人都被杀了。我后来参加收集尸体时，看到有的人坐在椅子上就被捅死了。更惨的是，有一家炕上，母亲身旁围着 5 个孩子，小的还在怀里吃奶就被捅死了。”

日本随军特派员相岛勘次郎在《从军记》中报道：进入旅顺市内杀人“不计其数，尸体堆积如山。有的俯伏在壕沟里还在呻吟，有的则横尸街头；有的被刺刀刺死在藏身的房内，有的则手握刀剑依石阶倒下；有的半个身子悬在石阶上，有的则仰天倒下死不瞑目；有的半倚着箱柜，有的则倒卧在门槛上；有的死在后院，有的被刀劈于门前。多么悲惨的一幅全景立体画!”

英国驻日公使楚恩迟讲述了他在旅顺的亲身经历和见闻:“在后来的4天里,我没见到任何抵抗。日军摧毁了整个城市,实际上是见到男人就杀。我曾见到成群的中国战俘被反绑双手,开胸剖腹,大卸八块。许多人还被焚尸灭迹。”

日本屠杀手段非常残忍,男人被枪杀、刀劈、火烧、水淹,女人则被强奸、凌辱之后杀死,儿童、老人和俘虏也不能幸免。日军灭绝人性的野蛮屠杀,把旅顺口变成了一座空城、死城、血城。

日本政府对于如此骇人听闻的罪行,不承认罪恶,不处理罪犯,不整饬军纪,反而不惜血本隐瞒罪恶,视犯下罪恶的将领为英雄,予以嘉奖,充分暴露了自诩为“万世一系”“神造之国”“皇道之国”的虚伪和丑恶。

历史不容忘却。1895年11月23日,旅顺海防兵道员顾元勋等接收旅顺后,拆除了日军掩人耳目的“清军将士阵亡之墓”木桩,修建了万忠墓,以悼念死难同胞。

旅顺、大连的失陷,使北京失掉了头道门户。京师震动,弹劾李鸿章,指责淮军腐败无能的声浪更为高涨。普遍要求调湘军出关抗日。清政府被迫于1894年12月,任命湘军首领、两江总督刘坤一为钦差大臣,督率湘军驻防山海关内外,湖南巡抚吴大澂、四川提督宋庆帮办军务,关内外共集结了6万之多的兵力,抵挡日本侵略者。

日本侵略者为迫使清政府完全屈服,1895年1月向北洋舰队的基地威海卫发起总攻。具体部署为:大山岩大将指挥“山东作战军”部队分左、右两路西犯威海方向:左路(南路)为师团长佐久间马太中将指挥的第二师团部队,自荣成经桥头、温泉汤、虎山,趋兵威海卫,任务是切断威海卫南帮炮台之后路;右路(北路)为师团长黑木为桢中将指挥的第六师团部队,从荣成取道三官庙、崮山后,直扑威海卫南帮炮台。

日军的战役企图是:陆军部队首先攻占威海卫南帮炮台,此后由其后路方向抄袭威海卫北帮炮台;海军则由联合舰队在海上实施正面进攻,以陆海夹击之强劲攻势夺取威海卫,并全歼北洋舰队。

为确保实现战役目的,日军联合舰队在陆军部队进犯威海卫后路的同时,以主力编队在威海卫军港外严密监视北洋舰队的动向;另派少数舰艇继续赴登州方向进行袭扰和牵制,以转移清军的注意力。

此时,清军在山东半岛各处的驻防兵力共有 61 个营约 31500 人,除驻守威海卫的巩字军、绥字军和北洋护军 16 个营计 8000 人隶属于直隶总督兼北洋大臣李鸿章指挥外,其余兵力均归山东巡抚李秉衡统辖。

威海位于山东半岛东端,明朝洪武年间为防御倭寇曾设卫屯兵,因而又俗称威海卫。地形上三面是依山的陆地,一面朝向大海,山峦环抱下天然形成了一个海湾。海湾口中还有刘公岛遮护挡风,整个形势浑然天成,非常适宜军舰驻泊。

1883 年开始,在候补道刘含芳具体主持下,正式在威海岸边及刘公岛上修建各种军港设施,1888 年又开始逐步修建海防、陆防炮台,使得威海成为北洋海军的重要驻泊基地。

按行政区划,威海当时属于山东省的文登县(今文登市),是山东巡抚的管辖范围。按理说直隶总督没有权力过问山东属地事务,但由于威海建设了海军基地,成为北洋海防线上的重镇,因此管理北洋海防事务的北洋大臣李鸿章就名正言顺对威海有管理权,驻守威海的海陆军队也全归北洋大臣调遣。

威海卫岸上设有南帮炮台和北帮炮台共 15 座。港口外有刘公岛、日岛、黄岛拱卫大门。岛上设有炮台 5 座,各炮台总计有大炮 160 多尊。北洋舰队尚有军舰 9 艘、炮艇 6 艘、鱼雷艇 10 余艘,具有相当大的战斗力。加上全体将士抗日卫国的热情高涨,完全有条件同日寇决一雌雄。但是,李鸿章为了保存实力,不许丁汝昌出战,要求所有舰船不得离开威海卫一步,遂使北洋舰队束手待毙。日军怕正面进攻难以取胜,决定从陆路插入威海卫的背后进行偷袭。

1895 年 1 月 25 日，日军开始由荣成出发向威海卫进犯。清军总兵孙万龄率所部嵩武军的千余人马，与由荣成方向退回的清军在桥头镇会合，以 12 个营 5800 人的兵力在 25 日夜开始奋勇阻击南路日军的进攻，当夜即毙伤日军 100 多人，使其进攻行动受到阻滞达两天。28 日，山东巡抚李秉衡命令孙万龄率部夹攻北路日军；南路日军遂得以占据桥头镇，并立即向温泉汤方向挺进。29 日，南路日军占领温泉汤，北路日军占领九家疃，对清军威海卫南帮炮台的后路构成包围的战役态势。

1 月 30 日，日军部队对威海卫南帮炮台发起强劲攻势。北路日军承担主攻任务，其左翼部队在第 11 旅团旅团长大寺安纯少将指挥下，以优势兵力猛攻南帮清军炮台；右翼部队则沿海岸方向从正面佯攻南帮炮台，以牵制守军兵力。

与此同时，南路的日军兵分两路，进攻清军虎山阵地，中国守军部队亦进行拼死抗击，付出重大伤亡之后，被迫撤向西北。至此，威海卫南帮炮台落入日军之手。南帮炮台战斗中，清军死伤 800 余人，杀伤日军 226 人，包括日军第 11 旅团旅团长大寺安纯少将。

2 月 2 日，日军进犯威海卫城，因城内清军已全部溃走，日军遂不战而据之。

日军占领威海卫城之后，未作喘息即分兵进攻威海卫北帮炮台。北帮炮台位于威海卫城东北海岸高地，这里地势险要，原由威海卫陆军总指挥戴宗骞率领绥字军 6 个营驻守。但戴宗骞所部绥字军缺额现象严重，且纪律败坏，缺乏战斗力，他本人大敌当前只念家私而不顾战事。在南帮炮台失陷时，戴宗骞 6 个营的部队已溃散了 5 个营，剩下 1 个营也于 2 月 1 日哗变溃散。鉴于北帮炮台已无兵防守，为避免北帮炮台失陷后被日军利用，丁汝昌只得派敢死队将炮台全部炸毁，并将戴宗骞及其亲属接运至刘公岛。戴宗骞深知自己罪不可恕，不久在刘公岛服毒自杀。

2 月 2 日，日军部队再次不战而据威海卫北帮炮台。至此，环绕威海卫军港陆地三面的南帮炮台、威海卫城、北帮炮台尽数落入日军之手；军港东面的海上，日本联合舰队已严阵待发。日本海陆军从此可以对刘公岛、日岛炮台和集泊于军港内的北洋舰队实施强大而严密的海陆夹击。此时，北洋舰队与外界的有线电报等一切联系已经全部中断，开始陷入四面临敌的绝境。

面对危恶的战局，丁汝昌只能寄希望率北洋舰队残部死守刘公岛，以盼陆上援兵前来解除重围。而在此一周前，丁汝昌拒绝了日本联合舰队司令官伊东祐亨的劝降。

2 月 4 日，日军联合舰队出动 10 艘鱼雷艇进行偷袭。2 月 5 日，日本联合舰队对军港东、西口岸实施猛攻，均被刘公岛、日岛炮台的守军协力击退。夜间，日军再次出动鱼雷舰进行偷袭，击沉“来远”巡洋舰、“威远”练习舰和布雷舰等。

鉴于北洋舰队有数艘军舰被击沉，伊东祐亨认为大举进攻北洋舰队的时机已经成熟。2 月 7 日上午 7 时，联合舰队再次倾巢出动，在驶至距刘公岛 5000 米处时，发起猛烈的炮火攻击。刘公岛炮台守军立即发炮还击。日方战后出版的《日清战史》记述了这次激战的场面：清军炮火“命中极精确，无数炮弹飞来，在我诸舰前后左右坠落”，“敌不屈从，异常善战，炮声轰鸣，硝烟蔽海，战斗至为激烈”。

2 月 8 日，英国人泰莱、德国人瑞乃尔等洋员（均系北洋舰队教官）与威海卫水陆营务处候选道牛昶昞等人密谋策划去见丁汝昌，劝逼丁汝昌投降。丁汝昌当面严词拒绝向日军投降，并到屋外安抚兵勇们，要求大家同心协力继续坚守战位。

战局至此已彻底无法逆转。2 月 10 日下午，为免资敌，丁汝昌和刘步蟾忍痛下令炸沉北洋舰队“定远”旗舰。当夜，悲愤难禁的刘步蟾服毒自杀，以死殉国，时年仅 43 岁。

担任北洋海军右翼总兵兼“定远”旗舰管带的刘步蟾，是中国非常杰出的一位爱国海军将领。他于 1867 年考入福州船政学堂首期驾驶班，学习勤奋，毕业考试获第一名，后被选派赴英国留学深造。1888 年北洋舰队组建成军，年仅 36 岁的刘步蟾出任这支亚洲最大的舰队右翼总兵，获加头品顶戴。他精通海军业务，具有独到见解，敢于直陈己见，对北洋舰队组建作出了重要的贡献。

刘步蟾之死，几乎标志着这支曾经雄冠亚洲的北洋舰队确实走到了彻底覆败的尽头。面对再一次前来逼降的部分士兵，丁汝昌慨然说道：“你们想杀我可以立即动手，我怎么会吝这条性命？”最后，丁汝昌下令炸沉所有残存的军舰，竟无人响应执行。在万般无奈和极度绝望之中，丁汝昌最后也服毒自尽，终年 59 岁。随后不久，北洋扩军统领张文宣和“镇远”舰代理管带杨用森这两位此时刘公岛上职位最高的军官也都死不降敌，相继自杀殉国。

2 月 14 日，牛昶昞以威海卫水陆营务处提调的身份，在联合舰队“松岛”旗舰上向伊东祐亨签署了投降书，并缴出了投降名册。投降官兵计陆兵 2040 人、海军 3084 人，合计 5124 人。

北洋舰队残存的 9 艘军舰也全部成为日军的战利品。

至此，清政府花费巨额资金在十几年时间里苦心打造、排名世界第八的浩大的北洋舰队，终于宣告全军覆没。

3 月 4 日，日军在辽河发起总攻。调往关内外前线的湘军，同淮军一样腐败无能，不堪一击，仅仅 6 天时间就全线溃败。日军迅速占领了辽东半岛，京津震惊。

1895 年 1 月底，清政府派户部侍郎张荫桓、湖南巡抚邵友濂为全权大臣，并聘请美国前国务卿科士达为顾问，赴日求和。但是日本抱定要消灭北洋海军，迫使清政府接受它的全部侵略要求的狂妄野心，还在集中力量进攻威海卫，因此借口张、邵二人“全权不足”拒绝谈判，并以强制手段把张荫桓等中国代表驱逐出境,指名要求奕䜣或李鸿章亲自赴日和谈。

2月12日,张荫桓等被逐出日本的当天,正是威海卫军港被日军攻陷,北洋海军惨遭覆灭的日子。于是,清政府不惜一切代价,赶紧向日本求和。

失败者求和,注定要接受巨大的屈辱,注定要在历史上留下千古骂名。清政府派谁前去议和?

朝廷议来议去,权衡利弊,最后决定由受过革职处分的李鸿章“官复原职”,任全权谈判使臣,与日本商定合约。

为使李鸿章的全权代表资格不遭质疑,清政府同时下令,“赏还翎顶,开复革留处分,并赏还黄马褂”,免除了李鸿章的全部处分。

2月22日,李鸿章应诏从天津抵京,并在当天到紫禁城,在乾清宫觐见了光绪皇帝。皇帝谕示,此次谈判,只要不割让土地,即使多赔款,也要努力筹措。

3月14日,已是73岁高龄的李鸿章,携带大清朝廷的全权敕书,率领拥有33名随员及百余名仆人的中国议和使团,在天津港登上东渡的轮船,开始了赴日谈判的艰难历程。经过五昼夜的海上颠簸,李鸿章一行于19日早晨到达日本海滨城市马关(今山口县下关)。

对于这次谈判的艰巨性,李鸿章早有心理准备。但有一件事,却是他做梦也想不到的:他与北京的外交联络密码早已被日本破译。

这件事还要追溯到1894年的6月22日。就在这一天,日本外交机构向中国驻日公使汪凤藻递交了所谓的“第一次绝交书”,表达了日本决不从朝鲜撤军的立场。不同寻常的是,这份日方送出的外交文书居然以汉字写成。汪凤藻忽略了这个非常关键的细节,竟然以非明码的形式将之全文拍发北京。结果就是,日本谍报系统通过截获电码,照本逆推,轻易破译了大清国外交系统的密码。此后直到“高升号事件”后汪凤藻被召回,中方的外交函电始终处于日本的全面掌控之中。现在,李鸿章前来日本谈判,还是要用这套密码,结果就是日方继续占尽先机,窥尽中方底牌。

正式谈判还未开始，李鸿章就大落了下风，不仅在明争上失了先机，在暗斗上也吃了大亏。

为了签订《马关条约》，前后一共进行了7次正式谈判。到达马关第二天，李鸿章就在马关春帆楼与日本政府首相伊藤博文、外相陆奥宗光开始进行谈判。谈判桌上的态势是战场形势的缩影：日本代表摆出一副战胜者的姿态，以军事要挟和外交讹诈并使的手段，力图从中国攫取大量权益。中国政府则被安排坐在面向大海的一侧，李鸿章等人抬头从窗外望去，港湾里洗刷一新的日本军舰，悬挂旗帜，高昂炮口。

在3月20日第一次会晤中，李鸿章发表了长篇讲话。日本代表陆奥宗光后来在其回忆录《蹇蹇录》里记述了他的讲话。李鸿章主要讲了三个问题：第一，他称赞日本"近年来改革事业的成就"，称颂伊藤首相的施政得宜，并叹息中国之改革尚未奏效，是"由于自己才略不足"。第二，他断言中日战争使"中国侥幸从长夜之迷梦中觉醒，此实为日本促成中国发愤图强，帮助其将来之发展进步，可谓得益非常巨大"。第三，他主张中日同盟，称"中日两国为东亚两大帝国，日本有不弱于欧洲各国之学术知识，中国有天然不竭之富源，如两国将来能相互合作，则对抗欧洲列强亦非至难之事"。

李鸿章的这番讲话，虽不乏外交辞令于其中，但主旨是晓以两国唇齿相依之大义，主张中日两国"应力维亚洲大局，永结合好"，无疑是真知灼见并语重心长。但此时气焰嚣张的日方代表，根本听不进任何忠告。

李鸿章在谈判中首先提出要求，在双方代表进行和谈期间，两国海陆军部队一律停止敌对战斗行动。日本告知第二天再谈这个问题。

3月21日，第二轮谈判开始。日方提出日军占领大沽口、天津、山海关三处地方，管辖天津至山海关铁路并向日军支付停战期间费用等一系列苛刻条件作为停战的前提。李鸿章认为日本方面"要挟过甚，碍难允行"。

3月24日，第三轮谈判开始。李鸿章被迫搁置停战之议，而向日方索取媾和条款。伊藤博文答复将在第二天面交。但就在从春帆楼返回寓所途中，李鸿章遭到日本“黑龙会”暴徒、浪人小山丰太郎的枪击，左颊中弹流血不止，立即晕倒。但因子弹嵌入其颊骨之中，而取之则性命难保，医生检查后也只得留下弹头，缝合伤口。

一名和谈使臣被所在国人刺杀，确系一桩野蛮和丑恶之事。消息传开，世界舆论为之哗然。日本外相陆奥宗光也承认：“我观察内外人心所向，认为如不乘此时机采取善后措施，即有发生不测之危机，亦难预料。内外形势，已至不许继续交战的时机。若李鸿章以负伤为借口，中途归国，对日本国民的行为痛加非难，巧诱欧美各国，要求它们再度居中周旋，至少不难博得欧洲二三强国的同情。而在此时，如一度引出欧洲列强的干涉，我国对中国的要求亦将陷于不得不大为让步的地步！”

基于害怕因此引起西方列强干涉，日本天皇立即降旨表示要严惩凶犯，并派御医前往诊治。伊藤博文和陆奥宗光也亲赴李鸿章榻前慰问致歉，并作出让步，同意无条件休战。躺在病床上耳闻日本作出停战让步的消息时，李鸿章抑制不住地“露出十分高兴的神情”。

4 月 1 日，第四轮谈判开始。日本方面亮出和约底稿：承认朝鲜独立；中国把“盛京省南部地方”、台湾全岛及澎湖列岛割让给日本；赔偿日本军费 3 亿两；中国增开顺天府、沙市、湘潭、重庆、梧州、苏州、杭州七处为通商口岸；日本商民运进中国各口货物减税，免除厘金；日本可以在中国开设工厂；等等。

内容的苛刻可谓空前，日方唯一的让步就是看在李鸿章吃了一枪的分上，将 3 亿两的赔款减去 1 亿两。

面对日本人如此苛刻的条件，李鸿章深感愕然。尽管李鸿章对日方提出议和条件的苛刻早有心理准备，但还是没料到是如此让人难以接受。不仅如此，虽然日本宣布停战，但停战时间仅为 21 天且不包括台湾地区。李鸿章一面致电清廷，请示旨意，一面拟定方略，对割地、赔款、通商权利三项进行驳斥。

接到李鸿章的电文，朝廷内部争论不休，但毫无结果。可是，所有人都拿不出应付日军进犯的办法，害怕打下去局势更加不可收拾。所以，朝廷给李鸿章的电文语意含糊："纵敌意太奢，不能尽拒，该大臣但须将何处必不能允，何处万难不允，直抒己见，详切敷陈，不得退避不言，以割地一节归之中旨也。"清廷把难题重新推到了李鸿章面前。

为了令清政府尽快签订和约，伊藤博文等人不断实施外交讹诈，多次恐吓李鸿章等人，若谈判破裂，日本将派大军大举进攻，占领北京。清廷上下唯恐京师不保，答应全面接受日本提出的条件。

由于日本方面掌握中方的电文密码，所以对清政府在谈判中的应对策略、底线掌握得非常清楚，伊藤博文等人的态度非常决绝。4 月 10 日，在第五轮谈判中，伊藤博文面对带伤谈判的李鸿章，毫不留情地说，此条款"已让至尽头"，中国"但有允与不允两句话而已"，并限于四日内答复。

4 月 14 日，光绪皇帝的谕旨由总理各国事务衙门电报传达给李鸿章："如竟无可商改，即遵前旨与之订约。"

4 月 15 日，第六轮谈判开始。虽然朝廷允许李鸿章和日本签字，但李鸿章还是想能争得一分是一分。因此这次谈判时间最长，从下午 2 点 30 分一直谈到 7 点 30 分，整整谈了 5 个小时，直到天黑才散会。李鸿章哀声乞怜，"为忍气吞声之言，旁观尤为心酸"，而日方却全然不顾，"李鸿章费尽口舌进行争辩，只是在条款的枝节问题上斤斤计较甚至是可怜哀求，以其身份和地位来说不无失态之感，然而日方只是一拒再拒不给一点儿颜面，使李鸿章颜面尽失"。

4 月 17 日上午 10 点，第七轮谈判开始。作为最后一次谈判，其实就是个签字仪式。11 时 40 分，李鸿章和伊藤博文分别代表本国政府，在春帆楼上签订了《马关条约》。至此，中日甲午战争结束。

《马关条约》共有 11 款，其主要内容有：

清政府承认朝鲜"完全无缺之独立自主"；

中国将辽东半岛、台湾全岛及其附属岛屿、澎湖列岛等割让给日本；

中国向日本赔偿军费2亿两白银，分8次7年内还清；

中国开放重庆、沙市、苏州、杭州为通商口岸，日本派驻领事于各口，并可将日船驶入上述口岸；

日本臣民可以在通商口岸设立工厂制造工业品，产品销售中国内地时，并免征一切杂税。

《马关条约》中割让辽东半岛的条款，立即引起俄国、法国、德国的强烈不满。为维护各国的在华利益，三国警告日本放弃割让辽东半岛，但日本以此又向中国索得白银3000万两所谓的“偿金”。

1895年4月18日，李鸿章登船起航回国。受尽屈辱的马关之行深深地刺激着李鸿章，他发誓“终身不履日地”。两年后李鸿章出使欧洲回来，在日本换船时，他怎么也不肯乘坐摆渡的日本小船，随行人员只好在两条大船之间架上一块跳板由人扶其过去。

《马关条约》是继《南京条约》以来最严重的一个丧权辱国的卖国条约。它的签订使列强对中国的侵略进入一个新的历史时期，标志着中国半殖民地社会地位的基本确立。它给近代中国社会带来了极其严重的恶果：

条约使日本割去中国台湾等大片领土，这就进一步破坏了中国领土主权的完整。这是日本继沙俄之后，对中国领土进行的一次极为严重的大掠夺，它直接助长了列强瓜分中国疆土的野心。甲午战争后帝国主义列强争相在中国划分“势力范围”，中国面临着被瓜分的危机。

条约允许日本在华投资设厂，其他列强引援“利益均沾”的片面最惠国待遇条款，群起效尤，争向中国进行资本输出。从此，列强以条约为“依据”，争先恐后地在中国开设工厂企业，进一步掠夺中国的原料，使用廉价的劳动力，而使中国的民族资本主义工业遭到沉重打击，直接阻碍了中国社会的发展。

条约的巨额赔款，加剧了清政府财政经济的危机，更加重了中国人民的负担。2亿两的赔款和3000万两的“赎辽费”,相当于清政府年收入的3倍。清政府无力支付,不得不靠借外债应付。列强则通过贷款控制中国的经济命脉。

民之痛,国之殇。中日甲午战争,可以说是中国近代反侵略战争中规模最大、损失最惨、影响最深刻的一场战争。

甲午战争,成为中日两国历史命运的分水岭。甲午战争后,中国割地赔款;日本则利用这笔巨额赔款,投资于重工业,使其军事工业得到了迅猛发展,加速了日本向帝国主义的转化,加快了日本军国主义的形成,进而“脱亚入欧”,跻身列强,走向了对外扩张的帝国主义之路。战争的结局置换了日本和中国在亚洲的地位,为其后更大规模的侵华战争埋下了伏笔。

甲午战争使中国民族危机空前严重。《马关条约》的签订大大加深了中国半殖民地化的进程,从而引起外国殖民者新一轮瓜分中国的高潮。

甲午战争,可谓一个庞大帝国崩溃的临界点。正如一贯谴责列强侵华的恩格斯1894年11月深刻指出的:“在中国进行的战争给了古老的帝国以致命的打击。”由此,中华民族的命运开始跌入历史的谷底。

甲午战争,也是中华民族觉醒的一个重要转折点。甲午战争对清朝社会最大的冲击,是它重挫了自以为是的民族心理,在更大范围内改变了国人对自身和外部世界的认识。甲午战争以前,中国人从来没有把日本人放在眼里,因为日本国土面积狭小,文化落后,跟在中国后面做了上千年的学生,所以中国人常常称其为“蕞尔小国”,称其为“倭”。可就是这样一个被中国人从来都瞧不起的小国,在甲午战争中把中国打败了,让中国拜倒在自己的面前,提出了苛刻的议和条件,给了中国前所未有的羞辱。这在当时的中国社会是无论如何不能接受的现实。

遭此奇耻大辱之后,全国震动,一片沸腾,呈现出前所未有的民族觉醒。国人开始重新认识自己、认识世界。梁启超对此曾有过入木三分的评论:“吾国四千年大梦之唤醒,实自甲午战败割台湾、偿二百兆始。”

甲午战争的失败给中国人带来的刺激太大了。“四万万人齐下泪,天涯何处是神州?”谭嗣同的诗句,喊出了那时中国有识之士的悲愤。亲身经历过这段历史的吴玉章后来回忆说:“我还记得甲午战败的消息传到我家乡的时候,我和我的二哥(吴永锟)曾经痛哭不止。”“从前我国还只是被西方大国打败过,现在竟被东方的小国打败了,而且失败得那样惨,条约又订得那样苛,这是多么大的耻辱啊!”

甲午战争进一步暴露了清政府的腐败无能和中国的积贫积弱,加剧了帝国主义对中国的争夺,把中国推向濒于瓜分的境地。

五、京华劫难

中日甲午战争的炮火加速了列强侵华的步伐,中国面临空前的民族危机。

1898 年,德国强占胶州湾,俄国强租旅顺,日军撤出威海卫后,英国侵略军便踏进了威海港。

法国政府曾把中国称为世界上无主的土地,在 1884 年 8 月,就用炮火打开了中国的南大门,并以统治者的姿态强行进入东海。

当欧洲列强在中国争夺租借地,划分势力范围的时候,美国资产阶级并没有忘记中国。

1899 年 9 月,美国向瓜分中国的六个国家英、法、德、日、意、俄发出了所谓的"门户开放"的照会。照会声称:对于在中国的所谓利益范围或租借地内的任何条约口岸或任何既得利益,一概不加干涉。中国现行条约税则适用于所有势力范围内一切口岸(自由港除外)所装卸的货物,不论其属何国籍。此种税款由中国政府征收。在各自势力范围内任何口岸,对他国入港船舶所征收的入港费,不得高于对本国船舶所征收的入港费;在各自势力范围内修筑、管理或经营的铁路,对他国臣民运输的货物,应与对本国臣民运输同样货物、经过同等距离所征收的铁路运费相等。

美国的"门户开放"照会是一把双刃剑:一方面遏制了列强瓜分中国的速度,牵制了某些瓜分的举动;另一方面在"平等待遇""机会均等"的幌子下,保证中国市场对美国商品自由开放,为美国利用其经济优势争夺中国市场创造了条件。

宰割者之间的"公允",不能代替被宰割者的抗争。美国总统麦金莱充分意识到中国人可能的反抗,为了保护所谓的"公允的宰割",美国舰队虎视眈眈地游弋在大沽口外,随时准备镇压清政府的反抗。

日本首相山县有朋更露骨:日本需要战争!他要用刺刀来保卫自己在中国的利益不受侵犯,用大炮来取得想在中国得到的一切……

沙皇俄国则表示:"为了保持沙俄在满洲的特殊地位,不要轻易激怒中国人和中国。"

沙俄的作态,像持着一支无声手枪,从清政府的背后,微笑着扣响了扳机。它以和平的经济渗透方式,在瓜分中国的餐桌上,与列强展开了争夺。

具有军事封建帝国主义特点的意大利、奥地利,本没有足够的经济、军事力量向亚洲扩张,但是有其他列强打头阵,它们也趁机混在里面狐假虎威,别的国家吃肉的时候,它们也跟在后面喝汤。

剖析八国列强渴望发动侵华战争的本质和现实要求时,有一位爱国人士绘制了一幅漫画作品,题为《时局全图》,此图以它的形象、动人和鼓动性而载入史册。

这幅《时局全图》就是一幅瓜分中国的全图:

一头大熊,践踏着我国北部领土,示意沙俄已将我国东北三省吞并;一只岸然箕踞的狗，一屁股坐在长江流域不肯离去，喻示我国大江南北已落入英国手中；一只扬肢鼓腹的青蛙，匍匐于越南，前脚攀住我国云南和广西，右胳膊肘子拐住海南岛，这是法国吞并越南后，企图独占我国西南的形象写照；一段肥肠似的怪物，缠绕山东，意味着这里已经落入德帝国主义的魔掌；从日本引出一条黑线，系紧台湾，伸向福建，标志着日本在占领台湾后，又把福建划为自己的势力范围；还有一只硕大无比的饿鹰，振翅欲飞，正从菲律宾扑向中国，那是美帝国主义的象征。

一幅漫画，把满目疮痍的中国画得真真切切，把列强们操刀而起，狺狺相争，一齐瓜分中国的丑恶面目刻画得惟妙惟肖。

漫画与当时中国人亡国之危的思想感情相吻合，顿时变成了动员民众奋起救亡的一篇战斗檄文，变成了激励民众揭竿而起、反对帝国主义和封建统治的隆隆战鼓。

帝国主义列强们渴望发动侵华战争，已经达到了朝思暮想的程度。德国皇帝说得很明白：眼下只需要找一个借口，便可以马上动手。

在 1900 年对华战争爆发前夕，有两个前景是双方都不可避免的：列强们在垄断资本的驱动下，一定要动武，这是不以任何人的意志为转移的；清政府被束缚在列强的战车上，不管愿不愿意，都要成为战斗的另一方。

战争的胜负取决于是否占有天时、地利、人和。

八国联军远涉重洋，长途跋涉到中国。天时？难借风雨、雷电之利，寒暖、干湿之益。地利？难借山川、河流之险。人和？难借精神、舆论之力量发挥战争艺术。为什么能让有 4 亿多人口的中华民族丧权辱国，有 5000 年文明史的大国俯首称臣呢？个中原因路人皆知。

首先要从卑怯苟安、腐败衰落的清王朝说起。

清王朝的太上皇是慈禧太后。慈禧是无冕之王，是清政府的最高决策人。她执政 48 年，一向以“拿得起、放得下”著称。临朝之时，纵有天大的事情，下朝后全然不放在心上，一掷九霄云外，吃喝玩乐像没事一般。

在19世纪最后那些年,她的脾气大为反常。她常把外患内忧从养心殿带回后宫,于是这些内忧外患便日夜缠绕在她的心上。她的精神开始变得异常。这个27岁就守寡的女人,看什么都不顺眼,看谁都不对劲,想方设法找碴儿,常常借故打骂虐待太监、宫女,以出"邪气"。

慈禧肆行无度,不准他人说半个"不"字。如果有人稍加议论,或有不满的表情被她知道了,定死无疑。她一日三餐,山珍海味吃够了,又变着花样吃人奶,宫中有数名年轻女人每天定时到她床前给她喂奶。

19世纪,正值连年灾荒,民不聊生,赤地千里。而以慈禧为首的清廷官宦们挥霍无度,终日沉湎于酒色,锦衣玉食,貂裘宝马,侈靡至极,耗资惊人。

从《钦定宫中现行则例》中关于慈禧待遇的一张清单可以看出官宦们的奢侈面目。

慈禧的年俸是黄金20两,白银2000两;大卷宁绸、妆缎、倭缎、内缎、金字缎、云缎等各种上等绸缎99匹;高丽布、三线布、毛青布等各种棉布54匹;貂皮、里貂皮、海龙皮等各色高等皮革124件;不同型号银纽400个;金线20绺;绒、棉花线16斤……

依皇宫规定,为供慈禧一天的享用,日供给御膳房盘肉50斤,猪、羊、鸡、鸭各一只(头),新粳米2升,白面15斤,以及其他一应作料、副食等。

慈禧的穿戴更是惊人。她拥有的朝服、朝冠、朝桂、冬夏朝袍、朝裙、吉服都饰有珍珠、玉佩、珊瑚坠角等。她的日常用具更是金铸玉琢,计有金执壶、金方、金盘、金匙等36件,银盘、银碟、银镶箸等135件,铜、锡器皿150件,瓷器1026件,其他生活用器不计其数。

慈禧每年生活耗资约合白银30万两,按当时价格,可购买面粉2700万斤,相当于7万平民一年的口粮。

这个每天需要5个奶妈子挤奶为她擦身的封建"老佛爷",有时也想玩玩洋东西,像德国1898年生产的第二代奔驰轿车(据说慈禧一次也没坐过，因为轿车司机坐在前面，她坐在后面，有失其至高至尊的身份），西方的照相机，法国的香水、镜子和俄罗斯的马戏、柔软体操等。但是，她对真正的西方现代化工业和文化却永远无法理解。

慈禧代表着封建保守落后的势力，具有极端偏激的排外思想，又代表着失节求荣、屈膝媚外势力。她好奢华，善权术，体现在外交国策上，则变成了左右摇摆，政无定势。她文过饰非，一贯认为自己正确，信奉“顺我者昌，逆我者亡”。封建制度给予她不受约束的权力，使她形成了不受约束的暴戾的性格。有这样一位封建体制下的“老祖宗”，中国岂能不屡战屡败，一步步走向灾难的深渊？

伴随慈禧上朝的光绪皇帝，深知“老佛爷”的险恶用心，日夕惊扰而又无可奈何，只能提心吊胆，唯命是从，任人处置，坐以待毙，整日混混沌沌，迷迷茫茫。一切全凭“老祖宗”裁夺，光绪不敢有半点独到“见解”。

清朝吏治腐败，面临极其严重的政权危机，统治体系已完全腐朽，官吏多是些毫无个性的吸血鬼，贪婪而又凶暴，无能而又纵情享乐。贿赂公行、政由贿成，已成为社会风气。

据史书记载，浙江一位候补官员，每年需向上敬送 500 金；一个知州，如想安生做官，每年需向上司行贿 1000 金。部属向顶头上司送礼已成定例，每年至少二三百金，方能端住饭碗。闽浙总督颜伯焘，革职回广东原籍，随带物品之多，令人咋舌，过福建时，搬运箱笼什物的杠夫每日达 700 多名，一连 10 天才搬完。

晚清京官没有廉与不廉的区别，只有受贿方式的差异。廉者“择而受之”；不廉者，则百方罗致，来者不拒。送礼、收礼频繁进出，吃请、请吃交错进行。整个京都政界，几乎成了酒的世界，宴会的海洋，听戏的乐园。官家“终日送往迎来，听戏宴会，无日不花天酒地”。

晚清官员们，大凡对下横眉竖眼，对上则摇尾乞怜；对内横行霸道，对外则奴颜婢膝。官员们谁能与洋人交上朋友，顿时身价百倍。谁能懂几句外语,就忘记了自己姓甚名谁。当时,民间百姓对此等人际关系有精练的概括:百姓怕皇上,皇上怕洋人,洋人怕百姓。

军队是国家的支柱,也是国家兴衰的缩影。一个国家军队的形象很大程度上可以反映出这个国家在世界上的形象。

清朝军队,原是以八旗兵为主。八旗兵曾是一支“威若雷霆,动如风发”的精锐之师,努尔哈赤、皇太极等就是依靠它崛起于白山黑水,踏破万里长城,建立起清王朝的。

八旗兵是清廷的命根子。靠武力打天下的君主,无不把武装力量当作政权的基石。清政府为了保持八旗兵的纯洁性,自建国之日起,就规定:国兵为世袭兵,每一个满族男孩,从落地那日起,就享受一份兵饷。从当时宫中官员的俸禄看,一份兵饷相当于一个七、八品官的薪水。

但是,随着清王朝定都北京,太平盛世的到来,这支昔日的铁骑劲旅开始走向衰败。

优越的生活、优越的地位使八旗兵日渐闲散、骄逸。满族人以骑马见长,但后来的高级将领竟以骑马为耻,外出必乘轿。士兵与刀剑的感情淡漠,争相经商、学艺、赌博,甚至盗卖兵器。往日剽悍骁勇的尚武精神,被浮夸柔弱的风习所替代。军营中吟诗作画之风盛行,提笼玩鸟之徒日见其多。八旗兵上下惯吃空饷,谋钱、谋财、谋权在军中盛行,官兵游手好闲,出入酒楼茶肆,“不士、不农、不工、不商、不兵、不民”,纪律松散,素质极差,成为一群乌合之众,早已不堪调用。

清军内战内行,外战乞降。单说战斗力颇强的袁世凯统率的陆军——武卫右军,打外国侵略者没本事,打自己人、老百姓却如狼似虎。义和团初起时,袁世凯奉命“剿匪”。一次,他的军队趁大雾天包围了一个万把人的村子。一声令下,官兵不问青红皂白,枪炮齐鸣,霎时间,这个村子房屋倒塌,惨叫声撕心裂肺。百姓争相逃命,男女老少自相践踏。袁世凯即传令三军拦阻兜杀,顿时横尸满地,血流成河。万余人的村子被血洗。

这就是守卫国土的军队，这就是关系百姓安危的“护国军”！当然，清军中也有不少忠心精武之士、以身报国之臣。但是，只因为有了腐败的朝廷、贪婪的官吏、低落的士气、涣散的人心，他们只能空洒一腔热血，枉献无限豪情。

光绪二十五年(1899)，一个称为义和团的自发群众组织涌现出来。由它掀起的声势浩大的反帝爱国运动——义和团运动，成了中国近代第二次革命高潮的重要组成部分。

义和团成员以大刀、长矛对坚炮、快枪，以“20年后又是一条好汉”的大无畏精神表现出中华儿女的浩然正气，谱写出一曲悲壮的战歌。

义和团不是由某一个教门单独发展起来的，而是源自义和拳、梅花拳、大刀会等民间秘密结社，在群众性“反洋教”“扶清灭洋”的斗争中逐渐发展壮大起来的。它没有统一的组织形式和严密的领导机构，没有绝对权威的领袖，团民们以行政村为单位，以“坛口”为基层组织，誉称“老祖师”的坛口为领袖，几个坛口合在一起组成“团”。一团有几百人、上千人不等。各团之间，心相通，意相连，一方有难，八方支援，招之即来，挥之即散。它们在组织上相互独立，互不统属，一切行动，全靠揭帖聚合。

义和团的活动带有文化落后、闭塞的农村中固有的许多迷信色彩，这同白莲教的传统是有关系的。他们用画符、念咒、请神的“法术”，自称能练成“神拳”，刀枪不能伤身，还能使敌方刀枪失灵。

当然，在战场上，这种法术是无用的，他们所依靠的还是同仇敌忾的勇气。他们所请的神五花八门，大多是《封神榜》《三国演义》《西游记》《三侠五义》等小说或戏曲中的人物角色，如洪钧老祖、骊山老母、关羽、张飞、黄三太、黄天霸、孙行者、猪八戒等等。他们有的信道，有的信佛，很不固定。这种情形是他们在组织上的分散性的反映，他们没有统一的信仰，没有统一的组织，没有统一的指挥中心，这就极大地削弱了义和团的整体力量。

各地义和团的主要成员是农民。封建统治者说他们“俱是乡间业农粗笨之人”,“肩挑负贩者之流”。在高潮时期,大量的无业游民和散兵游勇也参加进来。还有一些富人、王公贵族,甚至宫廷太监、清军士兵也加入了义和团。其中还有妇女组织叫作“红灯照”的。妇女组织“皆为十六七岁的女子”,她们穿着红衫、红裤,绾上双丫髻,左手提红灯,右手持红巾、红扇,择静室练习武艺,喊出“跨过东洋到日本,索要二亿三千万两赔款”的口号。据说练好了功夫,红扇一扇,可以徐徐升空,可以飞到外洋消灭洋人。红灯照被吹得神乎其神,其实是荒诞无稽的谣传。红灯照的组织并不多见,她们只是在天津城厢内外和天津西部一些农村活动。

其中黄莲圣母林黑儿是红灯照中最有名望的首领。在天津战役中,她率领红灯照作战十分勇敢。书中记载她们“一入敌阵,视死如归,于枪林弹雨中唯恐落后”。在文安、通州等地也有红灯照的踪迹。沈阳地区的马寡妇、太原地区的白娘娘都有一定影响。

还有一些地区有中年妇女或孀妇组成的蓝灯照、花灯照、黑灯照,太原地区有白灯照,传闻很多。在社会矛盾激化的情况下,劳动妇女不堪忍受压迫,起来造反的事屡见不鲜,但她们提不出纲领、政策和措施,始终没有形成声势浩大的妇女运动。

义和团运动最早是在山东、直隶交界地区兴起的,因为这个地区洋教堂林立,教会势力极为猖獗,民教斗争普遍激烈;这一地区修筑几条铁路,而铁路的修筑则伴随着帝国主义的掠夺、破坏和洗劫等暴行的威胁;这里又是白莲教及其支派长期秘密活动的地区。山东、直隶“民强好勇”,既有练拳自卫的尚武习惯,又有组织乡团、实行联庄自保的传统。而帝国主义侵略和洋教会为非作歹是义和团兴起的根本原因和导火线。

甲午战争后,在中国的外籍传教士有 3200 多人,共建教区 40 多个,教会 60 多个,入教者达 80 余万人。

在山东,全省 108 个州县中,有 72 个州县出现了教会活动,共建立大小教堂 1300 余处,入教者达 8 万余人。曹州、东昌、济南地区,平均每一个乡就有三四个教堂。特别是鲁西北的运河沿岸,教堂丛集,教士、教民作恶多端,教案连续发生。直隶全境几乎是法国天主教的天下。天主教在直隶分设北境、东南境和西南境三大教区,共有大小天主教堂2290所,直隶中部、北京、天津和芦保铁路沿线是天主教堂最集中的地区,也是教会作恶最多的地方。

1897年春,山东冠县(今属聊城)梨园屯的天主教民在传教士的怂恿下,强行拆毁村北玉皇庙,改建教堂,激起村民极端不满,群起抗拒。村民阎书勤等人率众驱逐该村教民,并邀请直鲁交界处的梅花拳首领赵三多前来护庙。4月,赵三多率领拳众在梨园屯亮拳设厂。传教士要挟清政府派兵镇压。赵三多、阎书勤等在冠县竖起"助清灭洋"的大旗,率众直攻红桃园教堂,随即兵分两路:一路由阎书勤等率领,活动在直鲁交界各地;一路由赵三多率领,沿运河北上,力量扩展到直隶南部。

不久,义和拳很快在鲁西北的茌平、高唐、禹城、长清一带活跃起来。茌平拳民在首领朱红灯、心诚和尚率领下,联络拳民1000多人,狠狠打击了洋教士欺压百姓的气焰。

1899年秋天,平原县发生了一起义和团与官兵的交战。这里加入基督教会的地主分子,依仗教会的势力,乘连年灾荒之机,高抬粮价,囤积居奇。被逼迫无路可走的穷苦群众组成义和团与教会发生冲突。平原县派官兵弹压,逮捕了6个拳民。为了营救被捕者,拳民邀请附近的茌平县朱红灯前来救助。朱红灯率领二三百拳民和当地义和团群众,在平原与恩县交界的森罗殿抵抗前来镇压的官军,最终击退了官军,保护了拳民。朱红灯成为鲁西北义和拳的旗手。

当时,山东的三任巡抚李秉衡、张汝梅、毓贤都是一面武力镇压义和团,一面上奏朝廷痛陈教会的猖狂肆虐和地方官员袒教抑民的事实,并为义和团鸣不平。毓贤在处理平原县事件的奏报中,建议清政府对义和团采取"安抚"政策,以团结民心。张汝梅在1898年明确提出"将拳民列诸乡团之内,听其自卫身家,守望相助”。

鲁西北义和团运动的迅速发展,引起帝国主义列强的恐慌和仇视,它们指责毓贤是纵容义和团的罪魁祸首,逼迫清政府将他撤换,并指名要袁世凯任山东巡抚。

1899 年 12 月下旬,袁世凯率武卫右军 7000 人,杀气腾腾地到山东就任,对义和团实行血腥镇压。袁世凯倒行逆施,不但激起山东人民的强烈反对,也引起了一些官吏、御史的不满。御史们纷纷上奏弹劾袁世凯“杀戮过重”,要求将他撤掉。清政府怕袁世凯的屠杀“激成大祸”,便于 1900 年 1 月 11 日发布“上谕”,告诫地方官吏“各省乡民设团自卫,保护身家本古人守望相助之谊,果能安分守法,原可听其自便”。清政府实际上接受了以张汝梅、毓贤等为代表的主和派意见,承认义和团是自卫身家、捍卫乡闾的合法团体。从此,义和团取得了合法的地位,并迅速在北方地区发展起来。

这时的慈禧太后,既没有信心镇压义和团,又不敢联合义和团抵御外国人,于是决定采取用和平的方法来逐步招抚义和团。慈禧在策略上的转变使地方官员不得不相继停止军事行动,聚集在京郊各地的义和团趁势进入北京城内,出现了“官兵任其猖獗,城门由其而入”的情形。

1900 年四五月间,直隶义和团兴起,逐渐成燎原之势,一个以津、京、保三角地带为中心的战斗基地迅速形成,仅天津静海县就达数万人。他们一面反洋教,一面敌清军,在打击帝国主义和封建势力的斗争中,壮大了声势和力量。

洋教士是列强入侵中国的先锋,反洋教是反侵略的前奏。义和团与帝国主义武装侵略者的交锋已迫在眼前,不可避免。

义和团是一把双刃剑,一边砍洋人,一边砍贪官。从抵御外敌入侵角度看,清政府需要利用义和团打前锋;从维护封建王朝统治角度看,清政府又害怕义和团兴起,极力想把它剿灭。清政府的双重心理,导致了对义和团的“剿”“抚”无常的政策。但是,不管慈禧与清朝官吏如何动作,义和团反帝斗争的方向始终没变。

义和团在直隶、京津地区的迅速发展，更引起帝国主义列强的恐惧，它们曾多次逼迫清政府严厉镇压。

1900 年 5 月，一个名叫樊国梁的法国天主教主教给法国驻华公使写了一封信，信中说："局势已经日益变得严重和危险。在保定府，70 多个基督教徒被屠杀，其他 3 名新入教者，被乱刀砍死……"

这位 53 岁的法国天主教驻京总主教，在给法国驻华公使毕盛的信中，开头就写得耸人听闻。他 25 岁来中国，近 30 年来，一直以主教身份为掩护，死心塌地为法国资产阶级侵华服务。随着他在天主教中地位的提高，清政府也越来越把他看成个人物。再加上他交游广泛，信息灵通，渐渐成为外国在华人员中举足轻重的"元老"。清政府特授予他二品顶戴。自从义和团在北方兴起，樊国梁彻底撕下了一贯提倡的仁爱、爱人的面纱，杀气腾腾地站到反中国人民的前沿。他按捺不住对义和团的仇恨，一团杀气全部泄于笔端——

"北京四周已经受到包围，拳众日渐逼近京城。宗教迫害只是个烟幕，义和团的目的是消灭所有的外国人，这个目的已经清楚地写在了他们的旗帜上……我们已处于与 1870 年天津惨案前夕同样的险境。在这种情况下，公使先生，我认为我有责任要求您给我们至少派遣四五十名水兵来，以保护我们和我们所有的东西。过去在不很紧急的情况下，也曾经这样做过。我相信，我们谦恭的请求，你将惠允考虑。"

5 月 19 日，樊国梁的信变成一份号召书，在所有外国驻华公使中传阅。

这是一封对列强武装干涉中国内政发生过相当影响的书信。

5 月 20 日下午，英、美、俄、法、德、意、奥、西、葡、比、日 11 国驻京公使团的使节在西班牙公使葛络干的主持下，召开紧急会议，议题是：吁请各国公使重视樊国梁的估计和判断，正式建议共同调兵来京，保护使馆和教堂。

这是列强驻京公使自义和团运动以来召开的第四次会议。前三次分别是：

第一次会议于1900年1月23日召开，参加的有美、英、德、法四国，会议向清政府提出照会，要求清政府“发一道上谕，宣布镇压两个反对外国人的秘密结社”（义和团、大刀会）。

第二次会议于3月10日召开，参加的有美、英、德、法、意五国，会后声明：一旦中国不发布镇压排外组织的上谕，它们就要进行海军联合示威。

美、英、德、法公使于4月6日共同商谈，再次发表联合照会，限令清政府两个月内，剿灭义和团，否则将派水陆各军驶入山东，代为剿灭。

由于有前三次会议的背景，第四次会议显得十分关键。

5月下旬，列强的军舰已开始从旅顺、威海卫、厦门、胶州湾陆续向大沽口靠拢，海军陆战队随舰在天津港登陆。

5月28日，各国公使举行会议，决定立即以“保护使馆”的名义，派出第一批“使馆卫队”近千人抵达北京。“使馆卫队”实际上就是八国联军的先头部队。

6月10日，英、美、法、俄、日、德、意、奥等组成的八国联军，共2100多人，在英国海军上将西摩尔的率领下，由天津乘火车向北京开进。义和团和部分爱国清军闻讯后，立即拆毁铁路，阻止侵略军向北推进，并沿途加以堵截。6月12日，义和团在落垡包围了侵略军，经过肉搏，义和团失利。14日，侵略军行至廊坊车站，又被义和团包围。18日，义和团在董福祥率领的清军配合下，向西摩尔率领的八国联军猛烈进攻，侵略军受重创。西摩尔在向天津撤退时，沿途又受到义和团的拦截和阻击，直到26日才退回天津租界。西摩尔率侵略军进犯北京的阴谋被粉碎了。

迫在眉睫的战争，使清廷内部那些颐养天年的大臣们乱了方寸。

清政府面对奋力抵抗的义和团和气势汹汹的帝国主义列强，陷入了狼狈不堪、左右为难的困境。统治集团内部各派势力的分歧更加突出。

有的坚决主张镇压义和团，认为只有这样，才能防止帝国主义更大规模的武装干涉。

有的主张停止镇压义和团,而是利用义和团的力量,抵御列强入侵。

有的主张“剿抚并用”。

慈禧的态度是动摇的。其摇摆的轴线是以保住自己的统治地位为中心。她知道义和团“扶清”并非护她,从根本上讲,这场群众运动与清政府的封建统治是对立的,早晚要成为“肘腋之患”。但是,她更明白列强出兵并非仅仅是为了保护使馆,谁敢担保不会危及自己的宝座?

保住自己至尊至上的宝座,是慈禧所有决策的出发点和落脚点。

她主张利用义和团。

慈禧先后召开四次御前会议,各派各执一词。支持慈禧的大臣们,对义和团的态度只是停留在宣抚的程度上,主张暂停武力镇压,以观后效。

主和派始终没有中断与列强的勾结,为达此目的,甚至不惜卖国求荣。

当西摩尔所率联军北上被围在廊坊时,俄国太平洋舰队司令基利杰勃兰特两次邀请各国海军头目到“俄罗斯”号巡洋舰上,密谋策划进攻大沽口的作战方案,并命集结在大沽口外的联军军舰迅即做好进攻大沽炮台的准备。

大沽口是设在海河口的要塞,一向有京津东大门之称。河左岸东面的小镇是塘沽,也叫东沽,那里有一个车站、一个码头;西面的小镇叫西沽或西库,那里有工厂、作坊。

大沽之战的要害是攻守大沽炮台。大沽防卫设施自明朝开始,几经兴衰,至八国联军侵华,已建成一个具有 4 座炮台的防御体系。这 4 座炮台分布于海河入海口西岸,南北各两座,成“田”字形,雄视由海入河的船艇舰只。4 座炮台共配置大炮 170 门,大部分是德国的克虏伯、阿姆斯特朗式的国内仿制的最新产品,装备之精良,可谓清军之首。常年守在大沽炮台的有 3000 名清军官兵。但是,由于清军对进口的新式火炮操作不熟练,以及训练不精,功夫不硬,炮台的战斗力远远没有达到想象的程度。

清军守将罗荣光,是个典型的"以服从为天职"的军人,他手上沾满了太平军和捻军的鲜血,用阶级观点分析,说他是屠杀人民起义的刽子手绝不冤枉。但此时他站在保卫祖国的最前哨,历史的重任把他推到了与人民共存亡的帅位上。联军窥视炮台,罗荣光早有察觉,他曾派专差赴津向直隶总督裕禄报告洋人居心叵测,"如果洋人开炮攻台",他"即饬防台弁兵开炮,竭力抵御",并请裕禄速派援兵。

从战术角度看,大沽炮台兵种为守备部队,并非野战军旅。守备部队的任务是迟滞敌人的首次冲击,誓死守住阵地,为主力部队争取必需的备战机动时间。罗荣光巡视炮台时,发现 3000 官兵斗志昂扬,西北几十里外有清军驻扎,断无后顾之忧。四座炮台成掎角之势,前后互援,左右兼顾,足以置登陆之敌于死地。

6 月 16 日下午,大沽口内外弥漫着令人窒息的恐怖气氛。联军海军舰队向炮台守将罗荣光发出最后通牒,限令 17 日凌晨 2 点钟交出炮台。罗荣光大义凛然,严词拒绝。侵略军竟提前 70 分钟向炮台发起猛攻。

从此,八国联军正式挑起大举入侵中国的战争。

罗荣光率领将士与敌激战 6 个多小时,打死打伤登陆敌军 130 余人,击伤敌舰 6 艘。侵略者惊呼:"中国兵将未可轻视,此次以七国水师攻一炮台,能持至 6 点余钟之久,可谓难矣。"如果这次进攻是白天,"各兵舰必全伤"。

可是,罗荣光孤军无援,腹背受敌,局势十分危急。17 日晨 6 点半,日本侵略军首先攻占大沽口最大的炮台"北方第一炮台"。接着,南北其他炮台也相继被美、德、俄、法侵略军占领。罗荣光率余部后撤,八国联军开始向天津进犯。义和团和爱国清军奋起抵抗,展开了反抗八国联军入侵的民族自卫战争。

大沽上空的浓烟未尽,侵略军便在塘沽、北塘、新河展开了肆无忌惮的烧杀奸淫。

5 万居民的塘沽在刀光剑影下度过了三天三夜，当敌军大劫三日结束后，阳光下的城镇，已变成一片废墟，包括老弱妇孺在内皆被枪杀、刀砍，全城“已无华人足迹”。有 1000 多户居民的新河村，烧得只剩下 300 户。联军把婴儿挑在刀尖上取乐，景象惨不忍睹。

大沽炮台失守，直隶总督裕禄顿时紧张起来。他知道大沽失守后，天津面临的可怕局面。天津是他防守的重点。大沽可失，天津绝不可失，失天津无异于丢官掉脑袋。他对未来的战斗作了一次推演：威胁天津的敌人肯定来自租界。租界是凌驾于清政府之上的“独立王国”，这里的一切统治大权，全部操纵在各国驻天津领事手中。租界的决策机构是董事会，董事会下设法院、监狱、警察局、市政管理机构、税收部门、教堂、学校和出版机构。这个“国中之国”的一切事务，中国政府无权过问。相反，它们反而干涉中国的内政，胁迫清政府镇压义和团，并在租界内聚集各国侵略军达 1.2 万余人。

裕禄认为，租界的敌军如果动手，首先袭击的目标必然是武备学堂。武备学堂是李鸿章创建的中国陆军军官学校，学校周围是用土砖建造起来的高围墙，正面入口处是一座铁门。这里不仅集聚了一批中华民族的热血青年，而且还贮藏着大批武器弹药。武备学堂兵力单薄，一旦遭到袭击，后果不堪设想。

17 日下午 2 点钟，英军少校路克和上尉阿姆斯特朗带领 80 名英国海军陆战队士兵和德军士兵，向武备学堂发起了攻击。他们采用了放火烧毁房屋的卑劣手段：放火烧房意味着学堂被毁，战斗目的已经达到；大火可以掩护联军撤退，学员们与烈火搏斗尚且自顾不暇，更谈不上有还手之力。

一声令下，武备学堂立时被包围在熊熊大火中，随着一声巨响，火药库爆炸了，90 名军校学员全部壮烈牺牲，校内校外一片火海。大火从黄昏一直烧到深夜。

联军的侵略暴行激起了清军和义和团民的极大愤慨，直隶提督聂士成的武卫前军5500余人,义和团5000余人,还有天津周围自发组织起来的民团几万人,对联军紫竹林租界实施了包围,一鼓作气拿下紫竹林租界,然后分兵东去,收复大沽口,以雪失地之耻。

此时天津持续高温,清军和义和团大都是本地人,对气候还算适应。而联军则不然,他们远离本土,对中国北方水土、天气多不适应。清军独占地利。另外,天津炮台居高临下,站在上面可对租界一览无余,联军行动尽在视野之中。清军和义和团及当地武装村民,熟悉地情、水情,进退选择余地大。胜负的天平本来是倾向中国一方的。然而,清军和义和团民众难以抵挡联军四面八方炮火的轰击,再加上联军连续不断地增兵,兵力对比上中方已不占优势。况且此时清军内部战与和主张不一,人心不齐,聂士成军队惊魂未定,士气低落,致使中方内部刀枪相向,难以一致对外。

炮战持续了几天几夜,双方伤亡惨重,但租界防线未能突破。

当撤退的清军返回天津时,义和团民突然遭到守城清军的杀戮,团民腹背受敌,处境十分险恶,几千团民被迫撤离天津。

从6月中旬起,八国联军的侵华战争已经正式开始。面对八国联军的入侵,清政府内部对和战问题存在很大的分歧,主和派和主战派意见水火不容,内部争论不休。慈禧原本是主战的,因为她企图利用义和团对付列强,但她又深知列强得罪不起,特别是万一战败,后果不堪设想,所以一时难以作出决断。

6月16日至19日,慈禧连续4天召开御前会议,商议和战问题,两派斗争异常激烈。这期间,慈禧接到谎报,说列强要她还权于光绪帝,对此,慈禧特别恼火,加之此时大沽炮台失守,慈禧害怕八国联军进京逼她交权,因此决定对列强宣战。6月21日,清政府颁布宣战上谕,声言“与其苟且图存,贻羞万古,孰若大张挞伐,一决雌雄”。

表面上看来清政府似乎要同侵略者“决战”了,而事实上并没有应战的决心,也没有坚决抵抗的部署,只是故作姿态。4天后,清政府在回复李鸿章的电报中说，这次义和团来势太猛，京城内外到处都是义和团，“剿之，则即刻祸起肘腋……只可因而用之，徐图挽救”。意思就是，立即镇压则招祸，只好伺机对付他们了。

慈禧从战争一开始就给自己留了后路。6 月 29 日，慈禧要各驻外国公使向驻在国政府解释说，这次对外国宣战，实出自不得已，要求各国政府谅解，并表示要设法镇压义和团。为了表示议和的诚意，她下令停止围攻外国使馆，还送去瓜果蔬菜等，并在使馆界竖了一块写有“钦奉懿旨，保护使馆”的木牌。由此可见，慈禧集团对外宣战，并非真心抵抗侵略。

宣战后，清政府奖给义和团粳米 2 万石、白银 10 万两，并任命庄亲王载勋、协办大学士刚毅等统辖义和团，制定团规，要义和团绝对听从他们的管理和指挥，违者处死。从此，许多义和团被清政府控制和利用，许多团民被借故处死。不少义和团对清朝统治者丧失警惕，模糊了阶级界限。所以，大批义和团进入北京是义和团发展的高潮，同时也是由高潮转入低谷进而失败的转折点。

6 月 30 日，从大沽炮台登陆的八国联军已有 1.8 万多人，其中，俄国军队居多，成为进攻天津、北京的主力。

7 月 9 日，联军在天津城南发起总攻。直隶提督聂士成率部 4000 余人，在城南八里台与敌遭遇。双方展开了一场惨烈的大决战。聂士成冒着枪林弹雨，一马当先，指挥部队与敌决战。激战中，聂士成两腿中弹，血流如注，腹裂肠出，仍指挥部队反复冲杀。又一颗子弹射穿他的胸膛，最后一颗子弹洞穿他的太阳穴，聂士成壮烈牺牲。

天津局势危急，清政府急调两广总督李鸿章回任直隶总督兼北洋大臣，以便同帝国主义进行妥协投降的谈判，又调四川提督宋庆为帮办北洋军务大臣。

宋庆于 7 月 10 日至天津，却立即进行绞杀义和团的可耻勾当。

7 月 13 日，八国联军兵分两路进攻天津东门和东北角。14 日凌晨，日军伪装成义和团混至城南墙下，炸开城墙，日、英、美侵略军乘机冲入城内。义和团与部分清军临危不惧，与联军展开巷战和肉搏，多人壮烈牺牲，后被迫撤离，天津失陷。

八国联军攻入天津后，即成立了“天津临时政府”（又称“都统衙门”）。这个殖民机构由俄、英、日三国指定具有同等权力的三人组成“临时政府委员会”，对天津、静海、宁河等广大地区实行军事殖民统治，直到1902年8月才撤销。

八国联国入侵天津，跟着而来的是抢掠和疯狂的屠杀，“整个天津城大小街巷尸体横陈”，少者几十上百具，多者数以千计，经烈日暴晒，几日便腐烂不堪。

这是20世纪开元以来，第一次震惊世界的大屠杀。天津人民死于八国联军之手的究竟有多少，清政府没做统计，八国联军不敢披露，只有沙俄侵略分子科罗斯托维茨在笔下承认：“天津似乎只剩下十万居民了，而过去有一百万。”其余90万人除逃难离城以外，均死于侵略者之手。科罗斯托维茨自己也承认对中国丝毫不讲“人权”，把中国人当作“卑贱的畜牲”，“恣意虐待、蹂躏”，稍作反抗便予杀死。至于那些被疑为义和团民或藏匿武器者，那些因被抢劫、被强奸而表示不满和反抗者，更是难免于难。由于八国联军的野蛮屠杀，天津城的居民死的死，逃的逃，全城一度空了大半，留存者大多是病人或残疾人。

联军疯狂屠杀，不仅限于城内，他们还派兵向天津四郊搜捕，焚村毁舍，务求剿尽杀绝。

有一天，河东地区一个村子，一对新婚夫妇喜结良缘，大喜之日，亲朋相庆，锣鼓齐鸣。中午，新婚夫妇正行拜堂之礼，被一个路过此地的洋巡捕发现。洋巡捕当即冲进门来，一口咬定新郎、新娘是红灯照，理由是新娘身穿红衣，新郎身披红绸。说话间拔枪便打，两位新人尚未入洞房便倒在血泊之中。

义和团首领张德成的老家在天津桑梓独流镇。联军对其恨之入骨，入城后即派兵包围独流镇，不管男女老幼，“剿除净尽”，全镇房无完房，街无净土，人无活口。为了消灭罪证，联军屠杀完毕之后，又纵火烧毁了全镇房舍。

天津城的妇女在这场劫难中备受摧残。联军入城之后，纵欲奸淫之事，令人发指。天津城陷落当日，联军士兵就兽性大发，纷纷闯入民宅强行施暴，许多来不及逃走或无路可走的妇女，上至60多岁的老人，下至10多岁的孩子，都成了联军施暴的对象。妇女被污者不计其数，有的年轻妇女不堪受辱，在联军士兵追逐下投井自杀，几乎每一口井中都有自杀的殉难者。

一向标榜为“文明国度”的西方列强，表现在其军人身上的却是难以形容的野蛮和残忍，他们是一群无恶不作的强盗。侵略者的暴行深深铭刻在天津人民心中。

八国联军占领天津后，兵力增至2万多人，其中日军8000多人，俄军4800多人，英军3000多人，日、俄、英三国是出兵最多的帝国主义国家。

8月4日，联军兵分两路，以俄军和法军为右路，日军、英军为左路，从天津沿运河两岸向北京进犯。

联军大队人马行进了6公里，到达天津和北仓的中点。北仓镇位于白河左岸，是官粮漕运线上的一个大储备粮站。这里有由马玉昆指挥的1500名清军组成的第一道防线，防御阵地布设在北仓和通往北京的铁路路基之间。

联军从凌晨3时发起进攻，一直打到上午9时，清军和义和团在装备劣势、兵力弱势的情况下，顽强坚守6个小时，阵地上留下了大批中国人和联军的尸体。不少清军士兵临死前仍保留着最后拼杀的姿态，有的与日军抱在一起同归于尽。上午9时，北仓防线的清军和义和团进行了最后一次阻击，被迫放弃了阵地，退向杨村。

此役，清军伤亡惨重，退至杨村的官兵寥寥无几。有 70 多人被日军俘虏，随即全部惨遭杀害。阵地上无数伤员无一生还。联军也付出了伤亡 332 人的代价，其中日军伤亡 301 人。

联军攻下北仓后，决定继续追击，立即拿下杨村。

杨村距北仓 18 公里，是京津间一个拥有 3000 多户人家的繁华商镇。杨村守将宋庆，率领的是一支颇具战斗力的武卫左军，无论装备还是素质，都足以与联军对抗，即使不能取胜，也能给敌人以重创，延缓或打退联军对京城的进攻。但是，宋庆是主和派，他一贯有临阵脱逃的恶习，在接到慈禧求和旨意以后，根本无心抵抗。

从联军进攻杨村开始，前后只有一个半小时，清军苦心经营的第二道防线到上午 11 时就全线崩溃。身为直隶总督、京郊防御总指挥的裕禄，从北仓防御战开始，一直坐镇军中，他目睹了清军狼狈溃逃的惨景，亲身体会到"将帅无能，累死三军"的千年古训的正确，以自杀了结一生。

裕禄生于 1844 年，满洲正白旗人。1867 年出任直隶热河兵备道。次年，为安徽布政使。1874 年升安徽巡抚。1885 年署湖广总督。1889 年调任盛京将军。1898 年为军机大臣、礼部尚书兼总理各国事务衙门大臣，旋任直隶总督兼北洋大臣。1900 年义和团运动初起，他是镇压义和团的刽子手，后来清廷改剿为抚，他又摇身变为招抚民团的带头人。自天津失守之后，他深知自己罪责重大，难免一死。但他尚抱一线希望：如果在保卫京城战斗中取胜，将功赎罪，晚节尚可保全。于是，他不顾 56 岁的高龄，亲临一线坐镇指挥。怎奈慈禧明战暗和，朝战暮和，战和并举，极大地干扰了抗敌将士的决心，使本来就缺乏信心的统帅们找到了政策依据。所以，从北仓开始，清军一败再败。裕禄心中明白，联军突破杨村防线，北京外围便无防可守。与其这样大败而归，当朝处斩，不如自己了却生命。

北仓、杨村两次大战，清军参战官兵共 6500 人，伤亡 3000 人，联军也付出了伤亡 576 人的代价。

8月8日，帮办武卫军事大臣李秉衡奉旨率领的“勤王军”，在京津之间的河西务被联军击溃，退走通州张家湾。他悔恨交集，于11日服毒自杀。

8月13日，八国联军攻占通州，直抵北京城下。

通州拥有10万人口，距北京仅20公里，是天津方向沿水路进京的门户。由通州沿大道西进可直达北京城的朝阳门，通州至北京中间无险可守。

北京是中国历史最悠久的城市和古都之一，早在金朝便正式在此建都，元、明、清三朝皇帝都把这里当作大本营，修建了一层又一层的城墙、铁门，以此作为维护其统治的最后一道防线。

清代的北京城分为紫禁城、皇城和京城三大部分。紫禁城又称宫城，是皇帝议政和生活的地方，位于北京正中。紫禁城分四门，南、北、东、西分别是午门、神武门、东华门、西华门。紫禁城外是皇城，其周长9公里，共分6门，正南是大清门，东南是长安左门，西南是长安右门，东面是东安门，西面是西安门，正北是地安门。大清门内是天安门，天安门左边是太庙，右边是社稷坛。

皇城之外是京城的内城，其周长22.5公里，有9个门。南城墙有3个门，正中是正阳门，东边是崇文门，西边是宣武门；东城墙有2个门，正中为朝阳门，偏北是东直门；西城墙有2个门，正中为阜成门，偏北是西直门；北城墙有2个门，东为安定门，西为德胜门。

京城分内城、外城，外城在内城以南，呈东西向的长方形，其周长14公里，有7个门。南面正中是永定门，南之东是左安门，南之西是右安门，东面是广渠门，西面是广安门，东北角是东便门，西北角是西便门。

为了维护清王朝的统治，当权者把北京城修得如同铁桶一般。三道厚厚的城墙，犹如三层环形的碉堡，把皇宫围在中心。从当时的科学技术水平看，任何炮火或爆炸物都不可能一举掀开城阙。三道城墙总计有26个城门,每个城门均有箭楼耸立两侧,楼内重兵把守,交叉火力直指门下。城墙是一道巨大的连体碉堡,每一个城垛都是这个碉堡里的射击孔,城垛内荷枪实弹的士兵,随时准备打击侵犯之敌。

城门的名字,充分体现了清王朝执政者的意愿:宣武、神武、德胜、安定、崇文、朝阳、阜成、东华……组成了一幅完美的、吉祥如意的“太平圣图”。

兵临城下,“太平圣图”面临着剑与火的考验。

大敌当前,前线连连告急,但无人敢在慈禧面前直言败绩。

8月12日,李秉衡自杀24小时,联军直逼京城的时候,慈禧仍沉浸在阅看捷报的喜悦之中。她稳坐龙椅,环顾左右,向拟旨官朗声说道:“李秉衡、宋庆、董福祥抗敌有功,拟旨嘉奖,让他们匡济时艰,同扶国难。只要举国上下,同心协力……”

慈禧话音未落,李秉衡殉国与通州失陷的奏折飞传宫中。

慈禧看完奏折,不啻五雷轰顶。她顾不得追究“恼她一阵子”的人的罪责,惊恐中急急与大臣们商量自卫措施……慈禧命令宋庆迅速进京,“商办城守事宜”。

对临阵脱逃的马玉昆,本应问罪,但是,眼前正是用人之际,有罪也得凑合着用。一向最恨不忠之臣的慈禧,破例忍下这口气,对逃到南苑的马玉昆表示谅解,念他“向来忠勇可靠”,不予问罪,鼓励他在京城防务万分吃紧的情况下,继续“统带营官、兵丁等,奋勇立功”。

8月13日,慈禧又向两江、湖南、山东、河南、安徽等省连发诏书,急催勤王之师火速北上。

对战斗力较强的董福祥部,慈禧下了两道相互矛盾的谕旨。8月13日,急令董福祥率部出城迎敌。董福祥率25个营几千名官兵浩浩荡荡奔出城外,尚未与联军接火,第二天又接到快马送来的圣旨,令他“无论行抵何处”,都要将大队人马火速带回北京“保护城池”。董福祥只得立马带兵返城,部队经过两天急行军,疲惫不堪。

经过一夜紧急调兵,北京城内外云集了约有10万清军。布防情况是:宋庆、马玉昆率武卫左军和前军的余部1万余人驻守南苑;董福祥率武卫后军25营驻守广渠门、朝阳门和东直门;荣禄率武卫中军3个营驻守西华门和棋盘街;八旗、绿营2万余人驻守内城九门和外城七门;奕劻率神机营25营、载漪率虎神营14营,分守各门城楼;八旗前锋和护卫军守卫紫禁城。

另有义和团5万余人分别守卫东西河沿、东西珠市口、菜市口、花市等六大区。

表面上看起来,清政府加强了北京城防,其实这根本算不上是一个内线防御的战役部署。此役没有最高指挥部和具有决策能力的指挥班子,缺少统一的战斗动员,没有明确基本作战方向、基本作战方针和作战指导原则,没有协同作战计划,没有战役预备队和战术预备,一线摆兵,一溃全溃。战争是交战双方综合国力的较量,也是人类智慧的决斗。清宫内不乏智高谋多的饱学之士,为什么在京城保卫战中表现出如此低劣的军事才能?因为清廷把大部分精力用在内部争权夺利、钩心斗角,对外屈膝求和、讨好列强上了。

联军攻城的总兵力为:步兵约13750名,骑兵约800名,工兵约450名,共计约15000名。装备情况是:野炮52门,山炮48门,共计100门。

只要战役部署正确,10万清军拼死作战,再加上5万义和团的力量,联军想轻易攻进北京城是困难的。

8月14日,联军抵达北京城外,英军率先攻破广渠门,进入城内;俄、日等侵略军攻打朝阳门、东直门,相继进入城内。15日凌晨,联军攻入皇城东华门。

联军攻陷北京城时,部分清军和义和团民同侵略军展开了激烈的巷战,在北京保卫战中,共毙伤侵略军400余人,清军有600多人战死,义和团伤亡更大,付出了惨重的代价。

联军在14日晚就攻入北京城内,15日凌晨慈禧才得到消息。

慈禧一听,犹如被当头浇上一瓢冰水,慌了手脚,随即召见军机大臣商议,决定离京出走。慈禧忙回至寝宫,脱去旗装,穿上一件农妇蓝褂,叫李莲英把她的头发梳成汉族人模样,登上一双便鞋,伤心地说:“想不到我六十五岁了,竟落得如此遭遇。”李莲英劝道:“太后不必伤心,就当老佛爷出外散散心嘛!”

说话之间,光绪皇帝及皇后、诸妃嫔皆到,见了慈禧照例跪安行礼。慈禧摆摆手道:“现在不是讲究礼节的时候,都快起来,咱们商量出巡要紧!”转身对光绪说道:“洋人已经打进城里,势不可挡,此时只有走为上策。眼下东南城及西华门均有洋兵堵住,只有后门一线出路,若再迟延,被洋兵堵在宫里,可就没有活路了。快走!快走!”

光绪听罢慈禧一番话,反倒显得很镇静,一改平时的唯唯诺诺,坚定地说:“太后额娘圣寿已高,不经惊恐,自应暂避敌锋,以免震惊慈驾。儿臣尚年轻,不应畏怠出走,且一班庸臣误国,闹出这样祸来,其罪全在子臣知人不明。儿臣为天下之主,不能为黎民捍患,若再一走,何以为君?故,儿臣愿死守京城,与各国使节严正交涉。”

慈禧听了光绪一番慷慨陈词,先是大吃一惊,继而冷笑道:“现在何时,尚说梦话。你不看看,各国洋兵汹涌而来,洋枪洋炮不长眼睛,几个月来,各国使馆都怀恨在心,这会儿正要趁机报复,哪有交涉的余地呀!”

光绪仍不让步:“各国素以文明自称,他们不会不让我们说话吧?倘若他们不讲公道,以武力相逼,儿臣以身殉社稷,亦理所应当!”

慈禧听后,怒发冲冠,手指直指光绪问:“你,你以身殉社稷,不过白白送条性命,但恐洋人不会轻易让你死,他们把你掠走,为要挟之资,到那时,大清江山社稷反被你一人所累,你别说糊涂话啦,赶快跟我走!”

光绪见慈禧意已决,不敢再言,只好连称“嗻”。此时,太监已把光绪的衣服准备好了。光绪换上一件玄色布袍,也装扮成农夫模样。回首看见瑾妃站在后面更衣，忽然想起了珍妃，遂问道：“你三妹珍妃为什么没有随驾西巡？”

慈禧原来就没有打算带珍妃，听到光绪提到她，禁不住怒从心起，厉声说道：“好哇！你还没忘记那个狐媚子呀！快把她带来。”

珍妃为满族镶红旗人，1876 年生，他他拉氏，为侍郎长叙之女。12 岁被选为珍嫔，很得光绪宠爱，晋升为珍妃。后因惹怒慈禧，降为贵人。第二年又升为珍妃。其兄在甲午战争中为主战派，其弟与维新派关系密切，珍妃倾向变法，处处帮助光绪。

可是慈禧知道后，非常生气，她讨厌主张变法的光绪，也痛恨支持光绪的珍妃，便将珍妃打入冷宫。

慈禧早就想下毒手陷害珍妃，只是没有找到时机。今日西巡气头正盛，正是下毒手的机会。

慈禧瞪了珍妃一眼，阴冷地递过几句话：“现在洋兵已打进京城，我本想带你一同出走，无奈匪徒如蚁，你的年纪太轻，受不了这一路的危险。若把你留在京城里，又恐怕被掳遭污，不如你一死倒觉干净！”说罢，使了个眼色，让太监扯住珍妃离去。不一会儿，太监回来禀报：“禀老佛爷，奴才已将珍妃推入水井之中。”珍妃死后，尸体在井里泡了一年多，直到第二年，瑾妃求情，才被打捞上来重新安葬。

慈禧下达处死珍妃命令后，偕光绪皇帝、隆裕皇后、瑾妃、大阿哥、李莲英等，乘普通大篷车从神武门经昌平、宣化，出居庸关，转入山西境内，然后从太原逃往西安。

八国联军攻入北京城内，就像一群强盗打开了一座神秘的宝库一样，为所欲为，演出了一场震惊世界的劫杀惨剧，史学家称之为“20 世纪第一劫”。

八国联军进城之后，下令纵兵三日，烧杀抢劫，京城古都遭到了空前的破坏，北京城四处狼烟，户户悲泣，恐怖气息充斥着大街小巷，北京在燃烧，在流血,在受辱,在遭劫……

列强入城后对北京居民进行了惨无人道的血腥屠杀。农历七月二十六日,庄王府内火光冲天,哭声一片。原来此府内有义和团团民和王府家眷杂役共千余人。联军攻入府内将其全部杀害于院内,有不少老人、妇女、儿童也惨遭毒手。事后有人清点堆积如山的尸体,发现有1700余人遇害。570多名妇女不堪凌辱选择了集体上吊。

日军在解除对北堂的包围之后,发现北堂东南有几千义和团民集结,于是从东西两侧合围,将团民逼到城墙下,轻重武器一齐开火,团民一片片地倒下来,无一存活。

法军进城后,一群团民和逃难的市民被赶进一条死胡同,无处逃生,法军在巷口架起机枪,疯狂扫射,直至不留一人为止。

英军将中国人赶成一堆,然后用炮轰毙。

德军遇到中国人一律格杀勿论。枪杀、刺死、绞刑、火烧、棍击、奸杀无所不用其极。

西安门内养蜂夹道,"破城之日,洋人杀人无数",事后,联军驱华人将尸体运往城外掩埋,埋完之后,为了防止运尸人泄露联军虐杀罪行,又将运尸人枪杀。

更有甚者,列强的使馆成员为了报复被围之仇,竟在光天化日之下,进行杀人竞赛。他们"挥动着武器,以杀人的数目来炫耀于人",致使"成千上万的人在以屠杀为乐的疯狂放荡下被杀害"。

联军杀人的手段极其残忍。在紫禁城外,"巷弯曲之处,遍卧尸体,极其难看"。据目击者发现,这些人都是分别被吊死、烧死、勒死、棍击、刀砍、奸污致死的。"其死法有十多种不同,令人憎恶,均变成极丑之像。"联军纵火烧房,逼着百姓逃到街巷中,然后"以枪乱放""以屠杀为乐",弹雨过后,"尸首堆积如山",惨不忍睹。

义侠王五,在联军破城之后,仍然率徒弟数十人,与侵略者拼杀。后来，联军包围了他的住宅，王五中弹负伤，被联军俘获后杀害。

联军除在北京城内杀人放火外，还到郊区奸淫掳掠，残杀无辜。联军闯入郎家庄，全村百姓惊恐万状，纷纷跑入家中紧闭大门，侵略者为了驱赶百姓出门，举火烧毁房屋，并将全村200余名百姓集中一处，全部枪杀。

联军不管什么时候，也不管在什么地方，只要搜捕到义和团民，或者有团民嫌疑者，统统斩首、枪毙。

北京城日日夜夜笼罩在腥风血雨之中，无数中国居民被逼上绝路。有闭门自焚者，有全家身殉者，有被逐无处投依自尽者，有被污羞愤捐生者。各街巷哭嚎之声，遍处皆同。

朝廷王公大臣也不例外，各处朝衣朝冠之男尸，补服红裙之女尸，几于触目皆是。

体仁阁大学士户部侍郎徐桐，联军入城时，他逃到马大人胡同躲避起来，起初并不想死，后来发现联军屠杀主战派大臣家眷惨无人道，为了避免因他之故而牵连家小，被迫自缢身亡。徐桐虽死，但其一家老小并未因此而幸免，联军冲进徐桐家，将他的妻妾子女以及他的从人共16口全部赶到一个大屋内，先对他们进行百般凌辱，而后全部杀死。

宗室鹤年侍读宝丰，城破之后，闻两宫西巡，紧追不果，回家吞金而死。

宗室奉恩将军札隆阿，联军入城后，即率其儿子及儿媳、女儿、孙子一同在王邸家中缢死。

副都统御前侍卫奕功，闻两宫出京，联军兵临城下，率妻妾子女共10人，阖家自焚而死。

吉林将军延茂，在天安门率兵守城，城破后，愤愤回到家中，与母亲及兄嫂、弟媳、侄女、仆人共12口，阖家自焚。

据记载，联军入城后，被迫全家或多口人同时殉难的军政要员共有30多户。例如：前奉天府府尹福裕一家7口同日溺死；二等侍卫全成一家5口服药而死；一品封典富谦一家12口自焚；护军参领续林杀死妻子和4名子女后，自缢身死。宫内大臣个人含愤自裁者 90 余名。连同阵亡将校 640 名。其余一般文武官绅和有名望的家庭，不堪受辱而全家引火自焚、服药以殉、投井而殁、拔刀自戕者，共计 1798 名。

以上数字只是对自戕的王公官员的不完全统计，至于黎民百姓的自杀数字根本无法计算，“京内尸积遍地，腐肉白骨路横”。

八国联军的双手沾满了中国人民的鲜血。

八国联军进城后，处处燃火，户户狼烟，焚烧毁坏的官邸府院、寺庙民宅、府宅，遍及北京全城。庄王府、端王府是义和团设坛之处，两府本身也办过官团，联军入城后，首先对两府进行疯狂抢劫，将所有的财物劫掠一空，然后“举火焚之”。驻在安徽会馆内的德军，借口有人向院中抛掷砖瓦，次日即将馆后八角琉璃井之义学放火焚烧。明代古寺弘仁寺被俄国人放火焚烧。仁寿寺、大光明殿、天元阁以及东、西长安门外的四帅庙，均被烧毁。京都南部，从前门以北至东四牌楼以南已是“满目荒凉，不胜凄离之感”。以收藏珍贵图书而闻名的翰林院也让联军纵火焚烧，几万卷图书化为灰烬，其文化价值无法估算和弥补。

紫禁城西南角的武英殿是一个皇家秘书处，内有国家档案、诏令、报告、书籍以及由国家编辑的大部分典籍，也被联军焚烧殆尽。地安门桥以南全部烧尽，西面至西单全部烧尽，朝阳门楼、前门楼均化为乌有。清政府有六个行政管理职能部门，即兵、礼、工、户、吏和刑部，六部连同其邻近的政府各局均被联军占领，后被全部焚毁。

八国联军进城后，其抢劫掠夺持续时间之长，涉及范围之广，参加人数之多，销赃手段之离奇，均为中外历史所罕见。联军“特许军队公开抢劫三日”，实际上，抢劫持续了 8 天。而后，联军以搜查义和团为名，进行多种多样的抢掠活动。

联军抢劫的重点是皇宫的珍奇宝物，各国使馆公使向本国军队介绍皇宫情况说：“紫禁城自 1421 年建成”，“它已有 480 年的历史，为明永乐至清朝历代帝王议政和生活的宫城。城内的房间共达9000余间,大体可分南、北两部分”。“南部有太和、中和、保和三殿,左右有文华、英武二殿;北部有乾清、交泰、坤宁三宫组成的后三宫,左右东西六宫和乾东、西五所,是帝、后、嫔妃、皇子的住所,称为内廷。太上皇和皇后住内廷东西两侧,名曰宁寿宫、慈宁宫。各宫殿积聚大量前朝及清以来的稀世文物、珍本图籍和金玉宝翠等艺术品,价值连城……”

侵略者听了介绍之后,个个迫不及待,犹如群虎争食,互不相让,于是出现了一场“三海分食”的闹剧。

“三海”,即南海、中海和北海的统称,为历代帝王的御苑,同样是珍宝充栋、书画满室的地方。时人记载:“前明所遗之重器宝物,本全储大内”,乾隆时常到三海游玩,“乃择所喜之各物,移到三海各处”,凡清朝所收集之珍宝,大都放在三海,“其中美术、书画、碑册、金石不可胜计”。

八国联军强占几个月后,三海所有珍宝、书画、金石、碑册荡然无存,只剩下一座空荡荡的宫殿和一片碎瓷断木。历代御苑,千年文明,一切的一切,一朝付之“西去”。

慈禧寝宫是内宫中最隐秘之处,由于慈禧西逃仓促,一切私人起居秘密和宫内珍宝均来不及隐匿或带走,联军进去之后,将慈禧所用之物及室内之珍宝洗劫一空。

日军入户部府以后,直扑银库,当天抢掠白银2914856两,运往日本使馆,继而又打开缎匹库和颜料库,抢走所有绫罗锦缎。与此同时,洗劫了内务府的官三仓、恩丰仓和官房租库,将内中所存32万石仓米和全部银两,连夜抢运到日本使馆。

王爷府第也是联军抢掠的重点。这些官宦平日巧取豪夺,搜刮无数民脂民膏,“数百年来,积聚众多”。法军占领户部尚书立山家,立即挖地三尺大肆抢掠。立山家是京官中的富户,“有朝珠365串,此价值40万两白银被法军全数掠去。同时又将其家中价值300万两白银的古玩悉数运至法国使馆。法军还从礼王府抢得200余万两白银和无数古玩珍宝,用大车运了7天”。

日军从前武英殿大学士、军机大臣宝鋆的府第中抢走了藏在井中的30万两白银。

翰林院丢失经史典籍46000余册,其中包括《永乐大典》607本。

被抢走的各处库款白银约6000万两。

经过这次洗劫,北京城内,“各王府大臣官衙府,所有银库之银,以及各项珍宝,无不搜劫一空”。

京城当时有当铺200余家,除4家幸免外,其余全部被抢。

据清廷档案的部分统计,联军在紫禁城、三海、颐和园及城内神坛、寺庙劫掠的珍宝有:

1.宫内秘籍:《长白龙兴纪念》4册;《历圣图像》4轴;《历圣翰墨真迹》31册;《玉牒》原稿本76册;《清穆宗实录》74册;《光绪起居注》45册;《光绪御翰》8册;《慈禧御笔光绪御容》1帧;《丙夜乙览》135册;《满洲碑碣》6册;《历代帝王后妃图像》120轴;《宁寿鉴古》18册;《皇华一览》4册;《发逆歼灭实录》48册;宫外未见之古版善本图书20种。

2.宫内宝物2000余件,内有:碧玉弹24颗;四库藏书47506本;金时辰钟2具;李廷珪墨1盒;琬斑大屏4扇;玉马1匹;《发逆玺印》1册;墨晶珠1串;林凤翔、洪宣娇牙齿1盒;皇史宬所存虎纽银印34颗;满文、蒙古文、汉文实录圣训51函,计书235卷。

3.天坛丢失金、银、铜、瓷、锡等祭器1148件(份)。

4.社稷坛丢失银、玉、铜、瓷、竹等祭器168件(份)。

5.嵩祝寺丢失镀金佛像3000余尊、铜佛5万余尊、瓷佛13尊、瓷瓶12对、镀金器物40件、银器7件、铜器4300余件、锡器58堂件、幢幡70堂首、锦缎绣品1400余件、竹木器110余堂份、墨刻珍品1600余轴、乐器100余件,以及御座房陈设等。

以上清单，只是根据见诸文字的揭露，与八国联军的全部罪证相比，无疑是挂一漏万。侵略者的强盗罪行，随着世界文物考古工作的发展，还在不断被披露。所掠文物的社会价值和经济价值，更无法估量。

这是一场人类文明史上的浩劫、世界文化的灾难，留下历史的遗憾。

慈禧逃至西安后，便重新任命李鸿章为北洋大臣、直隶总督，授权李鸿章和庆亲王奕劻早日同侵略联军议和。她害怕侵略军继续深入，竭力制止清军在任何地方对侵略军实行抵抗，以免惹怒侵略者而妨碍“议和”，并发布“上谕”，要痛剿义和团，“务净根诛”。从此，清政府与侵略者公开合流，共同镇压义和团。

京津地区陷落后，义和团逐渐认清了清政府的反动本质。他们纷纷打起“扫清灭洋”“灭清剿洋”的旗帜，双向作战，在直隶、山东、河南、山西、四川等地继续坚持斗争。但此时毕竟是强弩之末，无法挽回败局。1902 年，轰轰烈烈、震惊中外的义和团运动在中外反动势力联合绞杀下失败了。

义和团运动在中国近代反帝爱国斗争史上，写下了光辉的一页。手持简陋的大刀长矛的乡村农民与当时世界上武器装备先进的 8 个帝国主义国家联合侵略军进行殊死搏斗，用血肉之躯，阻止列强瓜分中国的阴谋。连八国联军统帅瓦德西也不得不承认，“无论欧美日本各国，皆无此脑力与兵力，可以统治此天下生灵四分之一也”，“故瓜分一事，实为下策”。

义和团运动表明，在半殖民地半封建的中国，广大农民不但是同封建势力作斗争的强大力量，而且是同帝国主义作斗争的强大力量。义和团运动虽然失败了，但是他们誓死抵御外国侵略者的民族精神却留在了中国人民心中，义和团成为此后中国人民反帝反封建斗争的先驱。

八国联军侵华后期的议和，并非在交战国双方间进行，而主要是在列强之间进行。在如何从中国攫取最大利益的问题上，列强各有各的打算，目的都是争取为自己国家拿到最肥美的战争分赃。

中国的全权大臣任听列强摆布。列强议完了分赃的办法后，通报他们去执行，而且说一不二，没有任何商量的余地。

1900 年 12 月 24 日，美、俄、法、日、英、德、意、奥 8 个帝国主义国家，另加上比利时、西班牙和荷兰等国共 11 个国家，共同提出 12 条《议和大纲》，迫使清政府无条件接受。

李鸿章、奕劻立即把《议和大纲》电告躲在西安的慈禧。慈禧见《议和大纲》上没有把自己作为祸首加以惩办非常感激。她立即回电，令李鸿章、奕劻“所有十二条大纲，应即照允”。一个月后，慈禧又发布了“罪己诏”，对列强的宽大处理表示了感激之情。诏中写道：“今兹议约，不侵我主权，不割我土地，念列邻之见谅，疾遇暴之无知，事后追思，惭愤交集。”在这个“罪己诏”中有两句遗臭万年的卖国语：“量中华之物力，结与国之欢心。”

历朝历代这样卑躬屈膝待洋人者，慈禧当属第一人。

1901 年 9 月 7 日，8 个出兵的国家德国、俄国、日本、美国、法国、英国、意大利、奥地利，还有比利时、西班牙和荷兰 3 个国家在条约上签字。代表清朝政府签字的是庆亲王奕劻和李鸿章。李鸿章在签字回来的当天，胃血管破裂，鲜血吐了一地。4 个月后，李鸿章病重身亡。

1823 年 2 月 15 日出生的李鸿章，24 岁中进士，入选庶吉士，进翰林，后来做江苏巡抚，打太平军，剿捻军，太平天国起义被镇压后，被封为一等肃毅伯、赏双眼花翎。从 19 世纪 60 年代开始，李鸿章认为中国处于“数千年未有之变局”，面对“数千年未有之强敌”，提出“内须变法”，倡导学习西方，以图自强，先后开办了一批近代军事工业和民用工业，创立北洋水师学堂，建立北洋海军，逐步扩大“自强求富”的洋务事业。

1870 年处理天津教案后，李鸿章被任命为直隶总督兼北洋大臣，成为全国总督之首。1875 年 1 月 9 日，同治帝驾崩前三天，李鸿章极为引人瞩目地被授予诸大学士之首的文华殿大学士一衔，成为全国最重要的官员，被誉为“中兴名臣”。在此后近 20 年的时间里，李鸿章权倾朝野，“坐镇北洋，遥控朝廷”，直到 1895 年中日甲午战争惨败，才从人生的最高峰跌落下来。从马关回来的李鸿章成了众人唾骂的罪人,“国人皆曰可杀,万口一词”。

1896 年 3 月 28 日,李鸿章奉慈禧太后旨意出使俄国,在俄国待了两个多月,代表清政府与俄国签订了《中俄密约》;6 月 13 日离开俄国,开始了他的环球外交,先后访问了德国、荷兰、比利时、法国、英国、美国、英属加拿大,一直到 9 月 14 日才结束这次长达 3 个月的国际访问,于 10 月 3 日抵达天津。

李鸿章出访欧美回国后,直到 1899 年这几年间赋闲京师,住在东安门外冰盏胡同的贤良寺,度过了人生最为失意的岁月。1900 年天津陷落前,清廷将其擢升为直隶总督兼北洋大臣,主持和议。在北上和议之前,李鸿章对送行的朋友说:“我已垂老,尚能活几年?总之当一天和尚撞一天钟,钟不鸣了,和尚亦死了。”说罢涕泪长流,言语间流露出一个末世老臣知其不可为而为之的苍凉。

在与八国联军谈判期间,李鸿章抱着“尽一份心酬圣主,收方寸效作贤臣”的想法,同列强进行谈判,但由于“事机不顺,往往彻夜不眠,朝夕思虑”,在探访英使归来途中感染了风寒。李鸿章生病期间,俄使又前来逼迫其同意中国割让领土给俄国的要求,气急交加的李鸿章遂一病不起。

当其“铁杆”幕僚、时任直隶布政使的周馥得到李鸿章病危的消息赶到贤良寺时,李鸿章已经穿好寿衣,虽仍有意识但已经说不出话来了。弥留之际,李鸿章“目犹瞠视不瞑”。周馥哭着说:“老夫子有何心思放不下,不忍去也?公所经手未了事,我辈可以办了,请放心去吧。”

李鸿章“忽目张口动,欲语泪流”。周馥“以手抹其目,且抹且呼”,李鸿章的双眼方才合上,须臾气绝,终年 78 岁。为清朝风风雨雨奔波了大半辈子的李鸿章就这样凄凉地走了。

慈禧得知李鸿章的死讯后,哭得十分伤心,感叹说:“大局未定,倘有不测,再也没有人分担了。”朝廷追封李鸿章为太傅,一等肃毅侯,谥号“文忠”,原籍和立功省建祠。清代汉族官员京师建祠仅此一人。

后人对李鸿章的评价褒贬不一:有人骂李鸿章,说他是卖国贼;也有人夸李鸿章,说他是晚清第一人,东方俾斯麦。无论如何,我们都无法否认这样一个事实:他是一个不简单的人。在李鸿章那个年代,他有着重大的影响力,对于中国,对于世界都是如此。

梁启超在《李鸿章传》中,对其评价是:吾敬李鸿章之才,吾惜李鸿章之识,吾悲李鸿章之遇!

李鸿章的敌人、日本首相伊藤博文说,李鸿章“知西来大势,识外国文明,想效法自强,有卓越的眼光和敏捷的手腕”。

毛泽东对他的评价是:舟大水浅,无力回天。

1901 年是夏历辛丑年,李鸿章与列强签订的这个条约被称为《辛丑条约》。这是一个空前丧权辱国的不平等条约,共 12 款,另有 19 个附件,其主要内容是:

赔偿白银 4.5 亿两,以关税、盐税和常关税作担保,分 39 年还清,年息 4 厘,本息共 9.8 亿余两,另有各省地方赔款 2000 多万两。

在北京东交民巷设立使馆界,中国人不准在界内居住,由帝国主义在此驻兵把守。

拆除大沽炮台和北京至大沽沿途的各炮台;允许各国在北京至山海关铁路沿线的 12 个战略要地驻兵。

永远禁止中国人成立或加入任何反帝组织,违者处死;各省官吏必须保护外国人的安全,否则该官即行革职,永不叙用。

惩办“首祸诸臣”。其中戴漪充军新疆,戴勋、赵舒翘赐自尽,徐承煜(刑部左侍郎)等人斩决,董福祥革职,徐桐、刚毅、李秉衡等已死,追夺官爵。

改总理衙门为外务部,位在六部之上。

《辛丑条约》是帝国主义强加给中国人民的又一副极为沉重的枷锁。

帝国主义通过这个条约,从政治、经济、军事、文化等方面对中国进行严酷的控制和勒索,使中国的主权丧失殆尽。

巨额赔款,按当时中国人口计算,平均每人摊一两银子,这是中国历史上最大的一次赔款,是帝国主义对中国空前大规模的勒索。

一纸条约,等于一张卖身契。中国人民从此陷入了无休止的还债深渊。根据条约规定,全部赔款本息合计总数超过10亿两。当时清政府全年的财政收入9000万两,扣除行政开支每年财政赤字达1000万两以上,如此繁重的赔款,全部压在中国人民头上,置中国百姓于水火之中……

此外,使馆界的设立,成为中国的"国中之国",大沽炮台的拆除,京榆铁路驻扎外国军队,使清政府完全处于帝国主义军事控制之下,外国军队可以随时直接出兵镇压中国人的革命斗争。按洋人的旨意,前前后后,共惩处县以上官吏126名。一个主权国家的政府,沦落到被外国人逼迫屠杀本国官吏的地步,在古今中外的历史上,绝无仅有。

1901年10月,慈禧太后携光绪皇帝带着文武百官,从西安出发,途经河南,于次年1月回到北京。

中国在形式上仍然是个独立、统一的国家,但是,如同当时一个美国人所说,中国"已经达到了一个国家地位非常低落的阶段,低到只是保持了独立主权国家的极少的属性的地步"。

八国联军侵华史,可谓一曲悲歌,千古遗恨。

八国联军无情地把5000年的文明古国踏在脚下,让这个一向认为是"天朝上国"、世界中心的国家俯首称臣,凭的是什么?

占世界人口四分之一的大国,为什么敌不过区区几万洋枪队?答案中清晰地写着两句话:落后,必然导致挨打;腐败,必然导致失败。

清朝的腐败,几乎综合了历朝历代之大成。主宰国计民生的贵族们,占尽了亡国之君的所有丑行:贵族专政、恶主擅权、嫡庶争位、权臣戮弑、宗藩移国、外戚横恣、军人跋扈、荒淫嬉戏、残暴奢侈、大权旁落、皇权衰微、昏庸无度、贿赂公行、荒怠政事、多行不义、任人摆布……堡垒最易从内部攻破。庚子开战,中国饱受凌辱,除洋人恃强无道外,清政府之无能,实在是最根本的内在原因。

人世间的一切事物都有个尽头。当4亿中国人民被逼得山穷水尽、走投无路的时候,一种要思变、要造反、要革命的思想在人民中间破土而生。

八国联军侵华战争之后到辛亥革命之前的10年里,全国反帝反封建斗争风起云涌,全国的反帝反封建组织如雨后春笋,其规模、方式和性质、目标,都是前所未有的。中外反动势力以反面教员的形式,使中国无数仁人志士、革命先驱日益醒悟,苦苦寻求救亡图存之路。

中国人民在屈辱、惊恐、悲愤中觉醒,中华民族冲破阴霾见晴天指日可待。

中篇

翻天覆地

面对山河破碎,民生凋敝,中华民族的先进分子在苦难中觉醒和奋起,发出了“救亡图存”的集体呐喊。

中国走什么道路,坚持什么主义,朝什么方向发展,才能实现民族复兴的目标?

围绕这个根本问题,无数志士仁人进行了前赴后继的艰难探索:多种主义和主张出场了,也都破灭了;多种道路和方式都探索了,也都碰壁了;多种组织和政党登台了,也都退出了。历史表明:什么君主立宪制、多党制、总统制,结果都行不通;什么自由主义、实用主义、国家主义、无政府主义、改良主义,都解决不了中国的问题。

到底走什么道路,坚持什么发展模式,由什么样的组织领导,靠什么样的力量来推动才适合中国国情?通过反复比较和抉择,中国人民在民族复兴征程中,最终选择了马克思主义,选择了中国共产党,选择了社会主义。正是中国共产党带领人民大众经过长期浴血奋战,以翻天覆地、排山倒海之势,战胜内外敌人,推翻了压在中国人民头上的三座大山,赢得民族独立和人民解放,为建立社会主义新中国创造了根本前提。

这是历史的选择,是人民的选择。

道路连接过去,通向未来,指引方向,更决定命运。

中华民族选择的这条道路显得异常艰辛、异常漫长,中国人

分,万万要不得。

光绪二十四年(1898)中国发生了震惊朝野的戊戌变法,亦称百日维新。

百日维新,从6月11日开始,到9月21日结束,前后共103天。

在此期间,光绪皇帝一共下了205条谕旨与密诏,其中十之八九均与“维新”有关。其中见诸实行,不曾被慈禧于戊戌政变之后一笔勾销的只有一件,也就是设立京师大学堂。京师大学堂后改称北京大学。

京师大学堂的负责人,光绪选中了孙家鼐。孙家鼐是安徽寿州(今寿县)人,咸丰九年(1859)状元,这时候官居吏部尚书,年已71岁。

京师大学堂的章程,是由梁启超起草的。京师大学堂不仅是规模宏大的一所大学,而且有“统辖各省学堂”之权,所以实际上成了“教育部”的前身,堪比后来的国立编译馆。

光绪在6月23日下诏废了八股:自下科始,乡会试及生童岁科各试,规定不写八股文,改写策论。这就正如张之洞所说,得罪了几百个翰林、几千个进士、几万个举人、几十万个秀才与几百万个童生,尤其是其中的举人、秀才、童生,他们花了若干年功夫学会八股,等于白学。

另一项改革是将全国的庙宇、寺院、祠堂,凡是不在“祀典”的,连同其庙产、寺产、堂产,一概改为学校。所谓“祀典”,指国家的大典。不在没收之列的仅有太庙、天坛、社稷坛与孔子庙、关岳庙,于是全国的和尚、尼姑、道士、管祠堂的各地各家族族长,也都成了维新的对立面。

还有一项改革是裁撤骈枝机关。光绪在7月14日下诏书,把詹事府、通政司、光禄寺、鸿胪寺、太常寺、太仆寺、大理寺,统统归并到礼、兵、刑三部,又裁掉湖北、广东、云南三省的巡抚(因为这三省已有其湖广总督、两广总督与云贵总督)。这么多的冗员丢了官、失了业,这些人自然痛恨变法。

最重要的一项改革是关于设立“制度局”的计划。这“制度局”原为康有为在“第六次上书”中所建议的。光绪看到这“第六次上书”后,即批交总理衙门大臣会议。那些总理衙门大臣拖了几个月,被光绪催促急了就回奏说不能设立。

这“制度局”是个什么部门呢?是一个起草宪法的机构,实行宪法的一个“事实上的新政”。康有为说得明明白白:“开制度局而定宪法。”他又说,制度局之下“设十二局分办新政”。“十二局”是法律局、度支局、学校局、农局、工局、商局、铁路局、邮政局、矿务局、游会局、陆军局、海军局。

康有为是广东南海县(今佛山市南海区)人,官宦世家,生于咸丰八年(1858),从小聪颖过人,幼年专攻八股,由秀才而成举人。他既接受了正统的儒家教育,精通宋明理学和经学,又在香港和上海接触到西方文明。中外贯通的学识和思想构建了他的维新改良思想体系。在光绪二十四年四月二十八日(1898年6月16日)奉召觐见时,他已先后上书八次。

八次所上的书,千言万语不外乎“变法”二字,而他所谓变法,说到最后也只是“君主立宪”,以日本与英国为榜样。

光绪帝被康有为的上书所感动。朝中大臣翁同龢、封疆大吏张之洞、刘坤一等人也被感动。最为感动的是康有为的学生、广东新会县人梁启超。

梁启超17岁中举人,19岁时在广州万木草堂听康有为讲学,不久拜康有为为师。

1895年,康有为同梁启超一起去北京参加科举考试。得知丧权辱国的《马关条约》即将签订,4月22日,康、梁联合了赴京会试的举人1300多人上书光绪皇帝,提出变法,这就是著名的“公车上书”,是维新运动的开始。

谭嗣同是湖南浏阳人,他受康有为的推荐,奉调进京参与变法。他是维新志士中思想、言论最激进的人,他写的《仁学》一书,对封建专制主义进行了最猛烈的抨击,闪烁着耀眼的革命火花,这是其他改良人士不能比肩的。

力图变法的维新,经不起与以慈禧为首的反动势力的较量。

1898 年 9 月 21 日,慈禧发动政变(即戊戌政变),将光绪皇帝囚禁南海瀛台,并以光绪的名义颁下诏书,说是恭请皇太后垂帘“训政”,已蒙皇太后允准。

当天,朝廷下令缉拿康有为等维新派。康有为在英国人帮助下逃至香港后去了日本。梁启超从天津塘沽搭日本兵船到了日本。

当康有为、梁启超出逃时,谭嗣同原可以设法逃亡国外,但他没有走。他说:“各国变法,无不以流血而成,今中国不闻有因变法流血者,此国之所以不昌也,有之,请自嗣同始。”显示出他义无反顾、视死如归的气概。

谭嗣同被捕后,英勇就义于北京菜市口,和谭嗣同一道被杀害的还有杨锐、林旭、刘光弟、康广仁和杨深秀,六人史称“戊戌六君子”。其余的维新派人物有的被流放,有的被监禁,有的被罢官。

政变以后,所有的维新谕旨,除有关京师大学堂的以外一概取消,科举仍考八股文,骈枝机关统统恢复,庙宇寺院仍旧为庙宇寺院,不改为学校。清政府又回到了他们熟悉的慈禧训政轨道。

维新派无视中国国情和强大的敌人,照搬日本的明治维新,希望中国学习日本“三年初成,十年大成”,这种不考虑国情的变法,只凭借变法者的一腔热血显然是行不通的。维新变法的失败暴露了资产阶级的软弱性,也暴露了清政府的腐朽顽固和极端凶残,说明中国自上而下的改良道路是走不通的。

历史在前行,百日维新虽然以失败而结束,但其作为思想解放的启蒙作用却不是慈禧发动的政变所能剿清的。维新派提倡和传播西方资产阶级的社会政治学说和自然科学知识,点燃了民主、爱国、自由、天赋人权和社会进化的火种,增强了民族觉醒和民主意识,人们是不会忘记他们的。

漫漫长夜,中国的出路在哪里?中国要生存,要独立,要发展,到底该怎么办?在 19 世纪下半个世纪里,中国人已经做过了多种试验:只搬用一些洋枪洋炮和近代工业技术的洋务运动早已证明救不了中国;期望清朝政府自上而下地进行改革的戊戌维新运动又失败了;义和团那种“扶清灭洋”的旧式反抗也救不了中国。中国人民只有一条路可走,那就是投身到近代民族民主革命运动中去,义无反顾地推翻封建君主制度。

在19世纪末20世纪初,第一个比较完整地给中国人指出一条出路的,是孙中山先生。

孙中山,原名孙文,1866年出生于广东省香山县一个贫穷的农民家庭。他的父亲租种别人的几亩田地,还兼充更夫。童年的孙中山参加过家庭农业劳动,比他大12岁的哥哥孙眉曾不得不到地主家里当长工,并在1871年到美国檀香山去谋生。孙中山小时候读过几年私塾,后又在香港英国人办的西医书院学医,毕业后在澳门、广州等地行医。

孙中山青少年时代长期在内地和香港生活,并接受了十多年比较系统的近代教育,是最早取得在澳门和广州行医资格的中国外科医生。像这样的新式知识分子,在以往的中国社会里是没有的。

孙中山在接受西方教育的过程中,开始产生了以西方国家为榜样,改良祖国和拯救同胞的愿望。

可以这样说,中国完全意义上的近代民族民主革命,是从孙中山先生开始的,这是中华民族伟大复兴的新起点。孙中山说过:“文,爱国若命。”爱国主义,是贯穿他一生革命的主线。

1894年,孙中山怀着“求知当道”的愿望,在决心投身革命实际行动的前夜,仍想尝试一下,推动清朝政府实行自上而下的改革,看看这条路是不是还有可能走得通。在这种情况下,他从上海到达天津,向天津直隶总督、北洋大臣李鸿章上书。他在上书中提出了在中国解除对民族工商业发展的束缚、全面实现国家工业化和农业机械化、根本改革教育制度和选拔人才制度的理想蓝图。用他的话说,就是“人能尽其才,地能尽其利,物能尽其用,货能畅其流”。但李鸿章态度极为冷淡,没有见他。孙中山这种温和的改良请求被李鸿章拒绝了,他转而投身于革命。

1894 年 11 月,孙中山在美国檀香山寻求救国救民之路,他在那里联络华侨,宣传革命。他说:“医国比医人更为重要。”他在檀香山创立了兴中会,明确提出以“振兴中华,挽救危局”为宗旨。他把“振兴中华”这个影响几代中国人的口号提了出来。可以说,孙中山一生的全部活动都是以挽救民族危亡、争取中国的独立和富强为出发点的。

兴中会,是中国历史上第一个资产阶级革命团体。它成立不久,会员就发展到 120 多人,最早入会的大多是来自国内各地的留日学生。他们当中一部分人接触到资产阶级新思想,感受到国家危亡的严重状况,觉悟到要救国救民不能靠清朝统治者,也不能靠康、梁的改良主义,而要靠国民的共同奋起。他们纷纷发表文章,抨击时政,谈个人的志向。

1902 年在日本留学的邹容,少年在校读书时就表现出顽强的反叛精神。他 1903 年从日本回到上海,发表了脍炙人口的《革命军》,该书成为近代史上第一部系统地、旗帜鲜明地宣传革命、宣传资产阶级民主共和思想的著作。

1903 年,在日本留学的陈天华(湖南新化人),写了《猛回头》和《警世钟》两本通俗的小册子,大声疾呼“改条约,复政权,完全独立;雪仇耻,驱外族,复我冠裳”,深刻揭露了帝国主义对中国的侵略和清政府卖国罪行,唤起民众为改变这种局势而斗争。《猛回头》和《警世钟》,以其殚精竭虑的爱国之情、慷慨悲壮的笔触、浅显易懂的语言风行大江南北。

陈天华号召全国人民一致起来,“只有死死苦战,才能救得中国”。他认为,救国不外两种途径:“其一作书报以警世;其二则遇可死之机会而死之。”1905 年 12 月 8 日,31 岁的陈天华在日本东京大森海湾走向大海,以他的死来警醒世人。他短短的一生,证明他所言绝非标新立异的虚言。

陈天华之死,让《猛回头》《警世钟》再次成为畅销书。他死后 5 个多月,骨灰被运回家乡安葬。湖南岳麓山万人云集,蜿蜒 10 里,大批穿着制服的学生送陈天华归葬,队伍严整,气氛悲壮,人人戴白,满山缟素。清政府大批军警伺机而动,但为民众气势所夺,竟不敢造次。

还有一位著名的启迪思想家严复,曾在福州船政学堂学习,毕业后去英国学习海军,回国后在福州船政学堂任教,后赴天津任北洋水师总教习。他写过一篇《救亡决论》的文章,这篇文章喊出"救亡"这个口号,这个口号在近半个世纪内,成为中华民族进程中奏起的最响亮的主旋律,也是中华民族复兴愿望的最早呐喊。

1904 年 8 月,孙中山发表《中国问题的真解决》一文,指出只有推翻清政府的统治,"以一个新的、开明的、进步的政府来代替旧政府","把过时的满清君主政体改变为'中华民国'",才能解决中国问题。

正如孙中山所说,清政府"可以比作即将倒塌的房屋,整个结构已从根本上彻底地腐朽了,难道还有人只要用几根小柱子斜撑住外墙就能使那座房屋免于倾倒吗?"

1904 年,在留日回国的学生推动下,中国国内分别成立了华兴会和光复会两个革命团体。

华兴会是由留日学生黄兴、宋教仁、刘揆一等人发起,于 1904 年 2 月 15 日在长沙明德学堂成立,有百余人,推荐黄兴、宋教仁为正、副会长。黄兴,湖南善化(今长沙)人,原名轸,东渡日本后更名为兴。他幼年接受封建教育,19 岁中秀才,1902 年赴日本留学,后立志参加革命运动。宋教仁,湖南桃源人。

光复会由蔡元培、龚宝铨等人于 1904 年 10 月在上海建立,以推翻清朝统治为宗旨,联络浙江一带会党作为革命的主要力量,提出"把田地改作大家公有财产","不准富豪们霸占"的口号,得到农民、会党的广泛拥护。

华兴会和光复会都有资产阶级革命政党的性质,发起人和参加者抱着推翻清朝统治的目的,他们的最高理想是建立资产阶级民主共和国。

1905 年夏,孙中山结束了到欧美发动留学生和华侨的工作回到日本。

7 月，他经过一位日本友人宫崎的介绍，拜访了黄兴。两人一见如故，孙中山畅谈革命形势，建议兴中会与华兴会联合，共同致力于革命，当即得到黄兴的赞同。

1905 年 8 月 20 日，孙中山在日本东京发起成立资产阶级革命政党——中国同盟会，主持了同盟会正式成立大会。同盟会把原有的兴中会、华兴会、光复会等地方性的小团体联合起来，成为一个全国性的组织。出席会议的会员有 100 多人。大会在孙中山的主持下通过了同盟会章程，并制定“驱除鞑虏，恢复中华，创立民国，平均地权”的十六字革命纲领，首次提出以资产阶级民主共和国取代腐朽专制的清封建王朝的革命目标。大家公推孙中山为同盟会总理，采用立法、司法、行政三权分立的原则设立了机构。

中国同盟会的成立，是孙中山领导的民主革命发展过程中的一个里程碑，从此中国历史上有了第一个资产阶级革命政党。孙中山后来说：革命同盟会成立之后，我所希望为之奋斗的事业开创了一个新纪元。在此之前，虽受到千难万阻，并遭到世人的耻笑责骂，一败再败，而仍然冒险猛进，但仍不敢奢望推翻清朝的革命事业能在我身上获得成功……等到了乙巳之秋，集合了全国的英俊而成立革命同盟会，我才开始坚信革命大业可以在我这一代人身上实现。

不久，中国同盟会的机关报——《民报》创建。孙中山亲自写了《发刊词》，他第一次提出了“民族”“民权”“民生”三大主义，即资产阶级民主革命的三民主义。

民族主义，是指“驱除鞑虏，恢复中华”，即以革命的手段，推翻清朝贵族的统治，变半殖民地的中国为民族独立的中国。

民权主义，是指“建立民国”，即推翻封建专制制度，建立资产阶级共和国。孙中山指出：“中国数千年来，都是君主专政体制，这种政体，不是平等自由的国民所堪受的。”应按照自由、平等、博爱的精神，给国民以民权，让国民选举总统,选举议员和制定宪法,并为建立资产阶级共和国绘制蓝图。

民生主义,是指“平均地权”,即试图通过解决土地问题达到两大目标:一是解决国民经济生活,消除贫富悬殊和贫富尖锐对立的社会现象;二是为消灭封建土地制度,发展资本主义开辟道路。事实上,在当时封建势力还很强大的情况下,资产阶级幻想以软弱的手段去“平均地权”是根本做不到的。

三民主义是中国近代史上第一个比较完整和明确的资产阶级革命纲领,它鲜明地反映了当时的历史特点。列宁曾经高度评价说:“孙中山纲领的每一行都渗透了战斗的、真诚的民主主义。它充分认识到‘种族’革命的不足,丝毫没有对政治表示冷淡,甚至丝毫没有忽视政治自由或容许中国专制制度与中国‘社会变革’、中国立宪改革等等并存的思想。这是带有建立共和制度要求的完整的民主主义。它直接提出群众生活状况及群众斗争问题,热烈地同情被剥削劳动者,相信他们是正义的和有力量的。”

同盟会成立以后,中国资产阶级民主革命进入了革命大发展的新阶段。民主革命派在政治思想战线上一方面反击改良派的进攻,另一方面坚持以暴力革命的手段推翻清政府。因此,同盟会立即担起了大论战和武装起义两大革命任务。

以康有为、梁启超为代表的改良派,极力鼓吹君主立宪,对抗民主革命,被称为立宪派。他们在 1903 年以后,已成为民主革命派的顽敌,接连向革命派发动进攻。同盟会成立后,革命派以《民报》为阵地,改良派以《新民丛报》作喉舌,双方围绕着“三民主义”展开了长达 3 年之久的大论战。这次论战主要集中于三个方面问题:要不要以革命暴力推翻清王朝?要不要实行民主政治?要不要改变封建土地制度,解决土地问题?

在这场持续 3 年的大论战中,革命派以高昂的革命激情和鲜明的旗帜,有力地揭露了改良派企图抵制日益高涨的民主革命运动的反动面目,彻底划清了革命与改良的界限,三民主义受到当时人们的普遍拥护,为即将到来的辛亥革命做好了舆论准备。从此，改良派彻底被孤立了。

但革命派在论战中也暴露了一些无法克服的严重弱点，如他们始终没有很好地回答、驳斥改良派提出的所谓革命会引起帝国主义的干涉、革命会引起“内乱”等等诘难。这就反映出资产阶级革命派不敢触动帝国主义，对帝国主义还抱有幻想，而对劳动人民的力量存有戒心，不敢发动群众。这是民族资产阶级的软弱和妥协性的表现。

革命派同改良派大论战的同时，革命党人在国内联合会党和新军发动了多次武装起义，坚持以暴力推翻清政府的反动统治，进一步唤醒人民的觉悟。从1906年起，革命党人先后发动了十多次武装起义。

1907年3月，孙中山离开日本到越南河内，在甘必达街61号设立总机关，领导同盟会在南方几个省先后策动起义，并把广东、广西、云南作为起义的重点。他选择这些省份是基于它们的几个优势：地处边境，群众基础好，易于发动；地域宽广，便于迂回作战；从国外输送武器和人员比较方便。他计划先夺取广东，然后再取广西、云南，南方几省被攻下之后，长江流域和华北各省也会纷纷响应，整个中国就可以从清政府手里夺过来。

1907年5月，广东潮州黄冈（今饶平县）发动起义，起义军擒杀了守城的清朝军官，缴获枪械数十支，后攻汫洲，因伤亡太多，供给不上，打了五天五夜而失败。6月，在惠州发动起义，也因寡不敌众，弹药缺乏，起义队伍被迫于6月中旬将武器掩埋地下，自行解散。9月，钦州暴动又没有成功，起义军退入粤桂两省交界的大山之中。

失败没有动摇革命党人的信心。孙中山又和黄兴计划借道越南夺取要塞镇南关（今友谊关），再进攻广西。一支80多人的队伍悄悄来到镇南关后山脚下。革命军乘着黑夜，内外结合，以迅雷不及掩耳之势，很快夺取了镇南、镇中、镇北三座山巅炮台，占领了要塞。第二天，孙中山和黄兴从河内总部赶到镇南关炮台，亲自慰问战士，鼓舞士气，并为战士包扎伤口。清军反扑过来，孙中山和炮兵一起开炮还击。战斗了一天一夜，清军丢下

60 多具尸体溃退了。这次战斗,共缴获清军大炮 14 门,步枪 400 余支。但起义队伍只有几百人,弹药又不足,为了筹款和购置军械,孙中山赶回河内。守卫镇南关的革命军又经过几次浴血奋战,坚持不住,退到大山里去了。

西南边境几次起义失败后,清政府勾结越南殖民当局,胁迫孙中山离境,孙中山不得已于 1908 年 3 月初离开越南,先后到美国和东南亚等地,在华侨中间宣传革命,筹集钱款。

1911 年 4 月,黄兴等人在香港跑马地 35 号组成了领导广州起义的总机关——统筹部。4 月 27 日,广州起义爆发了,起义军兵分四队,黄兴、林觉民带领敢死队攻打总督衙门。林觉民是福建闽侯人,当时正留学日本,接到黄兴通知后立即回国参加广州起义。4 月 24 日夜,林觉民在给妻子的《绝命书》中,沉痛地写出为国牺牲"万死而不辞"的真挚感情。林觉民殉国后,《绝命书》不仅在革命队伍中传诵,而且成为一篇不朽的文章,被编入课本作为对青少年进行革命传统教育的材料。

敢死队向广州总督衙门猛扑,一路上没有遇到抵抗,冲入衙门一看空空如也。两广总督张鸣岐已越墙逃跑。黄兴下令留下几个战士放火烧毁督署,立即带队转向督练公所进击。在路上,黄兴与埋伏的清军展开激烈的巷战。由于其余三路起义队伍一时没集中起来,兵力不足,起义军和数十倍的敌人整整激战了一夜后遭到惨败,黄兴负伤,化装逃至香港。

这次起义,革命军有 57 人战死,林觉民等 29 人被俘后也全部遇害,共 86 人为共和革命英勇献身。事后,同盟会会员潘达微把自家的房子典押掉,在广州近郊红花岗买了一块墓地,将收殓的 72 具烈士尸骨葬于此,并将墓地红花岗改名黄花岗。这就是中国近代史称的"黄花岗七十二烈士"。

这次起义人员中,很多是留学归来的青年,平均年龄只有 29 岁。这一代年轻知识分子与前辈知识分子明显不同:他们珍惜幸福,却愿意拼死一战改天换地;他们热爱生命,却甘愿献出生命与腐朽同归于尽。这是具有朝阳般气息的一代年轻人，他们的出现意味着旧中国开始有了全新的血液，昏睡百年的雄狮快苏醒了。

孙中山在美国芝加哥得悉广州起义失败的消息，异常痛心，但他决不悲观。他在文章中写道："革命之声望从此愈振，而人心更奋发矣。"后来，孙中山著文评价黄花岗起义，说这次起义同武昌起义的贡献是相当的："是役也，碧血横飞，浩气四塞，草木为之含悲，风云因而变色。全国久蛰之人心，乃大兴奋。怨愤所积，如怒涛排壑，不可遏抑，不半载而武昌之大革命以成。则斯役之价值，直可惊天地、泣鬼神，与武昌革命之役并寿。"

1906 年至 1911 年间，革命党人多次的武装起义，沉重地打击了清朝的腐朽政府，进一步唤醒了人们的觉悟，促使各地革命党人进入了临战状态，但也暴露了这些起义的弱点，诸如同盟会组织内部意见分歧，领导不力，没有深入发动工农群众，起义缺乏认真的筹划。

1908 年 11 月 14 日，光绪皇帝驾崩，终年 37 岁。光绪在位 33 年，实际上亲政却不到 9 年。紧接着，慈禧太后去世，终年 74 岁。醇亲王载沣的 3 岁幼儿溥仪继承皇位，改元宣统，定 1909 年为宣统元年。载沣以摄政王监国。载沣因为反对袁世凯的新政主张，更因为戊戌政变一事，怀疑袁世凯出卖维新派，致使光绪皇帝被慈禧太后幽禁致死，对袁世凯非常痛恨，于 1909 年解除袁世凯的官职。袁称足疾回河南养病，最初隐居于辉县，后转至安阳。这时，满洲亲贵势力控制了全部军权，出现了满汉官僚严重对立的局面。

此时的清政府表面上看起来是个庞然大物，骨子里却早已空虚到不堪一击的程度。在许多人看来，这个卖国的腐败政府不打倒，中华民族就将灭亡。客观的历史进程已达到这样的地步：只要能有一种有组织的力量挺身而出，首举义旗，登高一呼，就能将各种不满和要求反抗的潜在力量聚集一起，那个腐朽的旧政权就会像纸糊的房子一样很快倾覆。

1911 年 10 月 10 日，在革命团体文学社、共进会的推动下，武昌城内外的新军士兵,在没有统一领导的情况下,主动联络,发动武昌起义。起义军一夜之间就占领了武昌城,取得了起义的胜利。这一年,是农历辛亥年,爆发的这场民主革命被称为辛亥革命。

当时,武昌城部署着清军张彪统率的第八镇以及黎元洪统率的第二十一混成协,原兵力共 18000 多人,这时已有一部分兵力被调到四川(为镇压四川的保路军起义),又有一部分兵力分驻在湖北省外县和汉口、汉阳等地,在武昌的兵力有 14 个营,分驻城内外,约有 7000 人。10 日,湖广总督瑞澂要派巡防营到新军各营中按名册捉拿革命党人,形势十分紧张,新军士兵们普遍感到有受牵连的危险。

这天晚上,驻在中和门内的第八镇所属工兵第八营营房内首先有士兵起义。这个营中参加革命组织的士兵较多,他们以第八营总代表熊秉坤为首,把士兵发动起来。有几个军官被士兵打死,其他军官不敢拦阻。士兵们夺取了营房中的弹药,一哄而出,到了附近的楚望台,这里有储藏枪炮子弹的军械库。守护楚望台军械库的士兵起而响应,军械库轻而易举地为起义士兵所占领。接着,属于第八镇城外的 3 个炮兵营全体士兵和城里的第二十九标、第三十标各 100 多名士兵,还有陆军测绘学堂的近百名学生,知道起义的消息也群起响应,他们都集中到楚望台,参加起义。

起义这一天,震耳欲聋的炮声压倒了阵阵枪声。在南湖炮队大炮的掩护下,英勇的起义队伍向中和门、总督署、第八镇司令部、警察署、电报局等目标冲击。起义队伍兵分几路攻破了武汉三镇总督府和第八镇司令部。湖广总督瑞澂逃到停泊在武昌江面的楚豫兵舰上,武汉三镇的军事首脑、第八镇统制张彪躲进了日本领使馆,武汉成了革命军的天下。武昌城楼上义军的十八星战旗猎猎飘扬,武昌起义胜利了。

武昌起义虽取得胜利,但起义士兵没有统一的领导者。同盟会的领袖们或在国外,或在上海、香港等地;发动这次起义的文学社和共进会的一些领头人都不在场;被推为革命军总指挥的蒋翊武离开武昌了;“参谋长”孙武负伤后在汉口一家日本医院里。起义后,一个最大的问题就是需要一个有资格的人来作为这支起义队伍的首领。这时候,他们想到一个人:黎元洪。

躲在一个参谋家里的第二十一混成协统领黎元洪,11 日早晨被起义士兵发觉了,强迫他到楚望台,用枪逼着他当了湖北军政府都督。

黎元洪,湖北黄陂(今武汉市黄陂区)人,北洋水师学堂毕业,早年在李鸿章的北洋海军供职。北洋海军在中日甲午战争中覆灭后,他成了张之洞的部下。张之洞很赏识他,曾派他到日本学习,逐步把他提拔起来。在1905 年成立第二十一混成协时任他为协统。他不仅是一个和革命党毫无关系的人,而且是一个敌视革命的旧军人。黎元洪被推举为都督后,便成立了一个谋略处。这个谋略处实际上是军政府的核心。后来,军政府的都督"僚属"不断改组,一切权力落到旧势力的手里。

在武昌起义胜利的 12 天后,10 月 22 日,湖南、陕西两省省会发生起义,宣告对清政府的独立。起义的潮流不可遏止地席卷各地,在一个月内,又有江西、山西、云南、贵州、浙江、江苏、安徽、广西、福建、广东等省份以及上海这个有特殊地位的城市,稍晚一点的还有四川,都树起了独立的旗帜。在此期间,清朝集中在长江中下游的海军舰艇,在一些中下级军官的发动下,全部参加到革命方面。各省起义和独立的情况极为复杂,但总的说来,它们不再承认清朝统治的合法存在了。

为了应付武昌起义所造成的局势,清政府紧急采取了一个又一个措施,发出一道又一道谕令,后一个措施往往否定前一个措施,后一道谕令往往同前一道谕令相矛盾。这种情形充分表明面临末日的清王朝处于十分被动的局面。

10 月 12 日,清政府下令抽出北洋六镇中的两镇,由陆军大臣荫昌统率部队经河南南下,"赴鄂剿办"。

"隐居"在河南彰德(今安阳)的袁世凯以足疾尚未痊愈为理由拒绝

出任清廷此时任命的湖广总督。这时,荫昌带领南下的军队以第四镇和第五镇为主力编成两个军,由荫昌自己兼任第一军统领,由冯国璋任第二军统领。冯国璋是袁世凯一手提拔起来的亲信,他根据袁世凯暗中的指示有意放慢军事行动。袁世凯的计划是让朝廷更多地受到革命火焰的熬煎以至不得不向他交出更多的权力。

10月20日,朝廷派出袁世凯的老朋友、内阁协理大臣徐世昌到彰德敦促袁世凯出山。袁世凯提出了六个条件:一、明年召开国会;二、组织责任内阁;三、开放党禁;四、宽容武汉起事的人员;五、授以指挥前方军事全权;六、保证饷糈的充分供给。这六个条件的基本内容是要清政府向他交出军事和政治上的全部权力。从这六条可以看出,袁世凯是想用武力以外的办法来对付革命势力。

朝廷不得不逐步接受袁世凯的这些条件。袁世凯在北洋中的另一个亲信大将,这时担任江北提督的段祺瑞奉令到湖北,冯国璋改任第一军统领,段祺瑞任第二军统领。接着在10月27日,清廷下令召回荫昌而任袁世凯为钦差大臣,由他统领水陆各军。

袁世凯提出的六个条件实际上完全实现了。他在10月31日从彰德到信阳督师,然后又到汉口。11月1日,清廷又任命袁世凯为总理大臣,但他并不急于按照朝廷的要求立即进京,而且对总理大臣的任命表示“谦辞”。他要先向革命阵营进行一些试探。像黎元洪在武昌的革命政府中当权并受到革命派拥戴这样的事实,袁世凯非常满意,这使他相信既可以利用革命迫使清政府向他交权,又可以从革命阵营中找到他自己的人,从而由他来摆布革命。他向朝廷奏请停止用兵,同时派人和黎元洪联系。

11月11日,黎元洪在武昌接待了袁世凯派来的代表。黎元洪认为,武昌起义须推翻清朝统治,实行民主共和,革命已经得到各省的响应,声势愈来愈大,表示不同意保持清朝皇帝的君主立宪,但表示希望袁世凯来赞助共和。黎元洪认为这样比支持清朝对自己更为有利。黎元洪还在以他自己的名义写给袁世凯的信中说:“将来国民总统选举时,第一任之中华共和大总统,公固不难从容猎取也。”另一信中推崇袁世凯是“我汉族中最有声望、最有能力之人”。同时,革命派的领袖人物黄兴也致书袁世凯,竭力颂扬他的才能,并且说,只要他参加起义,推翻清朝,“非但湖、鄂人民戴明公为拿破仑、华盛顿,即南北各省当亦无有不拱手听命者”。

袁世凯对武昌政府的和平试探虽然没有立即收到成效,但他开始摸清楚革命阵营中的政治脉搏。

11 月 9 日,清政府资政院履行了选举袁世凯为总理大臣的手续。袁世凯于 11 月 13 日由汉口到达北京走马上任。3 天后,他组成了一个内阁,其中除了他的亲信旧官僚外,还有一些著名的君主立宪派的绅士和名流,张謇被任命为农工商大臣,梁启超被任命为法部副大臣,不过他们都没有到任。

这时,清政府把袁世凯看作唯一能够指靠的救星。而袁世凯利用革命形势使清王朝逐步把权力移交给他的目的开始达到。

袁世凯之所以迅速上升到权力的中心,帝国主义列强的支持起了重要作用。

武昌起义后 6 天,英国、美国、法国、德国、日本的兵舰共 13 艘相继驶入长江,停泊到已为革命军占领的武汉江面上。4 天后,又增加到 16 艘,其中一艘还开往举起了革命旗帜的宜昌。京汉铁路上的法国工程师“命令将所有的机车及车厢预先调到北方”,不让它们“落入革命军之手”。帝国主义列强都不愿意看到,也不相信正在中国发生的革命会取得胜利。虽然革命阵营方面竭力表示他们并不打算得罪外国人,并无“排外”的意思,但帝国主义列强还是担心,革命的大棒有可能打到他们头上。

英国公使朱尔典,害怕战火危及英国在长江流域的利益,便同袁世凯商定,对革命军施展“和平”攻势,诱使革命党人向袁世凯妥协交权。

11 月 30 日,朱尔典令英国驻汉口领事出面,向湖北革命军提出南北停战议和的三项建议:一、双方即日停战;二、清帝退位;三、选举袁世凯为大总统。革命党人在帝国主义和北洋新军的双重压力下接受了停战,急剧右转的革命党人模糊了革命目标,也将希望寄托于袁世凯身上。

1911 年 12 月 10 日,各省代表到达南京,议定 16 日开会选举大总统,成立共和政府。此时,袁世凯放出风表示赞成共和。于是各省代表议定推选大总统,虚位以待袁世凯的反正。

12 月 25 日,孙中山从海外回来,革命党人又重新活跃起来。这天早上,上海十六铺金利源码头聚集了上千人,来自各界的人士打着小彩旗,欢迎孙中山归来。

12 月 29 日,也就是孙中山回到祖国的第 4 天,17 省都督府代表会议在南京举行临时大总统选举会,独立的 17 省代表有 45 人出席。孙中山在 17 张(一省只限 1 张)有效票中以 16 票的绝对多数,当选为中国历史上第一个临时大总统。

1912 年 1 月 1 日,孙中山在南京宣誓就任临时大总统,宣布中华民国成立。17 省代表团推举一位代表登台致辞:

“今日之举,为五千年历史所未有。我国民所希望者,在共和政府之成立及推倒满洲专制政府,使人民得享自由幸福。孙先生为近代革命创始者,富有政治学识。各省公民选定后,今日任职。愿孙先生始终爱护国民自由,毋负国民期望。请大总统宣誓就职!”

此时的孙中山实在难以平息内心的激动。从 1895 年广州首次起义算起,他已经进行了 16 年的艰难困苦不屈不挠的斗争了,其间有多少革命志士仁人流血牺牲才换来今天的胜利!他举起右手,在庄严肃穆的气氛中,向全国国民宣誓:

“倾覆满洲专制政府,巩固中华民国,图谋民生幸福,此国民之公意,文实遵之,以忠于国,为众服务。至专制政府既倒,国内无变乱,民国卓立于世界,为列邦公认,斯时文当解临时大总统之职。谨以此誓于国民。”

在礼炮声中,代表、来宾和海、陆军军官高呼:“中华共和万岁!”

这是一个值得人们永远记住的日子,在中国大地上统治了2000多年的封建专制制度结束了,一个共和国在世界的东方诞生了。

1月3日各省都督府代表联合会选举黎元洪为副总统,并通过了孙中山提出的国务员名单,组成中华民国临时政府,决定以1912年为民国元年。

1月28日,临时政府将各省代表会议改为临时参议院,由各省代表充任参议员。9名国务员是陆军总长黄兴,海军总长黄钟瑛,司法总长伍廷芳,财政总长陈锦涛,外交总长王宠惠,内务总长程德全,实业总长张謇,交通总长汤寿潜,教育总长蔡元培。其中,革命派占有明显优势,控制着南京临时政府的实权,标志着这一新生的政权是革命的资产阶级政权。

1912年3月11日,南京临时政府颁布了具有资产阶级共和国宪法性质的《中华民国临时约法》,共7章56条,依照“三权分立”的原则,规定了国家的权力、政权组织形式和人民的义务、权利。

南京临时政府成立,孙中山担任临时大总统的消息像一声惊雷,传遍了大江南北,也传到了北京城。在京城的袁世凯没有想到孙中山回来这么几天,就出现了意想不到的变化。本来,他借“停战议和”之机,挟南方革命党人以威逼清廷,迫使清廷向他交出了大部分军政实权。正在他踌躇满志,准备坐收渔人之利,伺机取代清帝,登上民国大总统宝座的时候,孙中山当上临时大总统的消息给了他一闷棍。

袁世凯密令他的党羽冯国璋、段祺瑞等48名北洋将领,将签名的联合通电送到孙中山办公室,极力反对南方共和政府:“若国民会议竟议决采用共和政体,吾人惟当奋力抵抗,至死不承认此政体。”企图以武力压迫革命派妥协。

孙中山作了坚决的回击。1912年1月1日,孙中山宣布亲自督师北伐,并制定了六路北伐计划。13日,北伐军前锋在宿州打败了清军,徐州守敌闻风而逃。但是,帝国主义列强却在此紧要关头出面干涉,向孙中山施加压力。他们拒绝承认南京临时政府的合法地位,声称必须由袁世凯“统一”南北。他们还出动军舰在长江示威,南方各口岸的海关税金全被劫持,南京政府得不到一文钱,北伐将士面临着军饷、军械、衣食的极大困难,出现了前方士兵哗变、倒戈和抢劫店铺的事,军官们也纷纷来电:“再不发下军饷,兵是无法带了。”这使孙中山的北伐感受到莫大压力。

这时,南京临时政府内部的立宪派代表人物张謇,以及参加“南北和议”的汪精卫等人也乘机攻击孙中山,遂使北伐无法进行。孙中山在迫不得已的情况下,答应如果清帝退位,袁世凯宣布绝对赞成共和,“文即可正式宣布解职”,由参议院选举袁世凯为大总统。

一心想做大总统的袁世凯得到了孙中山的这个保证,心里安定了,便指使他在北洋军中的心腹段祺瑞等,联合发出通电,“立即采取共和体制”,逼迫清朝皇帝退位。

隆裕太后忙把宗室亲贵们叫来拿主意,他们都对袁世凯骤然剧变而感到震惊。数日前,袁世凯还信誓旦旦地保证对清室忠心耿耿,“决不辜负孤儿寡妇(指隆裕太后)”,并多次表示坚持君主立宪,反对共和,如今却公然逼宫,要求清帝退位了。这一突如其来的打击,使宗室亲贵们乱作一团。

袁世凯不仅亲自逼宫,他还授意驻俄公使陆徵祥联合各驻外公使致电清廷,要求清帝退位,实行共和。

在隆裕太后急忙召开的第一次御前会议上,奕劻、溥伦等人主张皇帝退位,实行共和,遭亲贵们痛斥,使他俩再不敢参加御前会议了。亲贵们主张孤注一掷,同袁世凯、同革命党拼一死命,以求侥幸。隆裕太后一连开了好几次御前会议,都没吵出个结果。

1 月 26 日,袁世凯的心腹段祺瑞等 50 名将领根据袁世凯的授意,也一反从前反对共和的腔调,突然从前线发来了要求“清帝”退位的通电。他们强硬要求,“明降谕旨,宣示中外,立定共和政体”。

隆裕太后闻报,吓得魂不附体,哭着求袁世凯“务要保全我们母子二人性命”。这时,宗社党头目良弼,也被革命党志士刺死,气氛更趋紧张。宗室亲贵们见大势已去,不约而同来了个树倒猢狲散,有的逃出京城,有的搬进天津的外国租界。

1912 年 2 月 12 日,隆裕皇太后带着 6 岁的小皇帝溥仪,在养心殿举行清王朝的最后一次朝见礼仪,但内阁大臣袁世凯称病不入朝,只是委派外交大臣胡惟德等人率内阁成员参加朝见仪式。面容凄惨的隆裕太后,眼含泪珠将事先准备好的《清帝退位诏书》交给胡惟德,让他布告全国,清帝正式宣布退位。

从清太祖努尔哈赤称帝开始,到宣统帝逊位,清王朝经历了漫长的 296 年岁月。如果从顺治皇帝(清世祖福临)入关建都北京开始,到溥仪退位,则经历了 268 年。末代皇帝溥仪仅仅在大清皇位宝座上坐了 3 年。

历史上出现过这样一个人,他在清朝灭亡前 50 年就对此作过准确预言,至今仍令人为他的战略远见和深邃目光所叹服。此人就是曾国藩的幕僚赵烈文。据记载,在 1867 年 7 月的一天,赵烈文与时任两广总督的曾国藩商谈时政时,对清政权的综合状况及其命运作过一个基本判断。他估计,大概不出 50 年的时间,清政权就会先垮台,而后出现各自为政、割据分裂的局面。后来的事实印证了赵烈文的这一预言,清朝在 1911 年灭亡后,中国旋即进入军阀割据的时代。赵烈文独特的战略远见和准确的分析判断,并没有能够转化成推动历史发展的现实力量,但他那种远大的目光、敏锐的洞察力,是后人需要认真学习的。

2 月 13 日,袁世凯立即致电南京临时政府,以极其动听的词语迷惑革命党人:“共和为最良国体,世界所公认。今由帝政一跃而跻及之,实诸公累年之心血,亦民国无穷之幸福。”并一本正经地呼吁:“永不使君主政体再行于中国。”但是,在这些动听言词的背后,包藏着尽快登上临时大总统宝座的野心。

南京临时政府的一些首脑人物，被袁世凯这番甜言蜜语弄昏了头脑。连孙中山也回电说："此次清帝逊位，南北统一，袁君之力实多"，"举为总统，必能尽忠民国"。

2月14日，南京参议院同意孙中山辞职。15日，召开了临时总统选举会，选袁世凯为临时大总统，美、英、法、德等公使立即登门祝贺，并给予经济上的支持。随后又选黎元洪为副总统。至此，大地主大买办资产阶级的政治代表袁世凯的篡权活动，在帝国主义的支持下和革命党人的涣散与妥协退让中初步得逞了。

孙中山在辞职时，曾提出奠都南京，新总统到南京就职，必须遵守参议院所制定的《中华民国临时约法》等条件，作为保存民主共和制度和防袁世凯独裁专制的措施。

但是，老奸巨猾的袁世凯，决不肯离开经营多年的巢穴北京，而只身去南京做一个处处受革命党人监视的总统。孙中山敦促其南下，还派去蔡元培为迎接袁世凯南下的专使。袁世凯表面满口答应南下，还和前来迎接的蔡元培研究了南下路线，但背后却派其心腹爪牙在北京、天津等地发动兵变，并勾通帝国主义以调兵入京"保护"使馆为名与"兵变"相配合，故意制造北方局势混乱，袁世凯不能离开北京的假象。而迎袁专使蔡元培等人竟信以为真了。于是，官僚、政客、立宪派等齐声叫喊，要求建都北京，南京临时政府无可奈何地再次被迫让步。

3月10日，袁世凯在北京宣誓就职；13日，袁世凯任命唐绍仪为内阁总理；30日，唐内阁宣告组成，实权全部控制在袁的党羽手里，革命党人只是陪衬而已。4月1日，孙中山宣布解除临时大总统职务；临时参议院决议临时政府迁设北京。至此，成立仅仅百余天的南京临时政府悲惨地被袁世凯的北京政府所取代。南京临时政府的北迁，标志着资产阶级用鲜血和智慧换来的共和国已被大地主大买办资产阶级的政治代表袁世凯篡夺而去。

毛泽东同志说：辛亥革命"有它胜利的地方，也有它失败的地方。你们看，辛亥革命把皇帝赶跑，这不是胜利了吗？说它失败，是说辛亥革命只把一个皇帝赶跑，中国仍旧在帝国主义和封建主义的压迫之下，反帝反封建的革命任务并没有完成”。

的确，辛亥革命赶跑了皇帝，结束了2000多年的封建帝制，这是中国历史的一大转折，是中国人民为救亡图存、振兴中华而奋起的一个里程碑，是中国发生的第一次历史性巨变。民国取代帝制是一种前无古人的变化，它打破了历代王朝的更迭机制，否定了整个皇权体制，中国人民的思想也由此获得了一次巨大的解放，有力地促进了中华民族的觉醒，为中国先进分子探索救国救民的道路拓宽了视野，为中国的进步潮流开启了闸门。正如列宁所说："几万万被压迫的沉睡在中世纪停滞状态的人民觉醒过来了，他们要求新的生活，要求为争取人的起码权利、为争取民主而斗争。"

辛亥革命给人们带来了新气象，特别是民主、共和、议会、选举等新思想、新观念深入人心。民国元年，各地争办选举，行政、司法独立、议会、参事会等名目遍及南北城乡。一些革命党人和开明士绅控制或参与政权，推行减轻赋税、废除苛捐等进步措施，不仅在政权组织上改变了封建专制政体，而且在实际上减轻了人民负担，保护了人民利益，振奋了民主精神。

南京临时政府颁布了奖励工商的法令，促进了民族资本主义发展，近代企业有了显著增长。辛亥革命在一定程度上改善了生产关系，解放了生产力。

城乡普遍兴办学校，发展新式教育，普及科学文化知识，传播了民主思想，壮大了资产阶级、小资产阶级知识分子队伍，促进了民族资本主义的发展，冲击了封建主义势力。

辛亥革命扫荡了社会上的陈规陋俗，冲击了人们的传统思想，触动了千百年来束缚人们头脑的封建迷信和鬼神观念，冲击了旧礼教、旧道德、旧风俗。男人剪掉了辫子，废除了妇女缠脚的陋俗。可见，辛亥革命促进了中国社会的进步，使中国的政治生活及社会生活沸腾起来了。

辛亥革命推翻了清朝政府,也打击了支持清王朝的帝国主义侵略势力。它在亚洲最先推翻帝制,建立民主共和国,这极大地鼓舞了亚洲殖民地半殖民地国家人民的民族解放斗争。

列宁对辛亥革命的世界意义给予了高度的评价:"中国人民的革命斗争将给亚洲带来解放,使欧洲资产阶级的统治遭到破坏。"

当然,辛亥革命的主体有它的先天不足:自身的力量还很薄弱,政治上也不成熟,提不出一个彻底的明确的反帝反封建的政治纲领,占中国人口绝大多数的工农大众几乎还在他们的视野之外。领导这场革命的同盟会,始终没有成为全国革命运动的领导核心,革命党的组织十分松散,在武昌起义后四分五裂,不少革命党人急剧右转,还给立宪派和袁世凯联合向革命进攻提供了方便。革命的结局,没有取消外国列强在中国攫取的种种特权。武昌起义的第三天,军政府给各国领事的照会中就声明:"所有大清国此前与各国缔结之条约皆继续有效","所有各国之既得权利亦一体保护"。革命没有触动中国封建统治的根基,特别是地主阶级的土地所有制,没有发生一场农村的大变动。中国深层的社会结构和意识形态没有根本改变。结束君主专制制度,建立共和国这个根本目标虽然实现了,但要巩固并发展这种胜利却困难重重。这些既是辛亥革命失败的原因,也是它留下的沉痛教训。

推翻清王朝,实现民主共和,这只是国人的梦想刚刚开始,中华民族的奋起,还有一大段漫长崎岖的路要走。

七、风云激荡

清政府被推翻，民国的成立给了人们很大的希望。

过去，中国进步的主要障碍就是那个腐败、卖国、拒绝一切根本改革的清朝政府。现在，这个障碍既然已从前进的道路上扫除掉，一切根本改革将次第推行，诸如民主政治的实施，工业交通的建设，国家的富强，等等。人们兴高采烈，沉醉在欢乐中。

孙中山是富有远见卓识的政治家。他急切地期望着把中国建设成为一个繁荣富强的国家，但他被迫在海外流亡 16 年，对中国的复杂国情和社会现状多少存在着隔膜，因而他当时的主张，更多是从怎样建设一个近代国家的一般原理出发，不完全切合中国的实际情况，这是不足为怪的。

他在宣布解除临时大总统职务的当天就发表演说：“今日满清退位，中华民国成立，民族、民权两主义俱达到，唯有民生主义尚未着手，今后吾人所当致力的即在此事。”他的具体内容，照孙中山说来包括两个方面：“一面图国家富强，一面当防资本家垄断之流弊。”

孙中山认为，中国当务之急是振兴实业，“能开发其生产力则富，不能开发生产力则贫”。同时，他认为这种富强的成果应该为国民所共享，要防止资本家的垄断。为了在落后的中国发展近代工业，为了使经济活跃起来，他把兴修铁路作为首先着手的切入点，一再宣传要在10年内建设20万里铁路。他北上会见袁世凯，最重要的目的就是争取得到袁世凯在这方面的支持。

同盟会的实际负责人宋教仁，则幻想建立一个庞大的政党以取得议会中的多数议席，由他出面组织“责任内阁”，实现欧美式的资产阶级民主政治。在宋教仁的积极奔走活动下，1912年8月25日，同盟会与统一共和党、国民促进会、共和实进会、国民公党五个政团集会于北京，就合并国民党一事达成协议。当日下午1时，国民党成立大会在湖广会馆举行，由刚刚抵京的孙中山主持。

大会推举孙中山为理事长，黄兴、宋教仁等9人为理事，阎锡山、张继、李烈钧、胡瑛等30人为参议。国民党成立后为国内第一大党。大会通过《国民党政见宣言》及纲领。宣言主张“一国政党之兴也，只宜两党对峙，不宜小党分立”。政纲共为五项：(1)促进政治统一；(2)发展地方自治；(3)实行种族通化；(4)注重民生政策；(5)维持国际和平。政纲删去同盟会的“平均地权”和“男女平权”等内容。这个纲领放弃了反帝反封建的内容，对人民的权利和农民的土地问题也只字不提，其民主色彩更加黯淡。这个资产阶级的政党，实际上已成为脱离人民群众的官僚政客集团。

国民党在临时参议院中占据多数席位的现实，立即引起袁世凯的不安。于是他表面上极力同孙中山、黄兴等人套近乎，以此制造革命党人对他的幻想，背后却向革命党人下毒手。

1912年八九月间，袁世凯特意“邀请”孙中山、黄兴进京，对他们优礼有加，吹捧备至，以动听的言词大灌“迷魂汤”。他称孙、黄是“开国元勋”，对他们的各项主张均表“赞同”，连孙中山提出的“耕者有其田”的激进主张，也满口答应，并和他们共同发表了缺乏实际内容的政纲，用以欺骗、麻痹革命党人。

孙中山、黄兴被袁世凯的“迷魂汤”灌得晕头转向，竟相信袁世凯确实具有实行资产阶级共和国的诚意，一切国事俱能办好。孙中山表示让袁世凯当10年总统，练兵百万，自己埋头修筑20万里铁路。黄兴居然还劝袁世凯加入国民党，并担任该党首脑（袁拒绝加入）。袁世凯见孙、黄二人入其圈套，便特授孙文以“筹划全国铁路全权”，并高呼“孙中山先生万岁”，授黄兴为“川粤汉铁路督办”。

1912年12月至1913年2月，在第一次国会选举中，国民党取得了国会中参、众两院的多数，宋教仁志得意满，准备组织责任内阁。于是他奔走各省，经湖北、安徽、上海、浙江，到处宣传民主政治，抨击时政，针砭当局，在当时刮起了一阵民主政治的小旋风。他毫不避讳地指出袁世凯假共和的事实，被袁世凯得知后怒骂其“口锋何必如此尖刻”。后来历史发展的事实表明，宋教仁的话正中袁世凯痛处，他所担心的问题一一发生。宋教仁正是因为担心发生这些不可测的恶果，才极力推动政党政治以钳制袁世凯。

袁世凯本很欣赏宋教仁，希望将其收归门下，但宋品行高洁、软硬不吃，竟没有一点缝隙。袁世凯于欣赏之余多了几分畏惧。他是一世奸雄，终生围着权力打转，本来自恃北洋精锐在手，没把议员们的活动太当回事，但一见宋教仁竟敢制定法律来制约他，玩起了欧美式的政党政治，也有些慌。他不愿做一个“虚君”，也不会坐视头上总是悬着《中华民国临时约法》这柄剑，更不甘心到手的至高权力又飞了。他与宋教仁的矛盾是不可调和的，因为两个人的理念和品行实在相差太远。

1913年3月21日晚，国民党代理理事长宋教仁受总统袁世凯邀请前往北京“共商国是”。就在宋教仁踌躇满志地要登上火车,为国人谋求一个辉煌未来的时刻,突然 3 声枪响,宋教仁倒下了。黄兴、于右任、廖仲恺等人急忙将他送往医院。可惜弹中要害,到 22 日凌晨,终告不治,终年 32 岁。

宋教仁之死引起举国震惊,舆论大哗。袁世凯闻后大为“惊愕”,即电令江苏都督程德金和民政长官应德闳彻底清查主使行刺的人,“按法严办”。不久,杀害宋教仁的凶手应夔丞(字桂馨)、武士英落网,又牵连出内务部秘书洪述祖,多份电报表明此案与国务总理赵秉钧有关。赵秉钧、应夔丞、武士英在一年内纷纷命赴九泉。到底是谁在幕后操纵这一切?能让国务总理做替罪羊的又有几人?

随着案情的逐步明朗,黄兴在当年 4 月 13 日将心中的愤慨凝成一联:

前年杀吴禄贞,去年杀张振武,今年又杀宋教仁;

你说是应桂馨,他说是洪述祖,我说确是袁世凯。

袁世凯为什么必欲除宋教仁而后快呢?早在袁世凯在北京继任临时大总统时,南方的议员们为制约袁世凯,就制定了《中华民国临时约法》,规定了作为内阁制的政府,总统为元首,由总理处理国家事务,对国会负责。宋教仁正是这一制度的积极倡导者。

宋教仁联合五党组建国民党,积极推进议会民主,鼓吹政党政治,认为通过议会竞选,“就可以组成一个党的责任内阁……那么,我们的主义和政纲,就可以求其贯彻了”。

为此,他拒绝了高官厚禄的收买,坚守信念,就这么坦坦荡荡地南下,去传播民主政治的理念,却没有觉察到背后阴冷的目光中萌动的杀机。

4 月 26 日,“宋教仁案”公布,真相大白于天下,举国上下舆论哗然。至此,人们才看清了袁世凯口蜜腹剑的真相和凶恶卑鄙的可憎面孔。

孙中山、黄兴对宋教仁之死,始惊复思,紧急筹划对策,但在采取法律手段还是诉诸武力的问题上争执不下。孙中山主张武力讨袁,进行“二次革命”,一部分国民党员也同意武力反抗封建军阀的独裁统治。但是黄兴等人却对武力讨袁信心不足,国民党内部存在着严重分歧。汪精卫则公开为袁世凯帮腔,只有江西都督李烈钧等人拥护孙中山武力讨袁的主张。

正当国民党内部举棋不定的时候,袁世凯已经开始下手了。他先是不经国会批准擅自向 5 国银行团借款 2500 万元为军费,又以大将段祺瑞代替赵秉钧组成战争内阁,之后公开发电嘲笑孙中山和黄兴无能。国民党人发现已无路可走,南方几省通电讨袁,开始第二次革命。

7 月 12 日,李烈钧被迫在江西湖口誓师,组织讨袁军,发表讨袁通电。黄兴被迫在南京宣布讨袁。上海、广东、安徽、湖南、福建、四川等地相继宣告独立,从此开始了国民党的二次革命。

但独立的各省互不统属,彼此观望,革命力量十分脆弱。袁世凯派段祺瑞部为第一路攻江西,冯国璋部为第二路攻南京。7 月 25 日,湖口失陷,8 月南昌失陷,9 月 1 日,张勋攻占南京。接着上海讨袁军失败,独立的各省也相继失败。国民党讨袁的“二次革命”不到两个月就以失败而告终。北洋军阀势力乘机控制了长江流域。孙中山、黄兴等人再度逃亡日本。

袁世凯登上了大总统宝座后,便准备踢开国会。11 月 4 日,他下令解散国民党,撤销国民党议员资格,使国会议员不足半数无法开会。1914 年 1 月 10 日,他下令正式解散国会,随后下令撤销各省议会,停办地方自治。此时,处处充当袁世凯御用工具的熊希龄内阁,也完成了为虎作伥的丑恶使命,被袁世凯一脚踢开,被迫于 2 月下台了。

袁世凯又立即撕毁《中华民国临时约法》,他指使其党徒另外炮制一部《中华民国约法》,于 1914 年 5 月正式公布。这部《中华民国约法》规定:取消责任内阁,采用总统制,把总统的权力扩大到同专制时代的皇帝一样大;撤销国务院,在总统府下设政事堂,以国务卿为政事堂首脑,下设左右两丞。另设参议院代行立法机关的权力,参政由总统任命。

6 月 21 日,“参政院”成立,黎元洪任院长,70 多个参政由进步党及一些封建余孽、反动政客等人充任。“参政院”炮制了“总统选举法”，规定总统任期为10年，连选连任无限制，而且被选举人由现任总统推荐。这样，袁世凯就可以终身担任总统。但是，袁世凯仍不满足，还一心想复辟帝制，登上皇帝的宝座。

袁世凯复辟帝制的活动，是在日本等帝国主义积极支持下进行的。

1914年8月，欧美帝国主义卷入第一次世界大战，暂时无暇东顾。日本帝国主义则乘机对德宣战，出兵山东，强占青岛及胶济铁路沿线，还企图把整个中国变成它独占的殖民地。

1915年1月18日，日本驻华公使日置益当面向袁世凯提出灭亡中国的“二十一条”，作为支持袁世凯称帝的交换条件。

“二十一条”的主要内容是：承认日本继承德国在山东的全部权益，并加以扩大；延长旅顺、大连的租借期限及南满、安奉两铁路的期限为99年，并承认日本在“南满”、内蒙古东部的特权；汉冶萍公司改为中日合办，附近矿山不准公司以外的人开采；中国沿海港湾、岛屿不得租借或割让给他国；中国政府须聘用日人为政治、财政、军事顾问，中国警政及兵工厂由中日合办，日本在武昌与九江、南昌间及南昌与杭州、潮州间有修筑铁路权，在福建有投资筑路和开矿的优先权。

日本提出“二十一条”时，要袁世凯保守秘密和全部接受。袁世凯鉴于欧美帝国主义正在忙于战场上的厮杀与火拼，只有取得日本的支持才可能称帝，遂派其心腹、外交总长陆徵祥、次长曹汝霖与日本秘密谈判。但历时数月未能签订。日本于5月7日提出最后通牒，限48小时内答复。袁世凯称帝心切，竟于5月9日，除最后一条“容日后协商”外，其余全部接受。

袁世凯授意杨度、刘师培、严复、胡瑛、孙毓筠、李燮和等人组织筹安会，6人中有名满天下的学者，也有老革命党人，而他们此时组织各种各样的“请愿团”“请愿联合会”，鼓吹和拥护袁世凯称帝。他们还假借民意，玩弄“国体投票”、上“推戴书”等把戏，为袁氏复辟帝制张目。

袁世凯经过一番假推让之后，于 1915 年 12 月 12 日接受了帝位，13 日接受文武百官朝贺。15 日，册封黎元洪为武义亲王，又分别封 128 人以五等爵位，改国号为“中华帝国”。31 日，下令从 1916 年元旦起改为“洪宪”元年。袁世凯准备在元旦举行登基大典，正式爬上皇帝宝座。

袁世凯倒行逆施，复辟帝制，激起了国人的斥骂和谴责。就连北洋大将段祺瑞，袁世凯的好友徐世昌、次子袁克文都不赞同袁世凯称帝之举。然而就在这滔滔反对声中，袁世凯登上了他梦寐以求的皇帝宝座，也掘下了逆流而动的坟墓。

1915 年 12 月 19 日，一位将军经过一个多月的艰难跋涉，从北京辗转各地，终于抵达昆明，他就是梁启超的学生蔡锷。

辛亥革命时，蔡锷本为新军协统。武昌义旗一举，他就在昆明响应，年方 30 岁即为云南都督。对于袁世凯，他原来是很敬重的，宋教仁之死令蔡锷对袁世凯心生不满，曾通电谴责，但他也反对国民党诉诸武力，希望保持来之不易的和平。

袁世凯却对蔡锷深怀戒心，1913 年 10 月，令蔡锷赴京。蔡锷知道北京是是非之地，于是韬光养晦，流连风月场所，以释袁世凯之疑。随着袁世凯称帝的野心日益表露，他与老师梁启超商量对策，两人分工协作：梁启超作文反对袁世凯称帝，就是引领舆论给袁世凯当头一棒的《异哉！所谓国体问题者》一文；而蔡锷的任务则是暗中联络各部，组织军事力量以护卫共和国。蔡锷不仅组织了旧部，甚至还与袁世凯的重将段祺瑞、冯国璋等人暗通消息，达成默契。

蔡锷与梁启超相约：“事之不济，吾侪死之，决不亡命；若其济也，吾侪引退，决不在朝。”师徒二人决意以死捍卫共和政体，成功的话也是功成身退。其气节之昭昭，令人感动。

对于蔡锷抵达昆明的行动，袁世凯感叹说：“此人之精悍远在黄兴及国民党之上，即宋教仁或亦非能匹。”蔡锷成为袁世凯称帝的最大敌人。

刚到昆明不久,蔡锷即在昆明护国寺重招旧部,举行起义,成立中华民国护国军政府,随后蔡锷率军北上,以不足两个月的给养与袁世凯派出的十数万部队鏖战数月。到后来,即使“衣不蔽体,食无宿粮”,蔡锷也毫不退缩。他抱定必死之心,将所有的才智激发出来,以一支孤军在战场占据优势。

蔡锷义旗一举,各地纷纷响应,反对帝制的呼声响彻中华大地,甚至袁世凯曾经的心腹部下冯国璋也联合江西将军李纯、湖南将军汤芗铭、浙江将军朱瑞、山东将军靳云鹏等联合通电,要他“取消帝制,以安人心”。

1916 年 3 月,走到众叛亲离之绝境的袁世凯眼看大势已去,宣布废除帝制,他只做了 83 天的短命皇帝,就又做回了大总统。

可是,人们哪能容得他如此视国家命运如儿戏,翻手为云,覆手为雨?骂声不绝之下,1916 年 6 月 6 日,57 岁的袁世凯在四面楚歌之中死去。据说袁世凯死前亦有悔意,曾作遗书一封云:“为日本去一大敌,看中国再造共和。”

袁世凯至死才想起日本之威胁、共和之重要,整个中国却已经被他的野心弄得伤痕累累了。

保护共和体制的事业成功了,而作为领导者的蔡锷身患重病,于 1916 年的冬天逝世于日本福冈大学医院,年仅 34 岁。黎元洪派特使护送蔡锷遗体归国,并举行国葬。

英雄壮年逝,使人扼腕哭。梁启超在挽联中写道:“国民赖公有人格,英雄无命亦天心。”

宋教仁的死,成就了袁世凯的窃国之行;蔡锷的死,衬得中国的政局更加黑暗。

袁世凯死后,由副总统黎元洪继任大总统,但实际控制北京政权的则是北洋军阀的另一个头目,国务总理兼陆军总长段祺瑞。1917 年 6 月,原驻徐州的军阀张勋利用段祺瑞同黎元洪之间的矛盾带兵进入北京,并于 7

月导演了拥戴被废黜的清朝末代皇帝溥仪重新称帝的又一出复辟丑剧。在举国声讨下,利用张勋倒黎的段祺瑞,以武力粉碎了这次复辟,执掌了北京政权,并以假共和之名,行军阀专政之实。

这时的中国,陷入四分五裂的军阀割据和军阀混战的局面。北洋军阀分化为直、皖、奉三系。以段祺瑞为首的皖系,以日本帝国主义为靠山,掌握北京政权,并统治山东、河南、安徽、福建、浙江等省。以冯国璋和他的继承人曹锟、吴佩孚为首的直系,则以英、美帝国主义为后台,统治河北、江苏、江西、湖北等省。以张作霖为首的奉系,统治着东北三省,在日本帝国主义的扶持下,争夺北京中央政权。此外,各地还有大大小小的军阀都把军队当作自己的私产,凭借自己手中武力实行军事专政。

悲愤的孙中山一次次在南方发动革命,以期推翻北洋军阀。十余年里,屡战屡败,屡败屡战,到死也没有看到打倒北洋军阀那一天。辛亥革命的功臣蔡济民写下诗句说:“无量头颅无量血,可怜购得假共和!”许多人从推翻清王朝的盲目乐观中清醒过来。怎样才能救中国?这是那个时代每个爱国者所思考的问题。

茫茫神州,路在何方?

此时,种种救国学说在中国大地应运而生,诸如教育救国、科学救国、实业救国,甚至军国主义救国等等纷纷出现。许多有志气的爱国者没有停止自己的脚步,他们在遍布荆棘的崎岖道路上毫不气馁,开始新的探索。

这是中国思想界大转变的契机。但踏上新的道路并不是一步就能完成的。他们在总结辛亥革命失败的教训时,最初把注意力集中在思想文化领域内,认为共和制度之所以不能真正得以巩固,根本原因就在于缺少一场对旧思想、旧文化、旧礼教的彻底批判,大多数国民的头脑仍被专制和愚昧牢牢地束缚着,缺乏民主和科学的觉悟。这是初期新文化运动的由来。

初期新文化运动的主要阵地是陈独秀创办的《新青年》杂志。

陈独秀在辛亥革命时担任过安徽都督府秘书长,“二次革命”失败后一度被捕入狱。随即亡命上海,还去了一年日本。

1915 年 9 月 15 日,也就是“二十一条”引起的怒潮未消,而袁世凯称帝又甚嚣尘上的时候,陈独秀在上海黄浦江边创办《青年杂志》,在思想文化领域掀起了一场以民主和科学为旗帜,向传统的封建道德、思想、文化宣战的新文化运动。一年后,《青年杂志》更名为《新青年》,后又迁到北京出版。他在创刊词《敬告青年》中号召国人建设一个青年中国,这个中国应当具有 6 个特点:自主的而非奴隶的,进步的而非保守的,进取的而非退隐的,世界的而非锁国的,实行的而非虚文的,科学的而非想象的。

《新青年》的主要撰稿人有陈独秀、李大钊、鲁迅、胡适、钱玄同、刘半农、高一涵、周作人、易白沙、吴虞等。以《新青年》的出版为标志兴起的新文化运动,使 20 世纪初的中国,开始经历一场深刻的思想革命。

在这个混乱的时代,尤其是帝制对共和的反扑使陈独秀等一大批知识分子意识到,中国的问题不是简单的政治革命可以解决的。陈独秀认为,在中国搞单纯的政治革命没有意义,要想“救中国,建共和,首先得进行思想革命”,使人们从封建思想的束缚中解脱出来。

陈独秀创办的《新青年》,最初探讨的重要课题是,在遭受辛亥革命失败的惨痛教训后,怎样巩固中国的共和国体。陈独秀写道:“我们中国多数国民口里虽然是不反对共和,脑子里实在装满了帝制时代的旧思想。”“这腐旧思想布满国中,所以我们要诚心巩固共和国体,非将这班反对共和的伦理文学等等旧思想,完全洗刷得干干净净不可。否则不但共和政治不能进行,就是这块共和招牌,也是挂不住的。”

因此,他大声疾呼:“吾敢断言曰:伦理的觉悟,为吾人最后觉悟之最后觉悟。”

《新青年》喊出的最响亮的口号是“民主”和“科学”。

“民主”和“科学”的提出不是偶然的,民主的对立物是专制,科学的对立物是迷信,这正是中国几千年封建统治遗留的恶果。

这一次对封建主义旧思想、旧文化、旧礼教的批判，其尖锐彻底的程度、所向无前的声势，是中国历史上前所未有的。

《新青年》在青年中大行其道，得力于一位老翰林的大力支持。

1917 年 1 月 4 日，在一场大风雪中，北京大学迎来了新校长蔡元培。这位新校长毫无官僚气，他以一个平民的姿态走进中国的最高学府，也走进了中国历史。他上任伊始，即对保留着浓厚封建教育传统和陈腐校风的北京大学进行了一系列具有重要意义的改革。他提出“循思想自由原则，取兼容并包主义”，广为延揽有真才实学的名流学者，特别是陆续聘请陈独秀、李大钊、胡适、刘半农、周作人、鲁迅等一批具有新思想、提倡新文化的新派人物执教北大，实行民主办学、鼓励学术研究、出版刊物和开展社团活动。这些改革的实施，培养了北大一代新风，为各种新思想的传播创造了有利条件，使中国一批知识分子也开始从民间走向民国，从官场走向象牙之塔、十字街头。

陈独秀将《新青年》主要撰稿人、26 岁的胡适也聘为北大教授，鲁迅等人也开始在《新青年》上崭露头角。由此开始，当时中国第一流的学者纷纷进入北大，北大拥有了陈独秀、李大钊、胡适、鲁迅、辜鸿铭、刘师培等一大批优秀的教师。

在陈独秀和胡适、李大钊、钱玄同、鲁迅等人的共同努力下，《新青年》很快在进步知识界引起广泛的共鸣，成为新文化运动的坚强堡垒。

美国学者里斯认为，聚焦在《新青年》周围的知识分子的重要性是很难估价的。他们的著作铸成了一代年轻学生的信仰和态度。1919 年五四运动后，这些学生是政治上的生力军，并成为现代中国革命的领导者。

蔡元培指出：“无论为何种学派，苟其言之有理，持之以故，尚不达到自然淘汰之命运，虽彼此相反，而悉听其自由发展。”

就是这种宽容造就了百家争鸣的北大，也进一步在中国激起了新文化运动的浪潮。

在《新青年》的有力推动和影响下,各地拥护新文化运动的刊物像雨后春笋般纷纷出版。妇女解放、婚姻自由、家庭革命等口号的提出,使这场运动触及的社会层面远比辛亥革命时更为广泛。

新文化运动的基本内容是:提倡民主,反对封建专制;提倡科学,反对迷信和盲从;提倡新道德,反对旧礼教、旧道德;提倡白话文,反对文言文,以及“打倒孔家店”;等等。

1916 年年初,《新青年》上发表了一篇重量级的文章,那就是胡适的《文学改良刍议》。文章提出“八事”主张:须言之有物、不模仿古人,须讲求文法、不作无病之呻吟,务去滥调套话,不用典,不讲对仗,不避俗字俗语。这就是改革文学的“八不主义”,它成为新文化运动的一声响亮号角。

随着新文化运动的深入发展,《新青年》从 1917 年提出了提倡白话文、反对文言文,提倡新文学、反对旧文学的口号,从而树起了“文学革命”的大旗。

一大批文学家用白话文表情达意,首先从胡适开始,后来有了郭沫若的《女神》,徐志摩的《再别康桥》,俞平伯的《冬夜》等。白话文开始逐渐为国人所接受,鲁迅的《狂人日记》作为中国第一篇以白话文写成的小说,无论形式还是内容,都具有划时代的意义。

“我翻开历史一查,这历史没有年代。歪歪斜斜地写着‘仁义道德’几个字。我横竖睡不着,仔细看了半夜,才从字缝里看出来,满本都写着两个字是‘吃人’。”

鲁迅用狂人的口说历史的真面目,并用“救救孩子”向整个中国发出呼吁,号召人们群起反封建,而这正是新文化运动最主要的任务。

鲁迅是这场文学革命的主将。他的作品出色地把反封建的革命内容与白话文的形式结合起来,树立了新文学的典范。他的《狂人日记》《阿 Q 正传》等都是脍炙人口的名篇。

新文化运动意味着中国人开始对古老中国的传统观念进行深入的反

思和批判，使中国的文化精神为之一变。对中华民族的觉醒，思想的解放的重大贡献是不可磨灭的。孙中山先生赞叹这是“思想界空前之大变动”。

1917年，此时的世界时局发生了重大变化。

第一次世界大战结束了，派出20万华工参战的中国成了战胜国，中国人为这一胜利而欢欣鼓舞。

1918年11月18日，新任大总统的徐世昌在故宫太和殿广场举行阅兵式庆祝胜利。

1919年1月，第一次世界大战的战胜国在法国巴黎召开和平会议。这实际是一次由当时世界五强，即英、法、美、日、意五个帝国主义国家操纵的重新瓜分世界的会议。参加会议的中国代表在全国人民的压力下，为改变中国在国际上的不平等地位，在会上提出废除外国在中国的势力范围、撤退外国在中国的军队和巡警、撤销领事裁判权，归还租界、取消中日“二十一条”及换文等正义要求，但都遭到拒绝。在讨论德属殖民地问题时，中国代表提出，战前德国在山东所取得的各项特殊权益应直接归还中国。但日本代表却无理地提出，它在大战期间强占的德国在胶州湾的租借地、胶济铁路以及德国在山东的其他特殊权益，应无条件让与日本。4月29日至30日，英、法、美三国在议定巴黎和约中关于山东问题的条款时，完全接受日本提议。这样，日本夺取战前德国在中国山东的特殊权益的“既成事态”，便被明文肯定下来。中国代表对和会的这种做法提出抗议。但是，北京政府屈服于帝国主义列强的压力，竟准备在这个丧权辱国的和约上签字。

中国人民密切注视着巴黎和会的进程。中国在和会上外交失败的消息传来，立即在人民群众中，首先在知识分子和青年学生中激起强烈的愤慨。

5月1日，上海《大陆报》登载了一个消息：“关于索还胶州租借之对日外交战争，业已失败。”

5月3日晚,北京大学1000多名学生和北京十几所学校的代表,集会于北大法科礼堂,报告巴黎和会的情况。会场上群情激愤,来自青岛的法科学生谢绍敏当场咬破中指,裂断衣襟,血书"还我青岛"四字,不少人写下了遗嘱。他们相约第二天举行示威,以表达愤慨。

5月4日下午1时,北京大学等13所大中专学校的学生3000余人齐集北京天安门广场。天安门前,金水桥南,学生们举着彩色小旗,打着写有"还我山东""保我主权""外争国权、内惩国贼""废除卖国的二十一条""拒绝和约签字"等内容的横幅,强烈要求政府拒绝在和约上签字,并惩办亲日派官僚曹汝霖、章宗祥、陆宗舆。集会中,学生们发表了激昂慷慨的演说,宣读了许德珩起草的《北京学界全体宣言》。

随后,学生们开始了游行。游行总指挥是北大学生傅斯年。浩浩荡荡的游行队伍从天安门出发,来到东交民巷西口的美国使馆,推举代表向美国公使递交陈词,结果遭到军警阻拦。接着,学生们前往日本驻华使馆抗议,又遭到阻拦。游行队伍受阻后,经反复交涉未果,气氛十分紧张。这时,队伍中有人喊道:"去找曹汝霖算账去!"于是游行队伍走出东交民巷,经御河桥、东单牌楼,直奔赵家楼曹汝霖住宅。曹汝霖当时任北洋政府的交通总长,1915年签订"二十一条"时是北洋政府的外交次长,实际主持了"二十一条"的谈判,是亲日派,这时成了爱国学生斗争的目标。

游行学生到了赵家楼,破门而入。

这时,曹汝霖正与卖国贼章宗祥(驻日公使)以及日本人中江丑吉等人在开会。他们原以为有重兵保护,学生不会进来。

狡猾的曹汝霖在听到叫骂声后,立即躲进了地下室夹层的箱子里,没有来得及逃走的章宗祥、中江丑吉躲进了曹家的地下室。

学生们进入曹家找不到人。愤怒无比的北京高等师范学校理学部学生匡互生放把火把曹汝霖在东院的书房点燃了,顿时室内大火蔓延,房子也烧起来了。这就是所谓的火烧赵家楼一案。

在地下室的章宗祥,听见“外边起火”的叫喊声,从地下室跑了出来,不料被学生抓了个正着。学生误把章宗祥当作曹汝霖,痛打一顿,日本人中江丑吉因掩护章宗祥也挨了打。

爱国学生火烧赵家楼,痛打章宗祥,是五四运动中轰轰烈烈的一幕。它揭开了整个五四运动的序幕,正所谓“山雨欲来风满楼”。学生们的斗争刚刚开始,而反动政府武装镇压爱国学生的行动也在进行中。

北洋军阀政府听闻曹宅起火,章宗祥被打之后恼羞成怒,警察总监吴炳湘和步军统领李长泰率领大批军警赶到,用武力把群众驱散,逮捕了32名学生,押进前门内户部街步军统领衙门。被捕学生许德珩有诗一首来记其事,以表达自己和其他同学英勇无畏的爱国热情:

为雪心头恨,而今作楚囚。

被拘三十二,无一怕杀头。

痛殴卖国贼,火烧赵家楼。

锄奸不怕死,来把中国救。

游行学生被捕后,仿佛是一石激起千层浪,社会各界反应强烈。对于当局来说,这些被捕学生如同烫手的山芋,不知该如何处置。

当天晚上,国务总理钱能训将内阁各部部长召集到家中开紧急会议,商讨对付学生的办法。这些大员们意见不一,吵来吵去,在处理学生问题上,各自都打着自己的算盘,有的主张将参加此次游行的学校一律解散,有的主张将各校校长免职,还有的主张对学生大逮捕。

与此同时,总统府也在秘密开会。大总统徐世昌和教育总长傅增湘等人认为民众力量不可轻视,如果采取高压政策,势必火上浇油,使事态进一步扩大,乃至不可收拾,不如采取怀柔政策。而以日本人为后台、操纵实权的皖系军阀段祺瑞、徐树铮、段芝贵及曹汝霖、陆宗舆等人则主张对学生运动要严厉镇压,以屠杀政策来对付示威的群众,严办被捕的学生领袖,以儆效尤。

5月5日,北京各大中专学校学生宣布实行罢课,并通电各方请求支援,营救被捕学生。5月6日,北京中等以上学校学生联合会成立。北京学生的爱国运动迅速得到全国各地学生的声援和社会舆论的支持。

北京大学校长蔡元培与中国大学、北京汇文大学、北京医学专门学校、北京高等师范学校、北京工业专门学校的校长联合要求保释被捕学生。各校的全体教职员向教育部表示,如不释放被捕学生,将一律罢职。除教育界外,其他各界也纷纷电请释放被捕学生,这给北京政府造成巨大压力。5月7日上午,被捕学生被释放。但教育总长傅增湘、北京大学校长蔡元培因同情和支持学生运动被免职。

5月17日,北京学联代表13所学校的全体学生,向政府提出明确要求:出席巴黎和会的中国代表拒绝在山东问题上签字;惩办卖国贼曹汝霖、章宗祥;挽留傅增湘、蔡元培;等等。

5月19日,北京学联宣布中等以上学校全体罢课,并派出代表到天津、南京、上海、武汉、长沙、广州等城市,将五四精神推向全国。

这场风暴很快席卷全国各地。

6月1日,北京政府连下两道命令:一道命令"表彰"被民众斥为卖国贼的曹汝霖、章宗祥、陆宗舆;另一道命令取缔学生的一切爱国行动。这更加激起学生的愤怒。

为了唤起民众,6月2日北京学生走上街头,举行全城沿街大演讲。北京政府出动军警镇压,当时有170多名学生被捕。第二天又有700多名学生被捕。但是,学生们并未屈服,第三天上街演讲的学生达到5000多人。

北京学生顽强坚持斗争的消息传到了上海。6月5日,上海工人宣告发动总罢工,支援学生的反帝爱国斗争。以日资棉纱厂工人带头,上海许多行业的工人及店员等纷纷参加罢工,高潮时达到10万多人。上海商人也举行罢市。上海工人的行动推动了全国各地的罢工风潮。沪宁铁路和沪杭铁路工人、京汉铁路的长辛店工人、京丰铁路的唐山工人也相继罢工。

工人罢工的浪潮迅速扩展到全国20多个省100多个城市。这样,五四爱国运动突破学生、知识分子的狭小范围,发展为有工人阶级、小资产阶级和民族资产阶级参加的全国范围的群众性反帝爱国运动。

随着运动的深入,全国出现了抵制日货的高潮。首先是上海码头工人拒绝装卸日货。上海各报拒绝登日商广告,许多大百货公司拒售日货。在爱国主义的召唤下,海外华侨和全国工商界也一致支持学生的正义行动。

在北京、天津、上海、南京、济南、武汉、杭州、九江、唐山等大中城市,学生的爱国运动与工商界罢工的斗争结合起来了。上海成立了"商工学报各界联合会"。这种形势立即影响到湖南。7月9日,湖南学联联合工商各界开会,正式成立湖南各界联合会,当天参加成立的有苏广(百货)业、染织业、轮船业、泥木业、印刷业、理发业等30多个工商行业,以及基督教联合会的代表。

五四运动中,涌现出了一批为追求民族独立和国家富强而积极探求救国救民真理的新的先进分子。以陈独秀、李大钊为代表的知识分子,在五四运动中同许多社团组织和进步青年密切联系,积极指导和推动运动的发展,散发《北京市民宣言》,提出对北京政权的"根本改造",把运动引向深入。

7月14日,毛泽东主编的《湘江评论》创刊号出版。这个刊物总结了五四运动的经验,把群众运动的经验上升到理论的高度,教育人民认识自己的力量,联合起来,为自身的利益而斗争。

五四运动的迅猛发展,特别是工人罢工的浪潮迅速扩展到全国20多个省100多个城市。中国工人阶级特别是产业工人,以如此巨大的规模参加反帝国主义和反对军阀政府的斗争,是前所未有的。这表明,中国工人阶级以独立的姿态登上政治舞台。工人罢工呈持续扩大趋势,使资本家和政府当局惶恐不安。天津总商会致电北京政府指出:"查栖息于津埠之劳动者数十万众,现已发生不稳之象,倘牵延不决,演成实事,其危厄之局,痛苦有过于罢市者,恐市面欲收拾而不能矣。”

北京政府慑于人民群众的愤怒和威力,被迫释放被捕学生,并罢免亲日派卖国贼曹汝霖、章宗祥、陆宗舆的职务。这是五四爱国运动的重大胜利。

五四运动是伟大的历史转折点。

在历史上常常可以看到这样一种现象:一场狂风暴雨式的群众斗争的冲刷,可以使大群大群的人们短时间内在思想上发生剧烈而巨大的变动。这种千百万人的思想大变动,在一般情况下往往多少年难以达到,也不是通常几个刊物或几次讲话的影响所能比拟的。

这是一个时代的呼声,也是古老中国对中国青年的呼声。

在法国巴黎,北京政府违背全国人民的意愿,企图同意在《巴黎和约》上签字;全国学联立即号召和组织各地学生投入拒签和约的斗争;工人群众在这场斗争中表现得非常坚决。他们表示:“若卖国首领未诛,卖国条约未废,亡国之祸终难幸免”,“签字而山东亡,山东亡而全国随之,亡国大难迫于眉睫。吾同胞忍坐视家国之亡而甘心作奴隶乎?”他们提出:“格政府之心,救灭亡之祸。”

在巴黎,旅法华工、中国留学生和华侨数百人,于和约签字前一天的6月27日,包围中国政府总代表陆徵祥的驻地,强烈要求拒绝在和约上签字。时年30岁的年轻外交官顾维钧说:“日本志在侵略,不可不留意。山东形势关乎全国,较东三省利害尤巨。不签字则全国注意日本,民气一振,签字则国内将自相纷扰。”5位全权代表中3人反对签字。

6月28日,在《巴黎和约》的签字现场,人们惊奇地发现中国代表团的席位上空无一人。这是鸦片战争以来,中国第一次对列强说“不”。此时的顾维钧正乘坐汽车经过巴黎的街头,他用自己的方式表示了愤怒。这是五四爱国运动的又一个胜利。

正如同盟会会员吴玉章回忆五四运动时说:

“这是真正激动人心的一页，这是真正伟大的历史转折点。从前我们搞革命虽然也看到过一些群众运动的场面，但是从来没有见到过这种席卷全国的雄壮浩大的声势。在群众运动的冲击震荡下，整个中国从沉睡中复苏了，开始焕发出青春的活力，一切反动腐朽的恶势力，都显得那样猥琐渺小，摇摇欲坠。

“以往搞革命的人，眼睛总是看着上层的军官、政客、议员，以为这些人掌握着权力，千方百计运动这些人来赞助革命。如今在五四群众运动的对比下，上层的社会力量显得何等的微不足道。在人民群众中所蕴藏的力量一旦得到解放，那才真正是惊天动地、无坚不摧的。”

他接着又说道：“处在十月革命和五四运动的伟大时代，我的思想上不能不发生非常激烈的变化。当时我的感觉是：革命有希望，中国不会亡，要改变过去革命的办法。虽然，这时候我对中国革命还不可能立即得出一个系统的完整的新见解，但是通过十月革命和五四运动的教育，必须依靠下层人民，必须走俄国人的道路，这种思想在我头脑中日益强烈、日益明确了。”

五四爱国运动是近代中国历史上，第一次由学生、工人和其他群众掀起的反对帝国主义、反对军阀卖国的全国规模的革命斗争。尽管运动中还没有明确提出反帝国主义的口号，但斗争的目标是反对西方列强所强加的《巴黎和约》，所以它是反帝爱国运动。

五四运动的烈火一经燃烧，便孕育着燎原之势，孕育着一场新的伟大斗争，标志着中国新民主主义革命的序幕拉开。但今后的路如何走？一些先进分子开始转向更深层次的探索，重新考虑中国的前途，寻求改造中国社会的新方案。

八、开天辟地

经过五四爱国运动,中国人民有了新的觉醒。特别是青年中的一批先进分子,以救国救民、改造社会为己任,重新考虑中国的前途、探求改造中国社会的新方案。他们纷纷撰写文章、创办刊物或成立社团,以介绍、传播和研究国外的各种新思潮。当时,传播新思潮的刊物如雨后春笋,先后出现 400 多种。这些刊物绝大多数都宣称以改造社会为宗旨。

新思潮来势汹涌,冲破传统思想的禁锢,使中国人民的思想得到一次大解放。当然,潮流涌来时难免泥沙俱下。五四时期被中国人民当作新思潮传播的社会主义学说十分庞杂,既有马克思主义的科学社会主义,又有各种各样被称为“主义”的流派。对这些主义和学说,大多数进步青年正在进行分析、比较和选择,希望能从中找到挽救民族危亡和改造中国社会的良方。

十月革命一声炮响,给中国送来了马克思主义。

俄国十月革命的胜利传到中国后,以李大钊为代表的先进分子开始在中国传播马克思主义。

1918 年 2 月 1 日,李大钊在《言治》季刊上发表《法俄革命之比较观》,论述 1917 年俄国十月革命与 1789 年法国资产阶级革命的根本区别。他指出:“俄罗斯之革命是二十世纪初期的革命,是立于社会主义上之革命。”并指出俄国革命是“世界新文明的曙光”,号召中国人民迎接新的革命潮流。他满怀信心地预言:“试看将来的寰球,必是赤旗的世界!”李大钊是中国第一个传播马克思主义并向俄国十月革命学习的先进分子。

1919 年 10 月、11 月,李大钊分两期在《新青年》上发表《我的马克思主义观》一文。该文充分肯定马克思主义的历史地位,称其为“世界改造原动的学说”。这篇文章系统地介绍了马克思主义的唯物史观、政治经济学和科学社会主义的基本原理,肯定了马克思主义的历史地位。此文的发表,表明李大钊完成民主主义者向马克思主义者的转变,也标志着马克思主义在中国进入比较系统的传播阶段。

在李大钊的影响下,陈独秀等一些学者和在五四运动中涌现出来的进步青年,都开始广泛地宣传和学习马克思主义,并先后转变成为马克思主义者。

五四运动前,陈独秀一直是一个西方资产阶级民主的崇拜者,对帝国主义抱有很大幻想。在五四运动推动下,陈独秀逐渐否定过去信仰的资产阶级民主主义,开始转向科学社会主义。1919 年 12 月,他在《告北京劳动者》一文中指出,18 世纪以来的民主,是资产阶级向封建阶级作斗争的旗帜;20 世纪的民主,乃是无产阶级向资产阶级作斗争的旗帜。1920 年 9 月,陈独秀发表长篇论文《谈政治》,明确宣布承认用革命的手段建设劳动阶级的国家,表明他已从激进民主主义者转变为马克思主义者。

在中国最早完整地翻译马克思、恩格斯的《共产党宣言》的是一位名叫陈望道的年轻人。他1915年留学日本,先后在日本早稻田大学学习文学、哲学、法律等,并在课外研究马克思主义著作。1919年冬天,他从日本回到家乡浙江省义乌市分水塘村,从寒冬到次年早春,他借一盏昏暗的油灯,熬过一个又一个长夜,翻译出《共产党宣言》。1920年8月,第一部《共产党宣言》中文版全译本在上海出版。

《共产党宣言》只有28000多个汉字,这本薄薄的小册子,成为中国共产党人创建共产党、书写信仰故事的起点。

马克思主义学说引起越来越多先进分子和进步青年的兴趣,宣传马克思主义学说的报刊也如雨后春笋般出现。

到1919年下半年,各地宣传马克思主义的进步报刊已达200多种。其中,报纸以上海的《民国日报》《时事新闻》等为代表,杂志以《新青年》《每周评论》《星期评论》《湘江评论》《建设》《觉悟》等为代表。马克思主义在中国的广泛传播,已渐成燎原之势。

北京和上海形成两个宣传马克思主义的中心。在北京,北京大学是它的基地。那时候,马克思、恩格斯的著作还没有一部完整的中文译本,列宁的文章还没有一篇被译成中文,一般人要直接阅读确实很困难。1920年3月,在李大钊主持下,北京大学邓中夏、罗章龙等一批学生组织了一个马克思学说研究会,他们大多能直接阅读外文书刊,这个研究会最初没有公开。

1920年5月,上海成立了马克思主义研究会,参加人员除陈独秀、李达、陈望道、李汉俊外,还有施存统、邵力子、沈玄庐等。他们大都是刚从日本回国的留学生,通过日文读到马克思、恩格斯著作。

毛泽东在五四运动的推动下,由激进民主主义者逐渐转变为马克思主义者。1918年4月,毛泽东与蔡和森等人在长沙发起组织新民学会,从事革命活动。同年,他在第一次北京之行期间,受到俄国十月革命的思想影响。五四运动后,他主编《湘江评论》,热情歌颂十月革命,认为这个胜利“必将普及于全世界”,“我们应当起而仿效”。1919年12月他第二次到北京,阅读了关于十月革命的书籍和马克思主义著作。1920 年 4 月,他从北京到上海,同陈独秀探讨马克思主义以及如何开展湖南的革命活动等问题。在北京和上海这段时间里,毛泽东的思想迅速发生变化。到 1920 年冬,他从理论到实践上已成长为一个马克思主义者。

老同盟会员董必武在经历过辛亥革命前后的无数风云变幻之后,认真读了十月革命的书籍,“逐渐了解俄国革命中列宁党的宗旨和工作方法与孙中山先生革命的宗旨和工作方法迥然不同”,于是开始“想俄国与中国问题,开始谈马克思主义”。

在马克思主义传播过程中,一批出国勤工俭学的青年知识分子也是其中的重要力量。1919 年年初到 1920 年年底,全国各地赴欧勤工俭学的青年就有 1600 多人,他们有机会直接接触到马克思主义得以产生的欧洲社会,有机会亲身体验到工人阶级的生活,思想感情得到锻炼,进而成为马克思主义的信仰者。他们中的一些人还通过书信等方式,向国内思想界传播马克思主义。

在法国,年轻的学生领袖周恩来找到了人生的航向。他郑重地表示:“我认的主义一定是不变了,并且很坚决地要为他宣传奔走。”他此后一生的奋斗与荣耀都围绕着这个主义——共产主义。

随着马克思主义的广泛传播并日益同工人运动相结合,随着一批接受马克思主义的先进分子的出现,建立无产阶级政党的任务,开始提上中国历史的日程。

在积极传播马克思主义、介绍俄国十月革命经验的过程中,一批革命先驱逐步认识到,要用马克思主义改造中国,走十月革命的道路,就必须像俄国那样,建立一个无产阶级政党,来组织和领导中国革命。

最早提出并推动在中国建立共产党的,是陈独秀和李大钊。

1920 年 2 月,从北京通州去天津的路上,一辆不起眼的骡车上有两个商人打扮的人在轻声交谈着。当时没人注意到车里有一位是因鼓吹“新思潮”正被北洋政府通缉的陈独秀，另一位则是护送他离开北京去上海的李大钊。就是在这段惊险的历程中，他们二人商议筹划建立中国共产党的问题。这为历史留下了“南陈北李，相约建党”的故事。

中国共产党的建立得到了列宁领导的共产国际的帮助。

俄共为什么要帮助中国建立共产党呢？1918 年 3 月，俄共召开第七次紧急代表大会，列宁在会上指出：“从世界范围来看，如果俄国革命始终孤立无援，如果其他国家不发展革命运动，那么，毫无疑问，我们革命的最后胜利是没有希望的。”

于是俄共把目光投向了中国，决定推动中国的革命。

1920 年 4 月，列宁派共产国际执委会人员维经斯基等人抵达北京。

维经斯基等人先在北京会见了李大钊，接着又到上海会见陈独秀，向他们介绍了共产国际和国际共产主义运动的情况，讨论中国建党问题，并帮助进行建党的准备工作。

在维经斯基的帮助下，陈独秀加快了建党的步伐。1920 年 8 月，以上海马克思主义研究会骨干为基础成立了上海早期共产主义组织。

关于党组织的名称叫什么，是叫社会党还是共产党，陈独秀自己一时拿不定主意，就写信给在北京的张申府，并要他告诉李大钊。张申府和李大钊一起研究后，建议按照李大钊的意见叫共产党。陈独秀同意了李大钊的意见，就用“中国共产党”这个名称，不再使用“社会党”的提法了。

这是中国的第一个共产党组织。成员有陈独秀、李达、陈公培、沈玄庐、李启汉、袁振英、李中、陈望道、李汉俊、俞秀松、邵力子、沈雁冰（茅盾）、沈泽民、赵世炎、林伯渠、周佛海、施存统等。这个组织成立后，首先拟定了一个类似党章的东西，是由李汉俊用两张八行格纸写的。所谓党纲，只有“劳工专政，生产合作”八个字。首次决议，推陈独秀担任书记，函约各地拥护社会主义先进分子组织支部。这个组织，便成为创建中国共产党的活动中心。

上海党组织于 1920 年 11 月创办《共产党》月刊和制定《中国共产党宣言》,明确了共产党的名称。陈独秀在《政治改造和政党改造》中指出:“只有以共产党代表政党,才有政治改造的希望。”并说:“新的共产党究竟如何,全靠自己做出证据来才能使人相信。”

李大钊在介绍维经斯基一行去上海后,也加快了在北京的建党工作。1920 年 10 月初,李大钊、张申府、张国焘三人在北京沙滩红楼(原北大图书馆)李大钊办公室开会,成立了北京的共产党早期组织,当时取名为“共产党小组”,并以《劳动者》周刊为机关刊物。

1920 年年底,北京党组织召开会议,决定将组织改为“共产党北京支部”,由李大钊任书记,张国焘负责组织工作,罗章龙负责宣传工作。随后,北京党组织又陆续发展了一批成员。到 1921 年 7 月,北京党组织成员有李大钊、张国焘、邓中夏、罗章龙、刘仁静、高君宇、何孟雄、缪伯英、范鸿劼、宋介、李梅羹、陈德荣、张太雷等,他们大多是北京大学的进步师生。

其他一些地区建立党组织的都是一些受五四运动影响比较深、工业和文化比较发达的地区。如武汉党组织是由李汉俊从上海来同董必武等商议、陈独秀又派刘伯垂到武汉推动建立起来的。

长沙的党组织是毛泽东创立的,在新民学会核心骨干中进行秘密活动。毛泽东在 1919 年 12 月至 1920 年 4 月第二次到北京期间,同李大钊、邓中夏等有很多接触。他回忆说:“我第二次到北京期间,读了许多关于俄国情况的书。”“第一次看了考茨基著的《阶级斗争》,陈望道翻译的《共产党宣言》,和一个英国人作的《社会主义史》。”读了这几本书以后,“建立起我对马克思主义的信仰。我一旦接受了马克思主义是对历史的正确解释以后,我对马克思主义的信仰就没有动摇过”。

济南的党组织是李大钊派陈为人到济南同王尽美、邓恩铭等取得联系建立的。

广州的党组织,建立于 1920 年 9 月,但成员复杂,几乎被无政府主义者垄断。1921 年 1 月,陈独秀从上海到广州,找到他在北大的学生谭平山、陈公博、谭植棠等改建了组织。

到欧洲的最早的党员张申府、赵世炎、陈公培分别是在北京和上海入党的,不久由他们在欧洲介绍入党的有周恩来、刘清扬等。

留日学生中最初的两个党员施存统和周佛海是在上海加入党组织的。

在四川,吴玉章、杨闇公等也自动成立了一个中国青年共产党。那时四川的交通十分闭塞,吴玉章不知道外面有了共产党组织,所以他便在 1922 年和杨闇公等组织了一个中国青年共产党。后来,他到了北京,见到赵世炎,了解到中国共产党成立的经过和活动情况,就写信到四川,要杨闇公等把中国青年共产党取消,正式加入中国共产党。

这些事实说明:在中国建立共产党,绝不是少数几个人的想法,也不是只靠外来因素造成的,而是许多先进分子在当时的共同要求,是客观局势发展的产物,有历史的必然性。

中国共产主义组织的最早成员几乎全是知识分子,包括一些青年学生。他们经过五四运动的洗礼,从爱国救亡的强烈要求出发,痛感现存社会的恶浊和不合理,要求从根本上改造这个社会。他们经过反复的比较和探求,认定必须走社会主义的道路,接受马克思主义。

他们从事实的教训中认识到,靠单个人的力量绝不能实现社会的改造,必须把有着相同志向的人结合成一个有组织的坚强有力的集体,齐心合力去做,否则,就只能停留在空谈上,不可能真正撼动旧社会的根基。

中国的共产主义组织便是这样诞生的。

这些共产主义组织相继成立后,实际工作从哪里下手?除发展组织外,它们主要做了四项工作:第一,通过各种报刊和书籍,宣传马克思主义,介绍十月革命后俄国的情况和经验,特别注意宣传科学社会主义和阶级斗争的学说,在社会上产生了广泛的反响;第二,对各种反马克思主义思潮展开论战,同它们争夺群众;第三,从事工人运动,创办供工人阅读的刊物,如上海的《劳动界》、广州的《劳动者》、北京的《劳动音》和《工人周刊》等；第四，成立中国社会主义青年团，创办外国语学社，选送刘少奇、任弼时、罗亦农等 20 多个青年到俄国学习。

1921 年 6 月初，共产国际代表马林和共产国际远东书记处代表尼克尔斯基先后到达上海，并与上海的共产党早期组织成员李达、李汉俊建立了联系。经过几次交谈，他们一致认为应尽快召开全国代表大会，正式成立中国共产党。李达、李汉俊同当时在广州的陈独秀、在北京的李大钊通过书信商议，决定在上海召开中国共产党第一次全国代表大会，随即，他们通过写信通知北京、武汉、长沙、济南、广州和旅日的党组织，各派代表两名到上海出席会议，并从马林带来的活动经费中，给每位代表寄出一百元路费。

各地党组织接到参加党的第一次代表大会通知后，采取不尽相同的方式推举代表秘密前往上海出席会议。

中国共产党第一次全国代表大会于 1921 年 7 月 23 日晚上开幕，会场设在上海法租界望志路 106 号(现上海市兴业路 76 号)李汉俊之兄李书城的住宅内，会场陈设简朴，但气氛庄严。会议代表 13 人，他们是：上海的李达、李汉俊，长沙的毛泽东、何叔衡，济南的王尽美、邓恩铭，武汉的董必武、陈潭秋，广州的陈公博，北京的张国焘、刘仁静，在日本东京的周佛海，以及陈独秀委派的代表包惠僧。他们代表着全国 53 名党员出席会议。为建党积极奔走呐喊的陈独秀和李大钊，则因公务繁忙而没有出席会议。共产国际代表马林列席会议并首先致词，对中国共产党的成立表示祝贺。他介绍了共产国际的概况，并建议把会议的进程及时报告共产国际远东书记处。随后，代表们具体商讨了大会的任务和议程。

7 月 24 日，各地代表向大会报告本地区党、团组织情况。7 月 25 日和 26 日休会两天，由张国焘、李达、董必武起草供会议讨论的党纲和今后的工作计划。7 月 27 日至 29 日，连续 3 天举行 3 次会议，对党的纲领和决议进行详尽的讨论。

7月30日晚，代表们正在开会时，一名陌生的中年男子突然闯入会场，说是找社联的王主席。他向会场的人扫视一通后说，对不起，走错了，匆忙离去。具有长期秘密工作经验的马林立即断定此人是敌探，建议马上中止会议。为了躲避法国巡捕的搜查，最后一天的会议被迫转移到浙江嘉兴南湖的一艘游船上举行。

中共一大在南湖的小船上通过了《中国共产党第一个纲领》。

纲领第一条规定：本党定名为“中国共产党”。

纲领第二条规定：(1)革命军队必须与无产阶级一起推翻资本家阶级的政权，必须支援工人阶级，直到社会的阶级区分消除为止；(2)承认无产阶级专政，直到阶级斗争结束，即直到消灭社会的阶级区分；(3)消灭资本家私有制，没收机器、土地、厂房和半成品等生产资料，归社会公有；(4)联合共产国际。

党的一大通过的纲领表明中国共产党从建党开始就旗帜鲜明地把实现社会主义和共产主义定为自己的奋斗目标。中国的先进分子经过长时期的艰苦探索，找到马克思主义这个正确的革命理论，认识到只有社会主义、共产主义才能救中国。这是对中国革命问题认识的一次具有划时代意义的飞跃。

南湖会议还通过了《中国共产党第一个决议》，明确了党成立后的基本任务是开展工人运动。

会议产生了中国共产党领导机构，选举陈独秀、张国焘、李达组成中央局，选举陈独秀担任书记，张国焘负责组织工作，李达负责宣传工作。

在南湖这艘小船上完成了一个无产阶级政党建党必须完成的工作，正式宣告中国共产党的诞生。

中国共产党成立后，陈独秀说：“作为共产党员首先要信仰马克思主义，其次是发动工人、组织工人、武装工人，推翻资产阶级政权、消灭剥削制度，建立无产阶级政权。”

南湖这艘小船因为见证了这一开天辟地的大事件，而被赋予了特殊的意义，中国共产党的伟大建党精神也因此被称为“红船精神”。

红船精神作为中国共产党精神，体现了时代要求，传承了民族精神，彰显了政党性质，展现了共产党人形象。它不仅是中国共产党宝贵的精神财富和巨大的政治优势，也是每个共产党人的精神支柱和力量源泉。

习近平同志在《弘扬“红船精神”　走在时代前列》一文中指出：“一个大党诞生于一条小船。从此，中国共产党引领革命的航船，劈波斩浪，开天辟地，使中国革命的面貌焕然一新。”他还指出：“开天辟地、敢为人先的首创精神，坚定理想、百折不挠的奋斗精神，立党为公、忠诚为民的奉献精神，是中国革命精神之源，也是‘红船精神’的深刻内涵。”

自从有了中国共产党，灾难深重的中国人民在实现中华民族伟大复兴的征途中有了可信赖的组织者和领导者，中国革命从此有了坚强的领导力量。

1922 年 7 月 16 日至 23 日，中国共产党在上海举行第二次全国代表大会，出席大会的有陈独秀、张国焘、李达、杨明斋、罗章龙、王尽美、许白昊、蔡和森、谭平山、李震瀛、施存统等，代表着全党 195 名党员。

这次大会通过了《中国共产党第二次全国代表大会宣言》和其他决案。大会宣言初步阐明了现阶段中国革命的性质、对象、动力、策略、任务和目标，指明了中国革命的前途。大会根据列宁在远东各国共产党及民族革命团体第一次代表大会上提出的民族和殖民地革命理论，深化了对中国社会和革命性质的认识，提出了最高纲领和最低纲领。最高纲领是：组织无产阶级，用阶级斗争的手段建立劳农专政的政治，铲除私有财产制度，渐次达到一个共产主义的社会。最低纲领是：消除内乱，打倒军阀，建设国内和平；推翻国际帝国主义的压迫，达到中华民族完全独立；统一中国为真正的民主共和国。

中共二大虽然没有触及封建制度的社会根基——土地所有制问题，但毕竟已破天荒地第一次在中国人面前比较完整地提出了反对帝国主义和封建势力的任务,这在20世纪中华民族觉醒和奋起的历程中是一个重要的里程碑。

这个新兴的政党拥有极强的生命力和组织力,尽管此时中国共产党还处在幼年,但她的党员已经开始深入到下层劳动群众中去,做艰苦的群众工作,举办工人夜校,成立工人俱乐部,领导工人罢工,同下层群众紧紧站在一起。在中国历史上,还没有一个政党如此深入地发动过人民群众。

对于中国的民主革命,乃至关注国家前途的民众来说,这是一条崭新的路,也是一条艰难的路。

1922年6月16日凌晨,主张联省自治,因政见不同而与孙中山决裂的广东军阀陈炯明发动军事政变,围攻总统府,炮击孙中山在观音山的住所粤秀楼,战况激烈,卫士死伤数人,总统府遂成灰烬。孙中山在炮火中脱险,在永丰舰上住了55天。在很长一段时间里,孙中山的心都沉浸于伤痛之中,因为这是一次新的失败,一次更为彻底的背叛。他已经想尽了办法,为什么还是一次次遭遇失败和背叛?

为了再造共和,孙中山奔走南北,八方呼吁,四处联络,希望借助一些地方势力打倒北洋军阀,然而他收获的只是一次次的失败和背叛。不仅北洋军阀未倒,中国反而乱象更炽。甚至一些老同盟会员也自甘堕落,沦为新的军阀势力。对此种种,他曾痛心疾首地指出:"民国之政治,比之满清尤为不及。"

对孙中山和中国来说,这都是一个具有转折意义的年代,在痛苦中挣扎,在彷徨中思考,在失败中奋进。对于应该如何解决中国的问题,孙中山在很长的时间内都没有找到答案,但他早就认为西方列强的道路和日本的道路都不适合中国的国情。

孙中山曾遍游欧美各个强国,他虽然承认西方的社会进步,却始终对西方的贫富不均感到忧心忡忡。对于社会主义,孙中山也并不陌生。早在

1903年,他就在一封信中表示,对于社会主义,他会认真思考,不会轻易忘记。他理想中的中国,他的民主制度与社会主义的描述极其相似。

可惜,民国政治的混乱使他将精力集中于一次次的革命中,没有进一步思考社会主义的问题。而且,他认为以当时中国的情况,还不宜于社会主义。

民国初年,不仅国家陷入军阀纷争,而且出现政党林立的混乱局面。据后人研究统计,民国初年的政治性党派有312个,仅北京和上海就分别有82个和80个。正因如此,孙中山长时间处于苦闷与彷徨之中。

五四运动之后,孙中山认为改造中国的第一步就是要把"旧官僚、武人、政客"像尘土一样"远远抛开"。

十月革命使孙中山大为兴奋,他认为苏俄的道路适合中国,"要赶快用国家的力量来振兴工业,用机器来生产,令全国的工人都有工作"。不久之后,他将帝国主义和封建军阀认定为历史的垃圾,并提出联俄、联共、扶助农工的三大政策,这是他的正确选择。

回顾这段历史,正如毛泽东所指出的那样:自从1840年鸦片战争失败那时起,先进的中国人,经过千辛万苦,向西方国家寻找真理。洪秀全、康有为、严复和孙中山,代表了在中国共产党出世以前向西方寻找真理的一派人物。"中国人民向西方学得很不少,但是行不通,理想总是不能实现。""十月革命一声炮响,给我们送来了马克思列宁主义。""就是这样,西方资产阶级的文明,资产阶级的民主主义,资产阶级共和国的方案,在中国人民的心目中,一齐破了产。资产阶级的民主主义让位给工人阶级领导的人民民主主义,资产阶级共和国让位给人民共和国。"

孙中山曾经指出:"我今天来分别共产主义与民生主义,可以说共产主义是民生主义的理想,民生主义是共产主义的实行。所以两种主义没有什么分别,要分别的还是方法。"相近的观点使国共合作历史性地摆到了中国人民面前。

孙中山痛定思痛，认识到不依靠人民群众，不依靠真正的革命力量，单纯利用一个军阀去打倒另一个军阀，利用南方军阀去打倒北方军阀，是不可能取得革命成功的。最使他痛心的是自己培养的干部陈炯明，如今变成了要置他于死地的新军阀，他所创造的国民党已经腐败，担负不起统一中国、再造共和的任务。他要寻找新的革命力量，走新的革命道路。

1922 年 1 月下旬，国共两党都派出代表到莫斯科，出席共产国际召开的远东各国共产党及民族革命团体第一次代表大会。中国共产党指派张国焘、瞿秋白、高君宇、王尽美、邓恩铭等人出席了大会。国民党张秋白、王乐平等代表出席会议。会议期间，列宁带病接见了中国代表张国焘、王尽美、邓恩铭、张秋白和邓培(中国工人代表)等人。列宁询问了中国的政治、经济和工人运动的情况，向中国代表提出“国共两党是否可以合作的问题”。

列宁说：“我只知道孙中山是中国革命的领袖，但不了解孙中山这些年做了什么事，所以不能发表意见。”他转向张秋白说：“中国国民党与中国共产党是否可以合作?”张秋白不假思索地回答：“国共两党一定可以很好地合作。”列宁又转向张国焘：“你怎么看?”张国焘说：“在中国民族和民主革命中，国共两党应该密切合作，而且可以合作；不过，两党在合作过程中，可能会产生若干困难，但相信这些困难是可以克服的。”

代表团成员回国后，将列宁的这次谈话转告了孙中山，孙中山听后深受启发。张国焘将列宁的谈话报告了中共中央。

1922 年 8 月 23 日，孙中山在上海莫里哀路寓所会见了一个不同寻常的客人——共产党人李大钊。孙中山非常兴奋，二人就振兴国民党、振兴中国的问题，畅谈不倦，几乎忘食。李大钊说明中共关于国共合作、建立革命统一战线的主张。孙中山十分赏识李大钊对时局的看法，对他倍加信赖，委以他起草《中国国民党改组宣言》的重任。孙中山亲自主盟，介绍李大钊加入中国国民党。李大钊告诉他，自己是共产党员。孙中山说：“这不打紧,你尽管一面作第三国际党员,一面加入本党帮助我。”

8 月 25 日,共产国际代表马林会晤孙中山,告诉他共产国际于 7 月 18 日开会决定,要求中国共产党与国民党合作,以开辟革命的新局面。孙中山决定实行联俄联共的政策,表示愿意与苏俄建立更紧密的联系。

8 月 29 日至 30 日,根据马林的提议,中共中央在杭州西湖召开会议,讨论加入国民党的问题。陈独秀、李大钊、蔡和森、张国焘、高君宇出席,张太雷以翻译身份参加会议。马林在会上传达了共产国际“七月决议”和“八月指示”,要求共产党员以个人身份加入国民党,建立国共统一战线。全会接受了共产国际的指示。

9 月 4 日,孙中山召集在上海的各省国民党负责人 53 人讨论改组国民党的问题,马林、陈独秀、张太雷应邀参加。孙中山宣布了他的联俄联共政策,表示要大量吸收新鲜血液,振兴国民党。马林也在会上讲了话。

几天后,陈独秀、李大钊、蔡和森、张太雷等第一批共产党员,由孙中山主盟,加入国民党。

11 月 15 日,孙中山又召开高级干部会议,讨论国民党改组方案。12 月 16 日至 18 日再次开会,讨论国民党改组宣言,审查党纲、党章。

1923 年 1 月 12 日,中共中央根据《关于国共合作的决议》,决定召开中国共产党第三次代表大会,统一全党的思想,推进中国共产党同中国国民党的合作,建立统一战线,开创革命的新局面。

1923 年 6 月 12 日到 20 日,中国共产党第三次全国代表大会在广州召开。出席大会的代表 30 多人,代表全国 420 名党员。共产国际代表马林参加大会。陈独秀代表二届中央执行委员会作报告。大会围绕共产党加入国民党的问题进行了充分而激烈的讨论。一些代表担心全体党员加入国民党会丧失党的独立,会使党腐化。另一些代表认为在国民革命运动的环境下,只有加入国民党才能够更好地进行反帝反封建的革命。经过两天激烈的争论,全体代表统一了思想认识,最终接受了共产国际关于同国民党合作的指示,决定采取共产党员以个人身份加入国民党的方式实现国共合作。

中共三大决定,共产党员以个人身份加入国民党,“但仍旧保存我们的组织,并须努力从各工人团体中,从国民党左派中,吸收真有阶级觉悟的革命分子,渐渐扩大我们的组织,谨严我们的纪律,以立强大的群众共产党之基础”。

同时,中共中央还发出了《第十三号通告》,要求全体党员积极协助国民党进行改组工作,争取做到每省有一名共产党员当选即将召开的国民党第一次全国代表大会的代表。

在共产国际和中国共产党的推动帮助下,孙中山加快了改组国民党的实际步骤。

1923 年 8 月 16 日,孙中山派出由蒋介石、张太雷、沈定一、王登云等人组成的“孙逸仙博士代表团”访问苏联,具体考察苏联的政治、党务、红军等组织情况,参观苏联的军事院校,并洽谈苏联援助问题。

10 月 16 日,苏联政府驻广东政府代表鲍罗廷偕妻子范娅来到广州,孙中山聘请他为国民政府特别顾问。

国共第一次合作的基础已经打下了。

1924 年 1 月 20 日至 30 日,国民党第一次代表大会在广州召开,大会由孙中山主持。出席开幕式的代表 165 人中,共产党有 20 多人。孙中山指派李大钊、林森、汪精卫、胡汉民、谢持 5 人组成主席团。这次大会制定了联俄、联共、扶助农工的三大政策,并重新解释了三民主义:在民族主义中突出了反帝的内容,强调对外实现中华民族的独立,主张国内各民族一律平等;在民权主义中强调民主权利应为一般平民所共有,不应为“少数人所得而私”;而民生主义的精髓是“平均地权”和“节制资本”,改善人民生活。

大会最后选举中国国民党执行委员会。共产党员李大钊、谭平山、于树德、毛泽东、林伯渠、瞿秋白、张国焘、于方舟、韩麟符、沈定一当选中央执行委员或候补执行委员,约占委员总数的四分之一。

国民党一大宣言中提出:"中国以农立国,而全国各阶级所受痛苦,以农民为尤甚。国民党之主张,则以为农民之缺乏田地沦为佃户者,国家当给以土地,资其耕作,并为之整顿水利,移殖荒徼,以均地力。"孙中山解释为"耕者有其田"。国民党一大还宣布说:"国民革命之运动,必恃全国农夫、工人参加,然后可以决胜,盖尤可疑者。"

国民党第一次全国代表大会的最重要的成果,就是在共产党加入国民党的基础上正式建立了联合战线,标志着第一次国共合作的正式形成。

孙中山在国民党一大会议上讲话时特别强调:"现在是拿出鲜明反帝国主义的革命纲领,来唤起民众为中国的自由独立而奋斗的时代了！不如此是一个无目的无意义的革命,将永久不会成功!"国民党一大的政治纲领同中国共产党在民主革命阶段反帝反封建的政治纲领基本原则是一致的,因而成为第一次国共合作的共同纲领。

至此,国共第一次合作开始。这个合作为国民党注入了新的生命力。

国共合作促进了广东工农运动的高涨。国民党改组后,成立了工人部和农民部。工人部部长廖仲恺,他的职务很多,这项工作实际上由工人部秘书、共产党员冯菊坡负责。农民部部长林伯渠、秘书彭湃,都是共产党员。国民党中央创办的农民运动讲习所,第一期主任是彭湃,第六期主任是毛泽东。在这种情况下,广东的工农运动出现了蓬勃高涨的局面,并影响到邻近的湖南、江西等省工农运动的高涨,为以后的北伐战争胜利发展奠定了基础。

国共合作发展了国民党的组织。在这以前,国民党在国内的活动范围只限于少数几个地方,到 1926 年 1 月国民党二大时,除新疆、云南、贵州等少数省区外,全国各地都有了国民党的组织,不少省市党部的负责人是由共产党员担任的,如李大钊、董必武、林伯渠、夏曦、宣中华、侯绍裘等。

广东革命形势的迅速发展,迫切需要建立一支可靠的革命武装力量。早在1921年12月,共产国际代表马林会见孙中山时,就向他建议创办军官学校,以建立革命的基础。鉴于过去长期依靠旧军队进行革命而屡遭失败的痛苦教训,孙中山在筹划改组国民党的同时,也积极酝酿创办一所军官学校,还表示按苏联红军的样式建立一支革命军队。国民党一大正式决定创办陆军军官学校。这所军校因设在广州的黄埔,故称为黄埔军校。

孙中山自任军校总理,委任蒋介石为校长,廖仲恺为党代表,周恩来担任黄埔军校政治部主任,先后聘请加伦等苏联军官为军事顾问。

在筹建军校的过程中,苏联援助经费200万元现款,并运来8000支枪和500万发子弹,还派遣了一批有丰富经验的军事教官。1924年年底,以黄埔学生为骨干成立了两个教导团,到1925年8月便扩大成为国民革命军第一军。

1924年6月16日,广州黄埔长洲岛上,黄埔军校开学,大门上赫然写着一副对联:"升官发财请往别处,贪生怕死莫进此门。"横批是"革命者来"。

在操场上,集结着这个学校第一批的400名学生,这些来自五湖四海的青年后来大部分成为国共两党的高级将领,在此后20余年的岁月中,他们曾经并力克敌,内驱军阀,外抗强敌,也曾为各自的理想与追求不同而争锋沙场,角逐民心,最后由历史和人民在他们中间作出抉择。

在那刚刚跨进校门的日子,他们的心就被一位老人的演讲所吸引。那一天举行的开学典礼是中国历史上具有特殊意义的典礼,孙中山在典礼上对学生们说,在这个地方开办这个军官学校,独一无二的希望,就是创造革命军,挽救中国的危亡。

孙中山创建军校的目的很明确,就是要由此建立一支党的军队,同时他注意用其三民主义精神作为军校的指导思想。他为军校写的训词是:"三民主义,吾党所宗。以建国民,以进大同。咨尔多士,为民前锋。夙夜匪懈，主义是从。矢勤矢勇，必信必忠。一心一德，贯彻始终。”

中国共产党十分重视黄埔军校的工作，从各地选派大批党员、团员和革命青年到军校学习。在第一期学生中有蒋先云、陈赓、左权、徐向前等共产党员和青年团员五六十人，占学生总数的十分之一。在教职员中有不少共产党员。恽代英、萧楚女、熊雄、聂荣臻等先后到军校担任政治教官和各级领导工作。中国共产党输送到军校学习的优秀人才经过军校严格的训练和教育，不但在当时的国民革命军中起了重要作用，而且其中许多人后来成长为工农红军的创建者和共产党领导下的武装斗争领导人。这里，走出了5位共和国元帅、3位大将、8位上将。林彪、聂荣臻、徐向前、陈毅、叶剑英元帅，以及左权、刘志丹、陈赓、黄公略、曾中生、唐澍、吴光浩、潘忠汝、许继慎、蔡申熙、段德昌、卢德明、周士第、周逸群、王尔琢、孙德清、伍中豪、袁国平、李运昌、阎揆要、郭化若等，都毕业于黄埔军校。罗瑞卿、程子华、赵尚志、陈伯钧等，都曾就读于黄埔军校武汉分校。

1924年11月13日，孙中山启程北上，希望促成南北议和。

1924年12月31日下午4时30分，孙中山抵达北京。与12年前进北京相比，这次的欢迎同样热烈，10余万民众在凛冽的寒风中等待着他的到来，希望他能带来和平与安宁。孙中山拖着病体下车步行，向民众致意。他再次表达了他的拳拳之心：“此次进京，曾有宣言，非争地位权力，乃为救国。”

可惜，天不假年，不久孙中山就查出罹患肝癌。一代伟人走到了生命的最后时刻犹不忘一生抱负，他在政治遗嘱中写道：“余致力国民革命凡四十年，其目的在求中国之自由平等。积四十年之经验，深知欲达到此目的，必须唤起民众及联合世界上以平等待我之民族，共同奋斗……”

1925年3月12日晨，中山先生逝世，终年59岁。在北京公祭的10天内，吊唁者达70余万人，挽联近6万副。

孙中山留给世界最后的声音是“和平、奋斗、救中国”。

对共产党来说,国共合作使党提出的反帝反封建民主革命纲领更为广泛地深入人心,使党在更大的群众斗争范围里得到锻炼,培养了一大批骨干,党的组织也得到发展。

第一次国共合作实现后,国民革命的影响很快从中国的南方扩大到中部和北部,从国共两党扩大到工人、农民、士兵、青年学生和小商人当中,全国涌现出一股向帝国主义和军阀势力猛烈冲击的革命洪流。

为了加强对日益高涨的革命运动的领导,解决党所面临的许多问题,1925 年 1 月 11 日至 22 日,中国共产党在上海举行第四次全国代表大会。出席大会的代表 20 人,代表党员 994 人。共产国际维经斯基参加了大会。陈独秀代表第三届中央执行委员作工作报告。

这次大会着重讨论了无产阶级在民族革命运动中的地位,以及为了参加这一运动党在组织方面和群众工作方面如何准备的问题。会议指出:反对国际“帝国主义”的同时,既要“反对封建的军阀政治,还要反对封建的经济关系,反对帝国主义工具之买办阶级”。这是党对中国革命问题认识的重大进步,实际上丰富了新民主主义革命的基本思想。

这次大会在党的历史上第一次明确提出无产阶级民主革命中的领导权和工农联盟问题,并对中国民主革命的内容作了更加完整的规定。但是,中共四大在如何实现无产阶级领导权,特别是如何正确处理同资产阶级争夺领导权过程中遇到的复杂问题方面,并没有作出具体的回答,对政权和武装问题的极端重要性仍缺乏足够的认识。这些不足,在以后的革命运动发展中逐步明显地表现出来。

1925 年爆发的席卷全国、震惊中外的五卅运动,标志着一场新的大革命高潮的来临。

五卅运动是从中国最大的工业城市上海开始的。

上海是中国产业工人最集中的地方,有新式产业工人 20 多万人。这里也是帝国主义列强侵略中国的重要基地。主要有英国控制的公共租界和法租界。日本和英国等还在上海开设了许多工厂,仅日本开设的纺织厂就有37家,这些工厂雇佣大量女工和童工,残酷地榨取他们的血汗。

1925年2月,上海日资纱厂工人为反对日本资本家打人和无理开除工人,要求增加工资而举行罢工。中共中央专门组织指挥这次罢工委员会。先后参加罢工的有22家工厂的近4万名工人。

1925年5月15日,日本资本家宣布上海内外棉七厂停工,不准工人进厂。该厂工人、共产党员顾正红率工人强行进入工厂,要求复工和发工资。日本大班(相当于厂长)率领打手向工人开枪,打伤工人10余人,顾正红身中四弹,伤重身亡。屠杀事件激起上海日本纱厂工人的愤怒,他们当天举行罢工以示抗议。这成为五卅运动的导火线。5月28日,中共中央召开紧急会议,决定5月30日到公共租界举行大规模的反帝示威活动,抗议日本帝国主义血腥镇压中国工人的罪行。30日,上海工人和学生在公共租界举行声援纱厂工人的街头宣传和示威游行,并从几路会合在南京路。这时,早有戒备的英国巡捕突然发射排枪,打死学生、工人13人,伤数十人。南京路上顿时一片腥风血雨。

这就是举国震惊的五卅惨案。

当天深夜,中共中央再次举行紧急会议,决定由瞿秋白、蔡和森、李立三、刘少奇和刘华等组成行动委员会,具体领导和组织上海民众罢工、罢市、罢课,抗议帝国主义屠杀中国人民的罪行。6月1日,由中国共产党领导的上海总工会宣告成立,并宣布为反对帝国主义屠杀中国人民,举行总同盟罢工。随后,上海学联、上海总商会和各路商界联合会也宣布总罢课和总罢市。

在中国共产党的领导和推动下,五卅运动的狂飙迅速席卷全国。各地各阶层广大群众纷纷响应。北京、广州、南京、天津、重庆、青岛、汉口等几十个大、中城市都举行成千上万的集会游行或进行罢工、罢课、罢市。广州和香港的25万名工人,在共产党员邓中夏、苏兆征等的领导下,举行了著名的省港大罢工。这场罢工持续达16个月之久，是世界工运史上持续时间最长的大罢工，在政治上、经济上沉重打击了日英帝国主义。有组织的工人阶级也成为广州革命政府的有力支柱，为准备北伐战争作出了突出贡献。

中国人民的反帝斗争得到共产国际、海外华侨和各国劳动人民的广泛支持和同情。在世界各地，有近100个国家和地区的华侨举行集会和募捐。在莫斯科有50万人举行游行示威，声援工人。一时间，五卅运动成为具有广泛国际影响的反对帝国主义的斗争。

在五卅运动蓬勃发展的有利形势下，国共两党通力合作，于1925年至1926年1月，先后平定陈炯明、杨希闵、刘震寰以及邓本殷在广东的叛乱，使四分五裂的广东获得统一，1925年7月1日建立国民政府，汪精卫被选为国民政府常务委员会主席和军事委员会主席，随后，广西的李宗仁、黄绍竑、白崇禧等，湖南的唐生智部宣布服从广州的国民政府。

南方的革命形势高涨，使社会各阶层对帝国主义和北洋军阀的憎恨更加强烈，民众渴望结束持续十多年的军阀割据和军阀混战的黑暗局面，实现国家的独立和统一，北伐战争已是大势所趋，人心所向。

这时，北洋军阀的兵力还很强大，但其内部处在四分五裂状态中，主要分三股势力：直系军阀吴佩孚，控制着湖南、湖北、河南三省和直隶保定一带，约有兵力20万人；直系军阀孙传芳，盘踞江苏、浙江、安徽、江西、福建五省，号称“五省联帅”，有军队20万人，战斗力比吴佩孚强；实力最雄厚的奉系军阀张作霖，控制着东北三省、热河、察哈尔、京津地区和山东，兵力有35万人。这三股势力之间钩心斗角，存在深刻矛盾，便于各个击破。

对于国民革命军的北伐，有在华的苏联顾问和中国共产党人的支持，加之全国反帝反封建斗争形势的高涨，尽快举行是适宜的。

1926年7月9日，在“打倒列强，除军阀”的雄壮口号声中，国民革命军在广州誓师，正式出师北伐。参加北伐战争的国民革命军共8个军，约

10万人,蒋介石任总司令。北伐战争的目的是推翻帝国主义支持的北洋军阀的反动统治,实现中华民族的独立、自由、民主和统一。这是孙中山多年的愿望,是全国人民的共同要求。

北伐军在苏联顾问的建议下,制定了集中兵力、各个歼敌的战略计划,首先向湖南、湖北进军,战事主要在衡山、长江及武汉等地进行。8月底取得两湖战场上的关键一战——汀泗桥、贺胜桥战役的胜利。10月10日,北伐军攻克武昌,誓师以来歼灭吴佩孚在两湖的兵力10多万人,克复湘鄂两省。北伐军于9月上旬又开辟了江西、福建战场,战斗主要在赣南、赣西北、南昌、泉州等地展开。11月19日攻克南昌,12月8日占领福州,先后消灭孙传芳兵力10多万人。收复赣闽两省。1927年年初,北伐军即分兵东进浙、皖、苏三省。3月2日攻占上海,两天后攻克南京。至此,北伐军完全占领长江中下游以南各省,基本消灭了吴佩孚、孙传芳两大军阀势力,与奉系军阀张作霖形成南北对峙的局面。1927年4月,武汉国民政府又组织部分北伐军进军河南,大败奉军,与冯玉祥的国民军一道攻占了河南大部分地区。北伐军在10个月时间里攻占了近半个中国,歼敌数十万人,取得了巨大的胜利。

北伐战争是实现国共合作、各革命阶层团结战斗、共同对敌的硕果。共产党员、共青团员在北伐战争中,视死如归、奋勇杀敌,起到了先锋模范作用。

在北伐军中,共产党员有1500多人,他们或任基层指战员,或为党代表和政工干部,作为北伐先锋,功勋显赫的叶挺独立团2000余人出韶关就是两战两捷,为北伐军打开了进军湖南的通道。在攻打武昌城时,叶挺即发动官兵备好登城竹梯,并亲自指挥全团攻城。共产党员和共青团员冒着枪林弹雨,冲锋陷阵,以无比坚强的忘我精神和不怕牺牲的英雄气概攻下武昌城。战后,独立团党支部决定在武昌洪山修建攻城官兵烈士墓,安葬共产党员曹渊等191名在历次战役中牺牲的烈士。墓碑上镌刻着“精神不死”“先烈之血主义之花”“诸烈士的血铸成了铁军的荣誉”等铭文。在10年之后,这支“铁军”的战旗又一次在抗日的战场上高高飘扬。“光荣北伐,武昌城下”成为许多中华儿女冲锋陷阵于抗日战场时经常发出的声音。

北伐战争中,一大批优秀共产党员,后来成为著名的军事家、政治家,如周恩来、李富春、林祖涵、叶挺、恽代英、邓小平、刘伯坚、林彪、徐海东、周逸群、蒋先云、周士第、左权、卢德铭、陈赓、黄克诚等。这批革命精英在自己的岗位上,冲锋在前,身先士卒,不仅自己勇于牺牲,还带领身边的国民党员不怕牺牲,艰苦奋战。

北伐战争,没有人民群众的参与是不可能完成的。北伐军经过各省时,当地的广大工农群众积极参加带路、送信、侦察、运输、扫雷、担架救护、慰劳、扰乱敌军后方等任务,对北伐军起了巨大的支持作用。

1926年10月上旬,北伐军已全部攻取武汉,广州的国民政府随后也迁到这里。

北伐军进军过程中,工农运动迅速高涨,湖南、湖北等省总工会相继成立,武汉的工会组织由北伐前的10多个发展到60多个,工会会员由1万多人激增到10万人。湖南农民协会会员到1927年1月已达到200万人。他们在农村拥有很大的权力,纷纷起来反对原来的压迫者,掀起了一场迅猛异常的革命大风暴。汉口和九江的民众,在武汉政府的支持下强行收回了两地的英租界。上海工人举行了3次武装起义,最后配合北伐军夺取了中国最大的工业城市——上海。所有这些,汇合成一片热气腾腾的革命景象。如果没有北伐战争的节节胜利,单靠以五卅运动为起点的群众性运动高潮还难以发展成那样轰轰烈烈的大革命局面。

可是,就在北伐战争的准备阶段及其以后的胜利发展进程中,国民党内部一股反共逆流发展了起来。

国民党是一个复杂的混合体,它的成员从左到右都有。在国共合作实现后,一直有一部分人反对这种合作,但由于孙中山坚持合作,因为他在国民党内有着别人无法比拟的崇高威望，那些反对意见最初还没有影响全局。孙中山不幸过早地去世后，情况发生了变化。

蒋介石在国民党内的地位本来并不高，在国民党一大时还没有被选入中央执行委员会。他最初把自己伪装成拥护国共合作的“左派”，办事果断认真，受到各方面的重视。随着黄埔军校的建立和统一广东根据地战争的胜利，他的地位一步步上升，羽毛逐渐丰满，反共面目便逐渐显露出来。

1926 年 3 月 18 日，蒋介石指示欧阳格以黄埔军校驻广东办事处的名义，命令海军代理处长、共产党员李之龙调派中山舰到黄埔军校候用。第二天，中山舰开到黄埔。蒋介石却诬指中山舰擅自开入黄埔，是共产党阴谋暴动。20 日，蒋介石以此为借口，命令逮捕了李之龙，扣押中山舰，包围省港罢工委员会，收缴工人武装，扣留第一军第二师中的左派党代表和政工人员 40 多人，宣布广州全市戒严，还包围苏联顾问团住处。蒋介石利用中山舰事件，既打击了中国共产党，又逼汪精卫离开广州出国，他把国民党的最高权力集中到手里，成了广州事实上的军政领袖。中山舰事件，是他公开进行反共活动的重要试探。

这次试探因共产党主要领导人陈独秀主张退让而得手后，蒋介石的胆子更大了。接着，他在国民党二届二中全会上提出并通过所谓“整理党务案”，规定其他党的党员加入国民党后，在省市以上党部任执行委员的人数不得超过总数的三分之一，并不得充任国民党中央的部长，这样实际上就把共产党员排斥出国民党领导岗位。但这时北伐在即，广东的力量有限，蒋介石还需要中国共产党和苏联的帮助，所以并没有立刻撕破脸，有时甚至还作出缓和的姿态。

1927 年 3 月下旬，北伐军先后控制了南京和上海，蒋介石认为他等候已久的时机终于到来了。

4 月初，蒋介石在上海约集国民党将领李宗仁、白崇禧、黄绍竑、李济深和国民党中央监察委员张静江、吴稚晖、李石曾等 10 余人举行反共秘密会议,污蔑共产党要打倒国民党,打倒三民主义,贻害北伐军,主张立即以暴力手段“清党”。

4月11日,蒋介石在南京下达反革命政变密令:“已克复的各省,一致实行清党。”

当日下午,大批军队布防上海街市。晚上,上海青帮头子杜月笙以“上海工界联合会”“中华共进会”的名义,请上海总工会委员长汪寿华赴宴,汪被骗至杜宅后惨遭杀害,致使上海工人运动失去了一位重要的领导人。

4月12日凌晨,大批青帮武装分子冒充工人,从租界冲出,向分驻上海总工会等处的工人纠察队发动突然袭击。当工人纠察队奋起抵抗时,自称前来“调停”的国民革命军第二十六军第二师开来,声称要调解“工人内讧”。轻信的工人纠察队把大门打开,欢迎第二十六军进入。结果在毫无戒备的情况下,2000多名纠察队员被军队强行缴械。第二天,上海总工会在闸北青云路广场举行有10万工人参加的群众大会,会后整队游行,要求释放被捕工人,交还工人纠察队被缴出的枪械。游行队伍到宝山路时,早就埋伏着的第二十六军士兵向密集的人群开枪,当场打死100余人,伤者不计其数。此后,疯狂的搜捕和屠杀继续进行,到4月15日,上海工人300多人被杀,500多人被捕,5000多人失踪。这就是震惊中外的“四一二”反革命政变。

接着,江苏、浙江、安徽、福建、广东、广西等省相继发生以“清党”为名的屠杀事件,包括著名共产党人杨闇公、萧楚女、熊雄等数千名共产党员和革命群众被杀害。在重庆,反共势力制造了“三三一”流血惨案,搜捕共产党员和革命群众,伤亡400多人,重庆地委书记杨闇公等人惨遭杀害。在广州,李济深制造了“四一五”惨案,仅七天被捕者达2100人,其中共产党员600人,被秘密杀害者100多人,著名共产党人李启汉、刘尔崧、萧楚女、邓培、熊雄等英勇就义。与此同时,北方的奉系军阀张作霖也在捕杀大批共产党员和革命群众。4月28日,中国共产党主要创始人之一李大钊等

20 名革命者英勇就义。

蒋介石发动的“四一二”反革命政变，是大革命从高潮走向失败的转折点，它使中国政治风云突变，造成革命联合战线内部的巨大变动和分化。此后，国内政局发生了根本变化。蒋介石于 4 月 18 日在南京另立国民政府，同时继续保持着国共合作的武汉国民政府。

蒋介石的叛变和突然袭击的卑鄙行径，引起了举国激愤。4 月 13 日，上海知名人士郑振铎、胡愈之等七人联名写信，声讨蒋介石的暴行。4 月 17 日，武汉国民党中央发布命令，宣布开除蒋介石的党籍并免去其身兼各职。武汉政府控制下的武汉、长沙等地召开数十万群众参加的反帝讨蒋大会。国民党陕西省党部在共产党的领导下，组织 2000 名国民党员在西安举行反蒋大会。4 月 20 日，中共中央发表宣言，揭露“蒋介石已变为国民革命公开的敌人”“帝国主义的工具”，并号召革命人民为“推翻新军阀蒋介石”“打倒军事专政”而斗争。

当时，中共中央一心想拉住汪精卫和武汉政府，但随着武汉局势越来越恶劣，7 月 15 日，汪精卫等控制的武汉国民党中央召开会议，决定同共产党决裂，同南京政府实现“宁汉合流”。随后，汪精卫集团对共产党员和革命群众实行大逮捕、大屠杀，至此，第一次国共合作全面破裂，轰轰烈烈的大革命令人痛心地失败了。从这时开始，蒋介石统治了中国 22 年。

蒋介石、汪精卫抛弃了孙中山先生联俄、联共、扶助农工的三大政策，和西方列强联合起来，对北伐的功臣、国民革命的合作者挥起了屠刀，此时孙中山刚逝世两年，尸骨未寒。国民革命的历史任务以及“耕者有其田”的理想，统统都被抛到脑后。

在武汉政府宣布“分共”的前一天，孙中山夫人宋庆龄以大无畏的气概发表《为抗议违反孙中山的革命原则和政策的声明》，声明中说：“孙中山的政策是明明白白的。如果党内领袖不能贯彻他的政策，他们便不再是孙中山的真实信徒；党也就不再是革命的党，而不过是这个或那个军阀的工具而已。党就不成为一种为中国人民谋未来幸福的生气勃勃的力量,而会变成一部机器,一种压迫人民的工具,一条利用现在的奴隶制度以自肥的寄生虫。”

以后越来越多的事实证明,宋庆龄当年得出的这个结论是多么深刻。

九、星火燎原

蒋介石和汪精卫相继背叛革命后，轰轰烈烈的大革命失败了，革命进入低潮。中国共产党人在九死一生、命悬一线的险境中，仍抱定为共产主义献身的坚定信念，在黑暗中继续高擎革命大旗前进。10 多年后，毛泽东回顾这一时期，说了一段令人难以忘怀的话："中国共产党和中国人民并没有被吓倒，被征服，被杀绝。他们从地下爬起来，揩干净身上的血迹，掩埋好同伴的尸首，他们又继续战斗了。"

可以说，在大革命时期，国共两党互相合作时，无疑是优势互补的搭档，而当合作破裂之时，共产党就吃了大亏。据中共六大的统计，从 1927 年 3 月到 1928 年上半年，大江南北被屠杀的共产党员和革命群众达 31 万多人。其中共产党员 2.6 万余人。

在反革命高压下，革命队伍开始分化，一些不坚定分子，有的自动声明脱党，有的自首叛变，在报纸上经常可以看到他们的“悔过”启事，有的甚至带领敌人搜捕自己原来的同志。党员人数从大革命高潮时的近 6 万人急剧减少到 1 万余人，工会会员由 300 万人锐减为几万人，各地的工会和农民协会遭到查禁或解散。相当多的中间派人士在恐怖中同共产党拉开了距离。中国共产党面临着被敌人瓦解和消灭的危险，共产党人被迫转入地下。

这种逆转来得那么快，许多共产党员根本没有精神准备，党内思想相当混乱。在大革命时期习惯于公开或半公开活动的各级党组织一时难以适应这种剧变的局势，不知道下一步到底该怎么办。年轻的中国共产党遭到它成立以后从来不曾遇到过的严峻考验。

“四一二”反革命政变发生后半个月，中国共产党于 1927 年 4 月 27 日至 5 月 9 日在武汉召开了第五次全国代表大会。陈独秀代表第四届中央执行委员会向大会作了长达 6 个小时的《政治与组织的报告》。报告既没有正确总结经验教训，又没有提出挽救时局的方略，反而提出一些错误主张。大会根据共产国际执行委员会第七次扩大全会，关于中国问题的决议精神，讨论了陈独秀的报告。

这次大会通过了《政治形势与党的任务决议案》，但大会未能解决当时最紧迫、最关键的问题，既没有在争取革命领导权、开展土地革命、建立直接受党领导的革命武装等方面采取坚决有效的措施，也没有对国民政府日益右倾化进行批评和制约，更没有对接二连三发生的反革命政变和血腥屠杀共产党人、工农群众的暴行进行有力的反击，没有讨论研究军事问题，制定应变方案和对策。

这次大会对陈独秀等的右倾错误提出了批评，但由于客观历史条件的限制，在许多问题上缺乏深刻的认识，更不可能进行坚决的抵制，并且仍然选举陈独秀为总书记。因此，在党面临生死存亡的危急时刻召开的第五次全国代表大会，未能为全党指明出路，提供坚强有力的领导。

在生死关头，在革命前途仿佛已十分黯淡的时刻，要一如既往地坚持自己的信念，是十分不容易的。成立刚刚 6 年的中国共产党痛定思痛，在白色恐怖的血雨腥风之中，开始探索革命新道路的艰难征程。

正如毛泽东所讲：大革命失败，我们“被人家一巴掌打在地上，像一篮子鸡蛋一样被摔在地上，摔烂很多，但没有都打烂，又捡起来，孵小鸡”。

1927 年 7 月 12 日夜，中共中央在汉口秘密召开政治局会议，传达共产国际关于改组中共中央领导的指示。会议决定陈独秀停职，让他到共产国际讨论革命问题，不再参加中央领导工作，由张国焘、周恩来、李立三、张太雷、李维汉 5 人组成中共中央临时政治局常委会，代行中央政治局职权。从此，陈独秀右倾机会主义在全党的统治结束了。

临时中央政治局决定了三件大事：将党掌握或影响的部队向南昌集中，准备起义；独立领导农民进行土地革命并在秋收季节组织湘、鄂、粤、赣四省农民暴动；召集中央会议，讨论新时期的新政策。

拿起武器，开展武装斗争，提到了中国共产党的议事日程上来，这不是任何人的主观意愿所决定，而是在国民党白色恐怖下被迫作出的反应。当国民党已经实行极端残酷的屠杀政策时，不这样就等于坐以待毙。

1927 年 7 月中旬，中共中央临时政治局委员会派遣李立三、邓中夏、谭平山、恽代英等赴江西九江，准备组织中国共产党掌握和影响的国民革命军中一部分力量，联合第二方面军总指挥张发奎重返广东，以建立新的革命根据地，实行土地革命。7 月 20 日，因发现张发奎已经站在汪精卫一边，李立三等立即抛弃依赖张发奎的计划，提议独立发动反对南京和武汉国民党政府的军事行动，即南昌起义。中央临时政治局常委会在获悉李立三等人的提议后，正式确定了在南昌举行武装起义的部署。随后，向共产国际报告了起义计划。

南昌起义的部队有叶挺指挥国民革命军第二方面军所辖的第十一军第二十四师，有北伐战争时期以叶挺独立团为骨干编成的第四军第二十五师第七十三、第七十五团,有接近共产党的贺龙指挥的第二十军。这些部队在“东征讨蒋”名义下,均已从武汉调到九江。还有在南昌原由朱德指挥的受共产党影响的第五方面军第三军军官教导团和南昌市公安局保安队。这些部队,是党在大革命时期培植和给予重要影响的正规革命武装主要部分,也是举行南昌起义的主要军事力量。

7月27日,周恩来从武汉经九江到达南昌,根据中央的决定,中共前敌委员会成立,由周恩来、李立三、恽代英、彭湃组成,周恩来任书记。

8月1日凌晨,在以周恩来为首的前委领导下,贺龙、叶挺、朱德、刘伯承等率领在直接掌握和影响下的军队2万余人,举行南昌起义。经过4个多小时的激烈战斗,起义军全歼守敌3000余人,占领南昌城。李立三在两年后说:“南昌暴动在革命历史上有它的伟大意义,在广大群众没有出路的时候,全国树起了新的革命旗帜,使革命有新的中心。”

南昌起义像平地里的一声惊雷,使千百万革命群众在经历了一系列的严重挫败后,又在黑暗中看到了光明。中国共产党从此有了自己领导下的人民军队,这在党的历史上开辟了一个新的时期。

南昌起义胜利后,起义部队何去何从有三种选择:一是就地不动,以南昌为中心,形成宁、汉、南昌三足鼎立的局面;二是离开南昌,在湖南、江西广大地区,依山靠村,建立根据地;三是南下广东,夺取海口。这三种选择今天看来,依山靠村,建立农村根据地是上策,原地不动是中策,南下广东是下策。当时前敌委为什么选择南下广东?因为共产国际和中共中央认为,广东过去有工农运动的基础,交通方便,能从海上得到苏联的援助,若能占领广州,可以再来一次北伐统一中国。

根据中央预定计划,起义部队于8月3日陆续撤离南昌,经赣南、闽西,直奔广东潮汕地区。9月初,起义部队进入广东大埔县三河坝时,遭遇国民党军围攻堵截,起义军损失惨重,一部分部队转入海陆丰地区,周恩来、李立三、叶挺、张国焘、刘伯承、聂荣臻等领导人转移到了香港,贺龙等领导人辗转到了湖南。

为掩护主力进军潮汕,朱德率领4000兵力留守当地阻击敌人。阻击战打了三天三夜,部队伤亡很大,撤出三河坝时只剩下2000余人。10月6日,朱德率领部队准备与主力会合时,却得知起义军主力在潮汕作战失败的消息。在面对国民党军的追击又孤立无援的困境下,朱德挺身而出,毅然带领部队脱离险境。此时部队思想上、组织上相当混乱,又经常受到地方武装和土匪的袭击,不得不在山谷小道穿行,时至深秋,官兵仍穿着单衣、短裤,打着赤脚,无处筹粮,忍饥挨饿,部分官兵离队,甚至一些高级干部也不辞而别。10月下旬部队辗转到江西安远的天心圩时,只剩下七八百人。

朱德在天心圩召开的军人大会上站出来讲道:"大革命失败了,我们的起义军也失败了。但我们还是要革命的。同志们,要革命的跟我走,不革命的可以回家,不勉强。"他还说:"1927年的中国革命,好比1905年的俄国。俄国革命在1905年失败后,是黑暗的,但黑暗是暂时的。到了1917年,革命终于成功了。中国革命现在失败了,也是黑暗的,但是黑暗是暂时的,中国也会有1917年的,只要保存实力,革命就有办法,你们应该相信这一点。"

朱德胸中的信心与激情像火焰一样点燃和鼓舞了留下来的干部、战士的信心,坚定了他们的信仰。

陈毅后来说,朱总司令在最黑暗的日子里,在群众情绪低落到零度、灰心丧气的时候,指出了光明的前途,增强了群众的革命信念,朱德在关键的时刻起到了中流砥柱的作用,这是总司令的伟大。

什么叫力挽狂澜?这就叫力挽狂澜。

朱德的讲话中包含两条政治纲领:共产主义必然胜利;革命必须自愿。这两条纲领后来成为人民军队政治宣传工作的基础。

朱德讲话后,陈毅也上去讲话。他说:"一个真正的革命者,不仅要经得起胜利的考验，能做胜利的英雄，也要经得起失败的考验，做失败的英雄。”

朱德在三河坝战役这个非常关键的时刻表现出他卓越的领导能力，用他异乎寻常的执着，为困境和混乱中的部队指明了方向。如果八一南昌起义队伍没有朱德、陈毅的威望、影响和号召，这七八百人就散掉了，八一南昌起义整个队伍就会荡然无存，这对中国后来的革命影响是无法想象的。这七八百人的家底，后来成为中国人民解放军的基础，战斗力的核心。

为了总结大革命失败的教训，彻底清算和纠正党在过去的严重错误，决定下一步新的路线和政策，南昌起义后的第6天，也就是1927年8月7日，中共中央在湖北汉口召开紧急会议，即八七会议。

会议是在极端秘密的情况下举行的。

共产国际负责人罗明纳兹受斯大林的派遣来到武汉出席了这次会议。

参加会议的代表共21人，他们是瞿秋白、李维汉、张太雷、邓中夏、任弼时、苏兆征、顾顺章、罗亦农、陈乔年、蔡和森、李震瀛、陆沉、毛泽东、杨匏安、王荷波、李子芬、杨善南、陆定一、彭公达、郑超麟、王一飞。邓小平以工作人员的身份参加了会议。会议由李维汉担任主席。

会议的第一项议程由罗明纳兹作报告，瞿秋白做翻译。可以说，八七会议的灵魂人物是罗明纳兹，尽管共产国际对中国革命的指导有许多失误，但促成八七会议的召开，纠正右倾错误是一大功绩。

陈独秀当了6年党的总书记，大家习惯把他当作“家长”。如今“家长”犯了错误，没有人有这个资格代替他，只有共产国际代表出面来领导召开八七会议。

会议总结了大革命失败的经验教训，批判了以陈独秀为代表的错误，正式确定了实行土地革命和武装反抗国民党反动派的方针。

在这次会议上，毛泽东以亲身经历，从国共合作时不坚持政治上的独立性，中共中央不倾听下级和群众意见，抵制农民革命，放弃军事领导权4

个方面，批评了陈独秀右倾错误，并对会议确定的两个方面的问题提出了独到的见解和意见，第一次提出“枪杆子里面出政权”的著名论断。他说：从前我们骂孙中山专做军事运动，我们则恰恰相反，不做军事运动专做民众运动。蒋介石、唐生智都是拿枪杆子起家的，我们独不管。现在虽已注意，但仍无坚决的概念。以后要非常注意军事，须知政权是由枪杆子中取得的。

会上，瞿秋白作了党的新任务报告后，通过了《中国共产党中央执行委员会告全党党员书》等文件，要求坚决纠正党在过去的错误，号召广大党员和革命群众继续战斗。对于以陈独秀为首的中央在大革命后期所犯的右倾机会主义错误，会议旗帜鲜明地指出：它在同国民党的关系上，完全放弃了共产党自己独立的政治立场，一味妥协退让；在革命武装问题上，始终没有想着武装工农的必要，没有想改造成真正革命的工农军队；在土地革命问题上，没有积极支持和领导农民革命，而受国民党领袖恐吓犹豫的影响，不能提出革命的行动政纲来解决土地问题；在党内领导问题上，中央不受群众的监督，党内缺乏民主生活；等等。

会议最后选举临时中央政治局，选举的结果是：政治局委员 9 人，分别是苏兆征、向忠发、瞿秋白、罗亦农、顾顺章、王荷波、李维汉、彭湃、任弼时；政治局候补委员 7 人，分别是邓中夏、周恩来、毛泽东、彭公达、张太雷、张国焘、李立三。

八七会议尽管只开了一天，但在中国共产党历史上却具有重大的转折意义，中国革命从此开始了由大革命失败到土地革命战争兴起的历史性转变。

八七会议之后，经过一段时间的准备，中共中央机关在 9 月底至 10 月上旬由武汉迁往上海。这时，党派出许多干部分赴各地，恢复和整顿党组织，组织领导武装起义。中国共产党人在黑暗中高举起革命的旗帜，以血与火的抗争回答国民党的屠杀政策。

八七会议后的一年多时间里，中国共产党在各地接连组织了大大小小近百次武装起义。其中著名的有毛泽东领导的湘赣边界秋收起义，张太雷、黄平、叶挺、叶剑英领导的广州起义，贺龙、周逸群领导的湘鄂西起义，吴光浩、潘忠汝领导的黄麻起义，方志敏、邵式平、黄道领导的弋横起义，朱德、陈毅领导的湘南起义，彭德怀、滕代远领导的平江起义，张鼎丞、邓子恢领导的闽西起义，刘志丹、唐澍领导的渭华起义，邓小平、张云逸等领导的百色起义等。这些起义有一个共同的特点，即起义的目标几乎都是直指向大城市，湘赣边界秋收起义的目标也是长沙，广州起义的目标更明确，是占领广州，建立苏维埃。

但是，攻打城市的路没有走通，即便夺取了城市，也守不住。如广州起义建立政权后，坚持了 3 天就失败了。其他各地起义夺取城市的目标也都没有实现，起义大部分被国民党反动派残酷镇压下去了。各地武装起义失败的实践证明，攻打城市这条道路不适合中国的国情，一些起义部队在失败后相继转入农村，开展武装斗争和土地革命，由此拉开了向农村进军的序幕。

在众多起义队伍中，实现从进攻城市到进军农村的转折，毛泽东领导的秋收起义队伍是最为成功的。

毛泽东一向以作风顽强、方法灵活著称。如他所说："有力量就打堡垒，打大城市。打堡垒时打得开，有饭吃，我们就打；打不开，又没有饭吃，我们就向后转，把队伍分散开，来一个'聋子放爆竹——散了'。"

八七会议一结束，毛泽东就作为中央特派员赴湖南改组中共湖南省委并领导秋收起义。

9 月 9 日，起义军分别从江西的修水、安顺、铜鼓等地出发，进入湖南境内，会合平江、浏阳地区的起义农民，准备会攻长沙。起义军一度占领了醴陵、浏阳县城和一些集镇，但由于反动军队的力量远比起义军强大，各路起义军先后遭受严重挫折，夺取长沙的目标无法实现。在这种情况下，毛泽东当机立断,决定改变攻取长沙的部署,迅速脱离平江、浏阳地区,进入江西省,沿罗霄山脉南移,在敌人控制比较薄弱的山区寻求立足地,以保存革命力量,再图发展。

9 月 29 日,起义部队到达江西永新县三湾村的时候,已摆脱敌人追击,又无地方反动武装袭扰,是起义以来难得的一个短暂休整的机会。这支队伍的成分本来就复杂,除原北伐军第四集团军第二方面军总指挥部警卫团外,还有浏阳、平江等地的农军,安源煤矿的工人等。由于接连失败,加之旧军队打骂士兵的习气很严重,因而此时起义军士气颇为低落。针对这种情况,毛泽东对队伍进行了整编,这就是著名的三湾改编。

三湾改编的主要内容是:(一)把已经不足 1000 人的部队,缩编为一个团,称工农革命军第一军第一师第一团。下辖一、三两个营,还有特务连、卫生队、军官队、辎重队,共有 700 多支枪;改编时,毛泽东宣布:愿留则留,愿走的发给路费,将来愿意回来的还欢迎。(二)在部队内部实行民主制度。官兵平等,待遇一样,规定官长不准打骂士兵,士兵有开会说话的自由。连以上建立士兵委员会。士兵委员会有很大的权力,参加对部队的行政管理和经济管理,官长要接受它的监督。(三)全军由党的前敌委员会统一领导。各级部队分别建立党组织:班排设小组,支部建在连队上,营、团建立党委;连以上设党代表,由同级党组织的书记担任。部队的一切重大问题,都须经党组织讨论决定。

三湾改编是中国共产党建设新型人民军队最早的一次成功探索和实践,标志着毛泽东建设人民军队思想开始形成。

三湾改编初步解决了如何把以农民及旧军人为主要成分的革命军队建设成为一支无产阶级新型人民军队的问题,保证了党对军队的绝对领导,奠定了政治建设的基础。

在三湾,毛泽东还提出一个重要问题,就是要和地方结合起来,要取得地方的支持,这已初步表明此时毛泽东已形成了武装斗争同建立农村革命根据地相结合的思想。

10月3日,经过整编后的部队集合在枫树下,整装待发,毛泽东站在一块大石头上对大家进行动员:有人担心我们是不是可以取得革命的胜利,我的回答是肯定的。我们共产党、工农革命军是为工农大众打天下的,因此我们是得道多助;蒋介石国民党的部队是欺压工农群众的,是失道寡助。贺龙同志两把菜刀起家,现在当军长,我们有两营人,还怕干不起来吗?我们都是暴动出来的,一个人可以当敌人10个,10个人可以当100个。我们现在有这样几百人的部队,还怕什么?毛泽东还指着身边的大水缸说:蒋介石反动派现在的力量还很大,就好比一口大水缸;我们工农武装的力量还很小,就好比一块小石头。"水缸"样子很大,但经不起石头一击。只要我们咬紧牙,挺过这一关,我们这块"小石头",总有一天会打碎蒋介石这个"大水缸"。

毛泽东在讲话中还向部队宣布了三条行军纪律:第一,说话要和气;第二,买卖要公平;第三,不拿群众一个红薯。这是中国共产党人最早提出的"三大纪律",也是后来的"三大纪律八项注意"的雏形。

在三湾群众的热烈欢送下,改编的工农革命军告别三湾,踏上了进军井冈山的道路。

10月7日,毛泽东率工农革命军到达宁冈茅坪,27日到达茨坪,开始了向罗霄山脉中段的井冈山地区进军。在井冈山改造了当地袁文才、王佐的武装,创建了第一个农村革命根据地,点燃了工农武装割据的星星之火。

1928年6月18日,中国共产党在共产国际的帮助下,在苏联莫斯科举行了第六次全国代表大会,出席大会的代表共142人。大会通过了关于政治、军事、组织、苏维埃政权、农民、土地、宣传、民族、妇女、青年团等问题的决议,以及经过修改的党章。大会选出中央委员23人、候补中央委员13人组成中央委员会。随后,在一中全会上,选举苏兆征、项英、周恩来、向忠发、瞿秋白、蔡和森、张国焘为中央政治局委员。向忠发为中央政治局主席、周恩来为秘书长。

中共六大路线基本上是正确的,在党的历史上有着很大的功劳。它重新明确,中国现阶段仍然是一个半殖民地半封建的国家,现阶段革命的性质仍是资产阶级民主革命,而不是社会主义革命,也不是两种革命的“混合时期”,正确地规定革命性质关系重大。大会对中国革命的形势和任务作出了正确的结论:“现在,第一个革命浪潮已经因历次失败而过去了,而新的浪潮还没有来到,反革命的势力还超过工农,党的总路线是争取群众。”中共六大把党的中心工作从千方百计地组织革命暴动转到从事长期的艰苦的群众工作,确定以争取群众为党的首要任务,这是党的工作重心的一次重要转变。

这就使党内存在严重争论的这些根本问题得到了明确的解决。由于它是党的全国代表大会的决议,产生的影响就不是哪一个人的主张所能相比的。中共六大也有它的不足之处:仍把城市工作放在中心地位;继续把民族资产阶级看作革命的敌人,对中间阶级的作用和反动阵营内部的矛盾也缺乏正确的估计。对这些问题,在当时还没有得出符合中国实际国情的结论。

怎样根据中国国情走出一条切合中国实际的新路子来,并没有现成的方案和经验可以照做,只有在实践中经过艰苦的甚至反复的探索,才能逐步解决。其中,做得最成功的是毛泽东领导的井冈山斗争。

井冈山地处江西、湖南交界处的罗霄山脉中段。这里,崇山峻岭,林木茂密,地势险要,易守难攻;离中心城市较远,交通不便,国民党统治势力薄弱;周围的农业经济可以支持部队的给养;大革命时期有较好的群众基础,原来有一支受党影响的农民武装。在敌我力量悬殊的艰难时期,这里是一块实行工农武装割据的理想地区。

毛泽东率领秋收起义部队到达井冈山,首先抓了建党工作。他认定,如果没有一个坚强有力的共产党组织作为团结群众的核心,军队也好,地方也好，都会涣散无力，难以巩固发展。所以，他把建党看作一切工作的根本。三湾改编的一个重要内容便是规定军队要在党的领导下，并把支部建在连上。接着，在周围各县相继恢复大革命失败后被打散了的党组织。

毛泽东在井冈山抓的第二项工作，是建设一支新型的人民军队。他吸取工农革命军最初在茶陵没有做群众工作而吃了亏的教训，提出革命军队应当担负起三大任务：打仗消灭敌人，打土豪筹款子，做群众工作。历来人们总认为军队的任务就是打仗。毛泽东提出军队不仅要打仗，而且要做群众工作，这是毛泽东对人民军队建设的巨大贡献。

1928 年 4 月，毛泽东又总结从事群众工作的经验，为部队制定了三大纪律、六项注意。三大纪律是：第一，行动听指挥；第二，不拿工人、农民一点东西；第三，打土豪要归公。六项注意是：一、上门板；二、捆铺草；三、说话和气；四、买卖公平；五、借东西要还；六、损坏东西要赔。此后又增加洗澡避女人和不搜俘虏腰包两项，发展为三大纪律、八项注意。这些规定对于革命军队建设，对于正确处理军队内部关系特别是军民之间的关系起了很大作用。这是工农革命军能够从小到大，从弱到强发展壮大并战胜敌人的重要力量源泉。这是它和旧军队或旧式农民武装的根本区别。

毛泽东在井冈山抓的第三项工作是对袁文才、王佐的地方农民武装进行改造，并积极在湘赣边界发动群众，创立工农兵政府，组织赤卫队和各种群众团体。工农革命军粉碎了国民党军的一次“围剿”，先后攻克茶陵、遂川、宁冈三个县城，成立了县工农兵政府。这样，以宁冈为中心的湘赣边革命根据地初步形成。如果没有健全的政权，就没有巩固的革命根据地，这样的军事行动便会成为流寇式的行动，根据地便无法持久地发展。

毛泽东上井冈山将近半年，朱德、陈毅率领南昌起义军余部和湘南起义农军 1 万多人向井冈山转移。1928 年 4 月 28 日，朱德和毛泽东率两军在宁冈会师，成立工农革命军第四军（不久改称为红军第四军），并召开了第四军党的第一次代表大会。朱德任军长，毛泽东任军委书记和党代表，王尔琢任参谋长，陈毅任士兵委员会主任。

井冈山会师是中国革命发展史上具有重大历史意义的事件，它壮大了边界的武装力量，促进了井冈山革命根据地的发展。会师后，井冈山革命根据地的武装力量从原来的2000多人增加到1万多人。朱德、陈毅率领的南昌起义军余部是以大革命时期战功卓著的叶挺独立团为骨干的，装备和训练都比较好，有较强的战斗力。参加这次会师的谭震林回忆说：

"朱德、毛泽东井冈山会师，部队大了，我们有力量打下永新。当然，在这之前打了茶陵、遂川，也占领了宁冈县城。那时不敢走远，因为国民党来上两个团我们就打不赢。可是朱毛会师后力量就大了。"

朱德、毛泽东带领部队在井冈山经过4个月与国民党军的周旋，接连击破国民党军队优势兵力的三次"围剿"，并形成了"敌进我退，敌驻我扰，敌疲我打，敌退我追"的16字诀，对红军的游击战争起了重要的指导作用。在这段时间内，建立了中共湘赣边界特委和边界工农苏维埃政府，使井冈山根据地得到发展和巩固。

1928年7月，彭德怀、滕代远、黄公略领导一部分国民党军队在湖南平江举行起义，组成红军第五军。第五军12月到达井冈山与红四军会合，进一步壮大了红军的力量。

井冈山革命根据地的全盛时期，范围包括宁冈、永新、莲花3个县全境和周围县的一部分，面积达7200多平方公里，人口共有50多万。当根据地初步巩固后，以分田为中心内容的土地制度改革便全面展开。获得土地是贫苦农民最强烈的渴望。广大贫苦农民分得了土地，看清了红军确实是为他们的利益而奋斗的，从而真心实意地全力支持红军和根据地的发展，这是井冈山革命根据地能够生存和发展的基础。

在2年零4个月的井冈山斗争岁月里，以毛泽东为代表的中国共产党人在斗争实践中不断探索武装力量、土地革命、根据地建设和党与政权建设，探索中国特色的革命道路理论。井冈山工农武装割据的成功和它创造的大量新鲜经验,在处境艰难的广大革命者心中燃起了新的希望。正如毛泽东所说:“边界旗子始终不倒,不但表示了共产党的力量,而且表示了统治阶级的破产,在全国政治上有重大的意义。”

在井冈山斗争过程中,中国共产党人对中国革命所面临的形势有了进一步把握,对中国革命道路的发展路径有了更清晰准确的认识,在实践中推动了马克思主义中国化,使之成为产生井冈山精神的实践基础。井冈山精神,最重要的方面就是坚定理想信念、艰苦奋斗、实事求是、敢闯新路、依靠群众、勇于胜利,这是井冈山精神的科学内涵和独特的基本特点。

1929 年 1 月,当湘赣两省的国民党军队以 3 万人分五路向井冈山发动“会剿”时,红四军前委决定:红五军主力留守井冈山坚持斗争,毛泽东、朱德率红四军主力出击赣南。

2 月,在上海的中共中央给毛泽东、朱德来信,提出将红军武装力量分散编入各乡村去,朱德、毛泽东离开部队到中央工作。这就是史称的中央“二月来信”。4 月,红军收到中央辗转送到的这封来信,红四军召开前敌委员会会议进行讨论。毛泽东根据会议意见给中央复信,不赞成将红军分散到乡村和他们二人离开红军。

红军出击赣南,一路上部队行军打仗军情紧急,为减少领导层次,决定红四军军委停止办公,由前委直接领导军内各级党委。5 月,中央派遣刚从苏联学习回来的刘安恭到红军驻地宁都。毛泽东和朱德对刘安恭的到来非常重视,于是红四军前委决定恢复军委,由刘安恭任军委书记。由于刘安恭对红军的历史和现实都缺乏深入了解,担任红四军军委书记后,在一些问题上同红四军前委领导发生了矛盾。这也提出了一个更深的问题:党树起了这支队伍,但党怎样实施对这支队伍的领导呢?

与此同时,在这一年多的斗争中,毛泽东和朱德都看到和感受到,部队中存在着浓厚的军阀残余思想、流寇主义和享乐意识。

建设一支什么样的军队?怎样建设这支军队?对这些重大问题的不

同看法,正在不断通过一些具体问题表现出来。有人认为“党管得太多了”“党不应管理一切”“党所过问的范围是要受限制的”,有的主张“司令部对外”“政治部只能对内,对军队只能指导不能领导”,等等。这些问题的实质是,党应该如何实施对军队的领导?在具体工作中如何处理党与军队的关系?这些都没有先例可循,必须由红军自己来确立。红军的大部分人员是从旧式军队中脱胎出来的,旧的思想和习惯难免被带到红军中来,党对军队的绝对领导,有的还不习惯,甚至产生怀疑。这需要经历一个漫长的适应过程。

由此带来的另一个问题是政治干部与军事干部的关系问题。过去在国民革命军中也实行党代表制,但这与红军的政治工作人员在军队中的作用与地位是有区别的,在很多情况下,红军中的党代表和政治工作人员的作用、地位要高出同级军官,这使得一些军官不习惯、不服气。还有关于军事观点与政治观点问题、主观主义问题、小团体主义问题、流寇思想问题等等。这些问题在1929年夏天的红军中进行了激烈的讨论。

1929年6月初,红四军攻占龙岩,前委召开会议讨论军委的设置问题。朱德和毛泽东发表讲话,都强调红军必须坚持党的领导,但在具体领导方式上出现一些分歧。会议以投票表决的方式取消了临时军委,刘安恭改任第二纵队司令员,在不久后的一次作战中牺牲,时年30岁。在这次会议的当天晚上,林彪给毛泽东送去一封信,表达了对毛泽东观点的支持。第二天,毛泽东以给林彪复信的形式,写了一篇长文章,把红四军党内争论的内容归纳为14个问题,逐一进行分析,尖锐地指出:“个人领导与党的领导,这是四军党的主要问题。”“个人主义与反个人主义的,亦即个人领导和党的领导的斗争,是四军历史问题的总线索。”这封信虽是个人观点表达,却有特别的全局意义,被史学界认为“是关于建军建党问题的重要文献”,为古田会议的召开提供了重要的理论基础。

接着,朱德如同答辩一般,也以给林彪复信的形式向红四军前委交卷。

陈毅干脆把这两封信同时刊登在红四军前委机关刊物《前委通讯》第三期上。朱德、毛泽东之间的不同意见和观点，随着信件的公开而公开，引发红四军从上至下的激烈争论。

鉴于此，6月22日，红四军前委在龙岩城的公民小学召开了红四军党的第七次代表大会。会上，主持人陈毅号召"大家努力来争论"，目的很明确，是想统一认识，纠正党内的错误思想。他的话音刚落，大家就互不服输地争论开来。陈毅感到这样争论下去，影响团结。他诚恳地对大家说："大家都是从井冈山下来的，要团结到底。"面对朱德和毛泽东的争执，陈毅更是为难："你们朱、毛就像战国时期的晋国和楚国，两个大国争吵，我这个郑国在中间简直不知道如何是好"，"希望你们两方要团结起来才好"。

在会议进行的前委书记选举中，陈毅当选，而毛泽东落选了。

红四军第七次代表大会决议案严肃批评了刘安恭和林彪在这场争论中所起的不良作用，也对朱德、毛泽东的缺点进行了尖锐的批评。大会给予了朱德"书面警告"，给予毛泽东"严重警告"。朱德、毛泽东对于给予的批评和处分都没有辩解。如果没有以党的事业为重的觉悟，没有坦荡的襟怀，这是难以想象的。

会议之后，毛泽东离开红四军去闽西养病并指导地方工作，他这一走就是4个多月。

8月上旬，陈毅前往上海，将红四军及朱德、毛泽东在一些问题上的分歧向中央作了客观、详细的汇报。中央讨论了陈毅的汇报，并决定由周恩来、李立三、陈毅组成委员会，以周恩来为召集人，研究红四军的问题。随后，周恩来让陈毅按照中央的精神起草了《中央给红四军前委的指示信》，即中国革命史上著名的"九月来信"。

"九月来信"肯定了党的权力集中于前委，指出朱德、毛泽东两同志的错误是工作方法上的错误。朱德、毛泽东两同志诚恳接受中央指示后，毛泽东同志应仍为前委书记。

"九月来信"在总结红四军经验的基础上肯定了毛泽东关于"工农武装割据"的思想,指出中国革命的特征是先有农村红军,后有城市政权,肯定了坚持党的一切权力集中前委是正确的;批评了红四军的极端民主化倾向;要求红四军前委加强政治思想教育工作,纠正一切不正确倾向。

陈毅回到红四军后,传达了中央的精神,毛泽东的身体已有好转,于11月下旬来到长汀,与朱德、陈毅会合。朱德承认了自己在争论中一些观点是不正确的,陈毅向毛泽东诚恳地作了自我批评,毛泽东向朱德、陈毅表示接受中央的决定,并说:"由于身体不好,情绪不佳,写了一些伤感情的话。"至此,红军领袖之间的隔阂和争论消除了,在新的基础上实现了团结。

12月中旬,毛泽东、朱德、陈毅率红四军开赴福建上杭古田,为红四军召开"九大"做准备。毛泽东依据"九月来信"精神,结合调查的情况,起草了"纠正党内非无产阶级意识的不正确倾向"问题、"党内教育"问题、"红军宣传工作"问题、"党内组织"问题等八个决议案。这些深刻的思想、深邃的思考,是毛泽东在不到10天的时间里完成的。

1929年12月28日至29日,中国共产党红军第四军第九次代表大会召开,120多名代表出席会议。这次会议即历史上具有重要意义的"古田会议"。

会议由陈毅主持。他首先传达了中央"九月来信",还在大会上作了关于废止肉刑和反对枪毙逃兵问题的专题发言。毛泽东在会上作政治报告,朱德作了军事报告。

会议规定了红军的性质和任务,明确了"红军是一个执行革命的政治任务的武装集团","决不是单纯地打仗的,它除了打仗消灭敌人军事力量之外,还要担负宣传群众、组织群众、武装群众、帮助群众建立革命政权以及建立共产党组织等项任务"。

会议阐明了军事与政治、军事工作与政治工作的关系,规定了党对军队的绝对领导的原则和军队政治工作、政治机关的职能和任务。会议深刻分析了各种非无产阶级思想的来源，批判了单纯的军事观点、极端民主化、非组织观点、绝对平均主义、主观主义、个人主义、流寇思想、盲动主义残余等八种主要错误倾向。

会议系统地规定了加强党的组织建设的原则、制度和措施；强调红军宣传工作的重要性，规定了宣传工作的任务和要求；规定了红军处理内外关系的准则，强调必须坚持官兵平等、军民团结和瓦解敌军；等等。

古田会议决议是红军建设的纲领性文献，它系统地解决了以农民为主要成分的军队如何建设成无产阶级领导的新型人民军队这个根本性问题。这样的军队是中国过去历史上不曾有过的。决议不但在红四军中实行，而且其他各部红军也先后参照实行，加速了人民军队建设的进程。

一个无产阶级军队建设的前无古人的伟大思想就此形成。

一个无产阶级军队建设的史无前例的伟大道路就此开辟。

古田会议之后，红四军在赣南和闽西的广大区域内，开展了轰轰烈烈的分田运动，比起井冈山时期来，这次分田办法有两点原则性修改：一是把“没收一切土地”改为“没收一切公共土地及地主阶级的土地”，从而避免严重侵犯中农的利益；二是把土地所有权属于政府，农民只有使用权，改为得田的人“这田由他私有，别人不得侵犯”，从而满足了广大贫苦农民祖祖辈辈以来渴望自己获得一块土地的要求。土地制度改革后，在赣南和闽西革命根据地内真正出现了一场规模空前的农村社会大变动，社会结构和阶级关系都发生了根本变化。

与此同时，在中共中央领导下，其他地区的红军和革命根据地也有很大发展。如湘鄂西、鄂豫皖、闽浙赣、湘鄂赣、湘赣、广西的左右江、广东的东江和琼崖等革命根据地相继发展。

1930 年 3 月，全国的红军发展到 13 个军，6.2 万多人。国民党统治区的党组织在把工作重心放在“争取群众”上后，也很快走向复兴。在大革命失败后似乎已陷入绝境的中国共产党，经过艰苦卓绝的斗争，又作为一支重要力量出现在中国政治舞台上了。

这时,以李立三为代表的“左”倾冒险主义错误又一度在中共中央取得支配地位。这次“左”倾错误同两年多前的那次“左”倾盲动主义错误相比,有着不同的特点:前一次是在革命遭受严重失败时带有浓厚拼命色彩的蛮干;这一次却是在国民党各派军阀混战大规模爆发,革命运动又明显走向复兴时,由于对革命发展的有利形势作出过分夸大的估计而发生的急性病式的冒险行动。

1930 年 6 月 11 日,中共中央政治局通过李立三起草的《新的革命高潮与一省或几省的首先胜利》的决议。这个决议对形势作了根本错误的估计,认为中国革命也好,世界革命也好,都到了大决战的前夜,全国范围内已有“直接革命的形势”,并“有极大的可能转变成为全国革命的胜利”。在这种思想指导下,中共中央制订了以武汉为中心的全国总暴动和集中红军进攻中心城市的冒险计划,重点是武汉暴动、南京暴动和上海总同盟罢工,并要求各路红军“会师武汉”,“饮马长江”。

在这种错误思想指导下,党和革命事业遭到了严重损失。许多秘密组织以及十几个省委机关先后遭到破坏,许多共产党员、共青团员和革命群众被杀害,一些农村根据地丢失,红军也遭到不同程度的损失。李立三的这些冒险错误曾经受到党内一些干部的抵制,在红军和各根据地中并没有得到全面贯彻。不久,根据共产国际的指示,周恩来、瞿秋白从莫斯科回国,纠正了李立三的错误。9 月下旬召开的中共中央六届三中全会后,作为“立三路线”主要特征的错误主张已在实际工作中得到纠正。

各地红军和革命根据地继续得到发展,先后形成毛泽东、朱德、彭德怀领导的红一方面军和以赣南、闽西为中心的中央革命根据地,张国焘、徐向前领导的红四方面军和鄂豫皖革命根据地,贺龙、关向应等领导的红二军团和湘鄂西革命根据地,任弼时、萧克、王震等领导的红六军团和湘赣革命根据地等。

红军和革命根据地的发展,使国民党统治集团感到极大震惊,觉得再也不能小看它了。这年10月,中原大战以蒋介石取得胜利而结束。他刚腾出手来,就立刻掉头调集兵力向红军和革命根据地发动大规模的“围剿”。

这次“围剿”和以往有明显的不同:过去一个省的“进剿”和几个省的“会剿”还是局部进行的行动,使用的不是国民党军队中的精锐部队;这时的大规模“围剿”已在南京政府统一指挥下,成为全局性的行动,并且使用了不少战斗力强的精锐部队。“围剿”的重点是毛泽东领导下的红一方面军和中央革命根据地。

1930年10月,蒋介石调集10万兵力,在江西省政府主席鲁涤平指挥下,企图以“长驱直入”“分进合击”的方式摧毁中央革命根据地,消灭红一方面军。红一方面军4万多人在总前委和江西省行委的领导指挥下,决定实行“诱敌深入”的方针,向根据地中部退却,寻找战机,等敌军疲惫后,在运动中加以歼灭。

12月30日,在龙冈地区的狭窄山路,预先设伏的红军对国民党“围剿”军第十八师师长张辉瓒部队发起突然袭击。经过一天激战,全歼敌军近1万人,活捉了张辉瓒。接着,红军乘胜东击,又在东韶歼灭敌军谭道源师一半,其他各路敌军仓皇逃走。红军在5天内连打两个胜仗,歼敌1.3万人,缴获各种武器1.2万余件,取得了第一次反“围剿”的胜利。

1931年3月,国民党当局又调集20万军队,由军政部长何应钦指挥,发动第二次“围剿”。鉴于上次的失败,敌人改取“稳扎稳打、步步为营”的战术,并实行严格的经济封锁。4月1日,国民党军队分四路向中央革命根据地大举进攻,其部队从江西赣江向东延伸,一直到福建建宁,构成一条800里长的但没有完全连接的弧形阵线。苏区中央局经过反复讨论,决定仍采取“诱敌深入”的方针,反对“分兵退却”和退出中央苏区两种错误主张。红一方面军依托根据地的有利条件,集中主力,选择敌军薄弱环节,保证每战拥有优势兵力,先打弱敌,各个歼灭。

自1931年5月16日至31日,红军从福田开始,连打5个胜仗,横扫700里,共歼敌3万多人,缴枪2万余支,痛快淋漓地打破了国民党军队的第二次"围剿",并进一步扩大了中央根据地。

这次反"围剿"战争刚结束,蒋介石便在7月间自任"围剿"军总司令,以何应钦为前线总司令,聘用英、日、德等国的军事顾问,调集军队30万人,立刻发动第三次"围剿"。蒋介石倚仗10倍于红军的兵力,又采取"长驱直入"的战术,企图把红军的兵力压迫到赣江东岸加以击破,然后分区"清剿",以消灭全部红军。

毛泽东、朱德决定"避敌主力,打其虚弱",率红军主力绕道千里,到赣南兴国集中。等各路敌军纷纷逼近时,红军突然从敌军中间的空隙穿出,在敌军主力背后三战皆胜,歼敌1万多人。蒋介石立刻命令所有部队掉头东退,红军以一小部分兵力伪装主力吸引国民党军队一直向东北开去,主力再度穿越敌军重兵之间的大山,回到兴国境内隐蔽休整,待敌方发觉时,红军已休整半个月。敌军饥疲沮丧,只好决定退却。红军乘势再歼敌3万多人,缴枪1.4万余支。这样,蒋介石亲自指挥的第三次"围剿"又以失败告终。

中央根据地红军第三次反"围剿"的胜利,对国民党军队是一个沉重打击。在第三次反"围剿"结束后不久,国民党第二十六军1.7万多人,在参谋长、地下党员赵博生和重要将领季振同、董振堂、黄中岳等以及中共秘密特别支部的领导下,于1931年12月14日在江西宁都起义,改编为中国工农红军第五军团。宁都起义在国民党军队中引起很大震动,同时也使红军增加了一支生力军。

红军三次反"围剿"斗争的胜利,中央革命根据地扩大到28个县境,拥有瑞金、兴国、长汀等15座县城,总面积5万多平方公里,人口达到250多万。同时,鄂豫皖、湘鄂西、赣东北、湘赣、湘鄂赣等根据地反"围剿"斗争也取得重大胜利。在约一年半的战斗中,各根据地共歼敌正规军 20 余万人,给国民党反动派以沉重打击。红军主力发展到 15 万人,农村根据地得到进一步巩固扩大。

在这样的形势下,中共中央决定,以中央革命根据地为依托,建立苏维埃中央政府。

建立全国性政权,是中共中央根据共产国际的意见实施的。1930 年 5 月下旬,在上海秘密召开的全国苏维埃区域代表大会上,成立了第一次全国苏维埃代表大会中央准备委员会临时常务委员会。9 月中旬,正式成立中央准备委员会,并决定了第一次苏维埃全国代表大会选举条例,以及准备提交大会的宪法大纲、劳动法、土地法令、经济政策和关于红军问题的决议等草案。1931 年 2 月,中央政治局召开会议,决定由毛泽东担任中华苏维埃共和国临时中央政府主席,并报告共产国际,得到批准。

1931 年 11 月 7 日至 20 日,中华苏维埃第一次全国代表大会在江西瑞金叶坪村召开。来自闽西、赣东北、湘赣、湘鄂西、琼崖、中央根据地、红军部队,以及全国总工会、全国海员总工会的 610 名代表出席了大会。毛泽东代表苏区中央局向大会作《政治问题报告》。

大会讨论通过《中华苏维埃共和国宪法大纲》《中华苏维埃共和国土地法令》《中华苏维埃共和国劳动法》《中华苏维埃共和国关于经济政策的决定》等法律文件,并选出 63 人组成中央执行委员会,宣告中华苏维埃共和国临时中央政府成立。

大会通过的宪法大纲规定:中华苏维埃政权所建设的是工人和农民的民主专政的国家。

大会选举毛泽东为中央执行委员会主席,项英、张国焘为副主席,成立以朱德为主席,王稼祥、彭德怀为副主席的中央革命军事委员会,并决定将中华苏维埃共和国临时中央政府设在瑞金。

就在这期间,以王明为代表的“左”倾教条主义,在中共六届四中全会上取得了党内统治地位。王明等是一批只有一些马克思主义书本知识而没有实际经验的、归国不久的留学生。他们上台以后，重新提出“中国革命在一省数省的首先胜利”的方针，指令根据地的红军采取“积极进攻”的策略，攻打中心城市，并拒绝采用合法形式组织工人斗争，继续采取冒险主义的方针；在红军和根据地中进行肃反斗争扩大化，使大批领导干部和士兵遭到杀害，给红军和根据地造成严重损失；毛泽东在中央革命根据地的许多正确主张被指责为“狭隘的经验论”“富农路线”和“极严重的一贯右倾机会主义”，毛泽东本人也被撤销了在红军中的领导职务。

1931 年 4 月，中共中央特科负责人顾顺章在武汉被捕叛变，党的总书记向忠发在上海被捕叛变，这两人的叛变使秘密设在上海的中共中央机关接连遭受严重破坏。根据共产国际远东局的提议，王明携妻子孟庆树和吴克坚、卢镜如等人秘密离开上海，赴莫斯科就任共产国际中共中央代表团团长。周恩来于 12 月底到达中央根据地瑞金，就任中央苏区中央局书记。同时，上海成立了临时中央政治局，由博古、张闻天、康生、陈云、卢福坦（后叛变）、李竹声 6 人组成，博古、张闻天、卢福坦 3 人任中央常委，博古负总的责任。

以博古为首的临时中央，虽然形式上是合法的，得到共产国际的批准，但他是由王明主导并提出组成的人选方案。博古 24 岁，只有 6 年党龄，尚不是中央委员，由团中央书记，一跃成为党中央主要领导人，其能力、素质、实际斗争经验及在全党的威望均不适应担任这一重要职务。这个临时中央，继续贯彻执行“左”倾教条主义的方针。

1932 年 10 月上旬，苏区中央局在江西宁都召开全体会议（即宁都会议）。出席会议的有在后方的任弼时、项英、顾作霖、邓发，有在前方的周恩来、毛泽东、朱德、王稼祥，列席会议的有刘伯承。

会议中心议题是确定第四次反“围剿”的军事方针。“左”倾教条主义者对毛泽东进行了激烈的指责和批评，同时号召对毛泽东进行“及时的残酷斗争和无情打击”。会议在“左”倾机会主义者的把持下，完全否定了毛泽东的正确主张及对红军的正确领导。会议要求红军在敌人合围前去粉碎敌人进攻，“御敌于国门之外”，进而夺取中心城市，使远在莫斯科的中国共产党驻共产国际代表王明的“左”倾冒险主义在中央苏区得到进一步贯彻。

这次会议，取消了前线最高军事会议制度，提出由周恩来实施战争总负责，暂留毛泽东在前线进行“助理”。但后来会议又批准了毛泽东暂时“请病假”，“必要时”再回前方——这实际上是决定让毛泽东离开红军领导岗位，回到后方去主持政府工作。

10 月 12 日，中央军委发布通令，毛泽东在红一方面军担任的总政委职务由周恩来代替。至此，毛泽东在党内、军内的领导职务全部被撤销，只保留了苏维埃中央政府主席一个职务。

会后，毛泽东到闽西长汀县福音医院疗养。

这次会议在打击毛泽东的同时，也打倒了一大批与毛泽东有牵连，或对错误路线不满，对博古有意见的干部。他们当中有邓小平、毛泽覃、谢维俊、古柏等，这些人员是打击的重点，被列入所谓“毛泽东小圈子”成员。他们被撤了职，缴了枪，并下放到农村劳动。

1933 年年初，中共临时中央总负责人博古，中央临时中央政治局常委、全国总工会党团书记陈云等领导人，先后由上海迁入苏区瑞金。博古等连同临时中央政治局抵达瑞金后，成立新的中共中央局，以中共中央的名义开始办公，这标志着上海中共临时中央机关完成了向中央苏区的秘密大转移。中共临时中央迁至中央苏区瑞金后，博古在全党和红军根据地中继续推行“左”倾教条主义错误方针和政策，接连发起一连串的排斥毛泽东的活动。为了排除障碍，博古在组织上采取宗派主义的手段，对持不同意见的干部实行“残酷斗争”和“无情打击”，在福建开展反对“罗明路线”的斗争，接着又在江西开展反对邓(小平)、毛(泽覃)、谢(维俊)、古(柏)的斗争。

1934年1月，中共六届五中全会在瑞金召开。这次会议不顾敌强我弱的不利形势，宣称中国革命已进入到“争取苏维埃中国完全胜利的斗争”阶段，并在反对“主要危险的右倾机会主义”，“反对右倾机会主义的调和态度”等口号下，继续发展宗派主义的过火斗争和打击政策，从而把“左”倾错误推向顶点。会议改选了中央政治局，成立了中央书记处，博古仍为党中央的主要负责人。

“左”倾冒险主义进一步发展的恶果，直接导致后来红军在第五次反“围剿”战争中失败。

蒋介石对红军和革命根据地三次“围剿”失败后，又调集兵力，先后发动两次更大规模的“围剿”。第四次“围剿”是在中央革命根据地。虽然毛泽东已被排除于军队的领导岗位，但红军在周恩来、朱德指挥下，仍取得了反“围剿”的巨大胜利，歼灭蒋介石“进剿”军主力陈诚所部精锐部队3个师。

1933年下半年，蒋介石先后调集100万军队向各根据地发动第五次“围剿”。其中以50万人的雄厚兵力从9月下旬起向中央革命根据地发动进攻。这次“围剿”，蒋介石确立了持久战与堡垒战相结合的战略战术，在苏区周围广筑碉堡。仅1933年至1934年，国民党在江西中央苏区2.5万平方公里的土地上共修建了15000个堡垒，使红军面临着比前4次“围剿”更为严峻的形势。这时，博古依靠共产国际派来的军事顾问李德负责军事指挥。

李德初来乍到，对中国的国情、红军的军情和革命根据地的民情极为陌生，他拿出的应敌方略是“御敌于国门之外”，“以碉堡对碉堡”，“不放弃根据地一寸土地”，“短促突击”，“两个拳头打人”等笨拙的战法，分兵把守，企图用阵地战代替游击战和运动战，同装备优良的国民党军拼消耗。原本敌军寻不着红军主力，如今红军明明白白地暴露在敌人重火力之下挨炸。

红军官兵不可谓不英勇,与敌同归于尽的壮举每天都有发生,但红军仍然一再失败,防线步步紧缩。无数战斗中锤炼出来的优秀指战员一个个倒下,名义上的红军总司令却又手无兵权的朱德只能在一旁干着急,却无法干涉指挥。

经过 18 天血战,红军部队遭受重大伤亡,中央苏区北部重要门户广昌失守。

中央苏区已是守无可守,红军必须突出重围,放弃中央苏区,被迫实行战略转移,开创新的根据地。

中央红军主力撤出根据地的决定,是在 1934 年 5 月作出的。红军战略转移的目的地,是到湘西地区与贺龙、任弼时和萧克、王震领导的红军第二、第六军团会合。但在当时,战略转移的行动计划和准备工作只在极少数中央领导人中秘密进行,由博古、李德和周恩来组成"三人团"负责筹划战略转移事宜。

为了调动和牵制敌人,顺利实施战略转移,7 月,中共中央和中革军委作出决定:命令红七军团经福建北上到闽浙皖赣边区与红十军会合,组成红十军团向浙皖边和皖南行动;命令红六军团退出湘赣根据地西进探路。同时,指示鄂豫皖省委设法摆脱困境,开辟新的根据地。

1934 年 10 月 10 日晚,中央红军开始实行战略转移。当时中央红军主力有 5 个军团。一军团军团长林彪,三军团军团长彭德怀,五军团军团长董振堂还有九军团以及中共中央、中革军委机关和直属部队共 8.6 万余人。留下的红二十四师和 10 多个独立团共 1.6 万余人及部分党政工作人员,在项英、陈毅等领导下,在中央根据地坚持斗争。

十、苦难历程

红军长征是艰难的选择，是空前绝后的历史事件，是无与伦比的革命壮举。

长征开始的时候，是博古、李德、周恩来“三人团”当家，他们对于中央红军战略转移这样大的事，既不召开政治局会议研究，也不对广大干部、战士进行充分的政治动员。战略转移变成大搬家式的行动。红军带着许多笨重的印刷机器、军工机器等物资，形成一支庞大、累赘的队伍，造成部队行动迟缓，对行军打仗极为不利。

按照原定计划，中央红军准备转移到湖南西部同红二、红六军团会合。部队基本上沿着红六军团走过的行军路线，即沿赣、粤、湘、桂边境的五岭山脉一直向西行动。

国民党当局察觉中央红军的转移行动后，在赣南、湘粤边、湘东南、湘桂边构筑4道封锁线,调动16个师77个团的重兵进行堵截和尾追。但是各路敌军之间存在着复杂的矛盾,对防堵追击红军的态度并不一致。在中央红军转移前夕,中央军委派人与广东军阀陈济棠秘密谈判,达成停战协议。在中央红军突破敌军第一道封锁线进入广东境内时,陈济棠没有堵截。接着,红军比较顺利地通过第二道封锁线。1934年11月下旬,红军突破了第三道封锁线,挺进到广西湘江地域时,蒋介石调集25个师数十万大军,分五路前堵后追,企图消灭红军于湘江之侧。

由于国民党湘、桂军阀之间有矛盾,敌军这最后一道湘江封锁线出现一个缺口。11月27日,红军先锋部队占领了湘江重要的渡口界首。如果部队轻装前进,是可以迅速渡过湘江的,但由于红军携带的物资笨重,行动迟缓,中央机关到达渡口已是29日。这时湘、桂敌军已在飞机支援下向渡口猛烈夹击。为强渡湘江,红军各军团浴血奋战,与敌搏斗,损失惨重。湘江两岸担任掩护任务的部队,为使中央领导机关和其他部队顺利过江,与敌展开激战,付出极大的牺牲。12月1日,国民党军队发动全线进攻,企图夺回渡口,围歼红军于湘江两岸。经过一整天的血战,红军阻止住敌军的进攻,使中央领导机关和红军大部渡过湘江,终于突破了敌军重兵设防的第四道防线。

担任掩护任务的红五军团第三十四师和红三军团第十八团被阻止在湘江东岸。红十八团被敌军分割、包抄、围杀,大部壮烈牺牲。红三十四师6000余官兵战斗到弹尽粮绝,几乎全军覆没。师政委程翠林等一大批指挥员献出生命。师长陈树湘身负重伤,由战士们用担架抬着指挥战斗,不幸落入敌人之手。敌保安司令听说抓到一位红军师长,命令士兵抬着这位师长去向上司邀功请赏,英勇不屈的陈师长乘敌人不备,忍着剧痛,用手伸进腹部伤口绞断肠子壮烈牺牲,时年29岁,实践了他"为苏维埃共和国流尽最后一滴血"的铮铮誓言。

陈树湘这位红军师长,小时候当过童工,以种菜卖菜为生。他1925年

7 月加入中国共产党，是黄埔军校第二期学员，曾跟随毛泽东参加过秋收起义，参加过井冈山斗争和第一至第五次反“围剿”，身经百战，屡建奇功，是红军队伍中难得的优秀指挥员。对于他的牺牲，红军官兵悲痛万分，毛泽东渡过湘江后，听到红三十四师没有突出重围，全军覆没的消息时，捶胸顿足，含泪反复喊着陈树湘的名字。

湘江战役中央红军与国民党军苦战五昼夜，在中国革命史上留下极为悲壮的一页，出发时 8.6 万红军，湘江战役后，锐减为 3 万人，5 万多红军将士永远长眠在湘江两岸，当地民众流传一句话：“三年不饮湘江水，十年不食湘江鱼。”

中央红军渡过湘江后，国民党当局判断红军将沿湘桂边境北上湘西同红二、红六军团会合，于是立即调集重兵，布置好口袋阵势，企图将中央红军一网打尽。博古、李德无视敌情，仍然坚持按照原计划前进，这使红军又处在一个非常危险的境地，如果不改变原定的前进方向就有全军覆没的危险。

在这危急关头，毛泽东根据敌我双方的军事态势，建议中央红军放弃北上同红二、红六军团会合的原定计划，立即转向西，到敌军力量比较薄弱的贵州去开辟新的根据地。

经过两个月的艰难行军，尤其是湘江激战之后，红军部队特别是高级干部中，已明显产生了怀疑不满的情绪，酝酿着要求纠正错误，改换领导。行军途中，毛泽东对王稼祥、张闻天等一些红军干部反复做深入细致的工作，向他们分析第五次反“围剿”和长征开始以来中央在军事指挥上的错误。他的正确意见得到王稼祥、张闻天、周恩来、朱德等的支持。1934 年 12 月 12 日，中共中央负责人在湖南通道举行紧急会议。参加会议的张闻天、王稼祥、周恩来等多数同志赞成和支持毛泽东提出向敌军力量薄弱的方向转移的建议。但李德等人拒不接受。会后，博古、李德仍坚持往湘西开进。

12月18日，中央政治局在贵州黎平举行会议，会上，经过激烈争论，毛泽东的提议得到多数同志的赞同，会议通过了《中央政治局关于战略方针之决定》，放弃了向湘西前进的计划，改向贵州腹地黔北挺进。随后，红军连克锦屏等7座县城，占领乌江南岸的猴场。12月21日晚，中共中央在猴场召开政治局会议作出《关于渡江后新的行动方针的决定》。这个决定提出首先在以遵义为中心的黔北地区，然后向川南创建川黔边根据地的战略任务。会议还决定，"关于作战方针以及作战时间与地点的选择，军委必须在政治局会议上作报告"，以加强政治局对军委的领导。这实际上剥夺了博古、李德的军事指挥权。

会后，红军渡过乌江，于1935年1月7日攻克黔北重镇遵义城。

红军攻克遵义，甩开了原来围追堵截的敌人，获得难得的休整时间。经过这一段时间的长征，许多干部特别是高级干部，对中央主要领导人的军事指挥思想越来越产生怀疑，要求纠正错误，改变领导的意见越来越多。从通道会议、黎平会议再到猴场会议，经过一路的争论，中央大部分领导人对于中央军事指挥的错误问题，基本上取得了一致意见。

1935年1月15日至17日，中央政治局在遵义召开扩大会议，史称遵义会议。出席会议的政治局委员有毛泽东、张闻天、周恩来、朱德、陈云、博古，候补委员有王稼祥、刘少奇、邓发、何克全，还有红军总部和各军团负责人刘伯承、李富春、林彪、聂荣臻、彭德怀、杨尚昆、李卓然，以及中央秘书长邓小平。李德及担任翻译工作的伍修权也列席了会议。会议集中全力解决具有决定意义的军事上和组织上的问题。这是一次具有重大历史意义的会议。

会议总结了第五次反"围剿"失败的原因和教训，尖锐地批评了博古、李德军事路线上的错误。他们的错误归纳起来，表现为进攻中的冒险主义，防御中的保守主义。

会议决定：毛泽东为中央政治局常委；张闻天起草决议，经常委审查后发到支部中去讨论；常委进行分工；取消“三人团”；由朱德、周恩来为军事指挥者，毛泽东为周恩来军事上的帮助者。

遵义会议后不久，中央决定由张闻天代替博古负总责，成立由毛泽东、周恩来、王稼祥组成的三人小组负责全军的军事行动。

遵义会议解决了党内所面临的的最迫切的组织问题和军事问题，结束了“左”倾教条主义错误在中央的统治，确立了毛泽东在中共中央和红军的领导地位，在极端危急的情况下，挽救了中国共产党，挽救了红军，挽救了中国革命，成为中国共产党历史上一个生死攸关的转折点。

遵义会议后，中央红军重整旗鼓，振奋精神，在新的中央领导指挥下，展开了机动灵活的运动战。这时，蒋介石分析判断中央红军北进四川同四方面军会合，或东出湖南同红二、红六军团会合，部署其嫡系部队和川、黔、湘、滇、桂五省地方部队共 150 个团 40 万兵力，从四面八方向遵义地区逼进，企图在遵义地区围歼红军。

这时，中央红军仅有 16 个团共 3 万余人，敌我力量悬殊很大。在危急情况下，毛泽东指挥红军采取与敌兜圈子，机动作战的方针，摆脱敌人的重兵围追堵截。

1935 年 1 月 19 日，中央红军由遵义地区北进，预定夺取川黔边境的土城、赤水县城，相机从四川的泸州和宜宾之间北渡长江。蒋介石急调重兵布防于川黔边境，封锁长江。1 月 28 日，红军在土城战斗中因敌军不断增援，对敌情分析判断有误，再战不利，乃决定撤出战斗。1 月 29 日凌晨，红军从元厚、土城地区一渡赤水河，挥师向西进至川滇边的扎西集中。在这里，中央红军进行整编，全军除干部团外，缩编为 16 个团，分为红军第一、第三、第五、第九军团。川滇敌军很快又从南北两面向扎西逼近。这时红军决定暂缓执行北渡长江的计划，突然掉头东进，摆脱敌军，于 2 月 18 日至 21 日二渡赤水，重入贵州，奇袭娄山关，再战遵义城。在遵义战役中，红军取得歼敌 2 个师又 8 个团、俘敌 3000 余人的胜利。这是中央红军长征以来取得的最大一次胜利,沉重打击了敌军的气焰,鼓舞了红军的斗志。

蒋介石在打了败仗之后,调整部署,指挥多路敌军向遵义、鸭溪一带合围。红军迅速跳出敌军的合围圈,再次转兵西进,于3月16日至17日三渡赤水,重入川南。蒋介石以为红军又要北渡长江,急忙调重兵围堵。红军突然又挥师东进,折返贵州,于3月21日晚至22日四渡赤水。随即南渡乌江,佯攻贵阳,分兵黔东,诱出滇军来援。当各路敌军纷纷向贵阳以东开进时,红军出其不意以每天120里的行军速度向敌人兵力空虚的云南疾进。红军在昆明附近虚晃一枪,接着主力神速向西北方向前进,于5月初渡过谷深水急的金沙江。至此,中央红军摆脱了敌军的追堵拦截,粉碎了蒋介石围歼红军于川、黔、滇边境的计划,取得了战略转移中具有决定意义的胜利。

四渡赤水之战,是毛泽东以他博大精深的战争指导艺术,在黔北的山山水水之间,导演的一场精彩绝伦、有声有色的战争活剧,是一场出色的机动灵活的运动战,是中央红军长征中变被动为主动的决定性战役。红军在毛泽东指挥下,声东击西,忽南忽北,不断地调动敌人,打得赢就打,打不赢就走,奇谋迭出,精彩纷呈,创造了战争史上的奇迹。毛泽东自己也认为,四渡赤水是他一生中的“得意之笔”。

1933年5月,红军渡过金沙江,经会理、德昌、泸沽,来到冕宁,准备渡过大渡河到川西与红四方面军会合。当蒋介石得知中央红军向大渡河开进时,大喜过望。大渡河是岷江的一道支流,水势凶猛,是当年太平天国将领石达开部全军覆没的地方。此时,红军的处境异常险恶,后有周浑元、薛岳、吴奇伟等数十万大军追进,前有四川军阀刘湘、刘文辉的精悍部队扼守着大渡河所有渡口。蒋介石曾狂妄断言:红军过得了金沙江,过不了大渡河。他相信,几十万大军左右堵击,石达开失败的历史也必会重演,红军一定会做“石达开第二”。

1935年5月12日,中央红军在会理县城附近的铁厂举行中央政治局扩大会议,讨论军事行动问题。会议决定由红一军团一师一团担任先遣任务。为了加强领导,充实力量,军委特派刘伯承、聂荣臻两同志分别担任先遣司令和政委,并把军团的工兵连、炮兵连配属红一团指挥。

经过大凉山彝族地区时,红军参谋长刘伯承根据党的民族政策,与彝族沽基部落首领果基约旦(小叶丹)杀鸡歃血为盟,实现了民族团结,使红军顺利地通过了这个地区。

1935 年 5 月下旬,红军以无坚不摧、所向披靡的气概强渡大渡河,飞夺泸定桥,翻越终年积雪、人迹罕至的夹金山。6 月 12 日,中央红军一部与红四方面军一部在四川达维镇会师。6 月 18 日,中共中央与中央红军主力到达红四方面军领导所在地四川懋功地区。

红四方面军于 1932 年 9 月撤离鄂豫皖地区,转战 2000 余公里到达四川北部与甘南和陕西交界处。1935 年 3 月至 4 月下旬渡过嘉陵江、涪江、岷江,到达理番、懋功一带。

中央红军和红四方面军在懋功会师时,摆在党和红军面前的首要任务,是正确制定统一的红军发展的战略方针。

中共中央到达川西北地区后,发现这里大多数是少数民族聚居地,高山深谷,交通不便,人烟稀少,经济贫困,不利于红军的生存与发展。而在此以北的陕甘地区,地域宽阔,交通方便,物产较丰富,汉族居民较多,又是帝国主义势力和国民党统治薄弱的地区,特别是邻近抗日斗争的前线华北。中共中央根据这种形势,主张红军继续北上,建立川陕甘革命根据地,以便在北方建立抗日的前线阵地,领导和推进抗日民族运动。但张国焘却主张红军向西退却到人烟稀少、少数民族聚居的新疆、青海、西康等地,以为这样可以避开国民党军队的强大军事压力。

为了解决这个重大的战略方针问题,6 月 26 日中央政治局在懋功北部的两河口召开会议。会上经过讨论,一致同意周恩来、毛泽东等多数人关于北上的意见。张国焘在会上也表示同意。

6月29日，中央政治局常委会议决定增补张国焘为中央军委副主席。同日，中央军委根据两河口会议确定的战略方针，制定攻打松潘战役计划，准备乘国民党胡宗南部尚未完全集结就位的时机，令红一、红四方面军协同作战，消灭胡宗南部，控制松潘地区，打开北上甘南的通道。

松潘城是川西北的军事要塞，城墙是乾隆皇帝征服了大小金川之后修建的，至今城墙还非常坚固。国民党嫡系部队将领胡宗南率一个师坚守松潘城，红一方面军和红四方面军在徐向前指挥下，联合进攻松潘城，就是攻不下来，最后红军调头转向了草地。

7月16日，中共中央率红一方面军翻越梦笔山、长板山、打鼓山等大雪山，先头部队抵达松潘附近的毛儿盖。张国焘惧怕同战斗力较强的胡宗南部作战，不执行军委计划，借口给养困难，反对北上，主张南下，向四川、西康边境退却，并提出"统一指挥"和"组织问题"有待解决，故意延宕。他自恃枪多势众，公然向党争权，策动一部分人向中央提出改组中革军委和红军总司令部，由他担任军委主席，给予"独断决行"的大权。中共中央坚决拒绝张国焘等人的无理要求，但为了照顾红军的团结，于7月18日把周恩来担任的红军总政委的职务让给了张国焘。

8月3日，红军总部制定进军甘肃南部的夏（河）洮（河）战役计划，并把红一、红四方面军混合编成右路军和左路军。右路军包括在毛儿盖地区的红一方面军的第一、第三军，红四方面军的第四、第三十军，军委纵队的大部分及新成立的红军大学，由徐向前、陈昌浩、叶剑英率领集结北上，经草地到班佑。毛泽东、张闻天、周恩来等中央领导人随右路军行动。左路军包括红四方面军的第九、第三十一、第三十三军，红一方面军的第五、第三十二军及军委纵队组成，由朱德、张国焘、刘伯承率领集结北上，经草地到阿坝，再到班佑与右路军会合。

8月4日至6日，中央政治局在毛儿盖附近的沙窝召开会议，讨论形势与任务。会议重申两河口会议确定的北上战略方针，强调创造川陕甘根据地是当前红一、红四方面军面临的历史任务，为此，要进一步加强党对红军的绝对领导，维护两个方面军的团结。会议还决定恢复红一方面军总部，由周恩来任红一方面军司令员兼政治委员。会议指出在红军中必须纠正对革命前途悲观失望的右倾错误。8月15日，中共中央致电张国焘，指出不论从敌情、地形、气候、粮食任何方面考虑，红一、红四方面军主力均宜经班佑北上，万不宜再事迁延，致误大计。张国焘不执行沙窝会议的北上战略方针，并对拥护中央北上政策的朱德、刘伯承加以排斥。8月19日，中央政治局在沙窝召开常委会，鉴于周恩来病重，决定由毛泽东负责军事工作。

8月21日，中央机关跟随徐向前、陈昌浩率领的右路军，从毛儿盖出发，历时数日越过渺无人烟的茫茫草地，到达四川省的班佑、巴西、阿西地区，等待左路军前来会合。

过草地，在红军长征历史上是最悲惨的一幕。红军右路军过草地一共走了7天，造成大量的红军战士死亡。草地纵横600余里，海拔3500米，人烟稀少，气候变化莫测，昼夜温差大。白天艳阳高照，烤得人汗流浃背、喘不过气来，一会儿又乌云密布，雷鸣电闪，暴雨冰雹铺天盖地而来，让人找不到东南西北；夜间气温降至零摄氏度以下，在草地露营缺氧、低温，让人痛苦不堪。进入沼泽地带，一不小心陷进泥潭会越陷越深。过草地的时候，没想到要走7天，每个人干粮袋里只有几斤粮食，没走多久就断粮了，只能吃野菜、草根、皮带。缺氧、低温、饥饿、冰雹、沼泽，这对红军广大指战员来说都是无形的杀手。红三军团过草地时，军团长彭德怀发现一些部队没跟上，就把红十一团政委王平叫来说：还有一个营的部队没跟上，你带人回去找找。王平政委带上警卫员返回班佑河边，天已黄昏，远远看见有几百名红军战士背靠背地睡觉。王平政委当时火气很大，走过去就推那些战士，谁知推一个倒一个，700多名红军战士经不起体力透支，饥寒交迫，在睡梦中死去了。王平政委痛心疾首，把这些死去的战士一个个放平，含泪而去。红军过草地7天时间死亡万余人。这是长征中最艰难的日子。

9月初,中央机关随右路军到达班佑,中央一再催促张国焘率领的左路军立即北上。张国焘无视中央的劝告,于9月9日致电中革军委,坚持"乘势南下"的主张。同时,他背着中央密电右路军政委陈昌浩率右路军南下,企图分裂和危害党中央。担任右路军参谋长的叶剑英看到电报,立即报告毛泽东。毛泽东、张闻天、周恩来、博古等紧急磋商,为贯彻北上方针,避免红军内部可能发生冲突,决定率领右路军中的红一、红三军团和军委纵队迅速转移,先行北上,脱离险境,并发出《共产党中央为执行北上方针告同志书》。红四方面军有的干部不明真相,主张用武力阻拦,徐向前坚决制止这种行为,维护了红军的团结。中共中央先行北上后,于9月11日晚到达甘肃省迭部县俄界(今高吉)。当时,毛泽东非常愤怒、伤心,说我们党内又出现了危机,分裂的人就是张国焘,他们现在不听中央的,怎么办?我们得北上,我们要通过一个关于张国焘错误的决定。毛泽东认为,这是他"一生中最黑暗的时刻"。8万红四方面军没有跟他走,而且朱德、刘伯承和红五军团、红九军团仍在张国焘的左路军。这个时候张国焘有9万人,毛泽东只有1万余人,但毛泽东没有退路,不惜一切代价,也得带着队伍北上。

9月12日,中央政治局在俄界召开扩大会议。会议通过《中央关于张国焘同志的错误的决定》,指出张国焘反对中央北上的战略方针,坚持向川康藏边境退却的方针是错误的。张国焘同中央的争论,其实质是对政治形势的分析与敌我力量估量上存在着原则性的分歧。中央号召红四方面军的干部、战士团结在中央周围,同张国焘的错误倾向作斗争,促其北上。

俄界会议后,中共中央率领红一、红三军团和军委纵队继续北上,向四川通往甘南的交界处腊子口前进。腊子口是通往甘南的关口咽喉,毛泽东决定不惜一切代价歼灭腊子口守敌。如果天险腊子口拿不下来,红军在政治上、军事上将陷入极大被动,将会被迫南下,重回草地。

9月16日,红军先锋团红四团在团长王开湘、政委杨成武率领下日夜兼程来到腊子口。腊子口长约30米,宽8米,水深3丈。两边百丈悬崖绝壁,抬头只见一线青天,水流湍急,浪花激荡,汇成一个个漩涡,不能徒涉,两山之间横架一座小木桥,被敌人重兵把守。红四团的官兵正面强攻,伤亡惨重,后来通过攀悬崖,爬上崖顶,绕到了腊子口的背后向敌人发起了猛烈攻击,歼灭了腊子口守敌。

红军攻克腊子口向北翻越岷山,于9月18日到达甘肃岷县以南的哈达铺。部队在这里休整。毛泽东要身边的人去邮局找些报纸看,毛泽东从《晋阳日报》《大公报》上看到陕北有刘志丹的部队,陕北有共产党,通过这样分析,毛泽东提出到陕北去。同时按照俄界会议的决定,北上部队正式改编为中国工农红军陕甘支队,彭德怀任司令员,毛泽东任政治委员。

1935年10月5日至7日,党中央和中央红军翻过六盘山到达陕北。这时,毛泽东心情非常好,写了《清平乐·六盘山》这首词:“天高云淡,望断南飞雁。不到长城非好汉,屈指行程二万。六盘山上高峰,红旗漫卷西风。今日长缨在手,何时缚住苍龙?”因为翻过六盘山,就看到古长城了。

10月19日,陕甘支队占领通渭县榜罗镇。中央政治局常委在这里召开会议,正式决定前往陕北,保卫和扩大根据地。会后,陕甘支队越过六盘山,抵达陕甘根据地的吴起镇(今吴旗)。10月22日,中央政治局在这里召开会议,指出历时一年的长途行军已经结束,今后的战略任务是保卫和扩大西北的根据地,领导全国革命斗争,并以陕、甘、晋三省为发展的主要区域。

11月初,中共中央和陕甘支队在甘泉地区同陕甘根据地的红十五军团会师。11月3日,中华苏维埃共和国中央政府决定成立中国工农红军西北革命军事委员会。同日,西北军委宣布恢复红一方面军番号。红十五军团编入红一方面军建制。

红十五军团是由三支部队合编而成的。1934年11月16日,徐海东、程子华等率领的红二十五军从河南罗山县何家冲西进长征,1935年9月

15日到达陕北。经过近一年的艰苦转战,行程4000余公里,沿途攻克3座县城,进行大小战斗10多次,打退了敌人的围追堵截,成为红军长征中先期到达陕北的第一支队伍。到陕北后,于1935年9月同原在陕甘苏区的红二十六、红二十七军合编为红十五军团。徐海东任军团长,程子华任政治委员,刘志丹任副军团长兼参谋长,高岗任政治部主任。全军团共7000余人。

1935年9月上旬张国焘坚持南下,同中央分道扬镳后,中共中央在北上途中致电张国焘,命令他改变南下方针。但张国焘仍坚持错误。9月中旬,他召开四川省委及红军中党的活动分子会议,攻击中央北上的方针是“逃跑”,力主南下,并反抗和排斥左路军中坚决主张同中央一起北上的朱德和刘伯承。10月5日,张国焘公然在四川理番县卓木碉召开了另立党的“中央”“中央政府”“中央军委”“团中央”会议,宣布“毛泽东、周恩来、博古、张闻天应撤销工作,开除中央委员及党籍,并下令通缉”。12月5日,他狂妄地要求中共中央“不得再冒用中央名义”,只能称北方局,中华苏维埃共和国中央政府、红一方面军也只能称陕甘政府和北路军。至此,张国焘的分裂党和红军的行动发展到极端的地步。朱德、刘伯承同他进行了坚决的斗争,并同红四方面军中不赞成张国焘分裂行动的领导者一起,耐心地进行争取受迷惑人员的工作。

鉴于张国焘分裂党和红军的严重性,中共中央政治局于1936年1月22日作出《中央关于张国焘同志成立第二“中央”的决定》,责令张国焘立即取消他所成立的“中央”“中央政府”“中央军委”和“团中央”,停止一切反党活动,并决定在党内公布俄界会议通过的《中央关于张国焘同志的错误的决定》。

张国焘的分裂行动,在红四方面军中不得人心。9月中旬部队南下后,红军官兵虽然英勇奋战,但伤亡很大,到达甘孜后只剩下4万余人,同南下前期相比减员过半。部队滞留在甘孜一带地区,给养极其困难。红四方面军中，广大干部战士要求北上抗日与中央会合的愿望迫切，对张国焘分裂行为不满的情绪日益增长。这时候，从莫斯科回到陕北的张浩（林育英），也以中共驻共产国际代表团的名义对张国焘进行帮助。任弼时、贺龙等领导的红二、红六军团即将到达甘孜地区。在这种情况下，张国焘于1936年6月6日宣布取消他另立的“中央”。

红二、红六军团是在1935年11月开始长征的。这年9月，蒋介石调集130个团向湘鄂川黔根据地发动新的“围剿”，形势非常严峻。11月19日，红二、红六军团为争取主动，在任弼时、贺龙、关向应、萧克、王震等领导下，从桑植刘家坪地区出发，开始战略转移。3月下旬，部队到达盘县地区。3月30日，红二、红六军团接到红军总司令朱德、总政治委员张国焘的电报，命令他们北渡金沙江到甘孜地区同红四方面军会合。红二、红六军团离开盘县地区向西急进，渡过金沙江，越过大雪山，历尽艰险，于7月2日同红四方面军在甘孜会师。

中共中央得知他们的情况后，指令红二、红六军团合编为红二方面军（红三十二军编入），由贺龙任总指挥，任弼时任政治委员，萧克任副总指挥，关向应任副政委。此时张国焘虽已取消另立的“中央”，但并没有改变同中央对抗的立场。他企图拉拢刚刚会师的红二方面军领导支持他的错误活动和主张，遭到红二方面军领导人的坚决抵制。在朱德、刘伯承、任弼时、贺龙、关向应等力争下，红二、红四方面军决定共同北上，同中央和红一方面军会合。

1936年7月上旬，红二、红四方面军从甘孜出发，途经阿坝、包座等地，越过雪山草地，于8月到达甘肃南部。1936年9月下旬，红四方面军继续北进。10月9日，红四方面军指挥部到达会宁，与红一方面军会合。红二方面军于9月中旬连克甘肃东南部的成县、康县、徽县、西当，迅速向北转移，10月21日，贺龙、任弼时、关向应、刘伯承在平锋镇与红一方面军第一军团代理军团长左权、政治委员聂荣臻会面。10月22日和23日，红二方面军分别在将台堡、兴隆镇同红一方面军会师。至此,红军三大主力胜利完成了震惊中外的长征。

红军长征是在极为险恶的战争条件下进行的,遭受了中外历史上罕见的艰难险阻。那时,天上每日几十架飞机侦察轰炸,地下几十万大军围追堵截,根本不容许红军有立足之地和喘息之机。仅中央红军在历时一年的长征中,就进行了300多次战斗,几乎每天一次遭遇战;平均每天行军35公里以上,翻越18座山脉,渡过24条河流;突破了10个地方军阀的封锁包围,击败了数倍于己的国民党中央军的围追堵截;征服了雪山、草地等极端恶劣的自然环境。正是在这种千锤百炼的革命实践中,广大红军指战员的思想境界、意志品格、战斗作风、团结精神、纪律观念等凝聚成伟大的长征精神。

红军长征是严峻的生死考验,可以说步步是险关,处处是绝境,时时有牺牲。各路红军长征出发时总人数为20.6万人,1936年10月红军三大主力到达陕北会师时,仅剩5.7万人,约15万红军将士牺牲在长征路上,平均每前进一公里就有三四名红军战士牺牲,平均每走一天就有200多人献出生命。牺牲在长征路上的营以上干部有400多名,牺牲的师以上干部有80多名。

举世闻名的两万五千里长征孕育了不怕牺牲、前仆后继、百折不挠、力挽狂澜、浴血奋战、勇往直前的伟大长征精神。它是中国共产党和人民军队革命风范的生动反映,是中华民族自强不息的民族品格的集中展示,是以爱国主义为核心的民族精神的高度体现。

红军长征的胜利,成为中国革命转危为安的关键。虽然失去了南方原有的根据地,损失了很大一部分力量,但保存和锻炼了中国共产党和红军骨干,沿途播下了革命的种子。长征的胜利表明,中国共产党及其所领导的中国工农红军具有战胜任何困难的无比顽强的生命力,是一支不可战胜的力量。长征是用鲜血和牺牲写就的诗篇,是历史无与伦比的革命壮举,是中国共产党及其领导的工农红军创造的人间奇迹,是镌刻在中国人民心中不朽的丰碑,也是一座造就卓越人才的大熔炉。

正当抗日战争的烽火即将在全国燃烧起来的时候,到达陕北的三大主力红军又将担负起中国革命的新任务,这是具有伟大历史意义的事件。

十一、抗日烽火

1931年9月18日深夜,根据不平等条约而驻扎在东北的日本关东军制造事端,故意将沈阳附近柳条湖一小段铁轨炸毁,反诬是中国军队对日本守备队的挑衅,突然袭击中国军队驻地北大营和沈阳城。

第二天,日本军队轻易地占领了沈阳,随后仅用3个月时间就攻占了东北20多个城市。这就是日本军国主义者蓄谋已久并精心策划发动的九一八事变。

日本同中国是隔水相望的近邻。两国本来有着长久的友好交往,但在明治维新后,日本很快走上了军国主义的发展道路。

中日甲午战争和日俄战争的结局,使日本国力迅速膨胀,对外扩张的野心日益增长。第一次世界大战期间,欧美的注意力集中在欧洲战场,无暇东顾,使日本加紧对华扩张获得一个“天赐良机”。企图独霸中国的“二十一条”，就是在这个时期内提出来的。

日本是个后起的帝国主义国家，实力毕竟有限，在羽翼还没有丰满的情况下，对华扩张不得不稍事收缩，把侵华重点放在中国长城以北的东北和内蒙古东部。

1927 年 4 月，几乎和南京政府成立同时，日本军部首领田中义一受命组阁，出任首相兼外相，推行对华的“强硬外交”。七八月间，他召开具有决策意义的东方会议，制定《对华政策纲领》，着重指出，“万一动乱波及满蒙，治安紊乱，对我该地方之特殊地位权益有发生侵害压迫之虞时，不问其来自任何方面，帝国为加以防护并保持其为国内外人士安居发展之地，必须有不失机宜而出之以适当措置之决心”。

这无异于宣布，日本已决心夺取中国东北，并随时准备在保护日本在华“权益”和日侨“安全”的借口下实行军事干涉。这预示着日本的大规模武力侵华行动即将开始。

正是因为田中内阁这种对华的“强硬外交”，当国民革命军渡江北伐时，日本突然出兵山东，占领济南，杀害中国军人 6000 多人，制造了震惊中外的“五三惨案”。当控制东北的奉系军阀首领张作霖从北平退往关外时，日本关东军又在铁路线上预埋炸药，炸死张作霖，图谋乘乱夺取整个东北。

只是由于张学良在危机中沉着应对，稳住局面，关东军的图谋才没有立即实现。在张学良宣布易帜服从南京政府后，日本便加紧策划武力夺取东北。1928 年 5 月，日本将原驻旅顺的关东军司令部迁到沈阳，就地指挥一切，东北上空已是乌云密布。

南京政府对如此严重的局势，没有采取任何认真的对策。1930 年蒋介石、冯玉祥、阎锡山中原大战后期，张学良在 9 月 18 日通电南京政府，率领东北军主力 7 万人入关，结束了这场战争。关外兵力空虚，更给了日本侵略者以可乘之机。第二年同一天，发生了震惊全国的九一八事变。

在这之前，蒋介石电告张学良说：“无论日本军队此后如何在东北挑衅,我方应不予抵抗,力避冲突,吾兄万勿逞一时之愤,置国家民族于不顾。”当日军进攻时,东北军便不战而退。沈阳城在第二天失陷,日军又从朝鲜等地大举增援,向东北各地推进。辽宁、吉林、黑龙江三省全部沦陷,东北人民陷入水深火热的亡国惨痛之中。

九一八事变发生后的4个月内,日本侵略军强占中国100多万平方公里土地,相当于日本本土面积的3倍。从资源上说,中国失去了十分之七的大豆产额,失去三分之一的森林,失去三分之一的铁产,失去三分之一的煤产,失去十分之四的铁路,失去五分之一的运输贸易。东北人民陷入水深火热之中。

1932年3月9日,日本侵略者宣布在东北成立伪满洲国,将清朝末代皇帝溥仪护送到东北,充任伪满洲国的傀儡皇帝,公开表明把东北从中国领土中分割出去。他们以关东军司令官兼任日本驻伪满“特命全权大使”,伪满的总务厅长和各部次长都由日本人担任,以便掌握这个傀儡政权的实权。从此,东北成为日本直接控制下的殖民地,遭受政治压迫、经济掠夺、文化奴役,东北3000多万同胞惨遭涂炭。

九一八事变激起全国人民的抗日热潮,各阶层爱国人士看到大片国土迅速丧失,政府屈辱退让,无不痛心疾首,义愤填膺。群众性的抗日救亡运动很快在全国各地兴起。

10月10日,刚从江西“剿共”前线回来的蒋介石,面对群情激奋的爱国学生,许诺说:“3天之内出兵,不出兵收复失地,杀我蒋某的头,以谢国人。”

3天之后,蒋介石未动一兵一卒,他在公开演讲中说:“我国民此刻必须忍痛含愤,暂取逆来顺受态度,以待国际公理之判决。”

可惜国际公理对于侵略者的制裁手段虚弱得很,国际联盟虽然要求日本必须从东北撤军,但日本置之不理。国民政府束手无策,一味退让妥协。

当日军在东北扩大进攻的同时,1932年1月28日,日军又突然在上海挑起侵略战争，战火烧到中国这块最富饶的心脏地区。国民党爱国将领蔡廷锴、蒋光鼐率领十九路军，不顾国民党政府的命令，主动进行英勇抵抗。各界人民组织义勇军、敢死队、救护队协同作战，护理伤员，捐献慰劳金和慰问品。全国各地人民和海外华侨捐助给十九路军的款项即达700余万元。在人民群众的大力支持下，十九路军连续打退有兵力优势的日军，虽然日军使用了飞机，动用了军舰等新式武器，前后增兵六七万人，并三易主帅，但仍被压制在沿海的狭窄地带，不能前进。

但是，蒋介石政府继续推行妥协投降的政策。在美、英、法帝国主义的干预下，经英国公使兰普森"调停"，蒋介石于1932年5月5日与日本帝国主义签订了丧权辱国的《淞沪停战协定》。这个协定，屈辱到不仅不敢追究日本进攻上海的侵略罪行要求赔偿损失，反而在实际上承认日本可以长期留驻上海周围，并迫使十九路军退出上海，调往福建参加"剿共"。这严重打击了上海军民的抗战激情。

协定签订不到2个月，蒋介石在庐山召开赣、湘、鄂、豫、皖五省"剿匪"会议，明确宣布南京政府处理对外对内关系的基本政策是"攘外必先安内"。

日本帝国主义加紧侵华，中华民族处于危急关头，中国人民在中国共产党的号召下，以极大的民族义愤掀起了抗日救亡运动。

1931年9月22日，中共中央发表宣言，提出"发动群众斗争，反抗日本帝国主义，组织东北游击战争，直接给日本帝国主义以打击"的号召。

1932年4月15日，中华苏维埃共和国临时中央政府主席毛泽东发布《对日战争宣言》，正式宣布苏维埃政府对日宣战，号召全国工农兵及一切劳苦大众，团结起来进行民族革命战争，把日本帝国主义驱逐出中国，争取中华民族的独立和解放。

在中国共产党的号召下，东北人民组织了为数众多的抗日义勇军，他们在白山黑水之间展开了艰苦卓绝的抗日游击战争，给日本帝国主义以沉重打击。中共中央还先后派出杨靖宇、赵尚志、周保中、赵一曼等到东北，加强各级党组织的领导力量。到1933年年初，由中国共产党直接领导的巴彦、南满、海龙、东满、宁安、海伦等10余支抗日游击队相继成立。

1936年2月，东北各抗日武装力量统一了军队编制，陆续改为东北抗日联军，人数曾增至45000多人，到1937年七七事变前歼灭日伪军达14万多人。他们的英勇斗争，有力地打击了日本在中国东北的殖民统治，牵制了大量日军，支援和鼓舞了全国的抗日救亡运动。

在国民党统治区，广大工人、学生和市民群情激愤，纷纷游行示威，罢工罢课，发表通电，强烈要求国民政府抗日。

与此同时，国民党内部也发生了分化。1931年11月，国民党黑龙江省政府代理主席、黑龙江省军队总指挥马占山，身先士卒领导全军于嫩江桥重创敌军，军威大震。冯玉祥将军在张家口组织察哈尔民族抗日同盟军，在共产党人的大力帮助和人民群众的广泛支持下，收复察哈尔省全部失地，全国人心振奋。曾被蒋介石调至福建"围剿"红军的国民党第十九路军，在蔡廷锴、蒋光鼐率领下宣布与蒋介石决裂，在福州建立了"中华共和国人民革命政府"，并与红军订立了抗日反蒋协定。

1935年中国最流行的歌曲是《义勇军进行曲》，整个中国的主旋律是"起来，不愿做奴隶的人们！……中华民族到了最危险的时候……"14年后，这首歌成为中华人民共和国的国歌，"中华民族到了最危险的时候"，成为和平年代的中国不断唱响的历史之音。

此时的南京国民党政府一味妥协退让，更加助长了日本军国主义者侵略中国的嚣张气焰。他们毫不放松地步步进逼，1933年1月又攻占了东北通往华北的门户山海关。2月，向热河省进攻，在10天内占领热河全境。接着，继续向长城东段各口进攻，先后突破喜峰口、古北口等要隘，进入冀中平原，前锋直逼通县（今北京市通州区），北平已面对兵临城下的局势。

1935年五六月间，天津一带的局势紧张起来。日军借口天津日租界内两名亲日派人员被暗杀和原在热河的抗日义勇军一部退入关内这两件事，再次以武力进行威胁。日本天津驻屯军参谋长酒井隆向南京政府主持华北工作的何应钦提出要罢免河北省政府主席于学忠、把中央军撤出河北等无理要求，并扬言："日军为自己取断然之处置，或直接发生庚子事件或九一八事件，亦不可知。"以后，又提出要南京政府禁止全国的排日活动。7月6日，何应钦复信日本天津驻屯军司令官梅津美治郎，承诺答应酒井隆所提要求。这件事被日本称为"何梅协定"。

南京政府以为作了这样的让步以后，中日关系可能得到一段时间的稳定。其实，日本侵略者的贪欲是没有止境的，他们在东北初步站住脚跟后，便把华北列为下一步进攻的目标。华北是一块富饶的土地，山西的煤、河北的铁、山东和河南的棉花等，一向为日本帝国主义所垂涎。日本当局侵华的决策已定，南京政府不断退让，只能被对方看成软弱可欺，更加得寸进尺步步进逼。

1935年9月24日，到天津就任日方中国驻屯军司令官的多田骏，向记者散发一本名为《日本对华基础观点》的小册子，明目张胆地提出："现在之华北实为最容易最迅速得以实现为乐土，且以此为必要之地域，无待缕述。""华北问题解决之重要性质如此，帝国对外之发展将依此而卜其成否。"这是一个非同寻常的政策声明，表明日本对华扩张已进入一个新阶段，决心加速把华北纳入它的直接控制之下。

11月中旬，日本军方导演的所谓"华北自治运动"公开出台。奉天特务机关长土肥原贤二到北平向兼任平津卫戍司令的第二十九军军长宋哲元提出最后通牒式的警告，限他在11月20日前宣布"自治"，否则日军将用武力攻占河北和山东。接着大批日本关东军在山海关和古北口附近集结，进行武力威胁，日本驻华大使奉命向蒋介石提出警告。同月，土肥原策动汉奸殷汝耕脱离中国政府的管辖，在河北通县挂起了"冀东防共自治政府"的招牌，使冀东22个县脱离了国民政府的管辖。在日军的压力下，南京政府被迫于12月18日在北平成立由宋哲元任委员长的冀察政务委员会，开始实行华北特殊化。平津上空乌云密布，整个华北危在旦夕。

这时，中共中央和红军在长征途中。

1935年七八月间，共产国际在莫斯科召开第七次代表大会。8月1日，中共驻共产国际代表团草拟了《中华苏维埃政府、中国共产党中央为抗日救国告全体同胞书》(《八一宣言》)，10月1日正式发表。宣言呼吁全国各党派、各军队、各界同胞，不论过去和现在有任何政见和利害的不同，都应当停止内战，一致抗日，组织国防政府和抗日联军，并表示中国共产党和红军愿首先加入以尽抗日救国的天职。

中共中央和红军长征到达陕北后，虽未详细了解共产国际七大和《八一宣言》的精神，也曾几次针对日本侵略华北的新形势，提出停止内战，组成统一战线，共同抗日的主张。

当中共中央得知《八一宣言》精神后，于11月发表了与《八一宣言》内容基本相同的《抗日救国宣言》。这些宣言和主张传到国民党统治区后，产生了十分强烈的反响，促进了"一二·九"运动的爆发。

1935年12月9日，北平学生在中共北平临时工作委员会彭涛、周小舟等领导下，举行了声势浩大的抗日救亡游行，他们高喊"打倒日本帝国主义""停止内战，一致对外"等口号。这个运动迅速波及全国。从11日开始，天津、保定、太原、杭州、上海、武汉、成都、重庆、广州等大中城市先后爆发了学生的爱国集会和示威游行。许多地方的工厂也举行罢工。

12月下旬，在中国共产党的领导下，北平学联组织平津南下宣传团，到河北农村进行抗日宣传，开始踏上同工农相结合的道路。在宣传团的基础上，又成立了中华民族解放先锋队。

学生的爱国救亡运动博得了社会的广泛同情和支持。12月12日，由年近百岁的著名教育家、爱国人士马相伯领衔，发表了《上海文化界救国运动宣言》，署名的有文化界知名人士280多人。上海各界，如妇女界、文化界、电影界、职业界等相继组成救国会。

1936年1月28日，上海各界救国联合会成立，推举67岁老人沈钧儒为主席。5月31日，全国各界救国联合会成立大会在上海举行。各界救国联合会的成立，把原来比较分散的爱国运动汇合起来，推动抗日救亡运动高潮持续地向纵深发展。

中共中央于1935年12月17日至25日在陕北瓦窑堡召开了会议，会议通过了《中央关于目前政治形势与党的任务的决议》，确定了建立广泛的抗日民族统一战线的政策。会议指出："日本帝国主义吞并华北并准备吞并全中国的行动，向着四万万人的中华民族送来了亡国灭种的大祸，这个大祸就把一切不愿当亡国奴，不愿充汉奸卖国贼的中国人，迫得走上一条唯一的道路：向着日本帝国主义及其走狗汉奸卖国贼展开神圣的民族战争。"

会议强调，中国政治生活中的各阶级、阶层、政党以及武装力量，重新改变了与正在改变着他们之间的相互关系。因此，党的政策路线是发动、团结与组织全中国全民族一切革命力量去反对当前主要的敌人——日本帝国主义与蒋介石。

两天后，毛泽东根据瓦窑堡会议的精神，在党的活动分子会议上作了《论反对日本帝国主义的策略》的报告。报告开门见山地说："目前形势的基本特点，就是日本帝国主义要变中国为它的殖民地。"他接着指出，在日本帝国主义打进中国本部来了这个基本的变化上面，变化了中国各阶级之间的相互关系，不仅民族资产阶级的态度有起变化的可能性，就是国民党营垒中也会发生破裂，这已有许多事实证明了，目前是变动的前夜。

他把统一战线的策略和关门主义的策略进行对比："一个要招收广大的人马，好把敌人包围而消灭之。一个则依靠单兵独马，去同强大的敌人打硬仗。"我们要"组织千千万万的民众，调动浩浩荡荡的革命军"，向民族敌人进攻。"我们一定不要关门主义，我们要的是制日本帝国主义和汉奸卖国贼的死命的民族革命统一战线。”此时中国共产党的策略由“反蒋抗日”逐步转向“逼蒋抗日”。

为了建立和发展广泛的抗日民族统一战线，中国共产党做了许多实际的工作。在陕北，不仅红军同原来正面对峙的东北军、第十七路军实际上已停止敌对行动，而且已开始通过多种渠道，同蒋介石和南京政府商洽停止内战、一致抗日的问题。

1936年1月25日，毛泽东等发出红军愿同东北军联合抗日的《致东北军全体将士书》，指出逼蒋抗日是唯一出路，建议互派代表，协商成立国防政府和抗日联军等问题，在东北将领中产生很大震撼。随后，又于3月间派李克农前往洛川，同张学良会谈，达成口头协议。

这之前，毛泽东于1935年11月派汪峰持他的亲笔信，到西安面见第十七路军总指挥杨虎城，做了杨的工作。

1936年4月9日，周恩来与张学良在肤施(今延安)一个天主教堂里秘密会谈。双方达成了互不侵犯、互相帮助、互派代表、加强部队的抗日救国思想教育等具体协议。张学良明确表示，同意停止内战，一致抗日，并愿意为红军行动让路。随后，中共派红军总参谋长叶剑英作为正式代表常驻西安，派彭雪枫、宋理治等40余名干部去张学良、杨虎城部队，帮助进行抗日教育和整训部队。

8月15日，中共中央发出《中国共产党致中国国民党书》，再次呼吁："停止内战，组织全国的抗日统一战线，发动神圣的民族自卫战争。"

9月1日，中共中央对党内发出《关于逼蒋抗日问题的指示》，指出，在日本继续进攻的时候，国民党中央军有参加抗日的可能，"我们的总方针应是逼蒋抗日"。

毛泽东还先后给宋庆龄、宋子文、蔡元培、冯玉祥、傅作义、李宗仁、沈钧儒、邹韬奋等各方人士写信，说明中共抗日统一战线政策，并在上海设立办事处，任潘汉年、冯雪峰为正、副主任。

蒋介石和南京政府在华北事变后的对日政策也发生了显著变化。

日本一步步加紧对中国的侵略,不仅严重威胁着中华民族的生存,也严重威胁着蒋介石和南京政府的统治地位。蒋介石和南京政府内许多军政人员也有相当强烈的民族情绪。他们长时期内对日本实行妥协退让的政策,主要有两个原因:第一,他们总是害怕民众力量的兴起危及自己的统治,但离开依靠民众更看不到足以抗日的力量。第二,他们把消灭共产党看作比抵抗日本侵略更加重要而急迫的事,所以提出了"攘外必先安内"的错误方针。他们一直希望日本的侵略能够适可而止,并且期待国际社会能对日本实施干预或制裁,使局势不致进一步恶化。

但局势的发展同南京政府的希望全然相悖:日本的侵华野心有增无减,企图并吞整个中国,并且准备用亲日的傀儡政权来代替南京政府;国际联盟和英美等国对制止日本侵略完全无能为力;全国民众以至于国民党统治集团内部要求抗日的呼声日益增高,南京政府如果继续执行原来的误国政策,势必为全国人民所不容,也将造成政权内部更加剧烈的分裂。

华北事变的发展,特别是日本一手导演的"华北自治运动"的出台,把南京政府逼到几乎无路可退的地步。正如蒋介石所说:华北一旦成为东北第二,南京又何尝不可以变成北平?正是在这种情况下,南京政府开始大幅度调整对日政策。

1935 年 10 月 7 日,日本外相广田弘毅向中国驻日大使蒋作宾提出南京政府须承认伪满洲国等三项远远超出蒋介石所能接受的要求。蒋介石后来在《苏俄在中国》一书中写道:"当时的情势是很明白的,我们拒绝他的原则,就是战争;我们接受他的要求,就是灭亡。"

在这种严重局势下,11 月 12 日至 23 日,国民党召开第五次全国代表大会。19 日那天,也就是土肥原逼令宋哲元宣布华北自治最后限期的前一天,蒋介石在大会上说了一句很有名的话:"和平未到绝望时期,决不能放弃和平;牺牲未到最后关头,亦决不轻言牺牲。"这句话包含了两层意思:

一方面是说，现在还没有到“放弃和平”“轻言牺牲”之时；另一方面是说，一旦“最后关头”到来，那就只好“放弃和平”，决心“牺牲”了。

第二天，日本驻华大使有吉明去见蒋介石，提出所谓的“华北自治运动”，蒋介石把他顶了回去，说：“作为中国，对引起违反国家主权完整，破坏行政统一等之自治制度，绝对不能容许。”在座的外交部部长张群也插话：“老实说，如果日本召回土肥原少将，阻止多田司令官的济南之行，自治运动将会立即消灭。”蒋介石和南京政府对日本采取这样强硬的态度，以前还不曾有过，受到了民众的欢迎。同时，南京政府也加快了对日作战的国防准备和工业、交通建设，这些虽然晚了一点，但仍是有积极意义的。

随着对日政策的调整，蒋介石对苏联和中国共产党的态度在悄悄地发生变化。为了对抗日本，南京政府在 1935 年年底开始试着寻求苏联的援助；还经过宋庆龄的帮助，在第二年春开始同中共中央接触。蒋介石为什么要这样做？用他自己在《苏俄在中国》一书中的话来说：“中日战争既已无法避免，国民政府乃一面着手对苏交涉，一面亦着手中共问题的解决。”

中国共产党清楚地看到了蒋介石和南京政府开始发生的这种变化，愿意积极促成国共合作的实现；同时，基于对蒋介石的长期了解，也充分估计到实现这种联合的艰巨性和复杂性。

蒋介石对共产党疑忌太深了，在他看来，“所谓国共合作，就是让共产党向国民党投诚”，由他来收编，这自然是办不到的。因此，用武力来强行解决他认为是上策。当陈济棠等发动的两广事件被平定下去后，他腾出手来，调集重兵，逼迫驻陕甘的张学良和杨虎城部队，对陕北红军发动新的“会剿”。

1936 年 10 月 22 日，蒋介石从南京飞抵西安，刚一住下，就召见张学良、杨虎城，指责他们“剿匪”一年战果甚微，说自己这次来，就是要亲自了解进展迟缓的原因，作出新的“围歼”部署，并要张、杨发表意见。

张学良说：“我向委员长再次请求，以国家民族利益为重，接受中共建议，共商抗日大计，这也是东北军全体将士的愿望和要求。”

杨虎城也委婉地说：“我也有同感，十七路军全体官兵抗日情绪十分高涨，而‘剿共’士气低落……”

未等杨虎城说完，蒋介石就大怒道：“什么‘剿共’士气低落，当统帅的不动摇，当兵的会动摇吗？”

10 月 27 日，蒋介石穿着陆、海、空军大元帅服，对东北军和十七路军校级以上军官训话，特别强调军人要服从命令，不积极反共而轻言抗日，就是远近不分、缓急不辨、蓄奸养贼，要受纪律制裁。最后他声色俱厉地说：“你们当前的任务第一是‘剿共’，第二是‘剿共’，第三还是‘剿共’。”

随后，蒋介石采取了一系列的动作，于 11 月 17 日下令绥远省主席、第 35 军军长傅作义停止绥远抗日战争。11 月 23 日，在上海逮捕了全国各界救国会领袖沈钧儒、邹韬奋、李公朴、章乃器、王造时、史良、沙千里等，制造了震惊中外的“七君子事件”。

蒋介石的行动激起了公愤。宋庆龄、何香凝、胡愈之等发起“救国入狱”运动，冯玉祥、于右任在南京发起 10 万人签名营救行动，世界著名科学家爱因斯坦、哲学家杜威也致电南京政府，要求放人。蒋介石无奈，只好放人。

12 月 1 日，毛泽东、朱德、周恩来等率红军主要将领，联名致电蒋介石，要他当救国之豪杰，不要成亡国之罪人！

蒋介石认为，“剿共”到了最后 5 分钟阶段，他决不回头！

1936 年 12 月 4 日，蒋介石又带着蒋鼎文、陈诚、卫立煌、陈继承、朱绍良、陈调元等嫡系高级将领，以及政府大员蒋作宾、张冲、蒋百里等从洛阳飞抵西安，住在临潼华清池，并下令自己的嫡系军队开进潼关。对此次“剿共”他志在必得。宋美龄因去了上海，没有同行。

12 月 5 日，蒋介石找张学良、杨虎城谈话，命令张学良、杨虎城率部队开赴陕北前线，“会剿”红军。此时，蒋介石提出两个方案，让张学良、杨虎城选择:一是服从“剿共”命令,把部队全部开去进攻红军,中央军在后面接应督战;二是如果不愿意,那就把东北军调入福建,第十七路军调入安徽,由中央军在陕甘“剿共”。

对于东北军和西北军来说,这两条路都是死路,进攻红军,部队肯定会被打败,而且这两支部队再也不愿意和红军打仗;调往福建和安徽,部队无疑会被蒋介石整编吞掉。

这就把张学良、杨虎城逼上了绝路。但他们仍试图劝说蒋介石以国家民族命运的大义为重,请求停止内战,一致抗日。苦劝之下,毫无结果。12月7日,张学良再次哭谏,声泪俱下,得到的回答是:“你现在就是用枪把我打死,我的‘剿共’政策也不会改变。”

苦谏、哭谏都不行,身负国仇家恨、代蒋受过的张学良和杨虎城只好实行兵谏,于12月12日凌晨发动西安事变,扣押蒋介石,第十七路军同时控制西安全城,囚禁了从南京来的几十名国民党军政要员。这就是震惊中外的西安事变。

西安事变发生的当天,张学良、杨虎城等18位高级将领署名发表《对时局通电》,说明在国难当头的形势下,被迫发动事变是为了敦促蒋介石进行抗日。通电提出八项抗日主张:(一)改组南京政府,容纳各党派共同负责救国。(二)停止一切内战。(三)立即释放上海被捕之爱国领袖。(四)释放一切政治犯。(五)开放民众爱国运动。(六)保障人民集会结社之政治自由。(七)确实遵行孙总理遗嘱。(八)立即召开救国会议。

西安事变虽然是在中国共产党抗日民族统一战线政策影响下发生的,但发动事变完全是由张学良和杨虎城商量决定的,事先并没有告知共产党。事变爆发后,张学良当夜电告中共中央。毛泽东和周恩来接到张学良电报后,立即回复,表示拟派周恩来前往西安商量大计。

12月15日,红军将领联名发表《关于西安事变致国民党政府电》,表示支持张学良、杨虎城提出的八项主张,反对亲日派借机“讨伐”张、杨发动大规模内战。

经营山西多年的阎锡山，在西安事变整个过程中的活动显得举足轻重，无论是西安事变方面的张学良、杨虎城，还是南京方面的主和派、亲日主战派都非常关注阎锡山的反应，极力拉拢，把阎锡山推上了“调停人”的地位。阎锡山也以“调停人”的身份积极斡旋于各方之间。

12 月 16 日，毛泽东致电阎锡山，提出：“时局应当和平解决，万不宜再起内战。”

12 月 17 日，周恩来等作为中共中央代表乘张学良专机飞抵西安。对张学良、杨虎城发动西安事变的用意和主张给予充分肯定。同时，主张用和平的方式解决西安事变。12 月 22 日，宋美龄、宋子文等到西安。周恩来遵照中央的指示，与张学良、杨虎城共同商讨了有关问题并参加了同南京方面的谈判。经过两天的谈判，最终达成了共识。

12 月 24 日晚，周恩来在张学良和宋氏兄妹的陪同下见到蒋介石，进行了一次长谈，周恩来说：“蒋先生，十年不见，您老了很多啊。”蒋介石点头叹气说：“恩来，你是我的部下，应该听我的话。”周恩来说：“只要蒋先生停止内战，一致抗日的话，不仅我一人听先生的话，我们红军也都服从先生的指挥。”旁边的宋美龄也说：“不讨伐共产党了。这次周先生不远千里前来斡旋，实在是感谢。”蒋介石表示以自己人格担保，“停止剿共，联红抗日，统一中国，受他指挥”。12 月 25 日，张学良在没有告知周恩来的情况下，陪同蒋介石乘飞机离开西安抵达洛阳，并于 26 日到达南京。蒋介石一到南京，就背信弃义地囚禁了张学良。但内战事实上停了下来，国共关系随着西安事变的和平解决取得了迅速发展。

这种变化是整个局势发展的结果。以前，国民党已在考虑联合抗日的问题，他们的内部矛盾也快发展到了顶点，但蒋介石还在犹豫，他的最后决心仍没有下。要使可能性转化为现实性，需要有一定的条件。西安事变，正是在客观条件渐次成熟的时候起了这样的促成作用。

在张学良送蒋介石回南京后两天，毛泽东断定："西安事变成为国民党转变的关键。没有西安事变，转变时期也许会延长，因为一定要有一种力量来逼着他转变。"

西安事变后，张学良一直被软禁。杨虎城先被解除兵权，后被关押。1949 年 9 月全国解放前夕，杨虎城在重庆松林坡戴公祠被杀害，同时被杀害的还有他的夫人谢葆贞、儿子杨拯中、幼女杨拯贵，杨虎城秘书宋绮云夫妇和一个孩子也一同遭到杀害。

西安事变在两个问题上给了蒋介石很大的震动：它显示了在全国范围内，包括国民党营垒内部，实现团结抗日的要求已何等强烈。这以前，十九路军淞沪抗战、察哈尔民众抗日同盟军抗日、福建事变、两广事变等一连串事件表明，在严重的民族危机的刺激下，国民党内部的抗日要求也已很难压抑得住。这一次，一向表示服从蒋介石命令的东北军和十七路军，竟会以如此激烈的方式进行"兵谏"，要求抗日，不能不给蒋介石留下深刻的印象。

这以后不久，1937 年 3 月的国民党五届三中全会上，联名要求恢复联俄、联共、扶助农工"三大政策"的，不仅有宋庆龄、何香凝、冯玉祥等，还包括国民党元老张静江、李石曾、孙科、李烈钧等，反映出这种要求的普遍程度。英、美在西安事变发生时，不赞成讨伐张、杨，而主张和平解决。蒋介石的澳籍顾问端纳到西安见蒋介石时，对他说："中国现在东三省亡了几年，大家要抗日，只等你的命令，为什么会自己干自己，而不用力对付敌人？"这些，对蒋介石都有影响。

中国共产党人在西安事变中力主和平解决的态度，周恩来在西安同蒋介石谈话，充分表明中国共产党在西安事变中不是乘蒋之危，而是有着团结抗日的诚意的。国民党五届三中全会时，中共中央又提出五项要求和四项保证。这是一个重大的原则性让步，"其目的在于取消国内两个政权的对立，便于组成抗日统一战线，一致反对日本的侵略"。这对国民党下决心实行政策上的转变又是一个有力的推动。

1937年7月7日夜，日军在北平西南的卢沟桥附近借军事演习之名，向中国驻军寻衅，并以一名士兵失踪为借口，要求进入宛平县城搜查。日方的无理要求遭到中方的拒绝。当交涉还在进行时，日军即向卢沟桥一带的中国驻军发动攻击，并炮轰宛平县城。中国驻军第二十九军一部奋起抵抗。卢沟桥事变（又称"七七事变"）标志着全民族抗战的开始。

卢沟桥事变的发生是迟早的事。从1936年起，日本对指挥部设在天津的"中国驻屯军"一再增兵，兵力达到近2万人。他们多次挑衅后强占了北平西南的丰台镇中国军营，在这里驻兵2000人。丰台是平汉、平绥、北宁三条铁路的交会处，战略地位十分重要。丰台被占后，北平已陷入北、东、南三面被包围的困境，只剩下卢沟桥作为它对外联系的唯一通道。日本军队在北平周围频繁举行军事演习，枪声不断，北平城内一夕数惊。日本以武力强占华北的决心已经下定，正如当时担任驻屯军参谋长桥本群少将的回忆："纵使卢沟桥事变或许能得以避免，但第二、第三次同样的事件，即作为解决根本问题的导火线的小事件仍将不可避免地会发生。"由此可见，日本军国主义挑起全面侵华战争是蓄谋已久的。

当时，南京政府中不少人把卢沟桥事变看作可能是局部的地方性事件，力求和平解决。

卢沟桥事变一开始，中国共产党就表示出十分鲜明的态度。中共中央在第二天立刻发出《中国共产党为日军进攻卢沟桥通电》，向全国大声疾呼："平津危急！华北危急！中华民族危急！只有全民族实行抗战，才是我们的出路。""全中国同胞、政府与军队，团结起来，筑成民族统一战线的坚固长城，抵抗日寇的侵略！国共两党亲密合作，抵抗日寇的新进攻！""全国上下应该立刻放弃任何与日寇和平苟安的希望与估计。"

同一天，毛泽东、朱德、彭德怀等红军领导人致电蒋介石，表示红军将士愿意"为国效命，与敌周旋，以达保土卫国之目的"，要求"御侮抗战之旨,实行全国总动员,保卫平津,保卫华北,收复失地”。

为了进一步表达中国共产党团结抗战的诚意,7 月 15 日周恩来到庐山向蒋介石提交了《中共中央为公布国共合作宣言》,提出迅速发动全民族抗战、实行民主政治和改善人民生活的三项基本纲领;同时向全国郑重宣告:中国共产党和红军愿为彻底实现孙中山的三民主义而奋斗;取消推翻国民党政权和没收地主土地政策;取消苏维埃政府;取消红军名义及番号,改编成国民革命军并待命出征。

7 月 15 日至 20 日,蒋介石在庐山主持召开谈话会,共有 150 多位各党派代表、学者名流与会。中共代表周恩来、博古、林伯渠等参加了国民党召开的全国性会议。

7 月 17 日,蒋介石发表《庐山谈话》,讲道:“我们的东四省失陷,已有了六年之久,继之以《溏沽协定》,现在冲突地点已到了北平门口的卢沟桥。如果卢沟桥可以受人压迫强占,那么我们五百年故都、北方政治文化中心与军事重镇的北平就是沈阳第二!今日的北平若果变成昔日的沈阳,今日的冀察亦将成为昔日的东四省。北平若可变成沈阳,南京又何尝不可变成北平?”

他还说:“在和平根本绝望之前一秒钟,我们还是希望和平的,希望由和平的外交方法,求得卢事的解决。”但他也明确宣称:“如果战端一开,就是地无分南北,年无分老幼,无论何人,皆有守土抗战之责任,皆应抱定牺牲一切之决心。”

《庐山谈话》是蒋介石一生中影响最大的一次政策性谈话。对南京政府来说,表明了南京政府和国民党已经下了抗战的决心;对中华民族来说,表明了全国性投入抗战;对蒋介石个人来说,表明他已把西安事变时作出的政治承诺变成了政治现实。

中共中央军委主席毛泽东特意发表谈话,对《庐山谈话》予以肯定。对于蒋介石多年的对手毛泽东来说,这一谈话“确定了准备抗战的方针,为国民党多年来对外问题上第一次正确的宣言。因此,受到我们和全国同胞的欢迎”。

《庐山谈话》表明,作为中国的最高统治者,面对日寇的侵略暴行,在中国共产党和爱国民主力量的推动下,蒋介石终于同意进行第二次国共合作,组成广泛的抗日民族统一战线,一致对付侵略者。

与此同时,各进步党派和爱国人士纷纷拥护国共合作抗日,在中国共产党和爱国民主力量的推动下,国民政府发表《自卫抗战声明书》,决心发动全国抗战。

9 月 22 日,国民党中央通讯社公开发表了《中共中央为公布国共合作宣言》。这表明,国民党在事实上承认了中国共产党在全国的合法地位。

至此,以国共合作为基础的抗日民族统一战线正式形成。

毛泽东对此指出:“这在中国革命史上开辟了一个新纪元。这将给予中国革命以广大的深刻影响,将对打倒日本帝国主义发生决定作用。”

第二次国共合作,是国共两党关系史上共同谱写的光辉篇章;是中国社会基本矛盾和民族矛盾发展到一定阶段,在半殖民地半封建社会、日寇侵华这一特定背景下,中国社会演变的必然产物;是中国共产党制定、实施切实可行的民族统一战线政策的重大成果;也是国民党蒋介石集团在政治上朝向有利于人民、有利于民族转变的必然结果。

国共再次合作,是日本帝国主义逼出来的,没有日本侵略,没有丧师失地的民族危机,蒋介石不会放弃反共反人民的基本政策路线;是中共争来的,中共领袖们运用高超的斗争艺术,使用赶毛驴上山的战略,促使蒋介石走上了抗日救国的道路。

因此,第二次国共合作,是在日本侵略这一特定的历史条件下形成的。

取消红军番号,将红军改编成国民革命军,是中国共产党在民族危难当头,为促进国共合作而作出的重大决策。

1937 年 1 月,中共中央和毛泽东迁到延安,从此,这座寂静的陕北小镇成为中共中央所在地，成为中国工农红军万里长征胜利的落脚点，也是中国共产党领导全国人民建立抗日民族统一战线，赢得抗日战争胜利，进而夺取全国解放战争伟大胜利的出发点。

自1937年2月开始，国共两党先后在西安、杭州、庐山、南京等地，就红军改编等重大问题进行多次谈判。

谈判中，中共代表据理力争，在坚持原则的前提下，适当作出让步，把红军改编人数先是降至4个师六七万人，继而降至3个师4万余人，使双方在此问题上基本达成一致意见。

而蒋介石一直不肯让步。1937年7月30日，北平和天津相继沦陷；8月初，日军以30万兵力向华北腹地大举进攻；8月13日，日军为了求得“速战速决”，又向上海发动大规模进攻，战火燃烧到南京政府统治的心脏地区。这时，蒋介石才明白，日本侵略中国的目的是想并吞整个中国，中日之间的全面战争已无法避免，迫切需要红军开赴抗日前线共同作战。于是原来国共两党谈判长期拖延不决的状况急转直下地得到改变。

8月18日，蒋介石同意取消红军番号，将红军改编为国民革命军第八路军，任命朱德、彭德怀为正、副总指挥，叶剑英任参谋长，左权任副参谋长，任弼时任政治部主任，邓小平任政治部副主任。

红军改编后下辖第一一五师、第一二〇师、第一二九师。

第一一五师，林彪任师长，聂荣臻任副师长，周昆任参谋长，罗荣桓任政训处主任，萧华任副主任。

第一二〇师，贺龙任师长，萧克任副师长，周士第任参谋长，关向应任政训处主任，甘泗淇任副主任。

第一二九师，刘伯承任师长，徐向前任副师长，倪志亮任参谋长，张浩任政训处主任，宋任穷任副主任。

八路军全军近4.6万人，装备各种枪支4万余支(挺)。

1937年8月22日，南京国民政府军事委员会发布红军改编为八路军的命令后,朱德、彭德怀换了军帽,红军将领和士兵都换了装,连军旗也换了。

毛泽东说,只有这样,才能改变国内两个政权敌对的状态,这是一件有原则有条件的让步,实行让步是为了换得全民族所需要的和平、民主抗战。

八路军整编完毕,立即开赴抗战最激烈的山西战场。八路军总部迁至山西辽县(今左权县)。

8 月下旬至 9 月初,一一五师从陕西韩城芝川镇东渡黄河,9 月 30 日,一二〇师、一二九师先后沿着这条路线,向山西北部挺进。尽管蒋介石要八路军开赴晋东北地区与日本主力决战,有借日寇削弱中共武装的企图,但作为抗日主力的八路军为实现抗日理想,也愿意向抗日最激烈的战场挺进,并在战场上保存自己,消灭日寇。

1937 年 10 月 12 日,根据国共两党达成的协议,国民政府军事委员会宣布:湖南、江西、福建、广东、浙江、湖北、河南、安徽 8 个省 15 个地区活动的红军和红军游击队,改编为国民革命军陆军新编第四军。叶挺任军长,项英为副军长,张云逸为参谋长,袁国平为政治部主任,共计 1 万余人。

日本帝国主义者致命的错误,是大大低估了中国民众中蕴藏着的那种无穷无尽的生命力,特别是在民族生死存亡关头表现出来的那种万众一心的凝聚力。他们只是从两国军事力量的对比出发,以为几个月就可以使中国屈服。他们的如意算盘完全打错了。

渴望了那么久的团结抗日的实现,使人们激动万分。中华民族的觉醒达到前所未有的地步。

全国民众以多种方式投身到抗日救亡运动的洪流中去。海外爱国华侨纷纷成立团体,进行抗日宣传,捐赠金钱和物资,不少热血青年回国参战。中华民族蕴藏着的巨大力量以令人吃惊的规模和气势,像火山般迸发出来了。

在这时,中日之间的战事同时在南、北两大战场激烈地进行着。

在北线，日本军队占领北平、天津后，沿津浦、平汉、平绥三条铁路扇面式展开。双方的主战场很快转移到山西。山西在华北战局具有重要的战略地位：地势险峻，大多是高原多山区，居高临下地俯瞰平津和河北地区，从这里随时可以出击并截断平汉、平绥两条铁路。

日本军队要牢固地控制华北，非占领山西不可。他们的部署是分两路进犯：一路沿平绥铁路西上，攻破南口、张家口，进逼大同，再折而南下；另一路沿平汉铁路进犯保定，妄图夺取石家庄，再沿正太铁路向西进攻山西的娘子关。得手后，以大迂回的姿态，从北、东西两面夹攻山西省会太原，而把主攻方向用在晋北方面。山西地方实力派首领阎锡山进行了抵抗，南京政府派第十四集团军总司令卫立煌率部入晋。

在南京政府发表红军改编为八路军通告的同一天，也就是 1937 年 8 月 22 日，中共中央在陕北洛川召开政治局扩大会议。这次会议开了 4 天，根据敌强我弱的形势，指出抗日战争必然是持久而艰苦的，必须做到全国人民总动员，实行全面抗战。会议本着这个精神，通过了《抗日救国十大纲领》。由于红军即将开赴前线，一个新的问题摆到中国共产党面前——红军在抗日战争中怎样作战？这个问题不解决，或者解决不正确，就不可能战胜强大的日本侵略军。

毛泽东在会上所作军事报告中，根据同日本侵略军作战的特点，指出红军当前的战略方针：独立自主的山地游击战，包括有利条件下消灭敌人兵团，以及向平原发展游击战，但着重于山地。独立自主是相对的，是在共同抗日的统一战略目标下的独立自主的指挥。游击战的作战原则是：游与击结合，打得赢就打，打不赢就走，分散发动群众，集中消灭敌人；着重于山地，是考虑便于创造根据地，建立支持长期作战的战略支点。这和以往红军的作战方法很不相同，是在抗日战争这种特定条件下克敌制胜的正确方法。

在洛川会议上，大家就红军的战略方针进行了激烈的讨论。毛泽东的基调发言是：中日战争是一场艰苦的持久战，红军的基本任务是创造根据地，牵引消灭敌人，配合友军（主要是战略配合），保存与扩大红军，争取我党我军对民族革命战争的领导权。

根据毛泽东的意见，八路军3个师在华北地区依傍山地进行了战略展开：一一五师依托恒山，于涞源、灵丘以南，五台、孟县以东，灵寿、曲阳以西的晋察冀边区展开；一二〇师主力依托管涔山，于晋西北左云、清水河、保德等县展开；一二九师依托太行山在正太路以南晋东南地区展开。

林彪、聂荣臻率一一五师于9月中旬进至五台、繁峙、灵丘地区。

1937年9月24日深夜，山西平型关附近大雨如注，利用暗夜和暴雨，八路军一一五师官兵设伏在平型关东北的公路右侧山地上，他们的目标是被称为“钢军”的板垣师团。25日拂晓，当日军进入伏击圈后，八路军立刻展开猛烈攻击。这是日军遇到的一支与奉天不战而退的东北军完全不同的军队，没有子弹就用刺刀，刺刀弯了就用枪托，枪托断了就用石头砸碎日本兵的脑袋。排长牺牲了，班长顶上；班长牺牲了，老战士接着顶上。打到最后，只要站得起来的照样冲锋。

平型关大捷歼敌1000多人，击毁了日军大批辎重车辆、物资，取得了抗战开始以来的第一个大胜仗，有力地配合了正面战场的防御作战。它打破了“日军不可战胜”的神话，使全国军民士气为之一振。很快，“八路”这个名词在中国人中掀起了一阵欢呼。这是中国共产党领导下的抗日武装第一次亮相，600名官兵战死沙场。

9月26日，当时担任八路军旅长的陈赓在日记中写道：“这是红军参战的第一次胜利，也是中日开战以来最大的第一次胜利。这一胜利虽然是局部的，但在政治上的意义是无穷的：一、证明我党的主张正确；二、只有积极地采取运动战、游击战、山地战，配合阵地战，抄袭敌人，才能胜算；三、证明唯武器论的破产；四、单纯的防御只有丧失土地。”

这次大捷在全国引起强烈反响，祝捷电报雪片似的飞向八路军总部。

它对八路军取得民众的信赖,顺利地在敌后发展游击战争,有着重大影响。

这以后,山西战局的重心向南移到忻口地区。忻口是从晋北通向太原的门户,也是守卫太原的最后一道防线。卫立煌担任第二战区前敌总指挥,率领中国军队 8 万人,在忻口坚守阵地,顽强抗击,并多次发动反击,进行了近 1 个月的浴血奋战,给日军以很大杀伤,但自身也损失很大。第九军军长郝梦龄、第五十四师师长刘家骐、独立第五旅旅长郑廷珍在前线督战时相继牺牲。

为了配合正面战场的作战,八路军一二〇师一度收复雁门关,伏击日军辎重队,截断从大同通往忻口的交通;第一一五师主力夺回平型关,切断从张家口到忻口的交通线,前线日军只得靠空运来维持给养;第一二九师陈锡联团又在 10 月 19 日乘黑夜突袭阳明堡机场,焚毁日机 20 多架。这些行动,使日军后方补给线陷入半停顿状态,对正面防守的国民党军是有力的支援。卫立煌对周恩来说:“八路军把敌人几条后路都截断了,给我们忻口正面作战的军队帮了大忙。”后来,因为日军从东面攻陷娘子关,沿正太铁路向太原逼近,忻口的后路有被包抄的危险,阎锡山才下令放弃忻口。6 天后,太原失守了。忻口会战是华北抗战中规模最大、战斗最激烈的一次战役,也是国共合作取得较好战果的一次战役。

太原失守后,华北战局发生了一个根本性的变化。正当国民党军队从前线大规模撤退的时候,八路军却朝着相反的方向,向敌军战线背后的沦陷区大步推进。以国民党军队为主体的正规战争退居次要地位,共产党领导下的敌后游击战争却逐步上升到主导地位。

八路军一到敌后,就把自己的主要力量放在发动群众上面。那时,在国民党军队溃退后,许多地方的旧政权陷于瘫痪或自行消失。日军所到之处,杀人放火,奸淫掳掠,无所不为。饱受日本侵略和蹂躏的沦陷区民众迫切要求有人领导他们奋起抵抗,保卫家园。谁能登高一呼,坚决带领群众起来反抗日本侵略者,谁就能得到沦陷区民众特别是更多的农民的信赖和支持。八路军正是这样，他们到了敌后，就在沦陷区民众中深深地扎下了根，把民众组织和武装起来，指导民众进行游击战争，打击敌人，收复了大片失地。

为了在敌后长期坚持游击战争，毛泽东又提出一个重要问题：必须建立巩固的抗日民主根据地。如果游击战争只是单纯的军事行动，而同当地民众的经济政治要求相脱离，不能取得他们的全力支持，那么，要形成波澜壮阔并能持续发展的游击战是不可能的。

在敌后建立起来的第一个抗日民主根据地，是以五台山为中心的晋察冀根据地。

1938 年 1 月 10 日，晋察冀边区召开军政代表大会，民主选举产生了边区临时行政委员会，边区的各群众团体和民兵等也先后建立起来。接着，又陆续建立起晋西北、晋冀豫、晋西南等根据地。

其他敌后抗日民主根据地的情形，大体也是如此。

八路军、新四军在敌后开展游击战争，最初是依托山区进行的。经过一年多的敌后抗战，取得了巨大的成就。到 1938 年 10 月，八路军、新四军同日军作战达 1600 余次，歼敌 5.4 万余人；八路军发展到 15.6 万余人，新四军发展到 2.5 万余人。与此同时，共产党人杨靖宇等领导下的东北抗日联军，也更加活跃地战斗在白山黑水间，给日伪军以沉重打击。

在南线，中国军队在上海附近持续了整整 3 个月的英勇抗战，史称淞沪会战。在会战中，南京政府对抗日军事行动的表现是积极的，投入了中央部队和广东、广西、湖南、四川、云南、贵州等地的部队 70 多个师，包括他们的许多精锐部队。

上海附近是一片狭小的无险可守的滨海平原，日本用飞机轰炸扫射，用大炮和停泊在江面上的军舰重炮轰击。中国军队以血肉之躯，凭着一些简陋的工事，同拥有优势的日军顽强拼搏，作出了巨大牺牲，也毙伤日军 4 万多人。中国军队表现出来的高昂的作战意志和顽强的抵抗能力，是日本侵略者没有预料到的，只得多次增兵，并从华北方面抽调 2 个师团的兵力投入。11 月 5 日，又以一个集团军的兵力，从上海南侧杭州湾北岸的金山卫登陆，随后向纵深扩展。上海地区中国军队的后路有被切断的危险，只得全线撤退。原东北军的第 67 军担任掩护任务，军长吴克仁壮烈牺牲。11 月 12 日，上海沦陷。

日本把占领上海看作是个大胜利，气焰更为嚣张。11 月 17 日，成立最高统帅部——大本营，直接受命于天皇，将进攻目标直指国民政府首都南京。当时中国军队在淞沪战役中伤亡惨重，处于混乱之中；南京又缺乏牢固的防御设施，不利于坚守。蒋介石接连召开 3 次会议讨论对策，最后决定迁都重庆。

1937 年 11 月 20 日，国民政府宣布从南京迁都重庆，许多党政军重要机构先撤至武汉。

唐生智为首都卫戍司令长官，率 11 万多军队固守南京。12 月 7 日起，日军开始进攻南京。12 月 13 日，南京在一片混乱中被日军占领。在日本华中方面军司令官松井石根大将、上海派遣军司令官朝香宫鸠彦王中将和第六师团师团长谷寿夫中将等人的怂恿指挥下，日军在南京地区烧杀淫掠持续六周之久。日军向聚集在路上和长江边的难民疯狂射击，将被俘的中国士兵残酷杀害。日军制造了惨绝人寰的南京大屠杀，其手段残忍狠毒，包括机枪扫射、刀劈、活埋、烧死等，30 万中国同胞惨遭杀戮，无数妇女遭到蹂躏、残害，无数儿童死于非命，三分之一建筑遭到毁坏，大量财物遭到掠夺。侵华日军一手制造的这一灭绝人性的大屠杀惨案，使南京变成一座尸横遍野、满目凄凉的死城。南京大屠杀是第二次世界大战史上“三大惨案”之一，是骇人听闻的反人类罪行，是人类历史上十分黑暗的一页。

日本东京《日日新闻》当时发表的题为《紫金山下》的通讯中写道：“向井少尉与野田少尉举行杀人的友谊比赛，谁先杀死一百个中国人就算赢得了锦标。在他俩碰头的时候，向井已杀了一百零六人，野田已杀了一百零五人,两个人拿着缺了口的军刀相对大笑。”

日军进入南京城到处纵火抢劫,巨火浓烟,日夜笼罩全城,长达 1 个月之久。这场大火,使南京的高大建筑和商店几乎全部付之一炬,所有的商业区成为废墟,全市三分之一的房屋被毁,断垣残壁,惨不忍睹。

日军在南京的抢劫更加疯狂。从城外抢到城内,从城内各个角落抢到难民区。凡日军所到之处,无地不抢。抢劫时间长达 2 个月之久。从车辆、机器、原料、商品、粮食、牲畜到古书、文物、珍宝、玉器、金银首饰,乃至个人用的小件随身之物等无所不抢。

日军占领南京的 1 个月内,发生了 2 万起左右的强奸事件,不论士兵或军官都不分昼夜、不择地点、不分老幼地强奸残害中国妇女,发泄他们的兽欲。对日军的兽行,国际委员会曾向日本当局提出数百次严重抗议,但日本当局置若罔闻,仍纵容部属奸淫如故。

太原、上海、南京相继失陷后,日军急于打通南北两个战场,准备会师津浦铁路和陇海铁路连接处的军事重镇徐州。

日军调集约 24 万兵力,从 1938 年 1 月下旬起,南北对进,夹击徐州。中国第五战区司令长官李宗仁指挥 60 万军队进行阻击,作战重点在北线。

第二集团军总司令孙连仲率领 3 个师扼守徐州东北的要地台儿庄一带。3 月 24 日起,日军在飞机掩护下,配合坦克、重炮,向台儿庄发起猛攻。孙连仲部顽强死守、寸土必争,同日军展开激烈的街垒战,前后激战达两周时间。自 4 月 6 日起,中国军队转入反攻,围歼进犯的日军濑谷旅团。在半个多月的激战中,消灭日军 1 万多人。这是抗战开始以来中国军队取得战果最大的一次胜利,大大鼓舞了全国人民的抗战意志。这时,日军发现中国重兵集结在徐州附近,于是,调集更多兵力完成对徐州的合围。中国军队果断地分多路从西南方向渗透突围成功。

徐州失陷后,日军继续向郑州西进。郑州一旦失陷,日军便可沿平汉铁路南下直取武汉。蒋介石为了堵住日军西进,决定“以水代兵”,6 月 9

日批准炸开郑州北的黄河花园口大堤。洪水奔腾而出,倾泻直下,从豫东经皖北到苏北,造成黄河改道。泛滥的洪水,遍地的泥淖,挡住了配有重武器的日军西进。洪水到达地区,百姓事前毫不知晓,毫无准备,临时又无法逃避,3个省44个县的54000多平方公里土地被淹,89万人死亡,受灾人口达1250万,造成巨大的灾难。日军主力改沿长江进攻武汉,中国军队在外围地带展开了武汉保卫战。

正在为自己民族的生存而奋斗的中国人,渴望战争胜利的到来。这场战争的过程究竟是怎样的?能胜利还是不能胜利?怎样才能胜利?这在当时是人们最关切的问题。

1938年5月26日至6月3日,毛泽东写了《论持久战》这篇重要的军事理论著作,并在延安抗日战争研究会上作了《论持久战》的演讲,富有预见性地指明了战争的整个趋势和前途。他分析了战争双方各有哪些长处和短处,从中得出结论:"中国会亡吗?答:不会亡,最后胜利是中国的。中国能够速胜吗?答:不能速胜,抗日战争是持久战。"接着,他从敌我双方长处和短处的消长演变,说明中国在这场持久战中将经历三个阶段:战略防御阶段、战略相持阶段、战略反攻阶段。战略相持阶段也许要经过相当长的时间,将是抗战中最困难的时期,然而又是转变的枢纽。

在这个阶段中,中国方面的作战形式主要是游击战,而以运动战为辅,这是一场犬牙交错的战争。要进行普遍深入的政治动员,"动员了全国的老百姓,就造成了陷敌于灭顶之灾的汪洋大海,造成了弥补武器等等缺陷的补救条件,造成了克服一切战争困难的前提"。这篇重要文章的发表,在全国激起了强烈的反响。它回答了人们最关心而一时又看不清楚的问题,使人们对战争的未来有了一个清晰的认识,从而大大提高了坚持抗战的信念。

10月下旬,日军攻陷武汉,另一路日军又占领华南最重要的城市广州。但就南线来说,中国军队仍在湘北、鄂西、浙东、皖南、江西、福建等地坚持抗战。中国工农红军长征后留在南方各省的游击队改编的新四军，由陈毅、粟裕率领的先遣部队向苏南敌后挺进，新四军的江北部队向豫东、皖北一带发展，广泛开展敌后游击战争。

从卢沟桥事变到广州、武汉失守，是全国抗战的战略防御阶段。这期间中国人民和军队对日本的野蛮侵略进行英勇顽强的抵抗。尽管中国军队损失百万，全国最富饶的地区沦入敌手，但粉碎了日本侵略者原定的“速战速决”“三个月灭亡中国”的迷梦，使中国的抗日战争进入一个以战略相持为特点的新阶段。日本侵略者、国民党和共产党三者的力量对比和相互关系，都发生重大变化。

日本军队在武汉和广州战役中几乎倾注了全力，进攻武汉所动用的兵力达到 14 个师团，进攻广州也用了 3 个师团，共占当时日本陆军总兵力的一半。这是卢沟桥事变以来一年多的作战中日方使用兵力最多的一次，而且这两次战役几乎在同一个时间内进行，反映出日军力图“速战速决”以摆脱长期作战带来的严重困境和急迫心情，结果仍没有达到目的，不得不陷入日军原来不希望看到的相持状态。

国民政府的政治中心这时已转移到重庆。随着局势的变化，国民党最高当局的不同集团分别出现了分裂。

1938 年 12 月 29 日，一向宣扬民族失败主义的国民党副总裁汪精卫逃到越南河内，发出所谓“艳电”，公开响应日本首相近卫文麿《中日两国调整关系之基本政策》的声明，主张停止抗战，对日求和，彻底暴露了他卖国乞降的面目。这个电报引起全国范围内群情激愤，掀起了声势浩大的声讨投降活动的热潮。这说明在全面抗战已经爆发后，谁主张求和乞降，谁就会受到全国民众的唾弃。国民党中常委在 1939 年 1 月 1 日召开临时会议，决定对汪精卫“永远开除其党籍，并撤除一切职务”。

作为国民党总裁的蒋介石和汪精卫不同。他继续留在抗日战争的阵营里，没有向日本投降，这是值得称赞的。在日本军事进攻的威胁已比原来大为减轻的时候，蒋介石对中国共产党又起疑忌心了。他看到共产党领导的抗日根据地和游击战争在敌后迅速发展起来，却忧心忡忡。他在1939年1月6日的日记中写道：

“目前急患不在敌寇，而在（一）共产党之到处企图发展；（二）沦陷区游击活动纷乱无系统；（三）各边区之土匪充斥；（四）兵役制度之纠纷。此四者关系国力消长、抗战成败甚大，应定切实对策，方足以消弭殷忧也。”

从蒋介石日记里透露出来的这些内心变化中可以看出，他关心的重点已从对日作战逐渐转向防共反共方面，虽然这时还没有公开说出来。

国民党在各地制造的反共摩擦活动也明显地增多。周恩来敏锐地看出这是一个危险的信号，在给延安的电报中说：“目前事实如杀人、捕人、封报、攻击边区，甚至武装冲突，摩擦日益加甚，此必须迅速解决，以增互信。”中国共产党仍希望这些问题能及时得到解决，以增进国共两党之间的互信，共同抗日。

八路军、新四军的主要力量仍在坚持并发展敌后游击战争，除原有的山地抗日根据地外，用很大力量向日军控制下的平原地区发展。

1938年与1939年之交，八路军一二〇师主力向冀中推进；一二九师部分主力跨过平汉铁路，发展冀南和鲁西北的抗日斗争；冀热辽挺进军开赴冀热边区；一一五师主力经鲁西进入鲁南，同山东的抗日部队会合。

要在敌后建立抗日根据地，有它的必要性和可能性，又极为艰巨。

日本侵略者的打算是把其占领区变成扩大侵略的可靠后方，当发现八路军、新四军的游击战争对他们构成越来越大威胁时，立刻掉过头来，对抗日根据地进行残酷的封锁、分割和“扫荡”。日军侵入根据地后，见房便烧，见人就杀，见物就抢，推行烧光、杀光、抢光的“三光”政策。日寇大搞所谓铁壁合围、反复“扫荡”等，制造一个个“无人区”。

针对敌人拉网式的“扫荡”“清乡”，敌后军民采取“敌进我退”“向敌后之敌后伸展”“把敌人挤出去”等军事斗争方针，创造和运用麻雀战、地道战、地雷战、破袭战、水上游击战以及派遣武工队等多种有效的歼敌方法，开展反“扫荡”、反“清乡”和反“蚕食”斗争，有力地打击了日伪军。敌后军民反“扫荡”斗争，牵制、消灭了大量日军，成为坚持中国长期抗战最重要的因素。

敌后军民在反“扫荡”斗争中，处在如此险恶的环境中，如果没有坚定的信念和钢铁般的意志，特别是如果不能同当地民众建立起血肉相连、生死与共的联系，从民众中间得到源源不断的人力和物力支持，是根本不可能站住脚跟的。这是八路军和新四军能够在敌后抗战中取得巨大成功的奥秘所在。

1940 年 8 月至 12 月，八路军在华北发动了震惊中外的百团大战。它的目的是打破日军在华北推行的“肃正建设计划”和用来围困敌后军民的“囚笼政策”，破袭日军在华北的交通线。

刘伯承师长曾形象譬喻这种“囚笼政策”说：“铁路好比柱子，公路好比链子，据点好比锁子。”百团大战的重点是对正太铁路等交通线展开大规模的迫击战，以后扩展到除山东以外的整个华北地区和主要交通线。

随着战役的展开，八路军参战部队达到 105 个团 20 多万人，还有许多地方游击队和民兵，故称“百团大战”。

在华北交通线中，正太铁路占着十分重要的地位，它横越太行山，是连接平汉、同蒲两铁路的纽带，也是日军在华北的重要战略运输线之一。八路军的进攻战役首先从这里发起，主要任务是发动交通破袭战，重点是摧毁正太铁路。

1940 年 8 月 20 日至 12 月 5 日，在历时 3 个多月的百团大战中，八路军在正太、同蒲、平汉、石德、平绥、北平、津浦、白晋等铁路线展开。对铁路、桥梁、隧道、公路的路轨、通信设施实施全面破袭，使日军在华北的主要交通线陷入瘫痪。百团大战共作战 1824 次，毙伤日军 20645 人、伪军 5155 人，俘日军 281 余人，俘伪军 18407 人，日军投降 47 人，伪军反正 1845 人；

根除据点 2900 多个，破坏铁路 470 公里、公路 1500 多公里，缴获各种枪 5800 余支（挺），粉碎了日军在太行区的“扫荡”，鼓舞了全国人民的抗战信心。第一战区司令长官卫立煌给朱德、彭德怀的电报中说：“贵部发动百团大战，不惟予日寇以致命之打击，且予友军以精神上之鼓舞。”

百团大战使日本侵略者大为震惊。他们没有料到八路军在华北发展得那么快，已给他们如此沉重的打击，因此集中更多兵力进行残酷的“扫荡”。他们从华中抽调 2 个师团到华北，使华北日军兵力达到 30 万人左右，伪军有 10 多万人。华北又遭遇严重的自然灾害，1941 年和 1942 年，是敌后抗战最困难的时期。

开辟敌后抗日根据地是艰难的，把它坚持下去并得到发展更加艰难。做到这一点的重要条件是：在这些抗日根据地进行广泛的民主改革。在经济上，实行减租减息，合理负担，开展大生产运动，使人民生活得到初步改善。在政治上，进行普选，建设三三制的民主政权，成立参议会，把一切要求抗日的人们最广泛地团结起来。在军事上，形成主力部队、地方武装和民兵自卫队三位一体的结构，采用灵活多样的作战形式，不停顿地袭击日本侵略军，使日军日夜不得安宁。

正当八路军和新四军在敌后进行着艰苦卓绝的斗争时，国民党当局却加紧反共活动。他们把共产党领导下的抗日力量的发展壮大看成是一种祸害，在各地经常制造摩擦，袭击八路军、新四军及其在后方的留守机关，捕杀工作人员。对边区进行经济封锁，企图困死、饿死边区军队。

面对步步进逼而来的横祸，中国共产党无法再退让下去。1939 年 7 月 7 日，中共中央在《为抗战两周年纪念对时局宣言》中提出“坚持抗战，反对投降；坚持团结，反对分裂；坚持进步，反对倒退”三大政治主张。9 月 16 日，毛泽东同中央通讯社、《扫荡报》、《新民报》的记者谈话中，又向国民党顽固派表明了“人不犯我，我不犯人，人若犯我，我必犯人”的严正态度。

1939 年 12 月，第二战区司令长官阎锡山在山西大举进攻共产党领导的军队。第二年年初,国民党顽军石友三部攻击冀南、冀鲁豫的八路军,朱怀冰部进攻八路军总部所在地太行区。这些进攻都被击败,朱怀冰等部大部被消灭。但反摩擦斗争对中国共产党来说毕竟是不得已的自卫行动,因此,共产党采取的方针是给来犯者一定的惩罚便适可而止。

1941 年 1 月 4 日,新四军军部及直属部队 9000 余人奉命从皖南北移。从云岭驻地出发往长江以北,6 日在安徽泾县茂林地区突遭国民党军队 7 个师 8 万余人的包围袭击。新四军部队英勇奋战 7 个昼夜,终因寡不敌众,弹尽粮绝,除约 2000 余人突出重围外,大部壮烈牺牲或被俘。军长叶挺在同国民党谈判时被扣押,政治部主任袁国平牺牲,副军长项英、副参谋长周子昆在突围中惨遭叛徒杀害,蒋介石反诬新四军"叛变",宣布取消新四军番号,声称将叶挺交付"军法审判",这就是震惊中外的皖南事变。这一事变是国民党顽固派发动的第二次反共高潮的最高峰。

在这千钧一发的时刻,中国共产党仍以民族大义为重,顾全大局,发动了强大规模的政治攻势,严正警告那些玩火者必须悬崖勒马,停止挑衅和扩大事端;又鉴于大敌当前,在斗争中采取十分克制的态度,坚持"有理、有利、有节"的原则,注意争取中间势力的同情,终于力挽狂澜,击退了反共高潮,使抗日民族统一战线得到保持和发展,使全民族的神圣抗战得以在惊涛骇浪中继续坚持下去。

1941 年 1 月 20 日,中共中央军委发布重建新四军军部的命令,任命陈毅为代理军长,刘少奇为政治委员,张云逸为副军长,赖传珠为参谋长,邓子恢为政治部主任。1 月 25 日,新四军新军部在苏北盐城成立,随即将全军整编为 7 个师和 1 个独立旅。第一师师长粟裕、政治委员刘炎,第二师师长张云逸(兼)、政治委员郑位三,第三师师长兼政治委员黄克诚,第四师师长兼政治委员彭雪枫,第五师师长兼政治委员李先念,第六师师长兼政治委员谭震林,第七师师长张鼎丞、政治委员曾希圣,独立旅旅长梁兴初、政治委员罗华生。全军共 9 万余人,继续坚持长江南北的抗战。

1941 年下半年，是国际形势发生重大转折的时刻。苏德战争、太平洋战争大体上在上半年相继爆发。太平洋战争爆发后不久，中国香港及马来西亚、新加坡、菲律宾、缅甸、荷属东印度群岛等地相继被日本军队占领。从此，中国不再是单独对日作战，而是和其他同盟国一起对日作战了。

在进入战略相持阶段后，尽管国民党内存在种种问题，并在各地制造反共摩擦活动，但在正面战场上，却同日军进行着顽强的抵抗。

1939 年 3 月，日军占领南昌后，由冈村宁次率领 10 万多兵力向长沙发起进攻。中国军队的指挥官是第九战区代理司令长官薛岳，共有兵力 24 万人。这次战役，从 1939 年 9 月 17 日开始，共 22 天，被称为第一次长沙战役。经过激战，日军虽渡过长沙以北的新墙河和汨罗江，但遭到中国军队的顽强抵抗，沿途坚壁清野，道路又经破坏，日军坦克、炮车不易通过，冈村宁次估计再战对日军不利，被迫全线撤回原有阵地。这是 1939 年正面战场上规模最大的一次战役，第一次遏制住了日军大兵团的进攻。

1941 年 9 月，日军由第十一军司令官阿南惟几率领 12 万兵力，发起进攻长沙的第二次战役。鉴于第一次进攻用"长驱直入"而失利的教训，这次改用"中间突破""两翼迂回"的战术，先后突破中国军队的三道防线，在 9 月 28 日一度攻占长沙，并在第二天侵入株洲。这时中国军队从四面八方向长沙外围会集，迫使日军由捞刀河和长沙撤退至原阵地。同年 12 月下旬，日军 8 万兵力第三次对长沙发起攻击，薛岳指挥中国军队在第三次长沙保卫战中，同日军激战 3 个昼夜，使日军伤亡 5 万多人，取得了重大胜利。

1940 年 5 月，两次长沙会战之间，日军向湖北枣阳、襄阳、宜昌等地进犯，枣宜战役爆发，第三十三集团军总司令张自忠在渡过襄河截击日军时，遭到日军优势兵力围攻，壮烈殉国。张自忠是抗日战争中牺牲的最高级将领。周恩来在纪念他的文章中写道："张上将之殉国，不仅是为抗战树立了楷模，同时，也是为了发挥我国民族至大至刚的气节和精神。"同年 12 月，在桂南会战中,以新建的机械化装备的第五军为主力,在军长杜聿明的指挥下,强攻昆仑关,双方互相以重炮轰击。随后展开白刃肉搏,血战15天,将昆仑关全部收复,歼灭日军4000多人。击毙日军旅团长中村正雄少将,取得攻坚战的胜利,第五军也伤亡1.1万多人。

这个时期,日本飞机对大后方进行惨无人道的狂轰滥炸,尤以重庆为重点。1939年5月3日,重庆市区被炸,死难4400多人,市民20多万人紧急向乡村疏散。这一年,各地被空袭2600多次。1941年6月,重庆市民为躲避日机轰炸,不幸发生大隧道窒息事件,死亡2万人。

在此期间,国民党顽固派企图消灭共产党的决心丝毫没有改变,他们集中更多的力量来限制、削弱共产党及其领导的人民抗日力量。1940年冬,国民党政府不仅完全停发八路军的薪饷、弹药和被服等物资,而且调动几十万军队对陕甘宁边区和其他抗日根据地实行军事包围和经济封锁,扬言"不让一粒粮、一尺布进入边区",断绝对边区的一切外来援助。

在国民党统治区,特务大肆搜捕和杀害共产党人,破坏共产党组织,残酷镇压人民的抗日民主活动。1941年1月20日至23日,八路军驻广西桂林、广东韶关办事处被迫撤销;贵阳交通站被封闭;中共鄂西特委遭到严重破坏,400多名共产党员和进步人士被捕;闽西特委和龙岩、永定县委机关遭国民党军队袭击,干部和群众700余人被逮捕,200余人被杀害。1942年3月,国民党政府公布《国家总动员法》,不顾抗战、团结的需要,对人民的言论、出版、著作、通信、集会、结社等自由,加以无理的限制。5月27日,国民党特务破坏中共粤北省委,逮捕省委书记李大林。5月30日,逮捕在广东曲江的中共南方工作委员会领导人廖承志。7月,驻桂林的中共广西工委机关被破坏。国民党特务活动的横行,使共产党的大后方组织遭到严重打击和破坏。中国共产党在大后方的工作遇到极大的困难。

1942年春,抗日战争进入相持阶段,中国共产党在全党范围内开展了一次长达3年的整风运动。这次整风的任务是:反对主观主义以整顿学风，反对宗派主义以整顿党风，反对党八股以整顿文风。通过整风克服党内“左”、右倾错误思想，特别是批评和纠正以王明为代表的“左”倾教条主义，使全党进一步掌握马克思主义同中国革命具体实践相结合的基本方向，加强党的团结统一，为抗日战争和全国革命的胜利奠定了牢固的思想基础。

1943 年还有两件重要事情：一件是共产国际在 5 月宣布解散；另一件是国民党当局乘此制造反共舆论，要求“解散共产党”，并集中胡宗南部两个集团准备“闪击”延安。中共及时在报纸上公开揭露，并在延安举行 3 万多人参加的反对内战大会，在国内外引起巨大反响，认为这时中国发生反共内战只会有利日本。国民党这次反共图谋被制止，抗日民族统一战线得以继续坚持下来。

1944 年 6 月的衡阳保卫战中，中国军队伤亡 1.5 万人，其中 7400 人捐躯。日军则付出了超过 7 万人死伤、4.8 万人被击毙的惨重代价，这挫败了他们南下增援进攻香港的计划。这件事发生在太平洋战争开始后不久，英美军队正连遭挫败的时候，在国际上产生了不小的影响。

太平洋战争爆发后，中国人民依然抗击并牵制着日本陆军的主力。不难设想，要是没有中国的抗日战争，英、美、荷等国那时面对的日本兵力将要强大得多，它们的处境也将艰难得多，会遭受更严重的损失。正如美国总统罗斯福所说：“假如没有中国，假如中国被打垮了，你想一想有多少师团的日本兵可以因此调到其他方面来作战？他们可以马上打下澳洲，打下印度——他们可以毫不费力地把这些地方打下来，并且可以一直冲向中东。”“日本可以和德国配合起来，举行一次大规模的反攻，在近东会师，把苏联完全隔离起来，吞并埃及，切断通过地中海的一切交通线。”

正是在这种情况下，中国人民的抗日战争得到了国际上很高的评价，同盟国也比以往任何时候更感到中国的力量对他们是不可缺少的。中国的远征军在 1942 年 2 月进入缅甸作战。中国的国际地位和声望大大提高。

废除列强加给中国的种种不平等条约,是近代以来中国人民的强烈愿望。太平洋战争一爆发,中国在第二天向日、德、意三国宣战,同时宣布取消三国以往同中国之间的不平等条约。1943 年 1 月,美国和英国分别同中国签订取消在华的领事裁判权等特权的条约,其中还包括海关总务司的特权,废除英、美商船在中国内河航行的特权等。接着,其他一些在华享有特权的国家,也相继和中国签订了平等条约。这是令人振奋的,是中国人民抗战以来英勇奋战并付出巨大代价后换来的。

1943 年 11 月,中、美、英三国首脑在埃及开罗举行会议,三国公布的《开罗宣言》宣布:"三国之宗旨,在剥夺日本自从一九一四年第一次世界大战开始后在太平洋上所夺得或占领之一切岛屿;在使日本所窃取于中国之领土,例如东北四省、台湾、澎湖群岛等,归还中华民国;其他日本以武力或贪欲所攫取之土地,亦务将日本驱逐出境;我三大盟国稔知朝鲜人民所受之奴隶待遇,决定在相当时期,使朝鲜自由与独立。"

中国恢复东北、台湾、澎湖等失地的神圣权利,终于得到国际社会的公认。以后,中、美、英的《波茨坦公告》又重申:《开罗宣言》之条件必将实施。日本在投降时宣布的就是:"兹接受中美英三国共同签署的、后来又有苏联参加的 1945 年 7 月 26 日的《波茨坦公告》中的条款。"

1943 年这一年,世界反法西斯战争的进程发展到一个转折时刻。同盟国无论在欧洲、北非和太平洋战场上都转入反攻。中国的敌后战场上,八路军和新四军在这一年对敌作战约 3 万次,毙伤日伪军 20 万人。正面战场上,日军调集兵力先后发动鄂西和常德两次战役,在中国军民的英勇抗击下,毙伤敌 6 万余人,最后相继撤退,战场仍保持原有态势。

到 1944 年,世界反法西斯战争形势发生转折的时期,日本侵略者的处境越来越困难,为了挽救其在南洋的失败,清除美国远程轰炸机对其本土的威胁,决定在战场上打通平汉、粤汉和湘桂铁路,以连接从中国东北,经北平、郑州、武汉、南宁通往东南亚的大陆交通线,摧毁中国南部的中美空军基地。4月中旬,日军以40万兵力,并在陆海空配合下,向正面战场的平汉、粤汉和湘桂铁路沿线的豫、湘、桂等省发起新的战略性进攻(日军称之为"一号作战")。国民党军队在豫湘桂战役中,除在少数战斗中进行了较激烈的抵抗外,大多数的情况是一触即溃,甚至不战而逃。四五月间,日军占领郑州、许昌,打通平汉线,并占领洛阳。向湖南进攻的日军,于6月至8月间占领长沙、衡阳。向广西进攻的日军,于11月占领桂林、柳州、南宁,一部分追击部队一直打到贵州独山,震动了贵阳、重庆和整个国民党统治区。国民党军队在8个月中,丢失了河南、湖南、广西、广东、福建等省的大部分地区,总计20万平方公里土地146座城市,使6000多万同胞沦于日本帝国主义的铁蹄之下。

国民党正面战场在1944年豫湘桂战役中的大溃败,使得坚持敌后抗战的八路军、新四军和华南人民武装力量在整个战局中重要的战略地位进一步提高。鉴于河南大片国土在国民党军队的溃败中被日军占领,1944年5月11日,中共中央发出指示,要求在河南地区组织抗日游击队和人民武装,建立抗日根据地。1944年7月,八路军晋鲁豫军区派一部兵力南下,扩大豫军根据地。8月下旬新四军第四师从淮北西进,恢复了豫皖苏抗日根据地。进入1945年,八路军、新四军和华南人民武装力量继续进行对日攻势作战,不断扩大抗日民主根据地,已形成对日军的许多中心城市和交通线的包围。共产党领导的敌后军民的局部反攻,不仅在战略上有力地策应了国民党正面战场和英、美同盟军的对日作战,同时也为对日全面反攻、夺取抗日战争的最后胜利准备了重要条件。

1945年春,世界反法西斯战争已经取得了决定性胜利,中国人民经过14年的抗战,也即将迎来最后的胜利。而在胜利的前夜,中国人民面临着两种前途、两种命运的决战,为了系统地总结中国革命的基本经验,彻底打败日本侵略者,领导人民努力争取实现光明的命运,中国共产党筹备举行第七次全国代表大会。

中国共产党在延安13年艰苦卓绝的斗争中，不断推进马克思主义中国化，壮大人民力量，逐渐走向成熟，并培育和形成光照千秋的延安精神。延安精神的基本内涵是：坚定正确的政治方向，解放思想、实事求是的思想路线，全心全意为人民服务的根本宗旨，自力更生、艰苦奋斗的创业精神。这种精神先后形成了抗大精神、延安整风精神、南泥湾精神、张思德精神、白求恩精神和愚公移山精神，并以此为引领和动力，创造了历史的辉煌。

延安精神是以中国共产党人为核心、为代表的中华民族的先进分子、优秀分子，在中华民族遭遇内忧外患、生死存亡的历史时期，在领导中国人民进行争取民族独立和人民解放的伟大革命斗争实践中形成的理想追求、精神风貌、思想品德、行为准则、工作作风的精华与结晶。它是中国共产党性质和宗旨的具体体现，是马克思主义理政品格的具体体现，是无产阶级世界观和人生观的具体体现。

1945年4月23日至6月11日，中共七大在延安杨家岭中央礼堂隆重举行。出席大会的正式代表547名，候补代表208名，合计755人，代表着全党121万名党员。代表中，1921年至1922年入党的党员约占28%，1928年至1936年入党的党员占59%，1937年至1941年入党的党员占13%。代表的平均年龄是36.5岁，最小的23岁，最大的69岁。女代表占代表总人数的6.9%。

中共七大提出党的政治路线是："放手发动群众，壮大人民力量，在我党的领导下，打败日本侵略者，解放全国人民，建立一个新民主主义的中国。"大会强调指出，为了建立新中国，当前最重要、最迫切的任务，就是立即废止国民党一党专政，建立民主联合政府。

大会深刻揭示了中国新民主主义革命发展的规律，对党领导中国革命的三项基本经验，即武装斗争、统一战线、党的建设问题进行了系统的总结。

中共七大系统地总结了党领导武装斗争特别是抗日战争的经验,对人民战争的军事路线和战略战术,对全心全意为人民服务的建军原则作了详细的阐述。

中共七大通过了新的党章,将毛泽东思想确立为党的指导思想并写入党章。

中共七大选举产生了44名中央委员、33名候补中央委员。选举毛泽东、朱德、刘少奇、周恩来、任弼时为中央书记处书记,选举毛泽东为中央委员会主席、中央政治局主席、中央书记处主席。

中共七大把党在长期奋斗中形成的优良传统和作风概括为三大作风,即理论和实践相结合的作风,和人民群众紧密联系在一起的作风,批评与自我批评的作风。这是共产党区别于其他政党的显著标志,是使党的路线方针得以顺利贯彻的根本保证。中共七大强调:“全心全意地为人民服务,一刻也不脱离群众;一切从人民的利益出发,而不是从个人或小集团的利益出发;向人民负责和向党的领导机关负责的一致性;这些就是我们的出发点。”“共产党人的一切言论行动,必须合乎最广大人民群众的最大利益,为广大人民群众所拥护为最高标准。”反对脱离群众的命令主义、官僚主义等错误倾向。

中共七大是中国共产党在新民主主义革命时期极其重要的一次会议,它正确地总结了我党领导中国革命斗争经验,制定了党的路线,确定了以毛泽东思想为全党的指导思想,使全党达到了空前的巩固和团结一致,为取得抗日战争的彻底胜利和后来人民民主革命在全国的胜利奠定了牢固的基础。

1945年是世界反法西斯战争的最后一年,也是中国抗日战争的最后一年。5月2日,苏联红军攻克柏林。5月8日,德国宣布无条件投降。同盟国军队在太平洋战场上采取“跳岛战术”,向日本步步逼近。

8月8日,苏联红军出兵中国东北,给日本侵略军以致命打击。第二天，毛泽东发表《对日寇的最后一战》的声明。各抗日根据地对敌军发动猛烈的全面攻击，解放县以上城市150余座。

正面战场上，中国军队在缅北、滇西实行了反攻，特别是驻印度军队在艰苦的条件下进行了英勇的作战，到1945年1月打通了中印公路这条国际运输线；在广西、湖南等地区，随着日军的战略收缩，中国军队进行了反攻作战，接连收复了南宁、柳州、桂林等地，接着，又先后收复了广西、福建、浙江、江西等地区。

8月10日，日本政府发出乞降照会。15日，日本天皇裕仁以广播的形式正式宣布日本无条件投降。9月2日，在东京湾的美国军舰"密苏里"号上，举行有中、美、英、苏等国代表参加的日本投降签字仪式，中国的抗日战争胜利结束了，世界反法西斯战争胜利结束了。

1945年9月9日9时，中国战区的授降签字仪式在南京中央军校礼堂举行。侵华日军总司令冈村宁次在南京向中华民国陆军总司令何应钦呈交投降书。中国接收投降日军128万余人，接收投降的伪军146万余人。至此，中国的抗日战争宣告结束。

中国的抗日战争，是世界反法西斯战争的重要组成部分。它发动最早，持续时间最长。中国战场是反对日本法西斯侵略战争的主战场，也是世界反法西斯的东方主战场。在这场战争中，中国共产党领导的八路军、新四军对日作战12.5万余次，毙伤日伪军171.4万余人，其中日军52.7万余人。

从1931年九一八事变到日本投降的14年间，日本侵略者的铁蹄踏遍了中国三分之二的领土，占领了47%以上的中国城市，造成中国军民伤亡总数3500万以上。直接经济损失超过1000亿美元，间接经济损失5000亿美元。中国人民为世界反法西斯战争的胜利作出了不可磨灭的贡献。

中国人民的抗日战争，是人类历史上的奇观，是中国近代100多年来反抗外敌入侵的伟大创举，是中华民族由衰败走向振兴的重大转折点，在整个中国革命史上具有十分重大的意义。抗日战争是中国共产党领导的新民主主义革命历程中一个重要阶段,为新民主主义革命的彻底胜利奠定了坚实的基础。

毛泽东曾经指出,抗日战争是“战争史上的奇观,中华民族的壮举,惊天动地的事业”。他还在《论联合政府》一文中写道:“这个战争促进中国人民的觉悟和团结的程度,是近百年来中国人民的一切伟大的斗争没有一次比得上的。”

十二、战略决战

中国的抗日战争结束了，胜利终于到来了。日本侵略者铁蹄下的民族苦难终于有了尽头。中国人民沉浸在无法用语言形容的欢乐中。

重庆是最早得到这个胜利消息的地方，但人们的心情是复杂的：胜利中带来期待，欢乐中带来忧虑。美国记者西奥多·怀特和安娜·雅各布写道：

“抗战胜利的消息传到重庆。这时，正是炎热的、难熬的夏天。胜利的消息到来之时，恰好在晚上。

“男人、女人、小孩……所有的人们都走出家门，涌向重庆城内的广场。

“公共汽车装载着两层乘客，在街道上缓缓而行。一些站在公共汽车顶篷上的人们欢呼着，挥舞着旗帜。汽车前部的挡板上、发动机盖上，十几个人紧紧地挤在一起。军用卡车也汇入了这一片人海。游行的人们点燃了火把。中央社来不及印出号外,就在通讯社总部的墙上张贴出巨幅手写标语。"

胜利降临了,战争结束了。第二天黎明,重庆恢复了宁静,狂欢很快消失了。和平到来了,但是,陈腐的政府、累积的苦难、由来已久的恐惧,所有这些都依然如故。与以往相比,国内的和平变得更遥远了。

抗战的胜利,结束了日本对台湾长达50年的殖民统治,台湾终于光复,台湾人民回到祖国的怀抱。张光辉回忆道:

"日本投降当晚,人群在夜间涌动、呐喊。不少家庭焚香祭祖,禀告列祖列宗在天之灵——台湾光复了。此后一段时间,台湾各地热烈庆祝光复,歌仔戏、布袋戏、龙灯、舞狮全部出动,到处张灯结彩,街上扎起牌楼。当时我是个高中生,我们学生积极学习普通话,学唱祖国歌曲。学唱的第一首歌是《义勇军进行曲》,尽管当时我们不会汉语发音,歌词还用罗马字拼音,但那雄壮的旋律激发了我们的爱国主义豪情。我们还举行光复演讲会,组织光复大游行。"

在延安,"日本无条件投降了"的消息像闪电划过黑夜的天空,人们从各个角落涌出,向街上奔走,向广场奔走。有的人在点燃火把,有的人在传递火把,有的人举着火把来了,汇合成火炬的海洋。到处是钟声、锣鼓声、欢呼声,到处在舞蹈,人们在拥抱。聂荣臻同志回忆道:"那些天,延安一片欢腾。宝塔山下,延河两岸,中央机关和延安群众敲锣打鼓,载歌载舞,沉浸在一片胜利的欢乐之中。"

抗战胜利了,人们强烈期待的是从事和平建设。大家在经过14年的浴血抗战,付出了那样沉重的代价才取得胜利以后,十分珍惜这个难得的机会,希望能够集中力量把国家建设好,一步步走向繁荣富强。

中国民主同盟主席张澜在8月12日发表谈话:

"这胜利是中国上千万人的血泪汗换来的。我想无论在朝在野的人士,得到这胜利的消息,痛定思痛,在万分欢欣之余,必都有一种沉痛的回味,这胜利真来得不容易啊！现在国人唯一的希望,也正是唯一的责任,就是要怎样保持这经过数十年艰苦沉痛才换得的胜利的成果。”

“于是,我们感到中国今天更迫切需要统一、团结、民主。必如此则能使全国人一德一心,和衷共济,以尽其最大的最善的努力。也才能担负起一切建国工作。”

这些话,反映了当时许多中国人的想法。但是,尽管人们有着善良的愿望,但要实现和平建设却不是那么容易做到的事情。

胜利刚刚到来,内战的阴云就笼罩着中国的上空:一直在保存实力、坐待胜利、准备内战的蒋介石,迫不及待地动手争夺抗战胜利的果实,把刀锋指向中国共产党。

1945 年 8 月 10 日,在得知日本乞降消息的当晚,朱德总司令已在延安总部向各解放区抗日部队发布命令,要求他们向附近的日军送出通牒,令他们限期缴出全部武器,否则立即予以消灭,接收他们所占的城镇和交通要道。

8 月 11 日,延安总部又连续发布 6 道通令,要求各解放区武装部队向敌伪所占地区和交通要道展开积极进攻,包括要求冀热辽解放区等部队向东北进军,迫使日伪军投降。

11 日这天,毛泽东为中共中央起草了《关于日本投降后我党任务的决定》,明确指出:

“一、苏联参战后,日本已宣布投降。国民党积极准备向我解放区收复失地,夺取抗日胜利的果实。这一争夺战,将是极猛烈的。

“二、在此情况下,我党任务分为两阶段:

“(甲)目前阶段,应集中主要力量迫使敌伪向我投降,不投降者,按具体情况发动进攻,逐一消灭之,猛力扩大解放区,占领一切可能与必须占领的大小城市与交通要道,夺取武器与资源,并放手武装基本群众,不应稍存犹豫。……

“(乙)将来阶段,国民党可能向我大举进攻,我党应准备调动兵力,对付内战,其数量与规模依情况决定。……”

那时候,华北、华中的主要城市和交通线都处在八路军、新四军包围中,在东北也只有共产党领导的抗日武装在活动。国民党军队的主力都退缩在中国的西南和西北地区,距这些城市和交通线很远,这是国民党当局当时实行消极避战以保存实力政策的结果。

蒋介石明白,他的军队难以很快开到日本占领的各主要城市和交通线受降。当延安总部发布向敌占区大举进攻的命令后,他在 11 日发出两道相互矛盾的命令:一道是要求各战区将士“加紧作战努力,一切按照既定军事计划与命令推进,勿稍松懈”;另一道是发给八路军的,要求“所有该集团军(第十八集团军)所属部队,应就原地驻防待命”。他的意思很清楚,就是要把八路军和新四军的手脚捆起来,让国民党独吞抗日胜利果实,使抗战后的中国回到抗战胜利前的老样子去。

对待严重的内战危机,中国共产党的态度是怎样的?

8 月 13 日,毛泽东为新华社写了一篇评论,提醒全国人民,“蒋介石在挑动内战”。同一天,他在延安干部会上作了题为《抗日战争胜利后的时局和我们的方针》的演讲,指出:“对于蒋介石发动内战的阴谋,我党所采取的方针是明确的和一贯的,这就是坚决反对内战,不赞成内战,要阻止内战。今后我们还要以极大的努力和耐心领导着人民来制止内战。但是,必须清醒地看到,内战危险是十分严重的,因为蒋介石的方针已经定了。”他用斩钉截铁的语言说:“人民得到的权利,绝不允许轻易丧失,必须用战斗来保卫。我们是不要内战的。如果蒋介石一定要强迫中国人民接受内战,为了自卫,为了保卫解放区人民的生命、财产、权利和幸福,我们就只好拿起武器和他作战。”

同时,他也指出:“公开的全面的内战会不会爆发?这决定于国内的因素和国际的因素。国内的因素主要是我们的力量和觉悟程度。会不会因为国际国内的大势所趋和人心所向,经过我们的奋斗,使内战限制在局部的范围,或者使全面内战拖延时间爆发呢?这种可能性是有的。"

中国共产党力争的就是实现这种可能性。

事情正如毛泽东所判断的那样:蒋介石打内战的决心已经定了,但他要放手发动全面内战还有许多困难和顾忌。在国内,全国人民经过 14 年抗战后普遍反对内战,渴望实现国家和平,以便在和平环境中重建家园。在国际上,美、英、苏等国从各自的利益出发,也都不赞成中国发生大规模内战。而对蒋介石来说,更大的困难在于他的精锐主力部队仍远在西南、西北地区,把这些部队运送到内战前线需要时间。

正是在这种情况下,蒋介石在 8 月 14 日、20 日、23 日连续三次致电毛泽东,邀请毛泽东速到重庆"共商大计"。蒋介石并不是真的想通过谈判来实现国内和平。他的如意算盘是想利用这一招来达到两个目的:一个是他估计毛泽东是不敢冒险来重庆的,如果毛泽东拒绝到重庆来,就给共产党安上拒绝谈判、蓄意内战的罪名,把战争的责任推到共产党身上,使自己在政治上处于有利地位;如果毛泽东真的来了,就给共产党几个内阁职位,迫使共产党交出解放区,交出军队,这样他最后仍可以消灭已变成赤手空拳的共产党。另一个是,可以用谈判来取得准备内战,特别是调兵遣将所需要的时间。

接到蒋介石的来电后,中共中央政治局在 8 月 23 日和 26 日先后举行了两次会议。毛泽东在第一次会议上说:现在情况是抗日战争阶段已结束,进入和平建设阶段。我们现在的口号是"和平、民主、团结"。他判断,在谈判中,关于承认解放区和解放军数量的争论一定是非常激烈的,可能要打打停停,甚至可能还要打痛他才能让步,总之他是不会满足我们的。毛泽东还说:对国民党的批评,本来是决定停一下的,因为日本宣布投降,蒋下令要我们"驻防待命",不得不再批评一下,今后要逐渐缓和下来。以后仍是蒋反我亦反,蒋停我亦停,以斗争达团结,有理有利有节。

在第二次会议上,毛泽东谈到他去重庆谈判的问题,明确表示:“可以去,必须去”,“这样可以取得全部主动权”。他说:“由于我们的力量、全国的人心、蒋介石自己的困难、外国的干涉四个条件,这次去是可以解决一些问题的。”出去谈判会不会造成“城下之盟”的局势?毛泽东说:“签字之手在我。自然必须作一定的让步,在不伤害双方根本利益的条件下才能得到妥协。”他设想了可以作出让步的限度:第一步是广东至河南;第二步是江南;第三步是江北;但“陇海路以北迄外蒙古一定要我们占优势”。如果这样不行,“那么城下就不盟,准备坐班房”。

为了统一党内的思想,毛泽东为中共中央起草了党内通知,指出:

“国民党在取得沪宁等地、接通海洋和收缴敌械、收编伪军之后,较之过去加强了它的地位,但是仍然百孔千疮,内部矛盾甚多,困难甚大。在内外压力下,可能在谈判后,有条件地承认我党地位,我党亦有条件地承认国民党的地位,造成两党合作(加上民主同盟等)、和平发展的新阶段。假如此种局面出现之后,我党应当努力学会合法斗争的一切方法,加紧国民党区域城市、农村、军队三大工作(均是我之弱点)。在谈判中,国民党必定要求我方大大缩小解放区的土地和解放军的数量,并不许发纸币,我方亦准备给以必要的不伤害人民根本利益的让步。无此让步,不能击破国民党的内战阴谋,不能取得政治上的主动地位,不能取得国际舆论和国内中间派的同情,不能换得我党的合法地位和和平局面。但是,让步是有限度的,以不伤害人民根本利益为原则。

“在我党采取上述步骤后,如果国民党还要发动内战,它就在全国全世界面前输了理,我党就有理由采取自卫战争,击破其进攻。同时我党力量强大,有来犯者,只要好打,我党必定站在自卫立场上坚决彻底干净全部消灭之(不要轻易打,打则必胜),绝对不要被反动派的其势汹汹所吓倒。但是不论何时,又团结,又斗争,以斗争之手段,达团结之目的;有理有利有节;利用矛盾,争取多数,反对少数,各个击破等项原则,必须坚持,不可忘记。”

毛泽东起草的这个党内通知,把中共中央力争实现国内和平局面的态度说得很清楚了。

1945年8月28日下午3时37分,毛泽东在国民政府军事委员会政治部长张治中、美国驻华大使赫尔利陪同下,和周恩来、王若飞从延安飞抵重庆。这是一个万众瞩目的时刻,到机场迎接的有蒋介石的代表周至柔,有邵力子、张澜、沈钧儒、左舜生、章伯钧、陈铭枢、黄炎培、郭沫若等。飞机在九龙坡机场徐徐降落。

1945年8月28日至10月11日,毛泽东、周恩来、王若飞在重庆同蒋介石和王世杰、张群、张治中、邵力子进行了43天的谈判活动。10月10日,双方签订了《国民政府与中共代表会谈纪要》,通常称为《双十协定》。会议纪要经蒋介石提议,由周恩来根据会谈的实际结果起草,再采纳国民党代表的意见略有修改。

公报中,国民党表示承认和平团结的方针和人民的某些民主权利,承认避免内战,两党和平合作建设新中国。像这样国共两党以平等的地位正式签订协定,在以往的历史上还没有过。

毛泽东在重庆的43天中,除主持谈判外,还广泛接触各界人士。一是交流政治见解,并从中吸取有益的营养;二是介绍中共的主张和实际情况;三是进行调查研究,了解大后方以及国内外人们的情况和想法。他回到延安后所作的《关于重庆谈判》的报告中,谈到这方面的感受:“我这次在重庆,就深深地感到广大的人民热烈地支持我们,他们不满意国民党政府,把希望寄托在我们方面。我又看到许多外国人,其中也有美国人,对我们很同情。”“我们在全国、全世界有很多朋友,我们不是孤立的。”

毛泽东还说:“已经达成的协议,还只是纸上的东西。纸上的东西并不等于现实的东西。事实证明,要把它变成现实的东西,还要经过很大的努力。”

就在重庆谈判期间,蒋介石在 9 月 17 日以命令形式向内部重新颁发了他在十年内战时期亲手制定的《剿匪手本》,指令各部队要在“剿灭共匪”的作战中“切实遵行”。

重庆谈判期间,山西的阎锡山集中了 13 个师的兵力,入侵山西长治地区(古称上党郡)。但在刘伯承、邓小平指挥的晋冀鲁豫部队自卫反击下,一举歼灭入侵的阎锡山部 3 万人,击毙国民党军第七集团军副总司令彭毓斌,生俘第十九军军长史泽波,使阎锡山损失总兵力的三分之一。上党战役给国民党统治集团很大的震动,加强了中共代表团在重庆谈判的地位,配合了谈判斗争。

10 月 24 日至 11 月 2 日的平汉路战役(也称邯郸战役)中,国民党军以 3 个军渡漳河北上,攻入解放区。解放区人民军队又连续进行平绥、津浦、邯郸三个战役,歼灭来犯国民党军队 11 万人。在邯郸战役中,争取到国民党第十一战区副司令长官高树勋,他率新八军万余人在战场上宣布起义,其他部队绝大部分被迫放下武器。国民党中央宣传部部长吴国桢发表谈话解释说:“政府此次战斗中全部守势。”

毛泽东以中共发言人名义发表谈话,针锋相对地指出:

“由彰德北进一路,攻至邯郸地区之八个师,两个师反对内战,主张和平,六个师(其中有三个美械师)在我解放区军民举行自卫的反击之后,始被迫放下武器。这一路国民党军的许多军官,其中有副长官、军长、副军长多人,现在都在解放区,他们都可以证明他们是从何处开来、如何奉命进攻的全部真情。这难道也是取守势吗?”

11 月 9 日和 11 日,国民党政府军事委员会分别召开军事会议和复员整军会议。各地重要将领到重庆参加这两个会议。会议决定在 6 个月内击溃八路军和新四军主力,然后分区进行“清剿”,以期“根绝匪患”。这个计划分三步行动:第一步控制苏北、皖北和山东,打通津浦路、平汉路;第二步集中重兵于平、津,扫荡华北;第三步打通平绥路,占领察哈尔、绥远。

在这种情况下,经过马歇尔的斡旋,国共两党达成关于停止国内军事冲突的协定。1946 年 1 月 10 日,双方各自下达停战命令。这样,在全国范围内内战停止了一个时期,中国人民燃起了新的希望,认为内战有可能被制止。

同一天,由《双十协定》规定而为全国人民瞩目的政治协商会议在重庆开幕。出席会议的有国民党、共产党、民主同盟、青年党和无党派人士代表 38 人。会议进行了 22 天。会议通过了政府组织案、国民大会案、和平建国纲领、军事问题案、宪法草案案等五项协议。政协协议规定:"国民政府委员会为政府之最高国务机关";"国民政府委员会之一般议案,以出席委员之过半数通过之。国民政府委员会所讨论之议案,其性质涉及施政纲领之变更者,须有出席委员三分之二之赞成始得决议";"国府委员名额之半,由国民党人员充任,其余半数,由其他各党派及社会贤达充任"。协议还规定:"积极推行地方自治,实行由下而上之普选";"中央与地方之权限,采取均权主义,各地得采取因地制宜之措施";"省长民选","省制定省宪,但不得与国宪抵触"。协议还规定:"立法院为国家最高立法机关,由选民直接选举之,其职权相当于各民主国家之议会。""行政院为最高行政机关,行政院长由总统提名,经立法院同意任命之,行政院对法院负责。"

政治协商会议的这些规定,并不是新民主主义性质的,但它有利于冲破国民党一党专政和实行民主政治,有利于保障解放区的地方政府的合法地位,有利于和平建国,因而受到人民的欢迎,并对它寄予很大的期望。

中国共产党真心实意地准备严格履行这些协议。毛泽东在颁布的停战令中说:"中国和平民主新阶段,即将从此开始。"

国民党当局却根本没有实行政协决议的诚意。从 1946 年 1 月 16 日至 19 日这几天,国民党特务在台下起哄,狂呼乱骂,之后还大打出手,抛掷石块,杂以爆竹,打伤多人,使会议无法进行。2 月 10 日,重庆近万人在校场口大广场召开庆祝政协成功大会。会议还没有开始,数十名暴徒冲上主席台，抢占播音器，殴打主席团成员李公朴、郭沫若、施复亮等，致使大会未能举行。此外，国民党军警搜查了政协代表黄炎培的住宅，《新华日报》《新民报》的营业部也被暴徒捣毁。

这些骇人听闻的暴行，不能不引起社会各界人士的警觉。

3月1日至17日，国民党召开六届二中全会。这次会议从根本上推翻了政协已达成的协议。在《对于政治协商会议报告之决议案》中写道：

"一、制定宪法，应以建国大纲为最基本依据；二、国民大会应为有形之组织，用集中开会之方式，行使建国大纲所规定之职权，其召集之次数，应酌予增加；三、立法院对行政院不应有同意权及不信任权，行政院亦不应有提请解散立法院之权；四、监察院不应有同意权；五、省无须制定省宪。"这样，政协协议的基本原则已被完全抛开。

当政治协商会议还在进行时，陈诚就向蒋介石密奏："今日之情势，惟有以武力求和平，以武力谋统一。""国家之统一，自有史以来，从无不用武力。"

蒋介石撕毁政协已达成的协议的行为给期盼和平民主的人们泼了一盆冷水，国共两党一度存在的和谐气氛一去不复返了。3月18日，中共中央发出《关于坚决反对国民党反动派破坏政协决议的指示》，明确指出："在反动派如此嚣张，蒋介石如此阴谋百出的情形下，和平、民主是完全没有保障的。最近时期一切事实证实，蒋介石反苏、反共、反民主的反动方针，一时不会改变的，只有经过严重斗争，使其知难而退，才有作某些较有利于民主的妥协之可能。""我们反对分裂、反对内战，但我们不怕分裂、不怕内战，我们在精神上必须有这种准备，才能使我们在一切问题上立于主动地位。"

抗日战争胜利后，美国向国民党提供了多方面的援助。从1945年9月到1946年6月，美国用飞机和军舰自西南后方运送国民党军队约54万人到华南、华北、华东、东北各地。为了帮助国民党军队占领战略要地，先后进入中国的美国海军陆战队达 9 万人,驻华美军最多时达到 11.3 万人。在这期间,美国为国民党政府装备了 45 个师,训练了 15 名各类军事人员。它命令 100 多万日军将武器装备交由国民党政府接收,还给予国民党政府大量经济和军事援助。仅 1946 年上半年,美国援助国民党政府的物资总值就达 13.3 亿美元。1946 年 3 月,美国正式组成为数达 2000 人的美国陆军顾问团和海军顾问团,派到中国。国民党正是依仗美国的支持和援助,才有恃无恐地加紧部署内战,在东北放手大打,在关内不断制造冲突。

国民党把强占东北作为发动全面内战的重要步骤。抗战结束不久,它收编伪满洲国军队,组成保安总队,在东北占领地盘。1945 年 10 月,蒋介石任命的东北行营主任熊式辉等一批官员飞抵长春,收编伪满部队及土匪武器。11 月初决定由杜聿明率两个军占领山海关,然后再增兵从陆路向东北推进。至 1946 年 4 月,蒋介石先后将 5 个军 20 万人的兵力增调东北,使东北地区兵力达到 7 个军近 30 万人。国民党违反内战协议,集中 5 个军 11 个师的兵力向本溪、四平发动猛烈进攻,企图夺取东北一切交通要道和城市,歼灭东北民主联军。东北民主联军主力经过一个多月的顽强阻击后撤退,国民党军队随即进占长春,控制松花江以南大部分地区,出现了“关内小打,关外大打”的局面。

早在 1945 年 6 月 10 日,毛泽东在中共七大的讲话中即已提出:“从中国革命的最近和将来的前途看,东北是特别重要的。如果我们把现有的一切根据地都丢了,只要我们有了东北,那么中国革命就有了巩固的基础。当然,其他根据地没有丢,我们又有了东北,中国革命的基础就更牢固了。”因此,抗战胜利后,如何调整战略布局,使自己处于更为有利的战略位置,以便在国民党军队大举进攻面前,能够更有力地进军东北和保卫华北解放区,已成为全党全军的紧迫任务。

调整战略布局的关键是进军东北。东北地区有人口 3000 余万,东、北、西三面与朝鲜、苏联、蒙古相邻,南面与山东半岛隔海相望。西南与冀热辽解放区毗连,幅员辽阔,物产丰富,交通便利,尤其是重工业较为发达,钢材年产量占全国年产量的90%以上。这些情况表明,东北地区条件较好,党及其领导的人民军队如果能控制东北,就可以依靠那里雄厚的经济实力和优越的地理位置,建立巩固的战略基地。

9月15日,中共中央决定建立以彭真、陈云、程子华、林枫、伍修权为委员,彭真为书记的中共中央东北局,立即奔赴东北。随即先后派出2万名干部和11万人的部队迅速开往东北。干部中包括中央委员10人(其中4人为中央政治局委员)、候补中央委员10人。部队包括山东军区司令员兼政治委员罗荣桓等所率山东主力部队6万余人,新四军第三师师长兼政委黄克诚所部3.5万人等。到1945年年底,东北人民军队总兵力发展到27万余人。

根据中共中央10月31日决定,进入东北的部队和东北人民自卫军统一组成东北人民自治军(1946年1月改称东北民主联军),林彪任总司令,彭真、罗荣桓分别任第一、第二政委。

1946年5月3日,国民党政府宣布从重庆还都南京,国共谈判的中心也从重庆移到南京。中共代表周恩来、陆定一、邓颖超、廖承志以及齐燕铭、童陆生、王炳南等共45人由重庆飞抵南京,住在梅园新村,继续进行艰难的谈判。周恩来一下飞机立即发表讲话,希望“首先协议停止中原内战,以免牵动全局,发展成为全国内战”。

5月28日,周恩来致电中共中央,根据种种情况判断:蒋介石军队自进驻东北长春后,积极备战,“现内战已临全面化边缘”。6月3日,他又会见马歇尔,长谈6个小时,严正指出,美国一面表示要赞成和平民主,一面却又在帮助国民党进行内战。并且正告他:“蒋若全面打来,必全面抵抗。”

全国内战爆发前夕,中共中央在6月19日致电各野战军负责人:

“观察近日形势,蒋介石准备大打,恐难挽回;大打后,估计六个月内外时间如我军大胜,必可议和;如胜负相当,亦可能议和;如蒋军大胜,则不能议和。因此,我军必须战胜蒋军进攻,争取和平前途。”

可见,中国共产党只是在自身生存遭受严重威胁时才被迫采取自卫行动,而这样做时仍力图以此争取和平前途的实现。

蒋介石早就确定要发动全面内战,想用武力来消灭中国共产党。他所等待的只是适当的时机。

国民党军队在5月23日进占长春,因一时的胜利而更加咄咄逼人,对形势发展和力量对比作了完全错误的估计,以为用武力消灭共产党是完全有把握的,并且可以速战速决,只要3个月到5个月就能解决。

6月23日,上海人民团体联合会派出请愿团去南京向国民党当局呼吁和平。请愿团成员有教育界、工商界、宗教界的知名人士马叙伦、盛丕华、雷洁琼等,到火车站送行的各界民众达10万多人。这是民意再清楚不过的表达。但请愿团到达南京下关车站时,竟遭到国民党当局指使的大批暴徒围殴达5个小时,团长马叙伦和代表多人受伤。这就使更多的人看清楚了坚持内战、破坏和平的到底是谁。

大规模的内战战火,首先在中原地区燃烧起来。

1946年6月26日,蒋介石不顾全国人民的强烈反对,密令郑州绥靖公署主任刘峙,以30万大军对中共的中原解放区发起围攻。接着,又向苏皖、山东、晋冀鲁豫、晋察冀、晋绥等解放区展开全面进攻。全面内战由此爆发。

抗战时期,在中原地区活动的中共部队,有李先念领导的新四军第五师,皮定均领导的嵩岳军区部队,王树声、郑位三领导的冀鲁豫军区部队,还有王震领导的第三五九旅南下支队。这四支部队于1945年10月在桐柏地区胜利会师,总兵力6万余人。抗战胜利后,中央决定成立中原军区,将这几支部队合并,由李先念任军区司令员,郑位三任政治委员,王树声任副司令员,王震为副司令员兼参谋长,王首道任副政委兼政治部主任;下辖江汉、鄂东、河南三个军区。

蒋介石对中原军区的组建如鲠在喉，必欲除之而后快。

1946 年 3 月间，王震回延安请示工作，毛泽东带话给李先念：蒋介石对我们八路军、新四军的原则，能消灭则坚决消灭，现在不能消灭则准备条件将来消灭之。中原部队担任牵制国民党军队的战略任务，要准备作出重大牺牲，以保障全局胜利。

此时刘峙指挥 30 万大军，将中原军区的部队压缩到宣化店地区东西不到 100 公里、南北不到 25 公里的狭长地带，并把中原军区的部队分割包围，形成了“品”字形的包围圈，断绝了这些地区的粮食和医药供应。

李先念所率部队面临大军压境的严峻形势，他给中央发出电报，提出突围的 3 种方案：东进至五河一带，向新四军主力靠拢；北进与刘邓大军相接应；西进穿越平汉线，向陕南与鄂西北转移。鉴于向东向北都有国民党重兵把守，他提出只有向西突围一条路。

毛泽东于 6 月 23 日复电：“同意立即突围，愈快愈好，不要有任何顾虑，生存第一，胜利第一。”

1946 年 6 月 24 日，李先念令所属部队在各自防区内秘密集结，悄悄实施突围行动。6 月 29 日，大部队突破了国民党军的第一线合围圈，越过平汉铁路，摆脱了国民党军的围追堵截，于 7 月底 8 月初分别进到陕南和鄂西北地区，创建新的游击根据地，取得了战略上的重大胜利。

为了掩护主力向西突围，由皮定均率第一纵队第一旅 6000 余人伪装主力向安徽、江苏突围东进，以调动国民党军队朝着错误方向进攻。在突围中，皮定均旅和数十倍于己的敌人周旋 24 天，横跨鄂、豫、皖三省，行程约 750 公里，进行大小战斗 20 余次，最终粉碎了敌人围追堵截，全旅于 7 月 20 日与华中军区部队会师。

毛泽东高度赞扬了这次突围行动。他给李先念的电报说：“整个突围战役是胜利的，敌人毫无所得。你们这一行动已调动程潜、刘峙、胡宗南三部力量，给反动派以极大震动与困难，故你们的行动关系全局甚大。”

蒋介石把中原6万部队赶出了中原，他认为自己也获得了胜利，开动舆论渲染胜利。

在此期间，蒋介石令徐州的薛岳、吴奇伟率46万部队进攻苏皖及山东解放区，令郑州的刘峙率24万部队进攻冀鲁豫解放区，令河北的孙连仲、傅作义率16万兵力进攻晋察冀解放区，令太原的阎锡山率9万兵力进攻晋绥解放区，令西安的胡宗南率15万兵力进攻陕甘宁边区，令东北的杜聿明率18万人精锐部队向东北民主联军进攻。另外，还部署了7万兵力进攻广东及海南岛解放区。

一时间，全国内战阴云密布，来势汹汹。

蒋介石的作战纲领是：先占领据点，掌握交通，由点来控制线，由线来控制面，再步步进逼，使之被迫决战，然后一举歼灭。其具体的战略企图是：以主要的铁路干线为轴线，主力由南向北进攻，首先夺取和控制各解放区重要城市和交通线，歼灭人民解放军主力；或将黄河以南的人民解放军逐步压迫至黄河以北，然后聚歼于华北地区。

国民政府大打的主意已定。他们完全陶醉于自己军事上的表面优势，又陶醉于全面内战发动后接连夺取了解放区不少城市，于是不顾共产党人的一再警告和全国人民的反对，一意孤行，在10月11日攻占华北解放区的政治军事中心张家口。

全面内战爆发后，和平谈判成功的希望已经断绝。正在奔走调停的中国民主同盟秘书长梁漱溟，看到国民党军队攻下张家口的消息时，对记者说了传诵一时的名言："一觉醒来，和平已经死了。"

事情发展到这种地步，已经没有什么可以再谈的了。11月19日，周恩来率领中共代表团成员李维汉、邓颖超等10多人结束历时1年多的国共谈判，返回延安。和谈虽然以破裂告终，但它在国民党统治区民众中留下的深刻的影响是什么力量也无法磨灭的。正如李维汉回到延安当天的日记中记载："国共谈判破裂了，但我党满载人心归去。"

蒋介石发动这场规模空前的内战时,他充满着自信。他的参谋总长陈诚甚至扬言:“也许 3 个月,至多 5 个月,即能整个解决。”事情看起来有点可能,当时国民党拥有正规军 86 个整编师(军)约 200 万人,加上非正规军、军事院校人员、后方机关人员等,共 430 万人。而人民解放军只有野战军 61 万人,地方部队和后方机关人员 66 万人,总数 127 万人。双方兵力的对比是约 3.4∶1。

至于武器装备,双方更为悬殊。国民党军队约有四分之一是用美械装备起来的,又接收了侵华日军 100 多万人的武器,而且拥有坦克、重炮、作战飞机和海军舰艇等。而人民解放军当时没有海军和空军,就连仅有的陆军其装备也只是“小米加步枪”。

国民党还控制着全国 76%的土地和 71%的人口,控制着几乎所有的大城市和主要交通线,控制着全部的现代工业。而中国共产党方面控制的主要是农村和一些中小城市,而且是被国民党军队分割包围的,在物质上得不到任何外援。

优势仿佛都在国民党方面。

但是,人心向背历来是决定胜败的根本因素。这种向背,通常需要经过长期的积累和演进,而在一定条件下便加速地表现出来。

国民政府由于它的独裁统治,特务横行、贪污腐败、物价飞涨、社会秩序混乱,民不聊生。抗战后期在大后方便已严重丧失民心。日本投降后,他们到沦陷区,贪婪地掠夺财物,接收成为“劫收”。当时流传着“五子登科”的许多故事。所谓的“五子登科”是指条子(金条)、房子、车子、女子、面子。同一时期,国民政府的官僚资本还与美国跨国公司的垄断资本相勾结,成为后者的代理人,帮助美国大量输出商品,扼杀了民族工业,加深了中国的殖民地化。

洗劫式的接收,使许多工厂停闭,生产萎缩。收兑伪币的不合理比价,又使原沦陷区人民蒙受很大的经济损失。人们满腔热情地期望,得到的却是冰冷的回报。这种强烈的反差激起极大的愤慨。国民政府在原沦陷区人民中的信誉一落千丈。

战争的胜负,主要以交战双方的政治、经济、军事诸方面的综合力量对比为基础。在这个基础上,作战指导的正确与否具有极其重要的作用:指导正确,可以变被动为主动,变劣势为优势;指导错误,可以变主动为被动,变优势为劣势。

在全面内战刚刚爆发的时候,毛泽东就明确指出:“我们不但必须打败蒋介石,而且能够打败他。我们必须打败蒋介石,是因为蒋介石发动的战争,是一个在美帝国主义指挥之下的反对中国民族独立和中国人民解放的反革命的战争。”“在这种时候,如果我们表示软弱,表示退让,不敢坚决地起来用革命战争反对反革命战争,中国就将变成黑暗世界,我们民族的前途就将被断送。”

毛泽东还指出:“我们能够打败蒋介石,是因为蒋介石军事力量的优势和美国的援助,只是临时起作用的因素;蒋介石发动的战争是反人民的性质,人心向背,则是起作用的重要因素。我们所进行的战争是具有爱国主义的革命性质,必然获得全国人民的拥护。这就是能够战胜蒋介石的政治基础。”

毛泽东在延安曾对美国记者斯特朗说了一句举世闻名的话:一切反动派都是纸老虎。但对具体的作战指导,他采取十分审慎的态度,着重强调两点:一是以歼灭敌人有生力量为主要目标,不以保守或夺取城市和地方为主要目标。保守或夺取城市和地方,只是歼灭敌人有生力量的结果。二是集中优势兵力,各个歼灭敌人,每战集中绝对优势兵力,四面包围敌人,力求全歼。

毛泽东同刚调到延安的新四旅政委黄振堂、副旅长程悦长谈话时说:“我们部队数量和装备都比不上敌人,因此,我们采取的办法是先打弱敌,后打强敌,先打分散孤立的敌人,后打集中强大的敌人。好比你面前有三个敌手,一个强手,两个弱手。你先把两个弱手一一打倒,剩下那一个强手,前后失去照应,他孤立了,胆怯了,强手就变成了弱手,一打就能倒。”“一个月歼灭他几个团,过上一年光景,情况就会好转。”

在全面内战爆发后的头 4 个月内,人民解放军尽管付出了丢失 105 座县以上城市的代价,却歼灭了国民党正规军 32 个旅,包括一部分美械装备的部队,连同被歼的非正规军,总数达到 30 万人。

蒋介石在夺取 100 多个城市后,又要分出第一线兵力的百分之四十几去守备这些城市,每占领一个城市等于多背上一个包袱,使兵力越来越分散。他们用于进攻的机动兵力减少,全面进攻的气势便会下降,这就埋下了失败的种子。

进入 1947 年,国民党军队已经没有力量再进行全面进攻。蒋介石为解决兵力不足的问题,放弃全面进攻计划,改以陕北和山东解放区为重点,实行被称为“双矛攻势”的重点进攻,而在其余各战场则转为守势。

蒋介石认为中国共产党在关内有三个重要根据地,即以延安为政治根据地,以沂蒙山区为军事根据地,以胶东为交通供应根据地。因此,对这三个地区,必须“犁庭扫穴,切实攻占”。蒋介石的计划是:首先,攻占延安,摧毁中国共产党的党、政、军指挥中心,以“动摇其军心,瓦解其斗志,削弱其国际地位”;其次,攻占胶东,切断中国共产党由关外到关内的海陆补给线;然后,集中力量攻占沂蒙山区;接着,北渡黄河,“肃清”华北的人民解放军;随后,再集中兵力转向东北。

中共中央在敌强我弱的条件下,从容沉着地坚持以运动战为主要的作战形式,巧妙地提出“诱敌深入”“不求急效”“完全立于主动地位”“先打弱者,后打强者”等方针,依托根据地的有利条件,首先进行内线作战。

1947 年 3 月初,蒋介石飞抵西安,部署进攻延安,决定调集 34 个旅 25 万余人的兵力,由胡宗南任总指挥,大举进攻陕甘宁解放区。鉴于国民党进攻势头正盛,从全局和长远利益考虑,中共中央决定放弃延安,依靠陕北优越的群众条件和有利地形，与敌周旋，寻机歼敌，牵制胡宗南集团于陕北战场。中共中央从3月18日撤离延安，转战陕北1年零5天，行程1000余公里，在37个村庄住过，接连取得了青化砭、羊马河、蟠龙镇等战役的胜利，粉碎了国民党消灭中共首脑机关和西北野战军的企图，有力地拖住了胡宗南部主力，支援了其他战场。

在山东战场上，陈毅、粟裕率领部队以机动灵活、大踏步进退的动作，出其不意接连取得鲁南战役、莱芜战役、孟良崮战役的巨大胜利，每次都消灭国民党军队的大量进攻兵力。特别是孟良崮战役，人民解放军在国民党军队重兵集团密集并进的态势下，坚决果断地一举歼灭全部美械装备、骄横不可一世、被誉为国民党军"五大主力"之一的整编第七十四师，击毙中将师长张灵甫。这是人民解放军在华东战场上取得的改变战局的巨大胜利，表明解放军的战斗能力已明显提高，在国民党统治集团内部引起极大的震动和混乱。

在东北战场上，人民解放军也先后取得了"三下江南、四保临江"的巨大胜利，把战争的主动权转移到自己手里。

这些战争的胜利加在一起，使整个战局悄悄地发生着有利于人民解放军的深刻变化。

全国内战爆发后的第一年，人民解放军共消灭国民党正规军97个旅共78万人，平均每个月歼敌8个旅，连同非正规军共歼敌120万人。国民党的将军级军官除被击毙26名外，被俘的达176名。人民解放军以劣势兵力和装备，挫败了国民党军队的进攻，并在战斗中不断发展壮大自己，为转入战略进攻奠定了基础。国民党军队因为重兵陷在山东和陕北两个战场上，处于中央地位的晋冀鲁豫战场上兵力异常薄弱，这为人民解放军提供了十分有利的突破方向。

正是在这种情况下，一场惊天动地的战略进攻开始了。

中国人民解放军转入战略进攻，是以刘伯承、邓小平率领的晋冀鲁豫野战军主力千里跃进大别山开始的。

1947 年 6 月 30 日夜,刘邓大军 12 万人,于山东的临濮集至张秋镇 150 公里的地段上,一举突破黄河天险,挺进鲁西南,发起鲁西战役,揭开了人民解放军战略进攻的序幕。

在鲁西南地区,经过 28 天的连续作战,歼敌 4 个整编师师部、9 个半旅共 5.6 万人。这一战役,迫使国民党从西北、山东和中原等地抽调 7 个整编师 17 个半旅向鲁西南驰援,打乱了敌人的战略部署,为挺进大别山开辟了道路,并有力地配合了西北和山东野战军粉碎敌人重点进攻的作战。

鲁西南战役胜利后,刘邓大军不经休整,便迅速甩开将要向它合围的几路国民党军队,在进入鲁西南的华东野战军 5 个纵队及新成立的晋冀鲁豫野战军第十一纵队的掩护下,从 8 月 7 日起分三路向南疾进,开始千里跃进大别山的壮举。部队穿越宽 30 多里、遍地是积水淤泥的黄泥区,渡过沙河,轮渡汝河和淮河,克服极度疲劳、疾病流行、减员严重、缺乏粮弹衣着等严重困难,摆脱国民党重兵合击,至 9 月 30 日,先后解放了 24 座县城,并在 17 个县建立了民主政权,依托山区安置了后方,胜利完成了大别山区的战略展开,开辟了大别山根据地,如一把钢刀插入敌人的心脏。

同刘邓大军南下相配合,由陈赓、谢富治率领的晋冀鲁豫野战军一部 8 万人在 8 月下旬渡过黄河,挺进豫西;由陈毅、粟裕率领的华东野战军主力,在鲁西南歼灭国民党军一个整编师,于 9 月下旬分路越过陇海铁路南下,在豫皖苏边实施战略展开,创建根据地。

这样,三路大军都打到外线,布成“品”字形阵势,纵横驰骋于黄河以南、长江以北,西起汜水、东讫大海的广大地区。他们互为犄角,以鼎足之势,直逼国民党的长江防线,直接威胁南京、武汉,把战线从黄河流域推进到长江北岸,使中原地区由国民党进攻解放区的重要后方,变成人民解放军夺取全国胜利的前进基地。

三路大军的进攻,调动和吸引国民党军队南线全部兵力 160 多个旅中的约90个旅在自己的周围,迫使国民党军队处于被动地位。整个战局已完全改观。

1947年9月11日,毛泽东在修改新华社稿《人民解放军大举反攻》时加了一段话:“打倒蒋介石才有饭吃,打倒蒋介石才有民主,打倒蒋介石才能独立,已经是中国人民的常识了。”

1947年12月25日,毛泽东在陕北杨家沟主持召开中共中央扩大会议,在会上作了《目前形势和我们的任务》的报告。他在报告中讲道:“中国人民的革命战争,现在已经达到了一个转折点。这即是中国人民解放军已经打退了美国走狗蒋介石的数百万反动军队的进攻,并使自己转入了进攻。”“这是一个历史的转折点。这是蒋介石的二十年反革命统治由发展到消灭的转折点。这是一百多年以来帝国主义在中国的统治由发展到消灭的转折点。这是一个伟大的事变。这个事变所以带着伟大性,是因为这个事变发生在一个拥有四亿七千五百万人口的国家内,这个事变一经发生,它就将必然地走向全国的胜利。”

为了把解放战争胜利地进行到底,实现打倒蒋介石的目的,毛泽东在报告中总结了人民军队的作战经验,提出了十大军事原则。十大军事原则的核心是打歼灭战,“对于人,伤其十指不如断其一指,对于敌,击溃其十个师不如歼灭其一个师”。十大军事原则中的每一条,都贯穿着打歼灭战的思想。

十大军事原则,是人民解放军以劣胜优、以弱胜强的全部军事奥秘所在,是人民解放军打败蒋介石的主要方法。任何反人民的军队都不可能学会,也不可能利用我们的这些战略战术,因为我们的战略战术是建立在人民战争的基础之上的。

1948年秋天,即全国解放战争进入第三年的时候,中国的军事、政治和经济形势发生了有利于人民而不利于国民党统治集团的重大变化。

国民党军队在战争的第二年中,损失正规军和非正规军共计152万人。经过大量补充,其总兵力虽然仍保持在365万人左右,其中正规军285个旅(师)198万人,但大多数是在被歼后重建或受过严重打击的,士气低落,战斗力不强。分布在第一线的国民党正规军共249个旅(师)170万人,被人民解放军分别钳制在东北、华北、西北、中原、华东五个战场上,大部分只能担任战略要点和交通线的守备,能够进行战略机动的兵力已经不多。

这时,人民解放军经过两年作战,总兵力已由原来的127万人发展到280万人,其中野战军149万人,部队的装备有了很大的改善,建立起强大的炮兵和工兵,战斗力有了很大提高。中国共产党领导的南方游击队也迅速壮大。解放区的面积已扩展到235万平方公里,人口达1.65亿。约1亿人口的老解放区完成了土地改革。人民解放军的战争资源大为增强。

1947年5月3日,刘少奇、朱德率中央工委进驻西柏坡,随行的机关各部门,分散在西柏坡附近的10多个村庄。1948年5月,毛泽东、周恩来、任弼时率中共中央和解放军总部移驻至此,使西柏坡成为解放战争时期中国革命的指挥中枢,为中共中央的"最后一个农村指挥所"。

在西柏坡短暂的10个月时间里,中国共产党人战绩赫赫,功勋卓著,在中国共产党的历史上写出了波澜壮阔的篇章:全国土地会议的召开和第一部《中国土地法大纲》的颁布,撼动了整个封建剥削制度的根基;摧枯拉朽的三大战役,推翻了蒋家王朝;中共中央"九月会议"及中共七届二中全会,勾画出新中国的建设蓝图,制定了新中国的建设方略。在这短暂的时间里,中国共产党带领中国人民打碎了一个旧世界,创立了一个新世界,使中国社会的历史进程实现了从战争到和平、从革命到建设、从农村到城市的伟大转折。在这样的历史条件下形成了西柏坡精神:敢于斗争、敢于胜利的彻底革命精神;一切为了人民,一切依靠人民的以民为本精神;善于破坏旧世界、善于建设新世界的立国兴邦精神;务必谦虚谨慎、不骄不躁,务必艰苦奋斗的不懈"赶考"精神。这既是中国共产党革命精神的传承,又是进一步的升华。

1948 年 9 月 8 日至 13 日，中共中央在西柏坡召开政治局扩大会议，这是自抗日战争结束以来第一次中央会议。会议提出全党的战略任务是建设 500 万人民解放军，从 1946 年 7 月算起，在 5 年左右时间内，歼敌正规军 500 个旅(师)左右，从根本上打倒国民党的反动统治。会议指出，现在战争进入第 3 年，这是争取 5 年胜利中关键的一年。

根据这次会议精神和中央军委的指示，人民解放军经过雨季的休整后，从 1948 年 9 月开始，先后在东北、华东、中原、华北和西北战场上，发起规模空前的秋季攻势。

秋季攻势的一个重要战役是夺取济南战役。济南是津浦、胶济两铁路的交会点和连接华东、华北地区的枢纽，城防坚固，被国民党军队自诩为“金城汤池”。

1948 年 9 月 16 日，华东野战军遵照毛泽东和中央军委的指示，集中 14 万兵力组成攻城集团，以 18 万人组成阻援、打援集团，对济南发起全线攻击。经过 8 个昼夜激烈的攻坚作战，于 9 月 24 日攻克济南，争取吴文化部 2 万人起义，共歼敌 10.4 万余人，生俘国民党第二绥靖区司令官王耀武。济南战役的胜利使华北、华东两大解放区完全连成一片，也使华东野战军能够腾出手来全部南下，协同中原野战军在南线发动更大规模的歼灭战。济南战役的胜利，充分显示了人民解放军巨大的攻击能力，开创了人民解放军大规模围歼敌军主力和夺取敌军坚固设防的大城市的先例。这一战役揭开了战略决战的序幕。

全国解放战争的战略大决战，是在国民党军队总兵力仍超过人民解放军的特殊条件下发动的，表现了毛泽东等军事领导者的过人胆略。它由辽沈、淮海、平津三大战役一环紧扣一环地组成。从 1948 年 9 月 12 日开始，到 1949 年 1 月 31 日结束，历时 4 个月零 19 天，共歼灭国民党正规军 144 个师(旅)、非正规军 29 个师，共 154 万多人。这是中国革命战争史上，也是世界战争史上罕见的壮举。

当决战开始时,国民党军队不仅在数量上多于人民解放军,装备更远比人民解放军好。南京政府仍统治着全国四分之三的地区的三分之二的人口。但这个表面上的庞然大物其实已异常虚弱,无法摆脱战略上完全陷入被动的局面。这是一个稍纵即逝的历史时刻,中国共产党和毛泽东当机立断,下决心发动了这场规模空前的战略大决战。

这场战略大决战是从辽沈战役正式开始的。

当时,全国各战场的形势虽在不同程度上都有利于人民解放军作战,但只有在东北战场上,人民解放军才占有明显的优势,国民党军队被分割包围,困守在长春、沈阳、锦州三块互不联系的孤立据点和地区内。敌人企图牵制我东北解放军不能入关作战;同时,敌人又准备把东北守军撤至华中地区,加强华中防御。

在这种情况下,如果我们把战略决战的方向指向华北战场,则会使我军受到华北、东北敌人的两大战略集团的夹击而陷入被动;如果把战略决战的方向指向华东战场,则会使东北敌人迅速撤退,而实现他们战略收缩的企图。因此,东北战场就成为全国战局发展的关键。

当时东北战场的形势对我军又特别有利。在敌军方面:孤立分散,态势突出,地区狭小,补给困难;长春被围,无法解救,或撤或守,举棋不定。在我军方面:兵力优势,装备较好;广大地区,连成一片;土改完成,后方巩固;关内各区,均可支援。东北人民解放军歼灭了东北敌军,就能粉碎敌人战略收缩的企图;就能实施战略机动,有利于华北、华东战场的作战;就能以东北的工业支援全国战争,使人民解放军获得战略的总后方。

针对这种情况,中共中央果断决定以东北野战军主力大规模地从北满远道而下,置长春、沈阳的国民党军队于不顾,一举夺取东北和华北之间的狭窄通道——锦州,把国民党军队围困在东北,再加以各个歼灭,并且要求东北野战军"确立打你前所未有的大歼灭战的决心"。

1948 年 10 月 14 日，东北野战军在林彪、罗荣恒、刘亚楼等指挥下，向锦州发起总攻，仅用 31 个小时就攻克了锦州。在锦州东西两侧担任阻击任务的部队，英勇顽强地击退了国民党部队分别从沈阳和葫芦岛增援的重兵，保障了攻锦的胜利。

锦州攻克后，就像关上了东北的大门，困守在长春的国民党第 60 军举行起义，新七军投诚，郑洞国率领残部放下武器。从沈阳增援锦州的廖耀湘兵团 10 万多人全部在运动中被歼。11 月 12 日，解放了沈阳和营口。9 日，收复了锦西和葫芦岛。辽沈战役历时 52 天，共歼灭国民党军队 47.2 万人，解放了东北全境。这样，人民解放军不仅有了巩固的、具有很强的重工业基础的战略大后方，而且使有着 70 多万兵力的东北野战军可以不受牵制地大举入关，使北线的双方力量对比发生了根本变化。

辽沈战役一结束，南线的战略决战——淮海战役便开始了。

淮海战役是在以徐州为中心，东起海州、西起商丘、北起临城、南达淮河的广大地区进行的一次规模空前的战役。集结在这个地区的国民党军队有徐州“剿总”总司令刘峙、副总司令杜聿明指挥的国民党军队，加上从华中赶来增援的黄维兵团，总兵力达 80 多万人。其中，邱清泉兵团的第五军和黄维兵团的第十八军，是南京政府仅存的两支最精锐的主力部队。

人民解放军方面，华东野战军和中原野战军，加上地方部队，总共只有 60 多万人，数量少于对方，装备和交通运输条件更远不如对方。双方的力量对比和东北战场不同。

此次战役开始，叶剑英曾这样分析：“敌人重兵密集，便于机动，增援迅速。若要攻歼其任何一部，必须首先拦住敌人的援兵，才能赢得时间，保持主动。这是华东战场与其他战场截然不同的特点，也是影响战役胜败的关键。”

中共中央军委指出：“此次战役，不但长江以北局势大定，即全国局面亦可基本解决。”为了统筹领导这场大战，中央军委决定成立以邓小平为书记的总前敌委员会。

淮海战役分三个阶段:第一阶段,从 11 月 6 日开始,华东野战军主力突然行动,从山东南下包围并歼灭位于徐州以东的黄百韬兵团;华中野战军主力直出津浦铁路,攻占宿县,切断徐州与蚌埠的联系,完成对徐州的四面包围。第二阶段,中原野战军主力设伏围住从河南远道而来增援的黄维兵团,经过 23 个昼夜的围困和激战,把它全部歼灭在双堆集。在这个过程中,杜聿明鉴于已陷入孤立无援状态,决定放弃徐州,率邱清泉、李弥、孙元良三个兵团共 30 万人突围,又被人民解放军合围于徐州西南 65 公里的陈官庄地区。1949 年 1 月 10 日,杜聿明集团全部被歼,淮海战役胜利结束。

淮海战役历时 66 天,共歼灭国民党军队 55.5 万人。毛泽东赞扬中原和华东两个野战军:“淮海战役打得好。好比一锅夹生饭,还没完全煮熟,硬是被你们一口一口地吃下去了。”至此,国民党军队在南线的精锐主力已被消灭。长江中下游以北的广大地区已得到解放。国民党政府的统治中心南京、上海和长江中游的中心城市武汉直接暴露在人民解放军的铁拳面前。整个南线战局已经根本改观。

淮海战役正在胜利进行时,以北平、天津为中心的华北地区的国民党军队,在屡遭打击后又失去南北两面的依托,孤立无援,军心涣散。这支军队共 50 多万人,沿铁路线分布在东起山海关、西至张家口的 500 多公里的狭长地带上。他们虽已惶惶不可终日,但仍以为在辽沈战役这样的大仗结束后,东北野战军一定需要一段时间进行休整,不可能立即入关,他们在华北的生存还不会马上受到威胁。蒋介石当时也在考虑由于徐蚌会战已有一触即发之势,急需投入更多兵力,长江防线也须加强兵力,设想要傅作义率部南撤,并委任傅作义为“东南军政长官”。

中共中央为了把傅作义这支军队牢牢地吸引在原地,不至西退或南撤,果断作出部署:先由华北部队突然包围张家口、宣化,吸引华北“剿总”总司令傅作义的嫡系部队第三十五军等从北平西援;又以悄悄入关的东北野战军先遣部队从北面威胁北平，吸引国民党军队原驻天津、塘沽的近一半兵力增防北平。接着，东北野战军主力以隐蔽、神速的行动大举入关，采取“围而不打”和“隔而不围”的作战方针，将国民党部队切割成几块，使他们的主力无法从塘沽乘轮船南撤。12 月下旬，人民解放军先后攻占新保安和张家口，消灭傅作义的嫡系主力，使他无法西逃绥远。

1949 年 1 月 15 日，人民解放军攻克天津，全歼守军 13 万人，天津警备司令陈长捷被俘，华北第二大城市天津解放。

天津解放后，孤守北平的傅作义部队 25 万人已陷入绝境。为了保护这座驰名世界的文化古城免遭战争破坏，中共中央和中央军委力争以和平方式解放北平。华北局指示天津、北平党组织，通过多条渠道做好傅作义的工作。傅作义从 1948 年 11 月起，曾几次派人同解放军接触，表示愿意和平解决，但实际上仍动摇于“和战”之间。天津解放后，90 万人民解放军兵临北平城下。经过解放军和中共北平地下组织的耐心工作及北平开明人士的敦促，傅作义终于接受解放军提出的和平条件。1949 年 1 月 21 日，双方签订《关于和平解决北平问题的协议》。1 月 31 日，在北平原国民党守军撤离市区后，人民解放军进驻北平城，北平宣告和平解放。至此，平津战役结束。

平津战役从 1948 年 11 月 29 日开始至 1949 年 1 月 31 日结束。东野、华北军区有 100 万兵力参战，历时 64 天，共歼灭和收编国民党军队 52 万余人。除绥远、太原、新乡等少数几个孤立据点外，解放了华北全境。北平国民党军队接受和平改编后，绥远国民党军有 5 万多人。

辽沈、淮海、平津三大战役，人民解放军以伤亡 23.8 万人的代价，共争取起义、投诚、接收和改编与歼灭国民党正规军 144 个师、非正规军 29 个师，合计共 154 万余人。国民党赖以维持其反动统治的主要军事力量基本上被摧毁。三大战役的胜利，奠定了中国共产党取得全国胜利的坚实基础。

在三大战役中，中国共产党在人民群众中进行了巨大的动员和组织工作，充分调动各方面的力量来支援这场伟大的战略决战。据统计，在三大战役中，动员民工累计达 880 万人次，人民群众出动支前的大小车辆 141 万辆，担架 36 万余副，牲畜 260 余万头，粮食 4.25 亿斤，充分显示出“军民团结如一人，试看天下谁能敌”的威力。

1949 年 3 月，毛泽东在中共中央召开的七届二中全会上的报告中说：“辽沈、淮海、平津三战役以后，国民党军队的主力已被消灭。国民党的作战部队仅仅剩下一百多万人，分布在新疆到台湾的广大的地区内和漫长的战线上。今后解决这一百多万国民党军队的方式，不外天津、北平、绥远三种。用战斗去解决敌人，例如解决天津的敌人那样，仍然是我们首先必须注意和必须准备的。”“按照北平方式解决问题的可能性是增加了，这就是迫使敌军用和平方法，迅速地彻底地按照人民解放军的制度改编为人民解放军。”“绥远方式，是有意地保存一部分国民党军队，让它原封不动，或者大体上不动，就是说向这一部分军队作暂时的让步，以利于争取这部分军队在政治上站在我们方面，或者保持中立，以便我们集中力量首先解决国民党残余力量中的主要部分……这是又一种斗争方式。”

用这样三种方式来解决国民党的 100 多万残余军队，是在国民党部队主力被歼后的新条件下，毛泽东关于军事斗争和政治斗争互相结合的思想的运用和发展。它标志着中国人民解放战争的全面胜利已经为期不远了。

以辽沈、淮海、平津三大战役为主所组成的战略大决战胜利后，中国的政治形势已经十分明朗。国民政府在长江以北的力量已全线崩溃，在长江以南也无法组织系统的防御，军心涣散，人心尽去，国内大局已定。中国人民革命战争在全国范围内的胜利不需要太长时间了，国民政府正像一艘破船将从历史上沉没。

面对这种急转直下的不利局势，国民政府通过种种渠道，放出要进行“和平谈判”的空气来。

蒋介石在军事上惨遭失败、政治上众叛亲离、经济上迅速崩溃的情况下，美国政府又拒绝了他提出的增加美援和公开发表支持国民政府声明的要求，因此，不得不在1948年12月中旬表示要以“主动下野”的办法来促成同中共的“和谈”。

1949年元旦，蒋介石发表要求同中共和谈的《新年文告》，提出要以保存所谓“宪法”“法统”及“国军”等作为谈判的前提。这就很清楚：他的目的不过是想保存国民政府的地位，争取喘息时间，以便重新集结力量，卷土重来。

是将革命进行到底，还是使革命半途而废？这是关系到中国人民命运和前途的一个必须明确回答的重大原则问题。

1948年12月30日，毛泽东为新华社写的题为《将革命进行到底》的新年献词，毫不含糊地指出，必须“用革命的方法，坚决彻底干净全部地消灭一切反动势力，不动摇地坚持打倒帝国主义，打倒封建主义，打倒官僚资本主义，在全国范围内推翻国民党的反动统治，在全国范围内建立无产阶级领导的以工农联盟为主体的人民民主专政的共和国。这样，就可以使中华民族来一个大翻身，由半殖民地变为真正的独立国，使中国人民来一个大解放，将自己头上的封建的压迫和官僚资本（即中国的垄断资本）的压迫一起掀掉，并由此造成统一的民主的和平局面，造成由农业国变为工业国的先决条件，造成由人剥削人的社会向着社会主义社会发展的可能性。如果要使革命半途而废，那就是违背人民的意志，接受外国侵略者和中国反动派的意志，使国民党赢得养好创伤的机会，然后在一个早上猛扑过来，将革命扼死，使全国回到黑暗世界”。

他在这篇献词中运用了一则《农夫与蛇》的寓言故事，告诉全党全军，不要怜惜恶人，以免被这些还盘踞在中国大部分土地上的大蛇和小蛇、黑蛇和白蛇、露出毒牙的蛇和化成美女的蛇所欺骗。

1949年1月14日，毛泽东以中共中央主席的名义发表《关于时局的声明》,提出了和平谈判“八项条件”:(一)惩办战争罪犯;(二)废除伪宪法;(三)废除伪法统;(四)依据民主原则改编一切反动军队;(五)没收官僚资本;(六)改革土地制度;(七)废除卖国条约;(八)成立民主联合政府,接收国民党的一切权力。

这“八项条件”一发表,立即得到各民主党派的响应,李济深、沈钧儒、郭沫若等55人联名发表通电,表示“彻底支持”。

1月31日,斯大林派米高扬做代表,来到西柏坡。

毛泽东正好借此机会表达中共的政见。

毛泽东向米高扬阐述了夺取全国性胜利后建设新中国的基本方针,内容涉及经济建设、军事、外交、民族等问题。

毛泽东还谈到西藏和台湾,说西藏问题不难解决,但不能太快;台湾是中国领土,国民党残余势力搬到那里去,那里还有一个美国问题,解决它需要时间。他预计美国并不想直接卷入中国内战,只是间接干预,但我们要做直接干预的准备。

米高扬在西柏坡住了一周,于2月7日乘飞机回国。临行时,他对担任翻译的师哲说:“毛主席有远大眼光,高明的策略,是很了不起的领袖人物。”

送走米高扬后,毛泽东在中国革命取得全面胜利的前夜,又集中精力筹备即将召开的中国共产党七届二中全会。

七届二中全会于1949年3月5日至13日在西柏坡举行,出席会议的中央委员34人,候补中央委员9人,列席11人,因战事等原因缺席的中央委员、候补中央委员20人。

毛泽东在会上作了政治报告。报告指出,在全国胜利的局面下,党的工作重心由乡村移到城市。他说:“从一九二七年到现在,我们的工作重点是在乡村,在乡村聚集力量,用乡村包围城市,然后取得城市。采取这样一种工作方式的时期已经完结。从现在起,开始了由城市到乡村并由城市领导乡村的时期。”当然，城乡必须兼顾，决不可以丢掉乡村，仅顾城市。但是党和军队的工作重心必须放在城市，必须用极大的努力去学会管理城市和建设城市。

在会上，他还阐述了外交方针，不承认国民党时代的任何外交机构和一切卖国条约，在全国胜利后按平等原则同一切国家建立外交关系。

宣布全国解放后定都北平，召开政治协商会议，成立联合政府。

在报告的最后，他特别提醒全党要防止因胜利而骄傲的情绪、以功臣自居的情绪、停顿起来不求进步的情绪、贪图享乐不愿再过艰苦生活的情绪的滋长，要警惕敌人用糖衣裹着的炮弹的攻击。他说：“夺取全国胜利，这只是万里长征走完了第一步。……革命以后的路程更长，工作更伟大，更艰苦。”他告诫全党：“务必使同志们继续地保持谦虚、谨慎、不骄、不躁的作风，务必使同志们继续地保持艰苦奋斗的作风。”“我们不但善于破坏一个旧世界，我们还将善于建设一个新世界。”

中共七届二中全会是中国革命转折关头召开的，为迅速夺取民主革命在全国的彻底胜利，实现由新民主主义向社会主义转变，从政治上、思想上和理论上做了充分的准备和指导。

1949 年 3 月 25 日，毛泽东率中共中央机关从西柏坡抵达北京，毛泽东称之为“赶考”，这是个深刻而形象的比喻。

“进京赶考”，这考官就是老百姓，考题就是进城后如何为人民服务，如何替老百姓掌好权、用好权，如何带领全国人民走上社会主义康庄大道，如何实现国家富强，实现民族复兴。

临行前，毛泽东风趣地对身边人员说：“我们要进北平了，今天是进京赶考的日子。”

周恩来笑着接过话题：“我们应当能考及格，不要退回来。”

毛泽东坚定地说：“退回来就失败了，我们决不当李自成，我们一定要考个好成绩。”

在此期间,毛泽东和中央其他领导人接见并宴请第四野战军师以上干部。毛泽东充满自豪地对他们说:在两年半的解放战争过程中,我们消灭了国民党反动派的主要军事力量和一切精锐师团。国民党反动统治机构即将土崩瓦解,归于消灭了。我们三路大军浩浩荡荡就要下江南了,声势大得很,气魄大得很,同志们,下江南去!我们一定赢得全国的胜利。

4月1日,南京政府和平谈判代表团到达北平,首席代表是张治中。从2日到12日,先由双方代表个别交换意见、磋商、酝酿协定的方案。

4月13日晚,以周恩来为首的中共代表团同以张治中为首的南京政府代表团举行第一次正式谈判,讨论由中共代表团提出的和平协议方案。15日晚,谈判双方举行第二次会议。大家表示接受这个《国内和平协定》,并决定派人带文件回南京,劝国民党政府接受。

4月20日,南京政府复电,断然拒绝接受《国内和平协定》。

4月21日,作为中国人民革命军事委员会主席的毛泽东和中国人民解放军总司令朱德联名,发出《向全国进军的命令》。命令人民解放军:“奋勇前进,坚决、彻底、干净、全部地歼灭中国境内一切敢于抵抗的国民党反动派,解放全国人民,保卫中国领土主权的独立和完整。”

渡江作战的总前委,由淮海战役的总前委刘伯承、陈毅、邓小平、粟裕、谭震林5人组成,仍以邓小平为总前委书记。

此时,根据中共中央军委于1949年1月发出的指示,西北、中原、华东、东北野战军分别改称为第一、第二、第三、第四野战军。

4月22日,由总前委书记邓小平统一指挥的第二、第三野战军,在中原军区部队的配合下,在西起江西湖口、东至江苏江阴的千里战线上,乘风破浪,分三路发起渡江战役,百万雄师强渡长江,一举攻破国民党苦心经营三个半月的长江防线。此时,国民党军队分三路实施退却:一路向浙赣退却,一路向杭州方向退却,一路向上海退却。国民政府留在南京的机构仓皇逃往广州,“代总统”李宗仁逃往桂林。

4月23日，人民解放军占领国民党统治中心南京。南京的解放，标志着国民党22年的反动统治的崩溃。4月25日，南京军事管制委员会成立，由刘伯承、宋任穷分别任正、副书记，刘伯承兼任南京市市长。渡江战役第一阶段突破江防的任务胜利完成。

4月24日下午，毛泽东在双清别墅读到了《人民日报》号外刊登的南京解放的消息，即给刘伯承、陈毅、邓小平发了贺电，并随手写了一首七律《人民解放军占领南京》。其中两句"宜将剩勇追穷寇，不可沽名学霸王"，不仅是诗，更是毛泽东的战略思想。他认为，是该向全国进军，彻底消灭国民党反动派的时候了。

南京解放后，人民解放军中、东两突击集团在粟裕的统一指挥下东、西对进，迅速在皖南、广德地区包围歼灭南京、镇江逃敌5个军，于5月3日解放杭州，兵锋直逼上海。

汤恩伯集团一部在皖南、广德地区被歼后，主力20万人退守上海及其周围地区，在蒋介石亲自指挥和部署下，企图凭借上海大城市丰富的资源和坚固的工事进行顽抗并阴谋挑动英、美进行武装干涉。

上海是中国最大的工商业中心，也是帝国主义长期侵略的重要基地。中央军委要求人民解放军在解放上海的过程中，既要彻底消灭敌人，又要尽量保护上海数百万人民的生命财产和各种市政设施、工厂、学校，还要准备对付帝国主义可能的武装干涉。

5月12日，第三野战军主力对上海外围发起进攻。为避免战火波及主要市区，攻击部队采取钳形攻势，分别自浦东、浦西两翼逼敌退出主要市区，然后加以聚歼。

5月23日夜，解放军对上海发起总攻，以快速迅猛的动作，多路直插市区围歼国民党军队。到5月27日，除汤恩伯率5万人登舰逃跑外，其余15万人全部投降或被歼灭，上海宣告解放。当天，上海市军事管制委员会和上海市人民政府成立，陈毅任上海市军管会主任兼上海市市长，粟裕任军管会副主任。

与此同时,第四野战军也在 5 月 14 日从武汉以东地区强渡长江,争取了国民党军第十九兵团司令官张轸率部 2 万余人在贺胜桥、金口等地起义,于 17 日解放武汉三镇。与此同时,第三野战军一部于 5 月 17 日解放九江、22 日解放南昌。第三野战军一部于 6 月 2 日解放长江口外的崇明岛。至此,渡江战役胜利结束。

渡江战役历时 42 天,人民解放军以木帆船为主要渡江工具,运用运动战与城市攻坚战相结合的战术,以伤亡近 5 万人的代价,歼灭国民党军 43 万人,解放了江苏、安徽两省全境,浙江省大部,以及江西、湖北、福建等省部分地区,为人民解放军下一步解放华东全境,进军华南、西南,进而解放全中国创造了有利条件。

经过三大战役和渡江战役,国民党军队的主力大部被歼灭,但仍有 150 多万残余军队盘踞在东南沿海、中南、华南、西南、西北等地负隅顽抗。中共中央、中央军委在深入分析全国战局形势后,决心加速战争胜利进程,争取在 1949 年基本解放全国大陆地区。

1949 年 5 月 23 日,中央军委发出指示决定:第一野战军进军西北,争取年内解放陕、甘、宁、青、新疆五省;第二野战军进军西南,负责解放川、黔、康三省(后又加上云南共四省);第三野战军进军福建及浙南、浙东,并准备解放台湾;第四野战军及第二野战军第四兵团进军赣南及湘、粤、桂,取得胜利后,第四兵团进军云南。为避免边境线上的国民党军逃往国外,中央军委特别指示第四、第二野战军要采取大迂回、大包围方针,在国境线上完成对敌军的包围,然后再往回打,以免留下后患。

根据中共中央、中央军委部署,5 月,第三野战军一部向浙江东部和南部进军,至 7 月上旬,解放除舟山群岛以外的浙江全省。另一部则于 7 月进军福建,并于 8 月 17 日解放福州,做好了向闽南进军的准备。

在第三野战军取得节节胜利的同时,第一野战军也于 7 月出兵西北,一路凯歌。8月26日,解放兰州;9月5日,解放西宁;9月23日,解放银川。9月25日、26日,国民党新疆警备总司令陶峙岳和省政府主席包尔汉先后通电起义,新疆宣告和平解放。至此,西北五省全境获得解放。

与第一野战军同时进军的第四野战军、第二野战军第四兵团,仅用一个多月就解放了鄂西、湘北及赣西北地区,做好了进军湘南、两广的准备。这样,到1949年9月底,人民解放军各部相继解放了全国大陆大部分地区。

新中国成立后不久,第二野战军及第一野战军、第四野战军一部在刘伯承、邓小平、贺龙的指挥下,进军西南。经过突入川黔的作战和成都、滇南、西昌等战役,相继解放了四川、云南、贵州和西康大部,以及西南毗邻的湖南、湖北、陕西、甘肃四省的50余座县城。

到1950年6月,全国解放战争的大规模作战行动结束。除台湾及其他少数岛屿外,全国大陆获得了解放。

从此,中国实现了近代以来空前规模的领土完整。

在这场前无古人的伟大革命斗争中,中国共产党率领中国人民,经历了一次又一次血与火的考验。从大革命失败的血雨腥风到井冈山的星火燎原,从第五次反"围剿"失败到经过万里长征,从14年的抗日战争到奋起反击国民党的全面内战的胜利,正可谓"雄关漫道真如铁,而今迈步从头越"。

1840年到1949年这109年,从林则徐的虎门销烟,到洪秀全的太平天国,到曾国藩、左宗棠、李鸿章的洋务自强,到康有为、梁启超的戊戌维新,到孙中山的辛亥革命,到毛泽东的新民主主义革命,所有人都是为了三个字——救中国。

挽救民族于危难之中,救亡的命题不是中国共产党发起的,但是由中国共产党来终结的。

中国人民饱受屈辱、任人摆布的历史一去不复返了,从此跨越到一个新的时代。

下篇

神州崛起

何谓“崛起”？崛起，通常有突起、兴起和奋起之意。崛起是一种状态，更是一种精神。

中国的崛起经历了三个历史阶段：新民主主义革命、社会主义革命、改革开放新的伟大革命。

新民主主义革命——推翻了帝国主义、封建主义、官僚资本主义在中国的统治，建立了人民当家做主的新中国。实现了中国从几千年封建专制政治向人民民主的历史性跨越。

社会主义革命——建立了符合中国实际的社会主义制度，建立起独立的比较完整的工业体系和国民经济体系，为当代中国的一切发展进步奠定了根本政治前提和制度基础。

改革开放新的伟大革命——改革开放是决定当代中国命运的关键抉择，是发展中国特色社会主义、实现中华民族伟大复兴的必由之路，是中国走向繁荣富强的伟大飞跃。

中国崛起的历程是艰难的、曲折的，是付出了巨大代价的。

中国的崛起，关键在于中国共产党的坚强领导，关键在于有一条符合中国国情的正确路线，关键在于有一个安定团结的和平环境。

中国的崛起，是和平的崛起，是在自力更生基础上的崛起，当然也离不开与世界各国的公平合作。

中国的崛起只是万里长征迈开的第一步，要真正实现全方位、多层面的崛起，还有漫长的道路要走。

中国的崛起举世瞩目，它不仅为中华民族创造了惊天动地的人间奇迹，也为世界的和平与发展作出了巨大的贡献。

十三、旭日东升

1949年，是一个不平凡的年份，是一个崭新时代的开始。老百姓叫改朝换代。

新中国就像一个刚刚钻出土的新芽，不断地冲破层层压制与阻力，不断地向上、向周围开拓自己的生存空间。一旦钻出泥土，就傲然崛起在天地之间，举世瞩目。

1949年8月28日，这一天，毛泽东起得比哪一天都早，穿上了那套只有迎接贵宾时才穿的浅色中山装。他要早点到火车站迎接孙中山夫人宋庆龄女士的到来。

下午3时45分，毛泽东到达北平火车站。周恩来、朱德等人早已恭候在那里。离火车进站还有一段时间，在月台上，毛泽东点燃一支烟，向火车进站的方向眺望。4时15分，火车进站了。毛泽东急忙扔下抽了一半的香烟,大步走向前。在车厢门口,他紧紧握住宋庆龄的手,高兴地说:“欢迎你,欢迎你的到来呀!”紧接着,毛泽东又说:“如今我们党能跟社会各界贤达共商建国大业,感谢夫人的支持和帮助,夫人是国家和民族的功臣,也是我党的恩人。新中国的筹建,很需要夫人的帮助啊。”当晚,毛泽东为宋庆龄举行了隆重的欢迎宴会。

在宋庆龄抵达北平之前,民革、民盟等各民主党派和海外华侨代表均已陆续抵达北平。这期间,为了保证他们的行程安全,中国共产党做了周密的安排和部署。

民主党派是当代中国政治生活中的一支重要力量,在长期的革命斗争中与中国共产党建立了良好的关系。主要民主党派有以下几个。

中国国民党革命委员会(简称“民革”):由中国国民党民主派和其他爱国人士创建。1948 年 1 月 1 日在香港正式成立,主席为李济深。

中国民主同盟(简称“民盟”):主要由从事文化教育以及科学技术工作的高中级知识分子组成。1941 年 3 月 19 日在重庆秘密成立,主席先后由黄炎培、张澜担任。1948 年 1 月,民盟在香港成立临时总部。

中国民主建国会(简称“民建”):主要由经济界人士组成。1945 年 12 月 16 日在重庆成立,发起人有黄炎培、胡厥文、章乃器、施复亮等。

中国民主促进会(简称“民进”):由从事教育、文化、出版及科技等工作的知识分子组成。1945 年 12 月 30 日在上海正式成立。主要创始人为马叙伦、周建人等。

中国农工民主党(简称“农工党”):成立于 1930 年 8 月,正式定名于 1947 年 2 月。主要创始人有邓演达、黄琪祥、章伯钧、彭泽民等。

中国致公党(简称“致公党”):主要由华侨中的上层人士组成。1925 年 10 月在美国旧金山成立。

九三学社:成员以科学技术界高中级知识分子为主。1946 年 5 月 4 日在重庆正式成立。

台湾民主自治同盟(简称“台盟”):由台湾省人士组成。1947 年 11 月 12 日在香港成立。1949 年台盟中央迁到大陆。在促进海峡两岸关系发展、推进祖国和平统一方面发挥了重要作用。

中国民主党派和无党派人士在反对国民党独裁统治方面,始终与中国共产党站在同一立场上,但由于他们所代表的阶级和阶层利益不同,与中国共产党有着不同的奋斗目标,其中有些人主张在国共两党之外走“第三条道路”。

随着中国革命战争的胜利发展,民主党派逐步认识到,只有和中国共产党站在一起,彻底打倒蒋介石的独裁统治,才能建立起一个独立、民主、富强的新中国。

群英荟萃,群贤毕至。在中国共产党的积极倡导和精心组织下,各民主党派的精英们冲破艰难险阻,历尽千辛万苦来到北平,他们的目标只有一个,那就是为即将诞生的新中国献计献策,亲手绘制新中国的美好蓝图。这在几千年的中国历史上,是绝无仅有的。

1949 年 9 月 21 日,中南海怀仁堂被装点得焕然一新。主席台上方悬挂着孙中山、毛泽东的两幅巨像,正中是中国人民政治协商会议会徽。会徽的正中为一地球,地球中间是一幅红色的中国地图,地图上有四面红旗,象征四个朋友。地球的左右装饰以麦穗,上面饰以车轮,麦穗与车轮代表着农民和工人;车轮中间缀一红色五角星,象征工人阶级的领导。整个会场庄严肃穆,中国人民政治协商会议即将在这里隆重开幕。

来自各民主党派、各人民团体、各地区、人民解放军、少数民族、海外华侨与宗教界的共 662 名代表走进怀仁堂的时候,每个人的脸上都洋溢着自信与自豪的笑容,他们真正成了即将建立的新中国的主人。

晚 7 时,毛泽东和中共代表团成员进入会场,怀仁堂里响起了暴风雨般的热烈掌声。毛泽东走上主席台,宣布中国人民政治协商会议第一次全体会议正式开幕。毛泽东在开幕式上讲了一段令人难忘的话:

“诸位代表先生们,我们有一个共同的感觉,这就是我们的工作将写在人类的历史上,它将表明:占人类总数四分之一的中国人从此站起来了。……我们的民族将从此列入爱好和平自由的世界各民族的大家庭,以勇敢而勤劳的姿态工作着,创造自己的文明和幸福,同时也促进世界的和平和自由。我们的民族将再也不是一个被人侮辱的民族了,我们已经站起来了。我们的革命已经获得全世界广大人民的同情和欢呼,我们的朋友遍于全世界。”

他还指出:“现在的中国人民政治协商会议是在完全新的基础之上召开的,它具有代表全国人民的性质,它获得全国人民的信任和拥护。因此,中国人民政治协商会议宣布自己执行全国人民代表大会的职权。”

同日,刘少奇代表拥有448.8万名党员的中国共产党发表了讲话。他说,“中国的历史进入一个完全新的时代——人民民主的时代”,在今后,“中国共产党一定要为人民政治协商会议的成功及其发展和巩固而进行不懈的努力”。

随后,宋庆龄、黄炎培等各方面代表88人相继发言。宋庆龄说:“这是一个历史的跃进,一个建设的巨力,一个新中国的诞生!我们达到今天的历史地位,是由于中国共产党的领导。这是唯一的拥有人民大众力量的政党。孙中山先生的民族、民权、民生三大主义的胜利实现,因此得到了最可靠的保证。”“让我们现在就着手工作,建立一个独立、民主、和平与富强的新中国。”

会议通过了起临时宪法作用的《中国人民政治协商会议共同纲领》(以下简称《共同纲领》)。《共同纲领》包括序言、总纲、政权机关、军事制度、经济政策、文化教育政策、民族政策、外交政策,共7章60条7000余字。《共同纲领》是全国人民意志和利益的集中体现,是革命斗争的科学总结,也是中华人民共和国在相当长的时期内的施政准则。

会议选举产生了中央人民政府委员会,毛泽东当选为中央人民政府主席,朱德、刘少奇、宋庆龄、李济深、张澜、高岗为副主席,陈毅等 56 人为中央人民政府委员。

会议通过了中国人民政治协商会议第一届全体会议宣言,庄严宣告:“中国人民已经战胜了自己的敌人,改变了中国的面貌,建立了中华人民共和国”,“中国的历史,从此开辟了一个新的时代”。

会议决定,中华人民共和国的国都定于北京,国旗为五星红旗,国歌为《义勇军进行曲》,中华人民共和国采用公元纪年。

会议决定,建人民英雄纪念碑于天安门广场,以纪念为国牺牲的人民英雄。

中国人民政治协商会议的召开,突出体现了中国共产党领导下的党派协商精神。毛泽东、周恩来等领导人深明大义,大智大睿,既能提出符合全国人民意志的完整的建国方案,又能虚心听取其他党派和无党派民主人士的意见,并和他们一起平等协商国家大事。其他党派和无党派人士亦能本着对国家和民族负责精神,竭智尽虑,献计献策。这种党内外精诚合作的精神,成为我国民主政治生活中宝贵的财富。

1949 年 10 月 1 日,中华人民共和国开国大典在首都北京隆重举行。它标志着新中国的诞生。

10 月 1 日下午 2 时,中央人民政府委员会举行第一次会议,宣布中华人民共和国中央人民政府成立。会议推选林伯渠为中央人民政府委员会秘书长;任命周恩来为中央人民政府政务院总理兼外交部部长,毛泽东为人民革命军事委员会主席,朱德为人民解放军总司令,沈钧儒为最高人民法院院长,罗荣桓为最高人民检察署检察长。责成他们从速组成各政府机关,执行各项政府工作。

10 月 1 日下午 3 时,中国大地欢声雷动。30 万欢欣鼓舞的人群,高举红旗聚集在北京天安门广场,举行庄严的庆祝中华人民共和国成立的开国大典。

刚刚就职中华人民共和国中央政府主席、副主席的毛泽东和朱德两位伟人一前一后,沿着城楼西侧的古砖梯道,最先登上了天安门城楼。林伯渠宣布开会,在国歌声中,中央人民政府主席、副主席和委员就位。人民领袖毛泽东庄严宣布:“同胞们,中华人民共和国中央人民政府今天成立了!”这个洪亮的声音震撼了北京,震撼了全国,震撼了全世界,开创了中国各民族人民的新纪元。

毛泽东亲手按动电钮,第一面五星红旗在天安门广场冉冉升起。与此同时,54 门礼炮齐鸣 28 响,如报春惊雷回荡在天地间。它标志着中国共产党领导中国人民英勇奋斗 28 年,终于取得了中国新民主主义革命的最后胜利;标志着帝国主义列强和中国封建势力勾结起来恣意宰割中国的历史一去不复返了。多少年来国家四分五裂令人痛心的局面不复存在。一向遭受着压迫和奴役的劳苦大众和普通人,翻身做了国家的主人。人们对祖国的未来充满希望。中华民族的历史翻开了全新的一页。

毛泽东宣读公告后,中国人民解放军总司令朱德在阅兵总指挥聂荣臻的陪同下检阅了部队,随后,朱德向全军发布了《中国人民解放军总部命令》:“……我命令中国人民解放军全体指战员、工作员,坚决执行中央人民政府和伟大的人民领袖毛主席的一切命令,迅速肃清国民党反动军队的残余,解放一切尚未解放的国土,同时肃清土匪和其他一切反革命匪徒,镇压他们的一切反抗和捣乱行为。”

这个时候,彭德怀、林彪仍然在前线指挥作战,全国还有半数以上的国土没有解放,200 多万国民党残余部队分布在中南、西南、华南、华东等地。在西北,人民解放军第一野战军正在向新疆广大地区挺进;在长江以南,第二野战军和第四野战军正在向中南和西南进军。

著名作家、当时担任《大公报》记者的萧乾事后回忆说:“如果重生是奇迹,今天我看见了 5000 年古老中国的重生。老了时,我将拍着胸脯对我的儿孙们讲,开天辟地的那一天,我在场。”

晚上10时,开国大典落下帷幕。

这一天,毛泽东在天安门城楼上整整站了6个多小时。回到中南海丰泽园,他对身边卫士说:"我们用了28年办了一件大事,把三座大山搬掉了,也就是头上的问题解决了,看来下一步要解决脚下的问题了。解决脚下的问题任务还很重,建设我们这样大的国家要花更大的气力。"

中华人民共和国的成立,结束了100多年来中国人民饱受封建主义和帝国主义压迫的历史,废除了旧中国签订的不平等条约,取消了帝国主义在中国的特权,使占全人类四分之一的中国人民从此站起来了。

10月19日,中央人民政府委员会举行第三次会议,正式宣布各机构及委任名单。

中央人民政府下设办公厅,任命齐燕铭为办公厅主任。

中央人民政府政务院除总理周恩来外,另任命董必武、陈云、郭沫若、黄炎培4人为副总理,设政务委员15人。李维汉担任政务院秘书长。

人民革命军事委员会除主席毛泽东外,另任命朱德、刘少奇、周恩来、彭德怀、程潜5人为副主席。设委员22人。任命徐向前为人民革命军事委员会总参谋长,聂荣臻为副总参谋长。

最高人民法院除院长沈钧儒外,任命吴溉之、张志让为副院长。

最高人民检察署除检察长罗荣桓外,任命李六如、蓝公武为副检察长。

政务院下设政治法律、财政经济、文化教育、人民监察四个委员会。董必武为政治法律委员会主任,陈云为财政经济委员会主任,郭沫若为文化教育委员会主任,谭平山为人民监察委员会主任。

政务院共设立30个部、会、院、署、行。其中内务部部长谢觉哉,外交部部长周恩来,公安部部长罗瑞卿,财政部部长薄一波,贸易部部长叶季壮,重工业部部长陈云,燃料工业部部长陈郁,纺织工业部部长曾山,食品工业部部长杨立三,轻工业部部长黄炎培,铁道部部长滕代远,邮电部部长朱学范,交通部部长章伯钧,农业部部长李书城,林垦部部长梁希,水利部部长傅作义，劳动部部长李立三，文化部部长沈雁冰，教育部部长马叙伦，卫生部部长李德全，司法部部长史良，法制委员会主任委员陈绍禹，民族事务委员会主任委员李维汉，华侨事务委员会主任委员何香凝，中国科学院院长郭沫若，情报总署署长邹大鹏，海关总署署长孔原，新闻总署署长胡乔木，出版总署署长胡愈之，中国人民银行行长南汉宸。

中央人民政府是在中国共产党领导下，由各民主党派、各人民团体、各少数民族、海外华侨、知名人士和专家等500人共同组成的真正的民主联合政府。在中央人民政府的人事安排上，6名副主席中有3名是党外人士（宋庆龄、李济深、张澜）；中央人民政府委员会56位委员中，共产党员29人，民主党派和无党派民主人士27人。政务院4名副总理中，共产党员2人，党外人士2名（郭沫若、黄炎培）；15名政务委员中，共产党员6人，党外人士9名；在政务院所辖4个委员会和30个部、会、院、署、行等行政机构中，担任正职的共产党员20人，党外人士14人。这一机构表明，中国共产党领导的多党合作制和政治协商制度，和中国历史上“朕即国家”的封建王朝及国民党一党专制有着本质的不同，是中国政治制度的一个重大创新。

当时在大连的黄大能从报上看到71岁的父亲黄炎培居然出任了中央人民政府政务院副总理兼轻工业部部长的消息，感到非常纳闷。原来教育家黄炎培以“一生造福公众，拒不做官”而闻名，曾多次拒绝袁世凯、蒋介石等旧政府的高官厚禄。后来黄大能到北京出差，就问父亲黄炎培：“父亲一生拒不做官，现今已年过七十，恁地做起官来了？”黄炎培答道：“这是人民政府的官，而且是做事，不是做官。”黄炎培是如何转过这个弯的呢？原来，周恩来曾两次亲自到他家里请他，恳切地对他说：“在新政府任职，不同于在旧社会做官，现在是人民的政府，不是做官，是做事，是为人民服务。”年过七十的黄炎培最终接受了中共中央的盛情邀请。

随着中央人民政府的成立，各地方人民政府也相继成立。

最早成立地方人民政府的是华北和东北地区，而且这两个地方政府在中央政府成立之前就已经成立。

1948 年 8 月 7 日，华北临时人民代表大会召开，选举产生了由董必武等 27 人组成的华北人民政府委员会。9 月 6 日，华北人民政府委员会召开第一次全体会议，选举董必武为政府主席，薄一波、蓝公武、杨秀峰为副主席，华北人民政府正式成立。

1949 年 8 月 26 日，东北人民代表会议选举产生了由高岗等 41 人组成的东北人民政府委员会。27 日，政府委员会召开第一次全体会议，选举高岗为主席，李富春、林枫、高崇民为副主席，东北人民政府宣告成立。

除华北、东北外，对于尚不具备直接召开人民代表会议的新解放区，中央对地方政权建设问题也极为重视。从 1949 年 8 月至 12 月，中共起草了关于召开各地人民代表会议的文件多达 19 件，它对各地人民民主政权建设起到重大的指导作用。

到 1952 年年底，除台湾外，全国所有的省、市、县、区、乡都召开了人民代表会议，30 个省中的 19 个省、160 个市中的 85 个市、2174 个县中的 436 个县和绝大部分乡的人民代表会议代行了人民代表大会职权。

经过 3 年的努力，从中央到地方各级人民政权全部建立。人民代表会议制度，使人民真正成为国家的主人。中国进入人民当家做主的新时代。

新中国成立以后，如何处理好国际关系？

开国大典上，毛泽东向全世界、向各国政府庄严宣布："本政府为代表中华人民共和国全国人民的唯一合法政府。凡愿遵守平等、互利及互相尊重领土主权等项原则的任何外国政府，本政府均愿与之建立外交关系。"

关于中国的对外政策问题，毛泽东先后提出了"另起炉灶""打扫干净屋子再请客"和"一边倒"三条方针。他说，我们这个国家，如果形象地把它比作一个家庭来讲，它的屋内太脏了，杂草、垃圾、尘土、跳蚤、臭虫、虱子什么都有，我们必须好好加以整顿。等屋内打扫清洁、干净了，有了秩序，陈设好了,再请客人进来。我们的真正朋友可以早点进屋子来,也可以帮助我们做点清理工作。但别的客人得等一等,暂时还不能让他们进门。这是根据中国的历史和现实以及当时的国际环境作出的重大决策。

中华人民共和国成立的第二天,苏联政府致电,决定同新中国建立外交关系并派遣大使。同日,苏联宣布断绝与国民党政府的外交关系。

蒋介石得知苏联正式承认中国共产党政权,觉得自己被当头泼了一盆冷水。蒋介石忧虑地说:"俄帝之承认共党伪政权,实乃既定之事,且为必有之事;而其所以如此急速,盖以我在联大控俄案通过,彼乃不能不出此一着,以作为报复之行动耳。今后俄帝必与共党订立军事同盟,助共党建立空军与海军,则我为势更劣,处境更艰,此为最大之顾虑。"

继与苏联建交之后,保加利亚、罗马尼亚、朝鲜、匈牙利、捷克斯洛伐克、波兰、蒙古、德意志民主共和国等人民民主国家在 1949 年 10 月底相继同中国建交。阿尔巴尼亚和越南分别在同年 11 月和第二年 1 月同中国建交。这样,3 个多月内,新中国已同 11 个国家建立外交关系。

1949 年 10 月 5 日,曾参加过淮海战役和渡江战役的老革命、一心想要与部队一起开往西藏的王幼平突然接到命令,调他到北京从事外交工作。王幼平非常不甘心地带着一家大小来到北京报到。原来中央一时找不到合适的职业外交家,只好从军中挑选一批"信得过"的精英来出使外国。

王幼平依然记得当年的大使培训班(培训从 1949 年 11 月开始到 1950 年 7 月结业):"在我们赴任前,外交部为我们举行了培训班。主要请国内的学者专家如何思敬、王铁崖等给我们讲国际法,请胡济邦、阎宝航等老外交工作者讲外交礼节,请国家各部门领导人介绍情况,毛岸英同志给我们讲了他在苏联留学期间的所见所闻和体会。也请了苏联驻华大使罗申、罗马尼亚驻华大使鲁登科、匈牙利驻华大使爱夫朗可等介绍本国情况……学习跳舞,学习穿西装打领带,到北京饭店学吃西餐和摆台常识。"像王幼平一样,新中国任命的驻外大使,大多是威名远扬的战将。

在周恩来的亲自领导和部署下，新中国的外交队伍迅速组建起来，新中国的外交官们开始以崭新的面貌昂首挺胸踏入国际舞台……

1949 年 12 月 6 日，毛泽东登上了北上的列车，前往莫斯科。这是他第一次出国访问，也是出国访问时间最长的一次，在莫斯科住了 2 个月零 10 天。

1950 年 2 月 4 日，毛泽东、周恩来同苏联政府之间经过多次会谈，终于签订了《中苏友好同盟互助条约》。毛泽东将这个条约和有关协定，提交中央人民政府委员会批准时说：

“这次缔结的中苏条约和协定，使中苏两大国家的友谊用法律形式固定下来，使得我们有了一个可靠的同盟国，这样就便利我们放手进行国内的建设工作，和共同对付可能的帝国主义侵略，争取世界的和平。”

在毛泽东访苏期间，从 1949 年 12 月 16 日至 1950 年 1 月 17 日，这一个月中，又有 13 个国家先后宣布承认中华人民共和国，它们是缅甸、印度、巴基斯坦、英国、锡兰（后改称斯里兰卡）、挪威、丹麦、以色列、印度尼西亚、阿富汗、芬兰、瑞典、瑞士。其中印度等 7 个国家，经过谈判，在 1950 年 10 月底前同新中国建立了正式外交关系。这是第一批同新中国正式建交的不同社会制度的国家。

新中国成立的日子，也是蒋介石一生中最生气、最痛苦、最难堪的日子。此时蒋介石住在广州梅花村 32 号陈济棠公馆，已经下野近 9 个月了。

这一天，蒋介石在园子里踱着方步，一个下午都很少说话，脸上没有一丝笑容。中国共产党新闻称他为“蒋贼介石”，这使他非常生气。

然而一心想尽快复职就任总统，依靠广州或台湾与共产党、解放军一决高下的蒋介石，被拒不肯交权的代总统李宗仁气得肺都要炸开了。1949 年 8 月，迫不及待的蒋介石以中国国民党总裁身份，在草山（阳明山）正式成立总裁办公室开始办公。

1949 年 2 月 11 日夜，面对国民党无可挽回的败局，与蒋介石有着莫逆之交的戴季陶效仿3个月前自杀的陈布雷，自杀于成都枣子巷家中……

不过，让蒋介石更为生气和丧气的是，1949年全国解放前夕，国民党高级将领率部起义投向共产党已成为一种风气：

2月25日，“重庆”号巡洋舰起义；

4月27日，国民党海军第二舰队司令林遵率领25艘舰艇1200多名官兵起义；

8月4日，被蒋介石称为“创造了人世间奇迹，不愧为难得将才”的陈明仁和程潜在长沙宣布起义；

9月19日，绥远的董其武起义；

9月25日，新疆的陶峙岳、鲍尔汉宣布起义。

1949年9月23日，毛泽东和朱德在北平举行宴会，专门宴请了程潜、张治中等26名国民党起义将领。

当蒋介石听到他的许多老部下参加了中华人民共和国的成立庆典时，愤然站起，破口大骂：“一群混蛋，老蒋待你们不薄，一群卖身求荣的王八蛋！”

1949年12月7日午饭后，败退到成都的蒋介石正要休息，又接到“解放军已向成都逼近”的电报。当晚，蒋介石决定离开成都，并亲自签发了手谕：“命令政府迁至台北，并在西昌设大本营，统帅陆海空大陆指挥作战。此令。中正。民国三十八年十二月七日”。

蒋介石的迁台手令一下，成都的凤凰山机场和新津机场顿时乱成一团，机场的候机室走廊，甚至厕所、停机坪上，到处都坐满了人。一架飞机刚降落，立刻就有成百人拥上去挤占座位，更有为抢座位而大打出手的。

1949年12月9日，三处起义的消息让蒋介石又气又惊又怕：云南省主席卢汉、西康省主席刘文辉、宜宾二十二兵团司令兼七十二军军长郭汝瑰起义。

此时又得知中共成都地下党组织了一支200多人的“捉蒋敢死队”，众叛亲离的蒋介石意识到自己已无法在中国大陆久留,只好在1949年12月13日永别大陆,乘坐飞机飞向台湾。“中美号”徐徐驶入跑道,加速起飞,很快消失在夜空中。1949年12月13日,蒋介石离别成都,直至1975年4月5日在台北病逝,再也未能踏上大陆一步。

至此,国民政府的驻地由南京、广州、重庆、成都,不得不迁往台北,这正反映了蒋介石节节败退的过程。

毛泽东在新政治协商会议筹备会开幕时曾讲过:“中国人民将会看见,中国的命运一经操在人民自己的手里,中国就将如太阳升起在东方那样,以自己的辉煌的光焰普照大地,迅速地荡涤反动政府留下的污泥浊水,治好战争的创伤,建设起一个崭新的、强盛的、名副其实的人民共和国。”

新中国成立伊始,就给人以强烈的震撼:新旧社会两重天。费孝通先生曾经这样记述他出席北京市第一届人民代表会议的情景:“我踏进会场,就看见很多人,穿制服的,穿工装的,穿短衫的,穿旗袍的,穿西服的,穿长袍的,还有一位戴瓜皮帽的——这许多一望而知不同的人物,会在一个会场里一起讨论问题,这是我生平第一次,有人民当家做主的感觉。”

中华人民共和国的成立,标志着中国共产党的地位发生了根本变化,开始从领导人民为夺取全国政权而奋斗的党,变为领导人民掌握全国政权、进行社会主义革命和建设,并长期执政的党。

新中国的政府成立后,面对着这样的严重任务:要在比较短的时间内,清除帝国主义和国民党长期统治留下的种种屈辱和丑恶的社会现象。

十四、艰难开局

新中国的成立，是中国人民的伟大胜利，同时也是中国共产党执掌全国政权、领导全国各族人民建设新生活的开端。

早在 1949 年 3 月中共七届二中全会上，毛泽东在谈到城市工作时就指出：从我们接管城市的第一天起，我们的眼睛就要向着这个城市的生产事业的恢复和发展。如果我们在生产工作上无知，不能很快地学会生产工作，不能使生产事业迅速地恢复和发展，获得确实的成绩，首先使工人生活有所改善，并使一般人民的生活有所改善，我们就不能维持政权，我们就会站不住脚，我们就会失败。

可是，要真正把国民党留下的这个千疮百孔的烂摊子恢复起来谈何容易，新生政权正面临着一系列的问题。

面临的第一个突出问题是恢复经济

由于帝国主义、封建主义与官僚资本主义的压迫剥削和操纵控制，加上国民党统治的腐败和多年战乱的破坏，国民经济濒于崩溃状态。财政入不敷出，赤字巨大。特别是国民政府长时期滥发纸币，造成全国物价飞涨，市场混乱，使新生的人民共和国经济建设面临严峻考验。

除了这个既成局面，还有一些原因：战争尚在继续，军费开支大量增加；出于稳定政权的需要，新中国对旧军政人员采取"包下来"的政策。当时，全国有 940 万军政公职人员需要政府负担，数百万失业工人、小手工业者和知识分子，以及 4000 多万农村灾民需要安置救济，加之各项事业百废待举，更加重了人民政府的经济负担。

在这种情况下，人民政府暂时还只能靠大量发行货币弥补财政亏空，解决经济上的困难。时间一长，就造成了人民币币值下跌和物价上涨。当时，一些资产阶级嘲笑说，共产党军事 100 分，政治 80 分，经济打 0 分。美国人也站出来说，"中共无法克服经济上的困难"，"共产党解决不了 4 亿人的吃饭问题，是注定要失败的"。就连中共的一些朋友也说，共产党打天下容易，治天下难。可见，严重的经济形势和社会危机已经触及即将诞生的新政权。

毛泽东在政协第一次全体会议上，在国内外一些人怀疑、企盼的目光中，作了公开答复："如果我们的先人和我们自己能够度过长期的极端艰难的岁月，战胜了强大的内外反动派，为什么不能在胜利以后建设一个繁荣昌盛的国家呢？只要我们仍然保持艰苦奋斗的作风，只要我们团结一致，只要我们坚持人民民主专政和团结国际友人，我们就能在经济战线上迅速地获得胜利。"

毛泽东自信地说："让那些内外反动派在我们面前发抖吧，让他们去说我们这也不行那也不行吧，中国人民的不屈不挠的努力必将稳步地达到自己的目的。”

毛泽东亲自点将，任命陈云担任中央财政经济委员会主任，负责平抑物价、统一全国财经工作，收拾国民党政权留下的“烂摊子”。

首先掀起的是“银元之战”。银元投机是造成第一次物价上涨的重要因素。

1949 年 5 月 27 日，人民解放军解放了上海，根据各地军管部门颁布的金银外币管理办法，禁止以金银计价，规定人民币为唯一合法货币。但上海投机商人却狂妄叫嚣：解放军进得了上海，人民币进不了上海。他们以银元对抗人民币，使人民币受到严重排挤，银元投机猖獗一时。

人民币是实现经济统一的重要手段之一。1948 年年底中国人民银行成立之初，就开始筹划人民币的发行工作。人民币“进”不了上海，上海以至整个东南地区的财经及其他工作都将难以展开。因此，上海解放当天，军管会即颁发公告：自即日起，以人民币为计算单位，为照顾人民困难，在 6 月 5 日以前，暂准金圆券在市场上流通。在暂准流通期间，人民有权自动拒绝用金圆券。6 月 1 日，中国人民银行上海分行正式成立，并开始以人民币兑换金圆券。虽然兑换取得重大进展，但人民币并没有因此进入上海市场。

长期通货膨胀，使人们对人民币也产生了怀疑。于是投机分子抓住这一心理，利用“黄白绿”（即黄金、银元、美钞）兴风作浪，其中重点是银元，妄图把人民币排斥在上海市场之外。投机商通过手中掌握的大量银元与人民币对抗，任意提高价格，进行投机，这样一来，在上海实际大量流通的是银元，而不是人民币。他们企图以此把人民币排斥在市场之外。

不制止银元流通、银元投机，不但人民币的信用不能建立，金融也无法稳定。为了稳定市场，上海市委、市政府一开始采取了抛售银元的办法。但抛出的 10 万银元如石沉大海，可见投机势力之大。经中央许可，上海市政府采取政治手段干预市场，由掌管财经活动的中央财经委员会主任陈云负责，用强硬手段查封上海证券交易所，严惩投机分子。

1949 年 6 月 10 日，上海军管会断然查封金融投机的大本营“证券大楼”，将投机商 200 余人逮捕法办。同时破获了许多“地下钱庄”，基本上制止了金银币的投机活动，沉重打击了破坏金融的非法活动。

查封证券交易所后，银元与人民币兑换比值即从 2000 元猛跌至 1200 元，接着又陆续下跌，物价随之回落。人民币的主导地位很快得到确立。之后，以武汉和广州为中心的华中、华南地区，也开展了打击金融投机、禁止金银外币流通的大规模行动，有力遏制了全国范围的银元投机活动，“银元之战”取得了决定性胜利。

银元风波平息后，投机商又将目标转向了粮食、棉纱、棉布和煤炭，哄抬物价，牟取暴利。投机资本家叫嚣：只要控制了“两白一黑”（即大米、棉花和煤炭）等商品，就能置上海于死地。

投机商首先冲击棉纱市场，哄抬物价，接着又转向当时紧缺的粮食和煤炭，循环哄抬物价，造成市场一片混乱。

上海是全国的经济中心，也是这次物价波动的重心，陈云亲自坐镇上海指挥这场战役。华东、华北、华中、东北、西北五个大区的财经部门领导集结上海召开财经会议，研究解决办法。陈云在会上明确指出：“现在上海的问题是有无大米，有无棉花，而其关键是有无运力，把大米和棉花运进来。”陈云批示：上海要加强运输的组织工作，加大运输力度。在各地区大力支援和运输部门的努力下，上海的粮、棉、煤库存逐渐上升，具有了向市场抛售和控制物价的能力。

这场“米棉之战”彻底打垮了投机资本家，顺利平息了第二、第三次的物价上涨风潮，使国家掌控了市场的主动权。

经过几个回合的较量，资产阶级和投机分子终于低下头，不得不叹服共产党搞经济的能力。上海一位有影响的民族资本家事后说：“6 月银元风潮，中共是用政治力量压下去的，这次仅用经济力量就能压住，是上海工商界所料想不到的。”他们再也难以大规模地在市场上兴风作浪，持续了十几年的通货膨胀终于被制服。到 1950 年，全国物价基本趋于稳定。

1950 年 2 月，陈云在中央财经委召开的全体会议上强调，为了战胜暂时的财政困难，在落实贫困的基础上前进，必须尽可能地集中财力物力，加以统一使用。随后，经过 3 个多月的充分酝酿，1950 年 3 月 3 日，政务院发出了陈云起草的《关于统一国家财政经济工作的决定》。同时指出统一财政经济工作的三项基本内容：第一，统一全国财政收入；第二，统一全国物资调度；第三，统一全国现金管理。其中主要是统一财政收入，重点又是统一收入以保证中央财政的需要。在执行决定的同时，人民政府还采取紧缩编制、清理仓库、加强税收、发行公债、节约开支等措施，收到了明显效果。

由于事先统一了认识，事后又作了细致解释，统一财政经济工作进展非常顺利。财政状况开始好转，财政收支接近平衡，市场进一步稳定。

毛泽东高度评价平抑物价和统一财政经济工作这两场斗争的胜利，认为它的意义“不下于淮海战役”。他后来对薄一波说，陈云同志有这样的能力，在延安时期还没有看出来，可称之为“能”。

面临的第二个突出问题是稳定社会

新中国成立之初，百废待举。国民党在大陆留下潜伏特务等各种反革命分子约 60 万、反动党团骨干分子约 60 万。这些反革命分子对人民政权斗争的策略是“长期潜伏，等待时机，重点破坏和暗害活动”，他们炸毁工矿、铁路、桥梁，烧毁仓库，抢劫，杀害干部，窃取国家机密等。据铁道部门不完全统计，1950 年前 8 个月，全国超负荷的铁路网遭受 401 次破坏，造成大量的机车、火车车厢和桥梁被损毁。据统计，从 1950 年春天到秋天的半年多时间内，就有 4 万多干部和群众积极分子遭到反革命分子杀害。更为严重的是，反革命分子竟然把进攻的矛头指向党政军领导干部。

毛泽东访问苏联归来，特务阴谋在铁路上安置炸弹，妄图炸毁毛泽东的专列;陈毅刚出任上海市市长就收到特务送来的装有子弹的恐吓信;一支“突击小组”潜入广州,叫嚣要“干掉”市长叶剑英……这说明反动势力猖狂之极。不清除这些残余势力,不仅恢复经济工作无法正常进行,而且新生政权也会受到威胁,难以巩固。

出于这一目的,中央决定成立公安部,调罗瑞卿担任新中国的公安部部长。

对于新中国成立后出现的严重政治形势,中央早有预料。在1949年6月的新政协筹备会上,毛泽东就郑重宣布:中央人民政府一旦成立,一是肃清反动派的残余,镇压反革命的捣乱;二是加紧经济、文化的恢复与建设,尽快医治战争创伤。

9月21日,在全国政协一届一次全体会议上,毛泽东再次强调:“帝国主义和国内反动派决不甘心于他们的失败,他们还要作最后的垂死挣扎。在全国平定以后,他们还会以各种方式进行破坏和捣乱,每时每刻企图在中国复辟。这是必然的,毫无疑问的,我们务必不要松懈自己的警惕性。”出于对形势的分析,公安部成立后,中央决定在全国范围内开展强有力的镇压反革命活动。

1950年3月18日,中共中央向各级党委发布《关于镇压反革命活动的指示》,要求“对于这些反革命活动,各地必须给以严厉的及时的镇压,决不能过分宽容,让其猖獗”,特别强调了主要的镇压对象:在城市,主要是破获特务间谍案,并且对反动党团骨干、特务等反革命分子进行登记,取缔各种反动会道门和秘密反动组织,对盗匪、流氓进行严厉打击。对于罪恶昭著、顽固狡赖、隐瞒欺骗、拒绝或逃避登记者,予以严厉制裁。在农村,要结合土地改革开展反恶霸、斗地主斗争。毛泽东还亲自打电话给罗瑞卿,让他“狠抓打击盗匪的工作”。

《关于镇压反革命活动的指示》下达后,各地纷纷采取行动。首先,对反动党团骨干分子进行限期登记。从1950年至1951年春,全国共登记反动党团骨干、特务分子、反动军官 11 万人。而后,重点打击破坏社会秩序的城市盗匪和流氓阿飞活动。

在“镇压与宽大相结合”“坦白从宽,抗拒从严,立功受奖”的政策指导下,对罪大恶极的盗匪,进行了严厉惩处。在上海,处决了流氓恶霸“码头帮主”“江北大亨”;帮会头子黄金荣在政府的管制和训导下,向上海军管会交出了手下流氓名单。在北京,猖獗一时的“三鸟一雁”“三星团”等流氓团伙被一网打尽。

1950 年 6 月,朝鲜战争爆发,一些暗藏的反革命分子认为第三次世界大战就要来临,蒋介石“反攻大陆”的机会已经到了,他们的活动日益嚣张。7 月 12 日到 8 月 11 日,仅东北铁路线上发生的大小政治事故就达 154 起。在武汉,反革命分子公开在民众乐园散发传单,煽动监狱犯人暴动,仅江岸区新成立的“青年反共救国军”等反革命组织就有 17 个。在皖北,仅一个多月,新增土匪就有 4000 多人。许多地主、富农也趁机反攻倒算,7 月到 11 月反攻倒算事件达 1017 起。北京市电车公司突击制造的 50 辆电车,被特务分子纵火全部焚毁……

面对反革命分子的猖狂举动,一些地区的干部麻痹轻敌,片面理解“镇压与宽大相结合”的政策,对罪大恶极、怙恶不悛的反革命分子镇压不力,继续采取过于宽大的做法,致使一些地区反革命分子的活动日益猖獗。这些现象引起群众的极大恐慌和不满,甚至出现“天不怕,地不怕,就怕共产党讲宽大”的说法。

为了进一步纠正工作中的错误倾向,10 月 9 日,罗瑞卿请示中央:“现在反革命分子活动十分猖獗,而我们在执行任务时发生‘右倾’倾向,人民批评我们宽大无边,要求我们严厉镇压反革命,我们公安部商量了一下,主张杀一批、关一批、管一批。”

罗瑞卿的意见得到了毛泽东的充分认可。毛泽东让彭真、罗瑞卿等人立即起草一个在全国范围内开展镇压反革命群众运动的指示。毛泽东说:

“那些‘小蒋介石’不杀掉,我们这个脚下就天天‘地震’,不能解放生产力,不能解放劳动人民。”

为了推进这一运动深入发展并有法可依,1951 年 2 月 21 日,中央人民政府颁布了《中华人民共和国惩治反革命条例》。各地根据该条例,将打击对象主要确定为土匪、恶霸、特务、反动党团骨干和反动会道门头子。此后,在全国迅速掀起了揭发、检举和公审反革命分子的高潮。

在群众揭发检举下,一批反革命分子纷纷落网。在北京,至 7 月初,共逮捕反革命分子 10326 人,处决 827 人。在天津,共抓捕 730 名反革命分子。在河南信阳,共检举出恶霸 664 名。尤为重要的是,这次运动还挖出了一批隐藏很深的历史反革命和屠杀革命烈士、爱国人士的刽子手,如:杀害刘胡兰的凶手张全宝、侯雨寅,参与制造“二七”惨案、屠杀优秀共产党员林祥谦及大批铁路工人的凶手赵继贤,杀害李公朴、闻一多的凶手王子民,直接参与杀害中共创始人李大钊的刽子手雷恒成,杀害赵一曼的凶手吴树桂,杀害抗联将领李兆麟的凶手杜忠忱等。这些人尽管伪装身份,隐藏得很深,但还是被各地群众揪出来,受到应有的法律制裁。其中,杀害中共中央委员陈潭秋和毛泽民、林基路的“活阎王”李英奇被处以极刑。据统计,到运动结束时,华东、中南、华北、东北四大行政区被逮捕的反革命分子中,土匪占 40.24%,恶霸占 33.41%,特务占 13.84%,反动党团骨干占 6.84%,反动会道门头子占 5.67%。

镇压反革命运动的胜利,巩固了人民民主专政政权,稳定了社会秩序,有力地支持、配合了抗美援朝和土地改革的斗争。

在全国范围内开展大规模的镇压反革命运动的同时,也加大了清除匪患、安定地方的力度。

1950 年 3 月,一封由贺龙、邓小平签署的加急电报呈现在中央领导面前。醒目的标题跃然纸上:西南各地近段连续发生大规模土匪武装暴乱。

电报是这样写的:

“近一个时期以来，西南川、康、云、贵各省，连续有土匪在各地发动大规模武装暴乱。一些国民党匪军遗留下来之保安团队、惯匪、反动会道门，勾结乡村反动封建势力，趁我各地政权刚刚建立，以及一些地方的政权还没有来得及建立，群众尚未完全发动之机，利用各地当前一度出现的灾荒，公开对群众进行欺骗煽惑，提出‘反征粮、不交粮、反合理负担’，叫嚷‘等待忍耐半年，瞅准时机反攻’‘赶走共产党，三年不纳粮’等口号，并且大肆收罗国民党散兵游勇，各种地痞、流氓，组织名目繁多的各种土匪武装，纷纷在各地发动武装暴乱，包围袭击我军队和地方各级政权，杀害我地方干部、工作人员、征粮工作队人员及解放军干部、战士，焚毁抢劫仓库、监狱，阻塞车船交通，建立所谓‘大陆游击区’，企图达到长期与我相对抗之目的，气焰十分嚣张。……目前，据初步估计，仅川西地区，各种公开活动之土匪就达 104 股之多，小股数十、数百余人，大股万余人一起活动，总计不下 6 万余匪，并且，还有继续以极其迅猛的速度蔓延发展之势。

“在这些土匪暴乱的许多地区，我县、区、乡各级政权已几乎全都被捣毁，征集军粮和调往重灾区之救济粮款以及农村中的减租减息、建政、春耕春播等我地方各项工作，一度已完全都处于瘫痪状态。……”

毛泽东对解放区可能出现的匪患已经有所准备。早在七届二中全会上，他就告诫全党：“南方现时还是被国民党统治的区域。在这里，党和人民解放军的任务是在城市和乡村消灭国民党的反动武装力量。”“在乡村中，则是首先有步骤地开展清剿土匪和反对恶霸即地主阶级当权派的斗争，完成减租减息的准备工作。”之后，他又提出：“凡是解放区，起初必须相当长期地集中进行剿匪反霸斗争，摧毁国民党反动统治势力，才能打开局面，站稳脚跟，这几乎已经成为斗争发展必经的过程。”但毛泽东没有想到的是，匪患猖獗到了如此严重的地步。看到这份西南匪情的电报，他震怒了。

鉴于如此严重的局面，中央立即作出决定：加强全国范围尤其是新解放区的剿匪斗争,保卫新生的人民政权。

3月16日,中共中央和中央军委向全党、全军发出了“剿灭土匪,建立革命新秩序”的指示,提出:“剿灭土匪,是当前全国革命斗争不可超越的一个重要阶段,是建立和恢复我各级地方人民政权,以及开展其他一切工作的必要前提,是彻底消灭蒋介石国民党在大陆的残余武装,迅速恢复革命新秩序的保证。不剿灭土匪,各地人民革命政权就无法建立,土改无法完成,广大的贫苦农民就不能真正翻身,各地的救灾和其他一切工作也都将根本无法进行。”

在中共中央的指示下,中央军委作出强有力的部署,先后从人民解放军的6个兵团抽调140多个师的主力部队约150余万人,分别在中南、东南、西南、西北等土匪活动地域展开大规模的剿匪斗争。

中南地区是土匪活动最为猖獗,也是开展剿匪工作比较早的一个地区。1949年5月,中央军委指示,各野战军解放一地后,应立即开展剿匪作战,稳定地方。之后,中南地区就开始了剿匪作战。7月,中南军区首先在解放较早的河南、湖北、江西大部和湖南部分地区对大股土匪实施军事进剿。对豫西、大别山区、湖南和赣西南等地区实施重点进剿,取得了重大胜利。在广西,从1950年11月至1951年1月中旬,仅3个月不到,全省消灭土匪达10万余人。在湖南,反动党团、特务组织在省内有相当大的势力,全省共有土匪16万之多。从1950年春季全面进剿开始到年底,共歼灭土匪8.6万余人。在江西,到1952年年底,全省共歼灭土匪5.59万人。在河南,从1949年至1950年5月,共歼灭土匪14.16万人。在广东,至1952年年底,共歼灭土匪17万余人。

大西南可谓蒋介石在大陆的最后一块宝地。为了守住这块宝地,蒋介石在战略上精心策划了三步棋:上策,固守大西南;中策,固守川西北和西昌;下策,退守台湾。随着第二野战军的胜利推进,他的策划一步步落空,只剩下了一个“下策”。蒋介石逃往台湾了,但这里还有他的“游击骨干训练班”,还有国民党军统西南地区的游击计划。

西南地区匪患相当严重。1950年3月,西南军区在上报中央军委的电文中讲道:“目前,西南地区股匪有数字可计者,除云南外,现已发展至70余万,计川东约14万,川西约20万,川南、川北各约10万,贵州约15万,另西康、西昌各1万……其骨干者皆为蒋匪溃逃前在蓉所训练游击骨干班分子。”

3月15日,西南军区召开高级干部会议,邓小平对剿匪斗争进行部署,他强调,要把剿匪斗争当作解放大西南的第二个战役来打。西南地区的剿匪斗争历时两年半,至1952年秋结束,累计歼灭土匪116万人,彻底粉碎了蒋介石妄图建立“西南游击根据地”的迷梦。

东南地区匪患情况同样不容乐观。1949年5月,中国人民解放军第三野战军在向南进军的同时,随即展开配合作战行动的剿匪斗争。到1951年6月,华东地区进剿任务胜利完成,共歼灭土匪11.45万人。在清剿陆上土匪的同时,华东军区沿海边防部队、海军部队在地方武装和公安部门配合下,展开了清剿海匪的斗争。仅1951年1月,华东沿海地区军民就击溃、歼灭120多股登陆海匪,歼匪1500余人。至1953年,华东地区剿匪作战取得全面胜利,共歼灭土匪及国民党残余武装24.6万余人(其中海匪7800人)。

西北匪患的严峻形势丝毫不逊于其他地方。在陕西,胡宗南兵败西南后,陕、鄂、豫、甘、川五省交界的秦岭和大巴山地区,国民党残余部队、流窜散兵、地方土顽和土匪拼凑组成了“豫陕边区挺进军”,加上“川陕救国军”“川陕边区人民自卫军”“青年义勇救国军”“鄂陕自卫总队”“陕南暂编总队”等大小股匪2万多人,号称“十万地下军”,妄图建立所谓“敌后根据地”,以各种方式和手段进行破坏活动。

面对这一股股土匪的猖狂进犯,解放军西北军区先后投入2个兵团11个军38个师的兵力进行了大规模的剿匪行动。到1953年7月,经过3年多的剿匪作战,西北军区剿匪部队共歼灭土匪 12.9 万人,西北地区大规模剿匪任务胜利结束。

在中共中央和中央军委的正确指挥下,经过 1950 年至 1952 年年底的剿匪斗争,人民解放军取得了歼灭匪特武装 260 余万人的伟大胜利,东南、中南、西南、西北等地区的匪患被彻底肃清,结束了中国匪患久远、危害甚烈的历史,安定了社会秩序,巩固了新生的人民政权,对我国国民经济的恢复和各项建设的顺利开展具有十分重要的作用。

面临的第三个突出问题是禁毒禁娼,改良风气

吸毒、贩毒、制毒是旧中国危害社会的最大公害之一。农民运动领袖洪秀全曾这样描写鸦片的危害:“烟枪即铳枪,自打自受伤。多少英雄汉,困死在高床。”

新中国成立初期,社会上种植鸦片和吸毒的情况令人震惊。据统计,全国种植罂粟面积达 100 多万公顷,全国 4 亿多人口中,以制贩毒品为业的有 30 多万人,吸毒者达 2000 万人。其中西南地区吸毒者多达 600 万人,仅贵州就有 300 多万人。烟馆遍及城乡,昆明有 1100 多家,贵阳有 1000 多家,成都有 700 多家,重庆有 270 多家。随着吸毒人数增多,贩毒也相当严重,衡阳铁路局辖内贩毒人员达 2000 人以上,华北察哈尔、山西、绥远、河北四省及京津两市,贩毒者多达万人。

吸毒贩毒不根除,人民的生存就没有保证,社会就不能稳定,经济恢复就无从谈起。1950 年 2 月 24 日,政务院下达了《严禁鸦片烟毒的通令》,要求各级政府设立禁烟禁毒委员会,制定限期禁绝办法,督促查禁,一场群众性的禁毒运动在全国各地展开。

《严禁鸦片烟毒的通令》下达后,各级人民政府立即行动,一方面帮助一般吸毒者戒毒,另一方面妥善解决禁毒带来的诸多社会问题,如发放专款帮助烟农发展农业生产等。11 月,最高人民法院下达了《处理毒犯应坚

决废止专科与易科罚金办法》。要求坚持人民法制的严肃性，改变以罚代刑的做法，对于烟毒犯不得适用专科罚金，应甄别轻重，处以徒刑或强制劳动，对于已据有的烟毒资本可并处罚金。

随着禁毒运动的深入，如何堵塞机关、团体、部队对毒品管理的漏洞成为一个重要问题。1952 年 2 月 6 日，周恩来重申了禁绝烟毒的命令，严格规定：所有机关、部队、团体均不得在国内外买卖毒品，违者受法令处分；对于旧存毒品，一律无偿上交当地财委保管，不得隐瞒不交，违者受纪律处分……与此同时，还建议各级人民政府“把禁毒和其他各项社会改革运动结合起来，以便相互促进”。正是有了这种结合，在“三反”运动中，衡阳铁路局破获了一起特大走私案件，涉及 1800 余人，走私物资价值 7000 亿元，其中有大量毒品。

为了加大对毒犯的打击力度，1952 年 4 月 15 日，中共中央发布《关于肃清毒品流行的指示》，对禁毒运动的方针、政策和打击重点作出了明确规定。7 月，中央宣传部、公安部联合发出《关于禁毒的宣传指示》，明确指出：这次运动打击的重点，是制毒、贩毒的主犯、惯犯、现行犯和具有反革命身份的毒犯，以及严重违法的工作人员。这些指示下达后，一场大规模的禁烟运动高潮在全国掀起。

为了从组织上保证禁毒运动的健康，各地在党委领导下，由公安、民政、卫生、铁路、航运、邮政、宣传、妇联、工会等各机关团体负责人，联合组成禁毒指挥部，下设禁毒委员会，基层设禁毒小组，分工负责，团结协作，共同行动，保证了禁毒运动的高效有序。

根据中央指示，各地经充分准备、周密计划，在全国 1200 多个缉毒重点地区发动群众，集中破案，共查出制造、贩卖、运送毒品的毒贩 36.9 万余人，逮捕 8.2 万余人，其中判刑、劳改、管制的 5.1 万余人，处决罪大恶极的毒贩 880 人，共收缴毒品折合鸦片近 400 万两，制毒机器 235 部，贩卖、运送、藏匿毒品工具 26 万件，并缴获大量用于走私毒品的枪炮武器和发报机,给猖獗的制毒贩毒活动以摧毁性打击,充分显示了依靠群众开展禁毒运动的威力。

自林则徐禁烟起,无数仁人志士曾为之奋斗而无法根治的这一痼疾,在新中国成立仅两年多的时间里就得到了根除,这不能不说是一个奇迹,而这个奇迹的创造者正是中国共产党,是全体中国人民。

根除娼妓这一恶习,也是摆在新生政权面前的一个突出问题。

持续几千年的娼妓恶习,是旧中国最黑暗、最严重的社会问题之一,这一不良风俗把无数良家妇女推向悲惨境地。特别是在国民党统治时期,竟然把征收妓女的“花捐”作为一项财政收入,从而使娼妓制度合法化和商业化。20 世纪 20 年代的一份调查资料表明:上海市平均 137 名女性中就有一名妓女,其比例高居伦敦、柏林、巴黎、芝加哥、名古屋、东京等世界八大城市之首。1947 年,国民党政府的一份材料称,上海以卖笑为生者不下 10 万人。

1949 年 6 月,初任北京市委书记的彭真心情很沉重。几天前的夜里,他带领市委、市政府负责人到前门外八大胡同南城一带了解妓院的情况,一个 15 岁女孩痛苦的哭诉一次次撞击着他的心。那还是个稚气未脱的女孩,但却遭到非人的凌辱。想到这里,彭真不禁大呼:“这还是人过的日子吗?我们共产党绝不能坐视不管!”他决定向毛泽东汇报。住在双清别墅的毛泽东听了彭真的汇报心情异常沉重,他缓慢而坚定地说:“在新中国这片土地上,绝不允许娼妓遍地,黑道横行!”

根据中央的指示,公安部部长罗瑞卿决定在全国范围内采取行动,确定在全国大中城市采取两种方案:一是以北京等地为代表,在短时间内摸清妓院的有关情况,集中力量,统一时间,一举将全部妓院予以封闭;二是以天津等大城市为代表,采取“寓禁于限”的方针,在相对较长的时间内,逐步取缔妓院。

1949 年 11 月 21 日下午,北京市第二届各界人民代表会议召开,会议通过了关于封闭妓院的决议。接着,市长聂荣臻下达了立即执行决议的命令。总指挥罗瑞卿在接到命令后,立即行动。当夜8时,北京市2400余名干警分成22个行动小组,出动37部汽车,向有妓院的5个城区及东郊、西郊进发。到夜里12点,1300余名妓女全部集中在韩家潭的8个妇女教养院。干警们对已被查封的224家妓院进行财产登记,并在妓院门口贴上"北京市人民政府1949年封"的封条。400多名老板、领家按照人民政府宣布的对妓院老板、领家的5条处理办法全被收审法办。

在人民政府无微不至的关怀下,1300多名妓女在经过教养院的教育、学习、改造后重获新生,她们中的许多人后来成了国家建设的有用之人。

继北京之后,上海、石家庄、哈尔滨、长春、大连、武汉等大中城市也先后开展了封闭妓院的行动。经过一年多的整治,在中国延续了几千年的娼妓制度被彻底废除。

新中国刚刚成立时,封建制度不仅在农村的大部分地区仍然存在,而且在一些工矿、交通运输企业里还存着封建把头,继续欺压工人。1950年2月6日,中国搬运工会第一届代表大会要求政府颁布命令,废除搬运业中的封建把头制度。政府随即作出相应决定,废除了这类制度。

1950年4月13日,中央人民政府委员会举行第七次会议,审议通过了《中华人民共和国婚姻法(草案)》。4月30日,毛泽东主席签发命令公布《中华人民共和国婚姻法》,自5月1日起实行。这是新中国成立后制定的第一部基本法律。

《中华人民共和国婚姻法》开宗明义规定了两条基本原则:"第一条,废除包办强迫、男尊女卑、漠视子女利益的封建主义婚姻制度。实行男女婚姻自由、一夫一妻、男女权利平等、保护妇女和子女合法利益的新民主主义婚姻制度。第二条,禁止重婚、纳妾。禁止童养媳。禁止干涉寡妇婚姻自由。禁止任何人借婚姻关系问题索取财物。"这是对旧中国社会盛行的包办婚姻和干涉婚姻自主的旧制度的彻底否定,是中国妇女解放运动史上的一件大事。

20 世纪 50 年代初期,中央人民政府副主席宋庆龄曾到各地视察,她目睹这一切变化,深有感触地说,旧中国已经变成了新中国。一个经常遭受疾病和饥荒摧残的国家已经一去不复返了。谁也不能再用"东亚病夫"这样一个带有侮辱性的名词来谈论中国了。中国已经是一个健康和充满活力的国家。

1951 年 10 月,在中国人民政治协商会议全国委员会第三次会议上,毛泽东号召全国人民增加生产,厉行节约。

1951 年 12 月 1 日,中共中央作出《关于实行精兵简政、增产节约、反对贪污、反对浪费和反对官僚主义的决定》,并成立了以薄一波为主任的中央节约检查委员会,正式将"三反"作为贯彻精兵简政、增产节约这一中心任务的重大措施,要求采取自上而下和自下而上相结合的方法,彻底检查贪污浪费现象。随后,"三反"运动迅速在全国开展起来。

随着"三反"运动在全国范围内展开,各地在深入检查中揭露了大量令人震惊的贪污、浪费和官僚主义现象。11 月 29 日,华北局向中央上报了天津地委原书记刘青山和时任天津地委书记张子善的巨大贪污案。刘、张两人随即被逮捕法办,判处死刑。这在社会上引起极大的反响,历时半年多的"三反"运动,其实质是执政党加强自身廉洁建设的一次理论和实践教育课。这次运动教育了党员干部,挽救了一大批犯错误的同志,对于纯洁党的队伍、净化社会风气都产生了积极作用。

"三反"运动是在国家工作人员中进行的。随着运动的开展,很快暴露出国家工作人员中的贪污浪费行为大多是与社会上的不法资本家勾结起来共同进行的,不少是被他们拉拢和收买落水的。

要彻底铲除"三害",必须同时在工商界开展一次反行贿、反偷税漏税、反盗骗国家财产、反偷工减料、反盗窃国家经济情报的斗争。上海不法资本家王康年甚至用废、烂棉制造急救包送往抗美援朝前线,这件事更激起人们的极大愤慨。

1952 年 1 月 26 日，中共中央发出《关于在城市中限期展开大规模的坚决彻底的“五反”斗争的指示》，要求在全国一切城市中，依靠工人阶级、团结守法的资产阶级市民，向违法资产阶级开展大规模的“五反”运动，以配合国家机关进行的“三反”运动。2 月上旬，“五反”运动首先在各大城市展开，很快形成高潮。

在“五反”运动开展过程中，党中央适时提出了对工商户处理的五条基本原则：过去从宽，今后从严；多数从宽，少数从严；坦白从宽，抗拒从严；工业从宽，商业从严；普通商业从宽，投机商业从严。并依据不同类型予以不同方式处理。这有力地推动了运动的发展。

“三反”“五反”运动，是新中国成立初期一次移风易俗的社会改革运动，有利于消除旧社会遗留下来的污毒，树立新道德和新风尚，给国家带来了蓬勃朝气；也有力地打击了不法资本家，在工商业界进行了一次遵守法纪教育，加速了私营企业的民主改革，巩固了工人阶级和国营经济的领导地位；同时推进了正在开展的增产节约运动，加强了抗美援朝和国防建设的力量，并为国家工业化积累了不少资金。

面临的第四个突出问题是土地改革

中华人民共和国成立的时候，全国还有三分之二的地区存在着封建土地制度。在大约有 2.9 亿农业人口的华东、中南、西南、西北等新解放区和待解放区，封建土地所有制仍然严重地束缚着社会生产力的发展。这表明，新民主主义革命虽然取得了基本胜利，但它的经济纲领尚未彻底实现。

1950 年 6 月 28 日，中央人民政府委员会第八次会议通过了《中华人民共和国土地改革法》，明确规定：“废除地主阶级封建剥削的土地所有制，实行农民的土地所有制，借以解放农村生产力，发展农业生产，为新中国的工业化开辟道路。”

对3亿多无地和少地的贫苦农民来说,土地改革是一次翻天覆地的历史变迁。从这一年冬天开始,大规模的土地改革运动在各个新解放区开展起来了。

政府派出了大批工作组来到农村,在这场社会变革中,农村划分出了地主、富农、中农、贫农、雇农等阶级成分。被没收的土地和财产得到重新分配,无论地主还是雇农,每个人都得到一份土地。孙中山"耕者有其田"的理想,在他缔造的国民党手里没有实现,历史把这个使命交给了中国共产党。

根据解放区的实际情况,党和政府共分三批进行土地改革。第一批,从1950年冬到1951年春,主要在华北、华东、中南、西北等约有1.2亿农业人口的地区进行;第二批,从1951年冬到1952年春,主要在华南、西南等约有1.1亿农业人口的地区进行;第三批,从1952年冬到1953年春,主要在少数民族地区约3000万农业人口中进行。在经过发动群众、划分阶级、没收和分配土地、复查总结等阶段后,到1953年春,土地改革基本完成。

到1952年年底,除一部分少数民族地区及台湾省外,广大解放区的土地改革基本完成。连同老解放区,完成土地改革地区的农业人口占全国农业人口总数的90%以上。在整个土地改革中,共没收征收了约7亿亩土地,并将这些土地分给了约3亿无地或少地的农民,免除了土地改革以前农民每年给地主缴纳的高达3000万吨以上粮食的地租。

这是一次最彻底、最全面、最成功的土地改革。

农民的拥护使得土改的进展十分顺利。3亿多无地和少地的农民分到了7亿多亩土地,并免除了以前每年向地主缴纳粮食地租的负担。在自己的土地上耕耘和收获,这就是劳动农民翻身做主人的感觉。

但是,土地改革的历史意义并不只如此。在这次社会变革中,国家通过分配耕地,确立了自身在乡村的主导地位,打通了中国社会上层和下层之间的阻隔,乡土社会第一次被统合进入国家体系。

土地改革的直接受益者是农民，通过分配土地，共产党取得了广大农民的政治支持，使共产党作为一个现代政党得以将根基延伸于广阔的乡村田野。曾经领导和参与过土地改革和农村政策制订的专家杜润生将土地改革概括为“农民取得土地，党取得农民”。

“解放区的天是明朗的天，解放区的人民好喜欢，民主政府爱人民呀，共产党的恩情说不完呀。”

“土地改革到了每个村，咱们大家翻了身，唱着歌儿走大街啊，再不是愁眉苦脸人。”

新中国的农民们手捧土地证，扭着秧歌唱着这些革命歌曲来表达自己分到土地后的喜悦心情。这些革命歌曲，唱遍了大江南北、黄河上下。

农民尝到了翻身做主人的甜头和真实含义，农协会、自卫队、妇女会、儿童团如雨后春笋般建立起来，生产互助、站岗放哨、扭秧歌、搞宣传，热火朝天。

华东局 1950 年 12 月 8 日向中央作的关于土地改革的总结报告称：“贫雇农得地开心，中农有地放心，富农不动定心，地主劳动回心。”

土地改革在全国的基本完成，从根本上废除了延续几千年的封建土地剥削制度的根基，促进了农村生产力的大解放、农村经济的大发展、农民生产积极性的大提高，为争取国家经济状况的好转，进行大规模的社会主义建设奠定了坚实的基础。

面临的第五个突出问题是抗美援朝

正当全党和全国人民为巩固新生的人民政权而斗争的时候，新中国的国家安全又受到了外来的威胁。1950 年 6 月 25 日，朝鲜战争爆发了。

南、北朝鲜的分裂是第二次世界大战结束时，美军和苏军在朝鲜以北纬 38°线为界分别接受日军投降的结果。

在朝鲜内战爆发两天后，6 月 27 日，美国迅速派出海军和空军介入朝鲜内战。几天后，美国陆军也出现在朝鲜战场上，与朝鲜人民军发生激战。就在美国派军队干涉朝鲜内战的同一天，美国总统杜鲁门命令美国海军第七舰队开进台湾海峡，侵占中国领土台湾，重新介入中国的内战，阻挠中国的统一。

毛泽东认为，对朝鲜不能不帮，如美国在朝鲜得胜，就会威胁新中国。

但是，他也清楚地知道，新中国刚刚成立，工业基础还很薄弱，而美国是世界上最大的工业国。到底出不出兵，中国政府有一个底线，这就是“三八线”：美帝国主义如果干涉，不过“三八线”，我们不管；如果过“三八线”，我们一定过去打。

北纬38°线原本纯粹是一条地理上的画线，没有任何军事或政治意义。这条约300公里长的分界线斜穿朝鲜半岛，截断了75条小溪和12条河流，将朝鲜半岛分为面积大体相同的两部分，北部12万平方公里，南部10万平方公里。人为地从军事上利用这条画线，最早是日本提出来的。1896年日俄密谋瓜分朝鲜，日本曾向沙俄秘密提出以“三八线”为界线，后因双方利害冲突而未能实现。1945年2月，日本把部署在朝鲜半岛的日军以“三八线”为界划分为两部分，北部的军队归关东军指挥，南部的军队为大本营所属。这样，“三八线”实际上就为后来苏联在我国东北和朝鲜北部对日本关东军作战，而美国则在朝鲜南部和日本列岛与大本营直接指挥的日军作战提供了客观依据。“三八线”本质上是社会主义阵营和资本主义阵营实力对比的反映。

9月15日，麦克阿瑟指挥美军7万多人在朝鲜半岛中部的仁川港登陆，朝鲜战局急转直下。

9月30日，政务院总理、外交部长周恩来发表声明，警告美国人：中国人民爱好和平，但是为了保卫和平，从不也永不害怕反抗侵略战争。中国人民决不能容忍外国的侵略，也不能听任帝国主义者对自己的邻国肆行侵略而置之不理。

“联合国军”统帅麦克阿瑟则公开表示,周恩来的声明更多的意义在于一种政治恫吓,中共没有发动战争的能力,他们不具备相应的工业实力,而“三八线”没有什么军事意义,它不过是纬度线,没有什么力量能阻止“联合国军”跨越它。继 10 月 1 日大批韩国军队越过“三八线”以后,美军于 7 日越过“三八线”,向朝鲜北方大举进犯,并迅速向朝中边境推进。

10 月 1 日,毛泽东收到了金日成首相和朴宪永外相的电报。电报阐明了朝鲜的局势后,恳切地提出:请求给予我们以特别的援助,即在敌人进攻“三八线”以北地区的情况下,急盼中国人民解放军直接出动,援助我军作战。

10 月 2 日下午,毛泽东在中南海颐年堂主持召开中共中央书记处会议,讨论朝鲜半岛局势和中国出兵问题。毛泽东认为出兵朝鲜已是万分火急。因林彪生病住院,毛泽东决定派彭德怀挂帅出战。中南海颐年堂的会议室里气氛十分紧张。朝鲜战争直接关系到新中国安危,毛泽东忧心忡忡,会议一直开到东方破晓。

10 月 4 日,政治局扩大会议在颐年堂举行。除了政治局委员,许多高级将领也参加了会议。因为毛泽东已下决心,给斯大林发了电报,现在宣布他的决定,统一大家的思想。

下午 4 点,西北局第一书记、西北军政委员会主席、第一野战军司令员彭德怀被用专机接来参加会议。他进会场时,毛泽东正在讲话。彭打了个招呼,和高岗坐在一起,高岗悄悄告诉他:“毛主席要点你的将。”只听毛泽东说:你们说的都有理由,但是人家处于国家危急时期,我们站在旁边看,不论怎么说,心里也难过。当然我们有困难,特别是没有飞机,大兵团作战没有制空权是很不利的,这个问题我们和苏联方面谈过,斯大林答应出空军,空军由他们负责,地面由我们负责。至于原子弹,美国有,苏联也有,我看谁也不敢用,还是打常规战争。地面作战我们应该有信心战胜美国人。美国固然有它的优势,但也有它的弱点。第一,美国现在要管世界的事,它的战线太长，到处建立军事基地，它的战略重点还在欧洲，能投入朝鲜战争的兵力是有限的；第二，它后方太远，吃的、穿的、武器、弹药都得横渡大西洋或太平洋运到朝鲜来，它的那些兵过惯了舒服日子，后勤保障是个很大的负担；第三，它是不义之战，侵略人家，士气不高，民心不顺。要流美国人的血，替李承晚打天下，美国人是反对的。参、众两院的议员对反共是支持的，但要流美国人的血就有意见了。只要我们志愿军抓住战机，集中优势兵力，歼灭它一个团，歼灭它一个师，这样的仗打得多了，就能扭转战局。毛泽东有这样一种超人的禀赋，他的决心能感染别人，使怯者勇，使弱者强，使蔽者明。

彭德怀听了毛泽东的讲话，看了看会场上没有林彪，听说他到苏联养病去了，又加上高岗一点拨，心里就明白了。

10 月 5 日，政治局扩大会议继续进行，会上有两种意见。彭德怀在会上讲述了自己的观点。他说：美国占领朝鲜与我隔海相望，威胁我东北；又控制我台湾，威胁我华东、上海。它要发动战争，随时都可以找到借口。老虎是要吃人的，什么时候吃，决定于它的肠胃，向它让步是不利的。它既要来侵略，我们就要反侵略。不同美帝国主义见个高低，我们要建设社会主义是困难的。如果美国决心同我作战，他利速决，我利持久；他利正规，我利对付日本那一套战法。我有全国政权，有苏联援助，比抗日时期要有利得多。出兵是必要的，打烂了，等于解放战争晚胜利几年。

毛泽东听了彭德怀的发言，非常高兴。与会者一听彭德怀的发言，也清楚出征的大将必是彭老总了。

会议结束时，毛泽东宣布："我和恩来、少奇、朱总司令商量了一下，我们想让彭德怀同志挂帅出征。我也同彭德怀同志谈过了，他慨然允诺。好吧，德怀同志，我谢谢你，中国人民谢谢你，你是临危受命啊！有你去我们就放心喽。"

这次艰难的会议开了 3 天，最后作出了抗美援朝、保家卫国的决定。

10月8日，组成中国人民志愿军的命令正式发出。

“为了援助朝鲜人民解放战争，反对美帝国主义及其走狗们的进攻，借以保卫朝鲜人民、中国人民及东方各国人民的利益，着将东北边防军改为中国人民志愿军，迅即向朝鲜境内出动，协同朝鲜同志向侵略者作战并争取光荣的胜利。”

“任命彭德怀同志为中国人民志愿军司令员兼政治委员。”

10月19日夜，首批入朝的志愿军13兵团4个军3个炮兵师共26万人从安东（今丹东）、长甸河口、集安（今属吉林）三个口岸，在没有获得空军掩护的条件下，雄赳赳、气昂昂地渡过鸭绿江，秘密进入朝鲜战场。从此改变世界历史进程的抗美援朝战争开始了。

骄横的美帝国主义根本没有料到中国会出兵参战。志愿军入朝时，由麦克阿瑟指挥的“联合国军”已进占平壤、元山一线，并分东西两线以最快速度向中朝边境推进，形势非常严峻。

鉴于志愿军隐蔽入朝尚未被察觉，毛泽东、彭德怀当机立断，改变原定入朝后先组织防御战的计划，决定采取在运动中各个歼灭敌人的方针，立即发起进攻。10月25日，志愿军长驱直入，打响了出国作战的第一次战役。这一仗，给号称“王牌军”的美军第一骑兵师以沉重打击，并在东线成功阻击了北上驰援的美军。经过连续作战，11月1日至3日，志愿军在云山阻击战中击溃该师的另一个团，击毙该团团长。云山战斗，志愿军创下了以劣势装备歼灭现代化装备之敌的先例，狠杀了一下“王牌军”的威风。

美骑一师在云山遭到重创，敌人在飞机、大炮和坦克的掩护下全部撤退到清川江以南。志愿军乘势追歼逃敌，歼灭英军一个榴炮营和美军一个加强连。经过13个昼夜的艰苦作战，志愿军歼敌1.5万余人，把敌人从鸭绿江边赶到清川江以南，初步稳定了朝鲜战局。一年以后，中国人民将10月25日定为中国人民志愿军抗美援朝纪念日。

11月下旬，志愿军遵照毛泽东、彭德怀的决定，采取诱敌深入，集中优势兵力各个歼灭的方针,立即发起第二次战役。

二次战役开始后,志愿军先以一部在朝鲜东北部长津湖地区节节阻击,诱使敌军逐步进入预设战场,然后志愿军主力突然发起猛烈反击,分东西两线包围、歼灭和重创包括美军王牌部队陆战第一师在内的大批敌军,再战告捷。在这次战斗中,我三十八军第一一三师顶住每日上百架次飞机的轮番轰炸,击退一次又一次坦克、炮兵、步兵的协同攻击,使南逃北援之敌相距不足1公里却始终不能会合,大振了中国人民志愿军的军威。这一可歌可泣的英雄战绩,深深感动了彭德怀司令员,他在祝捷电报中破例写上“三十八军万岁”六个字。

12月6日,中朝军队收复平壤。16日,将西线之敌全部赶到“三八线”以南。在东线,人民军于9日收复元山,切断敌人的陆上退路。志愿军17日占领威兴,24日收复兴南。至此“联合国军”全部被赶到“三八线”以南,第二次战役结束。这次战役共歼敌3.6万余人,其中美军2.4万余人,中朝军队由防御转入进攻,掌握了一定的主动权。第二次战役大大鼓舞了中朝人民的士气,提高了中国人民志愿军的军威,迫使敌军转入战略防御,扭转了朝鲜战局。

为了不给敌人喘息的时间,打过“三八线”,争取政治上的主动地位,中朝军队发动了第三次战役。这次战役是由志愿军6个军和朝鲜人民军3个军团共同进行的。1950年12月31日17时,中朝军队全线发起攻击,在约200公里的宽大正面上一举突破“联合国军”在“三八线”的设防,将战线向南推进80—110公里,占领了汉城,迫使“联合国军”后撤至北纬37°线附近地区。此役共歼敌1.9万余人。这一仗在国际社会引起强烈的震撼。随后,志愿军主力后撤进行休整,准备春季攻势。

1951年1月下旬,“联合国军”乘志愿军连续作战,极度疲劳、运输线长、补给困难之机,集结23万兵力,以大量飞机、坦克、火炮支援,在200公里宽的战线上发起了全线反扑。中国人民志愿军立即停止休整,同朝鲜人民军共同进行第四次战役。中朝军队采取坚守防御、战役反击和运动防御等多种作战方式,予敌人以大量杀伤,将战线稳定在“三八线”附近。这次战役历时 87 天,歼敌 7.8 万人,数量超过前三次战役的总和。

在第四次战役期间,“联合国军”策划在朝鲜半岛东西距离最短的峰腰部建立新的防线,企图在中朝军队侧后登陆,配合它的正面部队,南北夹击,将中朝军队赶到峰腰部以北,企图将战线推进至平壤、元山一线。

为了粉碎敌人这一计划,中朝军队于 4 月 22 日发起第五次战役。第五次战役规模很大,交战双方兵力都在百万左右。但“联合国军”在武器装备方面占有优势,它不仅有技术精良的装甲兵、炮兵,而且有制空权,机动性很强。志愿军对美军一个团左右的兵力曾经多次合围,始终很难将其消灭,至多消灭一个营。所以采取打小歼灭战的战术,实行战术的小包围,经过打小歼灭战进而到打大歼灭战。

第五次战役至 6 月 10 日结束。连续 50 天的激烈战斗,共歼敌 8.2 万余人,最终取得了战役的胜利。正如彭德怀所预言的:这是一场恶战。中国军队也付出伤亡 7.5 万人的巨大代价。从此,战线稳定在“三八线”附近地区,朝鲜战争进入相持阶段。

美国政府由于军事失败和国内国际压力,不得不从 1951 年 7 月 10 日开始进行停战谈判。但它仍采取拖延和破坏的政策,使谈判经历了两年之久。为了扭转战场上的被动局面,谋求在和谈中的有利地位,侵略军曾多次发动猛烈攻势,但都没有取得成功。1952 年 10 月 14 日开始的历时 43 天的上甘岭战役是一个突出的例子。中国人民志愿军副司令员洪学智回忆道:

“交战双方在 3.7 平方公里的狭小地区,投入了大量兵力、兵器。敌人先后投入兵力 6 万余人、火炮 300 余门、坦克 170 余辆,出动飞机 3000 余架次。我方先后投入兵力 4 万余人、火炮 138 门、高炮 47 门。战役中敌人共发射炮弹 190 余万发,投掷炸弹 5000 余枚,最多时一天发射炮弹 30 余万发,投炸弹500余枚。我两个高地的土石均被炸松一至两米,走在上面,松土没膝,像走入土灰里一样。地面阵地全被摧毁,许多岩石坑道被炸短3—4米。我军发射炮弹40余万发,亦属空前。”

上甘岭战役,中国人民志愿军以伤亡1.5万余人的代价,取得了歼敌2.5万人,击落击伤敌机270余架,击毁敌大炮61门、坦克14辆的重大战果,使美军再次认识到中国人民志愿军的强大攻防能力,从此再没有发动起像样的攻势。

在朝鲜战场上,志愿军广大指战员背负祖国人民的期望,发扬了英勇顽强、舍生忘死的革命英雄主义精神,不畏艰难困苦、始终保持高昂士气的革命乐观主义精神,为人类和平和正义事业而战斗的爱国主义、国际主义精神。

著名作家魏巍在描述第二次战役的松骨峰战斗情景时是这样写的:“战后,这个连的阵地上,枪支完全摔碎了,机枪零件扔得满山都是。烈士的遗体保持着各种各样的姿势。有抱住敌人腰的,有抱住敌人头的,有掐住敌人脖子把敌人摁倒在地上的,有和敌人倒在一起、烧在一起的。有一个战士,他手里还紧握着一个手榴弹,弹体上沾满脑浆,和他死在一起的美国鬼子,脑浆迸裂,涂了一地。另一个战士,嘴里还衔着敌人的半块耳朵……”这就是我们最可爱的人,这就是伟大的抗美援朝精神。

朝鲜战争历时3年零1个月,在幅员狭小的半岛上,双方投入战场的兵力最多时达300多万,兵力密度、敌方空中轰炸的密度和许多战役战斗火力密度在世界战争史上都是空前的。自1950年6月25日至1953年7月27日止,中朝军队共毙、伤、俘敌109万余人,其中美军39万余人,美国开支战费400亿美元,消耗作战物资7300余万吨。美国付出了沉重的代价。因此,美国人说,在错误的战场上打了一场错误的战争。当然,中国人民志愿军在2年零9个月的抗美援朝战争中也付出了伤亡36.6万余人的巨大代价,其中亡11.6万人,全国开支战费62.5亿元人民币,消耗作战物资560余万吨。

1953 年 7 月 27 日，在板门店美国不得不在《朝鲜停战协定》上签字。当时担任美国远东军和“联合国军”总司令的克拉克，后来在回忆录中沮丧地写道：“我获得了一个不值得羡慕的名声：我是美国历史上第一个在没有取得胜利的停战协定上签字的司令官。”

1958 年 2 月 20 日，中国人民志愿军总部发布声明，决定于 1958 年年底前志愿军分批全部撤出朝鲜。首批于 3 月 15 日动身回国。10 月 22 日，志愿军总部官兵在司令员杨勇上将、政委王平上将率领下启程回国。10 月 26 日，志愿军总部公报：志愿军已全部撤出朝鲜。

抗美援朝战争是第二次世界大战结束之后发生的第一场大规模的国际性局部战争，其时间较长，参战国家较多，实际上是当时东西方两大阵营的一次严重对抗。

抗美援朝战争的胜利，使神州大地上“崇美、亲美、恐美”的空气为之一扫，打破了美帝国主义不可战胜的神话，极大地激发了全国人民的爱国热情。抗美援朝战争，打出了中国军队 100 多年来在世界战争舞台上出色的表现，打出了八面威风，打出了持续整整半个多世纪中国东部边境的稳定和安然。

抗美援朝战争不仅奏响了胜利的凯歌，而且锻造出伟大的抗美援朝精神：祖国和人民利益高于一切、为了祖国和民族的尊严而奋不顾身的爱国主义精神，英勇顽强、舍生忘死的革命英雄主义精神，不畏艰难困苦、始终保持高昂士气的革命乐观主义精神，为完成祖国和人民赋予的使命、慷慨奉献自己一切的革命忠诚精神，以及为了人类和平与正义事业而奋斗的国际主义精神。抗美援朝精神是中国人民的宝贵财富。

1953 年 9 月 12 日，毛泽东在中央人民政府委员会第二十四次会议的讲话中，对抗美援朝作了总结：“抗美援朝，经过三年，取得了伟大的胜利，现在已经告一段落。”他还讲道：“抗美援朝战争的胜利是伟大的，是有很重要意义的。”

第一,和朝鲜人民一起,打回到"三八线",守住了"三八线"。这是很重要的,如果不打回"三八线",前线仍在鸭绿江和图们江,沈阳、鞍山、抚顺这些地方的人民就不能安心生产。

第二,取得了军事经验。我们中国人民志愿军的陆军、空军、海军、步兵、炮兵、工兵、坦克兵、铁道兵、防空兵、通信兵,还有卫生部队、后勤部队等,取得了对美国侵略军队实际作战的经验。这一次,我们摸了美国人的底。对美国军队,如果不接触它,就会怕它。我们跟它打了 33 个月,把它的底摸熟了。美帝国主义并不可怕,就是那么回事。我们取得了这一条经验,这是一条了不起的经验。

第三,提高了全国人民的政治觉悟。

由于以上三条,就产生了第四条:推迟了帝国主义新的侵华战争,推迟了第三次世界大战。

帝国主义侵略者应当懂得:现在中国人民已经组织起来了,是惹不得的。如果惹烦了,是不好办的。

抗美援朝战争,是毛泽东一生最为艰难的一次决策,但同时又是毛泽东军事艺术、国际战略乃至治国方略中的绝妙之笔。

十五、社会转型

1952年,人民共和国已经走过了3年光辉胜利的历程。在中国的大地上,洒满春天的阳光,充满生机和希望。恢复国民经济的任务提前完成,抗美援朝、土地改革、镇压反革命三大运动取得了伟大胜利,今后的任务就是进行大规模经济建设了。

1951年9月,毛泽东在北京第三次接见了来自山西的农民李顺达。李顺达所在的山西省平顺县西沟村位于太行山区。早在抗战期间,李顺达就和6户农民成立了互助合作组,将各家各户的生产工具集中起来,合理使用。这不仅发展了生产,渡过了灾荒,而且还动员了青年参军参战,支援前线。

就在这个时候,山西省昔阳县(今属晋中市)大寨村党支部书记陈永贵也正在琢磨着把村里的互助组办成农业合作社。1952年,大寨成立了农业生产合作社。

中国农民的探索使毛泽东非常高兴。1951年9月,在《中共中央关于农业生产互助合作的决议(草案)》中,毛泽东亲自加上了这么一段话:"要使国家得到比现在多得多的商品粮食及其他工业原料,同时也提高农民的购买力,使国家的工业品得到广大的销场,就必须提倡'组织起来'。"

当全国范围内的土地改革开始以后,中央所考虑的就是推进改造中国农村的第二次革命,这就是农业的互助合作。农业的社会主义改造就这样开始了。

1952年年底,全国出现了农民自愿组织的830多万个互助组和3600多个初级农业合作社。这个时期的中国农村,充满了几千年来前所未有的生机和活力。1953年12月,中共中央通过了《关于发展农业生产合作社的决议》,中国农村开始进入大办初级社的阶段。

河北省遵化县(今遵化市)建明乡西铺村的农业合作化运动,是全国农业合作化运动的一个缩影。透过这个缩影,我们可以窥见全国农业合作化运动那色彩斑斓、波澜壮阔的历史画卷。

遵化县属于冀东革命老区,西铺村地处该县北部山区。20世纪50年代初,这里地少、土薄、产量低,农民生活水平低下。在毛泽东倡导的农业合作化运动中,1952年,西铺村最穷的23户农民率先组织起来,办起了合作社,被人们称为"穷棒子社"。这23户农民入社前有3个农户与他人合伙养一头驴,仅有四分之三的股份,所以这个社的家当只有3条驴腿。

合作社建立后,在社长王国藩的带领下,"穷棒子社"走上了勤俭办社、自力更生、发展集体经济的路子。在3年的时间里,他们战胜了种种困难,夺取了一个又一个丰收年,显示了组织起来的优越性,吸引了广大农民。合作社从最初的23户发展到83户,后又发展到148户,使全村凡是可以入社的都成了社员,实现了全村合作化;生产资料从一无所有,到积累了12头牛、2头驴、3头骡子、5辆大车和103只羊,共值6000多元的公共财产;

600 多亩梯田栽上了果树，千亩荒山披上了绿装。副社长杜魁自豪地说："有党的领导，有我们的手，三五年后的西铺，将是衣食富裕、鸟语花香的山村。"他们的干劲儿得到了毛泽东的极大肯定，并称它代表了整个中国的形象，代表了 5 亿农民的方向，"鸡毛可以飞上天"。

"穷棒子社"成为全国农业合作化运动中的先进典型，王国藩也成为全国著名的劳动模范并受到毛泽东的多次接见。

全国各大报刊纷纷刊载他们的事迹。《唐山农民报》1955 年 4 月 30 日刊登的报道《书记动手，全党办社》和《河北日报》1955 年 5 月 4 日刊登的《勤俭办社》的经验，分别被选入中共中央办公厅编印的《中国农村社会主义高潮》一书。毛泽东亲自为这篇文章写了序言，指出勤俭经营是一切经济事业的方针。在《书记动手，全党办社》一文的按语中，毛泽东写道：

"遵化县的合作化运动中，有一个王国藩合作社，二十三户贫农只有三条驴腿，被人称为'穷棒子社'。他们用自己的努力，在三年时间内，'从山上取来'了大批的生产资料，使得有些参观的人感动得流下泪。我看这就是我们整个国家的形象。难道六万万穷棒子不能在几十年内，由于自己的努力，变成一个社会主义的又富又强的国家吗？社会的财富是工人、农民和劳动知识分子自己创造的。只要这些人掌握了自己的命运，又有一条马克思列宁主义的路线，不是回避问题，而是用积极的态度去解决问题，任何人间的困难总是可以解决的。"

山东省曲阜县(今曲阜市)有一个合作社，3 年内增产 67%。毛泽东兴致勃勃地看完了这个合作社的材料，写出一篇抒发情怀的按语："曲阜县是孔夫子的故乡，他老人家在这里办过多少年的学校，教出了许多有才干的学生，这件事是很出名的。可是他不大注意人民的经济生活。他的学生樊迟问起他如何从事农业的话，他不但推开不理，还在背后骂樊迟做'小人'。现在他的故乡的人民办起社会主义的合作社来了，经过了两千多年仍然是那样贫困的人民，办了三年合作社，经济生活和文化生活都开始改变了面貌。这就证明,现在的社会主义确实是前无古人的。社会主义比起孔夫子的'经书'来,不知道要好过多少倍。有兴趣去看孔庙孔林的人们,我劝他们不妨顺道去看看这个合作社。"

毛泽东在这个按语中还提出了一些著名论点,例如:"政治工作是一切经济工作的生命线";"提倡以集体利益和个人利益相结合的原则为一切言论行动的标准的社会主义精神";做思想政治工作"必须根据农民的生活经验,很具体地很细致地去做,不能采用粗暴的态度和简单的方法。它是要结合着经济工作一道去做的,不能孤立地去做"。

加速合作化的群众运动的浪潮很快席卷了整个中国大地。到1956年年底,全国已有96.3%的农户加入了合作社,合作社运动顺利完成。然而过快的速度、过粗的方式,难免有些拔苗助长,把合作化当作政治运动来搞,这不免给中国农业的发展留下了隐患。

1953年2月15日,农历正月初二。人们走亲访友,串门拜年,沉浸在新年的喜悦中。这一天,毛泽东乘专列离开北京。专列顶着凛冽的寒风奔驰在京汉线上。这是他进京后第二次离京南下视察工作。

专列到达河北省邢台县(今邢台市)时,邢台县委第二书记、县长张玉美被请上了专列。毛泽东向张玉美详细询问邢台县的农业互助合作发展情况。当听到全县入社入组的农民已占总农户的87%时,毛泽东露出了愉快的笑容。随后,他又询问办社还存在哪些问题,让张玉美一一回答。他对张玉美肯定地说:"看来,农业不搞机械化,也能实现合作化,中国不一定仿照苏联的做法。"他指示邢台县政府,在合作社问题上一定要本着积极、稳妥、典型引路的方法去办。

专列抵达武汉时,毛泽东同武汉市委书记王任重谈话,着重讲了向社会主义过渡的问题:"有人说,'要巩固新民主主义秩序',还有人主张'四大自由',我看都是不对的,新民主主义是向社会主义过渡的阶段,在这个过渡阶段,要对私人工商业、手工业、农业进行社会主义改造。过渡要有办法,就像从汉口到武昌要坐船一样。国家要实现对农业、手工业和私营工商业的社会主义改造,从现在起大约需要三五年的时间,这是和逐步实现国家工业化同时进行的。"

毛泽东离开武汉到达安庆视察时说:"假如说新民主主义革命有十项任务,现在已经完成了七项八项,那么要不要等到把这十项任务都做完了再去搞社会主义呢?不是的,只要基本条件成熟了,就可以开始进行社会主义革命工作。我们是革命阶段论者,但两个阶段不能截然分开。"

随后,毛泽东乘军舰来到南京,继而北上徐州、天津。这一路花工夫最多的是向江苏省、天津市以及其他一些城市的负责人了解各地经济情况。

2 月 26 日,毛泽东回到北京。第二天,他在中南海颐年堂主持召开了中央政治局会议。毛泽东在会上说:什么是过渡时期?过渡时期的步骤是走向社会主义。我给他们用扳指头的办法解释,类似过桥,走一步算是过渡了一年,两步两年,三步三年,四步四年,五步五年,六步六年……十年到十五年走完了。让他们把这话传达到县委书记、县长。在十年到十五年或还多些时间内,基本上完成国家工业化及对农业、手工业、资本主义工商业的社会主义改造。要防止急躁情绪。这次会议上基本形成了毛泽东关于过渡时期总路线的完整表述。

6 月 13 日,毛泽东主持召开了中央政治局会议,正式提出了过渡时期的总路线,并作了系统阐述:"从中华人民共和国成立,到社会主义改造基本完成,这是一个过渡时期。在过渡时期的总路线和总任务,是要在十年到十五年或者更多一些时间内,基本完成国家工业化和对农业、手工业、资本主义工商业的社会主义改造。"他还说:"党在过渡时期的总路线是'照耀我们各项工作的灯塔',不要脱离这条总路线,脱离了就要发生'左'倾或右倾的错误。"

9 月 8 日,周恩来在全国政协常委扩大会议上作了题为《过渡时期的总路线》的报告,对过渡时期的总路线作了相关说明。

1954 年 2 月 10 日,中共七届四中全会通过决议,正式批准了中共中央政治局提出的党在过渡时期总路线。

同年 9 月召开的一届全国人大一次会议,在通过的《中华人民共和国宪法》中,把党在过渡时期的总路线作为国家在过渡时期的总任务写入了宪法的总纲。

过渡时期总路线从首次提出到正式公布,经过了一年时间的酝酿。

当农业合作社运动蓬勃兴起,国家对农业的社会主义改造进入高潮的时候,对手工业和对资本主义工商业的社会主义改造也开始了。这在当时被称为“三大改造”。三大改造是国家工业化和大规模经济建设的前奏。

毛泽东把国家的社会主义工业化和社会主义三大改造的关系,比作“主体”和“两翼”。“主体”和“两翼”是密不可分、互为前提的。实现国家工业化,即由农业国转变为工业国,同实现社会主义改造,是由新民主主义转变为社会主义这个历史过程的两个方面。一方面,他说:“总路线也可以说是解决所有制的问题。”另一方面,他又始终强调社会主义工业化在转变为社会主义中的主体地位和主导作用。

在一个相当长的时期内,逐步实现国家对社会主义工业化的改造,并逐步实现国家对农业、对手工业和对资本主义工商业的社会主义改造。这是确立社会主义制度和中国社会发展的客观要求。

对农业的社会主义改造,从 1951 年 12 月开始,到 1956 年完成,分为三个步骤进行。第一步是建立互助组。包括两种形式:一种是临时互助组,一种是长年互助组。这种互助组虽然有社会主义性质的萌芽,但还不是社会主义的组织,因为所有制和分配方法还是个体的。第二步是建立初级社,即建立以土地入股和统一经营的半社会主义性质的初级农业生产合作社。第三步是建立高级社。土地和大农具归集体所有,劳动产品的分配根据社员的劳动量来进行,这就是社会主义性质的了。

对手工业的社会主义改造,早在 1949 年到 1952 年已经开始重点试办,1953 年以后进入发展阶段,1956 年完成。采取三种形式进行:第一种是带有社会主义因素的手工业小组,首先从供销方面把手工业劳动者组织起来,有组织地购买原料、推销成品或接洽加工业务;第二种是具有半社会主义性质的手工业生产供销社,是由若干手工业劳动生产小组组织起来,统一购买原料、推销成品,统一承揽加工订货,并以业务经营中的积累来购置公有的生产工具,进行部分的集中生产;第三种是具有社会主义性质的手工业生产合作社,主要生产资料完全归集体所有,实行按劳分配。

对资本主义工商业的社会主义改造,从 1953 年 6 月开始,到 1956 年完成。这个改造过程,是通过国家资本主义的形式对资产阶级进行和平赎买实现的。

我国过渡时期的所谓国家资本主义,是在人民民主专政国家管理之下的,用各种形式和社会主义国营经济联系着的,并受工人监督的资本主义经济。这种国家资本主义的形式包括两个步骤。第一步是国家资本主义的初级形式,即委托加工、计划订货、统购包销、委托经销代销四种形式。这一步把私人资本主义经济转变为国家资本主义经济,所有制没有变,还是由资本家经营管理。第二步是国家资本主义的高级形式,即个别行业公私合营和全行业的公私合营两种形式。这一步是把国家资本主义转变为社会主义经济。个别行业公私合营,是由国家向私人资本主义企业投资入股,并通过派干部担任分方代表,掌握主要领导权。利润实行当时所说的“四马分肥”,即分为国家所得税、企业公积金、工人福利费、资方红利四个部分,资方红利大约占四分之一,企业利润大部分归国家和工人。

在这种企业中,社会主义成分占了优势,叫半社会主义性质的经济形式。全行业公私合营,是对企业中的私股进行清产核资,每年付给 5%的利息(初定 7 年,后延长 3 年,共计 10 年),实行付息以后,企业的生产资料完全归国家所有,由国家按社会主义原则经营,这些企业就是社会主义性质的了。

在农业合作社、手工业合作社运动迅猛发展的推动下，资本主义工商业改造的步伐也大大加快了。1955 年 10 月 29 日，毛泽东邀集中华全国工商联合会执行委员会委员到中南海，座谈私营工商业社会主义改造问题。毛泽东说："我们现在对资本主义工商业的社会主义改造，实际上就是运用从前马克思、恩格斯、列宁提出过的赎买政策。""不是用突然的方法，而是逐步地进行，延长改造的时间。""对资本家的安排主要是两个，一个是工作岗位，一个是政治地位，要统统地安排好。""资产阶级，总有一天，大约三个五年计划之内，就不叫资产阶级了，他们成为工人了。农民这个阶级还是有的，但他们也变了，不再是个体私有制的农民，而变成合作社集体所有制的农民了。这种共同富裕，是有把握的，不是什么今天不晓得明天的事。"

1955 年 11 月间，全国工商联执行委员会举行第一届第二次会议，要求各级工商联组织为进一步推动私营工商业者进一步接受社会主义改造而努力。接着，各地纷纷实行一些行业的全行业公私合营。

1956 年 1 月 15 日下午，北京各界 20 多万人在天安门广场集会，冒着凛冽的寒风，热烈庆祝实行全市工商业公私合营和农业、手工业实现合作化。毛泽东、周恩来等党和国家领导人出席了庆祝集会。在天安门城楼上，毛泽东先后接受了首都工商界、农民、手工业者代表送来的报喜信。1 月底，全国 50 多个资本主义工商业比较集中的大城市，相继宣布全部实现全行业公私合营。

到 1956 年年底，农村中加入农业生产合作社的农户达到全国农户总数的 96.3%，其中参加高级社的占全国农户总数的 87.8%；全国私营工业户数的 99%，私营商业户数的 82.2%，分别加入了公私合营或合作社的轨道；参加合作社的手工业人员已占全体手工业人员的 91.7%。在全国范围内，对生产资料私有制的社会主义改造已基本完成，社会主义制度在中国开始建立起来。

1956 年年底，三大改造取得了胜利。由于中国共产党的方针政策是从实际出发的，符合中国国情，所以三大改造虽然是一场中国有史以来最深刻的社会变革，却没有引起通常容易发生的社会动荡，工农业生产也没有受到损害，而且继续发展。

社会主义的三大改造不论是从理论还是从实践上都极大地丰富和发展了马克思列宁主义的科学社会主义理论，极大地促进了我国工、农、商业的社会变革，推动了国民经济的快速发展。与此同时，随着社会主义三大改造的基本完成，我国正式建立了社会主义的基本制度，进入社会主义初级阶段。

正如中共中央《关于建国以来党的若干历史问题的决议》中讲的："到一九五六年，全国绝大部分地区基本上完成了对生产资料私有制的社会主义改造。这项工作中也有缺点和偏差。在一九五五年夏季以后，农业合作化以及对手工业和个体商业的改造要求过急，工作过粗，改变过快，形式也过于简单划一，以致在长期间遗留了一些问题。一九五六年资本主义工商业改造基本完成以后，对于一部分原工商业者的使用和处理也不很适当。但整个来说，在一个几亿人口的大国中比较顺利地实现了如此复杂、困难和深刻的社会变革，促进了工农业和整个国民经济的发展，这的确是伟大的历史性胜利。"

无论从中华民族几千年的历史长河来看，还是从世界范围的眼光来看，社会主义制度在有着几亿人口的中国大地上建立起来，都是一件有着划时代意义的大事。这是事情的主流和本质。尽管社会主义改造工作的后期存在《关于建国以来党的若干历史问题的决议》中指出的那些问题，但从总体来看，它反映了历史的必然性，使全国的各项工作得以在一个新的基础上前进。离开这个起点，就没有什么社会主义现代化可言。

开展大规模的经济建设，使国家走向繁荣富强，是中国人民 100 多年来几代人梦寐以求的理想。

从 1953 年起，这场大规模的经济建设，热气腾腾地在中国大地上全面铺开。这是中国人民在自己国土上从来没有实行过的壮举。

这一年,《人民日报》发表的元旦社论写道:“一九五三年将是我国进入大规模建设的第一年。”

国家建设包括经济建设、国防建设和文化建设,而以经济建设为基础。

工业化,是我国人民百年来梦寐以求的理想,是我国人民不再受帝国主义欺侮,不再过穷困生活的基本保证,因此这是全国人民的最高利益。全国人民必须同心同德,为这个最高利益而积极奋斗。

当时规定,五年建设的中心环节是重工业,特别是钢铁、煤、电力、石油、机器制造、飞机、坦克、拖拉机、船舶、车辆制造、军事工业、有色金属、基本化学工业等。

新中国工业化的第一步是第一个五年计划的编制。早在1952年2月,毛泽东就在政治局会议上提出,要编制五年计划,同时,决定以周恩来为首,成立一个六人领导小组。1953年6月,毛泽东说:为了保证国家的独立,我们在编制五年计划时要把建设重点放在重工业上。

在毛泽东看来,国家的发展和民族的复兴必须植根于快速发展的工业。没有强大的工业体系,中国仍不免落后挨打的局面。

把重工业作为五年建设的中心环节,是不是意味着忽视轻工业和农业呢?不是。周恩来在全国政协常委会上对这个问题作了说明:“所谓集中‘主要’力量,不是集中‘一切’力量;不是要冒进;不是搞重工业,其他问题不搞了。”他说:“轻工业是保证人民需要的。”现在人民的购买力一天比一天提高,“既然有这样大的购买力,就要逐步地满足他们的需要,就要相应地发展轻工业。同时,轻工业发展了,就便于积累资金。所以对轻工业的相应发展,我们国家是不能忽视的”。这种思路显然同苏联有区别,是符合中国国情的。在中国大规模进行经济建设起步的时候就敏锐地注意到这些问题,是不容易的。

进行大规模的经济建设,对中国人来说,是从来没有做过的事情,有些方面连常识都没有，但又不能等到有了足够的经验后再动手，这样，困难自然很多。由于既缺乏经验，又缺乏调查资料和必要的统计数字，建设人才也严重不足，第一个五年计划事实上是“边计划，边执行，边修正”，建设工作也是边摸索，边往前闯。

新中国刚成立的时候，在全国范围内虽然拉开了实现工业化的序幕，但中国所处的环境并不好，帝国主义对中国实行全面封锁，新中国的工业要迅速发展非常困难。

国民党留下的烂摊子是难以想象的。它所留下来的工业结构是畸形的：轻工业所占比重很大，而重工业的基础却异常薄弱，钢产量在 1949 年只有15.8万吨，而且缺少轧钢设备，以致有限的产品不能全部利用；这一年全国原油产量只有 12 万吨；煤矿除外国人控制的几个大矿外，大多是临时性的小斜井，寿命很短。机器工业的生产能力也小得可怜，而且设备陈旧落后，不能制造重型或者比较精密的机器。至于精密工业、国防尖端和工业技术的水平，更无法同发达国家相比。

中国没有独立的完整的工业体系，不仅飞机、汽车、拖拉机不能制造，就连一块手表也制造不出来。

面对新中国成立时的工业现状，毛泽东感慨地说：“现在我们能造什么？能造桌子椅子，能造茶碗茶壶，能种粮食，还能磨成面粉，还能造纸。但是一辆汽车，一架飞机，一辆坦克，一辆拖拉机都不能造。”

时任副总理的李富春在《关于发展国民经济的第一个五年计划的报告》中说：

“只有建立起强大的重工业，即建立起现代化的钢铁工业、机器制造工业、电力工业、燃料工业、有色金属工业、基本化学工业等等，我们才可能制造现代化的各种工业设备，使重工业本身和轻工业得到技术的改造；我们才可能供给农业以拖拉机和其他现代化的农业机械，供给农业以足够的肥料，使农业得到技术的改造；我们才可能生产现代化的交通工具，如火车头、汽车、轮船、飞机等等,使运输业得到技术的改造;我们也才可能制造现代化的武器,来装备保卫祖国的战士,使国防更加巩固。同时,只有在发展重工业的基础上,我们才能够显著地提高生产技术,提高劳动生产率,能够不断地增加农业和消费品工业的生产,保证人民的生活水平的不断提高。”

1953年是新中国全面开始工业化建设的第一年,这一年是新中国的历史上不同寻常的一年。

1953年7月15日是新中国工业史上一个重要的日子,这一天早晨,新中国第一个汽车工业基地——长春第一汽车制造厂在长春郊外的荒原上举行了奠基仪式。

上万名来自全国各地的建设者们聚集到这里,他们将要用3年的时间完成工厂建设。在上万人兴奋的目光中,一块刻有毛泽东亲笔题写的“第一汽车制造厂”字样的汉白玉奠基石被安放在厂址的中心广场上。毛泽东说:我们不仅要有第一,还要有第二、第三。这不仅仅是为中国汽车工业奠基,也宣告了一个前所未有的大规模建设时代的到来。1956年7月,第一汽车制造厂造出第一辆解放牌汽车,结束了中国不能制造汽车的历史。这个厂成为中国汽车工业的摇篮。

当时,在工业建设中被看作“重中之重”的,是中国最大的钢铁生产基地鞍山钢铁公司的大型轧钢厂、无缝钢管厂、炼钢厂七号高炉三大工程。它们都是机械化、自动化程度较高的大型现代化工程:大型轧钢厂的设计能力为年产钢轨及大型钢材50万吨,无缝钢管厂的设计能力为年产各种无缝钢管6万吨,七号高炉的有效容积为980立方米。这三大工程分别在1952年7月、8月和1953年2月动工兴修,到1953年10月至12月相继竣工。

中国第一个大型合金钢生产基地北满钢厂,是1954年4月在黑龙江富拉尔基破土动工的。1956年8月炼出了第一炉钢。1957年11月全厂落成开工。它的建成,使新中国具备了生产重武器用钢的能力。

中国第一座现代化露天煤矿辽宁阜新海州露天煤矿，是在1953年7月建成投产的。建成后，年产煤300万吨。

上海电机厂、上海汽轮机厂、上海锅炉厂通力合作，在1955年6月生产并组装成新中国第一套6000千瓦火力发电机组，开创了中国自行制造成套火力发电设备的记录。

洛阳拖拉机厂的兴建，开创了中国人自己制造拖拉机的历史。

中国过去没有自己制造过飞机，只能做些修理工作。1954年7月，南昌飞机厂制造的第一架飞机试飞成功。1956年7月，第一架国产喷气式歼击机在沈阳试飞成功。

就连第一块国产手表，也是1955年3月在天津的华北钟厂和华威钟厂共同组成的手表厂试制成功的。

1954年12月25日，青藏公路和康藏公路通车。

1954年5月上旬，我国第一座巨型山谷水库官厅水库竣工。

1955年7月，黄河上第一座大铁桥兰新铁路黄河大桥通车。

1957年10月16日，工程浩大的武汉长江大桥提前建成。武汉长江大桥位于武汉市内，横跨于武昌蛇山和汉阳龟山之间，是我国在万里长江上修建的第一座铁路、公路两用桥，全长1670.4米。而在这之前，在长达6300公里的长江江面上，几千年来从没有建过一座桥梁。武汉长江大桥的建成，谱写了中国人民建设史上的新篇章。

这一时期，尤其值得一提的是，原子弹研制实验提上了议程。

新中国成立后不久，中国出兵朝鲜作战时，美国动辄扬言准备使用原子弹。当时，法国总统戴高乐有句名言："没有核武器的国家不是大国。"

1954年，毛泽东对来访的赫鲁晓夫提出，能否在制造核武器方面给中国以帮助。赫鲁晓夫同意提供帮助。

1955年1月15日，一次关系中国核事业命运的绝密会议在中南海的紫光阁召开。毛泽东主持召开了这次中央书记处会议，专门听取李四光、钱三强、刘杰等科学家关于原子能的情况汇报。这是毛泽东主持召开时间最长、最具决定性意义的一次关于导弹、原子弹方面的会议。因为会议高度机密,任何人不能做笔记,也没有秘书进行文字记录,更没有新闻记者拍摄。

李四光先讲了铀矿资源勘探与发展原子能事业的密切关系,详细分析了中国有利的铀矿形成的地质条件,并对中国铀矿资源的前景作了预测。接着,刘杰作了补充,讲述了广西发现铀矿的经过,并带来了矿石标本和探测器进行了现场演示,到会领导人听到矿石标本在测试放射性的仪器前发出的“嘎嘎”响声时,十分欣喜和兴奋。毛泽东甚至不顾矿石有放射性的危险,走到仪器前仔细地听,喜悦的神情溢于言表。

毛泽东请参会的各位领导发表意见,大家一致赞同发展我国的原子能事业,他总结说:“过去几年其他事情很多,还来不及抓这件事。现在到时候了,该抓了。只要排上日程,认真抓一下,一定可以抓起来。我们自己干,也一定能干好。”

中国制造原子弹,就在这个时候拍了板。会后,中央领导和科学家一起吃饭,平时很少沾酒的毛泽东端起了一杯红葡萄酒说:“为我国原子弹事业的发展,干杯!”

1955 年 7 月,中央指定陈云、聂荣臻、薄一波组成三人小组,加强对原子能事业的领导。

1956 年 4 月 25 日,毛泽东在中央政治局扩大会议上说:“我们也要有原子弹,在今天的世界上,我们要不受人欺负,就不能没有这个东西。”

1958 年,毛泽东说:“原子弹,听说就是这么大一个东西,没有那个东西,人家就说你不算数。那么好,我们就搞一点。搞一点原子弹、氢弹、洲际导弹,我看有 10 年功夫是完全可能的。”

1959 年下半年,正是我国经济困难时期,我国原子弹正式起步研制就开始于这个时期。

1959 年 12 月 18 日,新疆罗布泊一个名叫黄洋沟的大戈壁滩上,钉上了中国第一颗原子弹爆炸位置的标桩。马兰基地 10 多万平方公里的核试验场,在地图上还无法找到。工程兵司令员陈士榘率领的工程兵,最先浩浩荡荡地开进马兰基地和甘肃酒泉导弹发射基地。毛泽东拉着陈士榘的手指着张爱萍说:“你们做窝,他们下蛋。”

1960 年,苏联中断了对中国的帮助,在苏联专家撤走后,核武器研究院很快组成二大部——理论部、试验部、总体部,排列出原子弹的各项技术关,全面开始攻关;在长城外面很快建立了小型爆炸物理试验场,迅速展开试验工作;在青海草原建立了大型爆炸物理试验场和特种炸药浇筑车间,以及其他相应配套的自动控制、机械加工场地,各项理论研究和实际试验工作有条不紊地进行着。

原子弹是用铀 235 原子裂变时产生的巨大能量爆炸的,没有铀 235,原子弹就无法制造出来。铀 235 的研制从探矿、选矿、开采到最后的提取成功,有上百道工序。一点一点地筛选,一点一点地提取,整个工艺流程经过大半个中国,缺少一道工序也不成,每一道工序都有极严格的技术要求,工作量之大,工艺要求之细,技术要求之强,堪称极致。

作为原子弹的核心材料,铀 235 的研制成功,标志着中国人离原子弹近了一步。

原子弹能否爆炸成功,最后一道主要工序插雷管至关重要。如果雷管不能按规定要求插到正确位置,将会失败。

1962 年 11 月,成立由周恩来任主任,包括 7 位副总理和 7 位有关部门负责人在内的专门委员会,以加强对原子武器研制工作的领导,将导弹、卫星研制统一纳入领导范围。在中央领导下,全国上下一盘棋,先后有 26 个部委 20 多个省市 1000 多个科研单位参加研制。

从 20 世纪 50 年代起,钱学森、王淦昌、彭恒武、邓稼先、朱光亚、程开甲、赵九章等数以千计的海外科学家纷纷回国参加工作,他们大都成为各方面的学术带头人和科研领路人，为发展新中国的科学技术事业，尤其为“两弹一星”的研制，建立了不可磨灭的功勋。“两弹一星”精神是在极为困难的条件下，中华民族自力更生，艰苦奋斗，集中力量进行科学探索，创造“科学奇迹”的精神品质，是在伟大事业过程中形成的热爱祖国、无私奉献，自力更生、艰苦奋斗，大力协同、勇于攀登的精神。

1964年10月16日下午2时59分40秒，主控制站技术人员在众目期盼中按下了具有历史意义的电钮开关，10秒倒计时后，强光闪亮，天地轰鸣，巨大的蘑菇云翻滚而起。成功了！

当晚，中央人民广播电台、《人民日报》进行了报道。美联社和路透社等也相继进行了报道。

1966年10月27日，我国第一颗有核弹头的地对地导弹爆炸成功；1967年6月17日，我国第一颗氢弹爆炸成功；1970年4月24日，我国第一颗人造卫星发射成功；1971年9月，我国第一艘核潜艇下水。中国人以超人的胆识和智慧，完成了人类文明史上勇攀科技高峰的壮举。正如邓小平所说：“如果六十年代以来没有原子弹、氢弹，没有卫星发射，中国就不叫有影响的大国，就没有现在这样的国际地位。”

一个接一个捷报传来，气势宏伟的大规模经济建设在人们面前一步步展开，这是旧中国从来没有看见过的，使中华民族扬眉吐气，充满自豪。

为了筹划国家工业化，还在国民经济恢复时期，毛泽东就指导制定我国国民经济发展的第一个五年计划。这是使国家工业化从百年梦想变为现实的第一步，也是具有重大意义的关键一步。

1952年8月，受毛泽东委托，周恩来率中国政府代表团带着《1953年至1957年计划轮廓（草案）》前往苏联，征询苏共中央和苏联政府的意见。

9月24日，周恩来等回国，当天毛泽东主持召开中共中央书记处会议，听取周恩来等关于同苏联商谈情况的汇报。会议就五年计划的方针和任务等进行了讨论。就是在这次会议上，毛泽东提出过渡时期总路线的构想,为五年计划的制定确定了指导思想。五年计划纳入过渡时期总路线的轨道,成为实现过渡时期总路线的一个重大步骤。

1955 年 3 月,中国共产党召开全国代表会议,原则通过了中华人民共和国发展国民经济的第一个五年计划草案。

7 月,全国人大一届二次会议经过审议正式通过了《中华人民共和国发展国民经济的第一个五年计划(1953—1957)》。“一五”计划从 1951 年着手编制到 1955 年 7 月正式通过,前后用了 4 年多的时间,五易其稿。

第一个五年计划是实现过渡时期总路线的关键步骤,是总路线“一化三改”内容的具体化。其基本任务是:集中主要力量进行以苏联帮助我国设计的 156 个单位为中心的、由限额以上的 694 个建设单位组成的工业建设,建立我国的社会主义工业化的初步基础;发展部分集体所有制的农业生产合作社和手工业生产合作社,建立对于农业和手工业的社会主义改造的初步基础;基本上把资本主义经济分别地纳入各种形式的国家资本主义的轨道,建立对于私营工商业的社会主义改造的基础。

在第一个五年计划期间,中国政府制定了“自力更生为主,争取外援为辅”的方针,确定了以苏联为主要学习对象,优先发展重工业的道路。计划经济就是国家主导经济的一种极端方式,完全用行政手段分配资源,服务于工业化目标,在短期内可以集中力量办大事。

在当时的世界,计划经济的优势不仅吸引了中国,也引起了西方国家的兴趣。不少资本主义国家也开始在施行了百余年的自由市场经济中加入国家干预的因素。

新中国的工业化和第一个五年计划是在经济非常落后的情况下开始的。当时缺少资金,又没有先进的技术装备和足够的建设人才,再加上美国等西方国家对新中国的全面封锁,唯一的帮助只能来自苏联。

在“一五”计划中,苏联援助的 156 个项目突出了工业建设的中心。这批项目,有的是中方提出来的,有的是苏方提出来的,双方经过多次商量才确定下来。

这期间,大致经过了三个阶段:

第一批项目,是毛泽东 1950 年首次率团访问苏联时确定的。其中,《关于苏联贷款给中华人民共和国的协定》规定,苏联以年利 1%的优惠条件向中国提供 3 亿美元贷款。苏联就是用这笔贷款向中国提供了 156 项工程当中的首批 50 项大型工程,包括煤炭、电力等能源项目,钢铁、有色金属、化工等基础项目,以及国防工业项目。

第二批项目,是在 1952 年 8 月周恩来率团访苏时确定的,前后历时 8 个月。中苏双方对每个项目都进行了详细周密的研究,并于 1953 年 5 月 15 日签署了《苏联政府援助中国政府发展中国国民经济的协定》(简称《协定》)。苏联承诺,1953 年到 1959 年,援助中国新建和改建 91 个规模巨大的工程项目;《协定》还规定,连同 1950 年签订的 50 个项目共 141 个企业,将在 1953 年到 1959 年期间相继开工。

第三批项目,是在 1954 年 10 月赫鲁晓夫率团参加中华人民共和国成立 5 周年庆典时确定的。双方签署协定,苏联政府承诺帮助中华人民共和国政府新建 15 项工业企业。

1955 年 3 月,中苏签署了新协定,包括军事工程、造船工业和能源材料工业等建设项目共计 16 项。随后,又增加了口头协议,再增加 2 个项目,前后共确定了 174 项工程。后来,经过反复核查调整,有的项目取消,有的项目推迟建设,有的项目合并,有的项目一分为几,有的不列入限额以上项目,最后确定为 154 项。因为计划公布 156 项在先,所以称"156 项工程"。而实际进行施工的为 150 项,其中在"一五"期间施工的达 146 项。

150 项施工项目的主要构成是:军事工业企业 44 个,其中航空工业 12 个,电子工业 10 个,兵器工业 16 个,航天工业 2 个,船舶工业 4 个;冶金工业企业 20 个,其中钢铁工业 7 个,有色金属工业 13 个;化学工业企业 7 个;机械加工企业 24 个;能源工业企业 52 个,其中煤炭工业和电力工业各 25

个,石油工业 2 个;轻工业和医药工业 3 个。

“一五”期间建设的项目,特别是苏联援建的项目,主要分布在东北地区、中部地区和西部地区。150 项中的 106 个民用工业企业,分布在东北地区 50 个、中部地区 32 个;44 个国防企业,布置在中部地区和西部地区的 35 个,其中 21 个安排在四川、陕西。考虑到国防安全和区域平衡,“156 项工程”中,上海等沿海城市除安排少量改扩建项目外,主要依靠原有企业的挖潜,发挥其以轻纺工业、机械工业为主体的综合性工业基地作用。这一分布在很大程度上改变了中国工业倚重沿海地区的状况,建立起比较完整的基础工业和国防工业体系的框架,奠定了中国工业化的初步基础。

按照中苏双方的协定,在 1953 年至 1959 年的 7 年中,上述 156 个项目中的绝大多数将陆续建成,建成之后中国的工业生产能力将大大增长。届时中国的工业生产能力将超过现有生产能力 1 倍以上,中国将有自己的汽车工业和拖拉机工业,机械工业和国防工业方面将有许多新的产品出现。到 1959 年,中国钢铁、煤炭、电力、石油等主要重工业产品的产量将大约相当于苏联第一个五年计划的水平。具体来说,就是钢产量将超过 500 万吨,原煤产量 1 亿吨,发电量在 200 亿度以上,石油产量 250 万吨左右。

对于还处在农业时代的中国来说,这些项目的建设规模和技术水平都是前所未有的。这些项目完工后,中国将由农业国一跃成为一个有着自己独立工业体系的国家,中国的工业化将会有一个稳定的基础。

在第一个五年计划实施期间,包括苏联援建的项目,中国实际建设了 9219 个大中型项目,包括冶金机械、化工能源、国防兵器、航空航天等工业项目,主要分布在东北、华中、西北等地,初步建起了中国民族工业体系。

与 156 个援建项目一起进入中国的,是苏联派出的几千名顾问和专家。这是 100 多年以来,现代工业技术第一次系统地、大规模地向中国转移。

对新中国的青年学子来说,比俄罗斯文化更吸引他们的是苏联科学技术。在苏联专家大规模来到中国的时候,中国政府也向苏联派出了1万多名留学生。在1948年首批赴苏的留学生中,就有后来担任国务院总理、副总理的李鹏和邹家华。

国家对于这些留学生寄予厚望。1957年11月,毛泽东访问苏联时,在莫斯科接见了留学生,并发表了一段充满热情的讲话:

"世界是你们的,也是我们的,但是归根结底是你们的。你们青年人朝气蓬勃,正在兴旺时期,好像早上八九点钟的太阳,希望寄托在你们身上。"

后来,这些留学生陆续学成回国,他们中的很多人成为新中国建设的中坚力量。

50年代,有一首歌曲在中国和苏联的大地上广为传唱:

伏尔加河上听见长江流水声,

……

世界上再没有更亲密的友情,

我们队伍里欢腾的五月已来临。

这里走的是苏维埃联盟,

呵,强大的苏维埃联盟。

新的中国在并肩前进!

这首歌曲叫《莫斯科—北京》,许多上年纪的中国人对此都不陌生。直到今天,它还是莫斯科广播电台普通话频道的开始曲。

对许多中国人和俄罗斯人来说,20世纪50年代在他们的记忆里是美好和值得留恋的。

在中国共产党的正确领导和全国人民的共同努力下,到1957年年底,"一五"计划的各项指标大幅度地超额完成。仅从以下几种主要工业产品的产量就能看出"一五"计划的辉煌成就:1957年,我国钢产量达535万吨,比1952年增长296%,为新中国成立前最高年产量的5.8倍;原煤产量达1.31亿吨,比1952年增长98.5%,为新中国成立前最高年产量的2.1倍;

发电量达193亿千瓦小时,比1952年增长164%,为新中国成立前最高年发电量的3.2倍。

“一五”期间,工业生产所取得的成就,远远超过了旧中国的100年。

我们在为“一五”期间所取得的巨大成就而欢欣鼓舞的时候,不能忘记苏联政府和苏联人民对我们的巨大帮助。

薄一波在《若干重大决策与事件的回顾》中这样写道:“每当回顾‘156项工程’的建设,总是想到不要忘记斯大林,不要忘记苏联人民,不要忘记那些来华帮助过我们的苏联专家。”他还说:“在短短的5年中,苏联政府之所以能动员那么大的人力、物力,帮助我们编制计划、援建项目、供应设备、传授技术、代培人才、提供低息贷款,并且派出3000多名专家和顾问来华帮助我们建设,是同斯大林的支持分不开的。”

从1953年到1956年,在进行大规模经济建设的同时,国家把重视现代科学技术、重视知识分子的问题日益突出地提到新中国的面前。

1956年1月,中共中央召开关于知识分子问题的会议,周恩来作大会主题报告《关于知识分子问题的报告》。周恩来一方面代表党中央郑重宣布我国知识分子“已经是工人阶级的一部分”,这是对我们党关于知识分子观点的重大发展,另一方面响亮地提出“向现代科学进军”的口号,要求确定科学发展的远景计划,并且说:“为适应国家建设急速发展的需要,我们的知识分子队伍必须在数量上加以扩大,在业务水平上加以提高。”

会后,在毛泽东的关怀和周恩来的亲自主持下,新中国制定了《一九五六——一九六七年科学技术发展远景规划纲要》。经过反复论证,纲要确立了57项研究任务,600多个研究课题,勾画出我国科学技术发展的蓝图。其中既有国防工业的尖端项目,也有经济建设中急需的科学技术。如原子能的和平利用、无线电电子学中的新技术、喷气技术、生产过程自动化和精密仪器等。由于方向明确,措施得当,12年科技发展规划到1962年就基本完成了。到1962年,新中国已拥有以原子弹为主要标志的诸多尖端科技,初步建立起现代科学技术体系。

与其他方面相比,新中国开展卫生工作的任务尤为艰巨。新中国成立前,全国卫生机构数量只有 3670 个,床位 8 万张,一些传染病、地方病、寄生虫病长期威胁着人们的健康,人均寿命只有 35 岁。新中国成立后,各级政府组织相继设立了自上而下的卫生行政机构,担负起除害灭病、保障人民健康的重大历史使命,迅速改变城乡医疗卫生事业极度落后的局面。

在此期间,我国的政治建设(特别是民主政权建设)也迈出了新的步伐。1953 年 1 月 13 日,中央人民政府委员会通过《关于召开全国人民代表大会及地方各级人民代表大会的决议》,指出:

"必须依照共同纲领的规定,及时地召开由人民用普选方法产生的全国人民代表大会,代替现在由中国人民政治协商会议的全体会议执行全国人民代表大会职权的形式,用普选的地方各级人民代表大会,代替现在由地方各界人民代表会议代行人民代表大会职权的形式,俾能进一步地加强人民政府与人民之间的联系,使人民民主专政的国家制度更加完备,以适应国家计划建设的要求。"

普选的办法是:基层政权单位实行直接选举,县以上实行间接选举。1954 年 6 月,各地基层的普选工作已经完成,这是一次规模巨大的群众性民主运动。七八月间,各省、市、自治区先后召开人民代表大会。

1954 年 9 月 15 日至 28 日,中华人民共和国第一届全国人民代表大会第一次会议在北京举行。一届全国人大一次会议的一个重大贡献,是通过了中华人民共和国的第一部宪法。这部宪法是在 1949 年中国人民政治协商会议通过的《共同纲领》的基础上,根据国家新形势和社会发展的客观要求制定的。

中华人民共和国的第一部宪法,是在毛泽东主持下制定的。1953 年 12 月 27 日,毛泽东带领宪法起草小组的成员抵达杭州,着手宪法起草工作。1954 年 1 月 9 日,宪法起草工作正式开始。用了 6 个多月的时间,宪法起草委员会举行七次正式会议，对草案初稿进行研究讨论。在全国各大城市组织各方面的代表人物 8000 多人进行讨论并提出修改意见。6 月 14 日，中央人民政府委员会第三十次会议讨论通过了《中华人民共和国宪法（草案）》，并通过决议交付全国人民讨论。全国有 1.5 亿余人参加讨论，提出 118 万多条修改补充意见，使宪法内容臻于完善。这是中国制宪史上的一个革命。

一届全国人大一次会议上，毛泽东致开幕词，刘少奇作《关于中华人民共和国宪法草案的报告》，周恩来作《政府工作报告》，75 位代表发了言。会议通过并颁布《中华人民共和国宪法》，选举毛泽东为国家主席、朱德为副主席、刘少奇为全国人大常委会委员长，任命周恩来为国务院总理。

1954 年 12 月 21 日至 25 日，全国政协二届一次会议在北京举行。会议通过《中国人民政治协商会议章程》，并规定了参加政协的各单位和个人必须共同遵守的准则：（一）拥护中华人民共和国宪法，全力贯彻宪法的实施。（二）巩固工人阶级领导的、以工农联盟为基础的人民民主制度；加强社会主义经济力量在国民经济中的领导地位。（三）协助国家机关，推动社会力量，实现国家关于社会主义工业化和社会主义改造的建设计划。（四）密切联系群众，向有关国家机关反映群众的意见和提出建议。（五）在全国各族人民中加强团结工作，发扬爱国主义精神，提高革命警惕性，保卫国家建设，坚持对国内外敌人的斗争。（六）继续巩固和发展中国同苏维埃社会主义共和国联盟、同各人民民主国家的牢不可破的友谊，增进中国同一切爱好和平的国家的友谊，加强中国人民同全世界爱好和平的人民的友谊，反对侵略战争，保卫世界和平，维护人类的正义事业。（七）在自愿的基础上学习马克思列宁主义的理论，积极学习国家的政策，提高政治水平，开展批评和自我批评，努力进行思想改造。这七条是共同团结的基础。

“中国人民政治协商会议全体会议代行全国人民代表大会职权的任务已经结束。但是中国人民政治协商会议作为团结全国各民族、各民主阶级、各民主党派、各人民团体、国外华侨和其他爱国民主人士的人民民主统一战线的组织,仍然需要存在。”

“中国人民政治协商会议全国委员会根据中国人民政治协商会议章程的总纲,就有关国家政治生活和人民民主统一战线的重要事项,进行协商和工作。”

新中国大规模经济建设开始,迫切需要有一个和平安全的国际环境。朝鲜停战的实现,使缓和远东和国际的紧张局势有了可能,使中华人民共和国的国际地位得到巨大提高。

为了开拓外交工作的新局面,不同国家之间,特别是不同社会制度的国家之间,应当怎样相处?周恩来提出了著名的和平共处五项原则。1952年12月31日,他接见参加中印关于西藏地方和印度之间的通商和交通问题谈判的印度政府代表团时说:“新中国成立后就确定了处理中印两国关系的原则,那就是互相尊重领土主权、互不侵犯、互不干涉内政、平等互惠、和平共处的原则。”

他接着说:“两个大国之间,特别是像中印这样两个接壤的大国之间,一定会有某些问题。只要根据这些原则,任何业已成熟的悬而未决的问题都可以拿出来谈。”

经过讨论,这五项原则正式写入双方达成的协议中。

1954年6月,周恩来访问印度时,中印两国总理的联合声明中又提出:

“如果这些原则不仅适用于各国之间,而且适用于一般国际关系之中,它们将形成和平和安全的坚固基础,而现实存在的恐惧和疑虑,则将为信任感所代替。”

和平共处五项原则的提出,是对当代国际关系的重大贡献。它在人们面前展现了一种新型的国家之间的关系:各个主权国家一律平等,以协商的方式解决彼此间的争端,互不干涉别国的内部事务,实行和平共处。这种主张反映出当代国际社会中不可抗拒的历史潮流,而同那些强权政治和霸权主义形成鲜明对照。和平共处五项原则的提出,成为越来越多的国家共同接受的处理国际关系的准则,经受住了时间的考验,日益表现出它的强大生命力。

1954 年 4 月,中国应邀参加在印度尼西亚万隆举行的亚非会议。这是亚非国家和地区第一次在没有殖民国家参加下,讨论亚非人民切身利益有关问题的大规模国际会议。参加会议的 29 个国家中,有 22 个当时还没有同新中国建交,不少国家对新中国缺乏了解,心存疑惧,有的因受美国政府的影响而抱着敌视的态度。但这些国家中的绝大多数过去长期受到帝国主义的侵略和压迫,和中国有着共同的历史遭遇。他们要求在国际上享有平等的地位,独立地发出自己的声音。

周恩来率领的中国代表团在会上提出"求同存异"的原则,耐心说理,尽一切努力求得一致协议,又对所有与会国家表示尊重,因此博得了大多数与会国家的好感,原来持敌对态度的国家也多少改变了它们对新中国的一些成见。会议的最后公报被全体一致通过。

从这时到 1959 年年底,同中国建交的有尼泊尔、埃及、叙利亚、阿拉伯也门共和国、斯里兰卡、柬埔寨、伊拉克、摩洛哥、阿尔及利亚、苏丹、几内亚 11 个国家,全部都是亚非国家。亚非会议为新中国的外交活动开辟了新天地。

至此,中国的大规模经济建设,无论在国内还是在外部环境上,开始有了良好的条件。

十六、曲折探索

1956 年,新中国进入第八个年头。

这一年,对中国来说,是一个非常重要的年份。由于社会主义制度开始建立起来,中国从此进入社会主义初级阶段。中国人民探索怎样建设社会主义的实践,正是从这时候开始的。

社会主义制度的建立来得这么快,人们缺乏足够的精神准备。大家充满着兴奋,又面对着一个十分陌生的局面:怎样建设社会主义?下一步该怎么办?那时候在世界范围内,社会主义只有苏联这一种模式。可是,苏联社会主义建设进程中存在的种种弊端已经越来越清楚地暴露出来(这年 2 月召开的苏共二十大在国际上引起极大的震动),即使是苏联成功的经验,也未必都适合中国的国情,不能照搬过来。中国必须走自己的路。这样,一个全新的问题摆在中国人民面前,怎样根据自己的实际情况来建设社会主义？只能在探索的实践中去解决。

历史不可能等待这些问题都得到解决后再迈开步子。尽管准备还远不充分,新的探索必须起步。留下的问题,只能在摸索中寻求解决。中间出现曲折和偏差是完全可能的。

中国领导人对待这个问题的态度,最初是比较清楚而慎重的。毛泽东说:我们可以有几条路前进,几条路比较一下,要选一条比较合理、正确的路线。这意味着,毛泽东开始了他一生中又一次重大而艰苦的历史性探索,即在中国怎样建设社会主义。

社会主义三大改造基本完成,第一个五年计划已经进入第四个年头,毛泽东开始更多地考虑经济建设和文化建设问题。1956 年 1 月中旬他从杭州回到北京不久,从薄一波那里听说刘少奇正在听取国务院一些部委的工作汇报,这件事引起毛泽东的兴趣。他对薄一波说:“这很好,我也想听听。你能不能替我也组织一些部门汇报?”

毛泽东的调查研究,从 1956 年 2 月 14 日开始,到 4 月 24 日结束,共听取国务院 34 个部门的工作汇报,还有国家计委关于第二个五年计划的汇报,实际听汇报的时间为 43 天。

这难得又十分重要的 43 个日日夜夜,毛泽东几乎每天都是“床上地下,地下床上”。一起床,就开始听汇报。每次都是四五个小时。地点在中南海颐年堂。周恩来除个别时候因事请假外,每次都来。刘少奇、陈云、邓小平有时也来参加。他们时而插话,发表意见。各部委事先把汇报写成书面材料送给毛泽东。毛泽东听口头汇报时,不断插话,提出问题,发表意见,进行评论。从毛泽东发表的意见和评论中,可以看出《论十大关系》形成的思想轨迹,可以看出他对社会主义建设问题的一些思考和见解。

当听了电力工业部等汇报,毛泽东着重谈了“一长制”问题。他说:家庭也不能搞一长制,没有商量是不行的。工厂总比家庭复杂些。工厂要有一定的纪律,按时、按量、按质完成任务。为达此目的,没有集体领导、个人负责是不行的。单有一个集体领导不行,还要有个人负责,又对立又统一才行。两者缺一不可。只统一没有个人负责不行,是集体领导基础上的个人负责制。单讲集体领导,不讲个人负责,或单讲个人负责,不讲集体领导,都很危险。

毛泽东又讲到好大喜功的问题。他说:好大喜功好像是坏事,历来骂汉武帝好大喜功,可不名誉哩。木船变轮船,马车变汽车、火车,都是好大喜功,不加区别地说好大喜功都不好、是不妥当的。

关于向苏联学习,毛泽东采取分析的态度。他说:要分两类。一类按中国的,一类规规矩矩、老老实实地学。如土改,我们不学,不照它的。如财经方面有些建议,陈云不学。对资本家的政策,我们也不学它。技术问题一概照抄,比较好的,或者我们根本不知道的,学过来再说。

听到城市建设总局和第二机械工业部汇报,万里问:北京远景规划是否摆大工业?人口发展到多少?毛泽东说:现在北京不摆大工业,不是永远不摆。按自然发展规律,按经济发展规律,北京会发展到1000万人,上海也是1000万人。将来世界不打仗了,和平了,会把天津、保定、北京连在一起。北京是个好地方,将来会摆许多工厂的。

当周恩来讲到要派人到资本主义国家去学技术,毛泽东很赞成,说:不论美国、德国、瑞士、挪威,只要他们要我们的学生,我们就派去。周恩来说:把各国的经验都学过来,要有这个气魄。

听手工业管理局汇报,毛泽东说:提醒你们,手工业中许多好东西,不要搞掉了。王麻子、张小泉的刀剪一万年也不要搞掉了,我们民族好的东西,搞掉了的,一定都要来一个恢复,而且要搞得更好一些。在汇报到提高工艺美术品和保护民间老艺人时,毛泽东说:这些办法很好,赶快搞,要搞快一些。开办学院,召集会议,给予名艺人学术头衔。杨士惠是搞象牙雕刻的,实际上他是很高明的艺术家。

34个部的汇报,提出的主要问题是:产业结构问题,主要是农业、轻工业和重工业的比例关系;生产力布局问题,主要是沿海工业和内地工业的关系;国防工业建设的规模和速度问题;经济体制问题,主要是国家、集体、个人的权利、责任和利益分配;管理体制问题,主要是中央和地方的关系。

就在这次听汇报的时候,毛泽东提出"两个万岁"的口号。他说:"共产党万岁,民主党派也万岁。他们可以看着我们,这也是一种民主。共产党有两怕,一怕老百姓,二怕民主人士。""怕",是毛泽东的一个形象的说法,即接受监督的思想。这个思想后来被概括为"长期共存,互相监督"。

汇报结束后,中央政治局召开了几次会议,除对汇报中提出的问题进行归纳研究外,还着重分析了国际形势。估量战争爆发的可能性,认为在日内瓦会议和万隆会议后国际形势趋向缓和,可以把国防工业发展的步伐放慢,这样,各类经济比例就比较好安排。

"调查就像'十月怀胎',解决问题就像'一朝分娩'。"

1956 年 4 月 25 日,毛泽东主持中共中央政治局扩大会议,发表了《论十大关系》的讲话,这是他历时一个多月调查研究的成果。

毛泽东在听取国务院 34 个部门汇报,着力研究国内社会主义建设的同时,十分关注苏共二十大的召开。在这一过程中,又引发出他对中国社会主义建设道路的进一步思考。

苏共二十大于 1956 年 2 月 14 日至 25 日在莫斯科召开。这是斯大林逝世后苏共首次召开全国代表大会。世界各国共产党大都派了代表出席会议。中国共产党也派出由朱德、邓小平、谭震林、王稼祥以及新任驻苏大使刘晓组成的中共代表团。

大会的一个最重要的内容,是对斯大林个人崇拜问题的揭露和批判。会上,第一个出来点名批判斯大林错误的是米高扬。苏共中央其他一些领导人在发言中,也不同程度地表示反对个人崇拜。

2 月 24 日夜至 25 日晨,赫鲁晓夫突然召集与会苏共代表,作了长达 4 个半小时的秘密报告,题为《关于个人崇拜及其后果》。随后,在苏联内部逐级传达。报告说斯大林犯了一系列严重错误,包括违背民主集中制原则搞个人崇拜,肃反扩大化,在苏联卫国战争前夕对德国的进攻丧失警惕,在国内民族问题上的错误处置,以及在对待南斯拉夫问题上的错误态度等,并进行了集中的揭露和批判。这些揭露和批判,触及了20世纪30年代以来苏联党和国家政治生活中的深层次问题。但是,这些揭露和批判,过分追究个人品质和个人责任,对斯大林这样一位国际共产主义运动的重要历史人物采取了全盘否定的做法。

赫鲁晓夫的秘密报告,没有像以往那样事先向参加苏共二十大的各国共产党和工人党代表团通报。中共代表团也是在事后才得到苏联方面的通报。

赫鲁晓夫的秘密报告,首先在西方国家公开披露出来。6月4日,美国《纽约时报》全文发表,在全世界引起了轰动。

美国等西方国家抓到了反对共产主义的把柄,在全世界掀起一个反苏反共的潮流。国际共运内部因为这个报告引起极大混乱,处于十分困难的地位。在一些资本主义国家里,一批共产党员退党。

斯大林是1953年3月5日逝世的。在他逝世不久,苏联共产党对斯大林的评价就开始发生了变化。

对于苏共批评斯大林,毛泽东是有思想准备的。但是像赫鲁晓夫秘密报告那样全盘否定斯大林,却出乎他的意料,对"苏联过去把斯大林捧得一万丈高的人,现在一下子把他贬到地下九千丈",很不赞成。

3月12日晚8时,毛泽东主持召开中共中央政治局扩大会议,专门讨论苏共二十大的问题,会议开到次日凌晨1时。会后毛泽东又留下刘少奇、周恩来、陈云、邓小平、彭真、康生、杨尚昆,继续商谈到凌晨2时。

毛泽东说,赫鲁晓夫的秘密报告值得认真研究,特别是这个报告所涉及的问题以及它在全世界所造成的影响。现在全世界都在议论,我们也要议论。现在看来,至少可以指出两点:一是他揭了盖子,一是他捅了娄子。

说他揭了盖子，就是讲，他的秘密报告表明，苏联、苏共、斯大林并不是都是正确的，这就破除了迷信。说他捅了娄子，就是讲，他作的这个秘密报告，无论在内容上或方法上，都有严重错误。是不是这样，大家可以研究。

3月23日召开的中共中央书记处扩大会议，研究赫鲁晓夫秘密报告及中国共产党的对策问题。毛泽东在会上着重讲了四点意见：

一、共产主义运动，从马克思、恩格斯发表《共产党宣言》算起，至今只有100年多一点的历史。无产阶级专政的历史，从俄国十月革命算起，还不到40年。实现共产主义，是空前伟大而又空前艰巨的事业。不艰巨就不能说伟大，因为很艰巨才很伟大。在这艰巨斗争的过程中，不犯错误是不可能的，因为我们走的是前无古人的道路。我历来是"难免论"。斯大林犯错误，是题中应有之义。赫鲁晓夫同样也要犯错误。苏联犯错误，我们也要犯错误。问题在于共产党能够通过批评和自我批评克服自己的错误。

二、社会主义社会，仍然存在着矛盾。否认存在矛盾，就是否认辩证法。矛盾无时不在，无所不在。斯大林的错误证明了这一点。有矛盾就会有斗争，只不过斗争的性质和形式不同于阶级社会而已。

三、斯大林犯过严重错误，但他也有伟大功绩。他在某些方面违背了马克思主义的原则，但他仍然是一位伟大的马克思主义者。他的著作虽然包含了某些错误，但仍然值得我们学习，只不过在学习时要采取分析的态度。

四、赫鲁晓夫这次揭了盖子，又捅了娄子。他破除了那种认为苏联、苏共和斯大林一切都是正确的迷信，有利于反对教条主义。不要再硬搬苏联的一切了，应该用自己的头脑思索了。应该把马列主义的基本原理同中国革命和建设的具体实际结合起来，探索在我们国家里建设社会主义的道路。至于赫鲁晓夫秘密报告的失误，我们要尽力加以补救。

毛泽东提议发表一篇关于苏共二十大的文章，公开表明中共中央在斯大林问题上的态度，与会者一致赞成。

毛泽东亲自主持起草的《关于无产阶级专政的历史经验》一文，于4月4日以《人民日报》编辑部文章发表。毛泽东在这篇文章的末尾写了很长一段话：

“共产党人对于共产主义运动中所发生的错误，必须采取分析的态度。有些人认为斯大林完全错了，这是严重的误解。斯大林是一个伟大的马克思列宁主义者，但是也是一个犯了几个严重错误而不自觉其为错误的马克思列宁主义者。我们应当用历史的观点看斯大林，对于他的正确的地方和错误的地方作出全面的和适当的分析，从而吸取有益的教训。不论是他的正确的地方，或者错误的地方，都是国际共产主义运动的一种现象，带有时代的特点。整个说来，国际共产主义运动还只有一百年多一点的时间，从十月革命胜利以来，还只有三十九年的时间，许多革命工作的经验还是不足的。我们有伟大的成绩，但是还有缺点和错误。如同一个成绩出现了接着又创造新的成绩一样，一个缺点或错误克服了，新的缺点或错误又可能产生，又有待于我们去克服。而成绩总是多于缺点，正确的地方总是多于错误的地方，缺点和错误总是要被克服的。好的领导者不在于不犯错误，而在于认真地对待错误。完全不犯错误的人在世界上是从来没有的。”

毛泽东在指导起草《关于无产阶级专政的历史经验》过程中，提出的许多重要思想被吸收到《论十大关系》之中。《论十大关系》从总结中国建设经验，以借鉴苏联的经验教训方面，为中共八大的召开做了思想理论准备。

《论十大关系》指出，要正确处理重工业和轻工业、农业的关系，沿海工业和内地工业的关系，经济建设和国防建设的关系，国家、生产单位和生产者个人的关系，中央和地方的关系，汉族和少数民族的关系，党和非党的关系，革命和反革命的关系，是非关系，中国和外国的关系。这十大关系不是并列的，而是有重点的。毛泽东后来说过：“在十大关系中，工业和农业，沿海和内地，中央和地方，国家、集体和个人，国防建设和经济建设，这五条是主要的。”

毛泽东在发表《论十大关系》讲话的同时，提出要把“百花齐放、百家争鸣”作为繁荣和发展社会主义科学文化事业的指导方针。

《论十大关系》的发表，标志着毛泽东对中国社会主义建设道路的探索开始形成一个初步的然而又是比较系统的思路。以后，毛泽东在总结新中国成立后历史经验时，仍然把它看作是一个转折。他在成都会议上指出：“1956 年 4 月的《论十大关系》，开始提出我们自己的建设路线、原则和苏联相同，但方法有所不同，有我们自己的一套内容。”他在《十年总结》中又写道：“前八年照抄外国的经验。但从 1956 年提出十大关系起，开始找到自己的一条适合中国的路线。”

19 年后，邓小平对《论十大关系》作出这样的评价：“这篇东西太重要了，对当前和以后，都有很大的针对性和理论指导意义。”

《论十大关系》的思想，后来成为中共八大报告的灵魂。

1956 年 9 月 15 日，中国共产党第八次全国代表大会在北京政协礼堂召开。这时距中共七大已经过去 11 年。11 年间，世事沧桑，天翻地覆。

毛泽东在《浪淘沙 · 北戴河》中有感而发：“萧瑟秋风今又是，换了人间。”创造历史的豪情激励着中国共产党人，他们不仅打碎了一个旧世界，而且建立起了一个空前强大的新中国。毛泽东告诫全党不要当李自成的一番苦心，终于有了结果。

出席中共八大会议的代表有 1026 人，他们代表着 1073 万名党员。中国共产党召开第一次全国代表大会时，只有 13 名代表，几十个党员。35 年以后的今天，中国共产党已经成为一个领导着拥有 6 亿人口大国的执政党了。

各民主党派领导人和无党派民主人士代表应邀参加了大会，象征着全国人民的大团结，人民民主统一战线的空前巩固。

苏联、南斯拉夫、法国、意大利等 50 多个国家的共产党和工人党，也派代表团参加会议，这表明中国共产党在国际共产主义运动中已成为一支具有重大影响的力量。

在热烈的掌声中,毛泽东宣布中共八大开幕,并致开幕词。

他在开幕词里指出:“我们这次大会的任务是:总结从七次大会以来的经验,团结全党,团结国内外一切可以团结的力量,为建设一个伟大的社会主义的中国而奋斗。”

为了迎接即将到来的全面经济建设的高潮,毛泽东向全党发出了“必须善于学习”的号召。

他说:“要把一个落后的农业的中国改变成为一个先进的工业化的中国,我们面前的工作是很艰苦的,我们的经验是很不够的。因此,必须善于学习。要善于向我们的先进者苏联学习,要善于向各人民民主国家学习,要善于向世界各兄弟党学习,要善于向世界各国人民学习。我们决不可有傲慢的大国主义的态度,决不应当由于革命的胜利和在建设上有了一些成绩而自高自大。国无论大小,都各有长处和短处。即使我们的工作得到了极其伟大的成绩,也没有任何值得骄傲自大的理由。虚心使人进步,骄傲使人落后,我们应当永远记住这个真理。”

毛泽东的开幕词,总共不到 3000 字,鼓掌达 32 次之多。整个会场,充满热烈、激动的气氛。人们普遍感受到中国历史上一个新的和平建设时期已经到来。

毛泽东致开幕词之后,刘少奇代表中央委员会作政治报告。

邓小平作《关于修改党的章程的报告》。

邓小平报告后,周恩来作了《关于发展国民经济的第二个五年计划的建议的报告》。朱德、陈云、董必武、李富春、薄一波等 68 位代表作大会发言,45 位代表作书面发言。代表们围绕开幕词和大会各项报告,对党的各个方面工作进行总结,坦诚地交流工作经验。

《中国共产党第八次全国代表大会关于政治报告的决议》中写道:“我国的无产阶级同资产阶级之间的矛盾已经基本上解决,几千年来的阶级剥削制度的历史已经基本上结束,社会主义的社会制度在我国已经基本上建立起来了。”“我们国内的主要矛盾,已经是人民对于建立先进的工业国的要求同落后的农业国的现实之间的矛盾,已经是人民对于经济文化迅速发展的需要同当前经济文化不能满足人民需要的状况之间的矛盾。这一矛盾的实质,在我国社会主义制度已经建立的情况下,也就是先进的社会主义制度同落后的社会生产力之间的矛盾。”

尽管决议的论述有不完全准确的地方,但它的基本精神是要把工作着重点从阶级斗争转移到大力发展社会生产力上来。因此,中共八大的路线是正确的。

毛泽东在八大期间同外国代表团谈到苏联的错误时这样说:“客观形势已经发展了,社会已从这一阶段过渡到另一阶段,这时阶级斗争已经完结,人民已经用和平的方法来保护生产力,而不是通过阶级斗争来解放生产力的时候,但是在思想上却没有认识这一点,还要继续进行阶级斗争,这就是错误的根源。”

可见,当时毛泽东对这个问题的认识是清醒的。

中国共产党第八次全国代表大会同第七次全国代表大会一样,是以团结的大会、胜利的大会载入了史册。这次大会,正确分析了国内外形势和中国社会的主要矛盾,提出了集中力量发展生产力,实现国家工业化的总任务,确定了中国社会主义现代化建设分两步走的构想:第一步,用三个五年计划的时间初步实现工业化;第二步,再用几十年的时间接近或赶上世界最发达资本主义国家。八大期间,毛泽东曾表示:这次大会反映了人民的希望,建设工业。中国那么一块大地方,资源那么丰富,又搞了社会主义,如果不能赶超发达资本主义国家,就要从地球上开除你的球籍。中国的前途是好的,但有艰苦的任务。要使中国变成富强的国家,需要 50 年到 100 年的时光。15 年建立一个基本上完整的工业体系,50 年到 100 年建成一个富强的社会主义工业化国家。这是八大为全国人民展示的社会主义发展的宏伟蓝图。

中共八大的主要功绩和贡献在于,它宣告了社会主义革命的基本完成和社会主义制度的基本确立,宣告了社会主义全面建设新时期的开始,制定了一条正确的政治路线,这在中国的历史上,具有划时代的意义。

中共八大以后,中国领导人继续进行着大胆的探索。社会主义改造后期工作中过于急促和粗糙带来了一些问题,如过于单一的公有制经济结构,过于集中的计划经济体制。到这时,情况有了一些变化:自由市场明显活跃起来,个体工商户明显增多,还出现了一些自发经营的较大手工业个体户和手工工厂,人们称它们为“地下工厂”。中央领导人对这些采取了肯定的态度。毛泽东同民建和工商联负责人谈话时说:“上海的地下工厂同合营企业也是对立物。因为社会有需要,就发展起来。要使它成为地上,合法化,可以雇工。”“最好开私营工厂,同地上的作对,还可以开夫妻店,请工也可以。”他把这称作“新经济政策”。他认为,“俄国新经济政策结束得早了”,“我们保留了私营工商业职工二百五十万人(工业一百六十万,商业九十万),俄国只保留了八九万人。还可以考虑,只要社会需要,地下工厂还可以增加。可以开私营大厂,订个协议,十年、二十年不没收。华侨投资的,二十年、一百年不要没收。可以开投资公司,还本付息。可以搞国营,也可以搞私营”。毛泽东把这个新思路概括为“可以消灭了资本主义,又搞资本主义”。

刘少奇在全国人大常委会会议上说:我们国家有百分之九十几的社会主义,搞百分之几的资本主义,我看也不怕。有这么一点资本主义,一条是它可以作为社会主义的经济补充,另一条是它可以在某些方面同社会主义经济作比较。

周恩来也在国务院会议上说明:在社会主义建设中,搞一点私营的,活一点有好处。

国家领导人都在考虑:一定限度的资本主义私人经济在国家领导下可

以作为社会主义经济主体的补充。

1956 年 10 月 1 日，是新中国的第七个国庆节。参加完国庆典礼后，当天晚上毛泽东会见了法国共产党书记杜克洛。

会谈中毛泽东对杜克洛说，中国需要从法国进口技术和装备，也需要法国企业替中国设计工厂、供应装备、安装装备并教会中国工人开动机器。

这个谈话表明了新中国对于外部世界的态度，这个国家并不愿意孤立于外部世界。新中国迫切希望从一切渠道引进先进技术设备，加快工业化建设。但是碍于巴黎统筹委员会的重重禁令和美国的敌视，这个愿望直到中法建交后，才逐步得以实现。

对社会主义阵营来说，1956 年是"多事之秋"。

这一年的 2 月 14 日，苏共二十大召开，开始否定和批判斯大林。

紧接着，东欧社会主义国家波兰和匈牙利相继发生工人罢工、游行示威和骚乱事件。

这一年，中国国内也不平静。

这一年下半年，国内一些地方也出现了工人罢工、学生罢课、知识分子发表过激言论等一些不安定的情况。短短半年，全国大约有 1 万多工人罢工，1 万多学生罢课，在一些省份，还发生了农民要求退社的情况，群众中的牢骚怪话也多了起来。面对这些新出现的矛盾，许多党员和干部思想上缺乏准备，陷入被动，甚至企图采取简单粗暴的办法进行压制。

面对国际国内的这些新情况，毛泽东认为，这些问题产生的根源在于干部中存在的官僚主义。

接着，毛泽东宣布了一个酝酿很久的决定：

"我们准备在明年开展整风运动。整顿三风：一整主观主义，二整宗派主义，三整官僚主义。……以后凡是人民内部的事情，党内的事情，都要用整风的方法，用批评和自我批评的方法来解决，而不是用武力来解决。"

1957 年 2 月 27 日，毛泽东在扩大的最高国务会议上作了《关于正确处理人民内部矛盾的问题》的重要讲话。讲话系统阐明社会主义社会矛盾的新理论。毛泽东在讲话中提出了“百花齐放,百家争鸣,长期共存,互相监督”的口号,他说:“为什么要让民主党派监督共产党呢?这是因为一个党同一个人一样,耳边很需要听到不同的声音。”

毛泽东迫切地希望民主党派和人民群众起来监督共产党,帮助共产党清除工作中的缺点和错误,他觉得,整风的时机已经成熟了。

毛泽东在《关于正确处理人民内部矛盾的问题》的讲话中说:

“在我们的面前有两类社会矛盾,这就是敌我之间的矛盾和人民内部的矛盾。这是性质完全不同的两类矛盾。”

这两类矛盾的性质不同,解决的方法也不同:敌我矛盾用强制的、专政的方法去解决;人民内部矛盾只能用民主的、讨论的、批评的、说服教育的方法去解决。

1957年4月27日,中共中央发布《关于整风运动的指示》,指出:“几年以来,在我们党内,脱离群众和脱离实际的官僚主义、宗派主义和主观主义,有了新的滋长。因此,中央认为有必要按照‘从团结的愿望出发,经过批评和自我批评,在新的基础上达到新的团结’的方针,在全党重新进行一次普遍的、深入的反官僚主义、反宗派主义、反主观主义的整风运动。”还指出:这次整风运动,应该是一次既严肃认真又和风细雨的思想教育运动,应该是一个恰如其分的批评和自我批评的运动。应该坚决实行“知无不言,言无不尽;言者无罪,闻者足戒;有则改之,无则加勉”的原则,以达到“惩前毖后、治病救人”的目的。这个指示还明确要求,“首先从检查领导干部的思想作风开始”。

毛泽东在《一九五七年夏季的形势》一文中说明,党希望通过整风,达到这样的目标:造成一个又有集中又有民主,又有纪律又有自由,又有统一意志又有个人心情舒畅、生动活泼,那样一种政治局面。

整风指示发布后,各级党政机关和高等学校、科研单位、文艺单位的党组织纷纷听取党内外群众的意见，欢迎大家“鸣”“放”，“党衷心欢迎广大党外人士和党员群众的批评和建议”。

毛泽东认为，不能关门整风，这次整风要广泛征求党外人士的意见。他对整风作了总体部署：先请党外人士帮助共产党整风，对共产党的缺点错误进行批评，共产党整风成功后再推动社会各界的整风。

5月4日，《中共中央关于继续组织党外人士对党政所犯错误缺点展开批评的指示》中明确指出，“党外人士参加我党整风座谈会和整风小组，是请他们向我们提意见作批评，而不是要他们批评自己”，“展开对我党缺点错误的批判，以利于我党整风，否则对我党整风是不利的”。因此，在整风初期，毛泽东大力倡导公开批评，并再三告诫全党要以正确的态度对待批评。

5月8日开始，中共中央统战部召开了各民主党派负责人座谈会，征求对统战工作的意见。到6月3日，这样的座谈会进行了13次。

《人民日报》把座谈会上的意见公开发表出来，整风运动在全国轰轰烈烈地开展起来，迅速形成一个“大鸣大放”的高潮。

1957年5月10日上海《解放日报》第2版整版刊登了22位中小学教师在一次座谈会上的发言摘要，题为《大胆揭露矛盾，帮助党内整风》。5月14日，毛泽东看了发言摘要，写批语给刘少奇、周恩来、陈云、邓小平、彭真，批语说：“这一整版值得过细一看，不整风党就会毁了。”

开展整风之后，广大人民群众包括民主党派和无党派人士积极响应中共中央的号召，畅所欲言，对党、政府和各级领导干部提出了大量批评意见和建议。党和毛泽东同志明确肯定这些批评，“基本上是诚恳的、正确的。这类批评占百分之九十以上，对于我党整风，改正缺点错误，大有利益”。

各级领导干部中的绝大多数对大家的批评也是认真接受并虚心改正的。但也有的干部对大家的批评甚至是完全正确的批评很不理解，个别的还窝着一肚子火，对在全党开展整风有着很大的抵触情绪，这种抵触情绪实质上主要来自部分干部在全国解放后的享受和特权思想。

但是,由于1956年赫鲁晓夫领导集团在苏共二十大全盘否定斯大林,迅即引发了“波匈事件”,国际上出现反共反社会主义的大气候,极少数资产阶级右派分子错误地估计了形势,认为在中国也将很快出现“波匈事件”似的动乱。他们利用帮助共产党整风之机,向党和新生的社会主义制度放肆地发动进攻,妄图取代共产党的领导,根本否定社会主义制度。他们把共产党在国家政治生活中的领导地位攻击为“党天下”。

一些人公然说:“现在政治黑暗”,“各机关都是官僚机构”,“比国民党还坏”,“根本的办法是改变社会主义制度”。有的人提出共产党员退出机关、学校,公方代表退出合营企业,要和共产党“轮流坐庄”,成立“政治设计院”,甚至毫不隐讳地说:“请共产党下台。”有的人公开在一些大学里演讲,攻击共产党的领导,煽动学生罢课、工人罢工。

局势的这种发展是中共中央事先没有预料到的。

在此情况下,党不得不中止整风,转为开展反右斗争。

6月8日,中共中央发出组织力量反击右派分子进攻的指示,同时《人民日报》同一天发表《这是为什么?》的社论。一场全国规模的群众性反右派运动猛烈地开展起来了。

对极少数右派分子反对共产党的领导和社会主义制度的言行进行反击是必要的。但运动很快发生了严重扩大化的错误,把一大批人错划为右派分子。这年10月上旬,全国被划为右派的人数已达到6万多人。到1958年,反右派运动结束时,全国共有55万人被划为右派。他们当中不少是有才能的知识分子和政治热情很高而不成熟的青年。许多人因此受了长期的委屈和压抑,不能在社会主义建设中发挥应有的作用。这不但是他们个人的损失,也是整个国家的损失,留下了惨痛的教训。

邓小平后来多次说:“反击这股思潮是必要的。我多次说过,那时有的人确实杀气腾腾,想要否定共产党的领导,扭转社会主义的方向,不反击我们就不能前进。错误在于扩大化。”

反右派斗争扩大化带来的严重恶果是：改变了中共八大对社会主义时期阶级斗争问题的正确论断，在指导思想上迅速向“左”的方向发展。

1959年中共中央发出关于分期分批摘掉右派分子帽子的指示，至1964年被划为右派分子的绝大多数人摘掉了右派分子帽子。1978年4月，中央决定全部摘掉其余右派分子的帽子。截至1981年年底，被错划为右派分子的都得到了改正。

经历了这场政治上的暴风骤雨之后，经济建设的“大跃进”开始酝酿了。

1957年10月4日，苏联成功地发射了第一颗人造地球卫星，卫星上装有两架无线电发射机，可持续不断地向全世界发射信号。这一科研成果被载入了人类文明的史册。

这个消息迅速地震撼了全世界。

20多天后，1957年11月2日，毛泽东率领中国党政代表团来到了莫斯科。这是毛泽东第二次访问苏联，也是他最后一次出国。访问的重头戏是参加十月革命40周年庆祝活动，同时出席在莫斯科召开的社会主义国家共产党和工人党代表会议。作为仅次于苏联的社会主义大国的领袖，毛泽东成了莫斯科最关注的人物。

这时距毛泽东第一次访问苏联已经过去了7年。7年之间，中国取得了抗美援朝战争的伟大胜利，新中国的建设也取得了巨大的成就。中国在社会主义阵营中的分量与7年前已经不可同日而语。

11月6日，在纪念俄国十月革命胜利40周年大会上，赫鲁晓夫宣告，根据有待明确规定的初步方案，大约15年内，苏联的工业品年产量可以达到这样的水平：

“铁矿2.5亿到3亿吨，生铁7500万到8500万吨，钢1亿到1.2亿吨，煤6.5亿到7.5亿吨，石油3.5亿到4亿吨。”

根据赫鲁晓夫的描述,15 年后苏联将在工业品的产量上超过美国,这给了毛泽东很大的触动。

在 11 月 18 日结束的各国共产党和工人党代表会议上,毛泽东发表了一番即席讲话,其中讲道:“赫鲁晓夫同志告诉我们,15 年后,苏联可以超过美国。我也可以讲,15 年后我们可以赶上或超过英国。”

毛泽东说的 15 年赶超英国并不是心血来潮、头脑发热。他所说的 15 年赶超英国是指在钢产量和其他主要工业品产量方面超过英国。在此之前,毛泽东专门和参加莫斯科会议的英国共产党主席波立特、总书记高兰谈了两次话。毛泽东问,15 年之后,中国钢产量将达到 4000 万到 4500 万吨,英国 15 年后能增加到多少?高兰回答说,顶多增加到 3000 万吨。对于 15 年能否赶超英国,毛泽东觉得心里有底了。

莫斯科会议结束后,社会主义阵营出现了一股“赶超”的热潮。苏联宣布“进入全面展开共产主义建设时期”,要在最短时间内在人均产值上超过美国,“保证在世界上最高的生活水平”。赫鲁晓夫甚至宣称,要在 20 年内建成共产主义。中国出现了“一天等于二十年”的“大跃进”运动。朝鲜也不落后,金日成回国后就在全朝鲜开始了“千里马”运动。东欧各国也没有置身事外,甚至中国的“大跃进”运动开始后,保加利亚也开始模仿中国的“大跃进”。赫鲁晓夫后来略带嘲讽地说,保加利亚人开始试验一年半后,把所有的贷款都花光了,我们不得不拿出一部分黄金给我们的保加利亚朋友,这就是过分热情地模仿中国的下场。

1958 年元旦,《人民日报》发表了题为《乘风破浪》的社论,这是根据毛泽东在莫斯科会议上的多次讲话精神写的。社论强调“多、快、好、省”的方针,并提出“鼓足干劲,力争上游”的口号。毛泽东对这篇社论极为赞赏。

1958 年 2 月 2 日,《人民日报》发表社论,指出:“我们国家现在正面临着一个全国大跃进的形势,工业建设和工业生产要大跃进,农业生产要大跃进,文化卫生事业也要大跃进。”

一场史无前例的“大跃进”运动开始了。

1958 年 5 月 5 日，中共八大二次会议在北京开幕，在这次会议上，毛泽东说：

“劳动人民蕴藏着的创造性、积极性很丰富，过去就是上层建筑——党和政府不提倡，或提倡不够，压制住了，没有爆发出来。现在开始看见劳动人民、6 亿人口的这种创造性，去冬今春才开始爆发出来。我们现在的办法就是揭盖子，破除迷信，让劳动人民的积极性都爆发出来。”

在这次党的全国代表大会上，根据毛泽东的提议，通过了“鼓足干劲，力争上游，多快好省地建设社会主义”的总路线。这条总路线的提出，反映了广大人民群众迫切要求改变我国“一穷二白”落后状况的普遍愿望。

刘少奇代表中央委员会作政治报告，在报告中对总路线作了解释，认为总路线的基本点是：调动一切积极因素，正确处理人民内部矛盾；巩固和发展社会主义的全民所有制和集体所有制，巩固无产阶级专政和无产阶级的国际团结；在继续完成经济战线、政治战线和思想战线上的社会主义革命的同时，逐步实现技术革命和文化革命；在重工业优先发展的条件下，工业和农业同时并举，在集体领导、全面规划、分工协作的条件下，中央工业和地方工业同时并举，大型企业和中小型企业同时并举，通过这些尽快把我国建设成一个具有现代工业、现代农业和现代化科学文化的伟大社会主义国家。

会后提出了“苦干三年，基本改变面貌”等口号，并在全国范围内立刻掀起“大跃进”的高潮。

1958 年的“大跃进”是从农业开始的。这一年的气候条件好，早稻和小麦都获得丰收，农民的生产积极性很高。

中共八大二次会议之后，“大跃进”运动在全国范围内开展起来。在“以粮为纲”的口号下，要求农业在 5 年、3 年以至一二年达到 12 年农业发展纲要规定的粮食产量指标；在“以钢为纲”的口号下，要求工业在 7 年、5

年以至 3 年内,提前实现原定的 15 年钢产量赶上或者超过英国的目标。这些不切实际的高指标,不可避免地带来高估产和浮夸风在各个地方、各个领域层出不穷。

在自上而下的层层提高生产指标和批判右倾保守的压力下,很快刮起了虚报产量的浮夸风。入夏以后,各地竞放“卫星”,产量越报越高,有些县报告的早稻亩产量竟达 1 万多斤甚至几万斤。

1958 年 7 月 23 日,农业部发表的夏收生产公报宣布:夏收粮食作物比上一年增长 69%。同一天,《人民日报》发表社论《今年夏季大丰收说明了什么》,文中这样写道:

“它们说明,我国农业的发展速度,已经进入了一个新的阶段,即由渐进到跃进的阶段。”

“一切以为农业产量只能按百分之几的速度而不能按百分之几十的速度增长的悲观论调已经完全破产了。”

“我们现在已经完全有把握可以说,我国粮食要增产多少,是能够由我国人民按照自己的需要来决定了。”

8 月 27 日,《人民日报》刊登山东寿张县亩产万斤粮的调查报告时,编者用了一个通栏标题《人有多大胆,地有多大产》,这就把人的主观能动性的作用夸大到荒谬的程度。

两个星期后,一则消息上了各地报纸头条,这则消息说:“早稻亩产三万六千九百多斤,花生亩产一万多斤的高产‘卫星’,从湖北麻城县麻溪河乡和福建省南安县胜利乡的田野上腾空而起了。”

对情况的虚夸而不真实的估计,使领导们的头脑越来越热,造成一系列的错误决策。其中之一就是用农业逼工业,发动全党全民大办钢铁。

中国在 1957 年的钢铁产量是 535 万吨,1958 年的计划本来是要达到 624.8万吨,增长 17%,但在南宁会议批判反冒进后,指标一再提高。

1958 年 5 月,中央政治局在北戴河举行扩大会议。这次会议对实际生活中已经严重成灾的浮夸风和混乱现象，不仅没有加以制止，反而加以支持。

中央和地方领导人对“大跃进”的“前景”兴高采烈，对虚报产生的假象深信不疑。会议竟然预计：1958 年粮食产量可达 6000 亿—7000 亿斤（1957 年为 3700 亿斤），要求 1959 年达到 8000 亿—10000 亿斤。会议正式决定 1958 年钢产量要比 1957 年翻一番，达到 1070 万吨，1959 年达到 2700—3000 万吨。会议通过的第二个五年计划的指标，比 3 个月前中共八大二次会议时普遍又翻了一番。

会议还作出了在农村建立实行政社合一、工农商学兵结合的人民公社的决定。

会议认为：“看来，共产主义在我国的实现，已经不是遥远的将来的事情。”这次会议把“大跃进”和人民公社化运动迅速推向高潮，以高指标、瞎指挥、浮夸风、“共产风”为主要标志的“左”倾错误严重泛滥开来。

北戴河会议后，在全国掀起全民大炼钢铁的群众运动，由各级党委第一书记挂帅，动员了 9000 多万人上山，砍树、挖煤、找铁矿，甚至把老百姓做饭的锅拿出来砸烂，把家具拿来当柴烧。小高炉、土高炉上百万座。不但工厂、公社，而且机关、学校和部队到处建起土高炉，办起炼铁厂，用土法炼铁炼钢。一切大中型的钢铁企业，也打破各种规章制度，打乱正常的生产秩序。

其他各行各业，都是“以钢为纲，全面跃进”，口号是“家家搞钢铁，户户赶英国”。结果到 1958 年年底，共生产钢 1108 万吨，其中合格的钢只有 800 万吨。

大炼钢铁挤了其他方方面面的工作，造成国民经济比例严重失调。在秋收大忙季节，抽调几千万农村劳动力去炼钢铁，又严重妨碍当年的秋收，造成丰产而未丰收。

伴随着发展社会生产力上违背客观经济规律、急于求成的“大跃进”而来的，是生产关系上超越生产力实际水平，急于向更高级形式过渡，其中最重大的失误是轻率地发动农村人民公社化运动。

随着“大跃进”运动的全面展开，毛泽东、刘少奇等又有把工农商学兵组成一个大公社、实行政社合一的想法。而“公社”这个名称，是同共产主义的概念有联系的。这年6月，一些地方已出现以“公社”命名的大社。在新成立的公社中，最有名的是河南信阳地区遂平县的嵖岈山卫星公社。

1958年8月6日至8日，毛泽东视察河南的新乡、襄城、长葛、商丘，看了梯田、粮田、社办工业、托儿所、幸福院和食堂。在新乡县七里营，看到人民公社的牌子，点头称赞：“人民公社好。”

毛泽东视察河北的徐水、定县和安国，肯定了徐水的“组织军事化，行动战斗化，生活集体化”的做法。

到山东视察，省委书记谭启龙汇报说历城县北园乡准备办大农场，毛泽东说：“不要搞农场，还是办人民公社好，和政府合一了，它的好处是，可以把工、农、商、学、兵合在一起，便于领导。”

毛泽东关于人民公社的构想逐步形成。他视察三省农村的情况，新华社很快作了报道，“人民公社”的名字立即传遍全中国。

1958年8月29日，在北戴河举行的政治局扩大会议通过《中共中央关于在农村建立人民公社问题的决议》。

这个决议一公布，全国农村立刻一哄而起，到10月底，全国74万个农业合作社合并为2.6万个人民公社，参加公社的农户占全国总农户的99%以上，基本实现了公社化，有些地区还试办城市人民公社。

然而，在人民公社化的过程中，出现了“一大二公”的显著特点和急于向共产主义过渡的倾向。在公社范围内，实行贫富拉平，平均分配，对比较富裕的生产队和社员的财产任意地无偿上调，大多数人集中在公共食堂吃饭，实行“组织军事化，行动战斗化，生活集体化”，多劳不能多得，干多干少都一样。由于政社合一，一切平调都以行政命令的方式下达。这就引起广大农民的很大恐慌,造成对农民生产积极性的挫伤和对生产力的破坏。问题严重的地方,劳动力大量外流,疾病流行,土地耕作粗放或大量荒芜,农业产量一降再降。“大跃进”造成的问题逐渐凸显。

1958年11月,毛泽东召集一些基层领导谈话。有人兴奋地汇报说,山东范县准备向共产主义过渡,并要废除商品和货币。毛泽东当即严厉地指出,废除商品生产,对农产品实行调拨,实际上就是剥夺农民。商品生产不仅不能消灭,还要大力发展。这个时候,中共中央开始纠正已经觉察到的以高指标、瞎指挥、浮夸风和“共产风”为标志的“左”倾错误。

但是,这一时期的纠“左”,并没有从根本上否定所谓的总路线、“大跃进”、人民公社这“三面红旗”,只是对高指标、浮夸风和“共产风”的发展势头有了一定的控制。“大跃进”带来的危机还在继续酝酿中。

“大跃进”运动时期,针对高指标和浮夸风,毛泽东反复强调要“留有余地”,从一个侧面反映了他这一时期复杂的思绪脉络。

1958年8月北戴河会议之前,毛泽东专门找几个省市的负责同志和冶金部负责人开会。从上海市副市长马天水、鞍山市委书记赵敏,到武汉市和太原市委书记,再到北京、天津、唐山、重庆、马鞍山等主要钢铁基地负责人,毛泽东一个一个地询问1070万吨钢到底可靠不可靠,大家都说行。时任国务院副总理兼国家经济委员会主任的薄一波建议把“1070”登报,说这样大家就会义无反顾,努力奋斗。毛泽东说,这是个好主意。一向处事谨慎的陈云不放心,专门找冶金部部长王鹤寿谈话,要求算个“细账”,后来陈云与毛泽东谈话时表示,看来有希望。后来,王鹤寿及冶金部副部长袁宝华说,当时我们头脑不冷静,提供的材料不实事求是,分明不行,却拍着胸脯硬说行。

如果说,钢铁生产、工业建设对毛泽东来说是“新手”,那么,在当时农业领域包括小麦、玉米、棉花、水稻和蔬菜等“高产卫星”已是遍地开花,农民出身的毛泽东为什么也信以为真?有人曾专门就此向毛泽东发问,毛泽东说看了钱学森的文章,相信科学家的话。

"大跃进"运动的一个重要特征,是片面追求建设的高速度、高指标。在"一天等于二十年"口号的感染下,各地不断修改计划指标。"高产卫星"一浪高过一浪。当时,毛泽东心存疑虑,没有看得见、摸得着的实实在在的成绩,他总觉得心中无底。关于粮食,曾任毛泽东机要秘书的叶子龙回忆,1958 年 8 月 13 日,毛泽东到天津新立村参观稻田,公社负责人说这块地亩产 10 万斤。毛泽东说:"你在吹牛。这不可能,你在放大炮,我是种过地的,你没种过地吧,这靠不住,10 万斤,我不信,堆都堆不出来么!"关于钢铁,1958 年 8 月 30 日,在北戴河会议上,毛泽东对钢产量 1070 万吨明确提出,从时间上看,"相当危险","能不能搞到,我总是怀疑,十五个吊桶打水——七上八下。如果搞不到,那么,一是我的工作没抓紧,二就是这个题目出错了,不该出这个 1070 万吨的数目。"后来,毛泽东引用两句古诗:"夕阳无限好,只是近黄昏。"因为当时钢产量还不到三分之一,离年底不到 4 个月,能不能完成,他是怀疑的。

"大跃进"的高指标、浮夸风,在毛泽东心中烙下的印痕太深了,一直心有余悸,以至到晚年都忘不了,认为"大跃进"不仅犯了不少错误,甚至"做了错事","闹了笑话"。他在 1965 年的一次会议上说:"这些教训要牢牢记住,要经常向人们讲,永远不要忘记。"

1959 年进入第二季度时,国民经济中的其他许多严重问题也越来越清楚地表现出来:夏粮、油菜等农作物的征购进度很慢,远远达不到要求;原来所报的粮食产量和 1959 年农业生产计划中的虚假现象逐步暴露;钢铁生产虽然尽了最大努力,仍同计划规定的数字相差很远,而且挤了其他生产部门,使国民经济的比例严重失调;通货膨胀,物资短缺,人民生活日益困难。

毛泽东在 1958 年秋冬已经察觉到了"大跃进"和农村人民公社化运动中出现的问题,并着手进行调整和纠偏。1958 年 11 月至 1959 年 7 月,毛泽东和党中央连续召开郑州会议、武昌会议、八届六中全会、第二次郑州会议、上海会议以及八届七中全会，重点讨论高指标和人民公社化运动中出现的问题，并取得了积极成果。会议强调要划分集体所有制和全民所有制、社会主义和共产主义的界限，国民经济应当有计划按比例发展，要发展社会主义的商品生产和商品交换，等等。这些思想，对抑制“共产风”、高指标、浮夸风等错误起了重要作用。

1959 年 4 月 29 日，毛泽东给从省级到生产队的干部写了一封信，提出：“在十年内，一切大话、高调，切不可讲，讲就是十分危险的。”信里专门谈到了“讲真话问题”：

“包产能包多少，就讲能包多少，不讲经过努力实在做不到而又勉强讲做得到的假话。收获多少，就讲多少，不可以讲不合实际情况的假话。对各项增产措施，对实行八字宪法，每项都不可讲假话。老实人，敢讲真话的人，归根到底，于人民事业有利，于自己也不吃亏。爱讲假话的人，一害人民，二害自己，总是吃亏。应当说，有许多假话是上面压出来的。上面‘一吹二压三许愿’，使下面很难办。因此，干劲一定要有，假话一定不可讲。”

1959 年 7 月 2 日起，中共中央在庐山召开政治局扩大会议。这次会议的原意，是想统一对形势的认识，在肯定成绩的前提下，总结经验教训，进一步纠正“左”的错误，动员全党完成 1959 年的“大跃进”任务。会上，对形势的认识出现了很大分歧。

7 月 14 日，政治局委员、国防部长彭德怀给毛泽东写了一封陈述自己意见的信。信中充分肯定总路线、“大跃进”、人民公社的成绩和意义。接着，他在“如何总结工作中的经验教训”这部分中提出：

“现实我们在建设工作中所面临的突出矛盾，是由于比例失调而引起各方面的紧张。就其性质看，这种情况的发展已影响到工农之间、城市各阶层之间和农民各阶层之间的关系，因此也具有政治性的。”

他认为，造成这些缺点错误的原因，客观上是我们对社会主义建设工作不熟悉,没有完整的经验;主观上是“浮夸风气较普遍地滋长起来”和“小资产阶级狂热性,使我们容易犯‘左’的错误”。

这封信引起了毛泽东的强烈不满。会议后期和紧接着在庐山召开的中共八届八中全会上,错误地发动了对彭德怀的批判。全会还通过《关于以彭德怀同志为首的反党集团的错误的决议》和《为保卫党的总路线、反对右倾机会主义而斗争》的决议。提出:

“右倾机会主义已经成为当前党内的主要危险。团结全党和全国人民,保卫总路线,击退右倾机会主义的进攻,已经成为党的当前的主要战斗任务。”

于是,局势顿时发生了逆转。

庐山会议后,全国的纠“左”被终止,取而代之的是“反右倾”。

这一年,粮食部部长沙千里在《人民日报》撰文宣布:1959 年虽然遭受了大面积的自然灾害,中国粮食产量达到 5000 亿斤左右。而实际上当年粮食产量只有 3000 亿斤。由于估产偏高,当年征购的粮食达到 1348 亿斤,高征购使许多地方甚至征走了农民的口粮和种子粮。

“大跃进”的恶果开始出现了。到这年年底,“大跃进”加上连续大面积严重自然灾害,农副产品产量急剧下降,人民消费品严重不足,中国进入了三年困难时期,城市粮食供应极其紧张,农村出现了大量的非正常死亡人口。

经济困难降临了。

在严寒之中,人们迎来了 60 年代的第一天,当天的报纸仍然在号召人们“迎接 1960 年的新跃进”。但是,此时城市的粮食供应日趋紧张,农村已经出现了大面积的饥荒。1960 年,由于严重自然灾害,全国粮食产量只有 2870 亿斤。

10 月,本来是收获的季节,但是在这个时候,农村饿死人等严重情况越来越多地反映到毛泽东那里,他开始对农村的情况忧心忡忡。在当年秋天,周恩来也得到了全国缺粮的确切数字。

而在这时,国际形势也面临着巨变。

1959 年 10 月 1 日,在新中国成立 10 周年的庆典上,毛泽东和苏共中央总书记赫鲁晓夫出现在天安门城楼上,向欢呼的人群频频招手。但是,由于分歧日渐加剧,中苏联盟已经走到了尽头。

1960 年 7 月 16 日,苏联对我国发出照会,单方面撕毁和中国签订的 600 个合同,并决定要在 1960 年 7 月 28 日至 9 月 1 日约一个月时间内,将在华的 1390 名专家全部撤走。苏联专家撤走时,带走全部图纸、计划和资料并停止供应中国建设急需的重要设备。这使我国 250 多个大型建设项目处于停顿、半停顿状态,给我国经济建设造成了重大损失,加重了我国经济发展的困难。苏联还要中国在 1965 年全部还清欠苏联的各项借款和应付利息折合人民币 52 亿元(其中 60%以上是抗美援朝战争中借支)。中苏联盟公开分裂,敌视代替了友好,对抗代替了合作。这种对抗在 70 年代达到了顶点。

伴随着国际关系的严寒,三年困难时期在 1961 年达到了困难顶点。

1960 年 12 月 30 日,周恩来在出访缅甸前夕,与陈云商议,决定进口 250 万吨粮食,以渡过难关。1961 年年初,第一批粮食从澳大利亚运抵天津港。

1961 年 1 月,中共八届九中全会正式决定对国民经济实行“调整、巩固、充实、提高”的八字方针。三年来造成严重后果的“大跃进”运动终于停止了,国民经济开始转入调整的新轨道。

毛泽东在八届九中全会前后多次发表讲话,号召全党发扬实事求是的作风,一切从实际出发,大兴调查研究之风。他指出:希望同志们要搞调查研究,把小事撇开,用一部分时间,带几个助手,去调研一两个生产队、一两个公社;在城市要彻底调查一两个工厂、一两个城市人民公社;不做调查研究工作,只凭想象和估计办事,工作就没有基础;要大兴调查研究之风,一切从实际出发,没有把握就不要下决心。毛泽东还提出,要做到情况明、决心大、方法对。“希望今年这一年,一九六一年,成为一个调查年。”

这一年,几乎所有的中央领导人都来到了基层,进行调查研究。

毛泽东直接领导三个调查组,分别去浙江、湖南和广东的农村第一线,到基层做系统的调查研究。

调查研究的结果体现在毛泽东亲自主持制定的《农村六十条》里:允许农民养猪、种菜,经营家庭副业。一些地方还出现了“包产到户”和“自由市场”。中国农村经济恶化的状况得到了扭转。

接着,邓小平等中央领导同志先后主持制定了《工业七十条》《手工业三十五条》《商业四十条》《高教六十条》《科学十四条》《文艺八条》等。这些条例的制定,对各方面的政策进行调整,健全必需的规章制度,对纠正“大跃进”以来的“左”的错误起了重要作用。

1962 年 1 月 11 日至 2 月 7 日,中共中央在北京召开扩大的工作会议,参加会议的有从中央到县的五级领导干部,共 7100 多人,通常称为“七千人大会”。刘少奇在会上所作的口头报告中尖锐地指出:

“过去我们经常把缺点、错误和成绩,比之于一个指头和九个指头的关系。现在恐怕不能到处这样套。有一部分地区还可以这样讲……可是,全国总起来讲,缺点和成绩的关系,就不能说是一个指头和九个指头的关系,恐怕是三个指头和七个指头的关系。还有些地区,缺点和错误不止是三个指头。如果说这些地方的缺点和错误只是三个指头,成绩还有七个指头,这是不符合实际情况的,是不能说服人的。我到湖南的一个地方,农民说是‘三分天灾,七分人祸’。你不承认,人家就不服。全国有一部分地区可以说缺点和错误是主要的,成绩不是主要的。”

1 月 30 日,毛泽东在会上作了重要讲话,他系统阐述了党的民主集中制原则,并作了自我批评:“凡是中央犯的错误,直接的归我负责,间接的我也有份,因为我是中央主席。”“第一个负责的应当是我。”他还说:“在社会主义建设上,我们还有很大的盲目性。社会主义经济,对于我们来说,还有许多未被认识的必然王国。拿我来说,经济建设工作中间的许多问题,还不懂得。工业、商业,我就不大懂。对于农业,我懂得一点。但是也只是比较地懂得,还是懂得不多。……我注意得较多的是制度方面的问题,生产关系方面的问题。至于生产力方面,我的知识很少。社会主义建设,从我们全党来说,知识都非常不够。我们应当在今后一段时间内,积累经验,努力学习,在实践中间逐步地加深对它的认识,弄清楚它的规律。一定要下一番苦功,要切切实实地去调查它,研究它。"

邓小平、周恩来也在大会上发言,分别代表中央书记处和国务院作自我批评。邓小平主要讲恢复党的优良传统,周恩来讲克服目前困难的主要办法。朱德在山东组全体会上,陈云在大会结束后陕西省的全体干部会上,也都针对党内民主生活问题讲了话。

"七千人大会"后,中共中央和国务院采取一系列措施,下大力量对经济工作进行调整,这些措施主要有:第一,把十年经济规划分为两个阶段:前一个阶段是恢复阶段,从1960年算起,大体上要五年;后一个阶段是发展阶段。第二,大力精简职工,减少城市人口。从1961年年初到1963年6月,两年半内共精简职工2000万人,减少城镇人口2600万人。第三,进一步缩小基本建设规模,降低绝大多数工业产品的指标,对现有工厂企业进行"关、停、并、转"。第四,采取一切办法制止通货膨胀,回笼货币。第五,尽力保证城市人民的最低生活需要。第六,把一切可能的力量用于农业增产。

采取这些强有力的措施后,经过全国人民万众一心的艰苦奋斗,调整工作取得显著成效。

到国民经济调整的最后一年也就是1965年年底,同1957年相比,按可比价格计算,工农业总产值增长59.9%,农业增长9.9%,工业增长98.1%。工农业、轻重工业、积累和消费之间的比例趋于合理。1963年到

1965年这3年的财政状况都是收大于支,略有结余,并且还清了全部外债。人民生活有了一些改善。大庆油田在1963年开始大规模地开采。高科技领域取得了很大进展。

如果把3年“大跃进”和5年调整两个时期连在一起看,在祖国大地上,国民经济还是发生了巨大的变化。

工业生产能力大幅度提高。先后建成了531个大中型工业项目,新建扩建了大批重要企业,如武汉、包头钢铁基地等,几十个煤炭企业和发电厂,电力工业已在全国大部分地区联结成网,石油消费达到全部自给。1964年钢品种达到900个,钢材品种达到9000个。中国生产的纺织机械,不但能满足自给,还为30多个国家和地区提供成套设备。全国新增铁路通车里程7200多公里,有12条线建成或部分建成。大中型水利建设施工项目达290多项,其中建成的有150多项。

此外,科学和教育事业也取得很大进展。8年来,高等学校毕业生达到119.5万人,科学技术人员成倍增长。

中华民族是勤劳勇敢的,在中国共产党领导下,尽管走过一条曲折的道路,社会主义改造基本完成以后这10年仍是开始全面建设社会主义的10年,祖国的面貌发生了巨大的变化,并为建立独立的、比较完整的工业体系和国民经济体系奠定了物质技术的初步基础,成为继续前进的出发点。这是事情的主导方面。《关于建国以来党的若干历史问题的决议》中写道:“总之,我们现在赖以进行现代化建设的物质技术基础,很大一部分是这个期间建设起来的;全国经济文化建设等方面的骨干力量和他们的工作经验,大部分也是在这个期间培养和积累起来的。”这个评价是合乎实际的。

十七、『文革』之痛

1966年，正当国民经济的调整基本完成，党面临着新的发展机遇，开始执行第三个五年计划的时候，一场“文化大革命”运动的风暴席卷了中华大地。

这场风暴的来临有着深刻的背景和原因。

1964年12月15日至1965年1月14日，中共中央在北京召开工作会议，会议的主要议题是，总结前一阶段社会主义教育活动的经验，部署下一阶段的工作。

会议在毛泽东主持讨论下，通过《农村社会主义教育运动二十三条规定》（即“二十三条”），由中央下发全党。这以后，毛泽东对怎样具体推进社会主义教育运动很少再谈起。这是一个值得注意的变化。

出现这种变化，并不是由于毛泽东认为运动所要解决的问题已基本得到解决,恰恰相反,随着运动的深入发展和运动中暴露出来的种种问题,使他对不少干部严重脱离人民群众,以致同群众相对立的问题越来越感到忧虑。他十分担心:这种状况不改变,继续发展下去,中国的社会主义制度便不能巩固,甚至存在资本主义复辟的严重危险。

毛泽东在中央工作会议闭幕时的讲话中,已透露出这种想法:你只要不触及全面问题,枝枝节节、修修补补不行。也就是说,他在考虑单靠城乡的这种教育运动仍不足以使问题得到全面解决,需要寻找出一种能够全面解决问题的新途径和新方法。

在中央工作会议召开的前三天,毛泽东阅读了在洛阳拖拉机厂蹲点的第八机械工业部部长陈正人给薄一波的信。信中说:经过蹲点,"开始发现了工厂里从不知道的许多严重问题。这些问题,如果再让其继续发展,就一定会使一个社会主义的企业有蜕化为资本主义企业的危险"。"特别值得重视的是:一部分老干部在革命胜利有了政权以后,很容易脱离群众的监督,掌管了一个单位就往往利用自己的当权地位违反党的政策,以至发展到为所欲为。而像我们这些领导人,官僚主义又很严重,对下面这些严重情况又不能及时发现。这就是在夺取了政权之后一个十分严重的危险。"

薄一波在这封信旁边批道:"这是个问题。所以成为问题,主要是由于我们多年来没有抓或很少抓阶级斗争的缘故。"毛泽东接着批了一段分量很重的话:"我也同意这种意见。官僚主义者阶级与工人阶级和贫下中农是两个尖锐对立的阶级。"

陈正人在信中还写道:"干部特殊化如果不认真克服,干部和群众生活距离如果不逐步缩小,群众是必然会脱离我们的。"毛泽东又写了一段批语:"如果管理人员不到车间、小组搞'三同'(指同吃、同住、同劳动),拜老师学一门至几门手艺,那就一辈子会同工人阶级处于尖锐的阶级斗争状态中,最后必然要被工人阶级把他们当作资产阶级打倒。不学会技术,长期当外行，管理也搞不好。以其昏昏，使人昭昭，是不行的。”

显然，毛泽东这时对国内阶级斗争形势的估计已十分严重。他担心，干部严重脱离群众的状况如果发展下去，会变成“官僚主义者阶级”。当时主持中央“一线”工作的领导人和许多大区、省一级的领导人对此却没有作出相应的反应，这使毛泽东非常不满。

自 1959 年以来，党内高层领导中对形势的估计、农村“包产到户”等问题的意见分歧一步步积累起来，更使毛泽东认定，问题首先出在党的上层。他曾对身边的护士长吴旭君说过：

“我多次提出主要问题，他们接受不了，阻力很大。我的话他们可以不听，这不是为我个人，是为将来这个国家、这个党，将来改变不改变颜色、走不走社会主义道路的问题。我很担心，这个班交给谁我能放心。我现在还活着呢，他们就这样！要是按照他们的做法，我以及许多先烈们毕生付出的精力就付诸东流了。”

“我没有私心，我想到中国的老百姓受苦受难，他们是想走社会主义道路的。所以我依靠群众，不能让他们再走回头路。”

“建立新中国死了多少人？有谁认真想过？我是想过这个问题的。”

毛泽东逐渐形成这样的看法：中国会不会放弃社会主义而走上资本主义道路，关键不在城乡基层，而是在上层，尤其是中央。如果在中国自上而下地出修正主义，它的危险比自下而上出修正主义要大得多，也快得多。他对如何巩固社会主义制度，防止资本主义复辟的关注重点有了很大变化。毛泽东曾说：“先搞豺狼，后搞狐狸，这就抓到了问题。你不从当权派着手不行。”“杜甫《前出塞》九首诗，人们只记得‘挽弓当挽强，用箭当用长。射人先射马，擒贼先擒王’这四句，其他记不得了。大的倒了，其他狐狸你慢慢地清嘛！”

“二十三条”中规定：“这次运动的重点，是整党内那些走资本主义道路的当权派。”“二十三条”虽然提出要“整党内那些走资本主义道路的当权派”,大多数人并不清楚它指的是哪一级的“当权派”,更不知道它所指的是什么人。

1965 年 5 月,毛泽东从武汉经过湖南茶陵和江西永新重新登上井冈山。他已经相隔 36 年没有回到这个当年艰辛开创革命事业的故地了,不禁心潮澎湃,写下一首《念奴娇 · 井冈山》词,里面写道:“犹记当时烽火里,九死一生如昨。独有豪情,天际悬明月,风雷磅礴。一声鸡唱,万怪烟消云落。”

陪同上井冈山的湖南省委第一书记张平化向毛泽东汇报湖南省社教运动的情况,毛泽东说:“不用汇报了,情况我都知道。现在看来光搞社教运动不能完全解决问题。”他内心正酝酿着要发动一场气势“磅礴”的“风雷”,期待能做到“一声鸡唱,万怪烟消云落”。

这一年,另一件大事使得毛泽东不能不用很大精力认真应对,那就是中国周边环境出现日趋严重的局势,战争似乎很有可能爆发。如:美国在越南采取扩大战争的步骤,大规模轰炸越南北方,派遣大批美军直接参战,严重威胁中国安全;苏共召开三月会议,使中苏关系进一步恶化;中印边界地区也出现一些不稳定的迹象。为了应对可能发生的战争危险,保证国家安全,毛泽东同其他领导人反复研究,4 月 14 日,中共中央发出经他审阅同意的《关于加强战备工作的指示》。

4 月 28 日、29 日,贺龙、罗瑞卿、杨成武到武汉向毛泽东汇报战备计划。毛泽东指出,战争仍有发生和不发生两种可能性,但我们必须做到有备无患。他说:“世界上的事情总是那样,你准备不好,敌人就来了;准备好了,敌人反而不敢来。”

9 月 18 日至 10 月 12 日,中共中央工作会议在北京举行。这次会议规定的议程是讨论第三个五年计划和 1966 年国民经济计划纲要。

会上大部分时间用在讨论计划上,但最重要的事情却是毛泽东在会上提出“如果中央出了修正主义,应该造反”的问题。在他看来,现在必须把这个问题告诉党的高级干部，并且采取行动了。

1965 年 11 月 10 日，上海《文汇报》发表了姚文元的《评新编历史剧〈海瑞罢官〉》一文。这件事成为引发"文化大革命"的导火线。

《海瑞罢官》的剧本，是著名明史学家、北京市副市长吴晗在 1959 年 4 月毛泽东提倡学习海瑞之后开始创作的。

姚文元的文章把剧本中的"退田""平冤狱"同 1962 年的所谓"单干风""翻案风"联系起来，说这反映了作者是"要拆掉人民公社的台，恢复地主富农的罪恶统治"，是代表国内外敌人的利益，"同无产阶级专政对抗，为他们打抱不平，为他们'翻案'"，使他们再上台执政。

文章对《海瑞罢官》产生的背景是这样说的：1961 年"刮过一阵'单干风''翻案风'"，"'退田''平冤狱'就是当时资产阶级反对无产阶级专政和社会主义革命的斗争焦点"，"《海瑞罢官》并不是芬芳的香花，而是一株毒草"。文章发表后，在全国引起强烈震动。

毛泽东对这篇文章给以极大的重视，表明他发动"文化大革命"的决心已经下定。他把这篇文章看作是"甩石头"，用以打破他所不满的那种沉寂局面。

在《文汇报》发表这篇文章的同一天，中共中央又发出通知，免去杨尚昆的中共中央办公厅主任职务，由汪东兴接替。这件事当时知道的人不多，在党的上层增加了政治上的紧张气氛。

这段时间内，《光明日报》编印的《情况简编》有两期引起毛泽东的注意。

一期是《吴晗看了姚文元批评〈海瑞罢官〉一文后的反映》，里面讲到吴晗在 11 月 14 日说："姚文元说我的《海瑞罢官》是 1960 年写的，我没有那么大的本领预见到 1961 年夏'刮风'。"他表示：不准备写答辩的文章，正给北京市委写报告，直接送给彭真同志。还说："姚文元这样批评我，我也不怕。不过我觉得这样牵强附会的批评，乱扣帽子，这种风气很不好，谁还敢写东西,谁还敢写历史?”

毛泽东看了这篇材料后批道:“我已看过了,一夜无眠。”

另一期是《关于姚文元评〈海瑞罢官〉文章反应续闻》,里面说:“翦伯赞认为,现在学术界的顾虑并未消除,姚文元乱来一通,不利于百家争鸣。”毛泽东看后在旁边画了三个圈。到上海后,他得知北京各报没有转载姚文元的文章,就让上海人民出版社将这篇文章印成小册子,向全国发行。并批评北京市委就是“针插不进,水泼不进”的“独立王国”。在小范围内的谈话中,毛泽东说,《海瑞罢官》的“要害问题是‘罢官’。嘉靖皇帝罢了海瑞的官,1959 年我们罢了彭德怀的官。彭德怀也是海瑞”。这些谈话使得对《海瑞罢官》的批判带上更为严重的政治色彩。

这时,又发生了林彪诬陷罗瑞卿的事件。

罗瑞卿那时担任着中央书记处书记、国务院副总理、中央军委秘书长、中国人民解放军总参谋长等重要职务。11 月 30 日,林彪派叶群带着他的信和 11 份材料坐专机赶到杭州,单独向毛泽东作了几个小时的汇报。汇报的情况现在已无从知道,但从叶群几天后在上海会议上的发言可以了解,林彪诬陷的内容至少包括:罗瑞卿要夺取军权;罗瑞卿一贯反对突出政治、反对毛泽东思想,存在单纯军事技术观点等。

12 月 2 日,毛泽东在阅看兰州军区党委关于五十五师紧急备战中突出政治的情况报告时批示:“那些不相信突出政治,对突出政治表示阳奉阴违而自己另外散布一套折中主义(即机会主义)的人们,大家应当有所警惕。”这里指的就是罗瑞卿。一个多月后他又说:“现在折中主义思想实在不少。四平八稳、面面俱到就是折中主义。”

12 月 8 日到 16 日,毛泽东在上海主持召开中央政治局常委扩大会议。与会人员事前不知道会议内容,开会时才知道是批判罗瑞卿。叶群在会上分 3 次作了约 10 个小时的发言,绘声绘色地捏造事实,诬陷罗瑞卿“反对突出政治”“反对毛泽东思想”,如何逼迫林彪退位,要林“不要挡路”,“一切交给罗负责”,等等。12 月 11 日,罗瑞卿被召到上海,没有得到在会上申辩的机会,便遭到软禁。这次会议,确定了处理罗瑞卿问题的五条意见:一、性质严重,手段恶劣。二、与彭、黄有别。三、从长期看工作有一定的成绩。四、惩前毖后、治病救人的方针。五、领导有责。“处理两步走,调动职务,不搞面对面,冷处理。”不久,毛泽东同江西省党政负责人杨尚奎、方志纯等谈到罗瑞卿的问题,他说:“这个人就是盛气凌人,锋芒毕露。”“我也同罗瑞卿说过,要他到哪个省去搞个省长,他不干。军队工作是不能做了。要调动一下,可以到地方上去做些工作,也不一定调到江西来。”当时还没有要完全打倒罗瑞卿。

随着评《海瑞罢官》文章的发表,全国范围内理论、教育、文艺、新闻、出版等各界的政治性批判急速升温。许多知识界人士心情紧张,惶惶不安。

1966 年 2 月初,中共中央政治局委员兼北京市委第一书记彭真召集文化革命五人小组(成员有彭真、陆定一、康生、周扬、吴冷西)开会,研究当时学术讨论的情况,认为要把这场讨论置于党中央的领导下,要降温,要真做到“百家争鸣,百花齐放”,因而起草了《文化革命五人小组关于当前学术讨论的汇报提纲》(后被称为“二月提纲”)。这个提纲向中央政治局常委作了报送,当时在北京的刘少奇、周恩来都认可这个提纲中提出的意见。

2 月 8 日,彭真、陆定一、康生等专程飞往武汉,向毛泽东汇报。毛泽东听到政治局常委已经讨论并认可这个提纲,没有立刻表示对提纲的不同意见。彭真等以为毛泽东已经同意这个提纲。2 月 12 日,中共中央正式批转了这个提纲。

“二月提纲”的产生和发出,进一步加深了毛泽东对彭真及中央在“一线”主持工作的领导人刘少奇等的不满。

就在“二月提纲”拟定的同时,江青在得到林彪同意后,从 2 月 2 日到 20 日在上海主持召开了近 20 天的“部队文艺工作座谈会”。参加座谈会的只有很少几个人,除看电影和看戏以外,主要听江青讲话。会后,有关人员整理了一份“座谈会纪要”。江青对纪要初稿不满意,交给张春桥修改,以后陈伯达也参加修改,然后送给毛泽东。毛泽东对这个纪要十分重视,并作了三次修改。

江青送去的纪要稿原来就充满着火药味,其中提出:十多年来,文化战线上存在着尖锐的阶级斗争,文艺界“被一条与毛主席思想相对立的反党反社会主义的黑线专了我们的政”,“我们一定要坚决进行一场文化战线上的社会主义大革命,彻底搞掉这条黑线”。纪要中提出的所谓“黑线专政论”,否定了新中国成立 17 年来文化战线上取得的巨大成绩,成为发动“文化大革命”的一个重要理论依据。

毛泽东第一次修改时,在这段话后加了一句:“搞掉这条黑线之后,还会有将来的黑线,还得再斗争。”更值得注意的是,他加写了下面一些话:“过去十几年的教训是:我们抓迟了。……只抓过一些个别问题,没有全盘的系统的抓起来,而只要我们不抓,很多阵地就只好听任黑线去占领,这是一条严重的教训。”这个纪要,最初没有下发,但在党内高层中已传开;后来经毛泽东批准,在 4 月 10 日由中共中央转发,要求各级党委“认真研究,贯彻执行”。

一个提纲,一个纪要,是明显对立的两个文件。它实际上向全党公开了中央上层由来已久的意见分歧,形成“山雨欲来风满楼”的紧张气氛。

局势继续向前发展。3 月 28 日至 30 日,毛泽东在上海先后同康生、江青、张春桥等进行多次谈话,严厉批评“二月提纲”混淆阶级界限,不分是非,是错误的。他尖锐地指出:“如果包庇坏人,中宣部要解散,北京市委要解散,五人小组要解散。”针对 3 月 11 日中宣部常务副部长许立群根据彭真的意见在电话上责问上海市委宣传部发表姚文元的文章为什么不向中宣部打招呼这件事,毛泽东生气地说:八届十中全会作出了进行阶级斗争的决议,为什么吴晗写那么多反动文章,中宣部都不要打招呼,而发表姚文元的文章偏偏要跟中宣部打招呼?难道中央的决议不算数吗?中宣部是

“阎王殿”，要“打倒阎王，解放小鬼！”接着又说：我历来主张，凡中央机关做坏事，我就号召地方造反，向中央进攻。各地要多出些“孙悟空”，大闹天宫。他还说：我们都老了，下一代能否顶住修正主义思潮，很难说。“文化大革命”是长期艰巨的任务。我这一辈子完不成，必须进行到底。

4 月 16 日，周恩来、邓小平、彭真、陈毅、叶剑英等和各中央局负责人来到杭州，出席由毛泽东主持召开的中央政治局常委扩大会议（刘少奇出访未参加）。22 日，毛泽东在会上作了长篇讲话，对局势的估计越来越严重。他一开始就提出吴晗的问题是“朝里有人”，修正主义不只文化界出，党政军也有。他说：

“我不相信只是吴晗的问题。这是触及灵魂的斗争，意识形态的，触及的很广泛，朝里有人。”

“中国出不出修正主义（当权），两种可能：不出或出，早出或迟出。搞得好可能不早出。早出也好，走向反面。”

毛泽东严厉地说：“出修正主义不只文化界出，党政军也要出，特别是党军出了修正主义就大了。”在他看来，当前最大的问题是中央出了修正主义，必须当机立断，“全面地系统地抓”，发动一场大革命，来解决这个已经迫在眉睫的问题。

5 月 4 日至 26 日，中央政治局扩大会议在北京召开。这次会议的议程由毛泽东在会前主持确定。开会期间，毛泽东在外地，没有参加会议。会议由刘少奇主持，由康生负责向毛泽东汇报请示。在这次会议上集中批判了彭真、罗瑞卿、陆定一、杨尚昆。

5 月 7 日，毛泽东在林彪寄来的军委总后勤部的一个报告上写下批语（后称“五七指示”），提出“军队应该是一个大学校”，“这个大学校，学政治、学军事、学文化”，又要随时参加批判资产阶级的文化革命斗争。批语认为，工、农、学、商以及党政机关等，也都需要进行“批判资产阶级”的斗争。关于教育问题，批语特别强调：“学制要缩短，教育要革命，资产阶级知识分子统治我们学校的现象,再也不能继续下去了。"

会议于5月16日通过《中国共产党中央委员会通知》(后来被简称为"五一六通知"),正式宣布撤销"二月提纲",决定撤销以彭真为首的"文化革命五人小组"及办事机构,重新设立文化革命小组,隶属于中央政治局常委。

"五一六通知"对"二月提纲"进行了极其尖锐的批判,说它是在国内正面临一个伟大的无产阶级文化大革命高潮时,"力图把这个运动拉向右转","这个提纲是资产阶级思想在党内的反映,是彻头彻尾的修正主义"。

毛泽东在"五一六通知"稿中加写了这样一段话:

"混进党里、政府里、军队里和各种文化界的资产阶级代表人物,是一批反革命的修正主义分子,一旦时机成熟,他们就会要夺取政权,由无产阶级专政变为资产阶级专政。这些人物,有些已被我们识破了,有些则还没有被识破,有些正在受到我们信用,被培养为我们的接班人,例如赫鲁晓夫那样的人物,他们现正睡在我们的身旁,各级党委必须充分注意这一点。"

这个通知,系统地表达了毛泽东关于社会主义时期阶级斗争的观点,成为发动"文化大革命"的指导性文件。

中央政治局扩大会议仍在继续进行。5月18日,林彪在会上作了长篇讲话,骇人听闻地讲了一篇"政变经"。他说:"最近有很多鬼事,鬼现象,要引起注意。可能发生反革命政变,要杀人,要篡夺政权,要搞资产阶级复辟,要把社会主义这一套搞掉。""危险就是出在上层。"他还说:"毛主席的话,句句是真理,一句超过我们一万句。""他的话都是我们行动的准则。谁反对他,全党共诛之,全国共讨之。"林彪的这篇讲话,使党内和国内的政治空气陡然紧张起来,使本已存在的个人崇拜狂热更加泛滥起来。

5月23日,会议决定:停止彭真、陆定一、罗瑞卿、杨尚昆在中央书记处的职务,以后提请中央全会追认和决定;撤销彭真的北京市委第一书记和市长的职务、陆定一的中央宣传部部长职务;调陶铸任中央书记处常务书记兼中央宣传部部长，叶剑英任中央书记处书记兼中央军委秘书长，他们的中央书记处书记职务，以后提请中央全会追认和决定；由李雪峰兼任北京市委第一书记。

5月28日，中央发出通知，设立"中央文化革命领导小组"，陈伯达任组长，康生为顾问，江青、张春桥等任副组长，王力、关锋、戚本禹、姚文元等任组员。后又宣布陶铸任顾问。这个小组在江青等人控制下，后来一度取代了中央政治局和中央书记处，成为"文化大革命"的实际指挥部。

5月25日，北京大学食堂的东墙上贴出了一张题为《宋硕、陆平、彭珮云在文化革命中究竟干些什么?》的大字报，作者是北京大学哲学系党总支书记聂元梓等7人。大字报歪曲事实，攻击北京市委大学部部长宋硕、北京大学校长兼党委书记陆平、北京大学党委副书记彭珮云等人执行的"是十足的反对党中央、反对毛泽东思想的修正主义路线"；攻击根据中央指示提出的"内外有别"等纪律是"清规戒律"，"压制群众革命，不准群众革命"；宣称要"坚决、彻底、干净、全部地消灭一切牛鬼蛇神、一切赫鲁晓夫式的反革命的修正主义分子"。后来，这张大字报被称为"全国第一张马列主义大字报"。聂元梓青云直上，在中共九大上被选为中央委员，不过不久之后，她又成为在"文化大革命"中打倒的对象。聂元梓命运的大起大落，成为这场"革命"中出现的一些荒诞事件的一个注脚。

康生背着在北京主持工作的刘少奇，将大字报印送给当时在杭州的毛泽东。6月1日下午，毛泽东就大字报给康生、陈伯达写出批语："此文可以由新华社全文广播，在全国各报刊发表，十分必要。北京大学这个反动堡垒，从此可以开始打破。"当晚，中央人民广播电台播出了这张大字报。

同一天，《人民日报》发表了《横扫一切牛鬼蛇神》的社论，公开号召群众起来"造反"。社论要求"横扫盘踞在思想文化阵地上的大量牛鬼蛇神"，"把所谓资产阶级的'专家''学者''权威''祖师爷'打得落花流水，使他们威风扫地"。这使十分紧张的政治气氛变得更为紧张了。

6月2日,《人民日报》全文刊登了聂元梓等人的大字报,并配发一篇评论《欢呼北大的一张大字报》,指名道姓地攻击北京大学校长兼校党委书记陆平说:“你们的‘党’不是真共产党,而是假共产党,是修正主义的‘党’。你们的组织就是反党集团。你们的纪律就是对无产阶级革命派实行残酷无情的打击。”后来,在中共八届十一中全会期间,毛泽东为这篇评论员文章加了一条注,其中说:“危害革命的错误领导,不应当无条件接受,而应该坚决抵制。”

聂元梓的这张大字报被广播和报纸广泛传播,在全国引起了极大的震动,成为把“文化大革命”推向社会的标志。这之后,全国局面一时大变。北京各大中学校里,学生纷纷起来“造修正主义的反”,校园里铺天盖地贴出矛头指向领导干部和老师的大字报,学校党组织陷入瘫痪,乱打乱斗现象开始出现,有的被抹黑脸、戴高帽、罚跪,少数人被扭打等。对此,中央派出的工作组发现后立即加以制止,并“号召大家引起警惕,严防坏人破坏”。

“五一六通知”下发不久,毛泽东在6月10日会见了越南劳动党中央主席胡志明,两人进行了长时间交谈。毛泽东说了一些令人吃惊的话:

“我是今年、明年就差不多了。因为我们中国说七十三、八十四。我明年七十三了,这关难过,阎王爷不请我自己去。杜甫有首诗说:‘酒债寻常行处有,人生七十古来稀。’”

“一切事物都是一分为二、对立统一。事物总是有两个对立面。你们党如果只有完全的团结,没有对立面,就不符合实际。全世界的党都分裂嘛。马克思、恩格斯没有料到他们的接班人伯恩斯坦、考茨基成为反马克思主义者,他们创立和领导的党——德国社会民主党、法国社会党等,在他们死后就成为资产阶级的党。这条不注意,要吃亏的。”

“天下乌鸦一般黑。只要理解了,我们有准备,全党大多数人有准备,不怕。我们都是七十以上的人了,总有一天被马克思请去。接班人究竟是谁,是伯恩斯坦、考茨基,还是赫鲁晓夫,不得而知。要准备,还来得及。”这就是他在“五一六通知”中点出“赫鲁晓夫那样的人物”的用意所在。

6月15日,毛泽东乘坐专列从杭州到南昌。他在车上接见江西省委几个负责人,对他们说:“这次运动,是一次反修防修的演习。我们的青年人,没有经过革命战争的考验,缺乏政治经验,应该让他们到大风大浪中去经历风雨,见见世面,让他们得到一个锻炼的机会,使他们成为坚定的无产阶级革命事业的接班人。我想通过运动,练练兵。”

6月17日至28日,毛泽东回到他的故里韶山,在滴水洞整整静思了11天。到武汉后的7月8日,毛泽东给江青写了一封长信。信写好后,给正在武汉的周恩来、王任重看过。以后,由周恩来把信带到上海交给江青。毛泽东委托周恩来到大连去,向林彪讲了信的内容。信里面的许多话十分值得注意:

“天下大乱,达到天下大治。过七八年又来一次。牛鬼蛇神自己跳出来。他们为自己的阶级本性所决定,非跳出来不可。我的朋友的讲话,中央催着要发,我准备同意发下去,他是专讲政变问题的。这个问题,像他这样讲法过去还没有过。他的一些提法,我总感觉不安。我历来不相信,我那几本小书,有那样大的神通。现在经他一吹,全党全国都吹起来了,真是王婆卖瓜,自卖自夸。我是被他们逼上梁山的,看来不同意他们不行了。在重大问题上,违心地同意别人,在我一生还是第一次。”

“人贵有自知之明。今年四月杭州会议,我表示了对于朋友们那样提法的不同意见,可是有什么用呢?他在北京五月会议上,还是那样讲,报刊上更加讲得凶,简直吹得神乎其神。这样,我只好上梁山了。我猜他们的本意,为了打鬼,借助钟馗。我就在二十世纪六十年代当了共产党的钟馗了。”

“现在的任务是要在全党全国基本上(不可能全部)打倒右派,而且在七八年以后还要有一次横扫牛鬼蛇神的运动,尔后还要多次扫除。”

“这次文化大革命,就是一次认真的演习。有些地区(例如北京市),根深蒂固,一朝覆亡。有些机关(例如北大、清华),盘根错节,顷刻瓦解。凡是右派越嚣张的地方,他们失败就越惨,左派就越起劲。这是一次全国性的演习,右派、左派和动摇不定的中间派,都会得到各自的教训。结论:前途是光明的,道路是曲折的,还是这两句老话。”

“天下大乱,达到天下大治。”这是毛泽东这封信中,也是他对应该怎样看待“乱”的问题反复思考后得出的最重要的结论。

8月1日,在毛泽东主持下,中共八届十一中全会在北京开幕。这次会议的议程为:通过关于无产阶级“文化大革命”的决定;讨论和批准十中全会以来关于国内国际问题的重大决策和重大措施;通过增补中央政治局扩大会议关于人事变化的决定;通过会议公报。

8月4日,毛泽东召集中央政治局常委扩大会议,对在一线主持工作的中央领导人提出了尖锐的批评。

“中央自己违背了自己的命令。中央下令停课半年,专门搞文化大革命,大家起来了,又来镇压。不是没有人提过不同意见,人家提意见,就是听不进去。另一种意见却是津津有味。什么群众路线,什么相信群众,什么马列主义,都是假的。已经是多年如此,凡碰上这类的事情,就爆发出来,明明白白站在资产阶级方面反对无产阶级。说反对新市委就是反党,新市委为什么不能反?看你站在哪个阶级方面,向哪个阶级作斗争。”

在接下来的讨论中,毛泽东的话越说越重。当刘少奇说到“我在北京,要负主要责任”时,毛泽东说:“你在北京专政嘛,专得好!”他又说:“讲客气一点,是方向性错误,实际上是站在资产阶级立场,反对无产阶级革命。为什么天天讲民主,民主来了,又那么怕?”刘少奇说:“无非是下台,不怕下台,有五条不怕。”当叶剑英讲到“我们有几百万军队,不怕什么牛鬼蛇神”时,毛泽东说:“牛鬼蛇神,在座的就有!”会议结束时,毛泽东说:“今天大会不开了,开小组会好了。把这里讲的传达给大家,你们分别去参加。”这时,会议的空气已十分紧张。

第二天,毛泽东在6月2日《北京日报》原载北京大学聂元梓等人那张大字报的边空上写下了一段文字:

"全国第一张马列主义的大字报和人民日报评论员的评论,写得何等好啊!请同志们重读一遍这张大字报和这个评论。可是在五十多天里,从中央到地方的某些领导同志,却反其道而行之,站在反动的资产阶级立场上,实行资产阶级专政,将无产阶级轰轰烈烈的文化大革命运动打下去,颠倒是非,混淆黑白,围剿革命派,压制不同意见,实行白色恐怖,自以为得意,长资产阶级的威风,灭无产阶级的志气,又何其毒也!联系到一九六二年的右倾和一九六四年形'左'而实右的错误倾向,岂不是可以发人深醒的吗?"

随后,毛泽东给这篇文字加上"炮打司令部——我的一张大字报"的标题,8月7日印发中央全会。这段文字虽然没有点名,但谁都看得清楚,这主要是指刘少奇。大字报把分歧上升到两个司令部斗争的高度,指责刘少奇、邓小平是"党内资产阶级司令部",在全会上引起了极大的震动。

这张"大字报"一写,并且印发中央全会,表明毛泽东已经下了决心,要改变刘少奇的接班人位置。他考虑接替刘少奇位置的人选是林彪。他作出这样的选择,不仅是因为林彪比较年轻(比他小14岁,比刘少奇、周恩来也小9岁),更重要的,是因为林彪主持中央军委工作以来,鼓吹"突出政治""四个第一"等,同他的想法一致。

这次全会开幕时,林彪正在大连养病,会前曾打电报请假。毛泽东通知林彪要来京参加会议,林彪是8月6日中途到会的。

8月8日,全会通过《关于无产阶级文化大革命的决定》(通常称为"十六条"),其中写道:"当前开展的无产阶级文化大革命,是一场触及人们灵魂的大革命,是我国社会主义革命发展的一个更深入、更广阔的新阶段。""在当前,我们的目的是斗垮走资本主义道路的当权派,批判资产阶级的反动学术‘权威’，批判资产阶级和一切剥削阶级的意识形态，改革教育，改革文艺，改革一切不适应社会主义经济基础的上层建筑，以利于巩固和发展社会主义制度。”

同日，林彪在接见中央文革小组成员时，继续加温，说要弄得天翻地覆、轰轰烈烈、大风大浪、大搅大闹，这半年就要闹得资产阶级睡不着觉，无产阶级也睡不着觉。

8 月 12 日，中共八届十一中全会闭幕。毛泽东在闭幕会上讲话，提出要准备召开中国共产党第九次全国代表大会。“大概是明年一个适当的时候召开，现在要准备。”毛泽东的这一设想表明，“文化大革命”大概在“明年一个适当的时候”告一段落，随后召开党的全国代表大会，确认并巩固这次“大革命”的成果，继续前进。

全会结束前，补选了中央政治局委员 6 人，候补委员 3 人，根据毛泽东预先提出的名单，确定政治局常委 11 人的排名次序是：毛泽东、林彪、周恩来、陶铸、陈伯达、邓小平、康生、刘少奇、朱德、李富春、陈云。林彪被列为第二位，而刘少奇却降到第八位。

八届十一中全会后，在毛泽东的支持下，以大中学校学生为主体组成的红卫兵组织迅速发展，形成席卷全国的红卫兵运动。毛泽东之所以支持红卫兵运动，是为了进一步清除发动“文化大革命”的阻力，也有防止和平演变的考虑。他认为，“文化大革命”中这些造反的学生，正是杜勒斯们寄托和平演变希望的年青一代。让他们亲身体验斗争的严重性，并把自己取得的经验和认识再告诉他们将来的子孙后代，一代一代传下去，就可能使杜勒斯的预言在中国难以实现。

8 月 18 日，在首都天安门广场举行的有百万群众参加的庆祝“文化大革命”的集会上，毛泽东身穿绿军装，佩戴“红卫兵”袖章，向手持《毛主席语录》、高唱“造反有理”等歌曲的红卫兵挥手致意，表明对红卫兵的支持。此后，红卫兵组织在北京和各地普遍建立。

在中央文革小组的煽动下，北京的红卫兵率先冲出学校，走向街头，冲向教育界、党政机关，冲向社会，他们对认定的“封、资、修”的事物进行大破坏。文化教育界、党政机关的许多人，被当作“黑帮分子”“资产阶级代表人物”“反动学术权威”“反革命修正主义分子”，受到批斗、抄家、游街，受到侮辱、殴打和迫害。

8 月下旬起，红卫兵运动已形成全国性“大串联”的浪潮。北京学生分赴各地，向全国播撒“文化大革命”的火种。各地红卫兵也纷纷涌入北京“取经”。到 8 月 28 日，外地来京学生已达 14 万人。31 日，毛泽东第二次接见红卫兵。

从 1966 年 8 月 18 日到 11 月下旬，毛泽东在北京先后 8 次接见来京的红卫兵和大学、中学师生，人数达 1100 万。至此，“大串联”遍及全国城乡，红卫兵运动达到高潮，这造成社会更大的动乱。

8 月 31 日，林彪在接见外地来京革命师生大会上的讲话中，称毛泽东为“伟大的导师，伟大的领袖，伟大的统帅，伟大的舵手”。大量的毛泽东著作、语录、画像、像章等遍布城乡各个角落。许多机关、学校、部队、人民团体手举《毛主席语录》进行早请示、晚汇报。赞颂毛泽东的歌曲，包括《毛主席语录》歌，流行大江南北。

红卫兵的全国性“大串联”产生了巨大的辐射作用，从北京开始的那种对党政机关的猛烈冲击迅速扩展到全国。从中央到地方的各级党政领导机关纷纷被围攻，被“炮轰”。相当多数的党政负责人因遭到红卫兵的责难和攻击被迫一再检讨，而始终无法“过关”，有的被野蛮批斗以至失去人身自由，无法正常工作。

不仅学校和党政机关，而且不少工矿企业、农村社队、商业部门和科研院所也纷纷建立群众组织，相互串联起来“造反”，把矛头对准本单位、本地区、本系统的党政领导，使党的各级组织陷于瘫痪、半瘫痪状态，党长期依靠的许多积极分子和基本群众受到排斥，原有的社会秩序和道德规范被视为“封、资、修”的旧事物而被抛弃。这样不可避免地造成无政府状态，给一些投机分子、野心分子以可乘之机，在“革命造反有理”的旗帜下兴风作浪、胡作非为，制造出一幕幕令人痛心的惨剧。

1967年1月初，在张春桥、姚文元策划下，以上海国棉十七厂王洪文为首的上海造反派，夺取了上海市委、市政府的领导权后，宣布成立“上海人民公社”。《文汇报》发表了《伟大的历史性革命创举——欢呼上海人民公社诞生》的社论。毛泽东不赞成“人民公社”的叫法，他讲道：“上海公社如果一发表，各地都叫人民公社，那党、政、军还要不要？一切都管？”后来，根据毛泽东指示，改为“上海市革命委员会”。

随着上海“一月夺权”风暴席卷全国，局势并不像毛泽东预期的那样朝着“大联合”的方向发展，更谈不上“达到天下大治”，相反，迅速陷入“打倒一切，全面内战”的混乱局面。

各地造反派组织在夺权中，很快形成了山头林立的局面，无政府思潮泛滥。许多造反派组织要求“以我为核心”，拉帮结派，对其他组织采取排斥或打击的态度，相互争权抢权、派性武斗层出不穷，许多地方演变成为大规模的武装冲突。江青提出“文攻武卫”的口号后，一些城市中甚至发展到用重武器作战的程度。事情的发展，已经远远偏离原来设计者所想象的那样。这时，只有人民解放军是国内唯一保持完整的组织系统的稳定力量。中央决定实行“三支两军”（支左、支农、支工，军管、军训）。解放军先后派出280多万人执行这个任务。这在当时的混乱情况下是非常必要的，对稳定局势起了积极作用。

几乎在上海“一月夺权”的同时，江青等人为了完全控制中央文革小组，又把斗争的矛头指向了时任中央政治局常委、中央书记处书记、国务院副总理、中央文革小组顾问的陶铸。他们指责陶铸是“中国最大的保皇派”“资产阶级反动路线的忠实执行者”，煽动群众把陶铸“揪”出来。一夜之间，“打倒陶铸”的标语贴满北京城，并迅速传遍全国。之后，又有一批老同志先后被打倒。

这件事导致毛泽东第一次对中央文革小组的不满并对其提出严厉批评。2月20日，毛泽东在政治局常委扩大会议上，针对江青、陈伯达没有报告中央就公开在群众中点名打倒陶铸这件事，批评他们："你这个陈伯达，你是一个常委打倒另一个常委！""你这个江青，眼高手低，志大才疏。打倒陶铸，别人都没有事，就是你们两个人干的。"他还说："我看现在还同过去一样，不向我报告，对我实行封锁，总理除外，总理凡是重大问题都是向我报告的。"毛泽东最后要中央文革小组开会，批评陈伯达、江青。

12日，毛泽东又找中央文革小组的张春桥、王力、姚文元、戚本禹谈话，批评中央文革小组成为"独立王国"，说："小组成立以来，没有一次提出要我主持开会。去年6月以来，代替了书记处，也是独立王国。骂别人独立王国，自己独断专行，否认政治局常委存在。""怀疑一切，打倒一切，是无政府主义"，"把工人、学生提上来，掌握了权，没有经验，几个月就变了，很不稳定"。这件事，陈毅、谭震林、徐向前、李先念等很快知道了，他们对毛泽东严厉批评中央文革小组感到极大兴奋。

1967年2月14日、16日，周恩来在中南海怀仁堂主持召开政治局碰头会。围绕"文化大革命"要不要党的领导，应不应该将老干部统统打倒，要不要稳定军队等重大原则问题，谭震林、陈毅、叶剑英、李富春、李先念、徐向前、聂荣臻等政治局和军委领导人，再次对中央文革小组的种种错误行为提出激烈批评。叶剑英拍案痛斥江青、张春桥等人指使"造反派"揪斗军队高级干部，盛怒之下，把右手掌骨震裂。散会后，张春桥、王力、姚文元立即向江青汇报，并于当晚整理材料，向毛泽东作了汇报。

第二天，谭震林给林彪写了封信。信中斥骂江青"真比武则天还凶"，说他们"手段毒辣是党内没有见过的"，表示"这个反我造定了，下定决心，准备牺牲，斗下去，拼下去"。林彪也将这封信送毛泽东阅。这场抗争，在当时却被诬为"二月逆流"。

毛泽东对“二月逆流”的看法，后来逐渐有了转变。他在八届十二中全会上的讲话虽然也批评了参与所谓“二月逆流”的老同志，但讲话精神肯定这些老同志的行为是“阳谋”不是“阴谋”，是内部矛盾。1969 年 1 月 3 日，毛泽东在一份反映老同志思想动态的简报上批示：“所有与二月逆流有关的老同志及其家属，都不要批判，要把关系搞好。”1971 年 11 月 14 日，毛泽东在接见参加成都地区座谈会的同志时，进一步讲了为“二月逆流”平反的话，指出，这件事搞清楚了，不要再讲“二月逆流”了。

鉴于局势越来越混乱，中共中央、国务院在 1968 年 7 月 3 日和 24 日，分别发出《布告》，要求制止武斗。

7 月 28 日凌晨，毛泽东紧急召见当时号称革命造反派“五大领袖”的聂元梓、蒯大富、谭厚兰、韩爱晶、王大宾，林彪、周恩来、陈伯达、康生、江青等也参加了接见。谈话持续 5 个小时，毛泽东说：谁如果还继续违犯，打解放军、破坏交通、杀人、放火，就是犯罪；如果有少数人不听劝阻，坚持不改，就是土匪，就是国民党，就要包围起来，还继续顽抗，就要实行歼灭。现在是轮到一些小将犯错误的时候。毛泽东最后说：“现在学生的缺点在什么地方呢？学生最严重、最严重的缺点，就是脱离农民，脱离工人，脱离军队，脱离工农兵，就是脱离生产者。”

8 月 8 日，毛泽东接见中央“文革”碰头会成员和吴德谈高等学校问题，说：“靠学生解决问题是不行的，历来如此。学生一不掌握工业，二不掌握农业，三不掌握交通，四不掌握兵。他们只有闹一闹。”“所谓‘五大领袖’，群众不信任他，工人、农民、士兵不信任他，学生不信任他，本派的大部分不信任他。”

经过 20 个月的社会大动乱的几次反复，到 1968 年 9 月，除台湾省外，全国 29 个省、直辖市、自治区先后勉强成立了革命委员会，实现了所谓“全国一片红”。

革委会在人员构成上说是“军、干、群”三结合，实际上大多数是军队干部主持工作。因为此时毛泽东逐渐发现那些红极一时的造反派，并不是忠实贯彻执行他的思想和主张的可靠力量。

1968 年 10 月 13 日至 31 日，中共八届扩大的十二中全会在北京召开。这次会议在党内生活极不正常的状况之下进行，没经过核实和认真讨论，错误地批准了《关于叛徒、内奸、工贼刘少奇罪行的审查报告》，并通过决议宣布把刘少奇“永远开除出党，撤销其党内外一切职务”，成为“文化大革命”中最大的冤案。（此后，刘少奇身体状况不断恶化。1969 年 10 月 17 日晚，身患重病的刘少奇在两名专案人员的押送下，被疏散到河南开封，秘密关押在开封革命委员会院内原“同和裕银号”旧址。11 月 12 日晨，刘少奇在这里含冤辞世，终年 71 岁。）

这次全会为召开中共九大做准备。会议公开宣布：“全会认为：经过无产阶级文化大革命的风暴，已经从思想上、政治上、组织上为召开党的第九次全国代表大会，准备了充分的条件。全会决定在适当的时候召开中国共产党的第九次全国代表大会。”

早在 1955 年，毛泽东就说过：“农村是一个广阔的天地，到那里是可以大有作为的。”1968 年 12 月 22 日，毛泽东发出“知识青年到农村去，接受贫下中农的再教育，很有必要”的号召。几年内，2500 多万知识青年到农村和边疆，他们为开发、振兴祖国的不发达地区作出了贡献。这是人类现代史上罕见的从城市到乡村的人口大迁移。

知识青年上山下乡，这其中有城市人口就业安置的重要问题，也有毛泽东从培养千百万无产阶级革命事业接班人出发的战略设想的重要因素。据统计，中共十八大产生的 205 名中央委员中，有 65 人有过上山下乡的经历。其中 25 名中央政治局委员中，有 7 名是上山下乡知青。而中央 7 名政治局常委中，有 4 名曾有知青经历。习近平在西北黄土高原一待就是 7 年。当年上山下乡的一大批知识青年，现在正在我们党和国家的各级领导岗位上和经济社会生活中发挥着极其重要的作用。与中国最底层农民的朝夕相处、艰苦环境的磨炼、对中国特有国情的认识,已经并将是他们终生极为重要的不可替代的宝贵财富。当然,我们也要看到,其中不少上山下乡知识青年吃了很多苦,遭受了不应有的磨难,甚至有的还长眠于祖国的穷乡僻壤。

1969 年 4 月 1 日至 24 日,中国共产党第九次全国代表大会在北京召开。会议分两个阶段:第一阶段,从 1 日到 14 日,听取并通过政治报告和修改党章的报告;第二阶段,从 15 日到 24 日,酝酿选举中央委员会。

从 4 月 2 日起,与会代表分组讨论政治报告和党章修改草案。这个草案除肯定"文化大革命"及其无产阶级专政下继续革命的理论,取消了有关党员权利的规定,还引人注目地写上:"林彪同志是毛泽东同志的亲密战友和接班人"。这不仅严重违背党的组织原则,而且事实证明是十分错误的。

4 月 11 日,毛泽东召开大会秘书处和各大组部分召集人会议。他说:"找同志们商量一件事,这个会是小组会一直开下去,还是开一次大会?我们商量了几次:中间开一次大会通过报告和党章,然后选举,再开一次大会,结束。"

4 月 14 日召开的第二次全体会议一致通过了政治报告和党章修改草案两个文件。自 4 月 15 日起,代表们开始酝酿,预选新一届中央委员会委员、候补委员。

4 月 24 日的全体会议上,经过无记名投票,选出中央委员 170 名,候补中央委员 109 名。在新当选的中央委员和候补委员中,原八届中央委员和候补委员占 19%。在选举中,有的代表坚持原则,顶住压力,将并非候选人的王稼祥、胡耀邦等人的名字写在选票上。

4 月 28 日,毛泽东主持召开九届一中全会,选出新的中央领导机构。中央委员会主席毛泽东,副主席林彪。中央政治局常委会由 5 人组成:毛泽东、林彪、周恩来、陈伯达、康生。中央政治局委员 21 人:毛泽东、林彪、叶群、叶剑英、刘伯承、江青、朱德、许世友、陈伯达、陈锡联、李先念、李作鹏、吴法宪、张春桥、邱会作、周恩来、姚文元、康生、黄永胜、董必武、谢富治。中央政治局候补委员 4 人：纪登奎、李雪峰、李德生、汪东兴。不设书记处。

同日，新的中央政治局通过中央军事委员会主席、副主席、委员名单和中央军委办事组成员名单：毛泽东任中央军委主席；林彪、刘伯承、陈毅、徐向前、聂荣臻、叶剑英任中央军委副主席。黄永胜任中央军委办事组组长，吴法宪任副组长，叶群等 8 人为成员。实际上由林彪操纵了军委的日常工作。此后，中央文革小组停止了活动。

毛泽东在九届一中全会上作了一篇不长的讲话，说："我的话是些老话，就是大家知道的，没有什么新话，无非是讲团结，团结起来的目的，是要争取更大的胜利。

"我们讲胜利，就是要保证在无产阶级领导下，团结全国广大人民群众，去争取胜利。社会主义革命还要继续。这个革命，还有些事没有做完，现在还要继续做，比如讲斗、批、改。过若干年，也许又要进行革命。

"看来，无产阶级文化大革命不搞是不行的，我们这个基础不稳固。据我观察，不讲全体，也不讲绝大多数，恐怕是相当大的一个多数的工厂里头，领导权不在真正的马克思主义者，不在工人群众手里。

"团结起来，为了一个目标，就是巩固无产阶级专政，要落实到每个工厂、农村、机关、学校。开头不要全面铺开，可以铺开，但不要一铺开就不管了。不要搞了半年或者更久，就是没有人去管理它。要一个一个工厂，一个一个学校，一个一个机关地去总结经验。"

鉴于不久前在黑龙江珍宝岛地区发生的中苏边防部队武装冲突事件所造成的紧张局势，毛泽东在讲话中提出："要准备打仗。"他说："我们是不打出去的。我说不要受挑拨，你请我去我也不去，但是你打来呢，那我就要对付了。"

九大的召开，标志着"文化大革命"第一阶段的结束。

关于九大在党的历史上的作用,中共中央1981年在《关于建国以来党的若干历史问题的决议》中作出这样的结论:党的九大使"文化大革命"的错误理论和实践合法化,加强了林彪、江青、康生等人在中央的地位。九大在思想上、政治上和理论上的指导方针都是错误的。

按照毛泽东的意图,九大以后,"文化大革命"应该较快地告一段落了。但是,靠"文化大革命"起家,在九大会议加强了实力的林彪、江青两个集团的矛盾和争夺迅速加剧。毛泽东怎么也不曾料到,在他一再呼吁的"团结"和"胜利"背后,正在酝酿着一场惊心动魄的生死大搏斗。

林彪和江青这两个集团,在"文化大革命"初期互相勾结,尽管在有些问题上也曾发生矛盾,但总的来说是密切合作的。九大以后,情况发生了变化:一边是野心勃勃的林彪集团,一边是不甘寂寞的江青一伙,彼此互相倾轧,愈演愈烈。张春桥嘲笑黄永胜"是个大老粗,什么也不懂"。林彪在同陈伯达、黄永胜、吴法宪会面时说:"张、姚是无名小卒,不知是从哪里冒出来的,也没有做过什么大的工作,不过是个小记者。"他们之间的明争暗斗越来越尖锐,彼此越来越不相容。毛泽东对这种变化,却没有多少察觉。

1969年5月31日至6月26日毛泽东在武汉期间,一再谈到要减少对他个人的过分颂扬。针对林彪称毛主席的话"一句顶一万句"的说法,他向工作人员说:"人的一句话怎么能顶一万句呢?一句话就是一句。不能是一万句,不能顶,更不能顶那么多。我的话怎么可能有那么大力量,那不是神了吗?这不是唯物主义,也不是辩证法。"

还有一次,毛泽东在观看中共九大纪录影片时,银幕上多次出现他本人的镜头和代表们长时间欢呼的场面,他生气地站起来中途退场,并且说:"哪有一个人老看演自己的电影?我的镜头太多了,没什么意思!"他还告诉工作人员:"'四个伟大',太讨厌!"

6月12日,根据毛泽东的批示,中共中央发出《关于宣传毛主席形象应注意的几个问题》的文件,指出:当前在国内宣传中出现了不突出政治、追求形式和浮夸浪费的问题。今后,“不经中央批准,不再制作毛主席像章”;“各报纸平时不要用毛主席像作刊头画”;“不要搞‘忠字化’运动”;“不要修建封建式的建筑”;“不要搞‘早请示、晚汇报’,饭前读语录、向毛主席像行礼等形式主义的活动”。

10月18日,林彪竟在事先没有得到军委主席毛泽东批准的情况下,向全军发出“关于加强战备、防止敌人突然袭击的紧急指示”,要求立即组织精干的指挥班子,进入战时指挥位置。全军立刻进入紧急战备状态,引起极大震动。住在武昌东湖客舍的毛泽东,对林彪的“第一个号令”,是没有料到的,他立刻敏锐地意识到问题的严重性。

林彪采取这种“先斩后奏”的做法,确实是一件非同小可的事情。此例一开,就造成一种既成事实:副统帅可以不经过统帅而在一夜之间调动全军进入临战状态。

这以后不到半年时间,林彪又作出一个出人意料的举动。

1970年3月8日,经过长期考虑后,毛泽东向中央提出召开第四届全国人民代表大会和修改宪法的意见,并建议不设国家主席。可林彪一再坚持要设国家主席,这是“文化大革命”以来他们第一次在重大问题上公开表现出意见分歧。

4月下旬,毛泽东在中央政治局会议上第三次提出他不当国家主席,也不要设国家主席,并当着林彪的面说:“孙权劝曹操当皇帝。曹操说,孙权是要把他放在炉火上烤。我劝你们不要把我当曹操,你们也不要做孙权。”毛泽东后来还说,设国家主席,那是形式,不要因人设事。这里说的“因人设事”,几乎就是“有人想当国家主席”的同义语。

1970年8月23日下午,中共九届二中全会在庐山召开。这次会议有三项议程:讨论修改宪法,讨论国民经济计划,讨论战备问题。

在九届二中全会上,林彪本来说不讲话,可在临开幕前一刻,他突然抢先发表讲话,坚持设立国家主席,并强调“毛泽东是天才”的观点。他讲完之后，康生也讲了话。并且提出："在群众讨论中，所有意见都是一致的"；"如果主席不当国家主席，那么请副主席林彪当国家主席"，"到底怎么样，要请毛主席最后指示，最后定"。康生的讲话，等于给林彪的讲话作一个"注解"。其间，陈伯达整理出一份恩格斯、列宁、毛泽东以及林彪论述"天才"的语录，向会议人员散发。

次日，陈伯达、叶群、吴法宪、李作鹏、邱会作分别在讨论林彪讲话的分组会上发言，抓住"设国家主席"和"称天才"两个问题，拥护毛泽东当国家主席。

瞒着毛泽东和多数常委，在党的中央全会上采取地下活动、突然袭击的方式，向中央发难，改变全会的原定议程，这在中国共产党的历史上从来不曾有过。

毛泽东察觉到林彪集团为争夺个人权力进行的宗派活动，是绝对无法容忍的，于是在 8 月 25 日主持召开政治局常委扩大会，决定立即停止讨论林彪的讲话，并责令陈伯达检讨。31 日，毛泽东写了《我的一点意见》，严厉批评陈伯达等"采取突然袭击，煽风点火，唯恐天下不乱，大有炸平庐山，停止地球转动之势"。全会按照毛泽东的意见，对陈伯达揭发批判。随后，中央宣布对陈伯达进行审查。中央还派人参加军委办事组，对军委办事组"掺沙子"。

1971 年 4 月，中共中央召开"批陈整风"汇报会，责令黄永胜、吴法宪、叶群、李作鹏、邱会作进行检讨。为了挽救林彪，促使他改正错误，毛泽东决定到南方视察，同沿途各地党政军负责人谈话。

从 8 月中旬到 9 月中旬的近一个月时间里，毛泽东先后抵达武汉、长沙、南昌、杭州、上海等地，同湖北、河南、湖南、广东、广西、江苏、江西、福建、浙江和上海的主要领导干部谈话，讲中国共产党内路线斗争的历史，谈庐山会议的问题。他再次强调说："你们要搞马列主义，不要搞修正主义。你们要团结，不要分裂，不要搞宗派主义、山头主义。要光明正大，不要搞阴谋诡计。”“这次在庐山搞突然袭击，是有计划、有组织、有纲领的。”“对路线问题、原则问题，我是抓住不放的。重大原则问题，我是不让步的。”

南巡途中，毛泽东凭借极其丰富的政治经验，敏锐地觉察出一些不正常的可疑迹象。

经多次改变行程，9 月 12 日毛泽东安全回到北京。在抵达丰台车站时，他约见了李德生、纪登奎、吴德、吴忠，向他们讲述了南巡谈话的主要内容。他又说：“我们的方针是路线决定一切。人多、枪多，代替不了正确的路线。路线正确就有一切，路线不正确有了也可丢掉。路线是个纲，纲举目张。”“我并不是不说天才，天才就是比较聪明一点。天才不是靠一个人、靠几个人。天才是靠一个党，党是无产阶级先锋队。天才是靠群众路线、集体智慧。”他最后说：“黑手不只陈伯达一个，还有黑手。”

1970 年庐山会议后，林彪的儿子林立果等在林彪授意下，炮制完成一份杀气腾腾的武装政变计划《“五七一”工程纪要》（“五七一”为“武装起义”的谐音）。

林立果原是北京大学物理系毕业生，1967 年入伍，被安排在空军司令部党委办公室任秘书，后经吴法宪介绍入党。1969 年 10 月，吴法宪任命林立果为空军司令部办公室副主任兼作战部副部长，并把空军的指挥大权交给林立果。不久，林立果伙同周宇驰、王飞等人在空军司令部组成“调研小组”，受到林彪的接见。

庐山会议后，林立果将“调研小组”改称“联合舰队”。1971 年 2 月，林立果同在苏州的林彪、叶群密谋后，又到杭州、上海活动。同年 3 月，林彪提出要“先搞一个计划”，林立果在上海同“联合舰队”主要成员周宇驰、于新野等分析形势、研究对策，于 3 月下旬拟出《“五七一”工程纪要》的方案。《“五七一”工程纪要》定稿后，曾由林立果连同有关政变资料带往并“留在”已到北戴河的林彪、叶群处。

毛泽东安全返回北京，使林立果等在途中妄图谋害毛泽东的计划落空，完全打乱了林彪一伙的部署。林彪集团顿时惊恐万状，感到阴谋已经败露。9月13日凌晨，林彪一伙乘坐“三叉戟”飞机出逃，飞机在蒙古温都尔汗西北70公里处坠毁，机上9名人员全部死亡。

9月24日，鉴于林彪集团的重要成员黄永胜、吴法宪、李作鹏、邱会作10天来一直拒不交代问题，反而加紧烧毁罪证，中央决定对他们实行隔离审查。在这前后，林立果“联合舰队”在各地的骨干分子相继被捕归案。至此，林彪集团的政变阴谋被彻底粉碎。

林彪叛逃事件和他们一伙策动政变计划的暴露，是令人震惊的重大变故，以后被称为“九一三事件”。这个事件给毛泽东的震动和打击极大。他借用唐代诗人杜牧的一首七言绝句，抒发心中的感慨：

折戟沉沙铁未销，自将磨洗认前朝。

东风不与周郎便，铜雀春深锁二乔。

诗中“折戟沉沙”四字恰好成了林彪一伙乘坐的“三叉戟”飞机坠落蒙古沙漠，丧命异国的绝妙写照。

10月3日，中央决定撤销军委办事组，组建由军委副主席叶剑英主持的军委办公会议，负责军委日常工作，并决定成立中央专案组，审查林彪、陈伯达反革命集团的问题。

“九一三事件”是“文化大革命”中的重要转折。它在客观上宣告了“文化大革命”的理论和实践的破产，它的尖锐性和突发性是毛泽东始料未及的。毛泽东也由此陷入极大的痛苦和矛盾之中。

1971年11月，毛泽东找成都军区张国华、梁兴初、李大章等负责人谈话，有人谈到林彪问题时，毛泽东说：“那时，谁知道他是反革命呢？是副统帅、接班人嘛！”当谈到毛泽东在庐山所写《我的一点意见》时，他说：“当时没有题词，撇开了一些问题。中心是主席问题，我就撇开了。那个司令部要我当国家主席是假，林当主席、林接班是真。也有一些人是真心要我当主席，和林彪不一样。”

林彪问题解决后，周恩来在毛泽东支持下，主持中央日常工作，各方面工作有了转机。以邓小平为代表的一大批老干部复出，重新走向重要领导岗位。

1972 年 1 月陈毅去世，毛泽东参加了陈毅的追悼会。他的谈话和周恩来所作的悼词，肯定了陈毅一生对革命事业作出的重大贡献，为陈毅恢复了名誉。

1973 年 8 月 24 日，中国共产党第十次代表大会在北京开幕，毛泽东主持开幕式。这次会议有三项议程：一、周恩来代表中央作政治报告；二、王洪文代表中央作修改党章的报告；三、选举第十届中央委员会。在这次会议上，江青、王洪文、张春桥、姚文元都进了中央政治局，从此结成"四人帮"宗派集团。江青利用其特殊地位，成为"四人帮"的实际核心。

1973 年年底，党内军内进行了重要的组织调动。12 月 12 日，毛泽东召开政治局会议，提议全国各大军区司令员互相调动。毛泽东说："一个人在一个地方搞久了，不行呢。搞久了，油了呢。有几个大军区，政治委员不起作用，司令员拍板就算。我想了好几年了，主要问题是军区司令员互相调动，政治委员不走。"

12 月 14 日，毛泽东同中央政治局委员谈话时说："现在请了一个军师，叫邓小平。发了通知，当政治局委员、军委委员。政治局是管全部的党政军民学，东南西北中。我想政治局添一个秘书长吧，你（指邓小平）不要这个名义，那就当个参谋长吧！"

12 月 22 日，根据毛泽东的意见，中共中央发出邓小平任中央政治局委员、中央军委委员，参加中央和军委领导工作的通知；中央军委发布八大军区司令员对调的命令：北京军区司令员李德生同沈阳军区司令员陈锡联对调，济南军区司令员杨得志同武汉军区司令员曾思玉对调，南京军区司令员许世友同广州军区司令员丁盛对调，福州军区司令员韩先楚同兰州军区司令员皮定均对调。新疆、成都、昆明三个军区司令员刚调动不久，没有调动。这是对各地军队高级领导人的一次大的调动,有利于军队的团结稳定。

从1972年开始,毛泽东的身体健康状况突然恶化。2月12日凌晨,毛泽东突然休克,经过20多分钟抢救才慢慢苏醒过来。十大开幕那天,宣布散会时,毛泽东却怎么也站不起来。代表们不知道他的健康状况,一直鼓掌欢呼,持续了10分钟,谁也不退场,毛泽东只得说:“你们不走,我也不好走。”周恩来宣布:毛主席目送各位代表退场。这样才把这个场面应付过去。

江青等对国家最高权力觊觎已久。毛泽东病重,使他们这种野心更加膨胀,也更为迫切。在他们看来,最大的障碍就是周恩来,最需要集中力量攻击的对象也是周恩来。

周恩来在“文化大革命”中处于非常困难的地位。他顾全大局,任劳任怨,为了党和国家的正常工作继续运转,为尽可能减少“文化大革命”造成的损失,为保护大批党内外干部,以常人难以想象的顽强毅力,作了坚忍不拔的努力。他有时不得不说一些违心的话,做一些违心的事,因为他深知在当时的复杂环境中,不这样做便无法发挥前面所说的那些作用,而这对党和国家的命运至关重要,又没有其他任何人能够代替他的作用。这种做法对他来说是十分痛苦的,但舍此别无选择。陈云在“文化大革命”结束后不久这样说:“没有周恩来同志,文化大革命的后果不堪设想。”因此,他被江青反革命集团看成主要障碍是很自然的。

周恩来在1972年5月已发现身患癌症,但仍然担负着一般人无法承受的极端繁重的工作,以各种形式坚持同江青反革命集团作斗争。1973年12月,根据毛泽东的提议,他积极安排邓小平恢复工作。一年后,他又不顾重病到湖南长沙,和毛泽东共同商议,确定由邓小平担任排名第一位的副总理,挫败了江青等“组阁”的野心。

1972年以来,毛泽东一直重视干部政策的落实问题。周恩来根据毛泽东的意见，要求解放军总政治部、中共中央组织部、国务院政工组提出一个党、政、军、统战各方面的360人名单，大部分是副部长以上的高级干部，提出对他们工作的分配意见。

1974年是新中国成立25周年，要举办大型国庆招待会，毛泽东确定公布出席国庆招待会人士名单，进一步推动对老干部和社会各界人士的落实政策工作。9月27日，中央政治局将参加国庆招待会见报的40多位老干部名单报送毛泽东审阅，并将写有2000多位落实政策的名单念给他听，这时毛泽东又想起一些人来，如萧华、侯宝林等，还询问商震（国民党元老人士）是否列入名单，以后他又想到加上刘志坚。29日，在医院的周恩来审阅这份名单时，指出要加上起义将领卫立煌夫人韩权华、程潜夫人郭翼青、张治中夫人洪希厚、傅作义夫人刘芸生，以及张学良之弟张学敏等。

9月30日晚上，北京人民大会堂宴会厅里，周恩来抱病主持盛大宴会，几千名中外人士济济一堂，用热烈的掌声欢迎周恩来致祝酒词。这些更引起江青集团对周恩来的仇视。

1974年年初，江青等开展所谓“批林批孔”运动，矛头指向周恩来。毛泽东对江青等人在“批林批孔”中到处插手、另搞一套的行径有所察觉，对江青进行了多次批评。1974年7月17日，毛泽东在政治局会议上批评江青说：“不要设两个工厂，一个叫钢铁工厂，一个叫帽子工厂，动不动就给人戴大帽子。”并宣称“她并不代表我，她代表她自己”。1974年11月12日，毛泽东写信批评江青：“不要多露面，不要批文件，不要由你组阁（当后台老板）。你积怨甚多，要团结多数。至嘱。”“人贵有自知之明。又及。”

1974年12月24日，毛泽东当着周恩来的面警告王洪文：“‘四人帮’不要搞了，中央就这么多人，要团结”，“不要搞宗派，搞宗派要摔跤的”。这是毛泽东第一次提出“四人帮”这个概念，并且是向政治局正式提出来的。又说：“江青有野心。你们看有没有？我看是有。我比你们了解她，几十年。”还说自己“也在做江青同志的工作，劝她三不要：一不要乱批东西，二不要出风头，三不要参加组织政府（组阁）”。毛泽东对江青等以“第十一次路线错误”攻击周恩来，以及借“批林批孔”大批走后门的做法表示不满，说“批林批孔是第二次文化大革命，是不对的”，提出江青应该作自我批评，要王洪文写出书面检查。

在批评“四人帮”的同时，毛泽东高度评价邓小平，称赞他“政治思想强”“人才难得”，并采纳周恩来的建议，在四届人大前召开的中共十届二中全会上补选邓小平为中央政治局常委、中共中央副主席。关于四届人大的人事安排，毛泽东重申：“总理还是我们的总理。”并嘱咐周恩来：你身体不好，四届人大之后，你安心养病，国务院的工作让小平同志去顶。他还就四届人大常委会和国务院的人选问题提出一些具体意见。

毛泽东的谈话，对于挫败“四人帮”的“组阁”企图，起了决定性的作用，也为建立以周恩来、邓小平为核心的新一届国务院领导班子创造了极为有利的条件。

1975 年 1 月 1 日，中共中央发出经毛泽东圈阅的一号文件，任命邓小平为中共中央军委副主席兼中国人民解放军总参谋长。1 月 8 日至 10 日，由周恩来主持召开中共十届二中全会，邓小平被选举为中共中央政治局常委、中共中央副主席。

1 月 13 日至 17 日，四届全国人大一次会议在北京举行，这次代表大会产生了以朱德为委员长的全国人大常委会和以周恩来为总理的国务院，邓小平被任命为国务院副总理，一大批富有治国经验的老干部重新走上领导岗位。江青一伙夺取国家最高权力的企图完全失败。

四届全国人大一次会议闭幕后，周恩来的病情加重。1975 年 2 月 1 日，周恩来主持召开国务院常务会议确定由邓小平主持国务院工作。

2 月 22 日，中共中央发出关于取消中央军委办公会议，成立中央军委常务委员会的通知。根据这个通知，新的中央军委常委成员是：叶剑英、王洪文、邓小平、张春桥、刘伯承、陈锡联、汪东兴、苏振华、徐向前、聂荣臻、粟裕。原中央军委办公会议主持人叶剑英,担任新的军委常委会议主持人。

调整中央军委班子,是毛泽东提出的"军队要整顿"的一部分,尽管王洪文、张春桥也被列为中央军委常委委员,但真正在部队日常工作中起主要作用的,是刚担任中央军委副主席兼中国人民解放军总参谋长的邓小平。

邓小平受命于危难之间,他根据毛泽东提出的要安定团结、把国民经济搞上去的指示,在毛泽东、周恩来的支持和叶剑英、李先念等的配合下,从整顿军队入手,逐步展开对各个战线进行整顿。

1975 年的 1 月中旬,在北京召开了各大军区负责人座谈会。根据毛泽东的指示,邓小平在会上提出,要把整顿军队作为今后军委工作的一个"大题目"。1 月 25 日,他又来到总参谋部机关,向团职以上的领导干部作题为《军队要整顿》的讲话。他指出:"这些年来,我们军队出现了一个新的大问题,就是闹派性,有的单位派性还很严重。这个问题主要在干部。""再一个问题是军队的纪律很差。""现在是问题成堆","军队被搞得相当乱"。为此,邓小平强调:"军队要整顿,要安定团结,要落实政策","要增强党性,消除派性,加强纪律性,提高工作效率"。

接着,邓小平便开始大刀阔斧地进行全面整顿。在整顿军队的同时,在抓铁路整顿的带动下,进行钢铁整顿、财经整顿和国防科技整顿,并逐步向党的干部工作、党的组织建设以及科技、教育、文化等领域深入开展。一段时间后,整顿初见成效,国民经济由停滞、下降迅速转向回升。

毛泽东虽然支持邓小平复出并主持党和国家的日常工作,却不能容忍邓小平系统地纠正"文化大革命"的错误。

1975 年 10 月底至 12 月初,担任毛泽东联络员的毛远新与江青等人相勾结,几次向毛泽东汇报,诬告主持中央工作的邓小平。不久,又因为邓小平向毛泽东转交了清华大学党委副书记、副校长刘冰写的两封信,反映该校党委书记迟群、副书记谢静宜工作作风和群众关系的问题,毛泽东认为刘冰的信攻击了迟群、谢静宜,矛头实际上是指向他本人的,邓小平转呈刘冰的信,就是偏袒、支持刘冰等人,是翻“文化大革命”的案。这样,毛泽东就决定发动一场“批邓、反击右倾翻案风”的运动。

1975 年 11 月下旬,党中央在北京召开打招呼会议,会上宣读了经毛泽东审阅批准的《打招呼的讲话要点》。文件说:“清华大学出现的问题绝不是孤立的,是当前两个阶级、两条道路、两条路线斗争的反映。这是一股右倾翻案风。”随即,中央向全国转发了这个文件,运动迅速扩展到全国。邓小平开始受到不点名的批判,并被停止了部分工作。1976 年 3 月 3 日,中央发出《毛泽东重要指示》,指名批判了邓小平。在此前后,“四人帮”通过他们控制的舆论工作,把所谓“批邓、反击右倾翻案风”运动推向全国。

1976 年 1 月 8 日,周恩来与世长辞。全国人民无限悲痛。然而,在为周恩来治丧期间,“四人帮”发出种种禁令,压制人民群众的悼念活动,这激起了广大干部群众的愤怒。

清明节一直是人民群众缅怀革命先烈,寄托哀思的日子。从 3 月下旬开始,南京、杭州、郑州、西安、太原等地群众,冲破“四人帮”的阻力,举行悼念周恩来的活动。在北京,以天安门广场为中心,出现了大规模的群众悼念活动。数十万群众自动聚集在人民英雄纪念碑周围,以敬献花圈、悼词和诗歌等形式,表达对周恩来的怀念和对“四人帮”的愤恨。

4 月 3 日,有更多群众涌到天安门广场,活动中心内容转向声讨“四人帮”、批判“文化大革命”、拥护邓小平。4 月 6 日,部分中央政治局委员听取汇报后,认定天安门事件是“反革命暴乱”性质,并决定组织 3 万民兵集中天安门广场待命,派出 9 个营的卫戍部队在市区随时机动。

4 月 7 日,毛泽东听取了情况报告,同意《人民日报》公开发表天安门事件的所谓“现场报道”,并表示:据此撤销邓小平党内外一切职务,保留党籍,以观后效。随后,各地奉命组织拥护中央决定,声讨邓小平的游行集会,追查所谓“政治谣言”,抓“反革命”。

由于“批邓、反击右倾翻案风”的影响，此时的邓小平已经不再主持中央工作。1 月 28 日，毛泽东提议由时任国务院副总理的华国锋主持中央日常工作；2 月 2 日，党中央发出通知，决定由华国锋任国务院代总理。在险象环生的关键时刻，毛泽东经过深思熟虑，没有让“四人帮”取得最高领导权，这对日后能够顺利粉碎“四人帮”起了至关重要的作用。

从 5 月起，毛泽东的病情不断加重，身体极度衰弱。6 月初，他突患心肌梗死，经过及时抢救，脱离危险。

毛泽东在他的住处召见华国锋，又一次谈到自己一生中的两件大事，他说：

“人生七十古来稀，我八十多了，人老总想后事。中国有句古话叫‘盖棺定论’，我虽未‘盖棺’也快了，总可以定论吧！我一生干了两件事：一是与蒋介石斗了那么几十年，把他赶到那么几个海岛上去了；抗战八年，把日本人请回老家去了。对这些事持异议的人不多，只有那么几个人，在我耳边叽叽喳喳，无非是让我及早收回那几个海岛罢了。另一件事你们都知道，就是发动文化大革命。这事拥护的人不多，反对的人不少。这件事没有完，这笔‘遗产’得交给下一代。怎么交？和平交不成就动荡中交，搞不好就得‘血雨腥风’了。你们怎么办？只有天知道。”

毛泽东这番话，充分表现出他的复杂心态。他把“文化大革命”列为自己一生当中做的两件大事之一，可以看出，“文化大革命”在他心中的分量是多么重。明知这场“大革命”拥护的人不多，反对的人不少，而他自己的日子已经不多了，怎么交这个班？毛泽东不能不感到深深的忧虑和不安。

7 月 6 日，朱德逝世。

9 月 9 日，毛泽东逝世。

正当全国人民沉浸在巨大的悲痛中的时候，江青反革命集团却加紧进行夺取党和国家最高领导权的阴谋活动。

身为党中央第一副主席、主持中央日常工作的华国锋，在“四人帮”咄咄逼人的进攻下，同叶剑英、李先念反复商量，决定采取断然措施。10月6日晚，华国锋、叶剑英等代表中央政治局，执行党和人民的意志，对江青、张春桥、王洪文、姚文元及其在北京的帮派骨干实行隔离审查。长达10年的"文化大革命"终于结束。

"文化大革命"是毛泽东治国理政的一次痛苦探索，这种探索付出了巨大的代价。

怎样看待毛泽东在"文化大革命"中所犯的严重错误？中共中央经过深思熟虑，在《关于建国以来党的若干历史问题的决议》中写道：

"对于'文化大革命'这一全局性的、长时间的'左'倾严重错误，毛泽东同志负有主要责任。但是，毛泽东同志的错误终究是一个伟大的无产阶级革命家所犯的错误。毛泽东同志是经常注意要克服我们党内和国家生活中存在着的缺点的，但他晚年对许多问题不仅没有能够加以正确的分析，而且在'文化大革命'中混淆了是非和敌我。他在犯严重错误的时候，还多次要求全党认真学习马克思、恩格斯、列宁的著作，还始终认为自己的理论和实践是马克思主义的，是为巩固无产阶级专政所必需的，这是他的悲剧所在。他在全局上一直坚持'文化大革命'的错误，但也制止和纠正过一些具体错误，保护过一些党的领导干部和党外著名人士，使一些负责干部重新回到重要的领导岗位。他领导了粉碎林彪反革命集团的斗争，对江青、张春桥等人也进行过重要的批评和揭露，不让他们夺取最高领导权的野心得逞。这些都对后来我们党顺利地粉碎'四人帮'起了重要作用。他晚年仍然警觉地注意维护我国的安全，顶住了社会帝国主义的压力，执行正确的对外政策，坚决支援各国人民的正义斗争，并且提出了划分三个世界的正确战略和我国永远不称霸的重要思想。在'文化大革命'中，我们党没有被摧毁并且还能维持统一，国务院和人民解放军还能进行许多必要的工作，有各族各界代表人物出席的第四届全国人民代表大会还能召开并且确定了以周恩来、邓小平同志为领导核心的国务院人选，我国社会主义制度的根基仍然保存着,社会主义经济建设还在进行,我们的国家仍然保持统一并且在国际上发挥重要影响。这些重要事实都同毛泽东同志的巨大作用分不开。因为这一切,特别是因为他对革命事业长期的伟大贡献,中国人民始终把毛泽东同志看作是自己敬爱的伟大领袖和导师。"

中国人民是勤劳智慧的人民。他们在"文化大革命"那样极端困难的环境中,依然坚持自己的理想和信念,在各自的岗位上勤奋劳动。我国的国民经济在"文化大革命"中虽然遭受了巨大损失,但是依然取得了进展。粮食生产保持了比较稳定的增长,在10年中的年均增长速度仍达到3.9%,保证了几亿中国人民有饭吃,再没出现"大跃进"后三年困难时期那种严重饥荒,这是十分不容易的。

在工业、交通、基本建设和科学技术方面取得了一批重要成果,其中包括:大庆油田连年大幅度增产,山东胜利油田、天津大港油田相继建成,石化工业迅速崛起,1976年原油产量达到8716万吨,钢产量达到2046万吨,原煤产量达到4.83亿吨,发电量达到2031亿度;冶金工业新建了四川攀枝花钢铁厂、贵州铝厂、甘肃酒泉钢铁厂、成都无缝钢管厂;湖北第二汽车制造厂、武汉钢铁公司一米七轧机工程、刘家峡和丹江口水库等大型企业和工程相继投资建设,成昆铁路、焦柳铁路、湘黔铁路、贵昆铁路等全线通车,全长6700米的南京长江大桥落成;氢弹试验和人造卫星发射回收取得成功;籼型杂交水稻育成并推广。

在国家动乱的情况下,人民解放军仍保卫着祖国的安全,对外工作打开了新局面,特别是中美联合公报的发表,中日外交关系正常化和中国恢复在联合国的合法席位。在此期间,有60多个国家同我国建立或恢复外交关系,使得国际关系的格局发生重大变化,并为日后的改革开放创造了重要条件。

值得庆幸的是,"文化大革命"动乱的结束和"左"的错误的纠正,完全是靠中国共产党和中国人民自己的力量取得的。一个党、一个国家蕴藏的内在力量如何,不仅要看它在顺利发展时的表现,而且要看它遭受严重挫折时,能不能从中吸取教训,在逆境中扭转局面,治好身上的创伤,重新站起来,迈开大步前进。

事实有力地证明,中国共产党和中国人民在国家和民族处于危难之时,能够显示出巨大而顽强的生命力,这是任何力量永远无法摧毁的。

正如邓小平同志所说:“过去的成功是我们的财富,过去的错误也是我们的财富。我们根本否定‘文化大革命’,但应该说,‘文化大革命’也有‘一功’,它提供了反面教训。没有‘文化大革命’的教训,就不可能制定十一届三中全会以来的思想、政治、组织路线和一系列政策。”这说明,只要正确地总结“文化大革命”的教训,同样能成为推动中国历史前进的宝贵精神财富。

十八、历史转折

1976年10月21日，中共中央正式公布了粉碎“四人帮”的消息。全国亿万民众衷心拥护。整个中国沸腾了！从天安门广场到全国各地，都举行了声势浩大的庆祝游行，欢呼粉碎“四人帮”的历史性胜利。

“美酒飘香歌声飞，朋友啊请你干一杯。胜利的十月永难忘，杯中洒满幸福泪……十月里，响春雷，八亿神州举金杯，舒心的酒啊浓又美，千杯万盏也不醉。手捧美酒望北京，豪情胜过长江水，锦绣前程党指引，万里山河尽朝晖。”这首风靡全国的《祝酒歌》，表达了全国人民的喜悦心情。

法新社评论说，中国老百姓已经知道了逮捕江青和她的“同谋者”的消息，人们似乎一点都不感到意外，它已成了茶馆、食堂和饭馆里大吃一顿和“干两杯”的理由。

这一天，郭沫若填了一首《水调歌头·粉碎四人帮》：“大快人心事，揪出四人帮。政治流氓文痞,狗头军师张,还有精生白骨,自比则天武后,铁帚扫而光……"

欢欣鼓舞之后人们开始沉思:虽然"四人帮"退出了历史舞台,但是新时代似乎并没有立刻降临,一切都像时钟一样,准确地在原有的轨道上运转。"阶级斗争"的口号仍然在人们耳边回荡,报纸和电台仍然号召人们在"无产阶级专政下继续革命"。那个时代中国家庭买自行车、缝纫机仍需要购货券,买粮食和各种副食品仍需林林总总的各色票证,有时甚至连买一包烟都需要烟票,粮票、油票、布票、肉票等各种票证成为人们生活中不可缺少的一部分。

由于农业、轻工业、重工业比例失调,国民经济难以均衡发展,投资效益低下,这种恶性循环造成了生活物资极度匮乏。在计划经济体制下,为了保证每个人的基本生活需求,国家不得不使用票证的方式对生活物资进行有限配给。这样虽然避免了贫富分化,但是却使人们生活在困难之中。

那个时期,中国城市家庭的收入普遍用于吃饭、穿衣,而且要靠精打细算才能勉强维持温饱。至于广大农民,则长期处于贫困状态,直到 1978 年,中国农民人均年收入也只有 76 元。

当时人们认为,只要"狠斗私字一闪念",消灭人们心中的私心杂念这些"资产阶级思想",就可以促进生产力的发展。以阶级斗争为纲,就是要不断铲除"资产阶级"出现的各种因素,包括贴上资本主义标签的市场经济和价值规律。

当时,农村老太太养鸡也是有定额的,多养一只鸡也会被当作"资本主义尾巴"割掉。偶尔有农民将自留地上的农产品拿到城市去销售,也得提心吊胆。因为这种行为在当时属于被打击的范围。1978 年,中国人均粮食产量是 318 公斤,只比国民经济恢复时期的 1952 年多 30 公斤。

当时,安徽大多数农民生活长期处于温饱线之下,一年的绝大部分时间靠山芋充饥。青黄不接的时节,数万农民扶老携幼,成群结队地逃荒要饭。凤阳县的一些生产队由队长带领，拿着盖上公章的介绍信，打起花鼓，唱起古老的歌谣，踏上乞讨之路……

在未来的岁月里，中国应该走怎样一条路，怎样摆脱贫困的局面，成为人们极端关注的问题。

当时主持中央工作的同志还没有在根本指导思想上彻底清理"文化大革命"时期和多年来在党内存在的"左"的错误。

1977年2月7日，《人民日报》、《红旗》杂志、《解放军报》发表的社论中提出了"两个凡是"的指导方针，即凡是毛主席作出的决策，我们都坚决拥护，凡是毛主席的指示，我们都始终不渝地遵循。这意味着我们党对过去所犯的错误，包括"文革"这样严重的错误，既缺乏足够的认识，更谈不上彻底纠正。

"两个凡是"成了套在人民头上的金箍，成了妨碍中国社会进步的绊脚石。不破除"两个凡是"，党没有希望，社会主义没有希望，中国没有希望。于是，一场针对"两个凡是"的大讨论不可避免地发生了。

"两个凡是"提出不久，1977年4月，尚未恢复领导职务的邓小平给党中央的信中提出："我们必须世世代代地用准确的完整的毛泽东思想来指导我们全党、全军和全国人民。"

1977年5月24日，王震和邓力群来看望邓小平。邓小平明确表示，"两个凡是"不符合马克思主义。他说：

"按照'两个凡是'，就说不通为我平反的问题，也说不通肯定一九七六年广大群众在天安门广场的活动'合乎情理'的问题。把毛泽东同志在这个问题上讲的移到另外的问题上，在这个地点讲的移到另外的地点，在这个时间讲的移到另外的时间，在这个条件下讲的移到另外的条件下，这样做，不行嘛！毛泽东同志自己多次说过，他有些话讲错了。他说，一个人只要做工作，没有不犯错误的。又说，马恩列斯都犯过错误，如果不犯错误，为什么他们的手稿常常改了又改呢？改了又改就是因为原来有些观点不完全正确,不那么完备、准确嘛。毛泽东同志说,他自己也犯过错误。一个人讲的每句话都对,一个人绝对正确,没有这回事情。”

此后,邓小平多次在不同场合批评“两个凡是”。陈云、叶剑英、聂荣臻、徐向前等老同志也反复强调实事求是的优良传统,抵制“两个凡是”。

1977 年 7 月 16 日至 21 日,中共中央举行了十届三中全会,会议通过了《关于恢复邓小平同志职务的决定》,决定恢复邓小平的中共中央委员,中央政治局委员、常委,中共中央副主席,中央军委副主席,国务院副总理,中国人民解放军总参谋长等职务。这是邓小平一生“三落三起”中的第三次复出。

1977 年 7 月 21 日,第三次复出的邓小平在十届三中全会上说:“出来工作,可以有两种态度,一个是做官,一个做点工作。我想,谁叫你当共产党人呢,既然当了,就不能够做官,不能够有私心杂念,不能够有别的选择,应该老老实实地履行党员的责任,听从党的安排。”

十届三中全会还通过了《关于王洪文、张春桥、江青、姚文元反党集团的决定》,决定永远开除王洪文、张春桥、江青、姚文元的党籍,撤销他们党内外一切职务。

1977 年 8 月 12 日至 18 日,中共十一大在北京召开。出席会议的代表 1510 人,代表全国 3500 多万党员。大会总结同江青反革命集团的斗争,宣告历时 10 年的“文革”已经结束,重申在 20 世纪内把我国建设成为社会主义现代化强国的根本任务。但这次大会没有承担起纠正“文化大革命”错误的使命。大会新产生的中央委员会选举华国锋为主席,叶剑英、邓小平、李先念、汪东兴为副主席。

邓小平出来工作后,立刻表现出作为战略家的远见卓识,有条不紊地从混乱中打开一条新的出路。他面对千头万绪的问题,首先抓住具有决定意义的环节,从思想上拨乱反正入手。他针对“两个凡是”的错误主张,紧紧抓住“解放思想、实事求是”这个具有决定意义的关键环节,高度评价了关于真理标准问题的讨论,这是他就关系到党和国家前途命运的大政方针作出的一系列政治决断和战略抉择。

思想解放的大潮先从刘心武的一篇文学作品说起。

"两个凡是"出台后,北京文艺出版社的编辑刘心武陷入苦闷中,当时他正在编辑一部反映农村修路的小说《大路歌》。刘心武至今还记得他和两位农民作者合作的这篇小说。这部以农村修路为题材的小说原稿生活气息浓烈,文字也活泼流畅,但是编辑部对稿子的取舍,必须以"两个凡是"为准绳,按照"两个凡是"以阶级斗争为纲的要求,刘心武必须使小说里有阶级敌人搞破坏,还得歌颂"文化大革命",但是两个农村作者在现实生活中找不到阶级敌人搞破坏的素材,因为他们那里修路,并没有阶级敌人搞破坏。作为编辑刘心武专门来到两位作者所在的农村,跟他们一起凭空想象,编造阶级敌人搞破坏的故事。

结果,故事怎么也编不圆。这部书稿到头来没能出版。编辑《大路歌》的失败,使刘心武产生了"放弃瞎编,写真求实"的变革想法。

对于 1977 年的中国来说,按照过去那一套做法,已经维持不下去了。"以阶级斗争为纲"也日益成为人们重新审视的理念。一个严峻的问题摆在人们面前:是继续走思想僵化的老路,还是寻找一条实事求是的新途径?

就在"两个凡是"出台不久,南京召开了一个关于教育问题的座谈会,一个叫胡福明的南京大学讲师的发言引起了与会者的注意。

胡福明认为,"文化大革命"使教育质量下降,教学被破坏,科研无法进行。但是胡福明的发言遭到了批评,一位领导同志说教育战线是"文化大革命"的重点,不能否定"文化大革命"。虽然这位领导出于好心提醒,但却促使胡福明思考一个问题:拨乱反正的阻力在哪里?

当时前来参加座谈会的《光明日报》责任编辑王强华意识到胡福明思想解放,见解独到。希望他从马克思主义基本理论出发,就拨乱反正、解放思想这一主题写一篇文章,在《光明日报》哲学专刊上发表。

胡福明发现“两个凡是”的口号提出以后，拨乱反正寸步难行，揭批“四人帮”的热潮也突然降温了。丰富的理论学养使胡福明强烈地意识到，必须抓住一个总的问题来推动拨乱反正。“闸门一打开，拨乱反正就可以势如破竹。”而如果“闸门”打不开，思想解放的洪流就会受到阻碍。胡福明陷入苦苦的思索之中，判断理论、认识、决策正确与否的标准到底是什么？判断是非的标准究竟是什么？到了 1977 年 3 月，胡福明终于意识到，冲破“两个凡是”才是关键所在。

此时的胡福明心里正酝酿着一篇批判“两个凡是”的稿子。但是“两个凡是”高调地打着“高举毛泽东思想的旗帜”，是当时中央的方针，批判它就等于否定毛泽东和毛泽东思想，在当时的中国可没有比这更大的罪名了，也不可能有一个报刊敢公开发表批判“两个凡是”的稿子。他左思右想，为“两个凡是”找了个“替身”，以批判林彪的“天才论”为靶子，坚持马克思主义关于“实践是检验真理的唯一标准”的基本观点。

7 月的南京异常闷热，胡福明的妻子被查出患有肿瘤，住进了江苏省人民医院。胡福明每晚去陪床的时候，把《马克思恩格斯选集》《列宁选集》和《毛泽东选集》都带到医院，借助走廊的灯光学习思考，趴在椅子上草拟提纲。妻子出院后，他回到南京大学那间十几平方米的筒子楼宿舍奋笔疾书。

1977 年 8 月，一篇 8000 字的长文完成了，题目是《实践是检验真理的标准》。文章讲的是实践与理论的关系，突出的是实践在检验真理中的重要作用，批判了“文革”期间林彪、“四人帮”大肆宣传的“句句是真理”“一句顶一万句”“一学就灵”“立竿见影”等谬论，因而具有很强的针对性。胡福明将文章寄往北京《光明日报》。但整整四个月杳无音信。原来，时任《光明日报》理论部哲学组组长的王强华离京出差，回来后看到胡福明的文章时已经是 12 月份了。此前，曾有其他编辑看过此文，觉得论述的是基本原理，没有多少新意。好在王强华有强烈的政治责任感和一双慧眼，决定留用此稿。于是在略加删节修改后，稿件小样于 1978 年 1 月 14 日发排了。

王强华在寄给胡福明的文章小样上写下了这样的修改意见："这篇文章提的问题比较尖锐，分寸上再仔细掌握一下……"他希望再增加一些联系实际的内容："由于'四人帮'多年来抓住（毛主席）片言只语吓唬人，束缚人们的思想，致使一些同志至今仍不注意实践，不从实际出发，而是从定义出发，从概念出发，离开具体条件硬套某个指示，结果'心有余悸'，许多工作搞不好。"胡福明深以为然。三个月内，他反反复复修改了五遍。王强华计划在 1978 年 4 月的《光明日报》哲学专刊第 77 期以头条发表，题目改为《实践是检验一切真理的标准》。

由胡耀邦安排刚刚担任《光明日报》总编辑的杨西光，觉得这篇稿子放在哲学专刊太可惜了。于是，他亲自修改，要在《光明日报》第一版上发表，他把胡福明请到报社，又请来了正在撰写同类题目文章的中共中央党校理论研究室的孙长江，一起商量文章的修改，杨西光明确提出，文章的修改要坚持解放思想，批判"两个凡是"，冲破思想禁区。

《光明日报》改变面貌就从这篇文章开始。编辑部把题目改成《实践是检验真理的唯一标准》，突出了实践标准的唯一性。同时，又与新华社、《人民日报》、《解放军报》、中央人民广播电台联系，希望能及时转发、转播这篇文章，以形成更大的舆论声势。其中一家媒体的主要领导人表示，这么重要的文章最好能请一位权威人士审阅，转发起来就更方便了。

当时，中央党校主办的《理论动态》每一期刊发前都要送胡耀邦审阅。于是杨西光就把这篇文章送胡耀邦审阅。胡耀邦在清样上改了一个字，改了一个标点，然后画了一个圈。

5 月 6 日，胡耀邦再次审阅后说："我以为这个稿子可以了。"于是，先由《理论动态》刊发。1978 年 5 月 11 日，《光明日报》头版以"特约评论员"名义刊发了《实践是检验真理的唯一标准》这篇具有划时代意义的长文。

当晚,新华社全文转发。第二天,《人民日报》《解放军报》全文转载,中央人民广播电台也全文转播。

一石激起千层浪。位于上层的某人对这篇文章给予了严厉指责,批评它在政治上是“砍旗的”,即要砍倒毛泽东思想这面伟大红旗。还有人认为,这篇文章“理论上是荒谬的,思想上是反动的,政治上是砍旗子的”。甚至责问:“这是哪个中央的意见?”还有人在会议上引用毛泽东的话说,不论风从哪里来,都要拿鼻子嗅一嗅。有人认为,这篇文章的作者应该逮捕进监狱。气氛变得很沉闷,其他媒体不敢再继续转载了。

然而,正是这篇被批为“砍旗”的文章引起了邓小平的注意。邓小平讲话了。在1978年6月2日的全军政治工作会议上,他对这篇文章的观点公开表示支持,并严厉批评教条主义,号召“打破精神枷锁,使我们的思想来一个大解放”。由此,发起了中国当代历史上具有深远意义的“真理标准问题”大讨论。

在邓小平的帅旗指引下,大将罗瑞卿在讨论中担当先锋。6月24日,罗瑞卿积极支持吴江、孙长江的文章《马克思主义的一个最基本的原则》,并在修改后,《解放军报》以“特约评论员”的名义发表,还与有关领导约定,《人民日报》当天全文转载,实际上起到同时发表的效果。

7月21日,邓小平再次找来当时的中央宣传部部长张平化,直截了当地对他说:“不要再下禁令、设禁区了,不要把刚开始的生动活泼的政治局面拉向后退。”

李先念说:“实践是检验真理的标准是正确的,这是我们一向坚持的观点。”

叶剑英、陈云、聂荣臻、徐向前等一大批党内德高望重的老干部表示支持这场讨论。

宋平、杨易辰、任仲夷等省、直辖市、自治区第一书记纷纷表态支持。

李德生、许世友、韩先楚等大军区司令员表态支持,并带领广大党员干部和群众以高度的政治热情和强烈的使命感，投入到这场伟大的思想解放运动中。

邓力群、周扬等人在哲学社会科学领域组织参与大讨论，大张旗鼓地宣传这场讨论不仅是个理论问题，而且是一个关系到思想路线、政治路线和国家前途命运的大问题。

谭震林冲破阻力，在《红旗》杂志第12期上发表了一篇回忆毛泽东领导井冈山斗争的文章，并明确表示：写文章不能只讲历史，要从实际出发。要我写文章，我就要写实践是检验真理的唯一标准，说明毛泽东思想是从实践中来，又经过革命实践检验的科学理论。

这场全国性的大讨论终于冲开了压在人们头上的思想牢笼，打开了思想解放的大门，成为新时代到来的第一声春雷。

1978年9月13日至20日，邓小平在结束对朝鲜的访问后，专程视察了东北三省，回京途中又视察了唐山市和天津市。先后考察了本溪、鞍山等工业重镇和大庆油田、鞍钢、开滦煤矿等大型企业。在视察途中，他多次发表谈话，进一步批评“两个凡是”，反复强调要解放思想、实事求是，要大胆改革管理体制。

在东北考察时，邓小平同志看得最多的就是企业，他已经在考虑一个更为深远的问题。在考察鞍钢的时候，邓小平说，要实行战略转移，要把生产搞上去，不然对不起广大工人群众。我们现在落后了。社会主义的优越性要表现在生产力的发展和人民生活水平的提高上，如果我们生产力水平老是很低，人民生活水平老是很低，我们就对不起人民。要横下一条心来，集中力量一心一意抓经济建设。

在东北，邓小平开始考虑在适当的时候，结束揭批“四人帮”的政治活动，实行战略转移。邓小平说，运动搞得太久，人们就厌倦了，正确的政治领导，应该表现在生产力的发展和人民生活的改善上面。

思想路线上的拨乱反正开始之后，邓小平开始考虑着手工作重心的转移。

在企业考察的时候，邓小平对国家经济落后状况忧心忡忡，每到一个企业，他都要求企业根据自身的实际情况，大胆引进国外先进的管理经验、技术和设备。他说，要到发达国家去看看，应当看看人家是怎样搞的。过去我们对国外的好多事情不知道。

1978 年 11 月 10 日至 12 月 15 日，中共中央召开工作会议，历时 36 天。这次会议为中共十一届三中全会做了全面准备。

当时，中央五个常委出席会议。主席是华国锋，副主席叶剑英、邓小平、李先念和汪东兴。华国锋在会议开幕式上宣布三项议程：(1)讨论如何进一步贯彻执行以农业为基础的方针，尽快把农业生产搞上去，同时讨论《关于加快农业发展若干问题的决定(草案)》和《农村人民公社工作条例(试行草案)》两个文件。(2)商定 1979 年、1980 年两年国民经济计划的安排。(3)讨论李先念在国务院务虚会上的讲话。在宣布三项议程的同时，华国锋代表中央政治局常委提出，在讨论这些问题之前，先讨论一个问题，这就是在新时期总任务总路线指引下，从明年 1 月把全党工作着重点转移到社会主义现代化建设上来的问题，并指出："这是一个关系全局的问题，是我们这次会议的中心思想。"

关于党和国家工作重心转移的建议，最早是由邓小平于 1978 年 9 月提出的，多数中央政治局常委表示赞同。

在中央工作会议上，许多同志对工作重心转移的提议表示热烈拥护。但是，陈云等许多老同志在思考，如何才能真正实现工作重心的转移，一些重大政治问题不解决，怎么能实现转移？大家提出了突破禁区的问题。

在 11 月 11 日召开的第一次小组会议上，谭震林大胆提出，工作重心的转移先要解决诸如"四五运动""二月逆流""百万雄师"等问题。李昌、傅崇碧、吕正操、陈国栋、金如柏、姚依林也提出了同样的问题。

12 日，陈云在东北组发言，向中央郑重提出，要把工作重心转移到社会主义现代化建设上来，必须由中央解决“文革”遗留的一些问题。例如：（1）薄一波等61人出反省院是党组织和中央决定的，不是叛徒。（2）1937年7月7日中央组织部关于所谓自首分子的决定和1941年类似的内容的决定都是中央批准的，中央应当承认。对在“文化大革命”中被错定为叛徒、现在并未发现有新叛党行为的同志，应恢复党籍。抗日战争和解放战争时期由党组织决定在敌伪政权中任职的同志，在“文化大革命”中被定为叛徒的，也应复查，对无背叛行为的同志应恢复党籍。（3）陶铸、王鶴寿等是抗战后期由我党从国民党监狱中要出来的一批党员。这些同志现在或者被定为叛徒，或者恢复了组织生活，但仍留着“尾巴”。陶铸一案的材料放在中央专案组，其中党内部分的问题应移交给中央组织部。既有中央组织部又有专案组的不正常状态应该结束。（4）彭德怀对党贡献很大。过去说他犯过错误，但没有听说过把他开除出党。他的骨灰应放到八宝山革命公墓。（5）天安门事件是北京几百万人悼念周恩来、反对“四人帮”、不同意批邓小平的一次伟大的群众运动，中央应肯定这次运动。（6）康生在“文化大革命”中随便点名，对在中央各部和全国各地造成党政机关瘫痪负有重大责任，中央应该在适当的会议上对他的错误给予应有的批评。

充满政治智慧的陈云清醒地认识到，这些问题是实现党和国家工作重心转移的重要前提。11月22日，陈云在中央工作会议东北组发言再次指出，不为彭德怀、彭真、陶铸、杨尚昆等人平反，很不得人心。搞清“文革”中一些事情不是纠缠历史旧账，不是要搞运动，只是要中央开个口。

陈云的发言在大会简报上登出，可谓一石激起千层浪。在激烈的争论中，一些曾视为禁区的问题，摆到了桌面上。与会者逐渐认识到，不真正解放思想，不按照实事求是的原则拨乱反正，就无法实现全党工作重心向社会主义现代化的转移。

胡耀邦在会上发言，赞成把“文化大革命”中遗留的一些重大是非问题搞清楚。“这些大是大非的解决，关系到安定团结，关系到实事求是的作风,关系到拥护毛主席的旗帜。”

万里在华东组说:“陈云提出的6个问题要解决,不然人们心里不舒畅。”

王首道在华北组发言说:“只有把遗留的问题解决好,才能真正达到全党、全军、全国各族人民的团结,把党的工作重点转移到实现社会主义现代化建设上来。”

康克清在书面发言中说:“我完全同意陈云11月12日提出的6点意见。我建议,凡是林彪、‘四人帮’强加于人的一切诬蔑不实之词,都应予以推倒。”

党内众多老同志纷纷表态支持陈云的发言,在几乎一边倒的情势下,华国锋代表中共中央政治局在会上作了表态,完全接受了陈云提出的6条意见。

华国锋说,中央认为,天安门事件完全是革命群众运动,应该为天安门事件公开彻底平反。11月14日中央政治局常委会又批准中共北京市委宣布了这一决定,对因悼念周总理,反对“四人帮”而遭受迫害的同志一律平反,并恢复名誉。

中央工作会议结束前,邓小平专门为闭幕式上的发言准备了一个详细的提纲。原国务院研究室负责人于光远回忆说:按邓小平的工作习惯,他一向很少动笔写提纲,写这样长的提纲更为少见。邓小平的许多观点都是在深思熟虑后非常朴实地给人们讲出来。这一次讲话在他的心目中有着非同寻常的分量。

邓小平在闭幕会上说:

“今天,我主要讲一个问题,就是解放思想,开动脑筋,实事求是,团结一致向前看。……只有思想解放了,我们才能正确地以马列主义、毛泽东思想为指导,解决过去遗留的问题,解决新出现的一系列问题。”

邓小平的这个讲话内容十分丰富,但最有价值的还是对思想解放的倡导。他说:“一个党,一个国家,一个民族,如果一切从本本出发,思想僵化、迷信盛行,那它就不能前进,它的生机就停止了,就要亡党亡国。”“但是如果现在再不实行改革,我们的现代化事业和社会主义事业就会被葬送。”

那么,怎样解放思想呢?邓小平的答案是民主,而民主的保卫者是法律。邓小平说:“一个革命政党,就怕听不到人民的声音,最可怕的是鸦雀无声。”

邓小平这篇讲话的题目叫《解放思想,实事求是,团结一致向前看》,成为随后召开的中共十一届三中全会的主题报告。

1978 年 12 月 18 日至 22 日,中共十一届三中全会在北京召开。这次会议只用了五天时间,却是新中国成立以来党和国家历史上具有深远意义的历史转折。

邓小平指出:“党的十一届三中全会对过去作了系统的总结,提出了一系列新的方针政策。中心点是从以阶级斗争为纲转到以发展生产力为中心,从封闭转到开放,从固守成规转到各方面的改革。”

全会认为,应当结束揭批林彪、“四人帮”的群众运动,及时、果断地把党和国家的工作重心转移到社会主义现代化建设上来。全会增选陈云为中央政治局委员、常委,中央委员会副主席;增选邓颖超、胡耀邦、王震为中央政治局委员;增补黄克诚等 9 人为中央委员;选举陈云为中央纪律检查委员会第一书记。这时,华国锋仍担任党中央主席,但就体现党的正确指导思想和决定现代化建设的重大方针、政策来说,邓小平实际上已成为中央领导集体的核心。

曾经为大会服务的女服务员张丽华 30 多年后还清楚地记得,1978 年 12 月 18 日,北京异常寒冷。那天,会场里坐得满满的,人和人挨得很近。放眼看去,似乎只有黄色军装和蓝灰色的中山装。在会场服务的张丽华,拎着大暖瓶守候在会场外。每次给邓小平续水的时候发现,他的杯子里水都比较少。“他讲话多,喝水自然多一些。”当时,张丽华并没有意识到这个会议和以前的会议有什么不同。但很快,她就体会到了这次会议给自己的生活带来的大变化——女服务员可以烫发了,上班的时候悄悄换上了漂亮的套裙,下了班可以穿时装了……

十一届三中全会彻底否定了“两个凡是”的错误方针,重新确立解放思想、实事求是的指导思想,实现了思想路线的拨乱反正;停止使用“以阶级斗争为纲”的口号,作出了工作重心转移的决策,实现了政治路线的拨乱反正;形成以邓小平为核心的中央领导集体,取得了组织路线拨乱反正的最重要成果;恢复党的民主集中制的优良传统,提出使民主制度化、法律化的重要任务;审查和解决历史上遗留的一批重大问题,开始了系统清理重大历史是非的拨乱反正。

会议还提出,要正确对待毛泽东的历史地位和毛泽东思想的科学体系,为纠正毛泽东晚年的错误,同时坚持和发展毛泽东思想指明了方向。

这次会议在党的历史上所处的重要地位堪与1935年的遵义会议相媲美。体现历史性转折的重大意义在于,开启了改革开放新时期。新时期最鲜明的特点是改革开放,最显著的成就是快速发展,最突出的标志是与时俱进。这一时期,我们党最伟大的理论创新,是开始形成中国特色社会主义理论体系,最大的实践创新是开辟了中国特色社会主义道路。

十一届三中全会以后,思想解放的大潮冲开了新时代的大门,开创了通向未来的道路,也在冲刷、考问着过去。对于许多人来说,思想的束缚解除了,但历史的包袱却仍然压得他们喘不过气来。对历史进行客观、公正的评价成为时代的呼唤,拨乱反正的高潮来临了。

十一届三中全会后,中共中央和国务院按照“调整、改革、整顿、提高”的方针,经济恢复工作取得了重大进展。在调整工业结构中着重解决轻重工业比例失调问题,调整重工业的服务方向,使轻工业得到迅速发展。与此同时,还调整了积累和消费的比例,压缩了过大的基本建设规模。这样,既改善了国民经济的内部比例,也有利于改善人民的生活,使中国经济走上稳步发展的健康轨道。

教育、科技工作在这个时期取得了重大进展，邓小平在复出工作前夕就提出："我们要实现现代化，关键是科学技术要能上去。发展科学技术，不抓教育不行。靠空讲不能实现现代化，必须有知识，有人才。没有知识，没有人才，怎么上得去？科学技术这么落后怎么行？要承认落后，承认落后就有希望了。"

邓小平恢复工作后，他在 1978 年 3 月 18 日召开的全国科学技术大会上提出："正确认识科学技术是生产力，正确认识为社会主义服务的脑力劳动者是劳动人民的一部分，这对于迅速发展我们的科学事业有极其密切的关系。""他们的绝大多数已经是工人阶级和劳动人民自己的知识分子，因此也可以说，已经是工人阶级自己的一部分。他们与体力劳动者的区别，只是社会分工的不同。从事体力劳动的，从事脑力劳动的，都是社会主义社会的劳动者。"他还讲道："我们向科学技术现代化进军，要有一支浩浩荡荡的工人阶级的又红又专的科学技术大军，要有一大批世界第一流的科学家、工程技术专家。造就这样的队伍，是摆在我们面前的一个严重任务。"

从这样的指导思想出发，在邓小平主持下，我国对教育工作进行大刀阔斧的整顿和改革：废除高中毕业生一定要劳动两年才能上大学的做法，恢复高等学校的招生考试制度；恢复培养研究生的制度；恢复高等学校教师的职称评定工作；恢复正常的教学秩序；增加出国留学生的名额，并首次派出赴美的留学生。

在科学技术工作方面，由中共中央批转了《关于 1978 年至 1985 年全国科学技术发展规划纲要（草案）》，确定 108 个全国科研重点项目；增加科研机构的设置，恢复研究人员职称的评定工作；取得了一批重要的科研成果，如 1980 年成功地向太平洋预定水域发射了运载火箭，1981 年又成功地用一枚运载火箭发射了三颗空间物理探测卫星。用中国科学院院长郭沫若的话来说，这是"科学的春天"。

政治体制改革,也本着“发扬民主,加强法制”的精神迈出新的步伐。人民代表大会制度重新健全起来,立法步子加快。1979 年 6 月,第五届全国人民代表大会第二次会议通过了《中华人民共和国刑法》《中华人民共和国刑事诉讼法》等重要法律。

党和国家领导制度改革问题也提上议事日程。1980 年 8 月,邓小平在中共中央政治局扩大会议上讲道:“从党和国家的领导制度、干部制度方面来说,主要的弊端就是官僚主义现象,权力过分集中的现象,家长制现象,干部领导职务终身制现象和形形色色的特权现象。”“领导制度、组织制度问题更带有根本性、全局性、稳定性和长期性。”

邓小平告诉大家:中央正在考虑几项重大改革,如修改宪法,设立顾问委员会,真正建立国务院到地方各级政府的从上到下的强有力的工作系统,有准备有步骤地改变党委领导下的厂长负责制、经理负责制,各企业事业单位普遍成立职工代表大会或职工代表会议,各级党委要真正实行集体领导和个人分工负责相结合的制度。他最后强调:

“改善党和国家的领导制度,不是要削弱党的领导、涣散党的纪律,而正是为了坚持和加强党的领导,坚持和加强党的纪律。”

十一届三中全会以后,在工作重点转移的同时,平反冤假错案的工作全面展开。

1977 年 12 月 25 日,邓小平就“六十一人叛徒集团案”作出重要批示。此案被称为共和国第二大冤案,是指薄一波、刘澜涛、安子文、杨献珍等 61 人因为 1936 年登“反共启事”而出反省院的问题被定为“叛徒集团”一案。中共七大时,中央对 61 人出反省院的问题进行过审查,作出了“本人不能负责”的明确结论。1966 年 8 月,康生把这件事重新提了出来,给中央写报告诬陷 61 人出狱是“坚决反共的叛党行为”。1967 年 3 月 16 日,中央印发了《关于薄一波、刘澜涛、安子文、杨献珍等人自首叛变问题的初步调查》,认定 61 人是“叛徒集团”。在这 61 人中,“文革”前担任省委书记、副省长、中央机关副部长以上职务的有22人,其中5人在“文革”中被迫害致死,他们是廖鲁言、徐子荣、胡锡奎、刘锡五、王其梅。

邓小平同志批示后,中央组织部组织力量,全力投入到这个案件的复查工作中。复查组经过3个多月的调查,于11月20日正式向中央写了《关于“六十一人案件”的调查报告》,其中指出:“我们认为,在文化大革命中提出的所谓‘薄一波等六十一人叛徒集团’是不存在的,是一个大错案,应予平反。”

1978年12月24日,党中央为彭德怀和陶铸举行了隆重的追悼大会,为他们公开平反,恢复名誉。随后,中央陆续为在“文化大革命”中遭受迫害的贺龙、乌兰夫、彭真、谭震林、陆定一、杨尚昆、肖劲光、肖华、杨成武、余立金、傅崇碧等同志平反。还先后为在“文化大革命”前受到错误批判的谭政、习仲勋、黄克诚、邓子恢等同志平反。一些蒙冤多年的党的早期领导人瞿秋白、张闻天、李立三等,也先后得到了平反昭雪,恢复了名誉。

1979年1月,中共中央纪律检查委员会第一次全会通告指出:“冤案、假案、错案一经发现,就要坚决纠正。一切不实之词,一切不正确的结论,一切错误的处理,不论什么时候,什么情况下作出的,不论是哪一级组织,哪个领导人批准的,都要纠正过来。”

在一年多的时间里,中央组织部直接办理和复查平反的副省级以上干部就有130多人。

1980年2月,中共十一届五中全会审议并通过了为刘少奇平反昭雪的决议,恢复刘少奇作为伟大的马克思主义和无产阶级革命家、党和国家主要领导人之一的名誉。1980年5月,刘少奇追悼会在北京举行,曾经扣在他头上的所有罪名在历史的熔炉里被焚为灰烬,纠正了共和国历史上最大的冤案。因此案受牵连的数万人也得到了平反。

根据“实事求是,有错必纠”的方针,党对1955年的“胡风反革命集团”一案进行甄别平反;为潘汉年一案平反;对1957年被错划为右派分子的人进行改正;为1959年“反右倾”运动中被定为“右倾机会主义分子”的干部和党员平反;等等。随后,又集中精力对三四十年代的历史遗案进行实事求是的复查和纠正,平反了一批冤假错案。

到1982年年底,全国有300多万名干部的冤案得到平反,并对他们恢复名誉;55万名“右派”也被改正。这个时候,农村440万人摘掉了地主、富农的帽子,城镇70多万人摘掉了资产阶级的帽子,全国2000多万人的政治命运得到了改变。

从1979年起,为国民党起义、投诚人员落实政策。随后,宽大释放在押的原国民党县团以下人员。此外,还落实了对居住大陆的台湾同胞及去台人员在大陆的亲属的政策。

大规模的平反冤假错案结束了。一系列历史遗留问题的解决和党的各项政策的落实,调动了社会各阶层的积极性,巩固和发展了爱国统一战线,对推动社会主义现代化建设,起了重要促进作用。

1980年11月20日,最高人民法院特别法庭公审林彪、江青两个反革命集团主犯:江青、张春桥、王洪文、姚文元、陈伯达、黄永胜、吴法宪、李作鹏、江腾蛟。在法庭上,最高人民检察院检察长兼特别检察厅厅长黄火青宣读了长达2万多字的起诉书,确认这两个反革命集团都是以夺取党和国家最高权力,推翻我国人民民主专政为目的。1981年1月25日,特别法庭对林彪、江青反革命集团10名主犯进行了宣判:判处江青、张春桥死刑,缓期2年执行;判处王洪文无期徒刑;判处其他7名罪犯有期徒刑。这是一次历史性的审判,体现了人民的意志,恢复了社会主义法制的尊严,显示了社会主义法制的巨大威力。

在解放思想、拨乱反正的大潮中,出现了一股否定毛泽东、否定毛泽东思想、否定毛泽东领导建设社会主义的思潮,这引起了邓小平的警惕。

1979年1月,中共中央召开了理论工作务虚会,在这次长达两个半月的会议上,如何评价毛泽东和新中国成立以来的历史成为人们讨论的焦点,也是邓小平一直在思考的问题。邓小平认为,不解决这个问题,就会影响改革开放的大局,纠正错误就会变成纠正马列主义、纠正社会主义。

3 月底,邓小平在这次会议上提出了坚持社会主义道路、坚持无产阶级专政、坚持共产党的领导、坚持马列主义毛泽东思想的四项基本原则。邓小平说:

"每个共产党员,更不必说每个党的思想理论工作者,决不允许在这个根本立场上有丝毫动摇。如果动摇了这四项基本原则中的任何一项,那就动摇了整个社会主义事业,整个现代化建设事业。"

邓小平认为,正确认识新中国成立以来的历史,核心是要科学地、实事求是地评价毛泽东和毛泽东思想的历史地位。

不久,由邓小平亲自指导主持的《关于建国以来党的若干历史问题的决议》(简称《决议》)起草工作开始了。起草工作在中央政治局、中央书记处领导下,由邓小平、胡耀邦主持,起草小组由胡乔木负责。

邓小平对起草工作提出了三条指导思想:第一,确立毛泽东的历史地位,坚持和发展毛泽东思想。这是最核心的一条。第二,对新中国成立三十年来历史上的大事,哪些是正确的,哪些是错误的,要进行实事求是的分析,包括一些领导同志的功过是非,要作出公正评价。第三,要通过决议对过去的事情做个基本的总结。总结宜粗不宜细,总结过去是为了引导大家团结一致向前看。

这三条,最重要、最根本、最关键的,还是第一条。"毛泽东思想这个旗帜丢不得。丢了这个旗帜,实际上就否定了我们党的光辉历史。"陈云、叶剑英、李先念等人也提出了重要意见。决议草稿先后经中央政治局、中央书记处、党内 4000 余名领导干部、50 余名老同志数次讨论修改。

从 1980 年 3 月到 1981 年 6 月,邓小平先后 11 次对决议的起草和修改提出自己的意见。《决议》从起草到形成,反复修改了几十次,广泛集中党内外正确意见,使草稿日臻完善。邓小平指出:决议的中心问题是确立毛泽东的历史地位，给毛泽东一个公正的评价。如果这条写不好，就没有必要作这个决议。邓小平说：

"讲错误，不应该只讲毛泽东同志，中央许多负责同志都有错误。'大跃进'，毛泽东同志头脑发热，我们不发热？刘少奇同志、周恩来同志和我都没有反对，陈云同志没有说话。在这些问题上要公正，不要造成一种印象，别的人都正确，只有一个人犯错误。这不符合事实。"

当时，有不少人主张不急于作这个决议，待中共十二大甚至更晚些时候去解决。邓小平指出："从国内来说，党内党外都在等，你不拿出一个东西来，重大的问题就没有一个统一的看法。国际上也在等。人们看中国，怀疑我们安定团结的局面，其中也包括这个文件拿得出来拿不出来，早拿出来晚拿出来。所以，不能再晚了，晚了不利。"

邓小平抓住起草《决议》这个重要契机，博采众长，力排众议，正确确立了毛泽东同志和毛泽东思想的历史地位。

在《决议》起草紧锣密鼓地进行的时候，邓小平会见了意大利记者奥琳埃娜·法拉奇。法拉奇走进邓小平的会客室问候之后，没有一句客套的开场白，单刀直入，开口就提出一个火辣辣的问题："天安门上的毛主席像，是否要永远保留下去？"邓小平明快、干脆地回答道："永远要保留下去。过去毛主席像挂得太多，到处都挂，并不是一件严肃的事情，也不能表明对毛主席的尊重。尽管毛主席过去有段时间也犯了错误，但他终究是中国共产党、中华人民共和国的主要缔造者。"他还说："我们不但要把毛主席像永远挂在天安门前，作为我们国家的象征，而且还要坚持毛泽东思想。我们不会像赫鲁晓夫对待斯大林那样对待毛主席。"

关于天安门城楼上毛泽东的画像，是中国人民政治协商会议第一次会议决定的。举行盛大的开国大典，要庄严、隆重、热烈、喜庆。没有共产党和毛泽东就没有新中国，悬挂毛泽东画像是人民的愿望。

天安门城楼两侧红墙上"中华人民共和国万岁""世界人民大团结万

岁”这两幅巨大庄重醒目的横幅标语,是时任国家新闻总署署长胡乔木拟定的。绘制毛泽东画像的任务落在了由徐悲鸿任院长的国立艺专(中央美术学院前身)实用美术系的讲师、画家周令钊身上。这一光荣而艰巨的任务之所以交给周令钊,是因为1949年4月20日在北平六国饭店举行的国共和谈中悬挂在会议室内的那幅毛泽东头戴八角帽的油画就是他画的,而且得到中央领导的一致好评。

1981年6月27日,中共十一届六中全会在北京召开,《关于建国以来党的若干历史问题的决议》获得一致通过。

《决议》恢复了毛泽东思想的本来面目,是对毛泽东思想认识的深化,从某种意义上说也是毛泽东思想在新的历史条件下的发展,这证明中国共产党具有理论创新的能力,具有改正错误的决心和勇气。

中共十一届六中全会,标志着党在指导思想上拨乱反正的胜利完成,为第二年召开中共十二大奠定了坚实的基础。全会公报这样写道:

“这次全会是继十一届三中全会以后我党历史上又一次具有重大意义的会议,是总结经验、团结前进的会议。这次会议将以在党的指导思想上完成了拨乱反正的历史任务而载入史册。”

中共十一届六中全会一致同意华国锋辞去中共中央主席和中央军委主席职务的请求,全会通过无记名投票,对中央主要领导成员进行了改选和增选:胡耀邦为中央委员会主席;赵紫阳、华国锋为中央委员会副主席;邓小平为中央军事委员会主席。中央政治局常务委员会成员为胡耀邦、叶剑英、邓小平、赵紫阳、李先念、陈云、华国锋。习仲勋为中央书记处书记。

在十一届六中全会上,委员们一致要求推选邓小平为中共中央主席。但是,邓小平没有接受,并提名胡耀邦任中共中央主席。后来,他这么谈及个中的原因:“我有一个观点,如果一个党、一个国家把希望寄托在一两个人威望上,并不很健康。那样,只要这个人有变动,就会出现不稳定。十一届三中全会以后,大家希望我当总书记、国家主席,我都拒绝了。”邓小平认为,在60多岁的同志中,胡耀邦担任中央主席比较适当。至于中央军委主席,暂时没有其他适当的人选,他可以担任一段时间,以便培养新的比较年轻的同志将来接替。政治局一致同意了邓小平的意见。

十一届三中全会前后,中国在外交上取得了两个重大突破:一个是中日两国签订《中日和平友好条约》,一个是中美两国相互承认并建立外交关系。

1978年12月16日,是不平凡的一天,也是引起世界轰动的一天。凌晨2点,美国驻台湾"大使"约见蒋经国,宣布美国与中国建交的决定。突如其来的通知令蒋经国大为震惊,随即,国民党所有高级人员被叫醒,要求他们去参加早晨7时开始举行的一次紧急会议。据外国通讯社报道,会上这些高级人员一个个"呆若木鸡、精疲力竭"。

此刻,中央人民广播电台正在反复播报一条消息提醒群众,上午10时将有"重要广播"。

上午10时,中国政府举行新闻发布会,通过电视和广播发布了《中华人民共和国和美利坚合众国关于建立外交关系的公报》。

与此同时,西半球,12月15日晚间9时,美国总统卡特也向公众宣读了中美建交联合公报。随后,他发表了简短的谈话:"中国人口占世界人口的四分之一,中国人民是有才能的人民,中国在国际事务中起着重要的作用,而且这种作用在未来的岁月中只会越来越重要。"

五月花饭店爆发出一片热烈的掌声,聚集在电视前的华人、华侨争先恐后地和柴泽民大使握手相庆。在北京,索取"号外"的人群排成了长龙,把人民日报社的大门围得水泄不通。

在台湾,蒋经国发表了一项声明,攻击美国政府"背信毁约",并宣布全岛实行军事管制,命令警察、部队"进入充分戒备状态"。

在1979年元旦到来的前一天,台湾驻华盛顿所谓的"大使馆"降下了旗帜,它在美国14个城市的"领事馆"也同时关闭。

1979 年 1 月 1 日中美正式建交。世界上人口最多的社会主义国家和世界上最重要的资本主义国家正式走到了一起。

时任新加坡总理的李光耀敏感地意识到，这是中国开放的信号。他评价说："中国开放的大门以后恐怕再也关不上了。"

中国的发展离不开世界……太平洋再也不应该是隔开我们的障碍，而应该是联系我们的纽带。

1982 年 9 月 1 日，中国共产党第十二次全国代表大会在北京开幕。邓小平在会上致开幕词。开幕词中有一段极其重要的话：

"无论是革命还是建设，都要注意学习和借鉴外国经验。但是，照抄照搬别国经验、别国模式，从来不能得到成功。这方面我们有过不少教训。把马克思主义的普遍真理同我国的具体实际结合起来，走自己的道路，建设有中国特色的社会主义，这就是我们总结长期历史经验得出的基本结论。中国的事情要按照中国的情况来办，要依靠中国人自己的力量来办。"

"建设有中国特色的社会主义"这面把全国各族人民凝聚在一起的大旗，就这样高高地举起来了。

它的含义十分明确：第一，我们要建设的是社会主义，决不是其他什么社会；第二，我们所要建设的社会主义必须按照中国的情况来办，依靠中国人自己的力量来办，决不能照抄照搬别国的经验和模式。这就使十亿中国人在前进中有共同的明确方向。

中国是一个人口大国，也是一个农业大国，"无农不稳""无粮则乱"。农业、农村和农民问题，一直是中国现代化进程中的关键问题。正确认识和对待农民，是党在农村工作的首要出发点。

早在 1978 年年底召开的中央工作会议闭幕式上，邓小平提出允许一部分地区、一部分企业、一部分工人农民先富起来之后，党中央制定了一系列方针政策，宜分则分，宜统则统，最终目的是让农民富起来。随着亿万农民在实践中的不断总结和完善，最终形成了以家庭联产承包责任制为主、统分结合的双层经营体制。

农村家庭联产承包责任制是中国农村改革的起点。这次被誉为“第二次农村包围城市”的改革,推动了当代中国整个改革开放的历史进程。

第一个实行“包产到户”的是安徽省凤阳县小岗村。

1978 年 11 月 24 日,在凤阳县梨园公社小岗村生产队的 18 户农民,聚集在一间茅舍里召开一个秘密会议。会议讨论的主题是,怎样干才能有饭吃?结论是:只有一条道——包产到户。最后,在生产队长严俊昌的带领下,大家一致同意分田到户。有人说,口说无凭,要立字据。于是,18 户农民在保证书上按了自己的手印。

保证书签订后,小岗村只用了几天时间就分了田,全队 20 户 115 人,每人分到 4 亩半地。1979 年,全队粮食产量由上年的 2 万余斤猛增到 13 万余斤,几乎相当于 1966 年到 1970 年五年粮食产量的总和。小岗人不仅没有吃国家供应粮,相反却破天荒地向国家上缴了 2 万斤“爱国粮”,收获油料 35000 余斤,这在人民公社 20 年的历史上是从未有过的。人均收入也从 20 元增至 400 元,第一次偿还了国家贷款。1980 年 1 月 10 日,中共凤阳县委呈送给省委书记万里的一份针对小岗村的调查报告《一剂必不可少的补药》,用详尽的数字说明小岗村“包产到户”的变化。

第二年,“包产到户”迅速燃遍了近 5000 万人口的安徽省大部分地区。

1980 年 2 月,邓小平出国访问途经成都,向四川省委主要负责同志介绍了安徽的做法,并指出农业的路子要宽一些。当月,四川省委根据本省的实际情况,制定了《关于目前农村经济政策几个主要问题的规定》。在这个文件中,取消了不准农民搞家庭副业和不准农民自销多余产品的禁令,将农民自留地由占总耕地面积的 7%扩大到 15%,支持农民采取“定额到组”的形式经营土地,鼓励发展多种经营,因地制宜种植农作物。

1980 年 5 月,邓小平听取万里的汇报后,肯定了安徽省凤阳县包干到户和肥西县包产到户的做法,并指出:“农村政策放宽以后,一些适宜搞包产到户的地方搞了包产到户，效果很好，变化很快。有的同志担心，这样搞会不会影响集体经济，我看这种担心是不必要的。总的说来，现在农村工作中的主要问题还是思想不够解放。所以，政策放宽以后，还有很多工作要做。"邓小平后来评价说："革命是解放生产力，改革也是解放生产力，中国农村改革的发明权属于农民。"

安徽和四川的农村改革，很快取得积极效果，这使中央对制定改革开放的政策受到进一步启发。

1982 年，中共中央发出一号文件《全国农村工作会议纪要》。文件以毫不含糊的语言指出，目前实行的各种责任制，包括小段包工定额计酬，专业承包联产计酬，联产到劳，包产到户到组，包干到户到组等等，都是社会主义集体经济的生产责任制。而且说明它"不同于合作化以前的小私有的个体经济，是社会主义农业经济的组成部分"。

这个文件报送中央，邓小平看了以后表态说："完全同意。"陈云看后通过秘书打来电话："这个文件我已看过，这是个好文件。可以得到干部和群众的拥护。"他还说："文件好，说明也好，所提问题，我赞成。"

至此，关于包产到户的争论基本告一段落。农村改革的骏马终于驰骋在希望的田野上。

1982 年 12 月，五届全国人大五次会议审议通过的《中华人民共和国宪法》，明确规定改革农村人民公社政社合一的体制，设立乡政府。

到 1984 年年底，全国各地建立了 9.1 万个乡（镇）政府，92.6 万个村民委员会。至此，实行了 20 多年的人民公社制终于退出了历史舞台。中国农村 99%的生产队选择了家庭联产承包责任制，统分结合的农业经济新体制在全国范围内逐步形成。

与家庭联产承包责任制一样，乡镇企业是中国农民的又一伟大创造。搞乡镇企业的，大多是一些洗脚上岸的农民"泥腿子"，他们起家于"小商小贩"的作坊式生产，为养家糊口，偷偷"挖社会主义墙脚"，被当作"资本主义尾巴”割掉。

1978 年年初，广东省中山县（现中山市）曾进行过一次大讨论。小榄公社社员黄新文一家在参加生产队集体劳动之余发展以养猪为主的家庭副业，一年纯收入超过 5000 元。黄新文家庭副业的收入这么多，超过了集体劳动所得，这算不算资本主义？他走的这条路到底对不对？一时间，人们议论纷纷。

山东省白集大队会议室，很多人陷入了沉思。改革开放这几年，都说以经济建设为中心，可是摆在山东省白集大队面前的一条“生意路”却让这里的很多人犹疑不定。最后大队长在黑板上重重地写下了“要想发财快，庄稼搅买卖”。大家沉默之后，都高高地举起了自己的手臂。

那次会议后，白集大队便开始“不务正业”，地里的庄稼活留给妇女们去干，青壮年们忙着去内蒙古收购绵羊。买来后不久，白集人将屠宰好的绵羊肉销售到各地的市场上。后来听说售到北京利润大，白集人便赶赴北京，签下一年 100 万元的大单子。1982 年这一年，白集人向市场供应了约 200 万斤新鲜羊肉，这让白集人尝到了甜头。可就在白集人为他们取得巨大成就自豪的时候，各种各样的言论也随之扑面而来。“脱轨户”成为白集大队的新称号，意即白集大队脱离社会主义的轨道，大搞资本主义那一套。这让白集人感受到很大压力。

针对这种思潮的碰撞，人民日报记者段存章发表了一篇题为《赞“庄稼搅买卖”》的文章，段存章指出：白集大队的做法方便了卖羊人，还大大地方便了买肉群众，这样的做法何错之有？至于有很多人说白集大队是“脱轨户”，段存章认为：农民在种好责任田的同时，进行国家政策许可的经商活动，利国利民，脱什么“轨”呢？段存章的文章在社会上引起了很大的反响。

1984 年 3 月 1 日，中共中央、国务院转发农牧渔业部《关于开创社队企业新局面的报告》，同意将社队企业改称乡镇企业，指出乡镇企业是农业生产的重要支柱，是广大农民群众走向共同富裕的重要途径。

1984 年 3 月 2 日，国务院正式发出通知，将社队企业改称为乡镇企业。乡镇企业作为一个新的、独立的企业形态浮出水面，成为国民经济的一支重要力量登上历史舞台。当年的乡镇企业实际已经发展到 165 万家，拥有劳动力 3848 万人。乡镇企业不仅为农村、农民增加了收入，更是吸纳了数以千万计的农村劳动力人口。农村改革只是改革开放的发端，经邓小平这位总设计师之手推动，中国的改革由农村扩展到乡镇。

由于历史传统、地理位置、具体做法的不同，中国的乡镇企业有着各自的特点。费孝通教授通过调查提出了“经济发展模式”的概念，即从整体出发，探索每个地区发展的背景、条件以及在此基础上形成的与其他地区相区别的发展特色，并概括出理论界普遍认可的“苏南模式”“温州模式”“珠江模式”等。

华西村，原来是江苏省江阴县（现江阴市）的一个默默无闻的普通村庄，但现在的华西，却是中国闻名遐迩的创富典型。

华西村的领头人叫吴仁宝，这位充满传奇色彩的“农民政治家”，在华西前后当了 48 年的“村官”。他所带领的华西村在史无前例的每一个阶段都有着精彩的表现，成为经历 30 年不倒的中国农村建设的典型。

华西村最初是通过“造田”实现温饱的。从 1964 年至 1972 年，村党支部书记吴仁宝带领华西人硬是凭着一股改天换地、脱贫致富的热情，靠一种拼命精神，开早工、打夜工，刮风下雨不歇工，逢年过节不停工，一天干出两天活，一年整出一方田。经过 8 年苦干，华西人搬掉了 984 条田岸，削平了 57 个土墩，填平了 39 条废河沟渠，挑走了 110 万立方土，用了 27 万个人工，把原来 1300 多块七高八低的零星田块，改造成 400 多块能排能灌的高产稳产大田，赢得了人变、地变、产量变的大变化。从 1972 年开始，华西因连续 6 年粮食亩产超千斤而成为名震全国的农业先进村。

1969 年开始，华西村除了种田，“胆大包天”的吴仁宝深知“无工不富”的道理，一方面高调学大寨，一方面抽调 20 人在村里偷偷办起了小五金厂。后来接替吴仁宝担任华西村党支部书记的吴仁宝的第四个儿子吴协恩回忆说:“当时这千万不能让外面知道,正是‘割资本主义尾巴’的时候呢。田里红旗飘飘、喇叭声声,检查的同志走了,我们转身也进了工厂。为什么冒险搞工业?因为种田实在挣不到钱。当时全村几百号劳力拼死拼活,年收入才24万元,而只用20个人办的小五金厂,3年后就达到了24万元的产值。”

1978年,华西村的固定资产为100万元,银行存款100万元,另外还存有3年的口粮,这在全国的乡村中可谓富甲一方。

分田到户、包产到户的承包责任制迅速在各地推开。华西村分还是不分呢?面对全国性的农村改革形势,以集体经济壮大起来的华西村的路该怎么走?吴仁宝必须回答。分?当然有分的好处,分是拥护改革,随大流,没压力,解放30多年了,农民还没尝到分田到户的乐趣。不分?不分的好处就在眼前,华西村人均半亩地,此时集体经济已经有了雄厚的基础,农民开始过上好日子了,为什么一定要分呢?

中央的政策很清楚,宜分则分,宜统则统;中央的意图也很明白,最终目的是让农民富起来。最后,“不分”的决策得到村民的一致拥护,全村600多亩良田集体承包给村中的30名种田能手,剩余的劳动力全部转移到正在蓬勃兴起的乡镇企业上。他们把上海的工程师请来。人们给上海的工程师起了个雅号,叫“礼拜天工程师”。最多的时候,有100多名工程师,天天有班车。他们的到来不仅为华西创造了财富,更重要的是提高了华西人的综合素质。随着改革进一步深化,国家的政策越来越放开,华西人如鱼得水,一些地方把自己的产品贴上上海的标签,而华西人用的却是上海的技术,在这一点上,华西与其他地方的很多乡镇企业是不同的。

到了20世纪90年代,华西村的企业上了规模,达到上亿元之巨。2003年超过了100亿元,上了个大台阶。

事实让吴仁宝得出了这样的结论:“还是搞工业好!这是最大的实事

求是。”老人壮心不已：现在我们是中国第一村，我们还要做世界上的第一。现在的华西村有五业：农、工、商、建筑、旅游。下一个就是服务业，华西未来发展的重点放在金融服务、仓储物流、旅游这三大产业上。

东莞当时是广州附近的一个小县，这个县仅有2465平方公里，所占面积不到全国面积的万分之三，可以说实在不够显眼。但是，正是这个不起眼的小县，见证了中国现代史与近代史的切换，促进了东方与西方的交融，展现了乡村到城市的嬗变，实现了农民向市民的转型，创造了从南方农业大县到世界制造业名城的奇迹。

1978年，是东莞转型的一道分水岭，有两个标志性事件：一个是港商张子弥来到虎门创办内地第一家“三来一补”（来料加工、来样加工、来件装配和补偿贸易）企业——太平洋手袋厂，拉开了东莞发展的序幕；另一个是全国首创的东莞县来料加工装配办公室成立，一个窗口办公，一条龙服务的服务型政府为东莞经济装上发展的“加速器”。

2018年，东莞的生产总值高达8278.59亿元，与1978年的6.11亿元相比增长了1353.9倍；城市居民人均可支配收入50721元，与1978年的318元相比增长了158.5倍；农村居民人均纯收入32277元，与1978年的149元相比增长了215.6倍；外贸出口总额7955.64亿美元，与1978年的0.39亿美元相比增长了20398倍。

这一系列枯燥而最有说服力的数字，有力地佐证了东莞从全国2000多个农业县中脱颖而出的巨变：从物质短缺到生活富足，从小公社到大城镇，从闭塞之隅到现代化新城，从南方农业小县到世界制造业名城。在国家统计局首次对全国近2万个建制镇进行的综合测评中，东莞荣摘“千强镇”桂冠。

乡镇企业的快速发展，和它与生俱来的活力是分不开的，因为它的成败和每一个成员的切身利益密切相关，这是国营经济无法相比的。

家庭联产承包责任制和乡镇企业的迅速发展，不仅使中国农民口袋里的钱多了,而且使他们的思想观念和生活方式发生了深刻变化和根本性的转变:从“不进城不离乡”“死活都在乡下”,到“离土不离乡”“不城不乡”,再到“离土也离乡”“亦城亦乡”,这是一个多么巨大的跨越啊！据统计,全国外出流动打工的农民在20世纪80年代是3000万人,90年代是8000万人,到2013年已达2.69亿人。农民工,毫无疑问地成了中国现代化、工业化、城镇化建设的主力军。当初被称为“盲流”的农民工,现在被广泛地称作“进城务工人员”。这种称呼的变化,既折射出人们思想的巨变,也折射出时代的沧桑巨变。

1984年中央4号文件将社队企业正式改称为乡镇企业,对家庭办和联户办企业及时给予肯定。至此,乡镇企业结束了初级阶段,进入了一个多层次、多形式、多渠道、多门类的合作企业与个体企业的新阶段,成为农村经济的重要支柱。到1987年,全国乡镇企业发展到1750万个。到1993年,中国的乡镇企业的工业产值已占全国工业产值的47%和出口商品收购总额的45%,几乎占领了“半壁江山”。与此同时,各种模式既坚持特色,又整合互补,发生了不少变化。

异军突起的乡镇企业,增加了农民收入,缩小了城乡差距,为逐步实现农村工业化、城市化创造了条件。同时,它为农村的剩余劳动力找到了一条重要的出路。到1994年止,乡镇企业吸纳了将近1亿人的农业劳动力。

在城乡经济体制改革全面展开的同时,邓小平同志不断地思考着一个问题:改革、开放,要找到一个突破口,一个风险不大的试验场。划出一块不大的地方,放手试验,万一失败也不要紧,可以为改革开放探路。他还指出:“在全国的统一方案没有拿出来之前,可以先从局部做起,从一个地区、一个行业做起,逐步推开,中央各部门要允许和鼓励它们进行这种试验。”那么,到底该在哪里试验呢?

1979年1月,广东省首次提出要在广东深圳办经济特区的设想。

在深圳创办经济特区的背景是什么?1978年,时任广东省委书记的吴南生痛心地说:“解放初期,我的家乡汕头是一个商业繁荣的地方,和香港的差距并不大。30 年过去,香港成为亚洲‘四小龙’之一,而跟前的汕头却是满目凄凉。比我们小孩子时候还穷啊!”面对“文革”后处于崩溃边缘的中国经济,邓小平多次表示:“我们太穷了,太落后了,老实说对不起人民。”他还说:“外国人议论中国人究竟能够忍耐多久,我们要注意这个话。”

早在 20 世纪 70 年代或者更早,邓小平就意识到了中国的经济问题。1979 年 5 月 6 日,广东再次出现几万人大出逃事件。出逃的群众越过海湾,奔向香港。毗邻香港的海湾,次日漂浮着上百具尸体。当地领导人将这一恶性事件上报给邓小平时,邓小平没有惊讶,也没有震怒。当时,他说了让当地领导人摸不着头脑的两句话。这两句话是:“这是我们的政策有问题”,“此事不是部队能够管得了的”。

邓小平的两句话令当地领导百思不得其解,但经过调查才发现,广东的居民之所以冒着生命危险偷渡香港,是因为这两个地方的贫富差距太大。一个典型的事例可以说明这一问题:深圳有个罗芳村,香港新界也有个罗芳村。不过,当时深圳罗芳村的人均年收入是 134 元,而新界罗芳村的人均年收入是 13000 元。更耐人寻味的是,新界原本并没有一个什么罗芳村,居住在这里的人竟然全都是从深圳的罗芳村逃过去的。

显而易见,人们之所以要出逃,是因为难忍贫穷。而当时中国执行的政策,并没有让老百姓富裕起来。如果人民过上自己满意的生活,有谁愿意冒着生命的危险偷渡呢?有谁愿意离开自己的家园?在这样的事实面前,人们才真正理解邓小平的那两句话。

经济特区的创立是否作为“中国道路”的一个标志呢?答案是肯定的。第一,苏联的模式不行了,计划经济走不通。邓小平说过:不改革开放,只能是死路一条。第二,平均主义不行了,均衡发展走不通。早在 1978 年年底的中央工作会议上,邓小平就提出了一个新的观点:让一部分城市先富起来。他当时一口气列举了十来个城市，第一个就是深圳。第三，寻找突破口，创办经济特区，在现有僵化的体制之外实行强制性的渐进式的制度变迁。从此，中国的现代化走上了一条既不同于苏联，又不同于自由资本主义西方的特殊道路。

1979年4月28日，中共中央在北京召开各省、直辖市、自治区党委第一书记及主管经济工作的负责人和中央党政军负责人参加的中央工作会议。

广东省委第一书记习仲勋在中南组发言：广东省委提出了一个设想，利用自身优势，先走一步，在临近港澳和沿海地区划出一些地，单独管理，设置类似海外的出口加工区和贸易合作区，以吸引外商前来投资办企业。

实际上，广东的这一思路与中央不谋而合，因为要彻底解放生产力，就必须撬动并推开旧体制的这块巨石。

会议间隙，时年75岁高龄的邓小平与广东省委第一书记习仲勋谈话，他说："在你们广东划出一块地方来，也搞个特区……过去陕甘宁边区就是特区。中央没有钱，可以给些政策，你们自己去搞，要杀出一条血路来。"

杀出一条血路来。革命和建设、战争和建设不是一回事，但两相相通，事情往往就是这么奇特。

5月，谷牧率领工作组来广东、福建调查。20多天的调查结束后，谷牧勾勒出了特区的轮廓：经济计划以省为主；赋予两省较多的机动权；财政上划分收支，新增收益更多地留给地方；在深圳、珠海、汕头、厦门各划出一定区域办出口特区，优惠税率，吸引外资，发展出口商品生产。照这一思路，他帮助两省起草了向中央请示的政策性报告。

回到北京，谷牧在向邓小平汇报时说，划出的这四个区域有的叫来料加工区，有的叫自由贸易区，恐怕中央要统一定一个名字。邓小平脱口而出："就叫特区嘛！陕甘宁开始时就叫特区嘛！"当天下午，邓小平在中南海散步时又碰到谷牧，对他说："谷牧，上午给你讲的，记清楚了吧，就叫特区，不要改了。”

当晚，谷牧给广东省委主要领导习仲勋、杨尚昆打电话告诉邓小平的指示。过了一会儿，习仲勋又回电话问：叫特区是不是就不归中央管了？我们不能管了？谷牧说：没那个意思，领导关系照旧。

很快，中央就接到了广东省委《关于发挥广东优越条件，扩大对外贸易，加快经济发展的报告》和福建省委《关于利用侨资、外资，发展对外贸易，加快福建社会主义建设的请示报告》。

中央在批语中指出：“广东、福建两省靠近港澳，华侨多，资源比较丰富，具有加快经济发展的许多有利条件。中央确定，对两省对外经济活动实行特殊政策和灵活措施，给地方以更多的自主权，使之发挥优越条件，抓紧当前有利的国际形势，先走一步，把经济尽快搞上去。这是一项重要的决策，对加强我国四个现代化建设具有重要的意义。”

1980年3月下旬，受中央委托，谷牧在广州主持召开广东、福建两省工作会议。当时两省的主要负责同志习仲勋、杨尚昆、刘田夫和马兴元、郭超都参加了会议，到会的还有国务院有关部门和港澳工委的负责同志。会议对特区建设的方针作了详细研究，把中央举办特区的构想进一步具体化了。

1980年8月，五届全国人大常委会第十五次会议通过并公布了国务院提请审议的特区条例，批准建立深圳、珠海、汕头、厦门四个经济特区。至此，经济特区从创意、构想，到党的决定、政府法规，最后到人大立法，变成了实实在在的现实。

当时的中国，正处于国内市场商品匮乏的时候，电视机、录音机、计算器、优质布料都是可望而不可即的紧俏商品，而国内市场同国际市场又是两个不同的价值体系。国门一开，相应的防范措施跟不上，久已存在的走私贩私活动更加泛滥。最严重的广东、福建的个别沿海地方走私贩私猖獗。渔民不打鱼，工人不做工，农民不种地，学生不上学，一窝蜂地在公路沿线、街头巷尾兜售走私物品。

走私贩私风一起,在舆论上迅速跟特区挂上钩,特区逐渐形成负面形象。特区全民经商,全是赚内地的钱。香港媒体借此大做文章,一家报纸作了12篇连续报道,总题目是《深圳庐山真面目——假大空》。一时间,办不办特区,成了重要疑问。

1982年1月,中央发出紧急通知,要求严打走私贩私和贪污受贿等违法犯罪行为。时任广东省委书记的任仲夷三次被召进京,同时福建省委的领导也被召到北京,中央政治局常委与他们面对面交换意见。

1982年2月21日到23日,中央书记处在北京召开了广东、福建两省座谈会,专题研究打击走私贩私、贪污受贿的问题。中共中央将座谈会纪要以中发〔1982〕17号文件下发各地。

文件指出:经济领域中的走私贩私、投机诈骗、贪污受贿,把大量国家和集体财产窃为已有等严重违法活动,已经比1952年"三反""五反"时严重得多。各种恶性刑事犯罪案件增加,少数人崇洋媚外,奴颜婢膝,丧失人格国格,甚至发生出逃叛国等现象。

在关键时刻,广东专门召开了省、地(市)、县三级党政主要领导干部会,贯彻落实中央两省座谈会精神。省委书记任仲夷说:"这不是一次杀气腾腾的会,而是热气腾腾的会。"任仲夷主动担起了责任,消除了手下官员的顾虑。他说:"中央指出了广东有这样的错误,那样的错误,不同程度地符合广东的实际情况,我们要坚决拥护。回去后要实事求是,有什么问题解决什么问题。不搞运动,不分任务,过去的问题由省委负责。省委由我任仲夷负主要责任。我们坚定不移地反对走私贩私,坚决打击经济犯罪。"

接着,任仲夷提出要"坚定不移地进行改革开放",并且提出了一个响亮的口号"排污不排外":"我们不排外,排外是不对的。但是我们要排污。实行开放政策,也带来一些新问题。'近水楼台先得月',但也会先污染。盲目排外是错误的、愚蠢的;自觉排污是必要的、明智的。排污要分清界限，要排真正的污，要做具体分析，要总结经验、吸取教训，统一认识。”

经中央批准，组建国务院打击走私领导小组，谷牧任组长，外贸部、海关总署、公安部、国家工商局等有关部门负责同志为成员，依托海关总署设立处理日常工作的办公室。经过采取有效措施，加强海上堵截和陆上检查，严格实行渔政管理，整顿走私严重地区的基层党政组织，从多方面进行综合治理，依法惩办了几个罪大恶极分子，这股邪风终于被压了下去。

在广东大刀阔斧推动改革，扩大开放的时候，各种指责也接踵而来，“放单”了、“精神污染”了、“资产阶级又一次向我们猖獗进攻”了、成为“新租界”了……面对种种责难，任仲夷针锋相对地说：“搞特区不是走资本主义道路，不会损害社会主义，而是大大地有利于社会主义。”

时任福建省委书记的项南，成立中国第一家中外合资经营公司的过程就颇费周折。遵照中央的“特殊政策，灵活措施”的精神，项南确定了大搞基础设施建设、“筑巢引凤”的策略。

1981 年 6 月，福建同日本日立公司合资兴办的福建日立电视机有限公司（简称“福日公司”）正式开始生产。由于“左”的思想迷雾重重，这个“新生儿”被扣上了“卖国主义”的帽子，一位高层领导甚至把福日公司定性为“殖民地性质的厂子”。

不只是福日公司，几乎每一个大的引进项目，都会遭到反对改革开放者泼冷水。但项南立场鲜明，毫不退缩，力主引进外资，倡议省里利用美国芝加哥第一国民银行货款，建成全省第一支远洋船队，并率先引进、开通了当时全国最为先进的万门程控电话，之后为全国各省市纷纷效法。

对广东、福建的各种指责沸沸扬扬，一些报纸认为深圳是新“租界”，呼吁人们警惕中国出现新买办等等。特区究竟办得怎么样？邓小平脑子里也装着一个大问号。

1984 年 1 月 24 日，年已 80 高龄的邓小平先后视察了广州、深圳、珠海、厦门和上海等地，2 月 17 日回到北京。24 日，他同中央几位领导同志谈话说："最近，我专门到广东、福建，跑了三个经济特区，还到上海，看了看宝钢，有了点感性认识。……这次我到深圳一看，给我的印象是一片兴旺发达。"他还说：

"特区是个窗口，是技术的窗口，管理的窗口，知识的窗口，也是对外政策的窗口。从特区可以引进技术，获得知识，学到管理，管理也是知识。特区成为开放的基地，不仅在经济方面、培养人才方面使我们得到好处，而且会扩大我国的对外影响。"

"除现在的特区之外，可以考虑再开放几个港口城市，如大连、青岛。这些地方不叫特区，但可以实行特别的某些政策。我们还要开放海南岛，如果能把海南岛的经济迅速发展起来，那就是很大的胜利。"

邓小平的这个重要谈话传达到全党、全国以后，人们的精神为之大振。

3 月，中央书记处与国务院召开沿海部分城市座谈会。参加会议的除相关省(区、市)和省辖市及经济特区的负责同志外，还有中共中央、全国人大、国务院和中央军委共 40 多个部门的负责干部。这是规格极高的一次对外开放工作会议，共开了 12 天。

会议的气氛十分热烈，到会的地方领导同志一个接着一个地发言，谈体会，讲打算，提出了各种要求意见和建议。在谈到"经济开发区"这个名称时，当时还在天津工作的李岚清提出：开发区不仅是创造一个吸引外资、加速经济发展的"小环境"，更要强调引进先进技术，可以叫"经济技术开发区"，这个建议得到了大家的支持并被会议采纳。

会上，地方同志十分关心究竟开放哪几个沿海港口城市。原先，2 月 24 日邓小平在与中央几位领导同志谈话时，已初步议定了开放上海、天津、大连、青岛、烟台、宁波、温州、北海 8 个港口城市。会议期间，时任江苏省省长的顾秀莲赶来北京，经她提议并报国务院领导同意，增列了江苏的南通和连云港。广东、福建的同志提出，为何没有我们两省的沿海城市？随后又列入了广州、湛江和福州 3 个城市。这时，起草文件的同志建议，沿海重要的港口城市，只有秦皇岛未列入，似应补进。

就这样，扩大开放由北至南 14 个沿海港口城市，成了我国对外开放的一个新的重要步骤。这 14 个城市是：大连、秦皇岛、天津、烟台、青岛、连云港、南通、上海、宁波、温州、福州、广州、湛江、北海。这些城市同深圳、珠海、厦门、汕头 4 个经济特区，成为我国对外开放的前沿阵地。

1985 年 2 月 18 日，中共中央、国务院批转《长江、珠江三角洲和闽南厦漳泉三角地区座谈会纪要》，决定珠江三角洲、长江三角洲、闽南三角洲地带等 61 个市（县）为沿海经济开发区。后来又扩大到辽东半岛和胶东半岛。此时，经济特区—沿海开放城市—沿海开放区—内地的开放格局逐渐形成。

1988 年 3 月，七届人大一次会议决定建立海南省，并将全省定为经济特区。至此，中国所有沿海省份全部成为开放地区。

沿边各地区“南联北开，东进西出，全方位开放”战略方针的实施和中国周边国家关系的缓和，使沿边地区成为与我国沿海地区开放门户相对应的发展贸易、经济交往、国际交流的地域和口岸，使边远地区这一劣势转成为区位优势，成为和特区、沿海地区一样具有开放开发潜力的区域。

1992 年，我国对外开放再次迈出重大步伐。一是以上海浦东为龙头，开放芜湖、九江、黄石、武汉、岳阳、重庆 6 个沿江城市和三峡库区。二是开放哈尔滨、长春、呼和浩特、石家庄 4 个边境和沿海地区省会城市。三是开放珲春、绥芬河、黑河、满洲里、二连浩特、伊宁、塔城、博乐、瑞丽、畹町、河口、凭祥、兴东 13 个沿边城市。四是开放太原、合肥、南昌、郑州、长沙、成都、贵阳、西安、兰州、西宁、银川等 11 个内陆省会城市。

大思路、大格局、大举措。对外开放、梯度推进。先从毗邻香港、澳门，华侨众多的广东、福建做起；再从工农业生产水平较高，科教事业较为发达，对外交通、通信较为方便的沿海地区展开；进一步推进到沿陆地边境、沿长江港口城市和内地省会、自治区首府等大城市。全方位、多层次、各领域的全面开放,就这样逐步地展现在世人面前。

以深圳等为代表的经济特区取得的伟大成就举世瞩目,对中国社会的发展作出了四大历史性贡献:

第一,贡献了一个“新体制”。改革的目标是建立社会主义市场经济体制。1992 年,邓小平斩钉截铁地判断:深圳就是社会主义市场经济。特区探索出一条从计划经济走向市场经济的转型模式,为社会经济发展提供了制度变迁和基础性保障。

第二,贡献了一条“新道路”。深圳由一个边陲小镇跃升为 1000 多万人口的国际化现代化大城市,成为全国最富裕的地区之一。1984 年,邓小平在第一次视察深圳渔民村时就曾赞许地预言:全国农村要达到这个水平恐怕要 100 年。深圳为全国寻找到了一条从一般小城镇走向区域性现代化中心城市的发展道路。

第三,贡献了一种“新精神”。邓小平多次总结说“深圳的重要经验就是敢闯”,蛇口的那句响彻全国的口号“时间就是金钱,效率就是生命”,就是这种精神的集中体现。特区对以改革创新为核心的时代精神的形成,作出了突出贡献。

第四,验证了一个“新理论”。1992 年,新加坡内阁资政李光耀说:“中国不能没有深圳,因为它是中国改革的试验田。深圳经验如果成功了,说明邓小平的中国特色的社会主义路子是走得通的。”经济特区的试验是在邓小平理论指导下进行的,又进一步验证和丰富了邓小平理论。

十九、长风破浪

1984 年 10 月 20 日,中国共产党第十二届三中全会在北京召开。

这是一次很有特色的会议。会议一致通过了《中共中央关于经济体制改革的决定》(以下简称《决定》)。它以城市经济体制改革为重点,首次提出了社会主义经济是公有制基础上的有计划的商品经济的论断。

在社会主义国家里,第一次以中央决议的形式,承认了市场的作用,提出要发展商品经济,这是中国共产党和社会主义中国的创举。

邓小平高度评价这次大会,他说:“大会说了一些老祖宗没有说过的话,有些新话。没有前几年的实践不可能写出这样的文件。写出来,也不容易通过,会被看作‘异端’。”

《决定》明确指出:我国的社会主义经济是“在公有制基础上的有计划的商品经济”,“要突破把计划经济同商品经济对立起来的传统观念”。这个论断，是理论上的重大突破。

计划和市场的关系，也是邓小平一直在思考着的问题。他早在1979年11月就说过："说市场经济只存在于资本主义社会，只有资本主义的市场经济，这肯定是不正确的。社会主义为什么不可以搞市场经济，这个不能说是资本主义。"

十二届三中全会正式作出不能把计划经济和商品经济对立起来的结论，成为以后中国共产党提出中国要实行社会主义市场经济的先河。

《决定》还作出一系列重要论述：改革是为了建立充满生机的社会主义经济体制；增强企业活力是经济体制改革的中心环节；建立自觉运用价值规律的计划体制，发展社会主义商品经济；建立合理的价格体系，充分发挥经济杠杆的作用；实行政企分开，正确发挥政府机构管理经济的职能；建立多种形式的经济责任制，认真贯彻按劳分配的原则；积极发展多种经济形式，进一步扩大对外和国内的经济技术交流；起用一代新人，造就一支社会主义经济管理干部的宏大队伍；加强党的领导，保证改革的顺利进行。

有了中共十二届三中全会的《决定》，以城市为重点的整个经济体制改革全面展开了。它从打破"大锅饭"入手，从所有制结构来看，以公有制经济为主体，多种经济成分共同发展的新格局开始形成。

"放权让利"，是国营企业改革初期的一个核心，无论是开始的利润留成，后来的承包，还是中间尝试的利改税，都是这一思路的不同形式。因此，从1978年开始试点一直到20世纪90年代初，改革并不是把国有企业塑造成市场经济的主体参与市场竞争，而是着重调整国家和企业的关系。

1983年3月23日，在"福建省厂长、经理研究会"的成立大会上，55位厂长、经理就以《请给我们"松绑"》为题联名向当时的省委书记项南、省长胡平写了一封公开信，希望得到"必要的权力"，比如企业人事任免权、财权以及企业自主经营权等。在当时条件下，这份呼吁书喊出了企业经营者的心声。呼吁书发出的当天，福建省委书记项南作了批示。

第二天,《福建日报》头版头条全文刊登福建国有骨干企业55位厂长、经理的一封公开信。

一周后,《人民日报》在第2版头条显著位置,发表了《55位厂长、经理的呼吁福建有关部门作出反应》的报道,至此,全国报纸纷纷转载、评论,“松绑新闻”成为国营企业改革史上的一个标志性事件。

据史料披露,这封公开信并不完全是厂长、经理们自发的行为,而是得到了当时福建省委书记项南的鼓励。因此,从某种意义上说,这份呼吁书其实是省委领导从实际出发,想厂长、经理所想,给企业放权的一次“合谋”。

当年公开信的参与者、福州龙兴房地产开发有限公司常务副总经理翁亨进回忆说:“当时我在邵武丝绸厂担任厂长,我们的产品产量、品种、原材料供应、产品的销售以至产品的出口都是由上级有关部门下达计划。厂里中层以上干部的任免、工人的招工、工资总额、奖金、加班工资都必须报上级有关部门审批,就连厂房的改造、设备的维修及修缮厕所也都得经上级部门批准。”“那时候,干部坐铁交椅,职工端铁饭碗,厂长没有经营自主权,职工没有活力,企业也没有活力。在那次研究会上,我们听取了福日公司的经验介绍,该公司经营机制搞得很活,总经理权限很大,如果也给我们那样的条件,我想我们绝不会比他差!”

翁亨进羡慕的福日公司,是一家中外合资企业,当时的经理游廷岩在接受《福建日报》记者采访时说:“婆婆要松绑,媳妇要自强,勉励企业要坚持两条,不可因为松绑了,放权了,对企业自身管理就松懈下来。”

公开信发布不久,福建省政府连续下发了7个文件落实企业自主权。

1984年5月10日,国务院颁发《关于进一步扩大国营工业企业自主权的暂行规定》,不久后又作出《关于城市经济体制改革的若干决定》,两年后国务院发文全面推行厂长经理责任制,明确规定全民所有制工业企业的厂长(经理),对企业负有全面责任,处于中心地位。

相比福建55位经理、厂长联名上书呼吁政府"放权",河北石家庄的马胜利的举动更为惊人。

1984年,800多人的石家庄造纸厂已经连续3年亏损,年初上级下达的17万元的利润指标无人敢领。

此时马胜利只是厂里的业务科长,3月28日,他在厂门口贴出了一张"大字报"——《向新领导班子表示决心》,提出他承包造纸厂的愿望。

多年以后,马胜利谈起这段历史依然意气风发:

"我们厂是一个国营企业,也是一个大中型企业。在当时个人承包一下子就轰动了,当时的压力也很大,我提出来,17万元不包,我老马70万元把它翻个个。结果包了以后,我一年包70万,头一年就完成了140万,不但70万完成了,还翻了一个个,这是1984年。1985年,在140万的基础上我又翻了一个个,完成了280万,紧跟着第三年我又完成了560万,也就是我干了三年翻了三番。"

马胜利当年扭亏为盈的事迹经媒体报道后,他很快成为当时国有企业改革的风云人物。他先后获得"五一劳动奖章"和"全国优秀企业家"等400多个荣誉称号,并当选中共十三大代表。

"学习马胜利""一包就灵",承包制成为国营企业摆脱困境的灵丹妙药。马胜利的改革神话在全国各地广泛传播,许多在困境中的国有造纸厂纷纷找上门来要求马胜利承包。

对于许多亏损的造纸企业来说,马胜利就是"冬天的一把火",炙手可热,所到之处,刮起阵阵旋风,被马胜利"承包",意味着看到了胜利的曙光。1987年,马胜利马不停蹄,"晓行夜不宿",奔波于全国20个城市,吸纳了100家亏损造纸企业。

然而,没有严谨的实地调查,充满随意性的承包基数,加上管理、资金、人才方面的欠缺,"纸业集团"马失前蹄,4个月后即告失利,"其兴也勃焉,其亡也忽焉",不由得令人感慨市场的无情。

承包制只是国有企业改革的初步探索。实践证明,国营企业改革的复杂程度远远大于以个体生产为主的农村经济。“一统就死,一死就叫,一叫就放,一放就乱,一乱就统”,一时间成为国有企业改革跳不出的怪圈。

于是,另一种更新的改革形式,走进了中国社会。股份制,这个曾被视为资本主义专利的资本组织形式,刚一出现就引起了争论。

北京大学教授厉以宁说:

“当年争论的最大问题在哪里呢?股份制再搞下去不就会变为私有制?股份制就是私有制,股份制是资本主义下才有的东西,社会主义下怎么会有这东西呢?有股份制将来就有证券市场,有证券市场以后那么就完全跟解放前一样了嘛。当时,很多人讲不要紧,股份制在社会主义制度下搞,国家控股有什么关系呢?如果老百姓是大家集资、职工集资的话,那带有合作经济的性质,那也没有关系。乡镇企业如果是让农民入股来办的话,那也是集体所有制呀。但是,尽管如此,争论就没有结束。在理论界讨论的同时,一些企业已经自发地在搞了。”

最早吃股份制这只“螃蟹”的,是特区企业。

1983 年 7 月,在广东省宝安县(今属深圳市)诞生了新中国的第一家股份制企业——宝安县联合投资公司。

1986 年 11 月,美国纽约证券交易所董事长范尔霖来北京出席中美金融研讨会。邓小平在人民大会堂会见了范尔霖,会谈结束后,范尔霖将一枚纽约证券交易所的证章送给邓小平。他告诉邓小平,佩戴这枚证章可以在纽约证券交易所通行无阻。同时,他还送给邓小平一本纽约证券交易所的证券样本。在中国,股票、证券作为资本主义象征长期受到批判,邓小平怎样看待他的这两件礼物?

邓小平不仅收下了他的礼物,还回赠他一件更有意义的礼物:新中国刚刚上市的第一支股票——飞乐股票。其实,邓小平赠送的不过是一张面值 50 元人民币的股票。然而,对于范尔霖来说,这是一件无价之宝。

邓小平告诉他，他是唯一的外国股东，范尔霖高兴地说：我很荣幸成为社会主义企业的第一个美国股东。

邓小平赠送股票，这一细微的举动，即刻引起了国内外新闻舆论的极大兴趣。《朝日新闻》发表整版评论，声称中国企业行将全面推行股份制，中国经济终将走向市场化。

此时，中国已有股份制企业6000多家，职工个人与国家共同拥有企业的产权，利益与风险紧密相连，企业的发展壮大成为全体股东的目标。这使企业的经济效益大大提高。股份制被初步证明是颇具生机和活力的经济形式。但这距离真正的资本市场还有很长的路要走。

1990年12月，上海股票交易所成立。

1991年4月，深圳股票交易所成立。

越来越多的曾被认为是资本主义特有的东西，得到了重新认识，并且在我们的经济生活中，扮演着越来越重要的角色。

1980年12月16日，陈云在中央工作会议上发表了《经济形势与经验教训》的重要讲话。在这次讲话中，陈云指出：

“我们要改革，但是步子要稳。因为我们的改革，问题复杂，不能要求过急。改革固然要靠一定的理论研究、经济统计和经济预测，更重要的还是要从试点着手，随时总结经验，也就是要‘摸着石头过河’。开始时步子要小，缓缓而行。”

在12月25日的闭幕会上，邓小平明确表示完全同意陈云的讲话。因为中国建设社会主义既无先例可循，也不能照搬“本本”，要减少失误，稳妥的办法就是“摸着石头过河”。

价格改革，就是改革进程中绕不过去的一个漩涡。

1983年，时任《中国农民报》记者的吴恩读到一封群众来信。信中说，河南省开封地区农业生产资料部门的领导大量批条子，把国家按计划分配供应的平价化肥批给了自己的私人关系。他们利用“关系”又将平价化肥高价转卖,转手之间,关系产生了暴利。老百姓称这些人为“倒爷”。

“倒爷”滋生的温床是特定阶段存在的价格“双轨制”。

1984 年 5 月 10 日,国务院发出了 67 号文件,其中规定:在完成指令性计划以后,超产部分的价格允许企业在不高于计划的 20%范围内浮动。

1985 年 1 月,国务院又发出 7 号文件,取消了 20%的限制,超产部分的价格由供需双方自由议定,国家不加干涉。

这样,一种生产资料存在两种价格,一是国家掌控的“计划内价格”,一是市场化的“计划外价格”。

“双轨制”带有明显的计划经济特征,目的是在价格形成上逐渐转入市场机制。如前所说,中国的改革必须是稳妥的,价格改革同样要循序渐进,如果从一开始就全部放开,就会存在很大的风险。

“双轨制”的实行,不仅可以保证国营企业在原材料采购上的优势,同时有了市场价格这一轨,就可以打破指令性计划一统天下的局面,使非国有经济获得生存空间,曾一度给经济生活带来了生机。但是,在生产资料相对匮乏的条件下,市场价格大大高于计划价格,为以权谋私打开了方便之门,成为滋生腐败的温床。

于是,一种特殊职业“倒爷”应运而生了。只要拿到“批条”,无需资金,无需场地,无需技术,把计划价格的商品倒卖到市场上,就可以获取高额的回报,可谓“无本万利”,空手套白狼。当然,干成这种买卖,必须依附有权力背景的人。有了官方背景,不仅倒卖的本事大增,而且风险降低,于是“官倒”盛行。什么紧俏,什么来得容易、获利大,就倒什么,钢材、铝锭、煤炭、木材、化肥、农药、汽车、彩电、冰箱……无一不倒。

双轨价格,给“权钱交易”提供了土壤,成为“倒爷”们的天堂,各种国家统配的物资,通过各种渠道流向市场,国家指令性计划彻底失去了严肃性。规规矩矩、遵守国家调控计划的国营企业成为受害者,相反,破坏规则者却从中获益,成为经济持续、稳定增长的严重障碍。

“双轨制”不仅造成了巨大的经济损失,更严重的是败坏了良好的社会风气,严重损害了政府的威信,激起老百姓极大的不满。

1988 年,中国高层领导对价格改革下定了最大的决心:加快价格闯关,长痛不如短痛!

“闯关”,表明了政府的坚定决心。“闯关”是“以放为主”,实现“用市场定价体制代替行政定价体制”的目标。

考虑到老百姓对物价上涨的心理承受能力有限,为了给“闯关”做准备,国家从 4 月份起,率先放开了猪肉、蔬菜、鸡蛋、白糖、烟、酒等生活必需品的价格。

1988 年 8 月 19 日,中央人民广播电台播发“价格闯关”的消息。这则消息好似在一堆干柴上放了一把火,令已成“惊弓之鸟”的百姓误认为 9 月 1 日物价要全面放开,新一轮大涨价即将开始,于是一窝蜂地涌进商场,掀起了一场全国性的抢购风潮。

当时抢购风潮之烈,波及面之广,盲目性之大,在中国改革史上实为罕见。从 8 月中旬起,抢购风席卷全国城市和部分乡村,涉及 50 个大类 500 多种商品,大到几千元的高档商品,小到各种易消耗的便宜货,均在抢购之列。

无论是价格“双轨制”带来的“倒爷”风,还是火热的“抢购风”,已经暴露出我国经济发展中的许多问题。

1988 年 9 月 30 日,国务院召开常务会议,发出《关于做好当前物价工作和稳定市场的紧急通知》,随着一系列强有力措施的落实,抢购风潮慢慢平息。

1988 年 9 月 26 日至 30 日,中共十三届三中全会在北京举行,全会批准了中央政治局提出的“治理经济环境、整顿经济秩序、全面深化改革”的指导方针和政策、措施。全会确定治理整顿一直持续到 1991 年年底。

三年治理整顿,成为我国改革开放史上的一个特殊阶段。政府采取调控物价、提高利息、压缩社会集团购买力、压缩基建规模、清理整顿各类公司等一系列措施,后来又实施加大基础产业投入以改善经济结构、清理三角债、整顿“双轨制”、调整结构以提高效益等举措。

三年治理整顿,犹如一把双刃剑,既取得了有效的积极成果,也带来了一些负面效应。

但就价格改革来说,却创造了一个比较宽松的经济环境,“双轨制”中计划价格和市场价格之间的差额大大缩小。1992 年我国加快了价格改革的步伐。

随着改革开放兴起的个体经济遇到挫折,其原因在于不同时期先富起来的个体经营者合法性遭到质疑。

1982 年,浙江温州柳市镇有 8 位从事不同行业的个体户,被称为“八大王”。他们走南闯北,生产红火,称得上第一批“吃螃蟹者”,是“先富起来的人”,尝到“市场”甜头的人。政府把他们当作“投机倒把”的“靶子”逮捕了。这件事使民营经济的成长势头大大减缓,特别是发展起来的浙江温州和珠江三角洲地区的民营经济都承受了巨大冲击和压力。

1983 年 1 月 12 日,邓小平在同国家计委、国家经委和农业部门负责同志谈话时指出:

“农村、城市都要允许一部分人先富裕起来,勤劳致富是正当的。一部分人先富裕起来,一部分地区先富裕起来,是大家都拥护的新办法,新办法比老办法好。农业搞承包大户我赞成,现在放得还不够。总之,各项工作都要有助于建设有中国特色的社会主义,都要以是否有助于人民的富裕幸福,是否有助于国家的兴旺发达,作为衡量做得对或不对的标准。”

邓小平这次谈话之后,时任中共中央总书记的胡耀邦在中南海和 300 多名集体经济、个体经济的代表座谈,指出:从事个体劳动是光彩的,凡是为国家和人民作出了贡献的劳动者,都是光彩的。这一观点在全社会产生了很大影响。从此,“八大王”的命运发生了逆转。

1984年,温州市委书记袁芳烈明确提出:“‘八大王’案不翻,温州经济搞活无望。我们抓错了。他们不是犯罪,他们是有功的,由于我们界限不清,思想不解放,把他们当犯罪分子抓了,这是个非常大的教训。我说我们共产党员光明磊落,错了就错了,错了我们就改。

1984年,经过联合调查组复查,温州市宣布“八大王”除了一些轻微的偷漏税外,“其他的所作所为符合中央精神”,是发展商品经济和搞活流通的能人。“八大王”无罪释放,得以平反。

“八大王”把温州人敢为人先、不断进取的创业精神表现得淋漓尽致。摆脱了意识形态的羁绊,温州人此后创造了许多“全国第一”。

据权威统计,目前在全国各地经商办厂的温州人达160多万,侨居世界上81个国家和地区的温州人也达50多万。200余万温州人在全国、全世界各地建起了众多的温州城、温州街、温州村、温州店,温州成为中国民营经济的第一个符号,“温州模式”成为各地争相学习和研究的对象。

如今在温州,甚至在柳市镇,许多人已经淡忘了“八大王”,但是熟知温州民营经济发展的人依然会说:“想了解温州的民营经济,柳市镇‘八大王’是不应被遗忘的一群人,他们应该是开山人物。”

“八大王”所在的浙江温州柳市镇,如今已是全国的百强镇,50平方公里的土地上有1000多家电器企业,年产值上百亿元。

当浙江的“八大王”与计划经济“对着干”的时候,在安徽有一位名气更响的个体经营者,这个人就是芜湖的“傻子”年广久。

“傻子”是个有“前科”的人。1963年,年广久在街头摆小摊,曾以“投机倒把”罪被判处有期徒刑一年。出狱后他炒起了瓜子。其后,年广久的成功印证了中国的一句古话:一招鲜,吃遍天。

年广久炒出的瓜子,一嗑三瓣,清香满口,别人怎么模仿都学不到这一手。在他生意最红火的时期,“傻子瓜子”统领全国市场。据说只要年广久一袋瓜子下跌一分,全国的瓜子市场就要“摇三摇”。

生产越做越大，1981 年 9 月，年广久父子三人已经忙不过来了，于是年广久雇了 4 个帮手。随着经营不断发展，到 1983 年年初，其雇工人数逐渐增加到 100 多人，日产瓜子 1 万多斤，月营业额 60 多万元。从一家个体户发展到如此规模的私营企业，只用了两年多时间。

就在此时，关于年广久的议论更加沸沸扬扬。早在两年前，当年广久雇用了 12 个人的时候，“安徽有个年广久，炒瓜子雇用了 12 个人，算不算剥削”的争论，在中国理论界已经流传开来。

为什么有人认定年广久是资本家？马克思在《资本论》里曾明确地划分了“小业主”与“资本家”的界限。按马克思的计算，在 19 世纪中叶，雇工 8 人以下，雇主和工人一样参加生产，是小业主，而超过 8 人，则开始“占有工人的剩余价值”，是资本家。

马克思 150 多年前对社会情况的分析，被教条地变成一顶大帽子扣在了年广久头上，帽子下面不只是一个“傻子”，而是涉及上千万人已经在全国迅猛发展起来的非公有制经济。

如何处置私营业主超出规定请帮工的请示报告，递到高层领导人的办公桌上，邓小平用潦草的笔迹写下了自己的意见：放两年再看。根据这个指示，中共中央提出了三不原则：不宜提倡，不要公开宣传，也不要急于取缔。

两年过去了，年广久的雇工增加到 100 多人，指控年广久是“资本家”“妄图复辟资本主义”的呼声更加高涨。

从安徽到中央，要对年广久“正本清源”的呼声传到了邓小平那里，邓小平在中顾委全体会议上说：

“前些时候那个雇工问题，相当震动呀，大家担心得不得了。我的意思是，放两年再看。那个能影响到我们的大局吗？如果你一动，群众就说政策变了，人心就不安了。你解决了一个‘傻子瓜子’，会牵动人心不安，没有益处。让‘傻子瓜子’经营一段，怕什么？伤害了社会主义吗？”

年广久因此躲过一劫,一颗瓜子千斤重,人们也从中央对“傻子瓜子”的态度中得到了鼓励。此后,私营业主雇用大量劳动力在舆论上不再存在争议,雇工问题的解决,意味着对劳动力这一市场基本要素的承认。邓小平的话为年广久和他的同伴们创造了生存空间,私营企业蓬勃发展起来。

1986 年夏天,《光明日报》和《经济日报》在北京开会形成了一个《纪要》:第一,私营经济在社会主义中存在和发展是不可避免的,是必然之势;第二,私营经济的存在和发展利大于弊;第三,社会主义制度下的私营经济是可以控制的,不至于发展成为资本主义制度。

1988 年 4 月,七届全国人大一次会议通过《中华人民共和国宪法修正案》,“私营经济”的提法第一次出现在中国的根本大法之中。

《宪法修正案》第 11 条增加国家允许私营企业经济在法律规定的范围内存在和发展,私营经济是社会主义公有制经济的补充,国家保护私营经济的合法权利和发展,对私营经济实行引导、监督和管理的内容。

6 月 25 日,国务院发布《中华人民共和国私营企业暂行条例》。次年年底,全国第一次工商登记,私营企业如雨后春笋般冒出来,一下子达到了 9.06 万家。

改革就是这样在一次又一次地解决一些基本问题的过程中向前推进。

私营经济的成长只是一个缩影,映射的则是整个中国自改革开放以来的巨大变迁。

随着改革开放的全面展开,我国在现代化建设方面取得了累累硕果。

1983 年,成功发射一颗科学实验卫星,并按预定计划准确返回地面;引滦入津工程向天津正式送水;研制成功中国第一台亿次巨型计算机。1984 年,发射试验通信卫星并定点成功;中国第一条高原铁路——西(宁)格(尔木)铁路正式交付运营。1985 年,宝山钢铁总厂一期工程投产,这是当时最重要的建设项目。1986 年,第二汽车制造厂建成,这是我国第二个汽车工业基地;郑州黄河公路大桥通车,这是当时全国最长的公路桥;发射实用通信广播卫星定点成功；首次向国外出售民用飞机。

国防建设方面，强调走精兵之路，要求减少数量，提高质量。1984 年 11 月，邓小平根据对国际形势的分析和判断，提出人民解放军员额减少 100 万人。他在中央军委座谈会上说："即使战争爆发，我们也要消肿。肿，就是表现我们指导战争的能力不高。不消肿就不能应付战争。"根据邓小平的提议，总参谋部提出《军队改革体制，精简整编方案》。

1985 年 6 月 4 日，邓小平又在军委扩大会议上说："我们下这样大的决心，把中国人民解放军员额减少一百万，这是中国共产党、中国政府和中国人民有力量、有信心的表现。""减少一百万，实际上并没有削弱军队的战斗力，而是增强了军队战斗力。即使国际形势恶化，这个裁减也是必要的，而且更加必要。"大裁军后，原来的 11 个大军区合并为 7 个大军区，保留北京、沈阳、济南、兰州、成都、广州、南京军区。撤销武汉、昆明、福州、乌鲁木齐 4 个大军区。减少军级单位 31 个，师团级单位 4054 个。这次裁军，事实上是对人民解放军体制上进行一次重组。军一级部队走向诸兵种的合成部队，成立了集团军。导弹部队、电子对抗部队、潜艇部队等得到加强。中国人民解放军进一步朝着现代化的方向前进。

在加快物质文明建设的同时，中共中央把加强社会主义精神文明建设提到重要位置上来。

1983 年 4 月，邓小平在一次谈话中说："过去很长一段时间，我们忽视了发展生产力，所以现在我们要特别注意建设物质文明。与此同时，还要建设社会主义的精神文明，最根本的是要使广大人民有共产主义的理想，有道德，有文化，守纪律。"

1986 年 9 月，中共中央召开十二届六中全会，作出《关于社会主义精神文明建设指导方针的决议》。邓小平在会上说：

"反对资产阶级自由化，我讲得最多，而且我最坚持。……这股思潮的代表人物是要把我们引导到资本主义方向上去。所以，我多次解释，我们搞的四个现代化有个名字，就是社会主义四个现代化。我们实行开放政策，吸收资本主义社会的一些有益的东西，是作为发展社会主义生产力的一个补充。”“搞自由化，就会破坏我们安定团结的政治局面。没有一个安定团结的政治局面，就不可能搞建设。”“这个思潮不顶住，加上开放必然进来许多乌七八糟的东西，一结合起来，是一种不可忽视的、对我们社会主义四个现代化的冲击。”

祖国统一大业，在这个时期也取得突破性的进展。

推进祖国统一大业的指导思想是邓小平提出的。

“一国两制”先是针对台湾问题提出来的，并且经过长时期的酝酿，认识逐步深化。早在 1955 年，中共中央已确立采用和平方式解放台湾的思想，接着又提出准备同国民党进行第三次合作。1963 年，周恩来讲中国共产党的对台政策归纳为“一纲四目”。“一纲”即台湾必须统一于中国。“四目”为：(1) 台湾统一于祖国后，除外交必须统一于中央外，台湾之军政大权、人事安排等悉委于蒋介石。(2) 台湾所有军政及经济建设一切费用不足之数，悉由中央政府拨付(当时台湾每年赤字约 8 亿美元)。(3) 台湾的社会改革可以从缓，必俟条件成熟，并尊重蒋之意见，协商决定后进行。(4) 双方互不派特务，不做破坏对方团结之举。

这种努力，在“文化大革命”中受到严重的干扰和破坏。

中共十一届三中全会后，国内外形势发生了深刻变化，为争取和平解决台湾问题创造了新的有利条件。

1979 年元旦，全国人大常委会发表《告台湾同胞书》，强调在解决统一问题时，一定要尊重台湾的现状和台湾各界人士的意见，采取合情合理的办法，不使台湾人民蒙受损失。

1981 年 9 月 30 日，叶剑英以全国人大常委会委员长名义向新华社记者发表谈话，阐述了台湾回归祖国、实现和平统一的九条方针政策，明确提出：“国家实现统一后，台湾可作为特别行政区，享有高度的自治权，并可保留军队。中央政府不干预台湾地方事务。”“台湾现行社会、经济制度不变，生活方式不变，同外国的经济、文化关系不变。私人财产、房屋、土地、企业所有权、合法继承权和外国投资不受侵犯。”

1982 年 1 月 11 日，邓小平会见美国华人协会主席李耀滋时，第一次提出了“一个国家，两种制度”的概念。他说：

“九条方针是以叶副主席的名义提出来的，实际上是一个国家两种制度，两种制度是可以允许的，他们不要破坏大陆的制度，我们也不破坏他那个制度。国家的统一是我们整个中华民族的愿望。这不仅有利子孙后代，在中国五千年的历史上也是一件大事。”

“一国两制”的构想提出后，首先被成功地运用于香港问题的解决。

香港自古以来是中国的领土，1840 年鸦片战争后被英国通过一系列不平等条约强行侵占，并陆续扩大。其中，占香港面积 90%以上的新界地区，是英国在 1898 年强行租借的，租借期为 99 年。中国人民一直强烈地期盼能收回香港，但这种愿望在长期积弱的旧中国根本无法实现。新中国成立初期，中国共产党曾采取“长期打算，充分利用”的方针。到 20 世纪 80 年代初，新界地区租借期满的日子日渐临近，解决香港问题直接提上议事日程。1982 年 9 月，英国首相撒切尔夫人来华，就香港问题进行磋商。邓小平对她说：

“主权问题不是一个可以讨论的问题。现在时机已经成熟了，应该明确肯定：1997 年中国将收回香港。就是说，中国要收回的不仅是新界，而且包括香港岛、九龙。中国和英国就是在这个前提下来进行谈判，商讨解决香港问题的方式和办法。如果中国在 1997 年，也就是中华人民共和国成立 48 年后还不把香港收回，任何一个中国领导人和政府都不能向中国人民交代，甚至也不能向世界人民交代。”

“香港继续保持繁荣，根本上取决于中国收回香港后，在中国的管辖之下，实行适合于香港的政策。香港现行的政治、经济制度，甚至大部分法律都可以保留,当然,有些要加以改革。香港仍将实行资本主义,现行的许多适合的制度要保持。我们要同香港各界人士广泛交换意见,制定我们在15年中的方针政策以及15年后的方针政策。”

“我们建议达成这样一个协议,即双方同意通过外交途径开始进行香港问题的磋商。前提是1997年中国收回香港,在这个基础上磋商解决今后15年怎样过渡得好以及15年以后香港怎么办的问题。”

中英两国政府从1982年起,就香港问题进行了两年谈判,在1984年9月达成协议,草签了《中华人民共和国政府和大不列颠及北爱尔兰联合王国政府关于香港问题的联合声明》和三个附件。联合声明宣布:中国政府在1997年7月1日对香港恢复行使主权;50年内,香港现行的经济制度不变,生活方式不变,现行的法律基本不变;香港的国际、外交权属于中央。同年12月19日,中英两国在北京正式签署了联合声明。

本着“一国两制”的原则,被葡萄牙支配了几百年的澳门问题也随即得到解决。中葡两国政府从1986年6月起开始谈判,1987年4月双方签署了两国关于澳门问题的联合声明,宣布中国将在1999年12月20日恢复行使对澳门的主权。

1997年7月1日,中英双方举行了香港主权交接仪式,1999年12月20日,中澳双方举行了澳门主权交接仪式。香港、澳门回归之后,各个方面呈现出一片繁荣昌盛的景象。

1987年10月25日至11月1日,中国共产党第十三次全国代表大会在北京召开。这次大会在改革开放全面展开的进程中占有重要地位,其突出的贡献是系统地阐述了关于社会主义初级阶段的理论和党在社会主义初级阶段的基本路线。大会指出,我国处在社会主义初级阶段这个论断,包括两层含义:第一,我国社会已经是社会主义社会,我们必须坚持而不能离开社会主义。第二,我国的社会主义还处在初级阶段,我们必须从这个实际出发,而不能超过这个阶段。

在社会主义初级阶段,我们党的建设有中国特色的社会主义的基本路线是:领导和团结全国各族人民,以经济建设为中心,坚持四项基本原则,坚持改革开放,自力更生,艰苦创业,为把我国建设成为富强、民主、文明的社会主义现代化国家而奋斗。

这条基本路线的主要内容,后来被人们简要地概括为"一个中心,两个基本点"。即以经济建设为中心,坚持四项基本原则,坚持改革开放。

十三大报告还说明,中共十一届三中全会以后,我国经济建设的战略部署大体上分三步走:"第一步,实现国民生产总值比一九八〇年翻一番,解决人民的温饱问题。这个任务已经基本实现。第二步,到本世纪末,使国民生产总值再增长一倍,人民生活达到小康水平。第三步,到下个世纪中叶,人均国民生产总值达到中等发达国家水平,人民生活比较富裕,基本实现现代化。"

中共十三大以后,邓小平又提出一个重要论断:科学技术是第一生产力。他说:"历史在前进,我们却停滞不前,就落后了。马克思说过,科学技术是生产力,事实证明这话讲得很对。依我看,科学技术是第一生产力。"这是一个富有远见卓识和深远影响的战略性构想。在他讲话后,我国发射了第一颗极地轨道气象卫星;在东海海域进行核潜艇水下发射运载火箭试验,取得成功;我国第一座高能加速器——北京正负电子对撞机对撞成功,这是我国在高科技领域取得的一项重大突破性成就。

但是,在我国经济加速发展的过程中,也出现了一些问题:经济工作出现急于求成的倾向,造成一度的经济过热和通货膨胀。突出的问题是物价上涨幅度过大。1988 年全国零售物价指数,在 1985 年起连续 3 年上涨的基础上,又上涨 18.5%。这是多年没有见到过的,在社会上引起相当强烈的反应。

当时工作中另一个重要的失误是:虽然意识到精神文明的重要性,但一度忽视思想政治教育,在物质文明和精神文明建设之间存在"一手硬,一手软”的现象。一些坚持资产阶级自由化的人异常活跃。“社会主义不如资本主义”“实行私有化”“实行多党制”之类的言论在相当范围内自由泛滥。他们利用群众对物价上涨和一些干部中存在的腐败现象的不满,把矛头指向共产党和社会主义制度。国外反动势力又积极推行和平演变战略,通过各种渠道对中国施加影响。社会上已出现“山雨欲来风满楼”的局面。

1989 年 4 月 15 日,胡耀邦同志因突发心脏病逝世,群众举行各种形式的悼念活动。极少数人借机散布谣言,攻击党和国家领导人,鼓动反对共产党的领导和社会主义制度。一些大城市,特别是北京、上海,搞资产阶级自由化的人,明目张胆地搞政治集会、政治上书和其他活动,最终酿成 1989 年 6 月 4 日发生于北京的政治风波,党和政府采取果断措施,平息了这场政治风波。

几天后,邓小平接见首都戒严部队军以上的干部。他在讲话中说:

“这场风波迟早要来。这是国际的大气候和中国自己的小气候所决定了的,是一定要来的,是不以人们的意志为转移的,只不过是迟早的问题,大小的问题。”

“事情一爆发出来,就很明确。他们的根本口号主要是两个,一是要打倒共产党,一是要推翻社会主义制度。他们的目的是要建立一个完全西方附庸化的资产阶级共和国。人民要求反腐败,我们当然接受。那些别有用心的人提出的所谓反腐败的口号,我们也要当好话来接受。当然,这个口号仅仅是他们的一个陪衬,而其核心是打倒共产党,推翻社会主义制度。”

“这是总结我们过去十年。我们的一些基本提法,从发展战略到方针政策,包括改革开放,都是对的。要说不够,就是改革开放得还不够。”

“以后我们怎么办?我说,我们原来制定的基本路线、方针、政策,照样干下去,坚定不移地干下去。除了个别语言有的需要变动一下,基本路线和基本方针、政策都不变。”

邓小平这个讲话极其重要。他是在共产党和社会主义制度面临严峻考验的时刻讲这番话的。

当时国内外许多人十分关注中国的改革开放会不会因为发生这场政治风波而改变，还有些人对这场政治风波为什么会发生仍感到困惑。邓小平的讲话，以斩钉截铁的语言，帮助大家清醒地认识这场政治风波的实质，认识坚定不移地维护党的领导和社会主义制度的极端重要性；又在惊涛骇浪中坚持了正确的航向，决不因一时的险恶形势而动摇党的基本路线、方针和政策，并且把这种态度毫不含糊地向世界宣告，使很多人的心安了下来。在多年后的今天回头来看，更感到它所产生的影响是多么深远。

6 月下旬，中共中央召开十三届四中全会。会议分析了近两个月来全国的政治形势。全会选举江泽民为总书记。邓小平一直坚持主张废除领导职务的终身制。他在这年 5 月底就说过："新的领导班子一经建立了威信，我坚决退出，不干扰你的事。希望大家能够很好地以江泽民同志为核心，很好地团结。"

11 月，中共十三届五中全会又通过决议，同意邓小平辞去中央军委主席的职务，决定由江泽民担任中央军委主席。这样，以江泽民为核心的中国共产党第三代领导集体开始形成，平稳地实现了中央领导集体的新老交替。

在中共中央领导集体新老交替的关键时刻，国内那场政治风波刚刚过去，西方七国首脑就在 7 月间举行会议，对中国实行制裁，多方面地施加压力，企图扭转中国的社会主义方向。在这以后的一两年时间内，东欧各国发生剧变，苏联解体，社会主义在世界范围内处于低潮。旧的世界格局已经打破，新的格局尚未形成。世界力量对比失衡，出现了新的霸权主义和强权政治，内外形势都十分严峻。面对着各方面的压力，有些人对中国的社会主义制度能不能坚持下去存在怀疑。处在这样的关键时刻，邓小平同几位中央负责人谈话，对他们说：

"中国的社会主义是变不了的。中国肯定要沿着自己选择的社会主义道路走到底。谁也压不垮我们。只要中国不垮,世界就有五分之一的人口在坚持社会主义。我们对社会主义的前途充满信心。”

1990年,邓小平针对当时国际形势,提出“冷静观察、稳住阵脚、沉着应付、韬光养晦、有所作为”的二十字方针。邓小平在提出这一方针时,还强调了“决不当头”。实际上,这在当时是有具体含义的:是指不觊觎苏联老大哥留下的社会主义领袖的位置。当时,国际国内都有人希望中国成为社会主义的扛旗者。针对这一思潮,小平说:头头可不能当,头头一当就坏了。搞霸权主义的名声很坏,当第三世界的头头名声也不好。这不是客气话,这是一种真实的政治考虑。即使将来中国强大了,也永远不当头、不称霸、不谋求势力范围、不搞集团政治、不干涉别国内政。过头的话不讲,过头的事不做。他强调,要埋头实干,做好一件事,我们自己的事。

在这个动荡的艰难时刻,中共中央根据邓小平提出的二十字方针精神,处变不惊,坚持把注意力集中在办好我们自己的事业上,有条不紊地开展工作。

保持社会稳定是当时的首要任务。正如邓小平在这年年初所说:“中国的问题,压倒一切的是需要稳定。没有稳定的环境,什么事都搞不成,已经取得的成果也会失掉。”如果出现社会混乱和人心涣散,那就根本谈不上什么从事大规模经济建设了,这是“文化大革命”的惨痛经历所证明了的。

1992年年初,中国共产党在筹备召开党的十四大,正在准备十四大的政治报告和确定十四大党和国家领导人选的时候,邓小平到南方视察了。

这年的1月17日,一列火车从北京驶出,向着南方奔驰而去。专列上坐着年届88岁高龄的邓小平。或许当时没有人能够料到,邓小平的这趟南方之行将会被载入史册,并带动中国新一轮改革开放和经济建设的加速发展。

熟悉邓小平的人都知道,他向来注重天伦之乐,喜欢和家人在一起。这次南下,正值寒假,他把全家都带上了。

第一站是武昌，专列在站台上只停留了20分钟，邓小平一边在站台散步，一边同湖北省委书记关广富、省长郭树言交谈。

第二站是长沙，在这里只停留了10分钟，邓小平与湖南省委书记熊清泉等人交谈。

第三站是深圳，然后是珠海、广州、上海等地。

这次视察前后共一个多月，直到2月21日邓小平才乘车返回北京。

邓小平一路走，一路谈，人们习惯地把他的谈话称作“南方谈话”。

一路上，邓小平反复强调：基本路线要管100年，中国的改革就是要搞市场经济，不坚持社会主义，不改革开放，不发展经济，不改善人民生活，只能是死路一条。

他尖锐地指出：“改革开放迈不开步子，不敢闯，说来说去就是怕资本主义的东西多了，走了资本主义道路。要害是姓‘资’还是姓‘社’的问题。判断的标准，应该主要看是否有利于发展社会主义的生产力，是否有利于增强社会主义国家的综合国力，是否有利于提高人民的生活水平。”

他还提出：社会主义本质是解放生产力，发展生产力，消灭剥削，消除两极分化，最终达到共同富裕。从这个角度看问题，“计划多一点还是市场多一点，不是社会主义与资本主义的本质区别。计划经济不等于社会主义，资本主义也有计划；市场经济不等于资本主义，社会主义也有市场。计划和市场都是经济手段”。

他还指出：“资本主义发展好多年了，几百年了，我们才多长时间，我们尤其被耽误几十年了，不耽误几十年，我们现在的面貌会完全不同，再耽误不得了。”

“改革开放胆子要大一些，敢于试验，不能像小脚女人一样。看准了的，就大胆地试，大胆地闯。”

邓小平在谈话中多次讲到“不争论”。他之所以说“不争论”，是因为当时有不少争论，而且还相当激烈。这些争论归纳起来看有这么一些问题:基本路线的要点在哪里?改革开放姓“资”还是姓“社”?社会主义和市场经济能否兼容?证券、股市这些东西究竟好不好,社会主义能不能用?厂长负责制是否削弱了党的领导?私营经济是否动摇社会主义?家庭联产承包责任制是不是单干风?……当时,这些问题被一些“左”派理论说得很玄奥,很吓唬人,严重干扰了党的基本路线的贯彻,不刹住这股风潮,就可能葬送社会主义。

邓小平的系统谈话,是一篇解放思想、实事求是的宣言书,从理论上深刻回答了长期困扰和束缚人们思想的许多重大认识问题,使我们党对社会主义建设规律的认识在以往基础上又前进了一大步。

3 月 30 日,新华社向全世界全文播发《东方风来满眼春》,并以少有的规格配发了一条消息。第二天,《人民日报》等国内各主要报纸都在头版主要位置转载《深圳特区报》的这篇长篇通讯。3 月 31 日,中央电视台在当晚《新闻联播》之后,用 45 分钟全文播发了这篇文章。与此同时,国外各大通讯社和其他主要媒体有的刊播了《东方风来满眼春》,有的发了相关消息和评论。

邓小平在视察南方期间发表的谈话,后来被收录在《邓小平文选》第三卷中,成为邓小平理论的重要组成部分,对社会主义理论的创新具有里程碑的意义,成为邓小平毕生事业的巅峰之作,也为中国的改革开放开启了第二个春天。

1992 年 10 月 12 日至 18 日,中国共产党第十四次全国代表大会在北京召开。大会对建设有中国特色社会主义理论作了新的概括,分别从社会主义发展道路、发展阶段、根本任务、发展动力、外部条件、政治保证、战略步骤、领导力量和依靠力量,以及完成祖国统一大业的战略构想等九个方面,作了系统的论述。明确提出我国经济体制改革的目标是建设社会主义市场经济体制。大会向全党提出用邓小平建设有中国特色社会主义理论武装全党的任务。

党的十四大明确宣布：我国的经济体制改革的目标是建立社会主义市场经济体制。这是一个带有全局性的重大突破。

历经 15 年，我国市场取向改革的目标及其框架在理论上、认识上已基本完成，一个关于社会主义市场经济体制的总规划，也应运而生了。

1993 年 11 月，中共十四届三中全会作出了《中共中央关于建立社会主义市场经济体制若干问题的决定》（以下简称《决定》），勾画了社会主义市场经济体制的基本框架，描绘了继续深化改革的总体蓝图。

《决定》阐述了构成社会主义市场经济体制的基本内容：必须坚持以公有制为主体、多种经济成分共同发展的方针，进一步转换国有企业经营机制，建立适应市场经济要求，产权清晰、权责明确、政企分开、管理科学的现代企业制度；建立全国统一开放的市场体系，实现城乡市场紧密结合，国内市场与国际市场相互衔接，促进资源的优化配置；转变政府管理经济的职能，建立以间接手段为主的完善的宏观调控体系，保证国民经济的健康运行；建立以按劳分配为主体，效率优先、兼顾公平的收入分配制度，鼓励一部分地区、一部分人先富起来，走共同富裕的道路；建立多层次的社会保障制度，为城乡居民提供同我国国情相适应的社会保障，促进经济发展和社会稳定。

围绕这一宏伟目标，《决定》在深化农村经济体制改革、深化对外经济体制改革、进一步扩大对外开放、进一步改革科技体制和教育体制、加强法律制度建设以及加强和改善党的领导等方面，又提出了一系列重要部署和要求。

社会主义市场经济体制的建设，无疑给我国经济发展注入了新的活力，各项事业取得了举世瞩目的成就。

但是，中国整体技术水平和经济实力同发达国家相比还有很大的差距。经济增长方式、产业结构等经济发展中一些深层次的问题还有待解决，人口、自然资源、生态环境对经济、社会发展的压力在增大。在这种背景下,党中央、国务院审时度势,适时提出了可持续发展战略和科技兴国战略。

1995年5月,中共中央、国务院召开全国科学技术大会,号召全党和全社会实施科技兴国战略,加速全社会科技进步。

1996年6月,党中央、国务院作出了《深化教育改革全面推进素质教育的决定》,各地纷纷采取有效措施加以落实。为理顺高等教育人才培养机制,我国积极推动高等教育政策,发展多种形式的高等教育,初步实现了高等教育资源的优化配置和优势互补。

可持续发展是基础,文化发展战略是科教兴国,政治发展战略是依法治国,经济发展战略是社会主义市场经济。多维立体的发展战略铺就了中华民族崛起之路。

1997年9月12日至18日,中共十五大在北京召开。这次大会的主题是:高举邓小平理论伟大旗帜,把建设有中国特色社会主义事业全面推向21世纪。大会进一步论述了中国现在处于并将长期处于社会主义初级阶段,并制定了党在社会主义初级阶段的基本纲领。

中共十五大之后,我国社会主义现代化建设开始步入第三步战略发展时期。然而,没有西部地区的现代化就没有全国的现代化。为了逐步缩小地区发展差距,加快补齐西部这块国民经济的"短板",党中央适时作出实施西部大开发、加快西部地区发展的重大战略决策。

我国西部地区国土面积685万平方公里,约占全国陆地总面积的71.4%;总人口约3.56亿,约占全国总人口的27.5%(2000年数据)。然而,西部地区国内生产总值却不到东部五省(市)总和的40%。西部地区生态环境十分脆弱,其中25°以上陡坡耕地面积占全国的70%以上,水土流失面积占全国的80%左右,每年新增荒漠化面积占全国的90%以上。西部有3000多万贫困人口尚未实现温饱。

20世纪50年代,毛泽东在《论十大关系》中明确指出,要处理好沿海与内地的关系,平衡工业发展的布局,大力发展内地工业。在这一战略思想指导下,国家掀起了开发与建设西部的高潮,奠定了西部地区的工业基础。20 世纪 80 年代,邓小平提出“两个大局”的战略思想。根据这一构想,沿海地区大力推进改革开放,经济实力上升,实现了率先发展。同时,国家组织开展了东西部对口支援,加大了扶贫开发力度,增加了西部地区基本建设投资,为实现第二个大局创造了条件。

2002 年 11 月 8 日至 14 日,中国共产党第十六次全国代表大会在北京召开。这是我们党在新世纪召开的第一次代表大会。这次大会选举了以胡锦涛为总书记的新一届中央领导集体。12 月 6 日,胡锦涛率领中央书记处的同志到西柏坡学习考察,深情回顾党领导人民进行伟大革命斗争的历史,重温毛泽东当年在党的七届二中全会上关于“两个务必”的重要讲话。并向全党特别是领导干部提出了“四个牢记”:牢记我国的基本国情和我们党的庄严使命,树立为党和人民长期艰苦奋斗的思想;牢记全心全意为人民服务的宗旨,始终不渝地为广大人民谋利益;牢记党的基本理论、基本路线、基本纲领和基本经验,以艰苦奋斗精神做好各项工作;牢记党和人民的重托和肩负的历史责任,自觉在艰苦奋斗实践中加强党性锻炼。胡锦涛在西柏坡的讲话在全党产生重大影响。

中共十六大以来,中央进一步强调继续实施区域发展总体战略,深入推进西部大开发,提出重大项目布局要充分考虑支持中西部发展,鼓励东部地区带动和帮助中西部地区发展。

实施西部大开发战略确立以来,党中央、国务院在规划指导、政策扶持、资金投入、项目安排、人才交流等方面不断加大对西部地区的支持力度,中央财政对西部地区转移支付累计达 3 万多亿元。西部大开发的政策效应逐步显现,西部地区经济、文化、社会、生态等各方面建设都取得了巨大成就。目前,西部大开发已经站在一个新的历史起点上,进入了新的发展阶段。

振兴东北老工业基地，是中共中央作出的一个重大战略决策，也是中央继建设沿海经济特区、开发浦东新区和实施西部大开发战略之后加快区域经济协调发展的又一项重大战略。

东北三省总面积约79万平方公里，总人口1亿多。这里是我国重要的能源原材料、装备制造和国防工业基地，又是我国重要的商品粮基地。然而，在从计划经济向市场经济转轨中，东北老工业基地遇到很大困难。适时提出振兴东北老工业基地的战略决策，为东北地区的发展带来了新的历史机遇。

2002年10月，中共十六大首次明确提出"支持东北地区等老工业基地加快调整改造，支持以资源开采为主的城市和地区发展接续产业"。2003年10月，中共中央、国务院印发了《关于实施东北地区老工业基地振兴战略的若干意见》，全面制定了振兴战略的各项方针政策，吹响了振兴东北老工业基地的号角。

2007年10月15日至21日，中国共产党第十七次全国代表大会在北京召开。这次大会是我们党高举中国特色社会主义伟大旗帜，从思想上、政治上、组织上和工作布局上为夺取全面建设小康社会的胜利，开创中国特色社会主义事业新局面作出战略部署的大会。这次大会鲜明地回答了当代中国举什么旗、走什么路、以什么样的精神状态、朝着什么样的发展目标继续前进的根本问题，为党和国家的各项工作指明了前进的方向。

2009年8月，为进一步推进东北等老工业基地全面振兴，加快使东北地区形成具有独特优势和竞争力的新的增长极，国务院又颁布了《关于进一步实现东北地区老工业基地振兴战略的若干意见》。主要包括9个方面的内容：优化经济结构，建立现代化工业体系；推进企业技术进步，全面提升自主创新能力；加快发展现代农业，不断巩固和发展农业基础地位；加强基础设施建设，为东北地区全面振兴创造条件；积极推进资源型城市转型，促进可持续发展；切实保护好生态环境，大力发展绿色经济；着力解决民生问题，加快推进社会事业发展；深化省区协作，推动区域经济一体化发展；继续深化改革开放，增强经济社会发展活力。

一系列有力的政策措施很快收到了明显效果，东北经济发展明显加快，东北三省生产总值增幅高于全国水平，粮食产量连创新高。经济结构进一步优化，自主创新能力显著提升，基础设施得到改善，城乡面貌发生巨大变化。

2010年10月15日至18日，中共十七届五中全会在北京举行。全会审议通过了《中共中央关于制定国民经济和社会发展第十二个五年规划的建议》。

全会指出，制定“十二五”规划，必须高举中国特色社会主义伟大旗帜，以邓小平理论和“三个代表”重要思想为指导，深入贯彻落实科学发展观，适应国内外形势新变化，顺应各族人民过上更好生活新期待，以科学发展为主题，以加快转变经济发展方式为主线，深化改革开放，保障和改善民生，巩固和扩大应对国际金融危机冲击成果，促进经济长期平稳较快发展和社会和谐稳定，为全面建成小康社会打下了具有决定性意义的基础。

全会强调，改革是加快转变经济发展方式的强大动力，必须以更大决心和勇气全面推进各领域改革，大力推进经济体制改革，积极稳妥推进政治体制改革，加快推进文化体制、社会体制改革，使上层建筑更加适应经济基础发展变化，为科学发展提供有力保障。

全会认为，会议通过的“十二五”规划建议主题和主线鲜明，内涵丰富，部署明确，符合我国国情，符合时代潮流，符合党心民心。在全面建设小康社会的关键时期召开的这次会议，为我国“十二五”期间经济社会的发展指明了方向。

2012年11月8日至15日，中国共产党第十八次全国代表大会在北京举行。这次大会总结了中共十六大以来的奋斗历程及取得的历史性成就，提出了建设中国特色社会主义的新要求，确定了全面建成小康社会和全面深化改革开放的目标，对新的时代条件下，推进中国特色社会主义事业作出了新的部署,对全面提高党的建设科学化水平提出了明确要求。

这次大会,选出中央委员205名,候补中央委员171名。选出习近平、李克强、张德江、俞正声、刘云山、王岐山、张高丽为政治局常委,习近平为中央委员会总书记。

中共十八大闭幕后,习近平同志与中央政治局常委集体参观国家博物馆"复兴之路"展览时指出:"现在,我们比历史上任何时期都更接近中华民族伟大复兴的目标,比历史上任何时期都更有信心、有能力实现这个目标。"这表达了我们党对实现中华民族伟大复兴目标的期待。

关于中华民族伟大复兴目标,习近平同志指出:"新中国成立60多年来特别是改革开放30多年来,中国走出了一条成功的发展道路,取得了举世瞩目的发展成就。中国对未来发展作出了战略部署,明确了奋斗目标,即到2020年实现国内生产总值和城乡居民人均收入比2010年翻一番,全面建成小康社会;到本世纪中叶建成富强民主文明和谐的社会主义现代化国家,实现中华民族的伟大复兴。这是中华民族和中国人民的百年夙愿,也是中国为人类作出更大贡献的必要条件。"

这就是我们党提出的"两个一百年"奋斗目标。实现这个目标和中华民族伟大复兴中国梦,是中华人民共和国成立以来党和人民的不懈追求。

2013年11月9日至12日,中共十八届三中全会召开,这是在改革开放新的重要关头召开的一次重要会议,是新形势下加快改革进程的总部署、总动员。

会议通过了《中共中央关于全面深化改革若干重大问题的决定》。决定依据中共十八大确立的关于全面建成小康社会和全面深化改革的总目标,完善和发展中国特色社会主义制度,推进国家治理体系、治理能力现代化。注重加强完善改革的系统性、整体性、协同性,加快发展社会主义市场经济、民主政治、先进文化、和谐社会、生态文明,让一切创造社会财富的源泉充分涌流,让发展成果更多更公平惠及全体人民。

全会要求，到2020年，在重要领域和关键环节改革上取得决定性成果，形成系统完备、科学规范、运行有效的制度体系，使各方面制度更加成熟更加定型。

中共十八届三中全会，必将以其重大历史意义、重要历史地位和特殊的历史贡献，载入我党和国家发展的光辉史册。

2014年12月22日至23日，中共十八届四中全会在北京举行。这次全会通过了《中共中央关于全面推进依法治国若干重大问题的决定》。决定确立了建设中国特色社会主义法治体系，建设社会主义法治国家的总目标。决定全面深刻阐释了依法全面履行政府职能的基本要求和主要任务，对于坚持依法治国、依法执政、依法行政共同推进，坚持法治国家、法治政府、法治社会一体建设，坚持依法治国和以德治国相结合，坚持法律面前人人平等，推进国家治理体系和治理能力现代化，具有十分重要的意义。

2015年11月22日至26日，中共十八届五中全会在北京召开，这次全会审议通过了《中共中央关于制定国民经济和社会发展第十三个五年规划的建议》。这个规划科学回答了关系我国长远发展的许多重大理论和实践问题，是关系我国发展全局的具有里程碑意义的马克思主义光辉文献。这个规划对提高我国经济实力、科技实力、国防实力、国际影响力再上一个新台阶作了高度概括，对全面建成小康社会，推进中国特色社会主义事业意义重大，令人振奋鼓舞。

2016年10月24日至27日，中共十八届六中全会举行。这次全会审议通过《关于新形势下党内政治生活的若干准则》和《中国共产党党内监督条例》。全会明确以习近平同志为党中央的核心、全党的核心。全会高度评价全面从严治党取得的成就，认为党的十八大以来，以习近平为核心的党中央坚定地推进全面从严治党，集中整饬党风，严厉惩治腐败，净化党内政治生态，党内政治生活展现新气象，赢得了党心民心，为开创党和国家事业新局面提供了重要保证。全会号召全党同志紧密团结在以习近平同志为核心的党中央周围，牢固树立政治意识、大局意识、核心意识、看齐意识，坚定不移维护党中央权威和党中央统一领导，继续推进全面从严治党，共同营造风清气正的政治生态，确保党团结带领人民不断开创中国特色社会主义事业新局面。

党的十八大以来，以习近平为核心的党中央团结带领全党全军全国各族人民，科学地把握当今世界和当代中国发展大势，以巨大的政治勇气和强烈的责任担当，举旗定向，谋篇布局，迎难而上，开拓进取，统筹推进“五位一体”总体布局，协调推进“四个全面”战略布局，推出一系列重大战略举措，出台一系列重大方针政策，一个问题一个问题跟进解决，一个方案一个方案有序推出。经济体制改革领先推进，民主法制领域改革协调推进，文化体制改革积极创新，社会治理体制标本兼治，社会事业领域改革统筹推进，生态文明体制改革稳慎探路，党的纪律检查体制改革立行立改，党的建设制度改革力度加大等等，使许多长期想解决而没有解决的难题得到解决，办成了许多过去想办而没有办成的大事，党和国家事业发生了历史性变革，中国特色社会主义进入了跨越性的发展。

2017 年 10 月 18 日至 24 日，中共十九大在北京召开。习近平同志代表十八届中央委员会，向大会作了题为《决胜全面建成小康社会　夺取新时代中国特色社会主义伟大胜利》的报告。习近平同志的报告深刻阐述了中共十八大以来党和国家事业发生的历史性变革，深刻阐述了新的历史条件下坚持和发展中国特色社会主义的一系列重大理论和实践问题，提出一系列重要思想、重要观点、重大判断、重大举措。报告是中国共产党人面向未来的庄严宣誓，是全党全国人民为实现中华民族伟大复兴而奋斗的行动指南，是社会主义理想化中的崭新起点。

党的十九大选出中央委员 204 名，候补中央委员 172 名。选出习近平、李克强、栗战书、汪洋、王沪宁、赵乐际、韩正为政治局常委，习近平为中央委员会总书记。

二十、铸就辉煌

今天的中国，在中国共产党的领导下成功开辟了建设中国特色社会主义道路，中国人民以自己的勤劳、坚韧、智慧创造了世界发展史上令人赞叹的中国奇迹。党的十八大开启了中国特色社会主义新时代，党和国家事业发生历史性变革，中国的经济实力、国防实力、综合国力进入世界前列，推动我国国际地位实现前所未有的提升，党的面貌、国家的面貌、军队的面貌、中华民族的面貌，发生了根本性变化，中华民族正以崭新的姿态屹立于世界的东方。

经济总量稳步增长

2010 年 8 月 16 日，是一个普通的日子。但在这一天，国际媒体将“中国超过日本成为世界第二大经济体”作为头号新闻传遍全世界。全球经济体系第一次出现了一个真正意义上的非西方国家,这种变化意味着一个时代的终结,这一天也将被载入人类发展的史册。

当时,《纽约时报》一则报道说:"中国经济在经历了几十年令人炫目的发展之后,在今年的第二季度终于超过日本成为世界第二大经济体,这是中国经济发展的一个里程碑。"

中国经济飞速发展,门类齐全、布局合理的产业体系基本建成,各项主要经济指标成倍增长,经济总量连续跨越新台阶,居世界位次稳步提升。国内生产总值 2008 年起超过德国,2010 年超过日本。2017 年国内生产总值从 2010 年的 40 万亿元增长到 82 万亿元,占世界经济的 15%左右,稳居世界第二,对世界经济增长的贡献率超过 30%,成为带动世界经济复苏的重要引擎。"世界第二大经济体""世界经济的稳定器"成为中国的"新头衔"。中国的综合国力也随之连续迈上新台阶,不断缩小与发达国家之间的差距。新中国缔造者们所确定的赶超目标正在逐步成为现实。

在经济总量稳步增长的同时,全国居民收入也快速增加。从 1978 年到 2017 年,全国城镇人均可支配收入由 343 元增加到 36000 多元,农村人均纯收入由 134 元增加到 13400 多元;基本医疗保险、社会养老保险从无到有,分别覆盖 13.5 亿人、9 亿多人;从相对落后的教育水平跃居世界中上行列,城乡免费义务教育全面实现;创造了每年减贫 1300 多万人的脱贫奇迹,书写了幼有所育、学有所教、劳有所得、病有所医、老有所养、住有所居的民生新篇章。

曾经,中国人买粮、买肉、买油、买布等生活必需品凭票证;如今,商场、超市里琳琅满目的商品诉说着市场的繁荣。汽车、电脑等高档商品走进了寻常百姓家。

曾经,"楼上楼下、电灯电话"是中国百姓向往的理想生活。如今,中国移动电话用户已达 13.3 亿户,中国网民规模超过 8 亿人,网民使用短视频应用达到 74.1%。

越来越多的城乡面貌悄然改变，大江南北、长城内外，一座座新城拔地而起，一片片社区、一个个村寨更加美丽，一条条公路四通八达。这一组组数据、一个个变化，记录着亿万中国人民生活从短缺到比较殷实，从贫困到小康的历史跨越。

在经济发展全局中，国家始终把“三农”问题放在突出位置，有效克服了自然灾害频发的不利影响，农业综合生产能力稳步提高，特别是取消农业税，实行农业补贴，极大地调动了农民生产的积极性。

公元前594年，中国正处在春秋时期，中国历史上一件大事在鲁国发生——鲁国的国君鲁宣公废除了井田制，开始按亩征税，这种田赋制在当时被称作“初税亩”，这是中国历史上征收农业税的开始。从那时起，中国农民缴纳“皇粮国税”的规矩就延续下来。在这个农业大国里，最大多数的人群默默承受了2000多年的赋税。

2006年，对8亿农民来说，是不平凡的一年。从这一年的1月1日起，国家不再征收农业税。

取消农业税，是继家庭联产承包经营之后又一次“与民休养生息”，这一举措对于中国社会有深刻的意义。

据统计，全国取消农业税后，国家财政收入减少1250亿元。此外，国家还给农民提供种粮补贴。在取消农业税的当年，国家支农资金达到3397亿元。中央财政将为地方增加转移交付达782亿元。

中国的农业综合生产能力稳步提高，不仅成功解决了世界1/5人口的吃饭问题，还为世界粮食安全做出了突出贡献。

取消农业税后，我国粮食产量连续稳定在5亿吨以上。2017年，我国粮食生产再获丰收，粮食生产能力达到1.2万亿斤，实现半个世纪以来粮食产量“十三连增”。

曾几何时，中国能否用占世界7%的耕地养活占世界22%的人口一直是一个悬而未决的问题。如今，我国谷物、花生、棉花、水果、肉类等农产品产量稳居世界第一,百姓餐桌上一天比一天丰富。

农田水利建设成效显著,防涝防洪抵御自然灾害的能力明显增强。

科技兴农迈出新台阶,2001 年 2 月 19 日,中共中央、国务院隆重举行国家科学技术奖励大会,授予湖南杂交水稻研究所研究员、中国工程院院士袁隆平 2000 年度国家最高科学技术奖。这是中国首次以国家名义给予农业科学家的最高荣誉。

袁隆平的事迹感动了中国,也感动了世界!现在中国杂交水稻的优良品种已占全世界水稻种植面积的 50%,平均增产 20%。推广种植杂交水稻产生了巨大的经济效益和社会效益。美国科学院院长西瑟·罗纳先生评价道:袁隆平先生发明的水稻杂交技术,为世界粮食安全作出杰出贡献。增产的粮食每年为世界解决了 7000 万人的吃饭问题。

文化事业快速发展

国家经济的快速增长推动文化事业和文化产业的快速发展。党和政府大力加强重大公共文化工程和文化项目建设,实施中华文化传承工程,加强全国爱国主义教育示范基地建设和管理;完善全民健身公共服务体系,加强文物保护和利用,为人民群众提供丰富多彩的公共文化服务。

中国的文化产业结构不断调整。文化产业的规模化、集约化、专业化水平不断提高。数千家报刊社、570 多家出版社、3000 多家发行企业、2700 多家文艺院团通过文化体制改革,从事业单位转变为自负盈亏、自我发展、自我约束的企业。我国时报总发行量、图书品种和总印数、电视剧产量均居世界第一,电影产量位居世界前茅,文化产业已成为新的经济增长点。

进入新世纪,大剧院、音乐厅、影剧院、美术馆、博物馆、文化馆、档案馆,这些公共文化设施遍布城乡,其中许多成为当地标志性建筑。公共设施的免费开放遍及全国,各地文化站及全国的文化信息资源共享。全国电视节目综合人口覆盖率达到 97%。

中国的文化创造力空前迸发，文艺创作百花争艳。美术、书法、戏曲、话剧、影视歌曲等各个领域都呈现出繁荣兴旺景象。

党和政府高度重视文化遗产保护和抢救工作。国务院公布了一批又一批全国重点文物保护单位，历史文化名城、历史文化名镇(村)纷纷确立。截至2018年，我国拥有世界遗产53处，居世界第二位。

随着中国经济的发展，中国文化进入了前所未有的繁荣和复兴时期，中国人今天的孔子热、老子热、书画热、茶道热、旧宅热、文物热、中医热、养生热、饮食热等，都体现了中国传统文化的繁荣和复兴，其意义非同凡响。

中国文化“走出去”步伐加快，影响力日益增强，初步形成了以民族文化为主题，吸收外来有益文化，推动中华文化走向世界的文化开放格局。文化“走出去”凸显了一个文明古国走向文明复兴的坚定决心，是实现文化自强，提升国家软实力的必由之路。

中国文化登上世界舞台，全方位展现文化软实力。“孔子，孔子，人们都在讨论孔子。跨越了2000年，孔夫子活跃在东方人、西方人的唇齿之间。”联合国经社部战略规划司司长内维德·哈尼夫曾发出这样的感叹。自全球第一所孔子学院于2004年11月21日在韩国首尔揭幕至2018年年底，累计548所孔子学院和1193个孔子课堂已覆盖全球154个国家和地区。2018年全年举办各类文化活动受众达1300万人。在孔子学院带动下，已有近70个国家和地区将汉语纳入国民教育体系。

中国同100多个国家签订了文化合作协议，以“文化年”“国家年”“交流年”为主题开展各类大型国际文化活动；在海外已建立巴黎、柏林、首尔、东京等多个中国文化中心；不同规模的中国文化节、艺术节相约北京，上海国际艺术节等国际性文化交流品牌已经成为传播中华文化的重要载体。

随着文化产业的崛起，我国成功举办大型文体活动，在国际上产生巨大反响。

2008年8月8日，是中华民族百年奥运梦圆的时刻，是一个古老国度由积贫积弱走向崛起的时刻。这一天在雄伟壮观的“鸟巢”燃起了熊熊奥运圣火,世界人民为之感叹。

北京奥运会共有204个国家和地区参赛,设有28个大项比赛,金牌总数302枚。

北京奥运会的口号是“同一个世界,同一个梦想”,可谓言简意赅:奥运会既是中国的,也是世界的。这表达了13亿中国人民为建立一个和平而美好的世界不懈奋斗的心声。

在16天的奥运赛事中,来自204个国家和地区的运动健儿在光彩夺目的场馆里,弘扬奥林匹克精神,公平竞争,顽强拼搏,展示了高超的竞技水平和良好的精神风貌,创造了骄人的运动成绩,决出了302枚金牌,打破了38项世界纪录和85项奥运纪录。中国体育健儿在这一届运动会上获得100枚奖牌,成功位居金牌榜第一位。

北京奥运会的大舞台超越了民族,超越了文化,超越了国度,不仅使中国张开臂膀去拥抱世界,也使中国敞开心扉容纳世界。

2010年5月1日,在“城市,让生活更美好”这一主题精神的指引下,上海世博会开幕了。

在此后184天的时间里,246个国家和国际组织参与展览,超过7300万观众入园参观,成为世界上参加国家和组织最多的世博会。

这是一个让所有观众“眼花缭乱,丰富多彩”的巨型陈列会。在所有的展馆中,中国馆当之无愧,是最受欢迎的展馆。中国馆以“东方之冠,鼎盛中华,天下粮仓,富庶百姓”构想为主题,完美地展现了华夏五千年文明的精神风貌,成为中国这个文明古国在2010年世博会上的“国家名片”。

此次博览会不仅全面提升了中国文化软实力,同时也为中华文化与世界多元文化的交融提供了一个重要的平台。

习近平同志指出:“没有中华文化繁荣兴盛,就没有中华民族伟大复兴。”

党的十八大以来,党中央为文化繁荣发展谋定全局,推出了一系列的改革举措。

2014 年 2 月,中央全面深化改革领导小组第二次会议通过了《深化文化体制改革实施方案》,新一轮文化体制改革有了明确的路线图、时间表和任务书。

经过四年多的努力,300 多项文化体制改革任务已基本完成,文化领域里的基础性制度框架基本搭建完成,把社会效益放在首位,实现"两个效益"相统一的体制机制基本确立,文化产业规模化、集约化、专业化水平不断提高,现代化市场体系和现代化文化产业体系更加健全,文化整体实力和竞争力不断增强。

习近平同志强调:一个国家的文化软实力,从根本上说,取决于其核心价值观的生命力、凝聚力、感召力。要提高国家文化软实力,就必须使当代中国价值观走向世界。要讲好中国特色社会主义的故事,讲好中国梦的故事,讲好中国人的故事,讲好中国优秀文化的故事,讲好中国和平发展的故事,把中国道路、中国理论、中国制度寓于其中。着重推进国际传播能力,创新对外宣传方式,注重塑造中国形象,向世界展现一个真实的、立体的、文明昌盛的中国。

科技创新硕果累累

这些年来,我国科技进入迅猛发展期,重大创新成果不断涌现,一些重要领域跻身国际并跑行列,部分领域达到国际领先水平,已成为仅次于美国的世界第二大知识产出国。

从研究成果看,在基础研究领域,量子信息、高温超导、中微子振荡、干细胞和基因编辑、纳米催化等领域都取得大批世界领先的原创成果,化学、物理、材料、数学、地学等主流学科进入世界前列。在战略高技术领域,空间科技、深海探测、超级计算、新一代高铁、核能技术、天然气水合物勘查开发等创新成就举世瞩目。

在国际竞争最激烈的前沿方向如量子通信领域，我国科学家捷报频传，牢牢占领创新制高点，从基础研究到工程技术全面保持领先地位。在人工智能领域，在高端人才、领军企业、创业投资特别是大数据和应用落地等关键环节已显现中美"双雄"格局。

从研发投入看，作为全球第二大研发经费投入国，2016 年我国全社会研发支出达到 15677 亿元，比 2012 年增长 52.5%；科技人员总数超过 8000 万人，全时研发人员 380 万人年，约占全球总量的 31%，居世界首位。

在创新战略导向方面，推动我国科技创新与经济社会发展的关系实现从"面向、依靠、服务"到"融合、支撑、引领"的历史性转变。在这一创新战略导向的支撑引领下，我国高技术产业经历了前所未有的"战略上升期"，高技术产业增加值占制造业增加值的比重从 1999 年的 6.23%提高到 2016 年的16.52%。集成电路制造、移动通信、新一代高铁、新能源汽车、核电技术、"数控一代"、C919 大飞机等高技术攻关与应用示范工程，有力带动了传统产业转型升级和战略性新兴产业的发展。

中国可燃冰试开采产气时长和总量均创造新的世界纪录，这是中国首次，也是世界首次成功实现资源量占全球 90%以上、开发难度最大的泥质粉砂型天然气水合物安全可控开采，意味着全球海域天然气水合物开采有了安全、环保的"中国方案"。

2010 年 10 月，中国第一台千万亿次超级计算机——"天河一号"在国防科技大学诞生。11 月 17 日，这台计算机以峰值速度每秒 4700 万亿次、持续速度每秒 2566 万亿次的优越性能，跃居世界超级计算机榜首。古老的"算盘王国"一举进入世界超级计算机先进国家行列，实现了中国超级计算机研制能力的重大跨越，在气候、气象、海洋与能源等重大基础领域，具有重大战略意义。

"中国天眼"，关键指标上超越国外同类望远镜，实现了大科学工程由跟踪模仿到集成创新的跨越,承载高能、中能、低能X射线望远镜和空间环境监测仪,洞见宇宙中惊心动魄的图景。

中国航天事业的辉煌成就举世瞩目。“北斗”“神舟”“嫦娥”“天宫”相继飞天,打破了国外的一系列技术封锁与垄断。我国已成为少数几个独立掌握空间先进技术的国家之一。中国长征系列运载火箭完成了第297次飞行。

“九天揽月”“五洋捉鳖”,这不仅仅是毛泽东在诗词中描述的中华民族的豪迈情怀,更是中华民族伟大复兴中奋斗不息的宏伟目标。7000米深海的“蛟龙”和翱翔天宇的“天宫”里,中国人穿越漫漫海天的距离,共铸辉煌,互致问候,让国人充满信心。

世界首颗量子科学实验卫星“墨子号”的成功发射和在轨运行,有助于我国实现国家信息安全,跨越式提升信息技术水平。

2012年9月25日,在新中国成立63周年之际,中国第一艘航空母舰“辽宁号”在中国船舶重工集团公司大连造船厂正式交付海军。从海外航母的改装入列,到航母自主建造生产,中国仅用了5年时间,跟上了世界的步伐。对中国人民而言,航母承载了太多期待,凝聚了一代代中华儿女对国家强盛、民族振兴的责任感、使命感和荣誉感。“辽宁号”入役,是中国综合国力提升的一个新起点,也标志着我国的国防和军队现代化建设进入了一个新的阶段。

如今,我国系统攻克了核电、水电、火电、船用柴油机等领域急需的一大批大型铸锻件制造关键技术,形成了一系列重大产品,打破了国外垄断,初步实现了产业突围。

在此进程中,我国抓住历史机遇,前瞻布局,主动作为,成为多极化全球新版图中日益重要的增长板。据中国科学院发布的《2016研究前沿》报告,在180个国际热点和新兴前沿中,我国在30个研究前沿表现卓越,仅次于美国。中国科学技术发展战略研究院发布的《国家创新指数报告

2016—2017》显示，我国创新指数排名提升至全球第17位，是唯一进入前20位的发展中国家。从国际合作角度看，中国已成为世界第四大科研合作国，全球发表的多作者科技论文中超过一半有中国科学家的贡献。

在激烈的国际竞争中，真正的核心技术市场换不来，花钱买不到，只有拥有了强大的自主创新能力，才能把国家未来发展的命脉牢牢掌握在自己手中。

专利是体现国家自主创新能力的重要标志。2011年，我国授权发明专利17.2万件，其中企业的发明专利年度授权量更是迅猛增加。我国的国际专利申请量已经在世界排名第4位。在全球互联网企业十强中，我国企业占据四席。

这些重大创新成就，体现了我国快速崛起的科技实力和创新能力，彰显世界科技发展的中国贡献，前所未有地提振了全社会的创新自信，前所未有地激发了全民族的创新热情，前所未有地开辟了建设世界科技强国的广阔前景。

人才培养和引进成效显著

这些年，党和国家高度重视人才队伍建设。从“尊重知识，尊重人才”，到“人才资源是第一资源”；从大力实施人才强国战略，到党管人才的提出……随着时代的发展，人才的重要性在国家战略层面日益凸显。我国把人才资源开发放在科技创新最优先的位置，改革人才培养、引进、使用等机制，努力造就一批世界水平的科学家、科技领军人才、工程师和高水平创新团队，注重培养一线创新人才和青年科技人才。

党的十八大以来，我国人才工作注重统筹国内国际资源，实行引才、育才和推送人才并重，注重发挥龙头工程示范引领作用。

突出“高精尖缺”导向，国家“千人计划”“万人计划”累计引进、培养、支持9500余名海内外高层次人才。留学人员年度出国与回国人数比例从

2006 年的 3.15 : 1 下降到 2016 年的 1.26 : 1,近 80%的留学人员完成学业后选择回国发展,且呈现加速回流态势。

各项重大人才工程有效推进。实施高素质教育人才培养工程,培养培训了 510 多万名教师;实施专业技术人才知识更新工程,培养培训高层次急需紧缺专业技术人才 120 万人次;引进 1 万名左右海外高层人才回国创新创业;精选支持 1 万名左右急需紧缺的国内高层次人才;每年培训百万名高层次急需紧缺和骨干专业技术人才;积极培养推荐优秀人才到国际组织任职,努力造就国内外需求的高素质人才队伍。中国正成为全球人才竞相创新创业的沃土。

一个精心爱惜人才、用心聚集人才的国家,一个开拓创新的国家,一个热心发现人才、诚心使用人才的国家,是充满希望、富有活力的国家。

宏伟工程举世瞩目

新中国成立 60 多年来,尤其是改革开放政策实施以来,中国经济释放出巨大的生产力。中国的经济总量稳定增长,使中国政府和人民集中力量办了许多大事和实事,在中华大地上创造出一个又一个振奋人心的传奇。

"高峡出平湖"。改革开放前,我国主要靠人力修建的 84000 座水库,至今仍在农业生产中发挥着基础性和中坚性作用。在改革开放新时期,毛泽东同志关于"高峡出平湖"的心愿得以实现。

新中国成立之初,让毛泽东念念不忘的就是长江。1953 年 2 月,毛泽东第一次考察长江时,就把时任长江水利委员会主任林一山请进自己的船舱,详细询问长江流域的治理规划,探讨治水大计。毛泽东问:"怎样才能解决长江洪水?怎样才能除害兴利?""既然修那么多支流水库还抵不上一个三峡水库,那为什么不在三峡这个总口子上卡起来?"他还对林一山说:"你回去以后立即派人勘察,一有资料就给我写信。"

1956 年 5 月 31 日,63 岁的毛泽东在武汉第一次畅游长江。畅游之

后,意犹未尽的他,在长江江面的轮船上即兴填了一首词《水调歌头·游泳》:

才饮长沙水,又食武昌鱼。
万里长江横渡,极目楚天舒。
不管风吹浪打,胜似闲庭信步,今日得宽馀。
子在川上曰:逝者如斯夫!
风樯动,龟蛇静,起宏图。
一桥飞架南北,天堑变通途。
更立西江石壁,截断巫山云雨,高峡出平湖。
神女应无恙,当惊世界殊。

寥寥数语描绘出了毛泽东治理长江的宏伟蓝图。然而对于三峡大坝这样的超级工程,毛泽东始终是非常慎重的。在他的有生之年,工程终未能上马。

三峡工程的论证工作一直持续到 1992 年 4 月,七届全国人大五次会议通过了长江三峡工程的决议。

2003 年 6 月 1 日,三峡工程下闸蓄水,7 月 10 日,第一台机组并网发电。2008 年,三峡电站 26 台机组全部投入发电,2009 年,工程全部完工。

三峡工程被列为全球超级工程之一,在规模、科学技术和综合利用效益等许多方面都堪为世界工程的前列。它不仅为我国带来巨大的经济效益,还为世界水利水电技术和有关科技发展作出了有益的贡献。建设长江三峡水利枢纽工程是我国实施跨世纪经济发展战略的一项宏大工程,具有发电、防洪和航运等巨大综合效益,对建设长江经济带、加快国家经济发展步伐、提高我国综合国力有着十分重大的战略意义。

早在 1919 年,孙中山就提出开发长江三峡的宏伟设想,到 2009 年三峡工程建设完成,中国人民用了 90 年的时间,才将这一梦想变为现实。三峡工程成为中华民族复兴路上一个响亮的音符。

“南水北调”。“南方水多，北方水少，如有可能，借点水来也是可以的”。1952 年 10 月，毛泽东在视察黄河时首次提出南水北调的伟大设想。

南水北调规划论证整整用了 50 年时间，据原水利部南水北调规划设计管理局局长张国良回忆，当时主要争论点是，从哪里调水？调多少水？走什么路线？27 位院士、6000 多位专家，开了 100 多次研讨会，对 50 多种方案进行比选，终于在 2002 年，中央审议通过了《南水北调工程总体规划》。

一次次观点交锋、头脑碰撞，一次次跋山涉水实地勘测，反复研究，优化方案，终于将南水北调变成宏伟蓝图。

从哪里调水？长江年均径流量约 9600 亿立方米，约 94%的水白白流入大海，从长江调水缓解北方饮水，是可能的。

调多少水？南水北调规划，最终年调水规模 448 亿立方米，相当于一条黄河的水量，供水面积达 145 万平方公里。

走什么路线？东、中、西三条调水路线，横穿长江、淮河、黄河、海河，四大流域相互连接，构建“四横三纵南北调配，东西互济”的中华水网，全长 1432 公里的人间天河有 100 米的落差，为了让南水一路自流，可谓逢山开路，遇水架桥，要穿越 705 条河道、1300 多条道路，近 60 次横穿铁路，其工程难度可想而知。

南水北调东线一期工程 2013 年开通，山东博兴，一渠清水从 1000 多公里外的长江奔流而来，全力保障胶州和鲁北大地。

南水北调中线工程 2014 年通水，丹江口水库的优质水源一路北上，从中原大地经华北平原直达北京的最末端，充盈着沿线百姓的日常用水。

这个世界上最大的水利工程输送的水量，已经相当于从南到北搬运了 770 个西湖，让超过 1 亿人受益，减少地下水开采 8 亿立方米。超凡的成就往往肇始于伟大的梦想。如今，南水北调这一跨半个世纪的梦想终于变成现实，成为中华大地上的时代标尺。

“通天之路”。2006 年 7 月 1 日，一个永载史册的日子。这一天，我国

第一条高原铁路,被称为奇迹工程的“通天之路”——青藏铁路全面建成通车。圆这个梦,中国人用了整整半个世纪。如果从 1919 年孙中山的《建国方略》与国人正式见面算起,已经过了 87 年。孙中山在《实业计划》中,曾详细地设想了西藏的“高原铁路系统”。

新中国成立以后,随着西藏的和平解放,新中国领导人开始规划青藏铁路。1955 年 10 月,铁道部西北设计分局派出第一支考察队,迈出了考察青藏铁路的第一步。1957 年 7 月 25 日,新华社发布消息宣布,世界上最高的铁路——青藏铁路的航测工作基本完成。

但是,此时从兰州到西宁的铁路尚未修通,青藏铁路仅仅处于勘测阶段。待 1959 年 10 月 1 日兰州到西宁的兰青铁路开通时,中国已深深陷入“大跃进”的困局。不久,国民经济开始全面调整,青藏铁路停止建设,但前期准备工作仍在继续进行中。

1974 年,全国 1700 多名科技人员和解放军铁道兵部队汇聚青海,开始了青藏铁路一期工程西宁到格尔木的建设。

1979 年 7 月 28 日,青藏铁路一期工程的最后一根铁轨铺到昆仑山下的格尔木车站。1984 年 7 月 30 日,全长 863 公里的青藏铁路一期工程经过 5 年的试运营,投入了正式运营。但是从格尔木再往前,海拔陡然升高,高寒缺氧、多年冻土和脆弱的生态成为横亘在人们面前的三个难以逾越的障碍,青藏铁路格尔木至拉萨段缓建。

进入新世纪,在西部大开发的热潮中,人们开始把目光投向青藏铁路。2001 年 2 月,在审议青藏铁路建设方案时,朱镕基总理说:“修青藏铁路意义重大,条件已经具备,时机已经成熟。”

2001 年 6 月 29 日,青藏铁路二期工程启动。根据计划,中国人将用 6 年时间完成这个人间奇迹的创造。

青藏铁路在 21 世纪重新动工时,冻土、高寒缺氧和生态保护仍然是建设者所面临的三大难题。这些技术难题极大地激发了国人的创新热情,因为地球上只有一个青藏高原,没有过不去的坎。

创新的智慧成为1000多公里长的建设工地上最大的资源,工人们在铺设铁轨的时候,也在铺设着奇迹,主动降温、冷却地基、保护冻土、碎石护坡、移植草皮、架设野生动物通道、高原病防治、大规模制氧和吸氧,这些人类智慧的产物使得世界第一条高寒铁路成为人类战胜大自然的见证。

2006年7月1日,1142公里的青藏铁路全线通车,这项工程在海拔5000米的高原上创造了科学技术的新奇迹。

当日,美国《西雅图时报》发表这样一则报道:“中国今天正式揭开了一项世界工程奇迹的面纱。”

英国《卫报》评论说:“这条铁路正是中国的‘敢为’精神的最佳例证。”

法新社算了一笔账后预测道:“到西藏的游客每年增加40万人,西藏的旅游收入将由2005年的19亿元增加到2006年的30亿元。”

青藏铁路建成拉动着西部跟上整个国家发展的步伐。而当人们的视线越过8000多米的世界屋脊,来俯瞰960万平方公里的中国版图时不难发现:西部、东北、中部的发展将势成三足,与率先发展的东部共同支撑起一个全面发展的中国。

“**高铁万里行**”。高铁奇迹在中国凸显。1978年10月,邓小平访问日本时乘了一回新干线,亲身体验了一下这种像风一样飞驰的高速列车,触动非常大。可以告慰邓小平的是:40年来,中国一直在跑,在追赶发达国家,并取得了举世公认的成绩。40年过去了,邓小平乘坐过的日本新干线还维持在时速250公里,而中国目前开发的高速铁路已经跑出了每小时350公里的速度。截至2018年年底,中国高铁运营里程突破2.9万公里,占世界总里程的三分之二。

登上高速列车体验大美中国已经是百姓最爱的旅游项目。

乘海南环绕高铁,是列车与大海的美丽邂逅。

乘兰新高铁,尽览西部风情。

乘哈大高铁,冰天雪地里的“黄金线路”。

乘京津高铁,成就了30分钟城市圈。

乘京广高铁,2298公里的旅程,八个小时可以体验四季变换。

“八纵八横”高速铁路网的宏大蓝图清晰勾画,中国的目标:到2020年,将高铁总里程提升到3万公里,覆盖80%以上的大城市。

2017年6月25日,“复兴号”亮相。“复兴号”涉及的高速动车组254项重要标准中,中国标准占84%。与日本、德国等相比,当今中国在高铁技术领域已不逊色于任何一个竞争对手。

2015年,习近平主席考察中国中车长春轨道客车时称赞:“高铁,中国产的动车,这个是中国的一张亮丽的名片。”

高颜值、高速度。中国高铁是外国人眼里中国的“新四大发明”之一,是他们最想带回家的“中国特产”之一。

截至2018年年底,中国铁路里程达13.1万公里,其中高速铁路运营里程2.9万公里,规模居世界第一。

与铁路交相映衬的是四通八达的高速公路,截至2018年年底,中国高速公路通车里程达到14.26万公里,居世界第一。

“跨海大桥”。一座中国桥,改写世界经济格局,全球因此多了一个经济增长之极!

港珠澳大桥全长55公里,其中一半走水下,由跨海桥梁和海底隧道组成,是目前世界上最长的跨海大桥。

对于东方大国来说,这55公里连接的不仅仅是港珠澳三地,未来因它而形成的5.6万平方公里的区域,将是继东京湾区、纽约湾区、旧金山湾区之后,世界经济版图上又一个闪耀的经济增长极。

这个超级工程,堪称世界桥梁建设史上的巅峰之作。在它身上凝结着过去数十年中国桥梁设计、施工、材料研发、工程装备等各项成果。

港珠澳大桥总工程师林鸣深有感触地说:“过去干工程是有什么装备

设计什么样的方案,你今天看我们港珠澳(大桥工程),你想怎么干,我们国家现在都有能力制造一些专门的东西能够干成。”这集中展示了中国人的智慧和经济实力。

大桥贯通后,从香港到内地,单程仅需30分钟。作为龙头,2020年,港珠澳大湾区将形成以珠江至西江经济带为腹地,带动中南、西南发展,并辐射东南亚、南亚的经济大格局,这是中国经济战略布局的一项伟大创举,被英国《卫报》评为“新世界七大奇迹之一”。

中国大桥有多牛？天堑变通途,一座座中国桥正赋予它新时代的注解。

杭州湾跨海大桥、厦漳跨海大桥、平潭海峡大桥,中国的跨海大桥,都已经是世界级的。

同样刷新世界纪录的,还有中国的数座跨江大桥。武汉长江大桥之后60年,贯通中国南北的跨江大桥不断增加,如今在长江上已建好和在建的桥梁就有135座。

丹昆特大桥,世界第一长桥。全长164.8公里,跨越公路、铁路、水路,打开了长三角经济要素流动的新通道。

大胜关大桥,世界上设计时速最快的铁路大桥,是京沪高铁的重要越江通道。

天兴洲大桥,长江上的新枢纽,光是高铁每天就要通过260多趟。

除了跨海大桥、跨江大桥,打通一个个偏远断点,让中国经济血脉变得更加畅通的,还有西部大山里的中国桥。

北盘江大桥相当于200层楼高,它连接起黔川滇三省交界最后一个高速公路断点。

美丽的天山中,果子沟大桥解决了伊犁河谷数十年出行难、运输难的问题,现在伊犁州能够全天候直通乌鲁木齐。

2017年9月29日,从兰州到重庆的886公里兰渝铁路全线开通。这条《建国方略》中规划的“世纪之路”在挑战无数世界性难题之后一举建成,堪称中国铁路建设史上之最。

工程师们用愚公移山的精神挖开 226 座隧道,架设 396 座桥梁,实现穿越,这条铁路将成为继京广线、京沪线之后,第三条纵贯中国南北的铁路大动脉。从西南地区出发的中欧班列,也要通过这里,国际货运时间将节省 11 个小时。

截至 2018 年年底,中国公路桥已超过 80 万座。

一座座新颖奇特的现代桥梁,正在重塑中国经济地理的新标志,勾勒出中国经济效率的新版图。

对外开放水平不断提高

早在 20 世纪 70 年代初,毛泽东以政治家、战略家的智慧打开了中美关系的大门,迎来了美国总统尼克松访华,从此改变了世界战略格局。

1971 年 10 月,联合国大会以压倒多数的票数决定恢复中华人民共和国在联合国的一切合法权利,并将国民党集团的代表从联合国一切机构中驱逐出去。

1972 年 2 月 21 日,尼克松总统访华,经过会谈,中美双方于 2 月 28 日在上海共同签署《中美联合公报》,标志着两国关系正常化进程正式开始。

中美关系的缓和,直接推动了中日关系的改善。1972 年 9 月 25 日,日本首相田中角荣到达北京,开始了改善中日关系的破冰之旅。

9 月 29 日,中日双方签署了建交联合声明。

1972 年中国的对外开放,只是打开了一个战略窗口。真正意义上的打开国门、对外开放是在 1978 年以后。

1977 年 9 月 14 日,邓小平会见日本新自由俱乐部访华团时说,国际形势变化很大,许多概念、老的公式已经不能反映现实,过去老的战略规定,也不符合现实了。我们再次声明,我们需要一个和平环境,起码我们希望 23 年不打仗。再有 23 年就到 20 世纪末,那时我们要达到一个先进水平,不说超过，至少赶上、接近世界当时的水平。世界在前进，特别是科学技术在突飞猛进地发展，那时我们有可能在个别领域超过世界先进水平，但更多的可能是接近，所以我们仍需要和平环境。这是邓小平首次提出要创造一个和平的国际环境，为国内经济建设服务的战略思想，这反映了中国的根本利益，是一个大胆的、富有远见的战略构想。

把对外开放确定为基本国策，经历了一个考察探索过程。

从 1977 年年底开始，中共高层领导出国考察与访问剧增。1978 年 3 月，以中联部常务副部长李一氓为团长、副部长乔石和社科院副院长于光远为副团长的中国代表团对南斯拉夫、罗马尼亚进行了为期 3 周的考察访问。

1978 年 8 月 14 日至 9 月 1 日，华国锋应邀对罗马尼亚、南斯拉夫和伊朗进行了访问。这是继毛泽东 1957 年访问苏联后，中共最高领导人的第一次出国访问。

1978 年 9 月 7 日至 10 月 8 日，以财政部部长张劲夫为团长、财政部副部长忻元锡为副团长的中国财政经济考察团赴南斯拉夫、罗马尼亚进行考察。

1978 年 11 月，王震副总理出访英国。

1980 年 9 月 26 日至 11 月 7 日，时任国家进出口管理委员会副主任、国家外国投资管理委员会副主任兼秘书长的江泽民一行 9 人，考察了斯里兰卡、马来西亚、新加坡、菲律宾、墨西哥和爱尔兰的出口加工区。

中共高层领导频繁出访考察活动，大大增加了对中央决策的咨询作用，大大提升了服务于改革开放启动的功能和作用。

1978 年 5 月 2 日至 6 月 6 日，根据党中央和国务院决定，国务院副总理谷牧率团访问西欧 5 国。这是新中国成立后派出的第一个政府经济代表团赴发达资本主义国家考察访问。

同年 10 月，邓小平应日本政府邀请对日本进行正式友好访问。这是中华人民共和国成立以来，中国国家领导人首次对日本进行正式访问，也是邓小平恢复工作后对发达国家的首次出访。

邓小平此行的主要目的，是出席《中日和平友好条约》批准书的互换仪式，同时对日本经济进行考察。

在记者俱乐部会见来自世界各地的400多位记者时，一个日本记者提出了中国领土钓鱼岛的归属问题。这是一个极具挑衅性的问题，中国政府和日本政府的立场完全不同。当时，会场立刻变得格外安静，大家屏住呼吸，想象着中国领导人该怎么样应对这个场面。

邓小平微微一笑说："这个岛我们叫钓鱼岛，叫法和日本就不相同，你提到的这点双方确实有不同看法。这次谈《中日和平友好条约》的时候，我们双方也约定，不涉及这个问题。就中国人的智慧来说，也只能想出这样的办法。这样的问题摆一下不要紧，你摆它10年也没关系，我们这代人的智慧不够，这个问题谈不拢，下一代人总比我们聪明，总会找到一个大家都能够接受的方式来解决这个问题。"邓小平机智得体的回答，既充分表达了中国政府的立场，又照顾到了主人的面子。这位记者识趣地默不作声了。

此后，在1982年到1983年中日两国政府首脑的互访中，双方又确认了"和平友好、平等互利、相互信赖、长期稳定"的处理两国关系的原则，为中日两国长期平等友好合作关系奠定了良好基础。

这一时期，中日、中美关系都有了积极进展。

1978年12月16日，中美两国政府分别在北京和华盛顿同时发表联合公报，决定自1979年1月1日起建立外交关系。中美建交公报重申了上海公报中双方一致同意的各项原则：美利坚合众国承认中华人民共和国政府是中国的唯一合法政府。在中美关系最关键、最敏感的台湾问题上，美国方面表示：美利坚合众国政府承认中国的立场，即只有一个中国，台湾是中国的一部分；美国人民将同台湾人民保持文化、商务和其他非官方关系。

与中国建交，时任美国总统卡特在国内面临很大的政治压力，国会里反对派很多人不满意。考虑到建交后在国会和美国民众中做工作还有些困难，卡特邀请邓小平访美，想借助邓小平帮助他进行建交宣传。邓小平同意1979年1月28日访美。

新中国领导人对美国的破冰之旅，如巨人之手推开了封闭的国门。一个重现生机的文明古国，正开始探索与世界互利共赢之路。这个抉择不但影响了太平洋两岸的两个大国，更深刻地震撼着整个世界。

邓小平访美有力地推动了两国在经济、文化、科技等方面的交流与合作。访问期间，中美双方签署了科技、文化、教育、商务和空间方面的多项合作协议，并签署了建立领事关系和互设总领事馆的协议。双方还同意为互派常驻新闻记者提供方便，并就签订贸易、航空和海运协定进行商谈。邓小平访美不仅加强了中美双边关系，而且增强了他对市场经济的认识和对中国现代化建设的决心，正如他在访问亚特兰大的一次讲话中所说的："你们的很多成功经验对我们很有借鉴意义。我们愿意向你们学习。愿我们两国人民友谊与合作之船沿着稳定和富有成果的航线扬帆远航。"

中美关系的发展打开了中国与西方世界交流与合作的大门，为改革开放和现代化建设提供了持续的外部资源动力。中美关系的转折点，也是历史的一个新起点。

经过一轮又一轮的艰苦谈判，2001年11月11日，中国政府接受《中国加入世贸组织议定书》。12月11日，该议定书正式生效，中国正式加入世界贸易组织，成为世贸组织第143个成员。中国人不再为自己的身份焦虑，终于获得了一个确定的身份：市场中的经济人。从这一天起，再没有人能用剥夺贸易机会等做法操纵中国，而中国将在更大范围和更深程度上参与经济全球化。

加入世贸组织，是党中央、国务院作出的重大战略决策，是改革开放进程中具有历史意义的一件大事，标志着我国对外开放进入一个新的阶段。

世贸组织这个平台，代表着在一定规划下的透明度和规范市场。中国加入世贸组织,让中国开始真正走向世界、融入世界。

踏上这个平台后,中国开始真正向世界展现改革开放的新姿态,从一定范围、一定领域内有限的局部的开放转变为全方位、多层次的开放,从政策性开放转变为法律框架下可预见的开放,从单方面的自我开放转变为与世界贸易组织成员间相互的开放。

我国融入世界经济的步伐不断加快,对外经贸合作的深度和广度不断拓展,对外贸易规模持续扩大。

2013 年我国货物进出口总额超过美国跃居世界第一。服务贸易从无到有,成为对外贸易的重要组成部分,2016 年我国服务贸易规模位居世界第二位。参与国际分工合作的能力进一步提升。中国是吸引外商直接投资最多的发展中国家。“十二五”期间,中国货物总进口规模超过 8 万亿美元,成为世界最大进口国。

我国服务贸易开放部门超过 100 个,已经达到发达国家水平。旅游、运输、通信、保险、金融、咨询和广告等新型服务领域成为吸引外资新的增长点。

截至 2011 年底,外资研发中心已达 1600 多家,其中从事先导技术研究的近 50%,60%以上的研发中心将全球市场作为其主要服务目标。

中国企业越来越多地走出国门。截至 2017 年底,有 2.55 万家境内投资者在国(境)外投资,足迹遍布世界各地。中国企业在拓展自身发展空间的同时,重视开展有利于不发达国家改善民生和增强自立发展能力的合作,承担社会责任,造福当地人民。

经历半个多世纪风雨的广交会,由“中国出口商品交易会”更名为“中国进出口商品交易会”,从“出口”到“进出口”,一字之增,折射的是一个牵动全球神经的变化,中国正日益成为国外优质商品的巨大市场。

随着对外开放步伐不断加快,我国还积极拓展双边贸易关系,加快实施自由区战略,深化多边经贸合作。目前已累计建立了 160 多个双边贸易合作机制,签订了 150 多个双边投资协定,与美、欧、日、英、俄等均建立了经济高层对话。我国早已不再是被动地接受国际贸易旧规则,而是具备了更多参与旧规则修订、新规则制定的实力和能力。

中国游客越来越多地走出国门。就出境规模而言,目前中国已成为世界最大的出境旅游市场,中国公民自费旅游目的地国家和地区已有 150 多个。2017 年中国出境旅游超过 1.3 亿人次,连续多年保持世界第一大出境旅游客源国地位。中国游客日益增长的强大购买力和强劲需求,给各国商家留下了深刻的印象。

党的十八大以来,国家主席习近平先后 30 多次出访,足迹遍布五大洲约 60 个国家及主要国际和区域组织,全面推进中国特色大国外交,形成全方位、多层次、立体化的外交布局,为我国发展营造了良好的外交条件。

自 2013 年 9 月习近平提出"一带一路"倡议以来,已得到沿线 100 多个国家和国际组织的支持和参与,100 多个国家和国际组织与中方签署"一带一路"合作文件。2017 年 5 月,第一届"一带一路"国际合作高峰论坛在北京成功举办,29 个国家的元首和政府首脑出席,140 多个国家和 80 多个国际组织的 1600 多名代表参会,达成 270 多项具体成果。

共建"一带一路"鸿篇巨制,汇集了一个又一个逐梦圆梦的故事。"一带一路"建设,自然而然成为中国扩大开放的抓手。据统计,截至 2016 年年底,中国与沿线国家签署了 130 多个双边和区域运输协定,通过 73 个公路和水路口岸,与相关国家开通了 356 条国际道路客货运输线路;每周约 4200 个航班,中国与 43 个沿线国家实现空中直航。截至 2017 年 10 月,中欧班列开通 50 多条运行线,累计开行 5000 多列,从中国驶出的"钢铁驼队"到达欧洲 12 个国家 30 多个城市……一条条交通动脉,密切了中国与"一带一路"沿线国家的联系。2014 年至 2016 年,中国同沿线国家的贸易总额超过 3 万亿美元。

"一带一路"不是中国的独奏曲,而是世界各国的交响乐。它是合作的纽带、和平的桥梁,承载着人类对文明交流的渴望、共同发展的追求和繁荣富强的向往,是一条和平发展的共赢之路。

中国的"朋友圈"越来越大。截至2018年,已同我国建立正式外交关系的国家达到178个。我国还参加了130多个政府间国际组织,缔结了300多项多边条约,同67个国家、五个地区或区域组织建立了72个不同形式、不同程度的伙伴关系,实现了从现实体系边缘走向全球伙伴关系网络的飞跃。

中国全方位外交取得重大进展,在世界舞台上不断发出"中国声音""中国倡议",中国的国际影响力、感召力、塑造力大大加强。

中国向世界表明,一个改革开放的中国,一个繁荣发展的中国,一个和谐稳定的中国,一个和平崛起的中国,必将为人类作出新的更大贡献。

军事变革成果显著

这些年来,中国军队的革命化、现代化、正规化建设协调推进,全面加强。全军将士忠实履行党和人民赋予的神圣使命,为党巩固执政地位提供了坚强的安全保障,为维护国家利益提供了有力的战略支撑,为维护世界和平和促进共同发展发挥了重要作用。

目标、路径、举措,构成一整套富有远见卓识的强军方略。在这一方略指引下,人民军队披星戴月、倍道兼行,各项建设年年都有新气象,强军蓝图正在一步步变成现实。

2013年3月,十二届全国人大一次会议解放军代表团全体会议上,习近平主席郑重宣布:"建设一支听党指挥、能打胜仗、作风优良的人民军队,是党在新形势下的强军目标。"

2014年金秋时节,习近平主席亲率400余名高级干部走进古田,召开新世纪第一次全军政治工作会议,旨深意远。这次会议是要寻根溯源、正本清源、温故知新,引导全军思考我军是怎么走过来的,现在的问题和差距在哪里,下一步要往哪里走,新形势下,要建成一支什么样的军队。

心中有魂,脚下有根。全军深入开展维护核心,听从指挥主题教育活动，组织党史、军史学习教育，打造强军文化，着力培养“四有”新一代革命军人、锻造“四铁”过硬部队……一系列重大举措，铸出坚如磐石的忠诚信仰。

2015 年 9 月 3 日，习近平主席在纪念世界反法西斯战争和抗日战争胜利 70 周年时庄严宣布：中国人民解放军裁减军队员额 30 万。

2015 年 11 月 24 日至 26 日，中央军委改革工作会议在北京举行。会议主要围绕裁减军队 30 万的目标，“全面实施改革强军战略，坚定不移走中国特色强军之路”，制定新形势下军事战略方针，全力推进国防现代化。

深化国防和军队改革，关键是领导指挥体制的改革，这是改革的“开场大戏”。成立陆军领导机构、火箭军、战略支援部队，调整组建 15 个军委机关职能部门，划设 5 大战区，完成海军、空军、火箭军、武警部队机关整编工作，实施联勤保障体制改革，组建军委联合作战指挥机构和战区联合指挥机构，组建新的军委纪委、新的军委政法委，调整组建军委审计署……新的“四梁八柱”拔地而起，人民军队组织架构实现历史性变革，军委管总、战区主战、军种主建的格局形成。

2015 年 3 月，习近平主席在十二届全国人大三次会议解放军代表团全体会议上明确提出：把军民的融合发展上升为国家战略。这是第一次从国家层面提出深入实施军民融合发展战略。

2016 年 7 月，中共中央、国务院、中央军委印发《关于经济建设和国防建设融合发展的意见》，这是新中国成立以来，指导经济建设和国防建设融合发展的第一个纲领性文件。

军地按照文件要求，构建统一领导、军地协调、顺畅高效的组织体系，国家主导、需求牵引、市场运作相统一的工作运行体制，系统完备、衔接配套、有效激励的政策制度体系，在更广范围、更高层次、更深程度上推进军民融合。国防科技工业、人才培养、军队保障社会化等领域融合逐步深化，海洋、太空、网络空间等新兴领域融合不断拓展，全要素、多领域、高效益的军民深度融合发展格局正在形成。

当今，世界正在发生新的军事变革，这是迄今人类历史上最广泛、最深刻的变革，其核心是信息化。这场变革给我军带来了严峻的挑战，也给我军提供了新的历史机遇。

今后20年，是我国发展的重要战略机遇期，也是国防和军队现代化建设的重要战略机遇期，错过这一机遇，就可能错过整整一个时代。

要实现打赢信息化战争、建设信息化军队的目标，必须走跨越式发展的道路，推进机械化和信息化的复合发展。从应对一般条件下的局部战争转变为打赢一场现代技术特别是高技术条件下的局部战争，是一个革命性的转变。

在中国特色军事变革思想的指引下，我军的战斗力有了空前的提高。

陆军优先发展陆军航空兵、轻型机械化部队和信息对抗部队，加速现役主战装备更新换代和信息化改造，建设精干合成、灵敏多能的新型陆战力量，逐步推进由区域防卫型向全域机动型转变，提高空地一体、远程机动、快速突击和特种作战能力，装甲兵、炮兵、防空兵、工程兵、防化兵、通信兵的作战和保障能力进一步提高。

海军着眼于建设一支多兵种合成、具有核常双重作战手段的现代化海上作战力量，把信息化作为海军现代化建设的发展方向和战略重点，突出发展海上信息系统，加强新一代武器装备建设，逐步增大近海防御的战略纵深，海上综合作战能力和核反击能力进一步提高。

空军着眼于建设一支攻防兼备的信息化空中作战力量，减少作战飞机总量，重点发展新型战斗机、防空反导武器，加强指挥控制系统建设，加快由国土防空型向攻防兼备型转变，空中打击、防空反导、预警侦察和战略投送能力进一步提高。

火箭军着眼于建设一支精干有效、核常兼备、型号配套、射程衔接、打击效能多样的战略力量，建设灵敏高效的作战指挥控制系统，陆基战略核反击能力和常规导弹精确打击能力进一步提高。

全军基于信息系统集成的实战化训练取得丰硕成果。“跨越 2009”“使命行动 2010”等大规模演习，以及基地化、模拟化、网络化、院校化的军事训练，不仅锤炼着部队的一体化作战能力，而且培养了大批宝贵的新型军事人才。

世界各地战火不断，中国军队也面临着进行军事变革和提高新型作战能力的机遇与挑战。

浩瀚太空，“北斗”导航卫星巡弋，牵引地面千军万马；渤海之畔，“天河二号”超级计算机、北斗二号卫星工程、舰船新型集成化发电技术、舰船综合电力技术、网络通信与交换技术……这些前沿性、自主创新类成果闪烁在装备体系建设跨越发展中。川西深山，大型风洞群风吼雷鸣，打磨和锤炼着中国新型战机的翅膀；三军演兵，一体化指挥平台汇聚陆、海、空、天、电多维信息，“网聚三军”，梦想成真……

创新推动转变，创新驱动发展。中共十八大以来，全军科技战线锐意创新，捷报频传，花开千树，硕果盈枝，为维护国家安全、建设创新型国家贡献着不可或缺的力量。

我军装备技术的每一次飞跃，既依赖于国家科学技术的发展，又推动着国家科学技术的创新。科技创新方兴未艾，三军部队脱胎换骨。

国防科技大学拥有一支一流的自主创新团队，他们坚持以国家和军队重大战略需求为牵引，把解决制约国家和军队现代化建设的重大难题作为自主创新的根本任务。于是，高性能计算、航天技术、基础软件技术、卫星导航定位技术、超精密加工技术、指挥自动化技术、光学工程、网络技术、磁浮交通技术等一大批核心关键技术在这里突破。

2017 年 4 月 26 日，我国第二艘航空母舰在拖曳牵引下缓缓移出船坞，停靠码头。这标志着我国自主设计建造航空母舰取得重大阶段性成果。

在航母、核潜艇等大国重器捷报频传之际，海军主力战舰以“下饺子式"建设速度更新换代,空军主力战机以前所未有的速度迈进以"运-20""歼-20"为代表的"20"时代,中国东风系列战略导弹惊艳全球。人民军队在中国特色强军之路上迈出坚定步伐。

进入21世纪,非传统安全威胁令许多国家和军队如芒在背。从反击网络入侵到应对恐怖袭击、抵御跨大洋海盗袭扰,再到信息化条件下的灾害救援,每一项都对军队的一体化作战能力、超远程联合行动能力、跨地区协调能力提出了新的挑战。

中国军队在运用所掌握的新型作战实力时,首先付诸实践的,正是维护中国和世界非传统安全的正义事业。自1990年以来,中国多次参加联合国维和行动,累计派出维和人员4万人次,其中有13名军人在执行维和任务中献出了自己年轻的生命。中国的维和官兵以自己的鲜血、汗水乃至生命诠释了中国"爱和平、负责任"的大国风范,展示了中国军队"威武之师、文明之师、和平之师"的良好形象,赢得了联合国机构、驻在国政府和人民的高度赞誉。

民主制度日臻完善

民主是个好东西,民主是治党治国的重要手段和法宝。

1945年7月4日,延安一孔窑洞里,著名民主人士黄炎培问毛泽东,怎样才能跳出"其兴也勃焉,其亡也忽焉"的历史周期律?毛泽东回答:"我们已经找到新路,我们能跳出这周期律,这条新路就是民主。只有让人民来监督政府,政府才不敢松懈;只有人人起来负责,才不会人亡政息。"

新中国成立之后的1953年,一场全国性的民主选举开始了,从白山黑水到天涯海角,从东海之滨到帕米尔高原,从城市到山村,中国人民第一次行使当家做主的权力,选举各级人大代表。

1954年9月15日,北京中南海怀仁堂,1200多位各地选举产生的全国人大代表步入会场,中华人民共和国第一届全国人民代表大会第一次会议开幕。这一天，光耀后人，彪炳青史：在中国，人民代表大会制度这一根本政治制度全面建立；在世界，一种全新的现代民主制度诞生了。

第一届全国人民代表大会第一次会议通过的宪法，后来被称作“五四宪法”，其中规定：中华人民共和国的一切权力属于人民。人民行使权力的机关是全国人民代表大会和地方各级人民代表大会。

“五四宪法”解决了道路问题。毛泽东曾在《关于中华人民共和国宪法草案》中指出：“把人民民主和社会主义原则固定下来，使全国人民有一条清楚的轨道，使全国人民感到有一条清楚的、正确的道路可走。”“五四宪法”的道路，就是我国始终坚持的社会主义道路。

在审议“五四宪法”时，毛泽东还说过：“我们的主席、总理，都是由全国人民代表大会产生出来的，一定要服从全国人民代表大会，不能跳出如来佛的手掌。”宪法的制定和人民代表大会制度的确立，奠定了我国人民民主政权的基础。

新中国成立以来，从中央到地方，各级行政机关、审判机关和检察机关由人民代表大会选举产生，并在其监督下既有分工又协调一致地依法履行职能。它保障了人民当家做主，维护了国家的团结统一。

新中国成立以来，全国人大及其常委会历经 13 届，召开了 1000 多次大大小小的会议，审议通过了 1 万余项具有法律效力的决定。每一次会议、每一项决定，无不见证着共和国的历史进程，无不推动着时代的发展。

1982 年以来，为适应改革开放后的中国社会现实和发展要求，全国人大对现行宪法进行了五次修改和补充，重申所有公民在法律面前一律平等、确立基层自治制度、废除领导干部职务终身制、将“一国两制”的构想法律化……以市场经济、依法治国、保障人权为核心的国家宪法价值理念不断深入人心。

70 年的风雨历程启示我们：为了保障人民民主，必须加强法制，必须使民主制度化、法律化，使这种制度和法律不因领导人的改变而改变，不因领导人的看法和注意力的改变而改变。

在推进民主的进程中，监督、协商、选举、决策是人民行使民主权利的几种主要形式。

“监督型民主”力度进一步加大。进入21世纪以来，全国人大及地方各级人大监督工作形式不断创新；建议办理、听取报告、专题询问、执法检查、视察调研、审计曝光及责任追究，党务、政务公开，支持和鼓励新闻舆论有序监督，不断创造干部群众监督政府的良好环境及有利条件。

各级人大“开门立法”，各级政府部门问需于民、问计于民，公共事务听证成为常态。不断畅通和拓宽社会利益表达渠道，进一步落实领导干部和行政执法过错责任追究制度，公务活动越来越置于法律和公众的监督之下。

通过对“一府两院”监督、党纪监督、行政监督、审计监督、司法监督等各种形式的监督，不断推进严格执法、公正执法、建设法治政府、提高司法公信力，在法治轨道上促进各项事业的发展。

“协商型民主”进一步加强。讲起政治协商，人们会把1948年4月30日中共中央发表的“五一口号”作为人民政治协商事业的发端。这个口号提出：各民主党派、各人民团体、各社会贤达迅速召开政治协商会议，讨论并实现人民代表大会，成立民主联合政府。这是中国共产党的历史性决策。

1949年9月21日，北平中南海怀仁堂，群贤毕至。中国人民政治协商会议第一届全体会议隆重召开。在以毛泽东为代表的中国共产党的建国方略中，这次会议有着非凡的意义，它担负着协商创建新中国的历史重任。

毛泽东说过：“国家各方面的关系都要协商。”“我国政府的性格，你们也都摸熟了，是跟人民商量办事。”“可以叫它是个商量政府。”周恩来也说过：“新民主主义的议事精神不在于最后的表决，主要是在于事前的协商和反复的讨论。”

中国共产党领导下的多党合作制和政治协商制度是我国的一项基本政治制度。这一制度在共和国的发展道路上，发挥着不可替代的独特作用，作出了不可磨灭的贡献。

如今，国家的决策体系中，来自政协的力量和智慧已成为重要一环。从党的重要决定、决议的制定，到每年政府工作报告的起草；从重要人事任命，到重大工程上马；从经济体制改革，到民生政策出台……党和国家的重大决策，各级政府的工作部署，把民主协商贯穿全过程，采取专题协商、对口协商、界别协商、提案办理协商、远程协商等多种形式，汇聚力量，建言献策，增进协商效果，营造良好的民主协调氛围。

关系到国计民生的重大问题，通过人民政协进行协商，由人民代表大会进行决策，由人民政府执行实施，这样一种政治体制，集中体现了我国广泛的人民民主。

“选举型民主”进一步扩大。民主选举是民主政治的一个重要标志，也是衡量一个国家民主政治发展水平的基本指标。真实的选举权，是人民群众最重要的权利之一。

从20世纪末开始，我国全面实施了城乡基层民主自治制度，在村委会、城市社区实行直选方式选举负责人。近5年来，全国98%以上的村委会实行直接选举，85%的村建立村民会议或村民代表会议制度；89%的社区建立居民代表会议制度。以职工代表大会为基本形式的企事业单位民主管理制度进一步完善，职工参与管理、维护自身合法权益的途径更加丰富。

实行城乡按相同人口比例选举人大代表，城乡居民实现“同票同权”。干部选拔任用向公开透明、差额选举、“公推票决”稳步推进。

“事业成败，关键在人。”如今，中国从上到下建立了一整套选贤任能的制度。干部选拔、任用必须经过考察、征求意见、民主推荐、评估、投票、公示、讨论决定等程序。中国选贤任能的制度挑战了“民主或专制”这种陈旧的二分法。

“决策型民主”进一步完善。对重大事项作出决定,监督“一府两院”工作是宪法赋予人大的重要职责。各级政府重大决策出台前须向本级人大报告。

1955 年 7 月 30 日,第一届全国人大二次会议表决通过关于根治黄河水害和开发黄河水利的综合规划的决议,要求国务院采取措施保证三门峡和刘家峡两个水库和水电站工程及时施工。这是全国人大历史上第一次审议和批准重大建设项目。

此后,取消及恢复军衔制、新设香港特别行政区及澳门特别行政区、兴建长江三峡工程、国务院机构改革、加入世界贸易组织、中苏黑龙江边界划定……一系列事关国计民生的重大事项,涉及经济建设、政治建设、文化建设、社会建设、生态文明建设等各个领域的重大建设项目,都经过全国人大及其常委会的审议和表决,而后付诸实施。

一个普遍的共识是,人民代表大会制度有不可磨灭的贡献,是献给中国最根本、最长远、最宝贵的财富,对中国的民主法治建设起着举足轻重的作用,也令中国的国家治理体系拥有了坚实的制度基础。

民主是个好东西,集中也是个好东西,有民主又有集中则是更好的东西。

民主不能“包治百病”,集中也不能“包打天下”。在实践发展的过程中,必要的集中,可以规避民主的不足;充分的民主,可以克服集中的弊端。所以,民主与集中的有机结合,才是更好的东西。

我们所坚持的民主,是在中国共产党领导下的社会主义民主。这就决定了我们在推进民主的进程中不能迷失方向、失去根本,必须把社会主义民主政治与资本主义民主政治区别开来。

邓小平早就指出:“一般讲政治体制改革都讲民主化,但民主化的含义不十分清楚。资本主义社会讲的民主是资产阶级的民主,实际上是垄断资本的民主,无非是多党竞选、三权鼎立、两院制。我们的制度是人民代表大会制度,共产党领导下的人民民主制度,不能搞西方那一套。”对于那些照抄照搬西方民主模式的想法,我们必须旗帜鲜明地加以反对。

同时也要认识到,社会主义民主也要发展,也需要汲取和借鉴包括西方发达资本主义国家在内的世界优秀民主文明的成果。这就决定了我们在推进民主的过程中要善于辨别、勇于借鉴,把发达资本主义国家中反映其阶级属性的因素与反映民主政治一般规律的因素区分开来。对于反映资产阶级属性的因素,要加以剔除;对于反映民主政治一般规律的因素,则要积极借鉴。

民主是“带刺的玫瑰”,不慎重对待不行,举步不前也不行。这决定了推进社会主义民主政治建设既急不得,也慢不得。邓小平曾指出:“民主化和现代化一样,也要一步一步地前进。社会主义愈发展,民主也愈发展。”李瑞环也说过:“否定民主对社会发展的进步作用,对民主政治建设不积极不热心是错误的。不顾我国具体国情,照抄照搬西方民主模式是危险的。把发展民主看得过于简单,急于求成是会误事的。看不到我国民主政治建设取得的成就,对前景缺乏信心是没有根据的。”这些思想对于今天加强社会主义民主政治建设,仍然有指导意义。

共产党执政能力不断增强

中国共产党成为执政党,是历史的选择,是人民的选择。

中国共产党一贯重视执政能力建设。

新中国成立前后,有人散布“共产党可以打天下,而不能坐天下”的论调,怀疑中国共产党的执政能力和领导水平。毛泽东在《论人民民主专政》等著作中鲜明地指出,只有中国共产党才具备领导新中国的资格和能力。在长期的根据地建设中,中国共产党积累了宝贵的经验,为执政进行了充分准备。

同时,毛泽东告诫全党:“中国的革命是伟大的,但革命以后的路程更长,工作更伟大,更艰苦。这一点现在就必须向党内讲明白,务必使同志们继续地保持谦虚、谨慎、不骄、不躁的作风,务必使同志们继续地保持艰苦奋斗的作风。”他还指出:“夺取全国胜利,这只是万里长征走完了第一步。”“我们必须克服困难,我们必须学会自己不懂的东西。我们必须向一切内行的人们(不管什么人)学经济工作。”

毛泽东提出的执政能力和领导水平问题,主要是从作风和本领两方面讲的,强调“两个务必”,警惕资产阶级糖衣炮弹的袭击;强调提高做经济工作的本领,学会自己不懂的东西。这两条,至今仍具有重要的指导意义。

新中国成立以来,特别是中共十一届三中全会以后,随着改革开放的逐步深入,中国共产党所处的历史地位和党的队伍状况发生了重大变化。中国共产党历经革命、建设和改革,已经从建党初期只有几十个党员的小党,发展到现在有 460 多万个基层党组织、9000 多万名党员的执政大党。这个党完成了两大历史性转变:从领导人民为夺取全国政权而奋斗的党,成为领导人民掌握国家政权并长期执政的党;从受到封锁和实行计划经济条件下的党成为改革开放、发展社会主义市场经济条件下领导国家建设的党,以及成为率领全国各族人民战胜各种风险和挑战,把中国建设成为人民生活总体达到小康水平,国家各项事业蓬勃发展,取得举世瞩目成就的党。党在实践中锻炼得更加成熟、更加坚强,党的执政能力同肩负的重任和使命更加适应。

党的执政能力是指党执政的本领,一般表现为:党领导国家政权的能力、党对社会的影响能力、党的决策能力及党的危机管理能力等。党的执政能力与执政环境、执政方略、领导体制、领导方式与执政方式以及从政者的素质都密切相关。

具体来说,党的执政能力主要是指党在领导和支持人民当家做主、管理国家及社会事务中的本领,是指履行党的执政职能的领导干部的执政本领。中共十六大提出党的领导干部的“五种能力”，即科学判断形势的能力、驾驭市场经济的能力、应对复杂局面的能力、依法执政的能力、总揽全局的能力，以及领导干部在领导实践中所采用的科学领导方法、高超的领导艺术等都是领导干部执政能力的体现。党的干部的思想作风、学风、领导作风、工作作风、生活作风等本身不属于党的领导干部的执政能力，但这些方面存在的突出问题无疑会严重制约党的干部执政能力的发挥。

执政能力建设是党执政后的一项根本建设。党的历届中央领导集体对此高度重视，领导全党紧紧围绕提高领导水平和执政水平、提高拒腐防变和抵御风险的能力这两大历史性课题，着重从思想和作风、体制和机制、方式和方法、素质和本领等方面加强和改进党的执政能力，有力地推动了党和国家建设事业的发展。

中共十八大绘制了中华民族伟大复兴的宏伟蓝图，那就是：当中国共产党成立100周年时，惠及十几亿人口的更高水平的全面小康社会将在中国建成；当新中国成立100周年时，将基本实现现代化，建成富强、民主、文明、和谐的社会主义现代化国家。

2012年11月29日，中共中央总书记习近平率领新一届中央政治局常委到国家博物馆参观“复兴之路”展览时指出：实现中华民族伟大复兴是一项光荣而艰巨的事业，需要一代又一代中国人共同为之努力。空谈误国，实干兴邦。

习近平同志这一论述传递出新一届中央领导集体的坚强信心和决心，指出了中华民族伟大复兴的实现途径，更让这样一个共识在神州大地迅速凝聚，让实干的决心和热情在亿万人心中升腾。

对于执政党而言，其长期执政的根本秘诀只有一个：永远做“人民公仆”，不做“人民主人”。在新的时代环境中，能否始终站稳人民的立场，保持住与人民群众的血肉联系，代表最广大人民群众的根本利益，是衡量党能否永葆纯洁性和先进性的一个根本标志，也是对党拒腐防变能力和执政能力的最大考验。

一个政党的成熟，关键是思想上的成熟。一个政党的成功，首先要有坚定的理想信念。理想信念是执政党的道德基础。习近平总书记在主持十八届中央政治局第一次集体学习时就指出：坚定理想信念，坚守共产党人的精神追求，始终是共产党人安身立命的根本。对马克思主义的信仰，对社会主义和共产主义的信念，是共产党人的政治灵魂，是共产党人经受任何考验的精神支柱。形象地说，理想信念就是共产党人精神上的“钙”，没有理想信念，或理想信念不坚定，精神上就会“缺钙”，就会得“软骨病”。现实生活中，一些党员干部出现这样那样的问题，说到底是信仰迷茫，精神迷失。这是执政党之大忌。

党的十八大以来，党中央把思想政治建设摆在更加突出的位置，全党开展马克思主义群众观点和党的群众路线教育，把贯彻落实中央八项规定精神作为切入点，聚焦形式主义、官僚主义、享乐主义和奢靡之风，着力解决突出问题。

通过一次又一次教育实践活动，广大党员、干部受到深刻的思想政治洗礼，增强了同中央保持一致的自觉性和坚定性，夯实了信仰之基，加强了党性修养，强化了宗旨意识，严明了政治纪律，有效遏制了“四风”蔓延势头，党风、政风和社会风气明显好转。

一个成熟的执政党，要具备“危机处理”的能力。从古到今，个人的成败、政权的更替、国家和民族的兴亡，无不与危机处理相联系。危机是执政党无法逾越的一道坎。

一般说来，危机具有几个显著特点：一是危害性。危机威胁到现存的秩序，包括政治秩序、社会秩序、经济秩序。二是突发性。危机给决策者留出的抉择时间很少，即要求决策者在很短的时间里作出判断，拿出应对策略。三是不确定性。危机怎么来的，将会怎么发展，走势如何，以及影响危机的各种因素等情况都很难判断。

有人把危机分为政治危机、军事危机、经济危机、外交危机、社会危机、灾害危机、企业危机、国家安全危机等等。

所谓危机处理，就是当一个重大事件即将发生，“严重危害到成败生存的关节”，千钧一发之际，执政党依靠自己的政治智慧和高超的处置艺术，可以化解危机，转危为安；反之，则可能遭到灭顶之灾。正所谓“适者生存，不适者灭亡”，这里的“适”就是对危机规律的认识、对危机处置艺术的正确把握。

在我党的历史上，面对惊涛骇浪，危机重重，沉着应对，力挽狂澜，化险为夷的生动感人而又传奇精彩的故事不胜枚举，党的领袖中有很多是危机处理的高手、大家。他们在危机中表现出来的大智大勇，给人们掌握应对危机的本领提供了一个又一个的模式与启示。

改革开放40年来，我们党面临着前所未有的挑战，也经历了许多重大危机事件的处理。苏联解体、东欧剧变、北京政治风波、国际金融危机、非典疫情、“98抗洪”、汶川大地震，以及南海、钓鱼岛争端等，这些事件的处置展现了我们党冷静观察、稳住阵脚、沉着应对、处置得当的非凡能力，赢得了国人的极大信任和支持。

从严治党、遏制腐败，是考验执政党能力的重要标志。中国共产党是任何敌人都压不倒、摧不垮的，但如果治党不严，党内腐败得不到有效遏制，党就会瓦解斗志，丧失人民的信任和支持。

一个政党由于长期执政而发生腐败，甚至蜕化变质，产生脱离群众的倾向，滋长既得利益，失去生机与活力，这的确是一种在历史上反复出现的带有规律性的现象。

中国共产党长期执政以后，面对的严峻挑战是权力容易被侵蚀，党的干部经不起来自权力的诱惑、金钱的诱惑、美色的诱惑、阿谀奉承的诱惑以及酒场、赌场、舞场的诱惑，逐渐不思进取、好逸恶劳、以权谋私、贪污腐败、信念丧失、道德败坏，致使一批又一批文臣武将落马，社会风气被毒化，影响公众对党和政府的信任,对社会的稳定与发展构成严重威胁。

正如习近平总书记在中共十八届四中全会上所指出的:我们面临的反腐败斗争形势复杂严峻,一些领域腐败现象易发多发,一些腐败分子一意孤行,仍然没有收手,甚至变本加厉。从已经查处的案件和掌握的问题线索来看,一些腐败分子胃口之大、数额之巨、时间之长、情节之恶劣,令人触目惊心,有些地方甚至出现了"塌方式腐败"。面对严峻形势,为了保证党和国家工作顺利开展,必须坚决遏制腐败现象滋生蔓延的势头。

"腐败是社会毒瘤。"如果任凭腐败问题愈演愈烈,最终必将亡党亡国。我们党把党风廉政建设和反腐败斗争提到关系党和国家生死存亡的高度来认识,是深刻总结了古今中外的历史教训的。中国历史上因为统治集团严重腐败导致人亡政息的例子比比皆是,当今世界上由于执政党腐败堕落,严重脱离群众导致失去政权的例子也不胜枚举。"腐败问题对我们党的伤害最大,严惩腐败分子是党心民心所向,党内决不允许有腐败分子藏身之地。""坚决反对腐败,防止党在长期执政条件下腐化变质,是我们必须搞好的重大政治任务。"这些年,习近平总书记对反腐败的重大意义反复强调,许多论述直击要害,振聋发聩。

早在1957年邓小平同志就指出:"在中国来说,谁有资格犯大错误?就是中国共产党。犯了错误影响也最大。"1992年他进一步指出:"中国要出问题,还是出在共产党内部。"

陈云同志指出:"执政党的党风问题是有关党的生死存亡的问题。"

江泽民同志指出:"堡垒最善于从内部攻破,绝不能自己毁掉自己。"

胡锦涛同志强调要"始终把反腐倡廉作为一件大事来做,始终旗帜鲜明,毫不动摇地反腐败"。

一位政协委员在政协会议上说:"谁能打倒共产党?谁也打不倒!只有共产党内部腐败,才能不打自倒。"他用更直接、更激愤的语言,说出了中共历届领导们说出的真理。

党的十八大以来，以习近平同志为核心的党中央以强烈的历史责任感、深刻的使命、忧患意识和顽强的意志品质，大力推进党风廉政建设和反腐败斗争，在这场“输不起的战争”中向党和人民交出了一份优异的答卷。

近年来，党领导反腐倡廉工作，着重查处腐败大案要案不手软，形成强大震慑效应；探索实践监督执纪“四种形态”，有效遏制腐败蔓延势头；锲而不舍落实中央八项规定精神，以党风带动政风民风好转；狠抓国际追逃追赃，让腐败分子无藏身之地；推动正风反腐向基层延伸，着力解决群众身边的腐败问题。

正风、肃纪、惩贪，“打虎”“拍蝇”“猎狐”，不敢腐、不能腐、不想腐。短短几年使党风廉政建设和反腐败斗争走出了一条卓有成效的路子，书写了一个百年大党“自我革命”的崭新篇章。

治理一个国家、一个社会，乃至一个政党，关键是立规矩，讲规矩，守规矩。法律就是治国理政、从严治党最重要的规矩。邓小平同志曾经指出：“制度好可以使坏人无法任意横行，制度不好可以使好人无法充分做好事，甚至会走向反面。”

制度治党、依规治党，是最可靠、最有效、最持久的治党方式。党的十八大以来，党中央把党内法规制度建设提到前所未有的高度，作出一系列谋划部署，出台了党内政治生活准则、廉洁自律准则、党纪处分条例、巡视工作条例、问责条例、地方党委工作条例、党组分工条例、党的工作机关条例、干部任用条例等一大批党内法规制度。这些条例，为党的思想建设、组织建设、作风建设提供了根本性、全局性、长期性的制度保证。

中国共产党是世界上第一大政党，领导着世界第一人口大国，正在努力破解世界最大的发展难题，走出一条人类历史上从未走过的路。与此同时，党内精神懈怠、能力不足、脱离群众、消极腐败的危险更加尖锐地摆在全党面前。习近平同志指出：“党不管党、不抓党就有可能出问题甚至是大问题，结果不只是党的事业不能成功，还有亡党亡国的危险。”

党的十七届四中全会通过的《中共中央关于加强和改进新形势下党的建设若干重大问题的决定》(以下简称《决定》)中有这样一段文字:“全党必须牢记,党的先进性和党的执政地位都不是一劳永逸、一成不变的,过去先进不等于现在先进,现在先进不等于永远先进;过去拥有不等于现在拥有,现在拥有不等于永远拥有。”《决定》还指出:“全党必须居安思危,增强忧患意识,常怀忧党之心,恪尽兴党之责……确保党在世界形势深刻变化的历史进程中始终走在时代前列,在应对国内外各种风险和考验的历史进程中始终成为全国人民的主心骨,在发展中国特色社会主义的历史进程中始终成为坚强的领导核心。”

党中央站在党和国家生死存亡的高度,牢牢把握加强党的执政能力建设和先进性、纯洁性建设这条主线,以作风建设为突破口,思想、组织制度和反腐倡廉全面推进,打出一套治党管党“组合拳”,开辟了党的建设新境界。

习近平总书记以其远见卓识,提出了“四个全面”,即全面建成小康社会、全面深化改革、全面依法治国、全面从严治党的战略布局。这四个“全面”,既有战略目标,也有战略举措,是新形势下治国理政的总方略,是党和国家长远发展的总战略。在向第一个100年战略目标奋进的关键时刻,习近平又强调创新、协调、绿色、开放、共享这“五大发展理念”,确立管全局、管根本、管长远的正确导向,指引航船健康顺利地前进。

从革命、建设到改革伟大实践,从救国救民到强国,进而实现中华民族伟大复兴,这是一个持续奋斗的光辉历程,更是一个从梦想到圆梦跨越的伟大事业。正如习近平同志指出的:“前景令人鼓舞、催人奋进,但幸福不会从天降。”“全党全国各族人民要拧成一股绳,以必胜的信心、昂扬的斗志、扎实的努力,投身新的历史进程,朝着全面建成小康社会的宏伟目标奋勇前进。”

回顾历史,展望未来,中国精神、中国道路、中国智慧,是实现中国跨越发展的巨大力量，这种力量必将为实现中华民族伟大复兴的中国梦谱写出新的更加辉煌的篇章。

中国特色社会主义进入了一个新的时代，意味着近代以来久经磨难的中华民族迎来了从站起来、富起来到强起来的伟大飞跃，迎来了实现中华民族伟大复兴的光明前景，意味着科学社会主义在21世纪的中国焕发出强大生机活力，意味着中国特色社会主义道路、理论、制度、文化不断发展，拓展了发展中国家走向现代化的途径，为世界文明发展进步贡献了中国人的智慧。

这个时代，是承前启后、继往开来、在新的历史条件下继续争取中国特色社会主义伟大胜利的时代，是高举改革开放伟大旗帜，谱写改革新篇章的时代，是决胜全面建成小康社会，进而全面建设社会主义现代化强国的时代，是全国各族人民团结奋斗、不断创造美好生活、逐步实现全体人民共同富裕的时代，是全体中华儿女同心协力，实现中华民族伟大复兴梦想的时代，是中国日益走近世界舞台中央、不断为人类作出更大贡献的时代。

如今，我们祖国正在惊涛骇浪之中负重前行，取得一个又一个突破，作为中华儿女中的一员，仍须共同努力，继续创造人间奇迹，不断铸就中华之辉煌。

主要参考文献

[1]中共中央文献研究室.毛泽东传[M].2版.北京:中央文献出版社,2011.

[2]中共中央文献研究室.毛泽东传:1893—1949[M].北京:中央文献出版社,1996.

[3]中共中央文献研究室.毛泽东传:1949—1976[M].北京:中央文献出版社,2003.

[4]中共中央文献研究室.建国以来重要文献选编:1949.9—1965.12[M].北京:中央文献出版社,2011.

[5]中共中央文献研究室.十六大以来重要文献选编:上[M].北京:中央文献出版社,2005.

[6]中共中央文献研究室.十六大以来重要文献选编:中[M].北京:中央文献出版社,2006.

[7]中共中央文献研究室.十六大以来重要文献选编:下[M].北京:中央文献出版社,2008.

[8]中共中央文献研究室.十七大以来重要文献选编:上[M].北京:中央文献出版社,2009.

[9]中共中央文献研究室.十七大以来重要文献选编:中[M].北京:中央文献出版社,2011.

[10]中共中央文献研究室.十七大以来重要文献选编:下[M].北京:中央文献出版社,2013.

[11]中共中央文献研究室.三中全会以来重要文献选编[M].北京:人民出版社,1982.

[12]邓小平.邓小平文选:第一卷[M].2版.北京:人民出版社,1994.

[13]邓小平.邓小平文选:第二卷[M].2版.北京:人民出版社,1994.

[14]邓小平.邓小平文选:第三卷[M].北京:人民出版社,1993.

[15]中国共产党第十八次全国代表大会文件汇编[M].北京:人民出版社,2012.

[16]胡绳.从鸦片战争到五四运动[M].2版.北京:人民出版社,1997.

[17]当代中国研究所.中华人民共和国史稿[M].北京:人民出版社,当代中国出版社,2012.

[18]孙中山.孙中山选集[M].北京:人民出版社,1981.

[19]彭德怀.彭德怀自述[M].北京:人民出版社,1981.

[20]中央电视台《复兴之路》节目组,人民出版社《复兴之路》编写组.复兴之路[M].北京:人民出版社,2013.

[21]雷厚礼,武国辉.中国共产党执政60年[M].北京:人民出版社,2010.

[22]王浩雷.国家大势[M].北京:人民出版社,2012.

[23]柳建辉,等.十年辉煌:十六大以来中国共产党治国理政纪实[M].北京:人民出版社,2012.

[24]王加丰,陈勇,高岱,等.强国之鉴[M].北京:人民出版社,2007.

[25]金冲及.周恩来传[M].北京:中央文献出版社,2011.

[26]刘大年.抗日战争时代[M].北京:中央文献出版社,1996.

[27]徐文钦.崛起之路:共和国风云60年[M].北京:中央文献出版社,2009.

[28]中共中央党史研究室.中国共产党历史:第一卷:1921—1949[M].2版.北京:中共党史出版社,2011.

[29]中共中央党史研究室.中国共产党历史:第二卷:1949—1978[M].北京:中共党史出版社,2011.

[30]席宣,金春明."文化大革命"简史[M].北京:中共党史出版社,2006.

[31]《中国人民解放军军史》编写组.中国人民解放军军史[M].北京:军事科学出版社,2011.

[32]金冲及.二十世纪中国史纲[M].北京:社会科学文献出版社,2009.

[33] 邵维正.中国共产党90年创新实录[M].北京:解放军出版社,2011.

[34] 中国工农红军第一方面军史编审委员会.中国工农红军第一方面军史[M].北京:解放军出版社,1993.

[35] 王鼎杰.李鸿章时代[M].北京:当代中国出版社,2013.

[36] 鸿鸣.甲午海战[M].北京:中国文史出版社,2007.

[37] 陈开枝.起点:邓小平南方之行[M].北京:中国文史出版社,2008.

[38] 中国社会科学院近代史研究所,中国第二历史档案馆史料编辑部.五四爱国运动档案资料[M].北京:中国社会科学出版社,1980.

[39] 张远鹏.太平天国史话[M].北京:社会科学文献出版社,2011.

[40] 张剑荆.中国崛起:通向大国之路的中国策[M].北京:新华出版社,2005.

[41] 陈振江.简明中国近代史[M].北京:中华书局,2013.

[42] 国家档案局明清档案馆.义和团档案史料[M].北京:中华书局,1959.

[43] 马士,宓亨利.远东国际关系史[M].北京:商务印书馆,1975.

[44] 傅高义.邓小平时代[M].北京:生活·读书·新知三联书店,2013.

[45] 王铁崖.中外旧约章汇编[M].北京:生活·读书·新知三联书店,1957.

[46] 斯诺.西行漫记[M].北京:生活·读书·新知三联书店,1979.

[47] 王芸生.六十年来中国与日本[M].北京:生活·读书·新知三联书店,2005.

[48] 盛巽昌,李子迟.太平天国十四年[M].北京:人民日报出版社,2013.

[49] 梁启超.《李鸿章》结论[M].北京:光明日报出版社,2013.

[50] 徐庆全.出卖中国:不平等条约签订秘史[M].北京:光明日报出版社,1996.

[51] 梁启超.中国四十年来大事记[M].北京:东方出版社,2014.

[52] 来新夏,焦静宜,莫建来,等.北洋军阀史[M].上海:东方出版中心,2011.

[53] 陈恭禄.中国近代史[M].北京:中国工人出版社,2012.

[54] 孟庆琦,董献仓.影响近代中国的不平等条约[M].北京:中国人事出

版社,2012.

[55]蒋孟引.第二次鸦片战争[M].北京:生活·读书·新知三联书店,2009.

[56]中国史学会.中国近代史资料丛刊:鸦片战争[M].上海:上海人民出版社,2000.

[57]中国史学会.中国近代史资料丛刊:第二次鸦片战争[M].上海:上海人民出版社,2000.

[58]中国史学会.中国近代史资料丛刊:太平天国[M].上海:上海人民出版社,2000.

[59]中国史学会.中国近代史资料丛刊:义和团[M].上海:上海人民出版社,2000.

[60]金冲及.二十世纪中国的崛起[M].上海:上海人民出版社,1999.

[61]黎东方.细说清朝[M].上海:上海人民出版社,1997.

[62]张维为.中国超越:一个“文明型国家”的光荣与梦想[M].上海:上海人民出版社,2014.

[63]张维为.中国震撼:一个“文明型国家”的崛起[M].上海:上海人民出版社,2011.

[64]蒋廷黻.中国近代史[M].上海:上海古籍出版社,2006.

[65]侯中军.近代中国的不平等条约:关于评判标准的讨论[M].上海:上海书店出版社,2012.

[66]夏笠.第二次鸦片战争史[M].上海:上海书店出版社,2007.

[67]周锡瑞.义和团运动的起源[M].南京:江苏人民出版社,1995.

[68]曾凡光.探索·奋斗·复兴:中国近现代史三十讲[M].广州:广东人民出版社,2013.

[69]萧致治.鸦片战争史[M].福州:福建人民出版社,1996.

[70]本书编写组.中共风云九十年[M].贵阳:贵州人民出版社,2011.

[71]傅光明.聆听大家:悲情晚清四十年[M].合肥:安徽文艺出版社,2009.

[72]李玉敏.第二次鸦片战争[M].长春:吉林文史出版社,2011.

[73]李广生.时代笔录:辛亥革命亲历亲闻[M].天津:百花文艺出版社,2012.

[74]王栋.中国的不平等条约:国耻与民族历史叙述[M].上海:复旦大学出版社,2011.

[75]崔之清,胡臣友.中国思想家评传丛书:洪秀全评传[M].南京:南京大学出版社,2011.

[76]林庆元.中国思想家评传丛书:林则徐评传[M].南京:南京大学出版社,2011.

[77]端木赐香.大国之殇:第二次鸦片战争全景解读[M].武汉:华中科技大学出版社,2014.

[78]陈悦.碧血千秋:北洋海军甲午战史[M].长春:吉林大学出版社,2008.

[79]季压西,陈伟民.来华外国人与近代不平等条约[M].北京:学苑出版社,2007.

[80]史景迁.太平天国[M].桂林:广西师范大学出版社,2011.

[81]孙其海.铁血百年祭:八国联军侵华战争纪实[M].济南:黄河出版社,2000.

[82]马平安.中国近代政治得失[M].北京:华文出版社,2014.

[83]钟华卿.民族复兴中国梦:学习教育读本[M].北京:经济管理出版社,2013.

[84]孟世杰.中国近百年史[M].北京:知识产权出版社,2014.

[85]中央文献研究室,中国外文局.习近平谈治国理政[M].北京:外文出版社,2014.

[86]中国共产党第十九次全国代表大会文件汇编[M].北京:人民出版社,2017.

[87]杨河.中国共产党革命精神史读本:新民主主义篇[M].北京:人民出版社,2014.

后　记

本书在撰写过程中，得到许多学者与朋友的热情鼓励和支持，特别要感谢国防大学联合勤务学院资深教授、著名党史专家、专业技术一级、享受国务院特殊津贴、国家党史党建科学评审专家、被授予“一代名师”称号的邵维正将军，他在工作十分繁忙的情况下，不辞辛苦，聚精会神，先后两次对书稿精心审读修改校正，并为本书写了“开卷的话”，他的夫人张娜教授也给予了热情帮助和大力支持。

中央党史和文献研究院、国家新闻出版署的同志对书稿进行认真审读并提出许多宝贵的修改意见，大象出版社的领导和编辑同志为该书的出版付出了辛勤劳动，在此一并表示诚挚的谢意。

撰写本书时，曾参阅了大量的文史资料和专家、学者、教授的有关专著，由于篇幅所限，未能一一注明出处，谨向有关专家、学者、教授表示感谢和歉意。

尽管有良好的愿望和追求，由于水平有限，书中难免有不妥之处，敬请读者批评指正。

《历史的跨越》这部书作为庆祝中华人民共和国成立 70 周年的献礼奉献给广大读者。

2018 年 12 月